Dieter Hattrup

Einstein und der würfelnde Gott

Dieter Hattrup

Einstein und der würfelnde Gott

An den Grenzen des Wissens in Naturwissenschaft und Theologie

Herder
Freiburg · Basel · Wien

Die Deutsche Bibliothek – CIP-Einheitsaufnahme

Hattrup, Dieter :
Einstein und der würfelnde Gott : an den Grenzen des Wissens in Naturwissenschaft und Theologie / Dieter Hattrup. –
Freiburg im Breisgau ; Basel ; Wien : Herder, 2001
ISBN 3-451-27339-X

Einbandgestaltung: Finken & Bumiller, Stuttgart
Satz: SatzWeise, Föhren
Gesetzt in der Aldus und Gill Sans
Druck und Bindung: Freiburger Graphische Betriebe 2001
ISBN 3-451-27339-X

Inhalt

Vorwort

Das 20. Jahrhundert ist Vergangenheit. Die hundert Jahre waren reich an lauten Revolutionen, von denen eine die andere verschlang. Nur die stillen, die auf Taubenfüßen kamen, hatten die Kraft zu bleiben. Die lauten Aufstände und Kriege befriedigen das Bedürfnis nach Sensationen und lösen einander ab, die leisen wachsen ohne Ende.

Zu den leisen Revolutionen zählt die Quantentheorie von Bohr und Heisenberg. Da sie das Wissen beschränkt, hat sie weniger öffentliche Aufmerksamkeit gefunden als die Relativitätstheorie. Nicht Bohr, sondern Einstein war der Mythos der Wissenschaft im 20. Jahrhundert. Dieser selbst fühlte sich durch die Quantentheorie tragisch gezeichnet. Er wollte in der Wissenschaft nicht nur eine beschränkte Tätigkeit sehen, sondern alle Erleuchtung. *Ich will an keinen würfelnden Gott glauben,* war sein konstanter Ausruf in den drei letzten Lebensjahrzehnten.

Die Mathematik und die Biologie durchliefen eine ähnliche Entwicklung wie die Physik. Das vielfache Mehrwissen, welches das vorige Jahrhundert zutage gefördert hat, brachte auch hervor, daß nicht alle Wirklichkeit im Begriff erfaßt werden kann. *Nicht alle Wirklichkeit ist Natur.* Zeigt sich das, was uns letztlich angeht, nicht in der Wissenschaft? Durch ihre Selbstbeschränkung verändert sich der alte Gegensatz zum Glauben. Von den Grenzen des Wissens und von der Art, wie die Theologie daran anknüpfen kann, handelt dieses Buch, dessen Kapitel zwar zusammengehören, aber nicht in der vorgegebenen Reihenfolge gelesen werden müssen.

Herzlich danke ich den Mitarbeitern meines Lehrstuhles an der Theologischen Fakultät Paderborn für die Mithilfe bei der Fertigstellung des Buches. Sie haben eine Menge von Rechtschreib- und Stilfehlern beseitigt. Kursive Stellen im Text meinen entweder Buchtitel, fremde Zitate oder eigene Merksätze, die Zitate sind durch Hochzahlen oder aus dem Zusammenhang erkennbar.

Paderborn, 1. Oktober 2000
Gedenktag der hl. Therese von Lisieux

Dieter Hattrup

1. Tragik in der Physik – Der stille Kampf zwischen Einstein und Bohr

Kern der Neuzeit. Die am wenigsten bezweifelte Macht der neueren Zeit war die Naturwissenschaft. Diese Wissenschaft war der harte Kern der Neuzeit.[1] Das heißt nicht, daß die praktischen Wirkungen in der Technik unbezweifelt geblieben wären. Gerade in den weit entwickelten Ländern wurden die unerwünschten Folgen des Technizismus durch die ökologische Bewegung am heftigsten bekämpft. Aber daß der Atomkern des Urans 92 Protonen enthält, nicht mehr und nicht weniger, wird niemand den Physikern bestreiten. Gestritten wird darüber, ob der Physiker den Auftrag bekommen soll, zur Gewinnung von elektrischem Strom ein Atomkraftwerk zu bauen, in dem er dann Gelegenheit hat, das 92-protonige Uran oder ähnliche Stoffe zu spalten. Was mit der Natur zu machen ist, ob der Mensch überhaupt etwas mit ihr anstellen darf, darüber gibt es Streit. Aber keinen Streit gibt es darüber, daß es Natur gibt und daß das Wissen über die Natur von der Naturwissenschaft geliefert wird, deren harter Kern die Physik ist.

Erlebnis der Tragik. Nun ist der bekannteste Physiker des 20. Jahrhunderts Albert Einstein, damit auch der bekannteste Naturwissenschaftler jenes Jahrhunderts. Sein Name ist noch immer ein Mythos,[2] er symbolisiert den Glauben an eine letzte Wirklichkeit, die das Publikum zwar nicht versteht, von der es aber glaubt, daß andere sie ganz gewiß verstehen. Das ist die Plausibilität des Glaubens an die Wissenschaft. Das bekannteste Wort nun, das von Albert Einstein umläuft, lautet: *Gott würfelt nicht.* Ob das ein Erfahrungssatz ist oder ein Postulat, darüber gehen die Gedanken und Gefühle selbst bei Physikern auseinander. Aber noch weniger weiß das Publikum, daß dieses Wort zum Leitmotiv, zur tragischen Maxime Einsteins in den letzten 30 Jahren seines Lebens geworden ist, etwa von 1925 an, als die Grundzüge der Quantentheorie ans Licht traten, bis zum Jahre 1955, in dem er gestorben ist. Die Wirklichkeit, wie sie sich zeigt, und die Wirklichkeit, wie er sie sehen wollte, waren nicht mehr zusammen zu bringen. *Das erleben wir gerade jetzt tragisch in der Physik,* schreibt er in einem Brief 1927.

Aber warum beschäftige ich mich als Theologe mit der Person Albert Einsteins und mit den physikalischen Ergebnissen, die da vielleicht tragisch sind? Zum einen hängt das mit meiner Lebensgeschichte zusammen: Man quält sich nicht mit abstrakten wissenschaftlichen Problemen herum, wenn nicht eine Lebensfrage dahinter steht. Von Erziehung und Schule her hatte ich den Zwiespalt zwischen Glaube und Wissenschaft im Herzen. Ich trug das dumpfe Gefühl mit mir herum, daß da ein Widerspruch herrscht, daß das eine mit dem anderen nicht bestehen kann. Die eine Überzeugung ist so universal wie die andere, die eine muß vor der anderen weichen, natürlich der Glaube vor der Wissenschaft. Oder wenn schon nicht weichen, dann sollte sich der Glaube doch wenigstens in dem Rahmen bewegen, den ihm die Naturwissenschaft nachsichtig überlassen wollte. Da Einstein den Mythos der Wissenschaft im 20. Jahrhundert symbolisiert, bin ich durch meine Lebensfrage an seinen Mythos gekommen.

Zum anderen konzentriert sich in der Diskussion um die Quantentheorie, mit der Einstein so schwer gerungen hat, auch das sachliche Problem von Natur und Naturwissenschaft. Einstein hat sich oft zu Spinoza bekannt und zu der pantheistischen Weltsicht einer Einheit von Gott und Natur: *Deus sive Natura.* Das ist eine andere Version des Spruches: *Gott würfelt nicht.* In einer beliebten Sentenz unter Naturwissenschaftlern lautet die gleiche Überzeugung: *Alle Wirklichkeit ist Natur.*

Inhalt. Der folgende Versuch über die Tragik in der Physik geht diesem Spruch über die Identität von Gott und Natur nach. Er untersucht seine Tragweite zuerst in einer kurzen historischen Skizze, die *Gotteserbschaft* betitelt ist (1.1). Es scheint, als hätte es in der Neuzeit einen mächtigen Drang gegeben, Schöpfung in Natur zu verwandeln, also die Differenz zwischen Schöpfer und Schöpfung aufzuheben, um von der Gott-Natur reden zu können oder auch von *der* Natur allein. Es scheint, daß dieser Wissenschaftstraum an der Stelle in Schwierigkeiten gekommen ist, wo er zum erstenmal geträumt wurde, in der Physik. Vielleicht kann man das *Ende der Neuzeit* (1.2) am deutlichsten in der Physik aufzeigen, was ich hier versuchen will. Einen Ausweg aus dem Dilemma scheint das Konzept des *deterministischen Chaos* (1.3) zu bieten. Aber der Schein ist wohl nur ein Anschein, weil die Quantentheorie den Determinismus wirklich und wirksam aus den Angeln gehoben hat. Schließlich bleibt die *schwere Trauerarbeit* (1.4), die sich bei vielen Naturwissenschaftlern zeigt, die sich oft auch nicht zeigt und die immer wieder hinaus geschoben wird, vor allem bei denjenigen, die sich Gewißheit und Orientierung des Lebens durch die Wissenschaft versprochen hatten.

Der Däne Niels Bohr steht hier für die Beschränkung des Wissens, für die schwere Erkenntnis der Endlichkeit der Natur. Bohr hat alle Zweikämpfe mit Einstein über Jahrzehnte hinweg gewonnen. Nach seinem Tode 1962 sind alle Ergebnisse in der Diskussion um die Quantentheorie zugunsten der Kopenhagener Deutung ausgefallen. Dennoch ist nicht der Name Bohr zum Mythos des Jahrhunderts aufgestiegen, sondern der Name Einstein. Woran liegt das? Das ist weniger durch seine Persönlichkeit bedingt, sondern durch das, wofür er stand: Einstein symbolisierte den Mythos der Neuzeit, er stand für den Glauben an das grenzenlose Wissen, Bohr stand für die Grenze im Wissen. Und Grenzen können natürlich keinen Traum auslösen oder einen Mythos erzeugen. Wer auf Grenzen verweist, kommt leicht in den Ruf eines Spielverderbers. Das Endliche ist nüchtern, aber am Unendlichen will es sich berauschen.

1.1 Die Gotteserbschaft

René Descartes (1596–1650). Die Stelle, die der Glaube einst ausgefüllt hatte, sollte die Wissenschaft einnehmen. Das war der andere harte Kern der Neuzeit, der geheime Inhalt, ihre Botschaft, die ich schon als Jugendlicher an allen Ecken und Enden zu hören bekam, in der Schule, in den Zeitungen, im Fernsehen. Und wenn nicht jetzt sofort, so sollte sie doch einst in der Zukunft diese Stelle einnehmen. Der Wissenschaft gebührt der erste Platz, nicht der Religion! Ich fragte mich also, halb ratend in der Schule, schon planmäßiger in der Zeit später: Wann soll die Erbschaft vonstatten gegangen sein? Wann hat der Wechsel in der Hoffnung von der Religion auf die Wissenschaft begonnen? Und wie soll der Wandel in Zukunft vollendet werden?

Schon bald wurde mir klar, daß René Descartes zu Anfang der Neuzeit eine große Rolle gespielt haben mußte. Gewollt oder ungewollt hat er das Signal für die neue Zeit auf freie Fahrt gestellt. Er schrieb 1637 in seinem *Diskurs über die Methode*, daß die Naturgesetze *so umfassend seien, daß, selbst wenn Gott mehrere Welten geschaffen hätte, es keine einzige geben könne, in der sie nicht beobachtet würden.*[3] Das ist eine kühne und gehaltvolle Aussage. Sie besagt, daß die Naturgesetze eigentlich wichtiger sind als ihre begründende Ursache, Gott genannt, daß sie größer, mächtiger, haltbarer, daß sie ihm übergeordnet sind, kurz gesagt, daß sie ursächlicher sind als Gott. Zwar sind die Gesetze auch Gottes Wille, aber da er einmal gewählt hat, steht ihm kein Wille über sie mehr zur Verfügung. Gott hat sich selbst durch seinen Willen mattgesetzt. Seine eigenen Gesetze zwingen den Weltenbauer, er muß sie bei seinem Handeln in der jetzigen Welt und in jeder anderen Welt beachten. Gott schafft zwar in Freiheit eine Welt, aber er verliert dabei seine Freiheit, wie Descartes meint. Er wird zum Uhrmacher einer Uhrenwelt. Diese Denkhaltung nennt man üblicherweise Deismus. Gott wird also zu Anfang der Neuzeit nicht geleugnet, das war vielleicht gesellschaftlich nicht möglich, aber er rückt auf die zweite Stelle, er kommt *nach* der Natur und wird allmählich zu einer Funktion *in* ihr. Descartes übte einen gewaltigen Einfluß aus. Alles, was Rang und Namen hatte in Wissenschaft und Philosophie der Neuzeit, ist durch seine Schule gegangen. Er war ein begeisterter Mathematiker und Physiker, denn *das stärkste begriffliche Hilfsmittel der naturwissenschaftlichen Theorie ist die Mathematik. Insofern ist die Mathematik der Kern der Naturwissenschaft und, so vermittelt, der westlichen Zivilisation.*[4] Ist vielleicht Gott selbst ein Physiker? Denn als Uhrmacher muß auch er die mathematischen Naturgesetze beachten. Sie drücken zwar seinen Willen für die Welt und die Natur aus, aber den Willen in der Zukunft zu ändern, dazu ist er keinesfalls in der Lage. Also steht er selbst unter den Naturgesetzen, er betreibt bei Descartes das Geschäft eines Physikers.

Pierre Laplace (1749–1827). Anderthalb Jahrhunderte später ist das Erbe schon weitgehend übertragen. Die Natur sollte nunmehr alles sein und Gott nur noch ein bloßer und blasser Name in ihr. Der Physiker und Astronom Pierre Laplace präsentierte 1805 dem Kaiser Napoleon sein mechanisches Himmelssystem. Napoleon ist beeindruckt, möchte aber wissen, wo denn in seinem System Platz für Gott sei. *Sire*, lautet die selbstbewußte Antwort von Laplace, *je n'avais pas besoin de cette hypothèse là*, ich habe diese Hypothese nicht nötig gehabt. In der Tat ist Gott überflüssig, wenn Laplace im Recht ist. Genau genommen ist er schon bei Descartes überflüssig. Um Gott abzuschaffen, braucht man ihn nicht zu leugnen, es genügt, ihn anders zu definieren. Das macht die Position des Deismus so verführerisch: Es ist weiterhin von Gott die Rede, ohne daß ich von seiner Freiheit und seiner Person bedrängt wäre, ohne daß er fortan meine Kreise stören könnte. Ist Gott nicht schon bei Descartes eine Verdoppelung der Natur, also dasselbe wie die Natur? *Deus sive Natura,*[5] ruft Spinoza (1632–1677) später aus, auch er ein Anhänger der neuen Lehre des Descartes, womit er die Verdoppelung beiseite legt. Gott ist die Natur, beide sind gleich, sie sind ein und dasselbe! Sie weiß alles, sie schafft alles, sie löst die Gestalten wieder auf, sie ist der Inbegriff aller Bewegungen. *Das Losungswort der Neuzeit ist gefunden: Aufhebung des Unterschiedes zwischen Gott und Natur! Alle Wirklichkeit soll Natur sein!*

Bertolt Brecht (1898–1956). Zu den Propagandisten für diesen wissenschaftlichen Glauben zählen auch Journalisten und Stückeschreiber. Sie sind das Sprachrohr dessen, was das Publikum mit Schauer, mit Empörung oder auch mit Zustimmung gerne hört. In der Unwidersprechlichkeit drückt sich der Charakter der Wissenschaft als Religion, ihre Unfehlbarkeit aus. So verfaßte Brecht 1938 sein Stück *Leben des Galilei*, worin er seinen Helden im 3. Aufzug sagen läßt: *Was du siehst, ist, daß es keinen Unterschied zwischen Himmel und Erde gibt. Heute ist der 10. Januar 1610. Die Menschheit trägt in ihr Datum ein: Himmel abgeschafft.* Das ist präzise ausgedrückt. Alle Bewegungen sollen der allgemeinen Naturgesetzlichkeit unterliegen, die vom Wissenschaftler erforscht und festgestellt werden kann. Einen Sonderbereich, hier als Himmel bezeichnet, der nicht von den Naturgesetzen gelenkt würde und der nicht erforschbar wäre, kann und soll es nicht geben. Natürlich war den klügeren Leuten auch 1610 klar, daß Sonne, Mond und Sterne nicht den Himmel bilden, von dem in der Theologie die Rede ist. Natürlich wußten diese Leute, und dazu gehörte Kardinal Robert Bellarmin, der Gegenspieler Galileis, daß Gott nicht an einem physikalischen Ort zu Hause ist. Aber Sonne, Mond und Sterne symbolisieren sinnfällig, daß es etwas gibt, das von jenseits der Natur in unsere Welt hinein reicht und Gegenwart nimmt. Und das ist der Ausdruck des Schöpfungsglaubens, der Gottesunterschied: Natur trägt sich nicht selber. Ebenso hat auch Brecht von der Doppelbedeutung des Himmels gewußt und geschickt auf der Klaviatur der Doppelung gespielt, zum Nutzen der Propaganda für das wissenschaftliche Weltbild und zum Nutzen für seinen Materialismus, dem er damit eine gute Grundlage schaffen wollte.

Messung der Gleichheit? Wann ist der Himmel abgeschafft? Wann ist Gott der Natur gleich? Ja, wann? Kann man die Gleichheit messen? Viele Leute, und ich gehöre auch dazu, meinen ja: Wenn man alle Bewegungen der Zukunft voraussagen kann, dann ist Gott gleich der Natur. In diesem Punkt stimme ich völlig mit Laplace überein. Er stellte sich die Welt als eine riesige Maschine vor, in der die Zukunft so sicher beschreibbar sein sollte wie die Vergangenheit. Er meinte: *Eine Intelligenz, welche für einen gegebenen Augenblick alle in der Natur wirkenden Kräfte sowie die gegenseitige Lage der sie zusammensetzenden Elemente kennte und überdies umfassend genug wäre, um diese gegebenen Größen der Analysis zu unterwerfen, würde in derselben Formel die Bewegungen der größten Weltkörper wie des leichtesten Atoms umschließen; nichts würde ihr ungewiß sein, und Zukunft wie Vergangenheit würden ihr offen vor Augen liegen.*[6] Das ist der berühmte Dämon von Laplace, später nach dem Physiker Maxwell auch Maxwellscher Dämon genannt. Um zu verstehen, warum Laplace sich einen solchen Golem ausdenken konnte, braucht man sich lediglich an das Fallgesetz von Galilei zu erinnern, das für die naturwissenschaftliche Forschung der Neuzeit das Muster abgegeben hat. Es lautet:

$$s = (g/2)t^2.$$

Dabei meint s die Strecke, t die Zeit und g die Gravitationskonstante, die im Fall der Erde nach dem Meter-Sekunde-System etwa den Wert 10 hat, genauer $g = 9{,}81\ m/sec^2$. Dann gilt: Nach einer Dauer von $t = 1$ Sekunde ist ein Stein im freien Fall eine Strecke von etwa $s =$ 5 Metern gefallen, nach $t = 2$ Sekunden etwa 20 Meter, nach $t =$ 3 Sekunden etwa 45 Meter. Ich kann also schon jetzt wissen, an welcher Stelle sich der Stein in der Zukunft befinden wird. Die Naturgesetze sind so eingerichtet, daß sie es erlauben, die Zukunft vorweg zu wissen. Das gilt auch für die Chemie und die Biologie. Wenn die Sache zu kompliziert wird, behilft man sich mit Wahrscheinlichkeitsaussagen. Dabei bleibt aber die Überzeugung bestehen, eigentlich gehe alles natürlich zu, alles sei an sich und für sich durch Ursache und Wirkung bestimmt, nur für uns sei es zu kompliziert, alle Ursachen zu wissen und zu berücksichtigen. Ein ordentlicher Wissenschaftler ist vom Kausalgesetz überzeugt und das große Publikum mit ihm, das heißt, er war es und das Publikum ist es vielleicht noch. Die Revolution der Quantentheorie hat die Ordnung auf den Kopf gestellt und dem Kausalgesetz schwer zugesetzt.

Vorhersage des Wetters. Beim Wetter wird die Schwierigkeit der Vorhersage unter gleichzeitigem Fortbestehen des Glaubens an die Kausalität deutlich. Auch die Meteorologie will eine Wissenschaft sein und glaubt an keinen Wettergott. Eigentlich, meint der Meteorologe, liegt sogar das Wetter, das in vier Wochen herrschen wird, schon jetzt fest, nur sind es der Einflüsse zu viele, als daß wir sie heute überblikken könnten. Wir bekommen nur die Vorhersage zustande, daß aller Wahrscheinlichkeit nach am 1. Januar die Temperatur in Paderborn nicht über 20° C liegen wird, mehr nicht.

1.2 Das Ende der Neuzeit

Beginn der Tragik. Ja, und jetzt kommt die Überraschung, jetzt kommt Einstein und der Triumph der neuzeitlichen Wissenschaft in den beiden Relativitätstheorien, zugleich aber auch der abgrundtiefe Einbruch in der Quantentheorie. Vielleicht mit einer zu großen Geste stelle ich Einstein gern als den letzten Menschen der Neuzeit dar. Aber eine tragische Gestalt wird man ihn nennen dürfen, der die höchsten Triumphe der Erkenntnis gefeiert und mit seinen Erfolgen gerade das gefördert hat, was er keinesfalls wünschen konnte, eine nicht-kausale Quantentheorie mit nicht-objektivierbarer Wirklichkeit. Ohne Einsteins Arbeiten wäre die Auflösung der Einssetzung von Gott und Natur, *Deus sive Natura,* noch lange nicht möglich gewesen. Obwohl gerade Spinoza sein Lieblingsphilosoph war! Ähnlich tragisch wie seine Erkenntnis war auch sein Handeln. Die Atombombe von Hiroshima wurde durch seine Physik gefördert, ja durch seine Empfehlung des Manhattan-Projektes erst in die Wege geleitet, was ebenfalls zu verwünschen er den Rest seines Lebens nicht aufgehört hat, er, der sich immer kompromißlos zum Pazifismus bekannt hat. Das Beispiel Einsteins zeigt auf dramatische Weise, daß man mit guten Wünschen und gutem Willen allein noch nicht zu guten Taten gelangt. Ein garstig tiefer Graben liegt zwischen Wille und Verwirklichung des Guten, den keines Menschen Kraft allein überspringen kann.

Das Wort Tragik ist das erste, was ihm zur Quantentheorie einfällt, an deren Gestaltung er zu Anfang tatkräftig mitgewirkt hat. In einem Brief vom 15. Januar 1927 schreibt er an Hedwig Born: *Lebendiger Inhalt und Klarheit sind Antipoden, einer räumt das Feld vor dem andern. Das erleben wir gerade jetzt tragisch in der Physik.*[7] Aber kann es eigentlich in der Physik so etwas wie Tragik geben? Tragik meint nach klassischer Definition unverschuldete Schuld. Was haben Sonne und Mond, was hat das elektrische Licht, was hat das Wasserstoffatom mit verfehlter Freiheit zu tun? Was ist die Schuld daran? Unter Klarheit versteht Einstein die volle Gesetzlichkeit in einer Welt von objektiv seienden Dingen, die durch die Kausalität bestimmt sind und die man in Formeln abbilden kann. Unter lebendigem Inhalt versteht er das, was unabhängig von diesem Wunsch nach Klarheit wirklich in der Natur vor sich geht. Kann es tragisch sein, daß der lebendige Inhalt der Welt nicht in die Klarheit der kausalen Gesetzlichkeit paßt? Ja, das ist möglich, wenn man vorher die Forderung aufgestellt hat, daß Gott und Natur eins sein müssen. Wenn man meint, daß aus guten Wünschen schon gute Wirkungen folgen, dann beginnt die Tragik ihr tausendfaches Haupt zu erheben. Denn das Verlangen nach der überschaubaren Kausalität ist selbst aus der Freiheit geboren, und dieses Verlangen kann verfehlt sein, und im Fall Einsteins war es wohl verfehlt. Deshalb war er der erste, der das Wort Tragik auf sich und die Physik angewandt hat.

Grenze der Kausalität. Da hatte sich in den Jahren um 1925 eine stille, aber durchgreifende Revolution ereignet, viel mächtiger als alle politischen Revolutionen des abgelaufenen Jahrhunderts. Die Quantentheorie ist eine seltsame wissenschaftliche Lehre, vielleicht die seltsamste, die es gibt. Sie ist nämlich eine Theorie, die beschreibt, was man weiß, zugleich aber auch, was man nicht wissen kann und nie wissen wird. Die Physiker Bohr und Heisenberg gaben den atomaren Phänomenen eine Deutung, die bis heute, 75 Jahre später, nicht nur nichts von ihrer Brillanz eingebüßt hat, sondern immer neue glänzende Erfolge erzielt. In fast schon unzulässigem Selbstbewußtsein formuliert der 25jährige Heisenberg im Jahr 1926: *So scheint durch die neuere Entwicklung der Atomphysik die Ungültigkeit oder jedenfalls die Gegenstandslosigkeit des Kausalgesetzes definitiv festgestellt.*[8] Er spricht zwar nicht von sich, dennoch ist er selbst es und die Kopenhagener Schule seines Lehrers Bohr, die er mit der neueren Entwicklung der Atomphysik meint. Was wir uns so naiv vorstellen:

Es gibt Gegenstände in der Welt, die sind klein oder groß; es gibt Kräfte, Druck und Stoß, und immer, wenn sich etwas bewegt, dann kann ich sagen: Dort war die Ursache, hier ist die Wirkung; jetzt lasse ich die Kugel auf der schiefen Bahn losrollen, und in 5 Sekunden wird sie 10 m entfernt sein. Solche Vorstellungen sind im Alltag zumeist richtig, aber nicht ganz und nicht in der Tiefe der Wirklichkeit. Und auf das *nicht ganz* und auf die *Tiefe* kommt es an. Siebzig Jahre später kann der englische Physiker Davies in einem Buch zum Lobe Einsteins sagen: *Aus Einsteins Gedankenexperiment sind jedenfalls inzwischen eine Reihe wirklicher Experimente geworden, deren Ergebnisse bestätigt haben, daß Bohr eindeutig recht hatte und Einstein bedauerlicherweise unrecht.*[9] Die Tragik Einsteins ist in dem Wort *bedauerlich* enthalten. Wer es zu deuten weiß, versteht die Widersprüche der Neuzeit.

Aufgang der Sonne. Es stimmt zweifellos, daß viel Naturgesetzlichkeit in der Welt ist. Wann morgen früh die Sonne über Kassel aufgehen wird, kann ich jetzt schon auf die Sekunde genau sagen, weil es in meinem Taschenkalender steht. Auch den Sonnenaufgang in tausend Jahren weiß man schon jetzt mit der gleichen Präzision vorweg. Ob es allerdings zu Weihnachten in Ostwestfalen Schnee gibt, das kann zu Anfang Dezember kein Mensch mit Gewißheit prognostizieren, allenfalls am 23. Dezember mit einer hohen Wahrscheinlichkeit. Einstein hat nun geglaubt, daß man das unbedingt können müßte, er hat es geglaubt, wie man an einen Gott glaubt, auf den man seine ganze Sache, das heißt, sein Leben gesetzt hat. Denn wenn Gott gleich der Natur ist, dann muß das Wetter zu Weihnachten im Prinzip feststehen, auch wenn wir heute über Wahrscheinlichkeiten nicht hinaus kommen und mehr nicht sagen können. Einstein dachte hier wie Laplace: Die Zukunft soll in der Gegenwart enthalten sein.

Worte aus 3 Jahrzehnten. Daß die Zukunft nicht in der Gegenwart enthalten ist, macht die Quintessenz der Quantentheorie aus. Einstein hat gewußt, daß ihm das Ende der vollen Kausalität den Glauben an die spinozistische Gottnatur rauben mußte. Das macht das philosophische Streitgespräch mit ihm so sinnvoll. Er weiß, was Konsequenzen sind, er hat sie gefürchtet, aber er hat sich nicht vor ihnen versteckt. Entsprechend hat er reagiert. Ich habe einmal Äußerungen von ihm aus seinen letzten dreißig Lebensjahren gesammelt, aus den Jahren 1926 bis 1955.[10] Sie haben einen ganz eigenen Klang. Einstein hat sich in diesen drei Jahrzehnten mit nichts anderem beschäftigt als mit der Widerlegung der Quantentheorie, vergebens!

Am 4. Dezember 1926, zu der Zeit, als Bohr und Heisenberg gerade die atomaren Spektren erfolgreich mit der neuen Quantentheorie gedeutet hatten, schrieb er: *Aber eine innere Stimme sagt mir, daß das noch nicht der wahre Jakob ist. Die Theorie liefert viel, aber dem Geheimnis des Alten bringt sie uns kaum näher. Jedenfalls bin ich überzeugt, daß der nicht würfelt.* Oder im August 1927: *Ich kann mir keinen persönlichen Gott denken, der die Handlungen der einzelnen Geschöpfe direkt beeinflußte oder über seine Kreaturen direkt zu Gericht säße. Ich kann es nicht, trotzdem die mechanistische Kausalität von der modernen Wissenschaft bis zu einem gewissen Grade in Zweifel gestellt wird.* Das ist eine interessante Äußerung, welche die Tragweite der Wissenschaft beleuchtet und den Punkt der Anknüpfung bezeichnet. Wenn es einen durchgängigen Kausalmechanismus gäbe, dann kann es keinen persönlichen Gott geben. Einstein weiß sofort, um was es geht! Im Falle einer mechanischen Kausalität kann man zwar die Natur einfachhin Gott nennen, ob man dann aber mit dieser Gottnatur sprechen kann wie mit einer Person, ist eine andere Frage. Die Antwort muß wohl Nein lauten. Einem mechanischen System fehlt die lebendige Andersheit, die doch wohl zu einer ernsthaften Vorstellung von Gott gehört. Das drückt Einstein mit aller wünschenswerten Deutlichkeit aus. Nur wenn es einen Unterschied von Natur und Gott gibt, dann kann es Schöpfung, Sünde, Liebe, Freiheit, Erlösung, Gericht und ewige, persönliche Seligkeit geben, was alles Einstein unbedingt nicht wollte. Die Präzision, mit der er die richtigen Fragen zu stellen weiß, ist verblüffend. Ich kann ihm die Achtung vor seiner bekümmerten Ehrlichkeit nicht versagen, vor dem heroischen Mut, mit dem er sieht, daß die Zeugin Natur, die er zum Urteil angerufen hat, ihn ins Unrecht setzt.

Bekenntnisse zu Spinoza. Immer wieder bekennt er sich zu Spinoza, so 1934: *Jene mit tiefem Gefühl verbundene Überzeugung von einer überlegenen Vernunft, die sich in der erfahrbaren Welt offenbart, bildet meinen Gottesbegriff; man kann ihn also in der üblichen Ausdrucksweise als ›pantheistisch‹ (Spinoza) bezeichnen.*[11] Das ist oft in der Weise verstanden worden, als sei Einstein im Grunde religiös gewesen, weil er das Wort Gott so häufig in den Mund genommen hat. Denn wer von Gott redet, meint der nicht auch Gott? Ja, aber der Gott Spinozas und Einsteins ist nicht der Gott des jüdisch-christlichen Glaubens, er ist nicht der Gott Abrahams, Isaaks und Jakobs. Es handelt sich bei ihm höchstens um den Gott der griechischen Metaphysik, den Gott der Philosophen, den unbewegten Beweger des Aristoteles oder das schlechthin Eine des Plotin. Der nicht-würfelnde Gott ist ein philosophischer Abschlußgedanke, der die Rationalität der Natur garantieren soll, bei Einstein vor allem den kausalen Determinismus. Das beachten diejenigen zu wenig, die sein leichtes Reden über den Alten und sein Geheimnis oder eben über den nicht-würfelnden Gott als bare Münze nehmen. Gott ist nicht gleich Gott! Bei Einstein meint Gott eine Weltformel oder die deterministische Welt. Eine solche Weltsicht bietet einen bedeutenden Vorteil: In einer deterministischen Welt ist alles nicht so ernst zu nehmen, weil es weder einen freien Gott noch einen freien Menschen gibt. Die letzte Wirklichkeit ist das ewige *Nunc stans*, der Ablauf der Welt, der ewig feststeht, der keine Vergangenheit, Gegenwart und Zukunft kennt. Da niemand verantwortlich ist, kann auch niemand schuldig sein. Letztlich brauche ich auch niemandem böse zu sein, brauche nicht zu verzeihen oder um Verzeihung zu bitten, denn jeder handelt nach seinem Kismet: Ich bin also vollkommen einverstanden mit dem Lauf der Dinge, dem Gut und Böse, dem Yin und Yang. *Das ist die Erlösung im Pantheismus, die Leugnung, daß es etwas zu erlösen gibt. Diese Erlösung ersehnte Einstein.*

Gottesreden mißverstanden. Daß er mit seinen Gottesreden schief verstanden wurde, hat Einstein selbst ärgerlich gestimmt. In einem Brief vom 24. März 1954 weist er das falsche Ansinnen der vielen, die ihm einen religiösen Glauben unterstellen wollen, entschieden zurück: *Was Sie über meine religiösen Überzeugungen gelesen haben, war natürlich eine Lüge; eine Lüge, die systematisch wiederholt wird. Ich glaube nicht an einen persönlichen Gott, und ich habe das nie geleugnet, sondern klar zum Ausdruck gebracht.* Mit dem Wort Gott verbinden wir in unserem Kulturkreis ohne weiteres den Inhalt von Schöpfung und Erlösung, von Freiheit, Erkenntnis und Willen. Gott ist deshalb eine Person, zu der man sprechen kann und der persönlich spricht, wie ein Mensch zum Menschen spricht. Das aber will Einstein keinesfalls, denn das paßt zu seinem physischen oder, besser gesagt, zu seinem metaphysischen Glauben an eine determinierte Natur nicht.

Illusion der Zeit. Häufig wird aus dem Kondolenzbrief zitiert, den er am 21. März 1955, drei Wochen vor dem eigenen Tod, an die Hinterbliebenen seines Jugendfreundes Michele Besso gesandt hat. Dort heißt es: *Nun ist er mir auch mit dem Abschied von dieser sonderbaren Welt ein wenig vorausgegangen. Dies bedeutet nichts. Für uns gläubige Physiker hat die Scheidung zwischen Vergangenheit, Gegenwart und Zukunft nur die Bedeutung einer wenn auch hartnäckigen Illusion.*[12] Das ist die Proklamation des Glaubens an das ewige *Nunc stans* allen Seins. Wenn tatsächlich Gott und die Natur eins sind, kann man die Zeit leugnen, dann gibt es kein Gestern, Heute und Morgen, dann ist die Zeit der hartnäckige Oberflächenschaum einer sonderbar ewigen Welt. Real existiert nur die nie endende Weltmaschine, die uns den Schein der Zeit erzeugt, wie bei Laplace. Das religiöse Bedürfnis, das durch diese Sicht Einsteins befriedigt wird, besteht darin, daß man die Welt nicht gar so ernst nehmen und deshalb auch nicht gar so sehr unter ihrem Gange leiden muß. Wie konnte Gott nur eine solche Welt schaffen, so voller Dunkelheit, Unglück und Leid? Die Theodizeefrage wird vom Determinismus auf elegante Weise gelöst: Es gibt in Wahrheit kein Leiden, wie es auch kein Glück gibt. Das alles ist nur Schein, Anschein und Widerschein eines gesichtslosen Spiels. Wo die Zeit eine Illusion ist, ist es auch das Leiden. Ja, das Ich selbst ist eine Illusion, denn das menschliche Ich kennt sich nur in der Zeit. Solcherart war die Erlösung, die der pantheistische Gott Spinozas und Einsteins oder auch die Weltmaschine von Laplace verheißen hatten.

Der Determinismus ist falsch. Es scheint nun aber, daß der Determinismus nicht nur eine ehrenwerte, wenn auch etwas kalte Weltsicht ist, die Beruhigung der persönlichen Leidenschaften, was ja eigentlich zu begrüßen wäre, sondern daß er falsch ist, nachweislich falsch. Solche glatten Ergebnisse sind in den Geisteswissenschaften eigentlich unbekannt, wo man mit der hermeneutischen Kunst jeder Meinung ein wenig Recht zuteil werden lassen kann. Wie soll man auch ein philosophisches Weltbild widerlegen? Denn die Theorie oder das Paradigma, das ich im Kopf habe, bestimmt immer die Erfahrungen mit, die ich mache. Allerdings scheinen auch die Paradigmen durch Messungen verändert zu werden, denn das kopernikanische Weltbild von der bewegten Erde hat schließlich durch immer genauere Messungen über das ptolemäische gesiegt. Ähnliches ist im 20. Jahrhundert mit der Vorstellung einer objektiven und deterministischen Natur geschehen. Eine reale physikalische Objektivität kann es nicht geben, das ist die Quintessenz der Quantentheorie. Daher fällt auch der Glaube an den philosophischen Determinismus hinweg, der sich in dem Satz ausdrückt, daß Gott nicht würfelt. Ohne physikalisches Kausalitätsgesetz kann auch das metaphysische Kausalitätsprinzip nicht bleiben, nach dem jedes Ereignis seine bestimmten Ursachen hat, ob wir davon wissen oder nicht. Das metaphysische Prinzip würde ohne Physik in der Luft hängen. Vor allem ist schon vorweg, durch die Physik, der Determinismus abgewiesen.

Der Doppelspaltversuch. Es lohnt sich, ein Experiment als Beispiel genauer anzuschauen, mit dem erkennbar wird, wie der objektive kausalgesetzliche Mechanismus in der Quantentheorie zu seinem Ende gekommen ist. Ich meine den Doppelspaltversuch, der die schwankende und nicht-deterministische Art der Natur im atomaren Bereich deutlich vor Augen führt.

Wir kennen aus der Erfahrung des Alltags Teilchen, wir kennen auch Wellen. Eisenkugeln und Erbsen verhalten sich wie Teilchen, musikalische Töne und gekräuseltes Wasser wie Wellen: Entweder das eine oder das andere! Es gibt aber physikalische Gegenstände wie Elektronen oder Photonen, die beides zugleich oder beides zugleich nicht sind, die sich manchmal wie Teilchen und manchmal

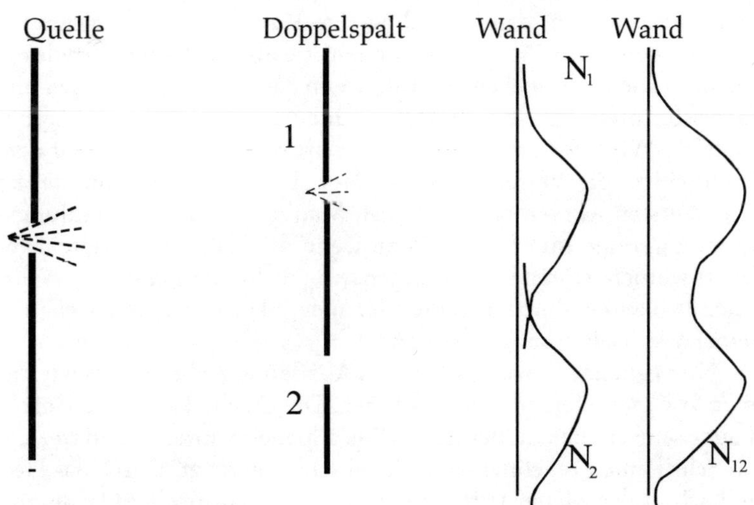

Abbildung 1: Streuung von Teilchen

wie Wellen verhalten. Oder, besser gesagt, in mancher Hinsicht verhalten sie sich wie Teilchen und in mancher wie Wellen, die man deshalb auch nicht gut Gegenstände nennen kann. Insbesondere bedeutet dies, daß sich Elektronen auf keiner genauen Bahn bewegen, obwohl, wenn man sie mißt, sie nicht wie Wellen über einen gewissen Bereich verbreitet sind, sondern an einem ganz bestimmten Punkt angetroffen werden. Wie das zugeht und wie verwunderlich es ist, das zu sehen, macht das Experiment mit dem Doppelspalt deutlich.

Die Abbildung 1 zeigt das Verhalten von beliebig gewählten Teilchen. Wir können Schrotkugeln nehmen oder auch Erbsen, die fest und elastisch sind, um beim Aufprall nicht zu zerplatzen. Alle Teilchen kommen in beliebiger, zufälliger Streuung aus einem Loch, das hier die Quelle genannt wird. Sie fliegen auf eine Platte zu, die zwei Löcher hat, die beide mit einem Schieber geschlossen und geöffnet werden können. Zuerst sei das Loch 2 geschlossen, das Loch 1 offen, so daß alle Teilchen, die überhaupt die Platte passieren, durch das Loch 1 gekommen sein müssen. Da sie nun auch am Rand des Loches abprallen können, ergibt sich die Kurve N_1 für die Häufigkeit, mit der sie auf einem Wandschirm, der hinter der Platte aufgestellt ist, eintreffen. Natürlich muß man sehr viele Erbsen oder Kugeln verschießen, und zwar einzeln, bis man die Verteilungskurve N_1 zu sehen bekommt. Auch sollte die Quelle einigermaßen weit vom Doppelspalt entfernt sein, damit die hügelige Kurve in der gezeichneten Form erzeugt wird. Aber dann entsteht sie als Gaußsche Verteilung, genau so wie im umgekehrten Fall, wenn das Loch 1 geschlossen und das Loch 2 offen ist. Nun öffnen wir für eine dritte Serie beide Löcher zugleich. Wir bekommen, was wir erwartet haben, nämlich auf dem Wandschirm die Verteilungskurve N_{12}, die einfach die Summe der beiden ersten Kurven N_1 und N_2 ist. Man nennt das eine Häufungsverteilung ohne Interferenz. Denn wenn die Teilchen einzeln abgefeuert werden, stören sie sich gegenseitig nicht, das heißt ihre Wahrscheinlichkeiten, durch das eine oder andere Loch zu gehen, stehen in keiner Wechselwirkung miteinander.

Nun gehen wir zu den Wellen in Abbildung 2 über, wobei wir uns etwa Wasserwellen vorstellen können. Die Quelle kann eine Hafenmauer sein, in die ein kleines Loch geschlagen wurde und hinter der ein Schiff einen regelmäßigen Wellenschlag erzeugt. Durch das kleine Loch in der Mauer tritt eine Welle in Kugelform heraus, die mit der Zeit auf einen Schirm trifft, den wir uns am besten als eine zweite

Hafenmauer vorstellen, diesmal mit zwei Öffnungen, die jeweils verriegelt werden können. Hinter dieser Mauer entstehen wieder Kugelwellen, deren Intensität I wir messen, nämlich die Höhe des Wellenberges. Sie hat zwar nach der Brechung an zwei Mauern schon entschieden nachgelassen, aber wenn sie zu Anfang groß genug war, ist sie noch meßbar. Wir halten zunächst wieder das Loch 2 zu. Dann ergibt sich die Intensitätskurve I_1, umgekehrt die Kurve I_2. Sind nun beide Löcher geöffnet, entsteht nicht etwa die Summe von I_1 und I_2 wie im Falle der Teilchen, sondern eine Kurve I_{12} mit einer komplizierten Form. Diese kommt durch Interferenz zustande, das heißt durch die Überlagerung von Wellen. Trifft ein hoher Wellenberg auf einen hohen Wellenberg, dann verstärken sich beide, ebenso wie bei zwei tiefen Wellenbergen in die andere Richtung. Trifft aber ein hoher auf einen tiefen Wellenberg, dann löschen sie sich gegenseitig aus. Für die Interferenz gibt es bei den Teilchen keinen entsprechenden Vorgang.

Welle oder Teilchen. Das alles war bisher klassische Physik. Wenn wir aber jetzt Elektronen als Teilchen nehmen, ändert sich die Lage. Es ist möglich, Elektronen einzeln zu erzeugen und in einem Detektor hinter dem Schirm mit dem Doppelspalt zu registrieren, jedes Elektron

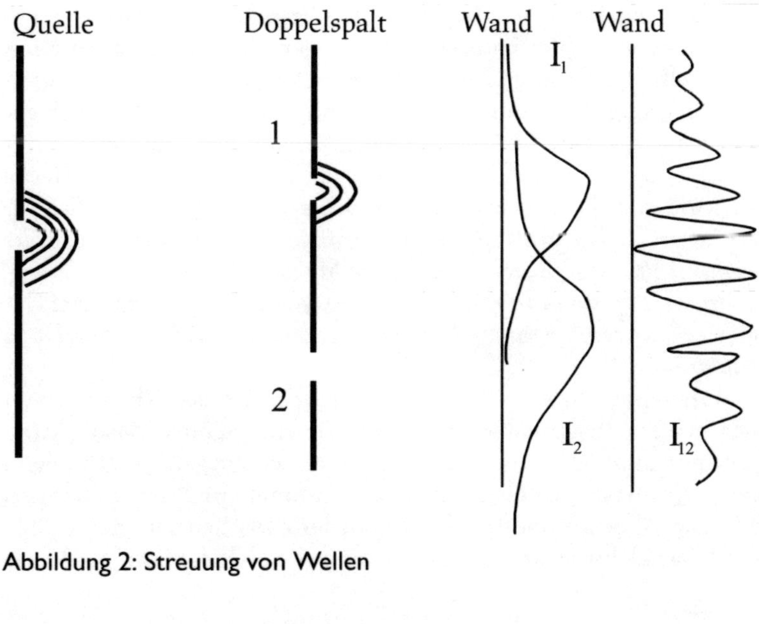

Abbildung 2: Streuung von Wellen

für sich. Das heißt, die Elektronen treffen Stück für Stück ein, so daß wir die Wahrscheinlichkeit für ihr Eintreffen wie bei den Teilchen messen können. Schließen wir den Schieber 2, entsteht die Kurve N_1, schließen wir den Schieber 1 und öffnen Loch 2, so entsteht N_2. Also erwarten wir, wenn beide Löcher geöffnet sind, das Ergebnis N_{12}, die Summe von N_1 und N_2. Aber weit gefehlt! Jetzt tritt das Erstaunliche ein: Die Kurve hat eine Form wie bei den Wellen! Sind beide Spalte offen, dann verhalten sich die Elektronen, als ob sie Wellen wären, obwohl sie einzeln durch die Löcher gehen. Was ist nun ein Elektron? Eine Welle oder ein Teilchen? Weder noch oder beides zugleich, muß die Antwort lauten. Offensichtlich weiß das Elektron in mehreren Metern oder auch vielen hundert Kilometern Entfernung, ob der winzige andere Spalt offen ist oder nicht. Bei einer Schrotkugel oder einer Erbse haben wir im Alltag nicht den Eindruck, daß sie eine Information darüber besitzen, ob ein paar Kilometer weiter ein Tor offen steht oder nicht. Niemandem ist es bisher gelungen, dieses Paradox aufzuhellen. Es kann wohl auch niemandem gelingen, denn das Phänomen zeigt die Grenze des Begriffs an, also die Grenze unseres Vermögens, Fragen zu stellen, die mit Ja oder Nein beantwortet werden können.

Als Heisenberg zusammen mit Bohr und einigen anderen die Quantentheorie begründete, begriffen sie bald, daß durch sie unserer Fähigkeit, der Natur mit Experimenten beizukommen, Grenzen gesetzt werden. Galilei hatte zu Anfang der Neuzeit das Programm aufgestellt, die Natur zu zerschneiden,[13] Descartes dachte in der gleichen Richtung, und Kant hat das Verfahren Galileis ausdrücklich gelobt, denn der Forscher, sagt er, darf, ja muß sogar die Natur mit seinen Fragen nötigen. *Als Galilei seine Kugeln die schiefe Fläche mit einer von ihm selbst gewählten Schwere herabrollen … ließ …; so ging allen Naturforschern ein Licht auf. Sie begriffen, daß die Vernunft nur das einsieht, was sie selbst nach ihrem Entwurfe hervorbringt, daß sie mit Prinzipien ihrer Urteile nach beständigen Gesetzen vorangehen und die Natur nötigen müsse, auf ihre Fragen zu antworten …*[14]

Wir sehen mit dem Doppelspaltversuch, daß sie nicht antwortet oder, besser gesagt, daß sie antwortet wie eine Sphinx. Das Elektron kann nur durch das eine oder das andere Loch gegangen sein, denn wenn wir messen, ist die ganze Energie immer auf einem Punkt versammelt. Aber wo war das Elektron in der Zwischenzeit? Keine Antwort! Das Elektron weiß zugleich, wenn es durch das Loch 1 geht, ob das Loch 2 geöffnet ist, obwohl der Abstand mehrere Meter oder mehrere Lichtjahre betragen kann. Denn es verhält sich anders, wenn das andere Loch offen ist. Wie ist das möglich? Hat das Elektron keine einfache objektive, gegenständliche Existenz? Andererseits ist es unmöglich, mit Sicherheit vorherzusagen, durch welches Loch es sich bewegt, wenn beide Schlitze offen sind. Damit gilt aber das Kausalgesetz nicht mehr vollständig, wie der junge Heisenberg 1926 sofort gesehen hat. Mit anderen Worten: Nicht alle Bewegungen in der Natur sind durch Ursachen bestimmt, oder noch anders gesagt: Die Zukunft ist nicht vollständig in der Gegenwart enthalten, wenn auch viele Ereignisse der Zukunft von Ereignissen der Gegenwart oder der Vergangenheit abhängen. Oder noch anders gesagt: Nicht alle Wirklichkeit ist Natur. Um das zu sein, müßte sie alle ihre Ursachen in sich selbst tragen.

Verborgene Parameter? Längere Zeit hatte man gemeint, die Theorie der Elektronen sei noch nicht vollständig, es gäbe *verborgene Parameter*, die bisher noch unbekannt seien und die es erlauben würden, mit Sicherheit das Loch im voraus zu benennen, durch welches das abgeschossene Elektron fliegt. Besonders Einstein hat die Meinung bis zum Lebensende nicht aufgegeben. Aber diese Möglichkeit schied nach vielen Versuchen, solche Parameter zu finden, endgültig aus. Denn die Unmöglichkeit der Vorhersage beruht nicht auf einem Mangel an genauem Wissen. Die schiere Unmöglichkeit ist mit der Situation des experimentierenden Fragens sofort gegeben, denn das Zerschneiden, das für die Wissenschaft unvermeidlich ist, verändert zugleich die Wirklichkeit. Es präpariert sie zur Natur, weshalb eben gilt, daß nicht alle Wirklichkeit bloße Natur ist.

EPR–Paradoxon. Einen erstaunlichen und bis heute immer aufs neue wiederholten Versuch, am objektiven Bild der Natur festzuhalten, hat Einstein 1935 mit seinen beiden Mitarbeitern Podolsky und Rosen unternommen, weshalb ihr Gedankenexperiment auch EPR–Paradoxon genannt wird. Einstein hat damit nicht eigentlich die Quantentheorie widerlegen, sondern nur sich selbst und aller Welt die absurden Konsequenzen der Theorie vor Augen führen wollen. Das EPR–Paradoxon bringt ans Licht, daß die Quantentheorie den alltäglichen und wissenschaftlich üblichen Begriff der Realität aufhebt, wie wir ihn gebrauchen, um vernünftig über die Welt sprechen und sinnvoll in ihr handeln zu können. Genau besehen, so die notwendige

Folge der Theorie, kann kein Ereignis und kein Gegenstand allein für sich behandelt werden, sondern jedes Ereignis steht mit allen anderen Ereignissen im Universum in einem nicht aufhebbaren Zusammenhang. Das aber heißt, daß kein Ereignis sich letztlich auf nur einen Ort lokalisieren läßt, sondern mit allen anderen Orten zugleich verbunden ist.

Einstein hatte nun einmal die Entscheidung getroffen, daß die Natur objektiv sein müsse und daß es keine Wirklichkeit geben dürfe, die nicht Natur ist. Das war eine vielleicht zu enge metaphysische Vorentscheidung! Aber es ehrt ihn, daß er die Bedrohung erkannt hat, die von der Zeugin Natur gegen seine Weltdeutung ausgesprochen wurde. Er hat den Spruch verstanden, wenn er auch immer auf dessen Revision in höheren Instanzen gehofft hat. Bis zu seinem Lebensende und bis heute vergebens! Von den jungen Leuten um Heisenberg wurde das EPR-Gedankenexperiment schon früh als das erkannt, was es ist. Sie spotteten: *Jetzt sehen wir, daß auch Einstein die Quantentheorie verstanden hat. Nur schade, daß er sie nicht mag!*[15]

Neue Experimente. Es werden bis heute immer wieder neue und verfeinerte EPR-Experimente zur Nichtlokalität der Quantenphysik unternommen. Die Nichtlokalität, sagte Einstein, spricht allem überlieferten Wirklichkeitsverständnis Hohn! Es soll nicht wahr sein, daß sich ein Teilchen an einem bestimmten Ort befindet? Es soll statt dessen wahr sein, daß sich zwei Teilchen über *beliebig* große Entfernungen hinweg *augenblicklich* beeinflussen können? Sind also die beiden Teilchen in Wahrheit nur ein Teilchen, auch wenn sie Millionen von Kilometern auseinander liegen? Eben das sagt die Quantentheorie. Mit dem EPR-Gedankenexperiment wollte Einstein zeigen, daß die Welt verrückt ist, wenn die Quantentheorie im Recht ist. Nun hat es schon viele Bestätigungen dieser verrückten Welt gegeben, etwa durch John S. Bell im Jahre 1964. Aber die Reihe der Beweise bricht nicht ab. Vor einiger Zeit ist an der Universität Rochester ein neues Experiment zum EPR–Argument durchgeführt worden, wieder mit dem gleichen Ergebnis, das der Intention Einsteins und der EPR–Argumentation widerspricht.[16] Dieses Ergebnis einer ohne zeitliche Verzögerung miteinander verbundenen Welt steht nicht im Gegensatz zur Relativitätstheorie, nach der sich Licht höchstens mit Lichtgeschwindigkeit ausbreiten kann. Diese Theorie bleibt gültig. Denn wenn sich auch hier augenblicklich Wirkungen über Millionen von Kilometern ereignen, so ist das doch keine Bewegung im physikalischen Sinne, sondern sie ist a-kausal, ohne Grund gegeben, denn die Geltung der Kausalität schränkt sie gerade ein. Entsprechend kann man diesen Ganzheitseffekt der Physik auch nicht zu einer Datenübertragung benutzen, die schneller wäre als das Licht. Also muß man sagen, was Niels Bohr wiederholt gesagt hat: *Denn wenn man nicht zunächst über die Quantentheorie entsetzt ist, kann man sie doch unmöglich verstanden haben.*[17] Einstein war außerordentlich entsetzt über die Quantentheorie, hatte also nach dem Worte Bohrs wirklich die Chance, sie verstanden zu haben. Aber als Frucht seiner wirklichen Erkenntnis hat er immer neue Experimente ersonnen, um sie widerlegen zu können und nicht mehr verstehen zu müssen. *Die Tragik dabei war, daß alle diese Versuche nur zu einem immer besseren Verständnis der Interpretation der Quantenmechanik und damit zu ihrer Stützung beitrugen.*[18] Nicht nur sich selbst kam Einstein tragisch vor, seine Lage machte auch nach außen diesen Eindruck. Pure Größe, die andere Größe nicht anerkennen kann!

Einstein cuckoo. Es zeigt den Rang Einsteins, daß er wirklich verwirrt war. Sein Leben geriet durch die Quantentheorie in Unordnung. J. Robert Oppenheimer hielt sich 1934 einige Zeit in Princeton auf, wo Einstein am Institut for Advanced Study arbeitete. Ziemlich spöttisch, aber doch auch in Anerkennung der Leistungen Einsteins, schreibt er am 11. Januar 1935 an seinen Bruder Frank: *Einstein is completely cuckoo! – Einstein ist völlig verrückt*! Etwas später urteilt er genauer über die Versuche nachzuweisen, daß die Quantentheorie wegen innerer Widersprüchlichkeit wertlos sei: *Niemand hätte dabei genialer vorgehen und sich verblüffendere Beispiele ausdenken können. Es stellte sich aber heraus, daß es solche Widersprüche nicht gab, und oftmals konnte deren Auflösung sogar in Einsteins früheren Werken entdeckt werden. Als dies nach wiederholten Bemühungen nichts fruchtete, konnte Einstein nichts mehr sagen, als daß er die Theorie trotzdem ablehne.*[19]

1.3 Das deterministische Chaos

In der Physik und in vielen verwandten Gebieten hat eine Vorstellung große Beliebtheit gewonnen, mit der die Verstörung vermieden werden soll, die von der Quantenphysik und ihrer Auflösung der

Kausalität ausgeht: Das ist die Vorstellung des deterministischen Chaos. Mit diesem Chaos ist ein Komplex von natürlichen Vorgängen gemeint, die sich zwar oftmals unübersichtlich verhalten, die aber gleichwohl deterministisch sein sollen, so daß nur unser Wissen das Gewirre nicht zu durchdringen vermag, eigentlich aber alles nach festen Regeln abläuft. Die Betonung des Determinismus soll vor allem übernatürliche Eingriffe abwehren, also Eingriffe von einer Wirklichkeit, die nicht Natur ist. Lange Zeit hatte man in der Physik gemeint, die Eingriffe durch komplette rechnerische Voraussagen vermeiden zu können, aber dieses Mittel hilft nicht mehr. Die Natur ist zwar nach klassischem Sprachgebrauch der Naturwissenschaft genau das, was begriffen werden kann, im Gegensatz zur Transzendenz Gottes, die sich nur offenbaren kann, aber mit dem Chaos wird der Begriff der Natur jetzt gerade in umgekehrter Weise gebraucht: Auch das, was nicht erklärt und nicht unter ein Naturgesetz gebracht werden kann, soll noch einmal der Natur zugeschlagen werden, so daß der Grundsatz weiterhin gewahrt bleibt: Alle Wirklichkeit ist Natur.

Henri Poincaré (1854–1912). Am Anfang vom Ende des Determinismus steht die Entdeckung des französischen Mathematikers und Physikers Henri Poincaré. Er war ein großer Rechner und fand die Grenzen der Berechenbarkeit in der von Laplace entwickelten Himmelsmechanik heraus: Wenigstens praktisch ist der ungehinderte Blick in die Zukunft nicht zu realisieren. Die in den Weltsystemen von Newton, Laplace und Maxwell erträumte Errechnung der Zukunft, die in den Planetenbestimmungen so große Triumphe gefeiert hatte, ist mathematisch prinzipiell nicht möglich. Ob die zukünftigen Planetenpositionen auch physikalisch unbestimmt sind, blieb bei Poincaré offen, da er bei seinen Rechnungen die Quantentheorie noch nicht einbezogen hatte. Der titanische Traum der Laplaceschen Superintelligenz (vgl. oben S. 14) scheitert am sogenannten Dreikörperproblem. Das ist die berühmte Entdeckung Poincarés. Laplace hat bekanntlich an den Determinismus geglaubt und daraus folgend an die vollkommene Prognose aller Ereignisse, nach vorn in die Zukunft, zugleich auch, was weniger wichtig ist, zurück in die Vergangenheit, über alle Zeiten hinweg! Als Modell diente ihm der Umlauf der Planeten um einen Zentralstern. Er meinte, wenn schon alle Planeten nach den übersichtlichen Gesetzen der Himmelsmechanik umlaufen, dann sollen sich auch alle Atome und alle anderen Teilchen, also alles, was es gibt, ebenso übersichtlich bewegen.

Abhandlung von 1889. Das Fatale für ihn war, daß es schon bei Planeten nicht stimmt, was er aber noch nicht wußte. Es stimmt nur bei einem vereinfachten Modell von zwei Körpern, also etwa bei *einem* Zentralgestirn und *einem* Planeten. Poincaré schrieb 1889 die Abhandlung *Sur le problème des trois corps et les équations de la dynamique.*[20] In dieser Schrift über das Problem dreier Körper zeigte er, daß es unlösbar ist. Das heißt, für zwei Körper im Schwerefeld eines dritten ist die zukünftige Bewegung im voraus nicht zu bestimmen. Durch eine beliebig kleine Abweichung zu Anfang können beliebig große Abweichungen am Ende erzielt werden. Beim Zweikörperproblem ist das anders. Nur gibt es realerweise keine zwei Körper im Universum, sondern immer sehr viele, und ein vereinfachtes Modell ist für die *genaue* Berechnung der Zukunft nicht ausreichend. Wenn beliebig kleine Abweichungen zu Anfang beliebig große am Ende ergeben, wird die mechanische Physik philosophisch uninteressant. Jedenfalls läßt sich der metaphysische Determinismus mit ihr nicht beweisen, wie man bis dahin gemeint hatte. *Bis zu Poincaré nahm man stillschweigend an, daß alle dynamischen Systeme integrabel seien. 1889 zeigte Poincaré jedoch, daß es generell unmöglich ist, eine kanonische Transformation (unter Beibehaltung der Form der Hamilton-Gleichungen) zu erhalten, die zu zyklischen Variablen führt. Ein Zweikörpersystem wie das System Erde-Sonne ist in diesem Sinne integrabel, aber wenn ein dritter Körper hinzukommt (etwa das System Erde-Jupiter-Sonne), ist es nicht mehr integrabel. Die überwältigende Mehrheit aller dynamischen Systeme ist also nicht-integrabel!*[21]

Psychische Blockade. Mir scheint, daß viele Leute in dieser Situation einen Ausweg suchen und deshalb von der Chaostheorie begeistert sind. Sie stehen *physisch* und *psychisch* unter einer Blockade. Mit Poincaré könnte man noch an den Determinismus glauben, ohne daß dieser Glaube irgendwelche Folgen für die Phänomene hätte. Der Determinismus wäre auf der Ebene der mechanischen Physik nicht nachprüfbar, er wird erst auf der Ebene der Quantenphysik einfach falsch. Gründe gibt es auch auf der mechanischen Stufe schon keine mehr für den Determinismus, außer eben den Wunsch, daß es so sei, wie man es haben möchte. Aber der Wunsch entspringt nicht wissenschaftlichen Gründen, sondern metaphysischen Bedürfnissen. Der Determinismus ohne reale Fähigkeit zur Vorhersage wäre damit Metaphysik in Reinkultur, die den Philosophen gern unterstellt wird.

Er wäre ein Wunschdenken, das nicht ein Phänomen der Natur erklärt, sondern ein Phänomen der Weltanschauung rechtfertigen soll. Deutlich zusammengefaßt kann man sagen: *Insgesamt liegt der Grund für das Entstehen der Chaostheorien in einem Mangel an philosophischer Reflexion.*[22] Natur kann man das nennen, was unseren rechnenden und prognostischen Begriffen zugänglich ist. Wäre nun alle Wirklichkeit bloße Natur, hätten wir eine deterministische Welt. Schon praktisch sind mit der Entdeckung Poincarés solche Prognosen nicht möglich. Wenn man den Zufall nur in die Ungenauigkeit unseres Wissens von den Anfangsbedingungen legt oder die Natur selbst mit dem Zufall ausstattet, dann sieht es so aus, als ob doch alles wieder Natur wäre, sowohl die Notwendigkeit, woran die klassische Physik glaubte, wie der Zufall, den man aus Not zur Natur hinzu nimmt. Aus deren Zusammenspiel sollen dann alle Bewegungen erklärbar sein, was gewiß richtig ist, wenn das Nichterklärte selbst zur Erklärung erhoben worden ist. Der Satz: *Alle Wirklichkeit ist Natur,* wäre dann gerettet. Die philosophische Bewußtlosigkeit solcher Konzepte zeigt sich an der Stelle, wo die Nichterklärung zur Erklärung erhoben wird. Wäre es nicht ehrlicher zu sagen, daß ab Poincaré die Erkenntnis dämmert, daß nicht alle Wirklichkeit Natur ist?

Und das letzte Argument, das man für das deterministische Chaos vorbringen könnte, wird durch die Quantenphysik aufgelöst. Dieses Argument lautet, daß bei *exakt* gleichen Anfangsbedingungen zwei gleiche Systeme sich auch für alle Zukunft exakt gleich verhalten werden. Damit wäre der Determinismus gerettet, da ja die Exaktheit eine festgelegte Zukunft besagt. Nur, so erläutern die Vertreter der Position weiter, ist eben praktischerweise die 15. Stelle nach dem Komma nicht genau festzustellen. Da beliebig kleine Abweichungen zu Anfang nach Poincaré zu beliebig großen am Ende führen können, ist das Verhalten eben chaotisch, wenn auch nach Wunsch determiniert.

Messung der 15. Stelle? Diesen surrealen Traum beendet die Quantenphysik. Sie weist nach, zum Beispiel in den jedes Jahr wiederholten und verfeinerten EPR–Experimenten, daß ein beliebig genauer Anfangszustand nicht existiert. Es ist also die 15. Stelle hinter dem Komma nicht nur nicht meßbar, sondern es gibt sie gar nicht! Das aber hat zur Folge, daß die Vorstellung vom deterministischen Chaos zwar einige Hinweise geben kann, aber zur Bewältigung der Lage der

Naturwissenschaft keinen Beitrag leistet. Ja, sie ist ein Versuch, die Lage zu verschleiern.

1.4 Die schwere Trauerarbeit

300 Jahre Objektivität. Der Biologe Jacques Monod schreibt in seinem Buch *Zufall und Notwendigkeit*, der Grundpfeiler der wissenschaftlichen Methode sei das Postulat der Objektivität der Natur. *Das Objektivitätspostulat*, heißt es dort, *ist mit der Wissenschaft gleichzusetzen. Es hat ihre außerordentliche Entwicklung seit dreihundert Jahren angeführt.*[23] Das ist ein bemerkenswerter Satz, der ein handhabbares Kriterium für die Gültigkeit oder Ungültigkeit der Wissenschaft aufstellt oder, besser gesagt, für ihre Reichweite. Mit dem Kriterium der Objektivität unterwirft Monod die Wissenschaft dem kontrollierbaren Entscheid, ob sie hält, was sie verspricht. Einen Glauben kann man immer neu interpretieren, er ist durch kurzfristige Erfahrungen nicht widerlegbar; ob Freud oder Leid, ob Tod oder Leben, alles kann von Gott kommen. Denn Gott ist das Ganze, und über das Ganze läßt sich kein Richter einsetzen! Aber die Überzeugung von der Objektivität der Natur scheint entscheidbar zu sein oder falsifizierbar, wie man mit Karl Popper sagen kann. An einen Entscheid hat Monod selbst wohl nicht gedacht, denn er hielt die Objektivität für so selbstverständlich, daß sie für ihn keiner Überprüfung bedürftig sein sollte. Was ist, das ist doch! Ist das nicht das Objektive? Ist das Sein nicht das objektiv Gegebene und das Objektive das Sein?

Die dreihundert Jahre meinen die Zeit von Galilei und Descartes bis heute. Diesen beiden Männern schreibt Monod die Begründung der analytischen und objektiven Methode in der Wissenschaft zu, womit er wohl eine allgemeine Überzeugung ausspricht. Dem Objektivitätspostulat gleichwertig zur Seite tritt das Kausalitätspostulat, also die Forderung, daß alle Bewegungen in der Natur nach dem Modell von Ursache und Wirkung zu beschreiben sind und auch beschrieben werden können. Leibniz (1646–1716) hatte diesem Ideal zu Anfang der Neuzeit mit seinem *Prinzip vom zureichenden Grunde*[24] einen genauen Ausdruck gegeben. Er forderte in diesem Prinzip, keine Tatsache als wirklich anzuerkennen, die nicht zugleich einen zureichenden Grund bietet, der die Tatsache so und nicht anders sein läßt, wenn uns auch diese Gründe meist nicht bekannt sind. *Unsere*

Schlüsse gründen sich auf zwei große Prinzipien. Das erste ist das Prinzip des Widerspruchs … Das zweite ist das Prinzip des zureichenden Grundes, in Kraft dessen wir der Ansicht sind, daß keine Tatsache wirklich oder existierend und auch keine Aussage wahr sein könne, ohne daß es einen zureichenden Grund dafür gäbe, daß jene so und nicht anders sei, wenn uns auch diese Gründe meist nicht bekannt sein können.

Die Ehrlichkeit Einsteins. Es wird ersichtlich, welch ein großer Druck auf den Wissenschaften liegt. Denn bei vielen nachdenklichen Leuten, und bei diesen sehr stark, aber auch bei vielen anderen, die in unserem Kulturkreis leben und der inzwischen die ganze Welt umfaßt, ist das Weltbild von der Entwicklung der Wissenschaften abhängig, also auch die Frage nach dem letzten Sinn und Ziel des Lebens, die Frage nach Gott. Es ist deshalb kein Wunder, wenn Einstein, der wußte, was auf dem Spiele stand, sich so halsstarrig zeigte und die Ergebnisse einfach nicht akzeptieren wollte. Es ist aber auch ein Zeichen seiner Ehrlichkeit, daß er den Zustand der Quantentheorie nicht akzeptieren konnte, ohne seine philosophische Überzeugung preiszugeben. Er hat schließlich Heisenberg für den Nobelpreis vorgeschlagen, obwohl ihm die ganze Richtung nicht paßte. Denn wenn er alles wirklich ernst nahm, sein Weltbild, die Quantentheorie und die Folgerungen daraus, alle drei Elemente, dann stimmen sie nicht zusammen. Weniger starke Naturen als er leugnen einfach die Konsequenzen, sie sprechen von verschiedenen, immer begrenzten Methoden oder von unterschiedlichen Sprachspielen und sehen keine Verbindung des einen mit dem anderen Bereich. So leicht machte es sich Einstein nicht.

Viele Leute, die sich mit der Philosophie der Naturwissenschaften beschäftigen, nehmen zwar ihr eigenes Weltbild ernst, andererseits auch das Weltbild der praktischen oder theoretischen Naturwissenschaften, aber die Verbindung des einen mit dem anderen Bereich ist bei ihnen oft nur schwach ausgebildet oder gar nicht vorhanden. Der Mensch ist von Natur aus stark in Meinungen, aber bei weitem nicht so stark in der Untersuchung seiner Meinungen, das heißt, er ist nicht sehr geneigt zu prüfen, ob seine Überzeugungen zusammen passen. Noch unlieber ist es ihm, sie überprüfen zu lassen. Philosophie heißt fragen, heißt weiterfragen. Das ist ein so anstrengendes Geschäft, daß wohl nur alle tausend Jahre ein Mensch wie Sokrates erscheint, der es aushält, mit dem Fragen nicht aufzuhören. Die Frageunlust führte praktisch dazu, daß das endgültige Ende für die deterministische Position immer wieder hinaus geschoben wurde, über Jahre und Jahrzehnte. Auch heute kann es immer neu ausgesprochen werden, ohne daß es in seiner Breite wahrgenommen wird. So ungläubig sind noch immer die Leute, daß sie es nicht fassen können! Der englische Physiker Paul Davies meinte 1986: *Bohr gewinnt, Einstein verliert.*[25] Das hindert ihn nicht, zehn Jahre später ein ganzes Buch Einstein zu widmen, das als Quintessenz wiederum nur dieses eine Ergebnis enthält: *Obwohl Einstein einen so außergewöhnlichen Ruf als Wissenschaftler hatte, blieb seine Ansicht die einer Minderheit, und heute, vierzig Jahre nach seinem Tod, haben verfeinerte Experimente Einsteins Position noch weiter geschwächt.*[26]

Das Rätsel um Einstein. Ich will hier nicht versuchen, das Einsteinrätsel zu lösen, die Frage also, warum er und nicht Bohr im 20. Jahrhundert zum Mythos der Wissenschaft aufgestiegen ist. Selbst ein ehemaliger Assistent und grenzenloser Bewunderer Einsteins ist in der gleichen Richtung erstaunt: *Die Relativitätstheorie war nicht die einzige wissenschaftliche Umwälzung des frühen 20. Jahrhunderts. Die Quanten-Revolution, ebenfalls Teil unseres Berichtes, spielte sich nahezu gleichzeitig ab und war noch radikaler als die Idee der Relativität, doch erregte sie nie solches Aufsehen und brachte auch keine so populäre Gestalt hervor wie die Relativitätstheorie.*[27] Obwohl sie radikaler war! Das ist ungewöhnlich, da sonst nur das Radikale für Aufsehen und Sensation sorgt. Vielleicht liegt die merkwürdige Scheu daran, daß die Selbstbeschränkung im Wissen, die von der Quantentheorie Bohrs und Heisenbergs ausgeht, nicht dem Geschmack der Zeit, nicht dem titanischen Grundzug der Neuzeit entsprach. Mehr, schneller, höher, besser, alles wissen, dann auch alles machen, das war der Grundzug der Neuzeit. Da dieses Verlangen von der Quantentheorie nicht bestätigt, sondern stark und grundsätzlich eingeschränkt wird, kann die Öffentlichkeit darüber nicht jubeln, so lange sie unbestimmt vom Programm der Neuzeit träumt. Dabei sind es gar nicht so wenige Physiker, die erkennen, welches Programm in ihrer Wissenschaft steckt und wie dieses Programm jetzt an eine Grenze gekommen ist, von der die Neuzeit nichts wissen wollte. Der bedeutende, sehr nüchterne und ehrliche Physiker Richard Feynman schreibt 1967: *Die Zukunft läßt sich nicht in die Karten schauen ... Das bedeutet, daß die Physik in gewisser Hinsicht die Waffen gestreckt hat, falls es ihr, wie jedermann annahm, ursprünglich darum ging, genügend herauszufinden, um die Entwicklung der Dinge in* *einer vorgegebenen Situation vorhersagen zu können.*[28] Die Zukunft vorher sagen zu können, ist der phantastisch anmutende und doch mit viel Realitätssinn gepaarte Versuch gewesen, das Programm von Descartes durchzuführen und den Menschen *zum Herrn und Meister über die Natur* einzusetzen.[29] Das war die Epoche der Neuzeit! Ein anderer Physiker, Edward Teller, der sich durch den Bau der Wasserstoffbombe einen dunklen Ruf erworben hat, schrieb 1991 ebenso, und sein Urteil ist in diesem Punkte nicht dunkel: *Die Unbestimmtheitsrelation hat unsere Sicht der Welt grundlegend verändert. Vor Heisenberg hielten wir die Vergangenheit für feststehend und unveränderlich und die Zukunft für mechanistisch determiniert. Nachdem Heisenberg sein Prinzip formuliert und alle seine Folgen aufgezeigt hat, betrachten wir die Vergangenheit noch immer als unveränderlich, die Zukunft aber als unbestimmt.*[30]

Grund des Scheiterns? Den Grund seines Scheiterns können wir heute, 45 Jahre nach dem Tod Einsteins, besser erkennen als damals. Äußerlich gesehen ist er an den mathematischen Schwierigkeiten gescheitert, eine grundlegendere Theorie als die Quantentheorie aufzustellen. Er suchte nach einem Entwurf, der nur kontinuierliche Größen und keine Sprünge mehr enthalten sollte. Die grundsätzliche Theorie sollte objektiv und kausal sein, so daß die Quantentheorie mit ihren Sprüngen auf den zweiten Platz verwiesen wäre, wodurch sie der mechanischen Philosophie keine Schwierigkeiten mehr bereitet hätte. Den Glauben an die verborgenen Parameter hat Einstein nie aufgeben können. Es war seine philosophische Entscheidung, daß es in der Natur keine Sprünge geben dürfe. Er wußte, daß sie metaphysisch bedingt und kein Ergebnis der Physik war. Einstein ist ein Beispiel dafür, daß auf dem Grunde der Metaphysikkritik oft eine wenig bewußte eigene Metaphysik zäh festgehalten wird, meist eine simplere Metaphysik als die kritisierte. *Natura non facit saltus,* die Natur macht keine Sprünge, war sein entschiedener Wahlspruch. So schon lautete ein Satz in der Scholastik und bei noch älteren Vorvätern und antiken Philosophen! Aber die Natur kümmert sich nicht um Sätze dieser Art, die dem Willen des Menschen zum Überblick entstammen, und springt doch.

Der Kern des Konflikts. Warum konnte Einstein die Denkweise des jüngeren Bohr nicht annehmen? Was war der Kern des Konflikts? Mein Versuch zur Antwort lautet: Weil er ein zäher Metaphysiker war, weil er in Grundsätzen denken konnte, weil er wußte, was auf dem Spiele stand. Es ging um den Begriff der Realität. Einstein dachte an etwas Objektives, Einfaches, Schlichtes, das unabhängig von der Wahrnehmung einfachhin gegeben sein soll. Bohr aber hatte den Gedanken nachvollzogen, daß alles Wissen von einem Wissenden gewußt wird. Das Wissen mag viele objektive Gehalte haben, es mag zum großen Teil aus Objektivität bestehen, aber immer ist es zugleich auch Wissen für jemanden. Wenn Objektivität gewußt wird, kommt im Wissen immer auch Subjektivität dazu. Was nicht heißt, daß jedes Wissen bloß subjektivistisch, also bloße Meinung ist. Die Quantentheorie war für Bohr die Bestätigung der begrenzten Möglichkeit menschlicher Erkenntnis, während Einstein in einem naiven Sinne titanisch dachte: Wir können alles wissen, wir wollen alles wissen, wir werden alles wissen! Damit wollte er selbst kein Titan sein. Aber in diesem Allwissen lag für ihn der wunderbare Trost der vollen gesetzlichen Harmonie alles Seienden, weshalb man nicht gar so böse sein muß mit der Bosheit der Leute oder mit dem Bösen in der Welt. Der Determinismus ist die Quelle der Heiterkeit und Gelassenheit im Leben Einsteins. In seinen späten Jahren schrieb er an den Dichter Hermann Broch, der ihm den Roman über *Vergil* zugesandt hatte: *Ich bin fasziniert von Ihrem Vergil und wehre mich beständig gegen ihn. Es zeigt mir das Buch deutlich, vor was ich geflohen bin, als ich mich mit Haut und Haar der Wissenschaft verschrieb: Flucht vom Ich und vom Wir in das Es …*[31]

Der Trost der Wissenschaft. Einsteins Entscheidung in dem großen Konflikt kam nicht aus der Physik, sondern aus der Metaphysik. Und Einstein wußte das. Soweit ernstes Streben zu ernsten Ergebnissen führen konnte, führte es in seinem Falle dazu. Es führte zu dem Ergebnis, daß er Unrecht hatte. *Das Streben nach Gewißheit in einer deterministischen Welt war der Versuch, den Glauben überflüssig zu machen.* So schmerzlich es für die säkularisierte Welt zu hören ist: Der Determinismus hat sich als unmöglich erwiesen. Nachdem die Säkularisierung die Welt außen siegreich durcheilt hat, hat sie sich gleichzeitig innerlich aufgezehrt, sie ist keine geistige Möglichkeit mehr. Wenn nicht alle Wirklichkeit Natur ist, dann ist die Transzendenz ursprünglicher als die Immanenz. Die Wissenschaft zeigt mit den Mitteln der Wissenschaft, daß in der Welt an entscheidenden Stellen Ereignisse auftreten, die mit den Mitteln der Wissenschaft nicht erfaßt werden können, ja die in überhaupt keinem verfügenden

Sinne festgehalten werden können. Sollte man dann nicht lieber umgekehrt sagen, daß diese über den Menschen verfügen und ihn festhalten?

Was ist zu tun? Das Ergebnis des Doppelspaltversuchs läßt sich in die Formel bringen: *Nicht einmal die Natur selbst weiß, welchen Weg das Elektron einschlagen wird.*[32] Wenn die Natur das nicht weiß, dann hat sie keine Identität. Sie *ist* nicht: Denn was Sein hat, muß Identität haben und wissen, was es tut. Natürlich hat die Natur viel Identität, nur eben keine letzte, die es erlauben würde zu sagen: *die Natur!* Deshalb wohl auch muß man sagen, daß Gott nicht die Natur ist. Jedenfalls ist die Natur, soweit wir sie kennen und kennen können, kein letzter Grund, also sollten wir sie nicht Gott nennen. Die sichtbare und begreifbare Natur einfach mit Gott, dem tragenden Grund alles dessen, was wir begreifen können, in eins zu setzen, ist eine Meinung, der die klare Erfahrung entgegen steht. Gott und Natur zu identifizieren ist falsch.

Die Grenze des Sprechens. An dieser Stelle kommen wir an die Grenze des Sprechens. Die Schwierigkeiten des redenden Sagens über letzte Gründe und Prinzipien werden deutlich. Eigentlich darf ich Gott hier keinen tragenden Grund nennen, denn durch die Quantentheorie sind wir gezwungen, die Kausalität für ein nur vorletztes Prinzip zu halten, also läßt sich auch das Wort Grund dafür nicht verwenden. Dennoch benennen Theologie und Glaube den Ursprung der Welt mit dem Namen Gott oder Schöpfer, gelegentlich auch mit dem Namen *Ursprung seiner selbst*, mit *Causa sui*. Also sollte auch Gott ein Grund sein. Aber er ist nur Gott, wenn er von ganz anderer Art ist, wenn er ein entzogener Grund ist, der Spiegel der Erwartung eines Grundes, wo kein Grund sein kann. Kann Gott als Ersatz die Lücke in der Kette der Kausalität schließen? Wenn damit ein neues Begreifen gemeint ist, dann natürlich nicht, dann würden nur all die alten Mißverständnisse mit dem Lückenbüßergott von neuem entstehen. Ein paralleler Anschluß an das Konzept der Kausalität der Wissenschaft entfällt. Die Theologie setzt nicht das Programm der Wissenschaften fort, wo diese *noch* Lücken hat, sondern knüpft an das Wissen um das Nichtwissen an, das die Wissenschaften *immer* haben. Dieses Nichtwissen erkennt die Theologie an.

Anknüpfung im Widerspruch. Wenn die Theologie von Gott als dem Grund und dem Schöpfer der Welt spricht und sich selbst recht versteht, dann tut sie es in einem anderen Sinne, durch eine Anknüpfung im Widerspruch. Das Wort *Gott* ist keine Weltformel, mit der die Theologie eine neue Erkenntnis den vielen anderen natürlichen Erkenntnissen hinzu fügt. *Was theologisch wie ein Mehrwissen aussieht, wenn wir sagen: Gott hat die Welt geschaffen, ist philosophisch ein Wenigerwissen.* Im Glauben steckt natürlich auch ein Wissen, aber es ist von einer seltsamen Art: Es ist das Wissen, daß man den letzten Grund nicht wissen kann. Solche Beschränkung entsprach natürlich nicht dem Geschmack Einsteins und vieler, die in der Neuzeit ähnlich dachten wie er. Mit ihnen fürchtete er um das Ende seines metaphysischen Traumes. Mitten in der Abwehr gegen die Quantentheorie schrieb er am 21. März 1942 an Cornelius Lanczos: *Sie sind der einzige mir bekannte Mensch, der dieselbe Einstellung zur Physik hat wie ich: Glaube an Erfaßbarkeit der Realität durch etwas logisch Einfaches und Einheitliches … Es scheint hart, dem Herrgott in seine Karten zu gucken. Aber daß er würfelt und sich ›telepathischer‹ Mittel bedient (wie es ihm von der gegenwärtigen Quantentheorie zugemutet wird) kann ich keinen Augenblick glauben.*[33] Glaube an die Realität, die völlig erfaßt werden kann! Das ist der Glaube an das Prinzip der Einheit von Wirklichkeit und Natur. Aber die beiden sind nicht eins, und Einstein hatte in grandiosem Ausmaß Unrecht. *›Gott würfelt nicht‹, das war ein Grundsatz, der für Einstein unerschütterlich feststand, an dem er nicht rütteln lassen wollte. Bohr konnte darauf nur antworten: ›Aber es kann doch nicht unsere Aufgabe sein, Gott vorzuschreiben, wie Er die Welt regieren soll.‹*[34]

Holismus der Quantentheorie. Von hier aus könnte man einen Blick auf die sogenannte New-Age-Bewegung werfen, die aus dem Holismus der Quantentheorie erwachsen ist. Auch sie versucht das Denken von den mechanischen und determinierten Kausalketten der klassischen Physik zu befreien, zu einem Denken, das kreativ genannt wird, eben weil die Natur selbst nicht für alle Ewigkeit festgelegt, sondern kreativ, ohne vorgegebenes Muster zu sein scheint. Einer ihrer Inspiratoren, Fritjof Capra, stellt sich gern als Schüler Heisenbergs vor, um damit die Quelle seines Denkens zu bezeichnen.[35] Wenn auch die Abkehr von dem Bild einer ein für allemal festgelegten Natur richtig ist, so ist es doch ein verworrener Traum, sich von den kreativen Kräften der Natur selbst Kreativität zu versprechen. Eine nicht festgelegte Natur vermag keine Freiheit und keinen Frieden zu vermitteln, also auch keine Kreativität. Sie zeigt im Zufall ihre doppelte Miene, ihr Janusgesicht, und das ist vor allem blind und gelegentlich auch böse, nämlich tödlich im Ausgang. Natürlich gibt es sehr viel Kausalität in der Welt und unabsehbar viel Determination, denn das Erscheinen von Vollmond und Neumond in tausend Jahren können wir heute schon exakt ansagen. Von der Einheit allen Seins zu schwärmen wie in der New-Age-Religion gibt nicht die Lösung an, sie erklärt nicht, wie die viele Nicht-Einheit, die aus Objektivität und Kausalität entsprungen ist, zusammen eine Einheit bildet.

Ruf Rousseaus. Freiheit, Friede und Leben gibt es letztlich weder durch die Natur, noch durch die Physik, noch durch sonst eine Wissenschaft. Es hat nur gelegentlich so ausgesehen in der Neuzeit. Der Ruf Rousseaus (1712–1778): *Zurück zur Natur*! ist getragen von dem Glauben an die Friedlichkeit und Freundlichkeit der Natur, die ihr weder praktisch noch theoretisch zukommen. Was keine Identität hat, kann auch keinen Frieden haben. Wenn also die Formel *Deus sive Natura* nicht gilt, dann hat die Natur den Frieden nicht, den die Neuzeit sich von ihr erhofft hatte. Das Wort Jesu im Johannesevangelium ist realistischer: *Frieden hinterlasse ich euch, meinen Frieden gebe ich euch; nicht einen Frieden, wie die Welt ihn gibt, gebe ich euch.*[36] Hat der Versuch der Neuzeit, den Frieden auf die Natur oder auf die Wissenschaft zu gründen, nicht enorme Katastrophen hervor gebracht, zumindest sie nicht verhindert? Ist von der Natur und von der Welt künftig Frieden zu erwarten? In der Natur herrscht die Konkurrenz. Und auch darauf läßt sich ein leicht abgewandeltes Wort Jesu anwenden: Wer die Konkurrenz zum Prinzip erhebt, wird durch die Konkurrenz umkommen.

Persönliche Befreiung. Für mich waren diese Erkenntnisse, nachdem ich in der Schulzeit mit der Milch des sicheren Szientismus und dem Honig des ewigen Fortschritts ernährt worden war, die Erlösung von einem schweren Druck. Es war ganz so, als ob mir ein schwerer Alb von der Brust genommen würde. Naturwissenschaft ist schön, aber der Szientismus, der so häufig damit verbunden ist, der Universalitäts- und Unfehlbarkeitsanspruch ist nicht schön, er lag wie ein Eisenpanzer auf meiner Brust. Wenn aber Natur endlich ist, dann kann auch die ganz andere Stimme der Eingebung in mir wahr sein: Gott der Unendliche zeigt sich nur beschränkt in der Weise der Natur und der Wissenschaft. Er bedient sich der Natur, aber er ist nicht die Natur; die Natur ist als Schöpfung sein Organ. Ich konnte dann sehen, daß der Glaube etwas anderes ist als unzureichendes Wissen. Ich konnte meiner Intuition trauen, daß das Rätsel des Daseins zu lösen ganz andere Mittel erfordert als die wissenschaftlichen. Nur wenn es den Gottesunterschied gibt, nur wenn es den Abstand von Gott und Natur gibt, kann diese Stimme in mir echt sein. Ja, noch mehr, ich konnte den Glauben der Kirche in Freiheit und Verantwortung wählen, ohne mich vor der wissenschaftlichen Vernunft fürchten zu müssen, womit die Gewissen von Schülern staatlicher Schulen am Leitfaden geführt werden. Der Glaube erschien mir als die Erlösung aus den Aporien der menschlichen Vernunft und als Lob der Vernunft, wenn sie wirklich vernünftig ist.

Wenn ich mich recht erinnere, erhielt ich zu Weihnachten 1969 die Autobiographie von Werner Heisenberg mit dem Titel *Der Teil und das Ganze*[37] geschenkt, nicht ganz zufällig wahrscheinlich, sondern mit freundlichen Hinweisen auf die Wünschbarkeit des Titels. Was ich da und dort gehört hatte, schien mir ganz danach angetan zu sein, Hoffnungen darauf zu setzen. In diesem Buch fand ich die Umwälzung beschrieben, die mich vom Druck des Wissenschaftsglaubens befreit hat. Ich erinnere mich, mit welch heißem Herzen ich den Dialogen gefolgt bin, in denen Einstein, Heisenberg, Bohr und viele andere Wahrheit und Wirkung der großen Entdeckungen diskutieren. Die Bedeutung leuchtete mir sofort ein: Wenn irgendwo die Entscheidung über die Tragweite der Wissenschaft fallen würde, dann hier. Auch allen Beteiligten war klar, daß die Quantentheorie im 20. Jahrhundert weit über bloße Meinungen hinausgeht, daß sie selbst in der Philosophie und Religion von großer Bedeutung sein wird. Heisenberg betonte diskret, aber deutlich, daß das entscheidende philosophische Ereignis des 20. Jahrhunderts in der Physik geschehen ist. *Die moderne Atomphysik hat grundlegende philosophische, ethische und politische Probleme neu zur Diskussion gestellt, und an dieser Diskussion sollte ein möglichst großer Kreis von Menschen teilnehmen.*[38] Ich ahnte auch etwas von der Größe und dem Heroismus Einsteins, der in der Entscheidung steckt, sich der Wissenschaft als Religion zu verschreiben, aber ernsthaft kam eine solche Entscheidung für mich nicht mehr in Frage. Die größere Wahrheit sieht anders aus, als Einstein gemeint hatte. Damit mußte auch der Weg der Lösungen oder der Erlösung ein anderer sein. Wissen und Wissenschaft können nicht das letzte Wort sein. Die Weisheit ist eine Gabe von jenseits der Natur, eine göttliche Gabe also, deren Organ gelegentlich das Wissen sein kann, es aber oftmals nicht ist. Und immer dann verfehlt das Wissen seinen Sinn, wenn es meint, vom Wissen des Teils zum Wissen des Ganzen aufsteigen zu können.

Die letzte Entscheidung. Es dauerte noch eine Weile, einige Jahre, bis auf die gedanklichen Ereignisse die biographischen folgen konnten. Ja, ich studierte erst mit Freude und Genuß einige Jahre lang Mathematik und Physik, da sie für mich keine Religion mehr waren. Ich hatte den Eindruck, als hätte ich das Brett der Wirklichkeit an einer dicken Stelle angebohrt und wäre durchgekommen. Schon damals stand für mich fest: Wenn Gott und die Welt nicht eins sind, dann kann es keine Weltformel geben, dann kann ich den Grund der Welt nicht ergreifen und begreifen. Wenn überhaupt eine Beziehung zum letzten Grund möglich ist, dann höchstens umgekehrt: Nicht ich ergreife Gott, sondern Gott ergreift mich. Daß diese ergreifende Tat in Christus geschehen ist, schien mir das Annehmbarste zu sein, was mir die Weltgeschichte bis heute anzubieten hat. Alles in allem mit einem Satz zusammengefaßt: *Da es keine Weltformel gibt, konnte ich mich in Gehorsam dem nächsten katholischen Bischof unterstellen.*

Das war immerhin Jahrzehnte später, nachdem man längst wissen konnte, daß die Wissenschaft nicht geeignet ist, ein angemessenes Bild der Welt zu liefern. Auf der Ebene des Alltages, der Öffentlichkeit und selbst noch im Kopf vieler Wissenschaftler blieb die Vorstellung aber noch immer die alte: *Die Religion tritt ab, die Wissenschaft übernimmt die Leitfunktion. Die phantasievollen religiösen Mutmaßungen werden durch Gewißheit und kontrollierte Wahrscheinlichkeiten ersetzt.* Im Gegensatz zu der stürmischen Zunahme im Einzelwissen blieb das vermeintliche Grundwissen fast unbewegt. Nur ganz langsam, mit einer Jahrhundertverzögerung, kommt jetzt etwas Bewegung in die geistige Landschaft. Wer einmal aufmerksam geworden ist, erkennt schnell, welch einem Muster ein Autor anhängt, der über das Verhältnis von Naturwissenschaft zu Theologie und Philosophie scheibt. Ist es das alte Paradigma der Neuzeit, das der Wissenschaft die geistige Führung sichern soll, oder erkennt der Autor, was den Anspruch der Naturwissenschaft auf ein partikulares Wissen eingeschränkt hat?

Ich führe ein erstes Beispiel an, ein Buch aus dem Jahr 1999 mit dem Titel: *Der Faktor Gott.* Auf den ersten Seiten, schon im Eröffnungsdialog, steht die entscheidende Erkenntnis, die als Säule das ganze Buch trägt. Sokrates, der Meister des endlosen Fragens, hat inzwischen Quantentheorie gelernt, und stellt an den Jünger des Wissenschaftsglaubens die entscheidende Frage: Kann ich wissen, wo ein bestimmtes Elektron ist und mit welcher Geschwindigkeit es sich wohin bewegt?[39] Eigentlich hat es Sokrates nicht nötig, 2500 Jahre zu warten, bis er im 20. Jahrhundert zu seinen Argumenten kommt. Von den Widersprüchen begrifflichen, also wissenschaftlichen Denkens wußte er damals so viel wie wir heute, vielleicht noch etwas mehr. Eher stehen wir hinter ihm zurück und haben von ihm noch viel an Skepsis über natürliches Wissen zu lernen. Denn er ist der Erfinder des Begriffs. Ein Begriff, sagt er, ist eine Definition, und eine Definition muß ausgrenzen und eingrenzen. *Finis* ist ein lateinisches Wort und heißt Grenze. Mit ihr wird die Wirklichkeit zerlegt. Was als Ereignis in das umgrenzte Feld gehört, fällt unter den Begriff, was nicht dahin gehört, fällt nicht unter ihn.

Warum konnte Sokrates schon damals das wissen, was heute erst die Quantentheorie und die Querele um den würfelnden Gott klar gemacht hat? Sein Ahnungsvermögen muß man sich gar nicht so mysteriös vorstellen. Wer den Begriff erfindet, oder wer versteht, was ein Begriff ist, der weiß auch, wozu er in der Lage ist. Ein Begriff begreift die Wirklichkeit, aber er begreift sie um einen hohen Preis: Er muß die Wirklichkeit zerlegen. Klassisches Beispiel: Regnet es oder regnet es nicht? Der Begriff kennt keinen Zwischenzustand, aber die halb feuchte oder halb trockene Wirklichkeit doch.

Beim Gebrauch der Begriffe ist keinesfalls von vornherein sichergestellt, daß ich die Wirklichkeit ganz und gar erkennen kann. Wieso auch? Woher weiß ich, daß die Wirklichkeit selbst zerlegt ist und sich nach den Möglichkeiten meiner Begriffe richtet? Möglicherweise ist sie so geartet wie meine Begriffe, möglicherweise aber auch nicht. Jedenfalls ist das nicht von vornherein klar. Eine glatte Beziehung zwischen Begriff und Wirklichkeit anzunehmen ist eine Naivität, von der wir im Alltag natürlich überzeugt sind. Für den Alltag reicht die Annahme einer Parallelität zwischen Begriff und Wirklichkeit meistens aus, nur eben an den Nahtstellen des Seins, des Lebens und des Geistes nicht. Einstein wird von allen Seiten als besonders naiv gerühmt, weil er ein Leben lang so unmittelbare Fragen stellen konnte wie ein Kind. Das hat ihn zu einer ungeheuer großen Erkenntnis gebracht, zu einer Teilerkenntnis der Wirklichkeit, eben so weit, wie sich diese Wirklichkeit zerlegen läßt. Aber insofern sie nicht zerlegbar ist, mußte er an ihr in demselben großen Maßstab scheitern, wie er gescheitert ist.

Logisch und philosophisch ist es nicht von vornherein auszuschließen, daß die Wirklichkeit vollständig zerlegbar ist. Sie hätte vielleicht so sein können, wie sich eine naive Erkenntnistheorie die Beziehung zwischen Erkennendem und Erkanntem vorstellt. Aber selbst ein vertonter Videofilm in Farbe bleibt immer eine Reduktion der Wirklichkeit und reicht nicht an sie heran. Das heißt, je mehr sich die Wirklichkeit zerlegen läßt, desto besser sind die Reproduktionen. Eine lebendige Stimme läßt sich nie vollkommen abbilden, wohl aber eine digital auf Silberscheibe gepreßte Stimme. Im digitalen Bereich gibt es keinen Unterschied zwischen Original und Fälschung mehr. *Das hat das 20. Jahrhundert zu einem so großartigen religiösen Abenteuer gemacht, daß es zugleich die vollkommene Reproduzierbarkeit gezeigt hat, nämlich für vollkommen zerlegbare Ereignisse, und zugleich die Unmöglichkeit, die Wirklichkeit jemals vollkommen in digitale Alternativen zu zerlegen.* Diese Unmöglichkeit bewiesen zu haben ist das Verdienst der Quantentheorie.

Deshalb mußte Sokrates im 20. Jahrhundert noch die Quantentheorie lernen, obwohl er von ihren Ergebnissen auf seine Art auch schon 400 Jahre vor Christus gewußt hat. Wer eine Grenze zieht, weiß, daß jenseits davon noch Land ist, ob es nun betretbar ist oder nicht. Wie die genaue Form der Grenze aussieht, das konnte Sokrates im 20. Jahrhundert lernen. Das macht die Neuzeit zu einer so einzigartigen Epoche: Sie hat die Lektion erzeugt, daß die Welt endlich ist und endlich bleibt. Oder was dasselbe ist: *Nicht alle Wirklichkeit ist Natur!*

2. Der Traum der Unendlichkeit in der Mathematik – Georg Cantors Entdeckungen

Das neue Paradies. *Aus dem Paradies, das Cantor uns geschaffen, soll uns niemand vertreiben können.*[1] Mit diesem geflügelten Wort hat David Hilbert (1862–1943), einer der einflußreichen Mathematiker des 20. Jahrhunderts, den glückhaften Zustand beschrieben, in den ihn die neue Mengenlehre versetzt hatte. Ein Leben lang war er stolz darauf, zu den frühen Anhängern Georg Cantors (1845–1918) und der Lehre von den Punktmengen gehört zu haben. Aber wie jedes rein irdische Paradies wurde auch dieser Garten Eden bald zu einer Hölle, die ihren Bewohnern viel Pein bereitete, zu einer mathematischen Hölle freilich: Es fanden sich Widersprüche, die nicht zu beheben waren. Das war die Vertreibung aus dem Elysium! Die berühmten Antinomien von Russell und anderen, von denen weiter unten die Rede sein wird, machen deutlich, daß man vom Endlichen aus zwar Berührung mit dem Unendlichen bekommt, aber keinen Einblick, geschweige denn einen Überblick. Cantor hat einige Strukturen im Unendlichen zu unterscheiden und zu erkennen gelehrt, aber in den Widersprüchen zeigte sich, daß der menschliche Begriff im Unendlichen doch nicht wirklich begreift, sondern ein Schattendasein führt. Was ist das für ein Schatten, aber was ist das auch für ein Licht, das diesen Schatten erzeugt? Warum hat das Hochgefühl Hilberts, daß *wenigstens dem mathematischen Verstande keine Schranken gezogen sind und daß er sogar die Gesetze des eigenen Denkens selbst aufzuspüren vermag,*[2] keine Bestätigung gefunden?

Nicht nur die poetische Rede vom Paradies gibt einen Wink, daß die Theologie in die Frage nach den Grundlagen der Mathematik verwickelt ist. Auch Cantor selbst hat ausgiebig die Unterstützung der Theologie und der Theologen gesucht, um sich der Existenz des *Aktual-Unendlichen,* wie er es nannte, zu vergewissern. Er wollte von Realitäten reden, nicht bloß von Gedankendingen. Er unterschied zwischen dem absolut Unendlichen, was eine Art Gottesname ist, und dem Aktual-Unendlichen, von dem seine Formeln handelten, eine Unterscheidung, die später bei Hilbert und den Vertretern der formalistischen Mathematik im 20. Jahrhundert weggefallen war. Wegen dieses Unterschiedes bekannte sich Cantor als gläubig und wollte die wissenschaftliche Elite *dem allein vernunftgemäßen Theismus wieder zuführen,*[3] während die nachfolgenden Mathematiker mehr oder weniger ungläubig waren, einige auch, wie etwa Bertrand Russell, militant atheistisch. Für sie war Gott ein Mathematiker oder, was das gleiche ist, für sie gab es keinen Gott. Denn Mathematik können sie selbst. Wenn aber die Differenz zu dem aufgehoben ist, was ich nicht bin, dann bin ich alles selbst. Der Abstand zum Absoluten ist weggefallen. Das heißt, die Aussage: Es gibt keinen Gott, ist das gleiche wie: Ich bin mir selbst mein Gott. Ähnlich war die Lage in der Physik: Albert Einstein verkündete den Grundsatz, daß Gott nicht würfeln darf. Denn wenn es den wesentlichen Zufall gibt, dann gibt es keine letzten Gesetze und die Distanz zur letzten Wirklichkeit bleibt auf ewig. Darauf konnte Bohr nur antworten, daß es nicht die Aufgabe des Physikers sei, Gott vorzuschreiben, wie er die Welt regieren soll. Wie die Physiker durch die Quantentheorie, so wurden die Mathematiker durch die Antinomien in der Mengenlehre aus dem Paradies vertrieben. Warum war auch hier der Garten Eden nicht zu finden? Warum stand auch an der Pforte der mathematischen Unendlichkeit der Engel mit dem Flammenschwert und wies alle Eindringlinge ab?

Das Gedächtnis der Theologie bewahrt eine Erfahrung auf, die im Leben ebenso häufig vorkommt, wie sie dort übersehen wird. Das Scheitern wird zwar erfahren, nicht aber auf den Begriff gebracht und anerkannt. Also wird das Scheitern immer neu erfahren. In der Sprache der Negativen Theologie lautet die Erfahrung so: *Wenn Gott existiert, dann existiert er nicht. Wenn er nicht existiert, dann erst kann er existieren, mehr sogar als alles, was sonst noch in der Welt zu existieren vorgibt.* Das ist der bekannte Satz aus dieser Tradition. Gott ist größer als alles, was gedacht werden kann, auch wenn er zugleich das größte ist, was gedacht werden kann. Die Erklärung des paradoxen Satzes ist einfach: Wenn ich sage: Gott existiert, dann würde er nach dem Muster dessen existieren, was ich als natürlicher Mensch für existent halte, also nach dem Muster von Tischen, Stühlen und Bierseideln. Das aber sind endliche und vergängliche Dinge. Wenn Gott auf diese Weise existierte, dann existiert er nicht, weil Gott dann nicht Gott wäre. Wenn er aber nicht auf diese Weise existiert, dann erst sind wir frei geworden zu fragen, ob überhaupt der Begriff der Existenz, den der endliche Mensch bilden kann, für letzte Wahrheiten ausreichend ist. Die Physiker und Mathematiker hatten in der Neuzeit auf solche Letztbegründungen einige Hoffnung gesetzt, aber keine davon realisieren können. Die Existenz einer Letztbegründung ist etwas anderes als die Existenz Gottes.

Urteil über Neuzeit. Dieses Kapitel über das Verhältnis von Theologie und Mathematik will zeigen, daß die Hoffnung auf Letztbegründung auch in der Mathematik nicht mehr besteht. Die Mathematik ist wie jede andere Wissenschaft die Spur eines Lichtes, nicht das Licht selbst. Das Kapitel läßt sich als Illustration zu einem strengen Urteil über die Neuzeit lesen: *Das Streben nach absoluter Gewißheit war der Versuch, den Glauben überflüssig zu machen. Dies hat sich als unmöglich erwiesen.*[4] Das Ergebnis wird am Ende lauten: Gott mag ein Mathematiker sein, aber nur für sich, nicht für mich. Er mag den Überblick haben, bei ihm auch mag absolute Gewißheit sein, aber nicht bei mir. Auf die Gewißheit Gottes kann ich mich stützen, auf meine nicht. Auf diese Weise wird die Gewißheit Gottes meine und bleibt doch seine. Denn wäre die Gewißheit ganz meine und nur die meine, wäre sie nicht mehr gewiß.

2.1 Cantors Entdeckungen

Verbot des Unendlichen. Wie kann man das Unendliche zählen? Einem normalen Menschen dürfte das so schnell kein Bedürfnis sein. Aber auch den Mathematikern ist es jahrhundertelang nicht in den Sinn gekommen. Das Endliche läßt sich zählen, gut, aber das Unendliche? Ist es nicht einfach die Möglichkeit, immer weiter zu zählen, immer noch einen Schritt in den Zahlen tun zu können? Was sonst noch? Die gleiche Antwort hat in genauer Analyse der Alltagsvernunft schon Aristoteles gegeben und mit dieser Ansicht großen Einfluß erlangt: *Da nun weder das Endliche das Unendliche, noch das Unendliche das Endliche, noch das Unendliche das Unendliche in endlicher Zeit durchläuft, so ist klar, daß es auch keine unendliche Bewegung in endlicher Zeit geben kann.*[5] Aristoteles lehnte es ab und mit ihm die nachfolgende philosophische Tradition, die Menge der natürlichen Zahlen als real existierende Gesamtheit anzusehen. *Infinitum actu non datur,* das Unendliche gibt es nicht wirklich. Das war der feststehende Grundsatz. Aristoteles dachte sich die Zahlen wirklich als Werkzeuge des Zählens, und dann ist es nicht möglich, unendlich viele Operationen *in endlicher Zeit* auszuführen. Kein Computer kann die Reihe der Zahlen

$$1 + 1/2 + 1/4 + 1/8 \ldots + (1/2)^n \ldots$$

tatsächlich zusammen zählen, obwohl die Summe sich immer mehr der Zahl 2 annähert.

Urteil von Gauß. Auch Carl Friedrich Gauß (1777–1855), neidlos von allen als Fürst der Mathematiker gepriesen, war entschieden der aristotelischen Auffassung: *So protestiere ich … gegen den Gebrauch einer unendlichen Größe als einer Vollendeten, welcher in der Mathematik niemals erlaubt ist. Das Unendliche ist nur eine Façon de parler.*[6] Das war in diesem Fall auch richtig, denn der Adressat des Protestes von Gauß wollte das Parallelenaxiom in der Euklidischen Geometrie beweisen, was nicht zu beweisen ist. Es steckt ein wahrer Kern in dem Verbot von Aristoteles bis Gauß, nämlich die Erkenntnis, daß endliche Begriffe nicht in der Lage sind, das Unendliche zu erfassen.

Wenn man sich die Wirksamkeit dieser Lehrmeinungen durch mehr als 2000 Jahre vor Augen hält, wird ersichtlich, welch eine geistige und seelische Leistung Georg Cantor vollbracht hat, als er gegen alle Üblichkeit doch im Unendlichen zu zählen anfing, also eine unendliche Größe wie eine normale Zahl gebrauchte und Rechenregeln für ihren Gebrauch aufstellte. Daß auch er selbst im Endlichen verblieb, sich nur raffinierter als alle anderen darin bewegte, um die Spur des Unendlichen zu bemerken, wird am Ende niemanden überraschen.

Sein erstes Ergebnis war, daß die Menge der rationalen Zahlen, das sind alle Zahlen der Form

$$0, \pm 1, \pm 1/2, \pm 1/4, \pm 3/4, \pm 2/3, \pm 5/8, \pm 7/8, \pm 2 \ldots \text{usw.},$$

nicht größer ist als die Menge der natürlichen Zahlen, also die Zahlen der Form

$$0, 1, 2, 3 \ldots \text{usw.}$$

Gleichmächtigkeit. Man sagt in diesem Fall, die beiden Zahlenmengen sind *gleichmächtig*. Die Überraschung liegt darin, daß eine echte

Teilmenge ihrer Ursprungsmenge in der Anzahl gleich sein soll. Bei endlichen Mengen ist das unmöglich. Eine Menge von fünf Äpfeln kann niemals mit einer Teilmenge von drei Äpfeln gleichmächtig sein. Will man eine Beziehung, der Mathematiker sagt, eine Funktion, zwischen ihnen stiften, so müssen immer wenigstens zwei Äpfel auf einen Apfel abgebildet werden. Bei den rationalen Zahlen **Q** (der Buchstabe kommt von Quotient), gelingt es aber dennoch, eine in beiden Richtungen eindeutige Beziehung zur Menge der natürlichen Zahlen **N** herzustellen, obwohl diese eine echte Teilmenge von **Q** ist. Man nennt eine Funktion, die eine eindeutige Beziehung in zwei Richtungen stiftet, doppelt eindeutig oder ein-eindeutig. Alle Mengen, die mit den natürlichen Zahlen in einer ein-eindeutigen Beziehung stehen, heißen abzählbar.

1. Diagonalverfahren. Das erste Ergebnis von Cantor aus dem Jahr 1874 lautet also: *Die Menge der natürlichen Zahlen* **N** ist mit der Menge der rationalen Zahlen **Q** gleichmächtig. Der Nachweis wird mit dem sogenannten ersten Cantorschen Diagonalverfahren geführt. Dieses Verfahren ist auch ohne mathematische Ausbildung gut zu verstehen. Man denke sich in einem quadratischen Schema alle rationalen Zahlen als Brüche aufgeführt:

0	→	1/1	–1/1	→	2/1	–2/1	→	3/1	...
		↓	↗		↙	↗		↙	
		1/2	–1/2		2/2	–2/2		3/2	...
		↓	↙		↗	↙		↗	
		1/3	–1/3		2/3	–2/3		3/3	...
		↓	↗		↙	↗		↙	
		1/4	–1/4		2/4	–2/4		3/4	...
		.							
		.							

Abzählbarkeit von Q. Wie die Pfeile zeigen, durchläuft man ein quadratisches Schema, das nach Zählern und Nennern geordnet ist und nach rechts und nach unten unbegrenzt wächst. Dabei werden diejenigen Brüche übersprungen, die schon einmal erfaßt sind. Weil natürlich 4/8 = 2/4 = 1/2 ist, wird die Zahl 1/2 nur beim erstenmal in die Reihe der Abzählung aufgenommen. Auf diese Weise wird jeder natürlichen Zahl *genau* eine rationale Zahl zugeordnet. Das Ergebnis lautet: Es gibt genau so viele natürliche wie rationale Zahlen. Man sagt: Die rationalen Zahlen sind abzählbar unendlich. Cantor hat ihre Mächtigkeit mit dem ersten Buchstaben aus dem hebräischen Alphabet bezeichnet und sie $\aleph_0$ oder Aleph–0 genannt.

In der gleichen Arbeit von 1874 beweist Cantor aber noch mehr.[7] Er fragt sich, ob es nicht Unendlichkeiten gibt, die umfassender sind als abzählbare Mengen. Gibt es überabzählbare Mengen? Die für ihn selbst überraschende Antwort war: Ja! Er wies nach, daß die Menge aller reellen Zahlen **R**, wozu etwa auch die Quadratwurzel $\sqrt{2}$ gehört, nicht in eine ein-eindeutige Beziehung zu den natürlichen Zahlen gesetzt werden kann. Auch dieser Beweis kann hier als Skizze gebracht werden. Es reicht, wenn man zeigt, daß schon für das offene Intervall (0, 1) aller Zahlen, die zwischen 0 und 1 liegen, keine eineindeutige Beziehung zu den natürlichen Zahlen, also keine Abzählfolge existiert. Der Beweis wird wiederum durch Widerspruch geführt und heißt das zweite Cantorsche Diagonalverfahren.

2. Diagonalverfahren. Wir nehmen einmal an, es gäbe eine ein-eindeutige Abbildung

$$n \rightarrow a_n, \; N \rightarrow (0, 1)$$

zwischen den natürlichen Zahlen und den reellen Zahlen zwischen 0 bis 1. Diese a_n sind dann gewissermaßen durchnumeriert und können in folgender Reihenfolge aufgeschrieben werden:

$$\begin{aligned} a_0 &= 0, a_{00}a_{01}a_{02}\ldots \\ a_1 &= 0, a_{10}a_{11}a_{12}\ldots \\ a_2 &= 0, a_{20}a_{21}a_{22}\ldots \\ &\cdot \quad \cdot \\ &\cdot \quad \cdot \end{aligned}$$

Dabei sind die a_{ij} die Ziffern des Dezimalbruchs einer jeden reellen Zahl aus dem Intervall (0, 1). Wir haben die Annahme gemacht, daß mit dieser Aufzählung wirklich alle Zahlen des Intervalls (0, 1) erfaßt sind. Denn wenn es eine solche Aufzählung nicht gäbe, ist das Intervall nicht abzählbar. Jetzt kann man leicht einen Widerspruch zur Annahme erkennen. Wir konstruieren eine reelle Zahl r aus dem Intervall (0, 1), die unter den angeführten Dezimalbrüchen nicht vorkommt. Es sei

$$r = 0, r_0 r_1 r_2 \ldots$$

eine Zahl mit den Ziffern

$$r_i = 2, \text{ wenn } a_{ii} = 1,$$
$$r_i = 1, \text{ wenn } a_{ii} \neq 1.$$

Überabzählbarkeit von R. Diese Zahl r ist größer als 0 und kleiner als 1, stammt also aus dem Intervall (0, 1), weicht aber von allen angeführten Dezimalbrüchen in der Folge a_n wenigstens in einer Ziffer ab, von der Zahl a_i nämlich in der Ziffer a_{ii}. Damit kommt r in der Folge der a_n nicht vor. Das steht der Annahme entgegen, daß das Intervall abzählbar sei. Also ist die Annahme falsch und **R** überabzählbar.

Diese Methode heißt ebenfalls Diagonalverfahren, weil die a_{ii}, die zum Widerspruch führen, in einer Diagonale von links oben nach rechts unten stehen. Als Ergebnis erhalten wir also: Im Intervall (0, 1) sind mehr Zahlen zu finden, als durchnumeriert werden können. Man sagt, das Intervall ist *überabzählbar*. Wie groß oder wie mächtig die reelle Zahlengerade **R** tatsächlich ist, war damit noch nicht geklärt. Es war nur klar, daß es wesentlich mehr reelle als natürliche Zahlen gibt, wobei der Begriff *wesentlich* den präzisen Inhalt hat, daß es keine ein-eindeutige Zuordnungsfunktion gibt.

Definition einer Menge. Nach diesem großen Erfolg ruhte Cantor nicht und war bemüht, noch weitere Unterscheidungen im Unendlichen zu finden, was ihm auch gelungen ist. In völliger Allgemeinheit läßt sich zu jeder endlichen oder unendlichen Punktmenge M eine weitere Menge angeben, deren Mächtigkeit größer ist als M. Bildet man nämlich die Potenzmenge P(M), das ist die Menge aller Teilmengen von M, dann läßt sich nachweisen, daß sie mehr Elemente enthält als ihre Ursprungsmenge, mehr im Sinne der ein-eindeutigen Beziehung. Anders ausgedrückt: Keine Menge M ist mit ihrer Potenzmenge P(M) gleichmächtig. Da sich von jeder beliebigen Menge M die Potenzmenge P(M) und von dieser wiederum die Potenzmenge P(P(M)) bilden läßt, konnte Cantor auf der Leiter der Unendlichkeiten fortschreiten. Es entsteht eine wachsende Reihe von Alephs $\aleph_0$, $\aleph_1$, $\aleph_2$, $\aleph_3$ …, die für Cantor den Charakter einer Stufenleiter zum Throne der Unendlichkeit, zum Throne Gottes hatte. Die Differenz zwischen dieser Leiter und dem wirklich Absoluten blieb zwar für ihn gewahrt, dennoch sollte diese Leiter bis unmittelbar zum höchsten Thron führen. Dazu erweiterte er den Begriff der Menge so sehr, daß er schließlich 1895 definierte: *Unter einer ›Menge‹ verstehen wir jede Zusammenfassung M von bestimmten wohlunterschiedenen Objekten m unserer Anschauung oder unseres Denkens (welche die ›Elemente‹ von M genannt werden) zu einem Ganzen.*[8] Diese Definition handelt schon längst nicht mehr von Zahlen, sondern von Gegenständen beliebiger und abstrakter Art. Auch Eigenschaften, die darüber entscheiden, ob ein Gegenstand als Element der Menge zählt oder nicht, sind ganz entfallen. Zur Menge der geraden Zahlen gehört es, daß sie durch 2 teilbar sein müssen, und zur Menge aller braunen Tische gehört es, daß sie braun sein müssen. Als Bedingung für die Zugehörigkeit zur Menge wird bei Cantor nur noch die Wohlunterschiedenheit genannt, und die könnte möglicherweise auch anders zustande kommen als durch die Angabe einer Eigenschaft.

Die Mächtigkeit der Allmenge. Bei solcher Allgemeinheit liegt es am Ende nahe, die Frage zu stellen: Wie mächtig ist eigentlich die Allmenge, also die Menge aller möglichen denkbaren Mengen? Solche Mengen hat Cantor selbst nicht gebildet, denn er wußte früh, daß eine beliebige Mengenbildung zu Widersprüchen führt. Seine Forderung, daß die Objekte der Menge wohlunterschieden sein und sich zu einem Ganzen sammeln lassen müssen, baut einer solchen Antinomie vor, ohne sie schon bewußt im Auge zu haben. Denn ein Widerspruch bei der Mengenbildung erzeugt eben keine Menge, fällt also nicht unter die Definition.

Das Problem, das Cantor offen lassen mußte, war die sogenannte Kontinuumshypothese, an der er jahrzehntelang gearbeitet hat, ohne Erfolg. Wenn man die Mächtigkeit oder die Anzahl der reellen Zahlen auf der Zahlengeraden **R** einmal kurz als das Kontinuum bezeichnet, so stellt sich die Frage, zu welchem der vielen Alephs diese Mächtigkeit gehört. Daß es nicht Aleph–0 sein kann, haben wir oben schon gesehen. Aber ist etwa die Potenzmenge P(**N**) der natürlichen Zahlen gleichmächtig mit dem Kontinuum **R**? Ist **R** also so groß wie

Aleph–1? Oder muß man ein höheres Aleph in Anspruch nehmen? Oder sieht die Lösung noch anders aus und kein Aleph kommt in Frage? Die überraschende Lösung wurde erst viele Jahrzehnte nach Cantor gefunden. Von ihr wird gleich die Rede sein.

2.2 Antinomien des Unendlichen

Die Logik des Dorfbarbiers. Kaum war die Lehre vom Unendlichen in der Mathematik begründet worden, kaum hatte sie begonnen, sich zu verbreiten, da tauchten auch schon Widersprüche auf, die sogenannten Antinomien, die der Mengenlehre stark zugesetzt haben. Oder in der Poesie Hilberts gesprochen: Kaum hatte sich die Pforte zum Paradies aufgetan, da wollte sie sich schon wieder schließen, als ob sie nie offen gewesen wäre. Das Grundmodell dieser Widersprüche ist das Paradoxon des lügenden Kreters oder des Dorfbarbiers, also eine altbekannte logische Figur. Der Dorfbarbier ist derjenige Mann des Dorfes, der alle Männer im Dorfe rasiert, die sich nicht selbst rasieren. Es taucht die Frage auf: Rasiert er sich nun selbst oder nicht? Wenn er sich nicht selbst rasiert, dann gehört er zu den Männern im Dorf, die er rasiert. Wenn er sich aber selbst rasiert, dann rasiert ihn der Dorfbarbier natürlich nicht, also rasiert er sich auch selbst nicht.

Die Russellsche Antinomie. Diese Überlegung hat 1902 als Russellsche Antinomie erschütternd auf die Mengenlehre gewirkt. Die Antinomie betrifft das Prinzip der Mengenbildung, das es ermöglicht, die Menge aller Gegenstände zu bilden, die eine bestimmte Eigenschaft haben. Nimmt man insbesondere die Bedingung in den Blick, nicht Element von sich selbst zu sein, als Formel geschrieben $x \notin x$, dann entsteht die Russellsche Antinomie. An sich ist die Formel $x \notin x$ sinnvoll. Sie besagt einfach, daß eine Menge sich selbst als Element enthalten kann. Wenn M etwa die Menge mit den Elementen $M = \{7, 8, 9, M\}$ ist, dann enthält sie drei Zahlen und sich selbst, M hat also vier Elemente. In diesem Sinne könnte man versuchen, die Menge $M = \{x \mid x \notin x\}$ zu bilden, die Menge aller Mengen, die sich nicht selbst enthalten. Dies aber ist eine Scheindefinition, denn M ist in sich widersprüchlich. Der Widerspruch offenbart sich wie im Beispiel des Dorfbarbiers. Wir fragen: Enthält M sich selbst oder nicht? Wenn ja, dann enthält die Menge sich selbst nicht, denn sie enthält ja nur solche Mengen, die sich selbst nicht enthalten; wenn nein, dann enthält sie sich selbst, weil solche Mengen ja alle zu M gehören. Also, das wohlbekannte logische Phänomen des Dorfbarbiers!

Antimonie bei Cantor. Schon drei Jahre vorher, 1899, war Cantor selbst eine Antinomie solcher Art bei der Bildung der Allmenge aufgefallen. Nimmt man nämlich an, X sei die Menge aller Mengen, dann kann man auch von ihr die Potenzmenge P(X) bilden, deren Mächtigkeit im strengen Sinne größer ist als X; P(X) kann also nicht ein-eindeutig auf X abgebildet werden. Andererseits kann P(X) höchstens gleich der Mächtigkeit von X sein, da ja X als Menge aller Mengen auch P(X) enthält: $P(X) \subset X$. Das ist ein Widerspruch, denn eine Teilmenge kann wohl gleichmächtig, aber nicht mächtiger sein als die Obermenge.

Woher kommen die Schwierigkeiten im naiven Umgang mit den Mengen? Die Beispiele oben zeigen, daß am Ende eines allzu sorglosen Umgangs mit den Begriffen, wenn sie auf das Unendliche angewandt werden, Schwierigkeiten auftreten. Sie zeigen aber noch nicht die Stelle an, wo sie entstehen. Ein kleiner Fehler zu Anfang bewirkt einen großen Fehler am Ende, sagt Thomas von Aquin, womit er ein geflügeltes Wort des Aristoteles wiederholt.[9] Was ist der kleine Fehler zu Anfang der Mengenlehre, auf die man lange Zeit als Grundlage aller Mathematik gehofft hatte, der zu einer so großen Verwüstung am Ende führt? Um Wohlunterschiedenheit zu haben, das zur Bildung einer Menge gebraucht wird, ist das Prinzip des *Tertium non datur* notwendig. Es ist das unentbehrliche Hilfsmittel zur Bildung eines Begriffs: Entweder fällt ein Ereignis unter den Begriff oder es fällt nicht darunter. Ein Drittes darf es nicht geben, sonst ist der Begriff nicht sauber. Aber die grenzenlose Anwendung des Prinzips *Tertium non datur* erzeugt die Antinomien. Ist es deshalb nicht letztlich gültig?

Die Goldbachsche Vermutung. Dazu ein Beispiel: In der Mathematik ist seit längerem die Goldbachsche Vermutung bekannt. Sie besagt, daß jede gerade Zahl größer als zwei durch die Summe zweier Primzahlen dargestellt werden kann. Man betrachte etwa folgende Beispiele und bilde selbst eigene:

$$8 = 5 + 3;\ 18 = 11 + 7;\ 28 = 23 + 5;\ 38 = 31 + 7 \text{ usw.}$$

Bis zu sehr hohen Grenzen hinauf ist diese Vermutung bestätigt worden, aber in voller Allgemeinheit konnte sie bisher nicht bewiesen werden. Die Vermutung läßt sich auch so formulieren: Für alle natürlichen Zahlen n gilt: 2(n + 1) ist als Summe zweier Primzahlen darstellbar.

Wenn wir nun eine reelle Zahl $r = 0, r_0 r_1 r_2 \ldots$ definieren mit

$r_n = 0$, wenn 2(n + 1) eine Goldbachzahl,
$r_n = 1$, wenn 2(n + 1) keine Goldbachzahl,

dann kann r bis auf einen beliebig kleinen Fehler $\pm \in$ berechnet werden. Da nun vielleicht für alle Zeit unentschieden bleibt, ob die Zahlen der Form 2(n + 1) Goldbachzahlen sind, ist die Zahl r nicht wirklich gleich 0, sie ist aber auch nichts anderes, da die Grenze der bekannten Goldbachzahlen immer mehr in die Höhe geschoben wird. Also versagt in diesem Falle das logische Prinzip des *Tertium non datur.* Bei der Deutung später muß dieses Prinzip in den Vordergrund gestellt werden, da es auf der Grenze zwischen dem Endlichen und dem Unendlichen zu stehen scheint und die beiden Bereiche auseinander hält.

Das Schicksal der Cantorschen Lehre von den unendlichen Mengen wurde in der Logik entschieden, und es ging auf unerwartete Weise aus, nämlich wie das Hornberger Schießen. Die Frage erwies sich wie so viele andere große Fragen als unentscheidbar. Da es sich gezeigt hat, daß mathematische Systeme Antinomien aufweisen können, muß im voraus zu allen sonstigen Beweisen zuerst der Nachweis erbracht werden, daß in dem System von Axiomen, in dem man rechnen will, widersprüchliche Begriffe wie die Menge aller Mengen nicht auftreten. Das Ergebnis lautet: Beweise für die Widerspruchsfreiheit formaler Systeme, die ihre eigene Metatheorie in sich enthalten, können grundsätzlich nicht geführt werden. Dieses große Ergebnis von Gödel warf das Programm Hilberts, daß der mathematische Verstand keine Schranken kenne und daß er sogar die Gesetze des eigenen Denkens selbst aufzuspüren vermöge, grundsätzlich um. Es bedeutet, daß sich die Mathematik schon in Teilen nicht, geschweige denn insgesamt, als ein einziger formeller Kalkül auffassen läßt. Kein mathematisches System begründet sich selbst, keines hat, könnte man sagen, seine Identität in sich selbst. Immer verweist es auf einen jenseits seiner selbst liegenden Bereich, der mit keinen Mitteln eingeholt werden kann. Ein Horizont bleibt immer ein Horizont! Ich kann noch so schnell auf ihn zulaufen, er hält sich immer gleich weit von mir entfernt.

Ignorabimus in der Mathematik. Hilbert hatte gemeint, es dürfe in der Mathematik kein Ignorabimus geben, kein *wir werden nicht wissen*. Er meinte vielmehr, alle sinnvoll gestellten Fragen könnten beantwortet werden. Auch hier hat Hilbert geirrt, aber in etwas anderer Weise. Es gibt in der Mengenlehre eine Frage, deren Beantwortung eines Orakels würdig ist: Sie heißt Ja und Nein zugleich. Es ist die Kontinuumsfrage. Cantor hatte die Frage nach der Mächtigkeit des Kontinuums ungelöst zurücklassen müssen, und noch lange widerstand das Problem einer Lösung. Erst 1963 wurde von Paul Cohen eine eigenartige Antwort gefunden, die besagt, daß die Kontinuumshypothese nicht entscheidbar ist.[10] Man kann in den üblichen Axiomen der Arithmetik das eine wie das andere annehmen. Man kann annehmen, daß **R** die Mächtigkeit hat wie Aleph–1, aber man kann auch anderes annehmen, ohne daß es in den Grundlagen der Logik zu Widersprüchen kommt. Es drängt sich der Schluß auf, es gebe nicht nur *eine* Mengenlehre, sondern mehrere, die sich auf die normalen endlichen Zahlen aufbauen lassen. Eine ähnliche Situation war im 19. Jahrhundert schon einmal aufgetreten, als sich neben der euklidischen Geometrie eine nichteuklidische entwickeln konnte. Gilt das Parallelenaxiom? Ja und Nein! Gibt es zu einer Geraden und einem Punkt außerhalb der Geraden wirklich nur eine einzige weitere Gerade durch diesen Punkt, welche die erste Gerade nicht schneidet? Ja und Nein! Haben die reellen Zahlen **R** die Mächtigkeit von Aleph–1? Ja und Nein, das eine wie das andere! Die von Cohen verwendete Methode erbrachte noch viele Ergebnisse der gleichen Art. In der folgenden Zeit stellte sich heraus, daß zahlreiche klassische Probleme der Mathematik unentscheidbar sind. Was hatte Hilbert gesagt? Er hatte verkündet, daß es in der Mathematik kein Ignorabimus geben könne, nicht geben dürfe, daß vielmehr alle sinnvollen Fragen stets beantwortet werden können. Ist das Ja und Nein zugleich eine sinnvolle Antwort? Die Antwort ist jedenfalls anders als erwartet, sie stellt die Frage selbst in Frage. Es gibt sinnvolle Fragen in der Mathematik, die kein eindeutiges Ja oder Nein als Antwort zulassen.

So sehr das Prinzip des *Tertium non datur* den Bereich des Endlichen zu erschließen vermag, so sehr führt dieses Prinzip immer wieder zu Widersprüchen oder Antinomien, wenn es auf das Unendliche angewandt wird. Wo immer man es mit dem Unendlichen zu tun bekommt, bricht eine Stelle auf, an der das begreifende Denken zu Ende kommt, wo es uneigentlich wird und sich selbst nicht mehr kennt. Stets wird ein endlicher Begriff überflutet, wenn er sich auf das Unendliche richtet. Will man alle Paradoxien vermeiden, muß man sich auf endliche Ereignisse und endliche Vorstellungen beschränken, auf das Wiederholbare und das Objektivierbare, das heißt man muß darauf verzichten, die Welt zu verstehen. Denn das Unendliche gibt es. Natürlich nicht in der Form von Raum und Zeit, nicht in der Form von Materie, denn dann könnte ich einfach meinen Finger nehmen und darauf zeigen: Da ist es! Das ist der Sinn von Raum und Zeit, die Dinge erfaßbar zu machen. Das Unendliche erscheint wie eine Überflutung des Endlichen, also in der Form der unendlichen Zahlenreihe, die der Möglichkeit nach unbegrenzt ist. Oder es erscheint als Widerspruch, wenn ein endlicher Begriff versucht, das Unendliche zu erfassen.

2.3 Platonismus und Formalismus

Frege und Dedekind. Die beiden ersten Abschnitte haben Erkenntnisse und Antinomien der mathematischen Untersuchung über das Unendliche vorgestellt, der jetzige Abschnitt beleuchtet ein historisches Phänomen. Cantor war kaum überrascht oder verunsichert über das Bekanntwerden der Widersprüche. Warum nicht? Seine Kollegen und Schüler waren bestürzt. Sie konnten es nicht fassen! Der Grund, auf dem sie sicher zu stehen meinten, war ins Wanken geraten. Gottlob Frege, einer der Begründer der neueren Arithmetik, fügte seinem Grundlagenwerk ein skeptisches Nachwort bei und bemerkte: *Einem wissenschaftlichen Schriftsteller kann kaum etwas Unerwünschteres begegnen, als daß ihm nach der Vollendung einer Arbeit eine der Grundlagen des Baues erschüttert wird. In diese Lage wurde ich durch einen Brief des Herrn Bertrand Russell versetzt, als der Druck dieses Bandes sich seinem Ende näherte.*[11]

Auch der andere Begründer der Arithmetik, Richard Dedekind, sah sich gezwungen, eine weitere Auflage seines Buches *Was sind und was sollen Zahlen?* erst einmal zurück zu stellen. Denn er hatte darin von Mengen Gebrauch gemacht, die alle Dinge umfassen sollen, die, wie er schreibt, Gegenstand meines Denkens sein können.

Russells Überraschung. Russell selbst erzählte später im Rückblick seines Lebens, er habe die Entdeckung rein zufällig und ungesucht beim Studium der Arbeiten Cantors gemacht: *Die Entwicklung, die mich auf diesen Widerspruch führte, ging von Cantors Beweis aus,* *daß es keine größte Kardinalzahl geben kann. Ich nahm damals in meiner Ahnungslosigkeit an, daß es sich bei der Anzahl sämtlicher Dinge der Welt doch wohl um die größte überhaupt mögliche Zahl handeln müßte, und versuchte, das Cantorsche Beweisverfahren auf diese Zahl anzuwenden.*[12] Wie sollte er den Widerspruch auch gesucht haben, da er nur eine widerspruchsfreie und vollständige Logik wünschen konnte! Viele Jahre hat Russell dann mit dem Versuch verbracht, eine solche Logik auf eine sichere, das heißt auf eine sich selbst begründende Grundlage zu stellen. Vergeblich! In seinem Lebenswerk *Principia Mathematica* hat er mit seinem Kollegen Whitehead zwar die mathematische Logik begründet, die letztlich zu einer Typen- oder Klassentheorie von Mengen führte, in der die besagte Antinomie vermieden wird, aber sein Ziel hat er nicht erreicht. Denn selbstbegründend war die Logik dann nicht mehr. Whitehead hat daraus die Konsequenz gezogen und ist christlicher Theologe geworden, Russell wurde immer militanter in seinem Atheismus. Vielleicht weil er keine Grundlage mehr hatte? Die endgültige Antwort gab einige Jahre später Kurt Gödel in aller Präzision: *Sei x eine beliebige rekursive widerspruchsfreie Klasse von ›Formeln‹, dann gilt: Die ›Satzformel‹, welche besagt, daß x widerspruchsfrei ist, ist nicht ›x-beweisbar‹; insbesondere ist die Widerspruchsfreiheit von P in P unbeweisbar.*[13] In jedem hinreichend umfangreichen und widerspruchsfreien System P gibt es wahre Sätze, die mit den Mitteln des Systems unbeweisbar sind, etwa der Satz, das System P sei widerspruchsfrei. Kein formales System ohne Widerspruch ist also selbstbegründend, keines ist deshalb vollständig. Aber ein nicht vollständiges System ist eine Logik ohne Begründung. Und auf der anderen Seite: Ein formales System mit Widerspruch. Ist das als Grundlage nicht noch unmöglicher? Wäre das in dem einen oder anderen Falle noch Wissenschaft?

Der Gottesunterschied. Wie hat sich Cantor zu den Widersprüchen verhalten? Er müßte ja am meisten um sein Lebenswerk besorgt gewesen sein, denn er hatte die Grundlagen gelegt. Er war erstaunlicherweise gar nicht erschüttert. Anders als seine Kollegen und Schüler hat er auch niemals ein Programm gefordert, das die Widersprüche vermeidet. Ja, er scheint sogar eine gewisse Genugtuung über die Antinomien empfunden zu haben. In einem Brief vom 28. Februar 1886 an Albert Eulenburg heißt es: *Das Transfinite mit seiner Fülle von Gestaltungen und Gestalten weist auf ein Absolutes hin, auf das ›wahrhaft Unendliche‹, an dessen Größe keinerlei Hin-*

zufügung oder Abnahme statthaben kann und welches daher quantitativ als absolutes Maximum anzusehen ist. Letzteres übersteigt gewissermaßen die menschliche Fassungskraft und entzieht sich namentlich mathematischer Determination.[14] Diesen Brief und einige weitere Briefe läßt er ein Jahr später veröffentlichen. Er ist ganz von dem Bewußtsein durchdrungen, das Richtige getroffen zu haben. Oder drei Jahre früher: *Daß wir auf diesem Wege immer weiter, niemals an eine unübersteigbare Grenze, aber auch zu keinem auch angenäherten Erfassen des Absoluten gelangen werden, unterliegt für mich keinem Zweifel. Das Absolute kann nur anerkannt, aber nie erkannt, auch nicht annähernd erkannt werden.*[15] Bei Cantor waltet eine strenge Differenz zwischen dem, was erfaßbar, und dem, was jenseits davon im Absoluten liegt. Dabei ist die Redeweise *im Absoluten* schon uneigentlich und übersteigt die Möglichkeiten der Sprache bei weitem. *Die Differenz zwischen dem, was mit dem Begriff erkannt wird und dem, was jenseits davon liegt, möchte ich den Gottesunterschied nennen.*

Es taucht eine Schwierigkeit auf, die Cantor nicht vor Augen hatte. Bei aller Mühe, die er auf Philosophie und Theologie verwendet hat, behandelt er sie wie regionale Wissenschaften, die zwar ihren eigenen Erkenntnisbereich haben, aber sonst den anderen Wissensgebieten ähnlich sind. Er stellt deshalb nicht die Frage nach der Grenze und dem Sinn endlicher Begriffe. Kann man von dem reden, was unsere Fassungskraft übersteigt? Da das Absolute nach seiner Definition jenseits der menschlichen Kräfte liegt, wie soll man von ihm etwas aussagen? Auch eine Verneinung benutzt Begriffe und enthält damit positive Aussagen. War sich Cantor dieser Grenze der Begriffe nicht bewußt? Jedenfalls meinte er, weit in das Gebiet des Unendlichen eingedrungen zu sein, nur eben nicht in das Gebiet des Absolut Unendlichen. Darauf wollte er lediglich verweisen. Möglicherweise hatte Cantor hier die richtige Intuition, ohne aber deutlich machen zu können, daß es Bereiche des Seins gibt, die sich dem mathematischen und jedem anderen Begriff entziehen, die dennoch ihre Anwesenheit in der Welt kräftig kundtun. Den Himmel wollte Cantor wahrhaftig nicht den Spatzen überlassen, aber wie kräftig der Himmel auf der Erde in jedem Augenblick und auch in der Mathematik seine Finger im Spiel hat, so daß man ihn nicht unbeachtet lassen kann, das hat Cantor noch nicht geahnt. Transzendenz in der Immanenz, die transzendent bleibt? Ja, natürlich! Aber auf welche Weise dieses Andere des Begriffs, dieses Jenseits gegenwärtig sein kann, gehört zu den schwierigen Fragen des reinen Denkens. Die Vernunft bewegt sich hier an ihrer Grenze: Sie muß immer wieder Begriffe benutzen und sie zugleich lassen. Was ist sie dann selbst?

Ein glänzendes Beispiel für die Transzendenz in der Immanenz gibt der Begriff der Mächtigkeit. Mit diesem Begriff kann man in gewisser Weise in den Bereich des Unendlichen gelangen. Man kann mit ihm jedenfalls einige Spielarten des Unendlichen unterscheiden. Aber das grenzenlose Vertrauen auf die Mächtigkeit und seine Zählkraft läßt den Begriff platzen, das heißt, der grenzenlos gebrauchte Begriff führt zu nicht behebbaren Widersprüchen. Das wahre Unendliche zeigt seine Eigenkraft, indem es den Begriff im unbegrenzten Gebrauch überspült und zerbricht.

Platonismus – Formalismus. Abkürzend könnte man die Auffassung Cantors als Platonismus bezeichnen, diejenige seiner Schüler und Nachfolger als Formalismus. Es ist schon eigenartig: Auf jeder Seite der *Principia Mathematica* und fast auf jeder Seite der Biographie von Bertrand Russell ist Georg Cantor gegenwärtig und wird kräftig gelobt, weil er das Unendliche zu zählen gelehrt hat. Aber Cantor wollte mit seiner Mengenlehre das genaue Gegenteil dessen erreichen, was Russell im Sinn hatte. Cantor wollte mit seiner Mathematik missionieren, nämlich zur Frömmigkeit des Theismus führen, den er für allein vernunftgemäß hielt, während Russell sich die Verspottung der Religion zum wesentlichen Lebensziel gesetzt hatte. In dieser Absicht hat er als Motto über seine Autobiographie das Wort aus dem Titusbrief vom lügenden Kreter gestellt, das vor den geschwätzigen Philosophen warnt: *Einer von ihnen hat als ihr eigener Prophet gesagt: Alle Kreter sind Lügner und faule Bäuche, gefährliche Tiere.*[16]

Platon kein Platoniker. Mit dem Begriffspaar Platonismus und Formalismus will ich versuchen, diesen eigenartigen Vorgang zu beleuchten. Was besagt das Paar? Cantor hat sich nicht selten gegen Aristoteles auf Platon berufen, insbesondere dann, wenn er ihn als Garanten seines Prinzips *Infinitum in actu datur* in Anspruch nehmen wollte. Diese Berufung hat historisch durchaus ihr Recht, nur ist dieses Recht nicht so leicht zu erkennen. Denn Platon ist kein Platoniker. Platon lehrt keinen Himmel voller Ideen, der über die Erde gewölbt ist. Die Existenz des Unendlichen hat mehrere Bedeutungen, die leicht verwechselt werden können. Auch die Formalisten, die dann so schwer durch die Antinomien erschüttert wurden, hätten sich auf die reale Existenz des Unendlichen berufen können und taten es auch, wie zum Beispiel der schon genannte David Hilbert. In einem Vortrag am 3. September 1928 sagte er in Bologna, also viele Jahre nach der Entdeckung der Antinomien, aber kurz vor ihrer endgültigen Bestätigung durch Gödel: *In der Mathematik gibt es kein Ignorabimus, wir können vielmehr sinnvolle Fragen stets beantworten, und es bestätigt sich, was vielleicht schon Aristoteles voraus fühlte, daß unser Verstand keinerlei geheimnisvolle Künste treibt, vielmehr nur nach ganz bestimmten aufstellbaren Regeln verfährt – zugleich die Gewähr für die absolute Objektivität seines Urteilens.*[17] Das Protokoll verzeichnet stürmischen Beifall, sowohl zu Anfang als auch am Ende des Vortrages. Hilbert suchte Absolutheit, und da sie schon nicht überall zu finden ist, soll sie wenigstens in der Mathematik und in ihren formalisierten Regeln anzutreffen sein. Aber der pathetische Ton macht stutzen. Welchen Sinn soll die absolute Objektivität haben? Soll sie die real existierende Unendlichkeit sein? Ist sie für Hilbert ein Lebensmittel, wie für Einstein der Determinismus lebensnotwendig war? Beide waren große Wissenschaftler, gewiß. Nur hat ihnen der Fortschritt der Wissenschaften, zu dem sie selbst viel beigetragen haben, den Boden unter den Füßen weggezogen. Hilberts Lehrer Cantor war vorsichtiger gewesen. Er hatte keineswegs auf das Absolute verzichtet, auch ihm kam Trost, Gewißheit und Existenz des Lebens vom Absoluten, aber nicht dadurch, daß er es der menschlichen Fassungskraft unterworfen hat, nicht durch eine absolute Objektivität, die von der Mathematik garantiert wird, sondern durch Geschehenlassen, also durch Glauben, durch Anerkenntnis der Erkenntnis.

Emil du Bois-Reymond. Das stolze und kämpferische *Non Ignorabimus* war die Antwort David Hilberts auf die Bedenken, die schon im 19. Jahrhundert der Physiker und Physiologe Emil du Bois-Reymond gegen den Absolutheitsanspruch der Naturwissenschaften vorgetragen hatte. In einem berühmten, auf der Leipziger Naturforscher-Versammlung im Jahre 1872 gehaltenen Vortrag *Über die Grenzen des Naturerkennens* stellt er den Unterschied zwischen Wissen und Weisheit mit der Formel *Ignoramus-Ignorabimus* dar. Das *Ignoramus* bezeichnet das Wissen der Wissenschaft, das noch nicht gewußt ist, das aber bald oder später einmal gewußt sein wird. Das *Ignorabimus* bezeichnet dagegen ein der Wissenschaft prinzipiell unerreichbares Wissen, das also eigentlich kein Wissen ist, sondern eine

Wirklichkeit, die nicht zum Wissen wird, die den Forscher zum Eingeständnis seines bleibenden Nichtwissens hin drängt: *Gegenüber dem Rätsel aber, was Materie und Kraft seien, und wie sie zu denken vermögen, muß er ein für allemal zu dem viel schwerer abzugebenden Wahrspruch sich entschließen: ›Ignorabimus!‹*[18] Es ist auf den ersten und auch auf den zweiten Blick nicht klar, ob es eine solche Wirklichkeit gibt, aber das Motiv des grenzenlosen Erkennens ist ziemlich deutlich. Überblick gibt Herrschaft, und Herrschaft dient der Sicherung des sterblichen Ich. Aber es ist natürlich sehr fraglich, ob sich die Wirklichkeit der Natur nach dem Interesse des Menschen richtet, der sein Selbst möglichst lange erhalten will. Wenn die Transzendenz immanent ist, ohne ihre Transzendenz zu verlieren, dann ist die Wissenschaft kein Weg mehr zur Sicherung des Selbst. Man kann allerdings den Traum der Neuzeit gut verstehen, es auf diesem Wege zu versuchen. Und viele, die an den Traum der Wissenschaft geglaubt haben, wußten auch Großes zu leisten, nur haben sie eben das ganz große Ziel, das heißt das einzig begehrenswerte Ziel, nicht erreicht.

Hilbert wollte auf jeden Fall das Ignorabimus für die Naturwissenschaft insgesamt oder wenigstens für die Mathematik vermeiden. Seine Anstrengungen waren vergeblich. Der Formalismus ist eine Art Platonismus, der Glaube an die Existenz des Absoluten und Unendlichen, das eben nur nicht aus dem Jenseits der menschlichen Möglichkeiten kommen darf, sondern diesen Möglichkeiten selbst entspringen soll. Man kann auch sagen: Er will eine Transzendenz, die sich beerben läßt, die also ganz und gar immanent wird. Das ist der Humanismus, der den Gottesunterschied ablehnt, weil er darin eine Beleidigung für den Menschen sieht. Denn besteht dieser Unterschied, dann vermöchte der Mensch weniger als Gott und stünde unterhalb von ihm. Deshalb darf das Absolute nicht gegeben sein (datur!), sondern muß ergriffen werden (capitur!), meinte die Neuzeit. Die Frage ist, ob dies nicht den Konkurrenzgedanken der Welt auf Gott überträgt und sich so die Schwierigkeiten mit dem Neid selbst erzeugt. Wenn man Gott beerben will, dann muß zuallererst die Mathematik als der Kern aller Wissenschaften sich selbst begründen können. Daher auch die Abneigung Hilberts gegen irgendwelche geheimnisvollen Künste des Verstandes, daher sein Verlangen nach einem aufstellbaren Regelsystem. Nicht also die Ablehnung oder Zustimmung macht den Unterschied hier aus, nicht die Vorstellung des Unendlichen, ob es so sei oder anders, sondern die Art und Weise, *wie* ich mich ihm nähern will. Das allerdings ist dann bedeutsam und macht eine andere Welt aus. Kann ich durch mein Begreifen in die Nähe des Unendlichen gelangen, oder werde ich dazu von ihm ergriffen?

Ferne des Horizontes. Cantor besaß ein außerordentliches Gespür dafür, daß es Differenzen wesentlicher Art im Unendlichen gibt, im Transfiniten, wie er sagt. Sie tun sich kund oder sie tun sich auf, aber sie können durch keinen Begriff und keinen sogenannten wissenschaftlichen Fortschritt eingeholt werden. Der Graben zwischen dem, was ist, und dem, was der Begriff ausdrückt, bleibt bestehen und bewegt sich nicht. Ein Horizont rückt nicht näher, wenn ich auf ihn zulaufe! Der Begriff besagt immer mehr, als er ausdrückt. Er will sagen, was ist, aber bis er dahin gelangt, daß er alles auf einmal gesagt hat und seine eigene Möglichkeit noch dazu, verwickelt er sich in Antinomien, zum Zeichen, daß die Differenz zum Absoluten bleibt. Diese fehlende Differenz wußte Cantor überall aufzufinden, natürlich auch bei Hegel, über den er sagt: *Bei allen Philosophen fehlt jedoch das ›Prinzip des Unterschiedes‹ im Transfinitum, welches zu verschiedenen transfiniten Zahlen und zu verschiedenen Mächtigkeiten führt. Die meisten verwechseln sogar das Transfinitum mit dem ›unterschiedslosen Einen‹, mit dem Absoluten, dem absoluten Maximum, welches natürlich keiner Determination zugänglich und daher der Mathematik nicht unterworfen ist.*[19]

Unwilliger Schüler. Auch Hilbert, den extrem formal denkenden Mathematiker, hatte Cantor schon früh auf die bleibende Differenz aufmerksam gemacht, aber in ihm keinen hörwilligen Schüler gefunden. In einem Brief vom 26. September 1897 schreibt er an Hilbert: *Totalitäten, die nicht als ›Mengen‹ von uns gefaßt werden können (wovon ein Beispiel die Totalität aller Alefs ist, wie oben bewiesen wurde), habe ich schon vor vielen Jahren ›absolut unendliche‹ Totalitäten genannt und sie von den ›transfiniten‹ Mengen scharf unterschieden.*[20] Guter Platonismus, und der soll gemeint sein, wenn hier vom Platonismus die Rede ist, meint das philosophische Bewußtsein der Differenz zum letzten Grund. Er ist die Kenntnis des Unterschiedes zum Absoluten, der nicht aufhebbar ist. Schlechter Platonismus wäre die Vorstellung, es gebe das Absolute und Unendliche, nur leider bisher in Ideen und getrennt vom menschlichen Können. Schlechter Platonismus erzeugt dann den berühmten Bruderkonflikt zwischen

Metaphysik und Physik. Beide wollen sie das Absolute erfassen und streiten darum, wie es besser geht, entweder durch begriffliche Spekulation oder durch empirische Rationalität. Beide Parteien lauern darauf, das Absolute zu erfassen, also das Transzendente immanent zu machen. In der Wissenschaft schlägt der schlechte Platonismus in einen Formalismus um, der im 19. Jahrhundert stark in der Mathematik und in ähnlicher Weise in der Physik geherrscht hat und im 20. Jahrhundert zu Ende gekommen ist. Formalismus entsteht aus einem erstarrten und unlebendigen Platonismus, das heißt, wenn man Philosophie nicht versteht. Guter Platonismus ist das Bewußtsein einer beständigen zweiten Fahrt. Auf ihr werden zwar mit den Ruderschlägen, das heißt mit den Begriffen, immer neue Anstrengungen unternommen, aber das Ziel ist bescheidener geworden. Nicht mehr der Horizont soll erreicht werden, sondern die vielen Länder und Inseln innerhalb des Horizontes. Das ist der sinnvolle Platonismus, den die Wissenschaft der Neuzeit weithin vergessen hatte, der sich aber im 20. Jahrhundert von selbst wieder hergestellt hat.

Der Satz vom Widerspruch. Das Mittel nun, dessen sich Cantor bedient hat, um vom endlichen in den unendlichen Bereich vorzudringen, sind die logischen Prinzipien des *Satzes vom Widerspruch* und des *Tertium non datur.* Cantors Schlüsse sind immer endlich, wie wir zum Beispiel oben beim Nachweis der Überabzählbarkeit der reellen Zahlen gesehen haben. Unendlich viele Operationen kann weder ein menschliches noch ein elektronisches Gehirn vollziehen. Diese Endlichkeit kann so eingesehen werden: Wer behaupten wollte, die reellen Zahlen ließen sich abzählen, der wird um die Angabe einer Abzählfolge gebeten. Denn das behauptet der Kontrahent gerade, daß eine solche Folge von Zahlen existiert. Dann wird mit Hilfe dieser Folge eine reelle Zahl konstruiert, die in der angegebenen Folge nicht enthalten ist. Nach dem Satz vom Widerspruch kann die Folge nicht alle reellen Zahlen enthalten und zugleich diese gerade konstruierte nicht. Diese müßte auch dabei sein.

Der Satz vom Widerspruch führt allerdings zu keiner ausdrücklichen Existenz, sondern er verneint nur eine behauptete Leugnung. Das logische Prinzip des *Tertium non datur* schließt trotzdem abstrakt auf eine Existenz: *Es gibt*. Dann besagt der Satz über die Nichtabzählbarkeit reeller Zahlen, daß es eine aktual-unendliche Anzahl von reellen Zahlen *gibt*. Wie jetzt bestimmte Zahlen aussehen, wie man sie konstruieren könnte, dazu sagen die reinen Existenzsätze von Cantor nichts.

Die Seeschlacht auf der Pader. An der Allgemeingültigkeit des Satzes lassen sich aber einige Zweifel anbringen. Die Goldbachsche Vermutung oben ist vielleicht ein Beispiel dazu. Aber es lassen sich von der Logik zeitlicher Aussagen noch stärkere Bedenken gegen das Prinzip erheben. Das Prinzip selbst sucht die begriffliche Begreifbarkeit der Welt zu garantieren. Aber Wunsch und Wirklichkeit haben sich in unseren Überlegungen schon mehrfach als verschieden erwiesen. Auf folgende Weise läßt sich die Unhaltbarkeit des *Tertium non datur* demonstrieren:

Es bedeute etwa A die Aussage, daß morgen auf der Pader in Paderborn eine Seeschlacht stattfinden wird. Wenn jemand behauptet, für diese Aussage gelte der Satz vom ausgeschlossenen Dritten, dann muß er diesen Satz verteidigen. Er muß entweder sagen, A ist wahr, oder sagen, A ist nicht wahr. Anders gewendet, er muß den Satz nachweisen, daß A oder Nicht–A zusammen wahr sind. Die Widerlegung dieser Gesamtaussage will ich unternehmen. Ich bitte meinen Kontrahenten, die Einzelaussage anzugeben, die wahr sein soll, also entweder A oder Nicht–A. Denn wenn eine Disjunktion, eine Oder-Verbindung zweier Aussagen wahr sein soll, muß eine der beiden Aussagen wahr sein. Wenn er die Aussage A angibt, werde ich zu dem Admiral der einen Kriegspartei gehen und ihn bitten, die Schlacht zu unterlassen. Sollte der Kontrahent Nicht–A für wahr ausgeben, so bitte ich den Admiral loszuschlagen, damit der Satz vom ausgeschlossenen Dritten widerlegt wird. Der Kontrahent konnte damit weder A noch Nicht–A als wahr erweisen. Also ist die Gesamtaussage, entweder A oder Nicht–A sei gültig, falsch.

Es ist deutlich, daß die Aussage sich auf ein zukünftiges Ereignis beziehen muß. Für die Aussage, daß *gestern* auf der Pader eine Seeschlacht stattgefunden hat, gilt das logische Prinzip ohne weiteres. Für objektivierbare, endliche Tatsachen gilt das Ausschlußprinzip, aber es ist natürlich keineswegs sicher, daß wir in einer objektivierbaren, endlichen Welt leben. Jedenfalls ist die Endlichkeit von der Art, daß sie mit einer Unendlichkeit in Berührung steht, die sich nicht auf den Begriff bringen läßt. Auch ist nicht sicher, daß wir künftige Ereignisse wie vergangene behandeln dürfen. Der Überblick über die Zeit ist eine Gotteseigenschaft, aber damit noch längst keine Menscheneigenschaft.

Erstarrtes Gottesattribut. Das Ausschlußprinzip des *Tertium non datur* kommt dem westlich-abendländischen Denken sehr entgegen. Es ist ganz nach seinem Geschmack eingerichtet und begründet die Machtförmigkeit der Wissenschaften. Es ist dadurch aber noch nicht schlichtweg wahr, sondern nur insofern, als sich unterschiedene Zustände im Bereich des Seins angeben lassen. Ist alle Wirklichkeit in Unterscheidungen gegeben? Sind die Unterscheidungen für uns unterscheidbar? Daß das vollständig und grenzenlos der Fall sein soll, ist von vornherein nicht ausgeschlossen, aber auch nicht von vornherein selbstverständlich. Wer garantiert mir, daß die Welt in eine Vielzahl von unterscheidbaren Zuständen zerfällt, so daß ich meine logischen Prinzipien anwenden kann? Das *Tertium non datur* ist ein Gottesattribut, es erstarrt aber, wenn es ins Endliche gezogen wird. Auf die Vergangenheit angewandt ist das Prinzip gültig, nicht aber für die Zukunft. Gott mag alle Dinge unterscheiden können, denn er lebt nicht in Vergangenheit, Gegenwart und Zukunft. Aber ist auch für den Menschen die Zeit aufgehoben? Allerdings ist der Satz *Gott weiß es* nicht wirklich aussagbar, jedenfalls nicht so, wie endliche Sätze sagbar und verstehbar sein müssen, um sinnvoll zu sein. Nach dem Muster der Endlichkeit verstanden ist der Satz nur schlechter Platonismus. Denn wenn Gott allwissend ist und alle Dinge unterscheiden kann, wie das die Alten gesagt haben, ja dann sind sie doch unterschieden, denkt sich der unvorsichtige Mensch. Sie sind an sich selbst unterschieden, warum sind sie dann nicht auch für mich unterschieden? Warum kann ich sie dann nicht ebenfalls klassifizieren und in ein formales System bringen? Aus diesem Verlangen entspringt der Fehler des Formalismus, der aus einer schlecht verstandenen und nur aus Bildern und Vorstellungen genommenen Philosophie erwächst. Für mich sind die Dinge noch lange nicht unterschieden, auch wenn ich jetzt darüber Aussagen mache! Siehe die Aporien der Mathematik! Was aber mag es dann heißen, wenn ich sage: Gott erkennt alle Dinge, er hält die Welt in seinen Händen?

2.4 Die Spur des Unendlichen

Rückfrage als Deutung. Die bisherigen Abschnitte handelten von Tatsachen, die mehr oder weniger unstrittig sind, die Abschnitte 1 und 2 von mathematischen, der Abschnitt 3 von historischen Tatsachen. Aber Tatsachen, wie wundervoll sie auch sein mögen, erfordern eine

Deutung, warum sie so sind und nicht anders. Wenn nicht alle Wirklichkeit meßbar und objektiv ist, gibt es die Pflicht zur Erklärung. Sonst deuten sich die Dinge selbst! Das heißt, ich lasse meine Deutung ungeprüft ablaufen und halte sie auch noch für selbstverständlich. Die Deutung ist die Rückfrage nach dem Verständnis, ob wir wissen, was wir taten, als wir unbestimmt nach Tatsachen verlangten. Die Deutung, die ich im letzten Abschnitt zu geben versucht habe, ist von doppelter Art, einmal philosophisch und einmal theologisch.

Warum taucht eigentlich im mathematischen Formalismus, wenn das Unendliche begriffen werden soll, ein Widerspruch auf, und zwar ein Widerspruch, der durch keine verbesserte Grundlage zu beheben ist? Das ist die philosophische Frage. Um eine endliche Menge zu definieren, kann man einfach auf ihre Elemente verweisen. Diese drei Häuser da oder diese vier Ochsen! Bei unendlichen Mengen ist eine direkte Angabe nicht mehr möglich. Schon die sehr einfache Menge der geraden Zahlen läßt sich durch bloßes Hinweisen nicht angeben. Denn niemand kann konkret auf alle geraden Zahlen $0, \pm 2, \pm 4, \pm 6, \ldots$ zeigen und sagen: Diese gehören dazu. Die endliche Zeit reicht dafür nicht aus. Daher ja auch die Lehrmeinung des Aristoteles, das Unendliche sei nicht wirklich gegeben: *Infinitum actu non datur*! Will man sich aber dennoch in diesem Bereich bewegen, indem man zum Beispiel nachweist, daß die rationalen und die natürlichen Zahlen von der gleichen Anzahl, die reellen Zahlen im Vergleich mit diesen aber viel mehr sind, dann muß sich der Mathematiker außerhalb der Zeit aufstellen oder er muß wenigstens den Anspruch darauf geltend machen, es tun zu können. Denn in der Zeit sind unendliche Mengen nicht zu bearbeiten, auch vom schnellsten Computer nicht.

Tertium non datur. Das Haupthilfsmittel scheint dabei das logische Prinzip des *Tertium non datur* zu sein. Es wirkt wie ein Fernrohr, das auf das Unendliche gerichtet ist: Vom All sichtbar sind immer nur ein paar Sterne, endlich viele. Da man unendlich viele Zahlen nicht durchnumerieren kann, schließt man beim ersten Cantorschen Diagonalverfahren umgekehrt: Wer etwa behaupten wollte, in dem angegebenen Verfahren sei eine rationale Zahl nicht berücksichtigt worden, den kann man konkret in endlich vielen Schritten widerlegen: Man bittet ihn, die angeblich übersehene Zahl zu nennen und zeigt ihm dann die Stelle, wo sie dennoch aufgeführt ist. Also kann niemand eine rationale Zahl angeben, die nicht berücksichtigt worden wäre. Das ist ein Verfahren in endlich vielen Schritten. Um dann zum gewünschten Ergebnis der gleichen Mächtigkeit zu gelangen, muß man noch das Prinzip des *Tertium non datur* anwenden. Denn ich schließe jetzt: Da sich keine übersehene Zahl angeben läßt, muß *jede* rationale Zahl in der durchnumerierten Reihe auftauchen, tertium non datur. Also sind diese Zahlen abzählbar.

Das gleiche Prinzip liegt den Untersuchungen im Bereich der Alephs zugrunde. Ausnahmslos wird bei der Untersuchung transfiniter Mächtigkeiten das besagte logische Prinzip vom *ausgeschlossenen Dritten* angewandt, denn alle Beweise sind Widerspruchsbeweise. Was der Mathematiker also wirklich zu sehen bekommt und was er mit seinen Begriffen ergreift, sind endliche Gestalten. Das andere sind Schlüsse und Vorstellungen nach dem Ausschlußprinzip. Dabei steht es ihm frei, darin verschiedene Spuren des Unendlichen zu sehen. Das ist die Freiheit der Mathematik, die Cantor oft gepriesen hat. Der Preis dieser Freiheit ist die Unlösbarkeit der Grundfragen, genauer gesagt, die Unentscheidbarkeit eigentlich sehr sinnvoller Fragen, bei denen man auf den ersten Blick gar nicht vermuten möchte, daß sie unvereinbare Antworten zulassen. *Weil sich der vorgestellte Gegenstand außerhalb des Endlichen bewegt, ist die Antwort des Begriffs nicht mehr eindeutig.* Viele Fragen nach den Grundlagen sind auf diese Weise beantwortet worden: Man kann sowohl das eine wie das andere annehmen, ohne daß es zu einem formalen Widerspruch kommt. Man kann zwischen den beiden Mächtigkeiten Aleph–0 und Aleph–1 noch eine weitere Mächtigkeit annehmen oder nicht, beides führt zu einem widerspruchsfreien System von Axiomen. Kann man mit solchen Ergebnissen davon sprechen, man habe etwas Aktuales, also etwas Wirkliches vom Unendlichen begriffen?

Zwei Arten Unendlichkeit. Hier scheint der Sinn der von Cantor gemachten und oft betonten Unterscheidung zwischen dem Absolut-Unendlichen und dem Aktual-Unendlichen zu liegen, eine Unterscheidung, für die es im Formalismus keinen Platz gibt, jedenfalls keinen freiwillig eingeräumten Platz. Daß dieser bei den Formalisten weggefallen war, entsprach dem Programm Hilberts, daß es in der Mathematik kein Ignorabimus geben darf, kein *Wir werden nicht wissen.* Hilbert machte Anspruch auf eine Unendlichkeit, ohne die Differenz zum Absoluten einhalten zu wollen, obwohl ihm Cantor im Brief vom 28. September 1897 eindringlich die Differenz zwischen absolut unendlichen Totalitäten und einfach transfiniten Mengen namhaft gemacht hatte. Die Bildung der Allmenge durch Russell ist das Realsymbol dazu, und genau so real und symbolisch tritt an dieser Stelle der Widerspruch auf. Die übersehene Differenz scheint die Quelle der Widersprüche zu sein und eine häufige Erscheinung in der Welt des Geistes: *Der Schüler will die Grenze, an welcher der Lehrer durch Genauigkeit und Intuition sein Wissen gewonnen hat, niederlegen.* Die Genauigkeit ist lehrbar, die Intuition nicht. Da die Genauigkeit auf dem Begriff beruht, fällt das indirekte Wissen der Intuition weg, wenn der Meister nicht mehr dabei ist, und der Schüler versucht, mit dem einzig ihm verfügbaren Mittel des Begriffs zu arbeiten. Die Wirklichkeit sperrt sich und antwortet mit Widersprüchen.

Cantor betonte das Aktual-Unendliche, das zwischen dem Absoluten und dem Endlichen steht, um die Singularität seiner Entdekkungen zu sichern. Seht, ich habe euch das Unendliche zählen gelehrt! Man darf es ihm persönlich abnehmen, daß er gegen seinen Willen vom Prinzip des *Infinitum actu non datur* abgerückt ist. Er wollte sagen: Es gibt wirklich das Unendliche, es ist nicht nur eine Redeweise, wie Gauß meinte, nicht nur eine Möglichkeit, immer weiter zu zählen, sondern mehr, etwas ganz anderes, als ihr euch bisher vorstellen konntet! Nicht alle Eigenschaften, die mit der Existenz endlicher Zahlen verbunden sind, bleiben erhalten. Es kann reelle Zahlen geben, von denen man möglicherweise niemals wissen wird, ob sie rational sind oder irrational. Eine solche Situation gibt es im Endlichen nicht. Dort gilt immer: Entweder fällt ein Ereignis unter einen Begriff oder es fällt nicht darunter, tertium non datur. Entweder regnet es oder es regnet nicht, Punktum! Eine dritte Möglichkeit gibt es nicht.

Die Nähe des Unendlichen. Das Unendliche tut seine Nähe dadurch kund, daß es die logischen Grundsätze umstürzt. Es schränkt die Entscheidbarkeit durch den Begriff ein, auf moderate Weise bei der Cantorschen Mengenlehre, auf rabiate Weise in der Welt des Lebens. Will man diese Einschränkung nicht wahrhaben, dann wird aus der Nichtentscheidbarkeit die Nichtigkeit, der glatte Widerspruch, wie die Antinomien lehren. Um diese zu vermeiden, unterscheidet Cantor das Aktual-Unendliche vom Absolut-Unendlichen, das er zugleich für das Absolut-Uneinheitliche hält, was der abendländischen Überzeugung von der Einheit des Absoluten auf den ersten Blick zu widersprechen scheint. Aber nur auf den ersten Blick! Denn die Einheitlichkeit der Mengenlehre ist endlich, sie ist vom Begriff geprägt. Dagegen ist die Einheit des Absoluten ein Andenken, ein Postulat, ein Sprung in das Jenseits des Begriffs, eben weil der Begriff nicht begreift, wenn er grenzenlos ausgedehnt wird. Für den Begriff ist das Absolute uneinheitlich, da es den Begriff spaltet, aber für sich selber zeigt es damit nur einen höheren Grad der Einheit an, da es die Gegensätze des Begriffs in sich umfaßt.

Wir können die geniale Intuition von Cantor heute bewundern, brauchen ihm aber in der Lehre vom *Infinitum actu datur* nicht zu folgen oder doch nur so, daß wirklich das *datur*, das Gegebensein im Vordergrund steht. Allerdings entspricht das nicht ganz dem Gebrauch der Alltagssprache, die das Wirkliche als wirksam auch für begreifbar hält. Schließlich ist Wirklichkeit die deutsche Übersetzung des aristotelischen Begriffs Energie oder Energeia, dessen Sinn die Begreifbarkeit ist. Noch weniger sind wir geneigt, den Formalisten wie Hilbert oder Russell zu folgen, die eine absolute Selbstbegründung der mathematischen oder vielleicht aller Vernunft für möglich hielten. Auch sie glaubten an das Aktual-Unendliche, denn dieses ist mit dem Prinzip des *Tertium non datur* und den logischen Grundsätzen identisch. Gleichzeitig strichen sie das Unbegreifliche im Unendlichen, also das wahrhaft Absolute, was den titanischen oder militanten Eindruck ausmacht, mit dem sie ihr wissenschaftliches Programm zu verbreiten suchten. Der Formalismus ist ein Identitätssystem, während Cantor einen wohl nicht sehr tief reflektierten Dualismus vertrat, der sich scheute, Begriffe auf das Absolute anzuwenden. Gemeint ist mit diesem Dualismus nicht die naive Vorstellung, als habe Platon zwei Welten gelehrt, eine diesseitige und eine jenseitige, sondern die tiefliegende Einsicht, daß jeder Gebrauch eines Begriffs einen Bereich erzeugt, der vom Begriff nicht erfaßt wird. Wir sollten versuchen, die Grenze zwischen dem Endlichen und Unendlichen genau zu ziehen: Was sich begreifen läßt, ist immer endlich, aber es kann auf verschiedene Weise als Wirklichkeit aus dem Unendlichen mit dem Begriff erfaßt werden, deshalb spaltet er sich. Der Begriff ist eindeutig: Entweder Regen oder kein Regen. Aber in der Wirklichkeit ist der Übergang fließend, da keine Luft ganz ohne Feuchtigkeit ist. Zwischen eindeutigem Regen und eindeutiger Trockenheit gibt es einen kleinen, aber ausgedehnten Moment, in dem es weder regnet noch nicht regnet. In der Wirklichkeit! Im Begriff dagegen ist es immer klar: Entweder Regen oder kein Regen.

Holismus des Unendlichen. Hier mag sich der Begriff *Holismus des Unendlichen* in der philosophischen Deutung der Lehre von den Punktmengen ebenso als nützlich erweisen wie in der Quantentheorie. Erst der Begriff (peras) lehrt sehen, was vorher im Unendlichen (apeiron) nicht zu sehen war. War das Endliche schon vorher da? Ein bloßer Objektivismus in den Fragen des Endlichen und des Unendlichen kommt für uns nicht mehr in Frage. Eher müßte man sagen: Erst die Art der Beobachtung lehrt, was man zu sehen bekommt, und was man zu sehen bekommt, belehrt wiederum die Art der Beobachtung. Aus dem Fels des Unendlichen wird durch den Begriff ein Brokken geschlagen; er wird dadurch endlich. War er vorher da? Die Antwort: Ja und Nein! Denn den Felsen und die Möglichkeit zu fragen gab es vorher. Aber die Art der Antwort, also die Gestalt des Steines, ist durch die Frage wesentlich vorweg bestimmt worden. Gab es die Frage vorher? Wo war die Gestalt des gehörnten Mose, bevor ihn Michelangelo aus dem Marmor schlug?

Sicht der Theologie. Die Theologie wird einen weiteren Gesichtspunkt zur Deutung der Grundlagenkrise der Mathematik herbei bringen. Cantor kannte keine Selbstbewegung des Unendlichen, sondern nur die Bewegung des Endlichen in Richtung auf das Unendliche. Das ist eine Spiegelung aus der Anstrengung des Begriffs. Auf dem Thron des Unendlichen sitzt für alle Wissenschaft das Absolute und ist vollkommen unbewegt. Kein Wunder, daß Gott für Aristoteles, für Spinoza, für Kant, für Hegel und für die Physiker des 20. Jahrhunderts unbewegt war. Gott war für sie der bewegungslose Beweger, das Absolute oder die Weltformel. Diese alle haben keine innere Bewegung, denn die Bewegungslosigkeit ist ihr Sinn. Anderes zu denken wäre einem Philosophen, Physiker oder Mathematiker unmöglich. Täte er es, verließe er seinen Bereich und würde zu einem Theologen, ja zu einem christlichen Theologen, denn er würde eine innergöttliche, eine trinitarische Bewegung denken. Die Selbstbewegung oder Selbstmitteilung des Unendlichen nennt die Theologie, wenn sie sich im Endlichen zeigt, Offenbarung. *Das* Unendliche wandelt sich theologisch in *den* Unendlichen. Es ist für eine christliche Theologie nicht notwendig, die Offenbarung auf Christus oder auf Israel zu beschränken, auch wenn der Glaube bekennt, daß sie dort eine letzte, unüberbietbare Form angenommen hat.

Bewegung des Unendlichen. Wenn Offenbarung die Selbstbewegung des Unendlichen zum Endlichen ist, dann ist auch die Schöpfung insgesamt und in ihren Einzelheiten der Selbstbewegung des Unendlichen entsprungen. Das ist einerseits theologisch selbstverständlich, wie ja nach dem bekannten Hymnus im Kolosserbrief in Christus alles erschaffen wurde, andererseits aber ist die Aussage philosophisch oder gar wissenschaftlich bisher ziemlich folgenlos geblieben. Die Lehre von den Spuren des Schöpfers in der Schöpfung hatte in der Neuzeit kaum eine Chance. Dafür gibt es verschiedene Gründe, etwa das Grundaxiom von der relativen Autonomie der Welt, aber auch nebensächliche Motive, wie etwa die gewaltige Differenzierung in den Wissenschaften, die jeden zum Dilettanten machte, der sich nicht ausschließlich mit seinem Fach beschäftigte. Außer einigen nicht ganz ernst zu nehmenden Fundamentalisten und Kreationisten wagte in der Neuzeit niemand, Spuren Gottes in der Schöpfung zu erkennen. Die Aporien des Unendlichen lassen möglicherweise hier eine neue Anknüpfung zu, weil ihr theologischer und mathematischer Gehalt leidlich gut zu überblicken ist, auch wenn es in der Mengenlehre schwierige Sätze gibt, die nur der Spezialist beurteilen kann.

Natürlich ist nicht zu erwarten, daß die Theologie sich ermächtigt sieht, das Zepter der Wissenschaften in die Hand zu nehmen, nachdem die Einzelwissenschaften ingesamt, wohl auch die Physik und die Biologie, über die Aporien ihres neuzeitlichen Programms nicht hinaus gekommen sind und auch nicht hinaus kommen werden. Die Theologie leistet nicht ersatzweise, was die Einzelwissenschaften nicht vermocht haben, sondern sie deutet aus ihrer Erfahrung, das heißt aus Offenbarung und Nachdenken, die periodisch geleugnete und periodisch wiederkehrende Situation der Endlichkeit.

Paradox der Theologie. Die Theologie hat es mit einer paradoxen Schwierigkeit zu tun, ohne deren dauerndes Bewußtsein sie ungenießbar werden muß. Wenn sie über die Selbstbewegung und Selbstmitteilung Gottes spricht, scheint sie auf horrende Weise die Situation der Endlichkeit zu überspringen, die in nachprüfbarer Weise schon in der Mathematik zu den bekannten Antinomien geführt hat. Deshalb ist das permanente Bewußtsein vonnöten, daß die Theologie kein Superwissen ist, sondern der Versuch, die Erkenntnis der Endlichkeit allen Wissens in Anerkenntnis zu verwandeln. Die Theologie weiß weniger als die Wissenschaft, aber sie vermag mehr! Sie vermag in dem Wissen zu leben, daß das Wissen der Wissenschaften nicht zum unbewegten Beweger oder zur Weltformel führt. Aus einem zentralen Satz über Gott darf nicht die Erklärung positiver Tatsachen folgen, das wäre konstruierendes Denken oder Schlimmeres, sondern die Erklärung der Grenze, des Scheiterns und der Endlichkeit. Der Hauptsatz einer solchen Theologie lautet: *Weil es eine Selbstbewegung des Unendlichen gibt, können wir weder erkennen, was wir wollen, noch wann wir wollen.* Aber wir können zu gegebener Zeit erkennen, wenn die Erkenntnis gegeben ist. Die Mathematik bietet dafür in der Mengenlehre ein sprechendes Beispiel, so daß sie mit ihren Schönheiten und Widersprüchen als Spur des Unendlichen anerkannt werden kann.

Suchen und Finden. Den Rahmen für die Selbstbewegung des Unendlichen im Endlichen scheinen Raum und Zeit zu bilden. Denn der Raum präsentiert *die Inhalte,* während die Zeit sie als *präsentiert* zeigt. Das Entdecken hat einen mittleren Charakter zwischen Suchen und Finden, zwischen dem, was man weiß, und dem, was man wissen möchte. Man findet nur, was man schon weiß; aber nur wer sucht, kann auch finden, was er zu wissen meint. Aus dem Suchen entspringt das Fragen, aus dem Finden das Antworten. Aus dem, was man über unendliche Punktfolgen zu wissen meinte, entstand der Begriff der unendlichen Menge. Aber das dabei zugrunde gelegte Prinzip des *Tertium non datur* bewährte sich nicht überall. Die Antwort aus der Selbstbewegung des Unendlichen war echt und nicht vorweg zu wissen. Es gab tatsächlich eine Antwort, aber sie war abschlägig: Die Bewegung des Endlichen führt nicht zum Thron der Unendlichkeit. Andererseits ermuntert diese Selbstbewegung auch wieder das Endliche, sich auf den Weg zu machen, da sie immer neue Spuren des Unendlichen in Raum und Zeit auslegt. *Raum und Zeit sind Gestalten der Ewigkeit, deshalb voller Spuren dieser Ewigkeit.* Im Raum werden die Gaben nach ihrem Inhalt, in der Zeit nach ihrem Charakter präsentiert.

Bei den Schülern und Nachfolgern Cantors haben wir das Gegenteil der theologischen Intuition erlebt. Es interessierte sie nur der Inhalt, nicht der Charakter der Gabe. Entsprechend versuchten sie die Zeit zu eliminieren und unbedingt am *Tertium non datur* festzuhalten. Der Begriff tilgt die Zeit, oder er versucht es zumindest. Nur kommt er hiermit zu den nicht behebbaren Widersprüchen, worin sich die Gegenwart des Unendlichen und seine Selbstbewegung ausdrückt. Auch der Versuch zur Begründung der Mengenlehre zeigt es wieder. In radikaler Sprache: Der Inhalt der Weltgeschichte ist der Kampf zwischen Glauben und Unglauben. Alle wollen sie Gott werden und nicht sterben, aber man kann es so wollen oder so, auf die Weise des Glaubens oder des Unglaubens. Die Wissenschaft der Neuzeit war der Versuch, den Glauben unnötig zu machen. Warum ist sie gescheitert? Schwere Frage! Ich versuche es mit folgender Antwort: *Wahrer zwar ist der Glaube, aber erfolgreicher ist der Unglaube, der periodisch im Endlichen an seine Grenze kommt und abstürzt.* Der neue Glaube ist dann der erneuerte alte Glaube, der anerkennt, daß alles Seiende den Charakter einer Gabe hat. Den Charakter neu verstanden zu haben, erzeugt dann neue Inhalte des Lebens, die nachfolgend wieder säkularisiert werden, und so weiter. Die Wahrheit des Unendlichen besteht darin, das Seiende zur Schau zu stellen und selbst jenseits des Seienden zu bleiben. Die Differenz anzuerkennen zwischen dem präsentierten Seienden und dem Unendlichen, ist der Glaube; sie aufheben zu wollen, der Unglaube.

List der Unendlichkeit. Ist Gott ein Mathematiker? Es mag sein, daß er es ist, ja ganz gewiß ist er einer! Er beherrscht die Mathematik, aber nicht sie beherrscht ihn. Er mag das Unendliche, also sich selbst erfassen können, für uns aber ist er kein Mathematiker, deshalb können wir ihn nicht mathematisch beerben. Da schon die Welt nicht in einem formalen System aufgeht, sollte Gott noch weniger darin aufgehen. Daraus folgt: Für uns ist die Welt nicht mathematisch erfaßbar, wir können ihr Sein und Wesen nicht vollständig, nicht einmal asymptotisch wachsend in Begriffen erfassen, aussprechen und nutzen, sondern eben nur, soweit es uns gegeben ist. Uns ist die Mathematik wie so vieles andere eine Gabe, damit wir an ihr immer neu unsere Grenzen erproben. Wieder im Bild gesprochen: Die Mathematik war in ihren Anfängen ein Opferaltar zur Verehrung des unendlichen Gottes, im 20. Jahrhundert aber war sie der Versuch, seine Unendlichkeit selbst zu beerben. Absolute Objektivität, ruft Hilbert, auf einer Grundlage, die sie sich selbst gibt und auf der sie ohne Schranken wächst. Aber die List des Opfers scheitert an der Transzendenz des Unendlichen, das jenseits des Aktual-Unendlichen beheimatet ist, wie Cantor überaus klug und weise gesehen hat. Wir können auf keiner Leiter zum Thron des Unendlichen steigen, aber wir können uns an den Fuß dieser Leiter setzen und warten, bis der Unendliche niedersteigt, was dasselbe ist, als ob wir zur Höhe empor gezogen würden. Wir können auch einige Schritte auf der Leiter tun, aber wie weit ist es bis zur Unendlichkeit? Schließlich bleibt nur zu erwarten, daß der Unendliche hernieder steigt. Ist das nicht das große und erregende Leben? Das Erforschliche zu erforschen und das Unerforschliche ehrfürchtig zu verehren?

Die Zeiten ändern sich langsam, aber immer auch einmal wieder in der Richtung der wenig erfolgreichen und doch immer souveränen Wahrheit des Unendlichen. Wenn Wahrheit wirklich Wahrheit ist, behält sie recht auch gegen einen großen Konsens und gegen mächtige wissenschaftliche Systeme. *Der Kampf um die Macht wird letztlich durch die Wahrheit entschieden.*[21] Dennoch ist es schön zu sehen, wenn sich die schmerzliche Wahrheit nicht nur im Widerspruch, sondern einmal auch in Zustimmung durchsetzt. Auf dem Lehrstuhl für Mathematik in Göttingen, auf dem im Anfang des 20. Jahrhunderts Hilbert das harte Programm des Glaubens an die absolute Gewißheit der Wissenschaften verkündet hatte, saß für lange Zeit in der 2. Hälfte des 20. Jahrhunderts ein Mann von ganz anderer Denkart. Jedenfalls steht Hilberts Nachfolger Hans Grauert ganz anders zu dem Gewißheitsanspruch der Wissenschaften. Als Quintessenz des wissenschaftlichen 20. Jahrhunderts schreibt er: *Einstein hatte Unrecht. Der ›Herrgott‹ würfelt doch mit der Welt. Das ist die Methode der Schöpfung. Allerdings ist sie viel raffinierter, als Darwin sie denken konnte.*[22] Wenn aber Gott würfelt, dann hat Hilbert mit seinem in Bologna ausgerufenen Programm im Jahr 1928 Unrecht gehabt, daß es für die Wissenschaft kein Ignorabimus geben darf. Es gibt die Grenze, wie wir gesehen haben, sowohl in der Mathematik wie in der Physik. Alle Wissenschaft handelt von der endlichen Natur, nicht von der ganzen Wirklichkeit.

Christliche Mathematik? Man könnte den Eindruck gewinnen, daß die Widersprüche der Mathematik im 20. Jahrhundert hier für die christliche oder gar die kirchliche Theologie vereinnahmt werden. Über Vereinnahmung, die Angst davor und die Lust daran, wird an anderer Stelle in größerem Umfang zu sprechen sein. Hier nur so viel: Es macht die Größe des Menschen aus, seine Freiheit zum Umdenken zu nutzen. Erst im Scheitern wächst der Mensch, und die Nichtbestätigung hebt die Erkenntnis auf eine neue Ebene. Daß sich an die neue Erkenntnis auch eigene und fremde Interessen hängen können, hebt ihre Gültigkeit nicht auf. Wenn alle Wahrheit bloßes Interesse wäre, wie Nietzsche gemeint hatte, dann bestünde die Welt nur aus Vereinnahmungen. Dann gäbe es keinen Unterschied zwischen Wahrheit und Lüge, dann gäbe es nur noch geplante oder abgewehrte Übernahmen, dann herrschten Begierde und Angst vor der Begierde als einzige Elemente in der Welt. Aber Angst vor Vereinnahmung scheint nur derjenige zu haben, der selbst dazu neigt, jedwede bindende Wahrheit abzulehnen, um sie dann bequemer einnehmen zu können. Auf diese Weise war in der Neuzeit der Glaube an die Wissenschaft eingerichtet. Aber ich bin ja dabei zu zeigen, daß dieser Glaube keine Grundlagen mehr hat.

Nehmen wir also an, es sei ehrenvoll und gesund, die Wahrheit dadurch in Besitz zu nehmen, daß man von ihr in Besitz genommen wird. Wo tritt bei diesem Wandel der Anschauung der Glaube auf? Wie kommt bei einer Vernunft, die in den Widerspruch gerät, der Glaube ins Spiel? Die endliche Vernunft hat zwei Bewegungen oder zwei Seiten in einer Bewegung. Zum einen will sie aus ihrer Endlichkeit heraus, das heißt, jeder Mensch möchte ewig leben. Faust ruft: *Wo faß ich Dich, Unendlichkeit*! Nietzsche sekundiert: *Jede Lust will tiefe, tiefe Ewigkeit*! Wie Gott zu werden und lange, möglichst lange zu leben, das ist das gleiche Verlangen. Zum anderen ist jedem Menschen klar, daß er auf der Erde nicht endlos leben kann, weshalb bisher in der Welt noch kein echter Atheismus aufgetreten ist. Nur Worte sind gemacht worden. Sowohl das Verlangen wie das Wissen um das Scheitern des Verlangens sind dem Menschen von Natur aus eigen. Das heißt, der Neuzeit war es eigen, sich dieses Wissen aus dem Kopf schlagen zu wollen. Und zwar beide Seiten der Bewegung! Auf der einen Seite hat sie versucht, ein innerweltliches Subjekt auf den Schild der zeitlosen Beständigkeit zu heben, das transzendentale Subjekt, die klassenlose Gesellschaft, das Volk des einzigen Blutes, den Erkennenden der Weltformel. Das Ich, das sterblich ist, sollte auf diese Weise verschwinden. Es ist auch verschwunden, aber nur aus der Sichtbarkeit, nicht aus der Wirklichkeit. Die Neuzeit war deshalb in Versuchung, die Einmaligkeit der Person und ihre Sterblichkeit zu übersehen und an ihre Stelle ein kollektives Subjekt wie das Volk, die Menschheit, den Fortschritt zu setzen. Sowohl auf der theoretischen wie auf der praktischen Seite hatte die Neuzeit versucht, von der Endlichkeit aus zur Unendlichkeit zu gelangen.

So viel läßt sich rein mit der Vernunft oder von Natur aus erkennen. Ob sich der nächste Schritt noch mit der Vernunft tun läßt, weiß ich nicht. Im Schritt zur zweiten Stufe erwartet mich die Erkenntnis, daß die Unendlichkeit nicht aus der Endlichkeit erwachsen kann, weder theoretisch noch praktisch. Die Furcht Einsteins vor dem würfelnden Gott ist die Weigerung, diese zweite Stufe zu betreten. Das weist darauf hin, daß sie nicht ohne Gnade betreten werden kann, und mit Gnade geschähe der Schritt nicht mehr nur aus der Vernunft heraus. Die reine Vernunft sucht deshalb einen Ausweg und schiebt auf, sie verlangt Verlängerung für das Spiel der Säkularisierung. Sie hofft auf verborgene Parameter, das deterministische Chaos oder ähnliche Vorstellungen, welche die Immanenz der Natur sichern sollen. Aber dieses Aufschieben entspricht nicht mehr einer realen Erkenntnis der Natur, sondern einem metaphysischen Bedürfnis. Soviel sollte inzwischen deutlich geworden sein. Noch nie hat es Atheismus auf der Erde gegeben, aber das Verlangen nach ihm ist universal, denn Atheismus ist gleichbedeutend mit dem endlichen Leben. *Die Seele – die Dimension des Psychischen, der Vollzug der Trennung – ist ihrer Natur nach atheistisch. Unter Atheismus verstehen wir also eine Position, die früher ist als die Verneinung oder Bejahung des Göttlichen; wir verstehen darunter den Bruch der Teilhabe, von dem aus das Ich sich setzt als das Selbe und als Ich.*[23]

Auf der zweiten Stufe könnte man von christlicher Vereinnahmung der Mathematik, der Physik, der Biologie sprechen. Oder vorsichtiger gesagt, von theologischer Deutung der Widersprüche, denn die Erfahrung der Gnade geschieht wohl universal, wenn auch eben nur zur Hälfte von der endlichen Natur aus. Aber ist das noch ein Einwand? Es ist der klassische Einwand gegen den Klassenprimus: Du rechnest ja nur deshalb deine Aufgaben so gut, weil du immer recht behalten und dich bei den Lehrern einschmeicheln willst. Ein solcher Einwand erledigt sich durch Aussprechen. Ideologiekritik ist immer nur durch Ideologie möglich, denn sie setzt das eine Interesse gegen ein anderes. Hier aber, auf der zweiten Stufe, wird ein Bereich berührt, der nicht allein durch die Kausalität der Interessen beherrscht wird. Die Gnade gibt es nach alter und neuer, also nach universaler Erfahrung umsonst, wenn auch nicht ohne Vorbereitung, wobei die Kunst der Vorbereitung schon wiederum Gnade ist. Die glücklichen Momente, die Sternstunden der Wissenschaften zeugen davon. Von Archimedes bis Cantor dröhnt der Jubel über eine neu aufgefundene Erkenntnis. Aber nur die gerade neu gefundene Erkenntnis! Nur beim ersten Mal! Die Wiederholung und Demonstration wird zu einem mühsamen und lästigen Geschäft, worin man die Gnade und das Gegebensein aller Dinge leicht vergessen kann.

Ausgesprochen christlich wird jetzt die dritte Stufe, wenn die Gnade nicht mehr nur als ein Hauch erfahren wird, die auch in ihrem

Gabecharakter geleugnet werden kann, sondern wenn sie als beständige Gestalt das Leben bestimmt, von morgens bis abends, alle Tage des Lebens. Die Wissenschaft und die Ökonomie der Welt dringen nur bis zur Konkurrenz vor, sie können keine Beständigkeit denken, die sich nicht unter dem Druck der Gegnerschaft auflöst. Der theologische Charakter der dritten Stufe ist die Anerkennung der Gegebenheit aller Dinge. Kann aber das Gegebene in Konkurrenz stehen, die eine Gabe gegen die andere? Ja, in dem Fall, wenn den Gaben in einer Säkularisation der Charakter der Gabe genommen wird! Wenn die Gabe anerkannt ist, dann wird die Daseinsweise der Welt christlich. Transzendenz in Bewegung ohne Konkurrenz: Trinität! Gegenwart der Transzendenz in der Immanenz: Inkarnation! Wovon die Philosophie bei Hegel geträumt hat, wird durch die Aporien der Wissenschaften im 20. Jahrhundert möglich: Die Theologie wird zur Vollendung aller Vernunft, aber ganz anders als Hegel gemeint hatte. Nachdem die endliche Vernunft sich selbst ihre Grenze gezeigt hat, kann sie die grenzenlose Unendlichkeit empfangen.

3. Wie notwendig ist der Zufall? – Von der Endlichkeit der Evolution

Die Evolutionslehre Darwins schien längere Zeit in bedenklichem Widerspruch zum Schöpfungsbericht der Bibel und zur Glaubenslehre der Kirche zu stehen. Nach dem 1. Buch Mose, dem Buch Genesis, hat Gott am Anfang den Himmel und die Erde geschaffen, bald darauf alles Leben, dann den Menschen. Die Theologie geht noch weiter und sagt sogar, er hat sie gleichsam *aus dem Nichts* hervor gebracht. Das soll verhindern, daß sich zwei Prinzipien gegenüber stehen und den Weltlauf bestimmen statt eines einzigen. Nicht Gott und die Materie, sondern Gott allein soll Urheber des Weltgeschehens sein. *Sieh alles, was es da gibt, und erkenne: Gott hat das aus dem Nichts erschaffen, und so entstehen auch die Menschen.*[1] Diese Aussagen umzustoßen hatte die Lust vieler Biologen und Evolutionstheoretiker der letzten 150 Jahre geweckt.

Evolutionslehre statt Theologie? Je nach Standpunkt wird der Gegensatz von Biologie und Theologie gewollt oder bedauert, begrüßt oder zu mindern gesucht. Keinen aber gibt es, der die Entdeckung der Evolution allen Lebens für belanglos hält. Das religiöse Weltbild schien hier auf dem Spiele zu stehen, und manchem scheint es heute noch so zu sein. Auch der Glaube an die *Vorsehung*, daß der Schöpfer seine Geschöpfe aus Liebe und Wohlwollen zu seinem eigenen Lob hervorgebracht habe, steht der Vorstellung der universalen Konkurrenz entgegen, die nach der Evolutionslehre die biologische Entwicklung gelenkt haben soll. Kein Gott deckte den Tisch mit Brot und Wein, sondern die blinden Naturgesetze und der Kampf ums Dasein haben knapp für Nahrung gesorgt. Blind und streitend haben dann diese Kräfte den Weizen und die Trauben in natürlicher Zuchtwahl hervorgebracht. Wo überraschenderweise einmal kein Egoismus, sondern Liebe waltet, soll auch das nur ein Schein sein, denn dahinter verberge sich eine gesteigerte Form des Willens zur Selbsterhaltung, sagt die Soziobiologie.[2] Und schließlich kann der Mensch nicht nach dem *Bilde Gottes* geschaffen sein, da die Evolutionstheorie seine leiblichen und geistigen Eigenschaften aus der Tiergeschichte erklärt.

Oder soll man sich Gott als neidisch und konkurrenzsüchtig vorstellen, der um seine Macht besorgt ist, sich in Liebeshändel verstrickt und opulente Feste feiert? Soll der Mensch nach diesem Bild geschaffen sein? Mit solchen Maßstäben haben sich vielleicht die Griechen ihren Zeus vorgestellt oder die Römer ihren Jupiter, das heißt, sie haben die Götter nach ihrem Bild geschaffen. Ganz ähnlich sind auch die Götter des Evolutionismus gebildet worden, nämlich nach dem Maß dessen, was wir begreifen können. Dem Gott des Schöpfungsberichtes und dem Gott Jesu Christi steht diese Vorstellung entgegen. Danach verhalten sich Bild und Urbild genau umgekehrt: Nicht Gott ist Bild des Menschen, sondern der Mensch ist Bild Gottes.

Die Frage, die wir hier stellen, lautet: Lassen sich die Hauptpunkte der Schöpfungslehre, die *Schöpfung aus dem Nichts*, die *Unmittelbarkeit des göttlichen Schaffens* und die *Gottebenbildlichkeit des Menschen* mit der Lehre von der Evolution vereinbaren? Ist eine Anknüpfung, zum Teil in Widerspruch, zum Teil in Parallele, denkbar? Der Widerspruch, damit er fruchtbar sein soll, dürfte aber nicht nur theologischer Art sein, er müßte sich vielmehr in der Biologie selbst auffinden lassen. Sie sollte, wenn sie mehr sein will als eine regionale Wissenschaft, wenn sie Anspruch auf ein Weltbild haben will, in Widersprüche fallen. Deshalb fragen wir auch umgekehrt: Läßt sich die Evolutionslehre mit den Hauptpunkten der Schöpfungslehre und ihrer theologischen Erfahrung vereinbaren? Wo wiederholt die säkulare Wissenschaft die Fehler, die durch die religiöse Erfahrung längst widerlegt sind?

Begriffe werden weniger durch ihre Definition als durch ihren Gebrauch deutlich. Die Biologie scheint zunächst verständig vom Leben zu reden, indem sie von Individuen und Arten, von Zuchtwahl durch Mutation und Selektion, von genetischer Information und Weitergabe spricht. Auch die Theologie kann ihre Begriffe hier an Inhalt gewinnen lassen, wenn sie kritische Fragen an das biologische Instrumentarium stellt, an die Reichweite und die Bedingungen, unter denen ihre Begriffe gelten sollen. Allen Wissenschaften wohnt eine Neigung zum Szientismus inne, mit dem begrenzte Erkenntnisse zu einem grenzenlosen Weltbild ausgebaut werden. Die Theologie weiß zwar aus unwiderlegter Erfahrung, daß alles Endliche, weil veränderlich, ohne dauernden Bestand ist, aber im Falle einer szientistischen Behauptung muß sie, wenn ihr Einwand fruchtbar sein soll, den Widerspruch in der Sache selbst aufsuchen, wobei sie selbst aus der Berührung nicht unverwandelt hervorgeht.

Das Kapitel 3. Der erste Abschnitt stellt die *Grundlagen der Evolutionslehre* (3.1) vor und benennt die Brüche, die es verwehren, die Biologie zur Grundlage einer Weltanschauung zu machen. Woran die Evolutionslehre als Weltbild scheitert, ist der mangelnde Begriff, die fehlende Identität ihres Fundamentes, was sich im gespaltenen Grundbegriff zeigt, der Zufall und Notwendigkeit heißt. *Die Endlichkeit der Evolution* (3.2) beläßt der Darwinischen Lehre alle wertvollen Einsichten, verwehrt ihr aber, aus der Biologie eine Ontologie oder Ethik zu gewinnen. Das klassische Beispiel einer undurchschauten Abhängigkeit des Denkens vom Stand der Naturwissenschaften liefert *Nietzsches Traum vom unendlichen Leben* (3.3). Seine Philosophie ist auf ersichtliche Weise abhängig vom Biologismus des 19. Jahrhunderts. Sie ist zugleich der radikalste Versuch im Kampf ums Dasein, der seit eh und je die Geschicke von Natur und Kultur durchzieht. Allerdings, ihn zum einzigen Prinzip zu machen, erscheint als ein grober Denkfehler.

Identität zeigt sich für den Menschen nur im Endlichen, innerhalb der doppelten Grenze von Raum und Zeit. Diese Identität ist vergänglich. Die ausstehenden Möglichkeiten der Zukunft sind keine endlichen Größen, deshalb kann es kein Weltbild in Form eines rationalistischen und empirischen Begreifens geben. Wenn die Biologie über Pflanzen und Tiere als Gattungswesen spricht, dann spricht sie über einen ihr angemessenen Gegenstand. Aber weder ist ihr die Welt als ganze noch sind ihr die Individuen als Einzelne gegeben. Weder das Ganze noch das Einzelne kann Gegenstand der Wissenschaft sein: *Totum et individuum sunt ineffabile.*[3]

Der Evolutionismus als Weltanschauung ist sehr dürftig, er ist so arm wie jeder Fundamentalismus oder -Ismus. Er steht auf dem Niveau eines mechanischen Weltbildes, das er mit dem Postulat der Objektivität als unhintergehbar deklariert. Zieht man vom Biologismus die Weltanschauung ab und nimmt die Biologie als Wissenschaft, so paßt die Vorstellung der Evolution vorzüglich zur biblischen Aussage vom stufenweisen Hervortreten der Geschöpfe an sechs Tagen, von der wechselweisen Abhängigkeit allen Lebens und von der vererbten Sterblichkeit aller Individuen. Dabei löst sich das alte Bündnis der Schöpfungslehre mit der Lehre des Aristoteles von der natürlichen Teleologie wie von selbst auf: Der Mensch kann sein Endziel nicht aus sich selbst erreichen. *Die ganze Schöpfung wartet sehnsüchtig auf das Offenbarwerden der Söhne Gottes. Die Schöpfung ist der Vergänglichkeit unterworfen, nicht aus eigenem Willen, sondern durch den, der sie unterworfen hat; aber zugleich gab er ihr Hoffnung.*[4] Von Natur aus ist der Mensch zum Scheitern bestimmt, und seine Hoffnung auf Liebe und Verständnis ist in der Natur ein bloßer Schein. Das sagt die Theologie ganz einvernehmlich mit der Soziobiologie. Das Leben insgesamt, lehrt der Biologe, ist nur eine Episode auf Erden, ein Intervall im Sein, wie auch das Sein selbst nur Episode ist, ein kurzer Moment zwischen dem Ausgang aus dem Nichts und der Rückkehr dorthin, den man ebenso gut oder besser noch, wird der Theologe fortfahren, als Ausgang aus Gott und Rückkehr zu ihm bezeichnen kann. Wir sind nur Gast auf Erden, heißt es im Lied zu Recht, Gast als Individuum und Gast als Gattung. Nur über die Gastlichkeit der Erde sprechen Biologe und Theologe aus verschiedenen Blickwinkeln.

Der biologische Blick auf die Natur zeigt drei Urschöpfungen: das Entspringen des Seins aus dem Nichts, die Erweckung des Lebens aus dem Sein und die Geburt des Menschen aus dem Leben. Alles spricht dafür, daß diese drei Episoden in natürlicher Hinsicht vergänglich sind. Dem episodenhaften Auftreten von Sein, Leben und Mensch entspricht theologisch die Unmittelbarkeit der Schöpfung aus dem Nichts, was so viel heißt, daß jeder Mensch zugleich aus den Möglichkeiten eines schon vorhandenen Stoffes sowie aus der Unableitbarkeit dessen geboren ist, was allem Begreifen voraus liegt. Sein, Leben und Mensch sind erst möglich, wenn sie verwirklicht sind. Keine endliche Gestalt kann ihre eigene Möglichkeit demonstrieren, bevor sie nicht selbst da ist. Das eben heißt in der Zeitlichkeit zu leben, nicht den Überblick über die Zeit zu haben.

3.1 Evolutionslehre und Evolutionismus

Die Weltanschauung. Zuerst sei eine Verabredung in den Begriffen getroffen. *Evolutionslehre* soll die nüchterne biologische Theorie vom allgemeinen Band des Lebens heißen, das alle Pflanzen und Tiere bis hin zum Menschen miteinander verbindet. Das Band ist ein langwieriger Prozeß, der sich seit Hunderten von Jahrmillionen entfaltet. Jedes Lebewesen trägt *auch* die Geschichte seiner Gattung und vieler anderer Gattungen aus früheren Erdzeitaltern in sich. *Evolutionismus*[5] ist dagegen die daraus abgeleitete Weltanschauung, nach der das menschliche Leben *nur* aus seiner Geschichte und *nur* aus dem Evolutionsablauf besteht, also alle Erscheinungen des Lebens entweder auf die Mechanismen der Evolution zurückzuführen oder aber als bloßer und falscher Anschein zurückzuweisen sind.

Ob es tatsächlich solche Evolutionisten gibt, ist nicht ganz sicher auszumachen. Denn formal wird sich jeder Evolutionist salvieren und aus der Affäre ziehen. Er wird seine Thesen nicht als Weltbild, sondern als Hypothesen vorstellen, die sich eben dadurch als wissenschaftsfähig erweisen sollen, daß sie offen seien für weitere Erfahrungen. Aber auch Hypothesen können totalitär sein, etwa die gar nicht hypothetische, sondern sehr totalitäre Behauptung, daß alles hypothetisch sei, woraus – im Fall der Geltung – folgen würde, daß mir letzte Verpflichtungen erspart bleiben und ich meine Gründe nach Zeit und Geschmack selbst einrichten kann. Der auf Lustgewinn bedachte Relativismus kann sehr intolerant sein. Bei einer ganzen Reihe von Vertretern der Biologie scheint die Grenze zum –Ismus überschritten und aus der Wissenschaft eine komplette Weltanschauung geworden zu sein.

Beispiel für Biologismus. So kann zum Beispiel ein Vertreter des Biologismus freimütig sagen: *Erfahrungstranszendent wären die Existenz, die Eigenschaften und das Wirken Gottes, jede Art von Theologie, die über Funktionalität … hinausginge. Erfahrungswissenschaft kann Thesen und Hypothesen über solche Bereiche weder widerlegen noch belegen. Sie kann sie jedoch … als ›entbehrlich‹ ansehen, und der Naturalist tut eben dies.*[6] Die in der Nachfolge von Konrad Lorenz entwickelte Evolutionäre Erkenntnistheorie ist nicht deshalb bedenklich, weil sie annimmt, daß jede Erkenntnis an ein neurophysiologisches Ereignis gekoppelt ist, sondern weil sie als klar annimmt, daß die Neurophysiologie bestimmt, was Erkenntnis sei. Unbedacht ist die Annahme, daß alle Erfahrung meßbar und alle andere Wirklichkeit entbehrlich, nämlich nicht vorhanden sei. Eine kurzsichtige Hypothese! Es ist die alte Überzeugung, alle endliche Wirklichkeit trete als Objekt für ein Subjekt auf und sonst könne es nichts geben. Als Weltanschauung ist der Evolutionismus ein ernstes gesellschaftliches Problem, denn er reduziert den Menschen auf bloß meßbare Größen. Er hält an dem Vorentscheid fest, daß alle Ereignisse und Erfahrungen in der Weise der Meßbarkeit auftreten. Die Biologie selbst widerspricht diesem Begriffsuniversalismus, da sie den Zufall in die Ursachen der Erscheinungen mit aufnimmt, also die nicht wißbare Ursache unter die Ursachen zählt. Damit hat sie das zur Zeit und in Zukunft nicht Begreifliche in ihre Grundlagen eingebaut. Hält man einem Evolutionisten dies vor Augen, so weicht er aus. Entweder antwortet er wie Einstein, der Zufall sei nur ein vorläufiges, subjektives Unwissen, und die jetzt noch verborgenen Parameter würden später aufgefunden werden. Oder er verweist auf die Statistik, daß der Zufall im Einzelfall durch die Gesetze der großen Zahl wieder aufgefangen wird. Damit sollen der volle Überblick und die Wissenschaftlichkeit wieder hergestellt werden, wie er meint. Damit wäre auch der Kreis wieder geschlossen: Ereignisse, die nicht wiederholbar sind, werden ausgeschieden, um die Wissenschaftlichkeit zu garantieren. Aber ist das noch Wissenschaft, wenn die erfahrene Wirklichkeit geleugnet wird, nur um ein bestimmtes Weltbild festhalten zu können? Der Evolutionismus neigt zur Ideologie und will nur das sehen, was seinen Vorstellungen entspricht.

Das heutige Bild der soliden Evolutionslehre, soweit es das allgemeine Bewußtsein bestimmt, läßt sich mit folgenden Grundlinien zeichnen. Bei wenigen Zeitgenossen wird es in reflektierter Form vorliegen, aber auch das unreflektierte Bewußtsein entfaltet seine Wirkung, wirkungsvoller oft als das reflektierte. Bis es an seine Grenze stößt! Danach hat *Charles Darwin* (1809–1882) als erster erkannt,[7] daß die Vielfalt der Tierarten, ja aller Lebewesen, seien es nun Pflanzen, Tiere oder Menschen, unabhängig von jedem Willensakt eines transzendenten Schöpfers, langsam durch einen Naturvorgang entstanden seien. Allmählich hätten sich aus der Konkurrenz der Arten und auch innerhalb einer einzigen Art erst niedere, dann höhere Lebewesen, schließlich Primaten entwickelt, aus denen der Mensch, aber auch seine nächsten Verwandten, die Affen hervor gegangen seien.

Die Erschaffung des Auges. So hätten beispielsweise Menschen nicht deshalb ein Auge, weil Gott es ihnen geschaffen hat, damit sie seine Schöpfung bewundern und ihn loben können, sondern weil Tiere ohne Augen im Kampf um Futter und Nachkommen entschieden im Nachteil sind. Denkbar sind augenlose Tiere schon, aber wenn das Auge erst einmal entdeckt ist, vielleicht durch Zufall, sterben augenlose Tiere schnell aus. Auch blind geborene Tiere haben kaum eine Chance. Die sehenden Tiere überleben mit weit größerer Wahrscheinlichkeit und vererben ihre Fähigkeit zu sehen, die uns so köstlich erscheint, auf ihre Nachkommen, ohne daß dabei ein Wille beteiligt ist. Ja, schon schlecht sehende Tiere haben stark geminderte Überlebens- und Brutchancen. Es gibt einen gewaltigen Druck in der

Naturgeschichte, ständig bessere Augen zu entwickeln. Also gibt es Tiere mit verkümmerten Augen nur in einer Umwelt ohne Licht, wo das Sehen sowieso nichts nützen würde. Ganz blind war die Natur, als sie das Sehen erfunden hat.

Die neuere Soziobiologie meint sogar erklären zu können, warum wir dem Licht, das als erstes im Schöpfungsbericht der Bibel geschaffen wurde, und dem zugehörigen Organ eine solche liebevolle Aufmerksamkeit schenken. Wie kostbar uns Auge und Licht sind, zeigen noch die Blindenheilungen Jesu, der sich dadurch Anspruch auf Gehör und Gefolgschaft erwirbt. Das Sehen, meint die biologistische Erklärung, dünkt uns im Vergleich mit der Blindheit deshalb so wertvoll, weil sich darin das unbewußte Wissen um den Selektionsvorteil des besseren Auges ausdrückt. Jedes knappe und kostbare Gut umgeben wir mit einer Aura der Verehrung und schreiben es der direkten Fürsorge göttlicher Kräfte zu, in Unkenntnis der evolutionären Vorteile, aber aus Ahnung der Wichtigkeit des Organs. Das alles zeigt nach dem Evolutionismus wohl die hohe Bedeutung des Sehens für das Leben an, aber es zeigt durchaus nicht, daß Gott es besonders gut mit den Menschen gemeint hat. Denn alle diese Ursachen seien ja ganz natürlich und keineswegs von einer transzendenten Kraft gelenkt worden. Außerdem bekommt jedes Tier solche Augen mit auf den Weg, wodurch der Überlebensvorteil für das Individuum wegfällt. Kann ich aber einen Gott preisen, der zwar für mich sorgt, aber auch für meine Feinde? Ja, der sogar meinen schärfsten Feind, den Tod, in seine Pläne einbaut und offensichtlich zuläßt!

Survival of the fittest. Der Gedanke der Entwicklung der Arten mag dem einen oder anderen Biologen schon vor Darwin gekommen sein, aber erst dieser hat ihn systematisch in die Mitte der Biologie gestellt und durch zahlreiche Beobachtungen und Befunde belegt. *Lamarck* (1744–1829) hatte vor Darwin das Prinzip der Weitergabe individuell erworbener Eigenschaften aufgestellt, ein Prinzip, das wohl für die Kultur-, nicht aber für die Naturgeschichte gilt. Erworbenes Wissen wird in der menschlichen Kultur weitergereicht, aber nicht in der vormenschlichen Natur. Das leitende Prinzip der Entwicklungslehre Darwins ist das Überleben der bestangepaßten Art, der *Survival of the fittest*, im Deutschen meist ungenau als Kampf ums Dasein bezeichnet. Ein Kampf setzt Interesse und Zielstrebigkeit voraus, er wird von Individuen getragen, die ein Mittel von einem Ziel unterscheiden können, um mit dem ersten das zweite zu erreichen. Aber im Überleben der bestangepaßten Art will niemand überleben, es geschieht eben nur. Die Natur kennt keinen Willen, sondern nur blinde Kräfte.

Darwin wußte noch nichts von Molekulargenetik. Aber heute kann man sagen, daß sich alle evolutiven Lebensvorgänge teilnahmslos in willenlosen Gen-Mutationen vollziehen, deren Beweglichkeit allein aus dem Zufall und in keiner Weise aus dem steuernden Willen einer Vorsehung kommt. Was sich in den Individuen sekundär als Wille zur Selbsterhaltung darstellt, ist nach evolutionistischer Auffassung in Wirklichkeit nichts anderes als der Ausdruck des willenlosen mechanischen Gesetzes, nach dem nur Tiere mit guten Freß- und Brutgewohnheiten auch wirklich überleben. Wer nicht überleben will, lebt schon lange nicht mehr. Hinter jedem organischen Willen steht ursprünglich, sagen die Evolutionisten, das Mechanische und Willenlose. Ein solches Auswahlprinzip wirke gänzlich ziellos, also a-teleologisch, und was dem einzelnen Tier oder dem Menschen als sinnvolles Projekt erscheine, das er selbst will oder auch nicht will, wie die Sammlung eines Nahrungsvorrates für den Winter oder die Fürsorge für den Nachwuchs, sei ein bloßer Schein und könne kausal erklärt werden. Sowohl der fürsorgliche Wille des Menschen wie auch die liebevolle Vorsehung des Schöpfers, der seine Geschöpfe in einen blühenden Garten Eden gesetzt haben soll, ist reduzierbar auf die Wirkung von Notwendigkeit und Zufall, die beide seit Jahrmillionen im Wechselspiel erst neue Gene erzeugen, dann sie verwerfen oder speichern.

Beispiel einer Reduktion. Wegen der exemplarischen Bedeutung für die Theologie will ich den Gedanken der Reduktion von Teleologie auf Kausalität am Beispiel der Sorge für die Nahrung einmal bis in Einzelheiten durchführen. Ohne Zweifel ist der christliche Glaube stark vom Vertrauen auf die fürsorgende Hand Gottes geprägt. *Werft alle eure Sorge auf ihn, denn er sorgt sich um euch,* heißt es im ersten Petrusbrief. Oder der Psalmist betet innig und voll Vertrauen: *Aller Augen warten auf dich, und du gibst ihnen Speise zur rechten Zeit. Du öffnest deine Hand und sättigst alles, was lebt, nach deinem Gefallen.* Wer hätte das Gebet nicht schon vor oder nach Tisch gesprochen! Was in diesem Vertrauenspsalm wie eine natürliche Neigung zu einem mächtig-gütigen Wohltäter aussieht, wird im Vertrauen Jesu aufs äußerste gespannt und über alle natürlichen Grenzen hinaus weitergeführt. Er sieht die engherzige Sorge des Menschen um sich selbst überstrahlt von der glänzenden Fürsorge Gottes. *Wenn nun schon ihr, die ihr böse seid, euren Kindern gebt, was gut ist, wie viel mehr wird euer Vater im Himmel denen Gutes geben, die ihn darum bitten.*[8]

Erste Erklärung. Wie würde nun ein Evolutionist das Vertrauen auf die Fürsorge Gottes erklären? Welche kausalen Operationen würde er einführen? Im ersten klassisch darwinistischen Schritt würde er von einer falschen Theorie sprechen, die im Psalmengebet vorliegt. Denn zum einen, hören wir ihn sagen, liegt einfach Blindheit für Tatsachen vor. Tiere und Menschen müßten sich sehr wohl dafür anstrengen, das tägliche Brot zu erhalten, das weiß doch jeder. Oder hat es unter den Christen noch nie Bauern und Bäcker gegeben? Bloßes Bitten reicht doch wohl auch bei ihnen nicht aus, und ob die Bitte um Segen je etwas gebracht hat, läßt sich jedenfalls nicht messen. Ganz im Gegensatz zum seligen Vertrauen der Bibel müsse der Mensch im Schweiße seines Angesichts sein Brot essen, was ja übrigens selbst eine biblische Formel ist. Soll man den einen Geber guter Gaben nennen, der zwar grundsätzlich gibt, aber dafür härteste Arbeit beim Jagen oder beim Ackern verlangt? Dann hätte Gott eine sehr komplizierte Art zu geben. Wenn er aber tatsächlich gibt, und manchmal findet man wilde Beeren und Honig auch ohne vorherige Anstrengung, warum gibt er dann nicht immer auf diese Weise, sondern nur nach Laune und Gefallen?

Zum anderen würde der Evolutionist sagen: Ist Gott wirklich gut, auch wenn er oft nichts zu essen gibt, wenn in Hungersnöten scharenweise Mensch und Tier zugrunde gehen? Und schließlich: Warum verfällt er auf eine so seltsame Quelle der Mahlzeit, daß sich alle Lebewesen selbst zur Speise dienen müssen? Warum lebt der eine vom anderen? Hätte der Gott des Lebens, wenn es ihn gibt, nicht etwas mehr Umsicht walten lassen und eine friedlichere Welt einrichten können? Wenn die Nahrungsquellen anorganisch wären, dann hätte es wohl kaum je einen Krieg auf der Erde gegeben. Kriege gibt es, weil die Mittel des Lebens knapp sind. Die biologische Theorie ist also viel ehrlicher als die theologische: Überhaupt niemand gibt eine Speise zur rechten Zeit, sondern dort, wo Nahrung vorhanden ist, finden sich Kostgänger ein, wobei die Natur niemanden eingeladen hat. Sie müssen sich selbst ihren Tisch gedeckt halten und dann auch noch zusehen, daß dort kein anderer Platz nimmt. Von Gabe kann unter solchen Umständen schlichtweg keine Rede sein, sondern präzise nur vom Gegenteil, vom Nehmen und Raffen dessen, was niemand freiwillig geben und jeder selbst nur haben will. Die Güter der Erde sind knapp, und jeder Einzelne weigert sich entschieden zu geben, nämlich sein Leben als Nahrung für den Freßfeind. Die biologische Erklärung steht der theologischen gerade und direkt entgegen.

Zweite Erklärung. Die heutige Evolutionstheorie, die durch die Schule der Verhaltensforschung gegangen ist, erklärt neuerdings auch das Vorhandensein des religiösen Bewußtseins und rechtfertigt es. Sie lobt das Gefühl für die Existenz Gottes oder das Gefühl für die schlechthinnige Abhängigkeit. Der Glaube an einen Gott, der die Welt fürsorglich lenkt, ist vorteilhaft beim Überlebenskampf der Bestangepaßten. Die Soziobiologie gewinnt der Vorstellung eines fürsorgenden Gottvaters erstaunlicherweise eine positive Seite ab. Sie meint, die Religion stärke das Vertrauen und auf diese Weise bringe sie Selektionsvorteile. Ein hart gesottener Evolutionist wird das Wort Jesu aus der Bergpredigt vom grenzenlosen Vertrauen auf den Vater im Himmel, der allen Gutes gibt, folgendermaßen verstehen: Zwar sei es normalerweise besser, Mißtrauen zu haben, nicht mit den guten Absichten der Mitmenschen zu rechnen und immer den Eigennutz an die erste Stelle zu setzen, aber als Grundhaltung ist das Vertrauen, eine Art Urvertrauen nützlicher, denn es entlastet von übertrieben großer Sorge um das eigene Ich. Das Mißtrauen kann nämlich auch überhand nehmen und den Menschen nervlich zerrütten. Da sei es aufs Ganze gesehen besser, sich ab und zu enttäuschen zu lassen und den Nachteil in Kauf zu nehmen. Bei größerem Mißtrauen wäre der einzelne Verlust nicht passiert, aber der Preis ist zu hoch für völlige Enttäuschungssicherheit. Insgesamt kann man mit ein paar Niederlagen entspannter und gesünder leben als unter dem Druck, immer im Vorteil sein zu müssen. Die Funktion des Unbewußten sei eben dieses, aktuell überflüssige Informationen vom Bewußtsein fern zu halten. Das Wort Jesu ist im Sinne des Evolutionismus eine präzise Erkenntnis: Im Einzelfall sind die Menschen böse, das heißt sie sind eigennützig, und ich muß mit ihrer Bosheit rechnen. Insgesamt aber ist es gut, dem Vater im Himmel, das heißt der Gesamtheit der Erfahrungen zu vertrauen, da ihre vollständige Kontrolle meine Kräfte gänzlich übersteigen würde. Das Urvertrauen wäre evolutionistisch gesehen eine Erfahrungsschleuse für den Umgang mit der Außenwelt, und Gott wäre in gewisser Weise real, nämlich als die Gesamtheit aller möglichen Erfahrungen. Bei solch einem

Erfolg wird sich jeder Evolutionist beeilen, auch an Gott zu glauben, um die Überlebenschance seiner Gene zu erhöhen.

Mutation und Selektion. Durch die molekulargenetische Erweiterung hat die Evolutionslehre im letzten Jahrhundert stark an Überzeugungskraft gewonnen. Darwin war zu seinem Selektionsprinzip rein empirisch und durch genaue Beobachtungen von Pflanzen und Tieren gelangt. Diese waren aber vor 150 Jahren ziemlich lückenhaft und weisen auch heute noch Fehlstellen auf. Immer wieder fehlten die Verbindungsstücke, insbesondere das berühmte *missing link* zwischen den Tiergattungen und dem Menschen. Aber in den 50er Jahren des 20. Jahrhunderts konnte die Biologie zeigen, daß die Eigenschaften von Lebewesen im genetischen Code grundgelegt sind und dieser sich nach dem Prinzip des Zufalls ändert. *Mutation* und *Selektion* sind seitdem die beiden Füße, auf denen die Evolutionslehre fortschreitet. Alles scheint aus der biologischen Entwicklung der Arten erklärbar zu sein: das individuelle Verhalten der Tiere und Menschen, wie es von Konrad Lorenz und seiner Schule erforscht wurde,[9] aber auch das soziale Verhalten, das von der Soziologie untersucht wird. Schließlich scheint das Denken des Menschen eine Funktion der Biologie zu werden,[10] die von der Evolutionären Erkenntnistheorie übernommen wird. Der Kanon der Fächer, von der Theologie angefangen über Philosophie, Psychologie bis zur Soziologie und Politologie, alles ist nur angewandte Biologie, sagt der biologische Naturalist.

Evolution und Fortschritt. Eine Stütze für seine Plausibilität fand dieser Gedanke lange Zeit auch außerhalb der Biologie. Die Vorstellungen von Entwicklung oder Evolution haben sich zum umfassenden Paradigma der Gegenwart herausgebildet. Durch den von der Aufklärung im 17. und 18. Jahrhundert geforderten Fortschritt der Menschheit zu einem glücklicheren Leben hin, scheint sich die menschliche, innergeschichtliche Entwicklung fugenlos an das natürliche Fortschreiten anschließen zu können. In diesem Sinne sind auch Evolutionisten von heute geneigt, über den Menschen zu sagen: *Wir sind nicht nur von dieser Welt*. Ist das nicht die Anerkennung der religiösen Transzendenz durch einen Naturalisten? Aber man muß genau hinschauen, denn erst der Gebrauch der Worte zeigt, was hier gemeint ist. Der Evolutionist Hoimar von Ditfurth redet von einem horizontalen Jenseits, das jetzt noch aussteht, aber künftig einmal real sein soll. Er meint damit ein Wachstum im Begreifen und Zugreifen, realisiert vom Menschen selbst. *Das Konzept der Evolution aktualisiert, so gesehen, also das Geheimnis. Es holt die Beziehung zwischen unserer Welt und der zu ihrer Erklärung unerläßlichen jenseitigen Wirklichkeit aus dem Abgrund einer unvorstellbar fernen Vergangenheit zurück in unsere Gegenwart. Aus evolutionärer Perspektive hat es die Beziehung zwischen beiden Realitätsebenen nicht nur ein einziges Mal, ein für alle Male, im Augenblick der Weltentstehung, gegeben. Eine sich seit ihrer Entstehung fortentwickelnde Welt ist vielmehr nur denkbar als Folge einer seit diesem Augenblick lebendig gebliebenen Beziehung zwischen Welt und Transzendenz.*[11] Eine vertikale Transzendenz kann ein solcher Autor nicht brauchen, nur eine horizontale. Welche Bilder wir hier verwenden, ob die Waagerechte und die Senkrechte oder etwas anderes, ist nicht so wichtig, entscheidend ist hier einzig der Gebrauch, den wir davon machen, er bildet den harten Kern der Sache. Eine horizontale Transzendenz ist beerbbar und begreifbar. Eine vertikale Transzendenz drückt die vielleicht doch grundlegendere Erfahrung aus, daß der Mensch letztlich nicht alles ergreifen kann, sondern von allem ergriffen wird, von dem Anderen in seiner Unendlichkeit, von dem, was alle Menschen Gott nennen. Gott ist in diesem Falle nicht nur das Gefühl schlechthinniger Abhängigkeit, sondern die Wirklichkeit schlechthinniger Abhängigkeit. Das Gefühl konnte der Evolutionist in seinen Dienst stellen, bei der Wirklichkeit ist es umgekehrt: Sie stellt ihn in Dienst.

Homo sapiens sapientissimus. Vom Einzeller bis zum Dinosaurier, dann weiter bis zu den Säugetieren und den Affen ist es ein entschieden aufwärts führender Weg, aber ebenso weit ist der Weg noch einmal bis zum Menschen, jedenfalls was die Komplexität der Lebensfülle betrifft. Immer weiter ist die Naturgeschichte fortgeschritten. Der im Zeitalter der Aufklärung verloren gegangene Gedanke einer fortgesetzten Schöpfung, die *creatio continua*, ist plötzlich in säkularisierter Gestalt wieder da und wird als Evolution verstanden. Sollte da der Weg nicht noch über den Menschen hinaus führen? In der Vergangenheit ging es von einem Homo neandertalensis zu einem Homo sapiens, dann zum Homo sapiens sapiens, dem gegenwärtigen Hauptbewohner der Erde. Sollten wir für die Zukunft nicht vielleicht einen Homo sapiens sapientissimus erwarten? Und da wir ihn schon erwarten, nehmen wir doch sein Kommen gleich in unsere Hände! Wir kennen den Mechanismus der Gene immer genauer, ja seit dem

Juni 2000 ist der Bauplan des Menschen weitgehend entschlüsselt. Warum sollte da der Mensch seine eigene Entwicklung nicht bewußt selbst lenken? Könnte der Mensch nicht seine eigene Züchtung in Gang bringen wie bei Hunden, Rindern und Schweinen? Möglich wäre das. Der überwältigenden Plausibilität konnte sich bisher kaum ein Zeitgenosse entziehen. Nur die ökologische Mahnung wirkt, daß die Erde endlich ist und ihre Endlichkeit immer wieder neu unter Beweis stellen wird! Im Kopf stellt sich dem Prinzip Hoffnung auf der Erde wenig in den Weg, aber immer auffälliger doch die Grenzen dieses Planeten selbst.

Identität ohne Selbst. So mag es an der Zeit sein, sich zu erinnern, daß der Fortschritt in der Naturgeschichte nicht nur eine angenehme Karriere ist, sondern eine Bewegung durch Tod und Untergang hindurch. Wer den evolutionären Fortschritt preist, sollte wissen, daß jede große Krise auf Leben und Tod geht. Nicht jede Krise wird überlebt, nicht jede Krise führt zum Fortschritt, und keine Krise führt nur zum Fortschritt.[12] Die Nachahmung der Natur in der Kulturgeschichte hat bisher Katastrophen nicht vermeiden können, ja sie hat eben durch den Fortschritt immer neue Unglücke in immer neuen Dimensionen erzeugt. Wenn aber die ethischen Folgen des Evolutionismus und Fortschrittsdenkens bedenklich sind, könnte dann nicht auch ihre Ontologie, ihre Weltanschauung, auf einem bedenklichen Fundament stehen? Die Evolutionslehre ist nicht nur das, was einige Evolutionisten in ihr sehen möchten, ein sich selbst tragendes Fundament universaler Erklärung durch Selbstorganisation, sie ist auch das, was sie nicht sehen möchten, ein partikuläres Wissen, das sich seinen Gegenstand durch Ausschluß anderer Gegenstände erst herstellt. Die Identität eines beständigen Selbst ist nicht in ihr anwesend.

3.2 Die Endlichkeit der Evolution

Wie soll die Evolutionslehre, wie der Evolutionismus theologisch beurteilt werden? Es macht nicht viel Mühe, die beiden Vorstellungen begrifflich zu unterscheiden. Dagegen erfordert es Kenntnisse in den Grundlagen der Evolutionslehre und noch mehr die Anstrengung des Denkens, um sie auch der Sache nach zu unterscheiden. Wissenschaftstheoretisch kann die Evolutionslehre den Status einer regionalen Wissenschaft beanspruchen, die bestimmte Erscheinungen mit geeigneten Methoden untersucht. Bei einigen Autoren,[13] die oben zur Sprache gekommen sind, nimmt aber diese Lehre den Rang einer Universalwissenschaft ein, die mit dem Anspruch auftritt, alle humanen Phänomene ohne Ausnahme *biologisch* erklären zu können. Was der Mensch ist, sagt allein die Biologie; was der Mensch erkennen kann, sagt allein die Evolutionäre Erkenntnistheorie; was der Mensch tun soll, sagt allein die Soziobiologie. Wie bei jedem totalen System werden Erscheinungen, die nicht in das Muster der Erklärung passen, als unwesentlich geleugnet.

Konrad Lorenz. Wir tun dem an sich bedeutenden Konrad Lorenz kein Unrecht, wenn wir ihn als Evolutionisten im strengen Sinne bezeichnen. Er hat die Verhaltensforschung in einer Weise begründet, die sie zu einem Gesamtsystem menschlichen Daseins machen sollte. Nicht nur das Handeln, auch das menschliche Erkennen erscheint bei ihm als Produkt und *nur* als Produkt der biologischen Evolution. *Wie andere im Lauf der Stammesgeschichte entstandene und der Arterhaltung dienende Leistungen soll auch die des menschlichen Erkennens untersucht werden: als Funktion eines realen und auf natürlichem Weg entstandenen Systems, das mit einer ebenso realen Außenwelt in Wechselwirkung steht.*[14] Das Schlüsselwort heißt hier *Realität*. Es zeigt die Richtung an, in die Lorenz sich bewegen will. Alle Wirklichkeit soll objektiv sein, und sie soll mit naturwissenschaftlichen Methoden meßbar sein. Alle andere Realität soll nicht sein. Lorenz präsentiert hier die biologische Variante des Satzes: Alle Wirklichkeit ist Natur.

Eine Erinnerung. Geleugnet werden sollen dabei alle geistigen und geistlichen Qualitäten des Lebens. Weder soll es Gott noch den Menschen als Person geben. Denn das Personale in Gott und dem Menschen ist die nicht-objektivierbare Wirklichkeit. Gerade diese wird als nicht existierend beiseite geschoben. Zur Erinnerung: Wenn es auch sehr vorteilhaft wäre, alle Wirklichkeit objektivieren zu können, so ist es doch sehr fraglich, ob der Wunsch jemals in Erfüllung gehen kann. Um wissen und sprechen zu können, ist die Objektivierung in Begriffen und Sätzen notwendig. Die Objektivität ist der Stützpfeiler der Wissenschaft. Aber folgt daraus, daß alle Wirklichkeit objektivierbare Natur ist? Eher müßte man durch diese Erinnerung mißtrauisch werden. Was ich kann, weiß ich, was ich nicht kann, weiß ich vielleicht auch. Sollte ich daraus schließen, daß mein Können ausreicht, alle auftretenden Fälle meines Lebens zu bewältigen? Sollte ich sicher sein, daß die Wirklichkeit keinesfalls größere, über meine Kräfte gehende Ansprüche stellen wird? Das wäre eine merkwürdige Sicherheit, die aus dem menschlichen Wissenkönnen auf das Seinkönnen der Wirklichkeit schließt.

Fortgeführt wurde das Programm durch die sogenannten Soziobiologen, die alle sozialen Phänomene auf das mechanische Spiel egoistischer Gene zurückführen wollten.[15] Die Ausschließlichkeit des *nichts als* macht dabei wieder stutzen. Zwar erheben Theologie und Glaube auch allumfassende Erklärungsansprüche, aber das tun sie nicht mit einem endlichen Prinzip, das dem Menschen in die Hand gegeben wäre, sondern mit einem Verzicht auf das Prinzip. Man könnte es auch das unendliche Prinzip nennen, eines, das auf theoretisches Begreifen und technisches Handeln verzichtet. Theologisches Mehrwissen ist immer mit einem philosophischen Wenigerwissen verbunden. Zur theologischen und weisheitlichen Erkenntnis gehört stets die Anerkenntnis der Grenze des Endlichen, so daß das theologische Ergreifen am Ende ein Ergriffensein ist. Das heißt, es ist der Verzicht auf eine Totalität im Endlichen.

Methode eines -Ismus. Wie kann man die biologischen Ergebnisse als Tatsachen anerkennen, ohne dem Evolutionismus als Ideologie zu verfallen? Ich stelle die Evolutionslehre als ein Theoriegebäude dar. Ein -Ismus geht so vor, daß er eine natürliche Erscheinung auf ein Grundprinzip, das er verstanden zu haben meint, zurückführt oder reduziert. Dabei können drei Fehler auftreten: Zum einen (i) kann das in Frage stehende Phänomen ganz oder zum Teil falsch gesehen sein. Dann kann zum zweiten (ii) die Erklärung selbst fehlerhaft sein, wenn der Grundsatz das vorliegende Phänomen nicht erklärt. Und drittens (iii) kann das Grundprinzip selbst unverstanden sein, obwohl es sich den Anschein gibt, vollständig bekannt, also identisch und in Übereinstimmung mit sich selbst zu sein. Lorenz meint eben zu wissen, was reale Natur ist, deshalb dient sie ihm als ein Erklärungsprinzip, das selbst keiner weiteren Erklärung bedarf. Jedes Verstehen ist eine Art von Reduktion, ein Überführen von einer verstandenen Erscheinung zu einer nicht verstandenen, die eben dadurch erklärt werden soll. An den beiden Punkten der Erkenntnis, beim zu verstehenden Phänomen und beim verstandenen Prinzip wie auch in der Vermittlung zwischen beiden, können die drei genannten Fehler in der Reduktion auftreten.

Aufgabe der Unterscheidung. Mit dem Einblick in das Theoriegebäude kommen wir in die Lage, die Evolutionslehre als Wissenschaft beurteilen zu können, indem wir ihre Begriffe anerkennen, *insofern* sie von der Erfahrung bestätigt werden. Daß diese Lehre aber grundsätzlich alle Wahrheit über den Menschen, die Natur, die Geschichte, die Wirklichkeit aussagt, so daß jede andere darin aufgehoben ist, angefangen bei der Erkenntnistheorie bis hin zu jeglicher Philosophie und Religion, ist schlechte Wissenschaft, ist sogar eine gefährliche Ideologie, weil sie nicht sehen kann, was sie nicht sehen will. Die Evolutionslehre hat es mit endlichen Tatsachen zu tun. Doch wenn diese Lehre als alleinige Basis genommen und zum Aufbau eines vollständigen Erklärungsmodells zusammen gefügt wird, kommt nur eine schlechte Unendlichkeit heraus, die, weil sie in den Worten Natur und Realität alles angesprochen zu haben meint, darüber auch mit Methoden der Technik verfügen will. Ein endliches Prinzip erklärt nicht die Welt!

Wir bewegen uns jetzt in umgekehrter Richtung als im vorigen Abschnitt. Zuerst im Überblick! Zum dritten Grundprinzip (iii) ist zu sagen, daß sich die Bewegung der Evolution nicht einfach als Modell in den Raum der Geschichte fortsetzen läßt, denn zwischen Natur und Geschichte liegen die ambivalenten Freiheitstaten des Menschen, die nicht naturhaft, also nicht begrifflich faßbar sind. Was in der Natur massenhaft geschieht, die Tötung von Konkurrenten, können Menschen unter Menschen nicht für natürlich und deshalb für erlaubt halten. Das löst die *ethischen* Konstruktionen des Evolutionismus auf. Dann zweitens (ii) zur Verbindung von Genetik und Evolutionslehre: Diese Verknüpfung erklärt viel, vor allem aber führt sie die Unschärfe in die Biologie ein, sie verhindert dort den Determinismus. Die Evolution kann nicht mit der Notwendigkeit einer naturgesetzlich determinierten Theorie ausgestattet werden, sondern sie übernimmt durch die Genetik die Unbestimmtheiten des Mikroskopischen in ihre Grundlagen. Ihre Exaktheit besteht darin, exakt sagen zu können, was sie nicht weiß und niemals wissen wird. Mit der molekularen Genetik hat die Evolutionslehre die Unschärfe der Quantentheorie geerbt. Diese gewinnt sichtbare Gestalt dadurch, daß sie die Person des Menschen nicht im Kollektiv der Gattung aufgehen läßt. Die Person ist ein Einzelfall, die Gattung ein Allgemeinbegriff. Entscheidend ist, daß diese Unmöglichkeit für alle Zeiten gilt, so daß der Verweis auf den wissenschaftlichen Fortschritt, der etwa in der Zukunft stattfinden werde, nicht mehr hilft. Die Genetik löst also die *physikalischen* Konstruktionen des Evolutionismus auf. Schließlich zur Wahrnehmung des Phänomens (i): Die Entwicklungstheorie kann keinen Absolutheitsanspruch erheben, da sie ihre Universalität durch eine beschränkte Sicht auf die Phänomene erkauft. Wer Allerklärungen sucht, ist geneigt, all das zu übersehen, was nicht in seine Erklärung paßt. Das Individuum ist dem gattungsmäßigen Denken unerreichbar: *Individuum est ineffabile*. Wer alle Phänomene der Individualität übersieht, hat es leicht, den Menschen zum bloßen Gattungswesen zu erklären und seine personalen Eigenschaften zu leugnen. Aber eine solche Konsequenz wird schließlich durch die *philosophische* Konstruktion des Evolutionismus aufgelöst.

Grenze an der Person. Es ist zu erwarten, daß die naturalistische Kosmologie ihre härteste Probe am Personsein des Menschen findet. Die Person entzieht sich dem objektivierenden Zugriff, auch wenn der Mensch in jeder begrifflichen Hinsicht ein Teil des Bios und des Kosmos ist. Aber das Leben selbst steht nicht unter dem Begriff und ist nur begreifbar, insofern es Teil des unbelebten Kosmos ist, und dann hat es kein Leben mehr, sondern ist gestorben. Um den Menschen wissenschaftlich zu begreifen, muß man ihn zuerst in Einzelstücke zerlegen. Der Kosmos wiederum ist als ganzer unbegreifbar, da sein Erscheinen in keinen möglichen Begriff paßt. Kein Naturgesetz kann sein eigenes Existieren aussagen! Nur immer in der Differenz, insofern also die kosmologische Natur schon gegeben ist und auf der Hintergrundfolie des Nichts, gibt es sogenannte wissenschaftliche Begriffe. Auch insofern das Leben gegeben ist und von der Hintergrundfolie des Kosmos abgehoben wird, und insofern der Mensch auf der Hintergrundfolie des Bios gesehen wird, gibt es Wissenschaft.

In diesem Sinne ist der Mensch ganz und gar Teil der Natur, Teil des Bios und Teil des Kosmos. Zugleich ist er aber auch ganz und gar alles andere als Natur, weil er auf sie nicht gesetzmäßig zurückgeführt werden kann. In Beziehung zur Natur ist er Körper, denn Körpersein ist eine alte Bezeichnung für die Beziehung zum endlichen Anderen in der Natur, sei es nun belebt oder unbelebt. In Beziehung aber zum Anderen, aus dem auch die Natur stammt und die sich in natürlichen Begriffen als Nichts zeigt, ist der Mensch Seele, wie man diese Beziehung gewöhnlich und seit längerem nennt.

Abhängig von Epoche. Man darf die Situation nicht zu einfach sehen. Mit der Evolutionslehre ist nicht bloß eine neue Theorie mit vielen schönen und bestätigten Tatsachen aufgestellt worden. Zur selben Zeit wie Darwin lehrte Karl Marx in der Politik den Kampf der Klassen als das allumfassende Prinzip des Seins, worin er wiederum von Hegel und Rousseau beeinflußt war. Aber selbst auf der politischen Gegenseite blühte im Kapitalismus das Prinzip der Konkurrenz, dem Adam Smith mit seinem Buch *Der Wohlstand der Nationen* am Ende des 18. Jahrhunderts eine theoretische Grundlage gegeben hatte. Weder Hegel noch Darwin, weder Marx noch Smith haben das Prinzip des Kampfes erfunden, es war das Signal ihrer Epoche. Thomas Hobbes hatte schon vor ihnen, am Anfang der Neuzeit, vom Krieg aller gegen alle gesprochen, vom *bellum omnium contra omnes.* Dieser Grundsatz wurde zum leitenden Maßstab einer Epoche, die sich dem Imperialismus verschrieben hatte, der Technik, der Ökonomie und dem Nationalismus, die alle in unaufhörlicher Konkurrenz standen. Also wandelte sich auch das Bild des Lebens: Der Kampf als umfassender Blickwinkel wurde plausibel. Eine Epoche, die den Kampf der Klassen oder die Herrschaft des Kapitals zur obersten Maxime erklärt hatte, konnte nur das eine Prinzip zum Prinzip des Lebens wählen: *Survival of the fittest – Der Stärkste überlebt.* Wird nicht die Evolutionslehre durch die Entdeckung ihrer Bedingungen relativiert? Damit meine ich nicht, daß der Darwinismus nur eine subjektive Meinung ist, aber er ist so wirklichkeitsgetreu, wie seine neu entdeckten Mittel wirklich sind. Er ist nicht von vornherein die vernünftige Vernunft, die festlegen darf, was Realität ist und was nicht. Der Gedanke der Entwicklung ist ein mächtiges und schönes Organ zur Wahrnehmung einer Wirklichkeit in der Natur, aber es ist sehr unwahrscheinlich, daß er alle Wirklichkeit wahrnimmt.

Auflösung des Evolutionismus. Jetzt zu den Einzelheiten der evolutionistischen Konstruktion! Mein Ziel ist es, die Evolutionslehre als endliches Organ der Erkenntnis anzuerkennen und die Weltanschauung des Evolutionismus zu widerlegen.

(iii) Zunächst die Auflösung der ethischen Konstruktionen! Verlängert sich die Evolution der Pflanzen- und Tiergeschichte in einen Fortschritt der Menschengeschichte hinein? Kann es einen ethischen Imperativ aus der Evolution mit normativer Wirkung geben? Nun ist bekannt, daß bloße Tatsachen niemals normativ sein können. Aus dem endlichen Sein folgt kein Sollen, außer im Rahmen einer absoluten Philosophie, in der die Zukunft vorweg genommen wird, etwa im Hegelianismus, im Marxismus oder eben in einem strengen Determinismus nach Laplace oder Einstein. Wie es ist, so soll es sein, und in diese Richtung soll es noch mehr gehen! Das aber steht gerade zur Diskussion. Es ist nicht als Gewißheit voraus zu setzen, daß der Gedanke der Evolution die Totalität der Zukunft beanspruchen kann. Hier gerät jeder -Ismus in einen logischen Zirkel. Er muß eine Moral empfehlen, mit der er diejenigen Tatsachen erzeugen will, die seine Ontologie bestätigen.

Entdeckung der Geschichte. Die Entdeckung der Geschichtlichkeit im 19. Jahrhundert läßt die normierende Wirkung neu gefundener Tatsachen deutlich werden. Der gesellschaftliche Feudalismus wurde zugunsten von Liberalismus, Sozialismus und Kapitalismus abgelöst oder sollte zumindest in diese Richtung verändert werden. Dabei stritten die neuen Grundsätze, die alles Konkurrenzprinzipien waren, selbst noch einmal untereinander und zeigten damit ihre anerkannte Geltung. Denn Liberalismus, Sozialismus und Kapitalismus befehdeten sich untereinander nicht weniger als zusammen den Feudalismus. Die Entdeckung der Geschichte bei Pflanzen und Tieren erklärt die Faszination der Evolutionslehre. Nur was sich bewegt, läßt sich erkennen und mit dem Begriff in Besitz nehmen, und so weitete die Entdeckung der Geschichte das Feld der begreifbaren Wirklichkeit aus. Aber nicht nur die Biologie, allen voran die Philosophie und die Theologie entdeckten im 19. Jahrhundert die *Geschichtlichkeit*.[16] Allerdings ist der entdeckte Prozeß der Entwicklung eine Tatsache, keine Norm. Die Geschichte verbindet Tatsachen der Vergangenheit wieder mit Tatsachen der Vergangenheit, nicht mit Tatsachen der Zukunft. Oder soll man aus der Universalität des Kampfes schließen: Weil es so war, soll es so bleiben? Reicht der allgemeine Vorgang von Geburt und Tod, von Krieg und Frieden zum normativen Anspruch: So soll es weiter gehen! Freie Bahn dem Tüchtigen! Das Bessere ist ein Feind des Guten! Wehe den Besiegten! Soll das immer gelten, weil es meistens galt?

Der logische Einwand, daß aus dem Sein nicht das Sollen folgt, beruht auf dem ontologischen: Jedes endliche Sein ist zu klein gewählt, als daß es alles vergangene, gegenwärtige und künftige Sein umschließen könnte. Hätten wir Zugriff auf ein absolutes Sein, dann folgte aus dem Sein das Handeln: *Agere sequitur esse.* Das heißt, man muß noch mehr fordern: Das Sein oder was das Sein im Dasein hält, mag ja absolut sein, aber für uns folgt aus dem Sein das Sollen nur, wenn die Absolutheit in *unserem* Besitz ist. *Wir* müssen als sterbliche Wesen den vollen Überblick haben, um so folgern zu können. Haben wir ihn? Wie gesagt, nur in Systemen wie in denen von Marx und Hegel wird solches behauptet, die dadurch zugleich ihre Beschränktheit kundtun. Sie wollen ihre Grenze nicht anerkennen, in denen ein letztes Sein in Begriffe umgesetzt wird oder, besser gesagt, in denen davon geträumt wird, dies tun zu können.

Züchtung des Menschen. Der Evolutionismus ist mit dem Marxismus oder Determinismus vergleichbar. Er beansprucht die gleiche Absolutheit, wenn er Handlungsnormen aus dem biologischen Sein ableiten will. Allerdings scheitert er wie die anderen –Ismen an der Begrenztheit der Biologie. Das Sein der Biologie ist zu klein gewählt, als daß es auf das Sein des Menschen unbegrenzten Anspruch erheben könnte. Die Biologie kann sich selbst nicht vor evolutionärer Reduktion bewahren. Allen Lebewesen vorweg gab es Steine und Sand auf dem Planeten Erde. Warum sind das nicht die wahren Besitzer der Erde, die Norm, nach der sich das Leben ausrichten soll? Steine wissen nichts von Geburt und Tod. Die steinerne Ethik müßte die Einstellung allen Lebens fordern, denn der Stein allein kann ihre absolute Wahrheit sein. Die gleiche absurde Forderung ließe sich mit dem bloß Organischen durchführen. Wenn der Mensch nur Bios ist, dann hätte er seine Bestimmung auf den Bäumen zu suchen. Er müßte dort wieder hinauf, wo er vor langer Zeit einmal abgestiegen ist. In der gleichen Linie liegt es, daß man ungeborene Kinder abtreiben und debile Alte zur Euthanasie bitten darf, denn das schwache und lebensunwerte Leben wird ja von der Natur selbst ausgeschieden. Die Natur tötet alles Leben, warum soll der Mensch nicht dasselbe tun? *Agere sequitur esse! – Aus dem Sein folgt das Sollen!* Wenn der Mensch bloß ein Teil der Natur ist, gibt es dann eine Möglichkeit, dieser Konsequenz zu entgehen? Seit die Vorstellung der Evolution in der Natur aufgekommen ist, gibt es den Versuch, aus dieser Erkenntnis praktischen Nutzen zu ziehen.

Kultur des Todes. Die evolutionistische Ethik von ihren Ergebnissen her zu kritisieren, ist allerdings eine schwache Form der Kritik, weil sie die Ergebnisse von außen ansieht und die Grundsätze wegen der schrecklichen Folgen ablehnt. Einzig eine solche Kritik ist populär und für die Mehrzahl der Leute verständlich. *An ihren Früchten sollt ihr sie erkennen*, empfiehlt auch Jesus in der Bergpredigt.[17] Tatsächlich sind die modernen Gesellschaften trotz verfaßter Menschenrechte und juristisch gesicherten Anspruchs auf Sozialhilfe strukturell nicht weniger vom Bazillus der Gewalt gegen die Schwachen bedroht als die christlichen und vorchristlichen Gesellschaften zu früheren Zeiten. Kulturen des Todes nennt sie der jetzige Papst, was nicht ganz unplausibel ist.[18] Die modernen Gesellschaften haben ethisch die Tendenz, in den Naturalismus der Antike zurückzufallen, in denen die Götter miteinander kämpften und nur die Starken, Schönen und Listigen übrig blieben. Die evolutionäre Theorie kann über den Rand dieses Horizontes nicht hinausblicken. Für sie ist die Konkurrenz der erste und letzte aller Grundsätze. Aber was ist Konkurrenz?

Die objektivierende Theorie der Evolution kann mehr nicht sehen. Aber der Einzelne verhält sich keineswegs nur nach den Prinzipien des Überlebens. Die Welt ist voll von Erscheinungen, die darauf beruhen, daß es nicht nur kollektive Lebewesen gibt, sondern individuelle und einmalige Personen. Die Menschen verhalten sich anders, als es das starre, glatte Prinzip des Überlebenwollens fordert. Sie tun viele Dummheiten, um ihrem Leben einen Sinn zu geben, auch wenn sie damit ihr Leben verkürzen.

In der mimetischen Theorie des Kulturanthropologen René Girard gibt es eine noch zu wenig beachtete Ergänzung der Evolutionstheorie. Während diese vom Kollektiv auf den Einzelnen blickt, schaut die mimetische Theorie umgekehrt vom Einzelnen auf das Kollektiv. Sie kann zwanglos all die Phänomene erklären, die bei dem Grundsatz des *survival of the fittest*, beim Überleben des Stärksten, unter den Tisch fallen.

Die Gewalt ist universal, das ist die erste und grundlegende Beobachtung der mimetischen Kulturanthropologie.[19] Was ist Gewalt? Als Definition bietet sich an: *Gewalt ist Selbsterhalt gegen Selbsterhalt*. Alles, was existiert, neigt zur Gewalt, denn es muß, um zu existieren, sich selbst erhalten. Hier besteht Übereinstimmung zwischen mimetischer und evolutiver Theorie. Da alles individuelle Sein von Auflösung bedroht ist, da selbst die Sonne nicht immer scheinen wird, geht von allen Dingen eine Gewalt aus, die zum Unrecht führt. Solches raunt schont der Vorsokratiker Anaximander in düsteren Worten durch die Zeitläufte: *Woraus die Dinge entstehen, dahin vergehen sie auch nach der Ordnung der Zeit. Denn sie leisten einander Recht und Strafe für das Unrecht.*[20] Beim Menschen erhält diese Gewalt ein neues Ausmaß. Der Mensch ist gewalttätig mit Bewußtsein, denn er weiß von seinem Tod. Beim Menschen ist Gewalt bewußter Selbsterhalt. Deshalb gewinnt das Gewalt- und Todesphänomen bei ihm eine neue Qualität. Zurecht lehnt die mimetische Theorie die bloß biologische Erklärung der Aggression ab, wie sie heute durch die Bioethik vertreten wird.

Auffällig geworden ist der mimetische Konflikt durch Beobachtungen an Romanfiguren. Keine der Figuren handelt ursprünglich, alle bewegen sich in Nachahmung. Wie im Roman, so im Leben! Kein Begehren, das den Menschen umtreibt, ist authentisch. Das Verlangen richtet sich nicht unmittelbar auf einen Gegenstand wie Futter oder Partner, sondern ist geprägt durch Vorbilder und Konkurrenz. Zwischen dem bewußten und unbewußten Leben besteht ein großer Unterschied: Das bewußte Leben kann Ziele wählen oder verwerfen, es kann die Unerreichbarkeit endlicher Ziele erkennen. Nur der Mensch weiß, daß er sterben muß. Dadurch aber erkennt er, daß die ganze Veranstaltung der Natur, die auf Leben zielt, für ihn selbst am Ende nur düstere Aussichten bietet. Das Leben ist ihm nur gestundet. Obwohl es dem Leben um das Leben selbst geht, erlangt es sein Ziel nicht. Freut euch des Lebens, weil noch das Lämpchen glüht! Dies Liedchen ist eine wehmütig-freundliche Resignation des Verlangens. *Aus der Einsicht, daß das Leben keinen Bestand in sich selbst hat, läßt sich der Übergang von der biologischen Verhaltenslehre zur Kulturanthropologie vollziehen.* So meine These!

Entstehung der Mimesis. Wenn es unmöglich ist, nach einem Endziel des Lebens zu streben, weil es in der natürlichen Welt keines gibt, wonach soll ich dann streben? Die fatale Antwort lautet: *Nach dem, wonach auch andere streben*! Das, was schon begehrt ist, begehren andere auch, dadurch erst wird es begehrenswert. Wobei ich halb und halb weiß, deshalb halb und halb nicht wissen will, daß auch die Ziele der anderen keine Endziele sind, sondern sehr launenhaft auftreten. Als das bewußte Leben aus dem unbewußten Darwinischen Reich der blinden Artenauswahl auftauchte, verlegte es sich auf die Nachahmung und wurde mimetisch. Steine, Bäume und Tiere betreiben zwar auch ihre Selbsterhaltung, sind aber nicht mimetisch, sie sind blind programmiert. Der Blick auf die anderen zeigt, daß die Schöpfung sehend geworden ist.

Der ganzen Theorie voraus leuchtet ein Motto von Aristoteles: *Darin unterscheidet sich der Mensch von allen anderen Lebewesen, daß er am meisten zur Nachahmung befähigt ist.*[21] Natürlich hat Aristoteles noch nicht den biologischen Hintergrund der naturhaften

Konkurrenz gekannt, aber er beschreibt das Phänomen, wie so oft, in völliger Klarheit, weil er gut beobachten kann.

Durch den Mangel an natürlichen Letztzielen werden die Menschen dazu verleitet, Objekte zu begehren, auf die schon andere ihr Begehren geworfen haben. Das mimetisch begehrte Objekt dient als Ersatz für das in der Welt nicht vorhandene Letztobjekt. Der Gegenstand kann das Begehren natürlich nur so lange wecken, wie sein wahrer Charakter verdeckt ist. Den zu erschauen ist allerdings nicht leicht, weil der Mensch sich nur ungern von seinen Zielen abbringen läßt, selbst wenn sie für ihn erkennbar falsch gewählt sind. Die Falschheit eines Lebenszieles zu erkennen erfordert die Verwandlung des ganzen Menschen, was einigermaßen schmerzlich ist. Im Alltag wie in der Wissenschaft ist der erwartete Schmerz bei der Umkehr der große Unterdrücker der Erkenntnis.

Die Nachahmung im Begehren führt zu einer Dreiecksstruktur des menschlichen Lebens und ist die Quelle von Rivalität, Streit, Gewalt und Krieg. In dieses Dreieck hinein gehören das Ich, der Andere und der begehrte Gegenstand. An der Wurzel jedes Wunsches findet sich ein paradoxer Imperativ, der die drei Elemente miteinander verbindet. Er lautet: *Ahme mich nach als Vorbild, aber ahme mich nicht nach als Rivale!* Die unabsehbare Verwicklung der Beziehungen rührt daher, daß mir der Andere als begehrenswert und abscheulich erscheint, als Vorbild und Rivale zugleich.

Vorbild und Rivalität. Bei Kindern ist dieses Phänomen sehr deutlich anzuschauen. Wenn ein Kind eine Tafel Schokolade als Geschenk erhält, ruft sein Bruder oder seine Schwester wie von der Tarantel gestochen: Ich auch, ich auch! Daß die Erwachsenen, soweit sie keine Heiligen sind, das gleiche im stillen rufen, sollte klar sein. Man muß sich nur an das Reißen in der eigenen Brust erinnern, um von der Universalität des Neides und von der Gewalt der Nachahmung eine Vorstellung zu haben. Die Erwachsenen rufen sogar noch lauter als die Kinder, denn sie betreiben das Begehren mit mehr Aufwand und zugleich verdeckter. Da das laute Rufen verächtlich macht und schon deshalb erfolglos ist, verlegt der Erwachsene sich auf Schleichwege, um zu dem begehrten Objekt zu kommen. Womöglich noch mehr als der Konkurrent! Dann beruhigt sich der eigene Neid und ich werde selbst beneidet. Der Neid schlägt in Stolz um. Ich kann sagen: Ich bin euer Vorbild geworden, ihr wollt haben, was ich habe, also müßt ihr jetzt mich nachahmen. Im Moment des Sieges überfällt mich allerdings die Angst, daß mir aus den Anhängern schon bald ein Rivale erwächst, der mich nächstens übertreffen wird.

Die Gewalt gegen den Sündenbock. Die Tendenz zur Gewalt ist universal, weil die mimetische Konkurrenz keine natürlichen Grenzen kennt. Die Sorge des Menschen erzeugt, wenn er auf sich blickt, endlos viele neue Sorgen. Das ist der Naturzustand der entfesselten Gewalt, der Krieg aller gegen alle, das *bellum omnium contra omnes,* wie Thomas Hobbes sagte. Dennoch vermochten schon die frühen Gesellschaften eine beschränkte Ordnung aufzurichten und gewisse Ruheoasen zu schaffen, in denen sie ihr Leben fristen konnten. Zu diesem Zweck entluden sie von Zeit zu Zeit die Gewalt mit ritueller Begrenzung in Gottesdiensten und Kampfspielen. Durch die sakrifizielle Gewalt entstand für einige Zeit und im engen Rahmen einer kleinen Gesellschaft eine befriedete Zone, zusätzlich stabilisiert durch einen äußeren gemeinsamen Feind. Die Erscheinung des Sündenbocks ist bei allen Völkern anzutreffen und ohne direkte Berührung entstanden, einzig vom Bewußtsein des Menschen erzeugt, der weiß, daß er sterben muß.

Der Sündenbock ist die Zentralgestalt der mimetischen Opfertheorie.[22] Er ist der Bösewicht und Segensbringer zugleich, indem er die Schuld hinweg nimmt. Seine zweite Gestalt nimmt er nicht unmittelbar, sondern erst nach einiger Zeit an. Erst ist er der Gegenstand des Hasses und der allgemeinen Verachtung, dann wird er, der selbst alles Leben zu zerstören drohte, in geheimnisvoller Umkehr zum Lebensspender. Den Sündenbock kann es in der bloßen, evolutiv betrachteten Natur nicht geben, sondern nur dort, wo Bewußtsein herrscht, also Wahrnehmung des vergänglichen eigenen Seins. Seine Existenz zeigt vor dem Hintergrund der allgegenwärtigen Konkurrenz den Übergang von der physischen in die geistige Welt an. Durch das Begehren sind die Menschen innerlich bis zum Zerreißen gespannt. Sie sind voll Begierde, Neid und Zorn. Wenn ihnen der Kragen platzt, gelangen sie nicht zu der Erkenntnis, daß die lebenzerstörende Gewalt aus ihnen selbst kommt, weil der Zorn sie blind macht. Sie suchen außen nach irgendeiner Ersatzursache und versuchen sie abzustellen. So suchen die heutigen wie die frühesten Menschen nach einem Opfer, nach einem Gegner, auf den sie ihre undurchschaute Empörung ableiten können. *Wir reden heute von ›Sündenbock‹ nicht nur im rituellen Sinn des Buches Leviticus und analoger Riten, sondern im Sinn eines spontanen psychologischen Mechanismus.*[23]

Die Aggressionen der einzelnen Mitglieder ballen sich in einer gemeinsamen Vorstellung der Gruppe über dem Opfer zusammen, so daß auch die gutmeinenden Menschen den trügerischen Charakter der Gewalt nicht mehr erkennen können. Ja, gerade die Bestmeinenden in ihrer verdunkelten Erkenntnis werden die Opferung begrüßen. Sie wissen ja, daß der kollektive Hass ein wenig hilft und ein wenig Frieden schafft. Der klassische Ausspruch dazu stammt vom Hohenpriester Kajaphas: *Ihr bedenkt nicht, daß es besser für euch ist, wenn ein einziger Mensch für das Volk stirbt, als wenn das ganze Volk zugrunde geht.*[24] Der ausgestoßene und schließlich geopferte Mensch hat zwar auch diesen oder jenen Anlaß gegeben, der ihm als Makel angerechnet werden kann, der aber eher in seiner Andersartigkeit liegt als in einem justitiablen Verstoß. Die reale Erscheinung des Opfers verschwindet hinter dem Trugbild des Sündenbocks mehr und mehr. Kajaphas erkennt die reale Gefahr: Solange eine Gesellschaft auf persönlicher und kollektiver Gewalt beruht, die im Opfer abgeleitet werden muß, wird sie in den Grundfesten erschüttert, wenn einer wie Jesus ernst damit macht, keine Gewalt mehr anzuwenden. Die Macht der Macht zu brechen, erscheint als das phantastischste Unternehmen der Weltgeschichte, da es die Grundfesten von Himmel und Erde erschüttert.

Nur ein Gott der Liebe, der nicht um seine Existenz kämpfen muß, schützt Alte, Ungeborene, Behinderte, Erfolglose und Sterbende. Ja, nur ein Gott unbedingter Liebe kann solchen Menschen Selbstachtung geben. Dagegen sondert ein launenhafter Jupiter oder das Prinzip des *survival of the fittest* mit gutem Gewissen alle Verlierer aus, gibt aber keinem der Teilnehmer den Frieden. Selbst auf den Sieger wartet der nächste Gegner und die erste seiner Niederlagen. Wir haben zwar als Enkel von Großeltern, die Sieger im Kampf ums Dasein geblieben sind, deren kämpferische Instinkte geerbt, aber auch die Unruhe über das Unwissen, wer sich uns als Nächster in den Weg stellen wird.

Gewalt oder Liebe. Das Rad der Gewalt war in der Welt schon immer in Bewegung, aber nur wenn die letzte Wahrheit des Lebens nicht Gewalt, sondern Liebe ist, wird auch die Gewalt nicht das letzte Wort sein. Im anderen Fall wird sie wachsen, wie der Blick auf alte und neue heidnische Ideologien zeigt, in denen der Lebenskampf die alleinige Richtschnur sein soll. Die Biologie, die Wissenschaft vom Leben, kann durchaus in einen Krieg gegen das Leben ausarten, wenn sie als Biologismus und Evolutionismus genommen wird. Nicht umsonst war Konrad Lorenz in seiner Frühzeit dem Nationalsozialismus und seinen naturalistischen Theorien zugeneigt. Dennoch bleibt die Kritik an den Früchten die schwache Form der Kritik, weil sie von außen kommt. Wer garantiert uns schließlich, daß der Mensch nicht das Unvermeidliche annehmen und in den Abgrund springen muß, wo alle Harmonie verschwindet, wo er erkennen muß, wie erbarmungslos das Leben ist, weil einer dem anderen ein Wolf ist.[25] Dann ist der brutale Kampf des Lebens ums Überleben eben die letzte, die absolute Wahrheit, die mich einige Zeit im Leben hält und dann umbringt. Vielleicht ist dieser Schrecken in der Schule Nietzsches zu lernen: Es gibt keine Wahrheit, keine Harmonie und keinen Frieden, es gibt nur meinen Willen und meinen Tod!

(ii) Besser und stärker ist die zweite Art der Kritik, allerdings ist sie mühsamer zu vollziehen. Sie ist eine innere Kritik, die nicht die Ergebnisse, sondern schon die Art des Denkens untersucht. Kann die Evolution ein universelles und zugleich begreifbares Prinzip sein? Kann das Prinzip also zugleich vollständig und widerspruchsfrei sein? Der Evolutionismus bezieht seine Absolutheit, die Allgemeinheit und die Vorwegnahme der Zeit aus der Physik. Die physikalischen Konstruktionen haben wir uns anzuschauen. Wenn die Evolution als Letztprinzip nicht bestehen kann, dann fällt auch die aus ihm gezogene Ethik fort, daß nur die Sieger, die Starken und die Schönen überleben dürfen.

Evolution und Moleküle. Zunächst sei der Physikalismus in der Biologie erklärt. Die Entdeckung von Francis Crick und James Watson im Jahre 1953 hat gezeigt, daß die Konstanz und Entwicklung der Arten durch einen molekularen Mechanismus bewirkt werden.[26] Kennzeichnend für jede Art von Lebewesen, wie für jedes Individuum, sind die Genmoleküle mit ihren Informationen. Zumeist werden sie konstant von Generation zu Generation weiter gegeben, von den Eltern an die Kinder, dann an die Enkel und so weiter. Aber von Zeit zu Zeit passiert ein Lesefehler, nicht geplant und ohne Absicht, durch bloßen Zufall. Sein Erscheinen kann nicht vorausgesagt werden. Die winzige Unbestimmtheit der Quantenphysik zeigt hier in der Biologie ihre Wirkung in den makroskopischen Bereich. Nach einer Mutation der Gene besitzt das damit geborene Kind zumindest eine veränderte, bei seinen Eltern nicht anzutreffende Eigenschaft. Es hat diese Eigenschaft weder vom Vater noch von der Mutter geerbt. Meistens ist die Änderung von Nachteil und nur selten, sehr selten von Vorteil. Aber es gibt den raren Fall des zufälligen Vorteils, so daß im Kampf ums Überleben dieses individuelle Lebewesen, Tier oder Pflanze, eben besser bestehen kann als die Generation seiner Eltern und ihrer unveränderten Nachkommen. Die Lebensumstände selektieren die zufällig angeborene Eigenschaft heraus, meistens hinweg, selten bewahrend. Wer im Nachteil ist durch die neue Eigenschaft, unterliegt in der Konkurrenz und wird bald ausgestorben sein. Wer im Vorteil ist, bleibt leben und gibt seine neue Gen-Eigenschaft an seine Nachkommen weiter.

Ein berühmtes Beispiel für den Vorteil durch Zufall sind die Dinosaurier. Diese vormaligen Beherrscher der Tierwelt sind Wechselblüter und können in der Konkurrenz mit den Warmblütern, welche die Erfindung der konstanten Körperwärme gemacht haben, nicht bestehen. Wenn dazu noch ein plötzlicher Klimawechsel kommt, woher auch immer, dann wird die ehemals vorteilhafte Massigkeit zum Haupthindernis des Überlebens. Das Bessere ist der Tod des Guten, lautet die Moral der Natur! Also gibt es keine Dinosaurier mehr. Nur kleinere Arten von wechselwarmen Tieren, wie Krokodile und Echsen, fanden noch Lebensnischen, in denen sie bis heute überlebt haben. Dagegen war für den ungeheuren Appetit der Dinosaurier der Vorrat bald aufgezehrt und fiel an die immer tätigen Aufsteiger mit dem gleichmäßig warmen Blut.

Der Zufall als Baumeister. Durch die Molekulargenetik wird der Zufall in die Naturgeschichte eingeführt. Diese Einführung ist aber alles andere als ein Sieg für das naturalistische Programm. Man könnte sagen: *Der Zufall ist das trojanische Pferd in der Stadt des totalitären Evolutionismus.* Zunächst, bei weniger gründlichem Nachdenken, scheint der Zufall der göttlichen Vorsehung zu widersprechen und der Theologie einige Schwierigkeiten zu machen, wie ja auch der Gegenbegriff des Zufalls, die Notwendigkeit, Gott seine Freiheit in der Natur zu nehmen scheint. Und anti-theologisch, worunter er antiteleologisch verstand, hatte Jacques Monod das Wort Zufall in seinem Werk *Zufall und Notwendigkeit* auch gebraucht.[27] Nach dem darin verkündeten Neodarwinismus ist allein der Zufall schöpferisch tätig gewesen und nicht etwa ein fürsorgender Gott. Danach hätte der Zufall den ganzen Garten Eden bis hin zum Menschen erzeugt, durch immer neue Anwendung des einen Doppelprinzips von Mutation und Selektion.

Novum und Novität. Doch gilt es hier genauer hinzuschauen. Zufall ist ein naturwissenschaftlicher Begriff, kein theologischer. Zufall wird verständlich auf dem Hintergrund einer begrifflich erfaßbaren Notwendigkeit. Der Zufall ist kein Unwissen in Bezug auf das Ganze der Welt oder auf Gott, sondern in Bezug auf die Zukunft. Er ist Ausdruck des Unwissens, wie auf die eine Situation die andere folgen wird oder gefolgt ist. Welche Arten von Tieren und Pflanzen in der Natur entstehen, ist nicht voraussagbar, der Gang der Evolution insgesamt ist nicht voraussagbar, ja nicht einmal, daß es eine Evolution geben muß. Ebenso unbestimmt ist das Individuum, das als solches nicht geteilt werden kann, wie der Name In–dividuum schon anzeigt. Das Individuum kann deshalb nicht mit Notwendigkeit aus einem anderen Sein abgeleitet werden. Wenn es geteilt wird, ist es nicht mehr dasselbe wie vor der Teilung. Physikalisch wird man wohl endgültig sagen müssen: *Üblicherweise spricht man, wenn ›das Ganze mehr ist als die Summe seiner Teile‹, von einer holistischen Struktur. Dies trifft für die Quantenphysik zu.*[28] Das individuelle Lebewesen kann zwar auf seine Voraussetzungen aus dem Tierreich oder auf sonstige Vorgängermöglichkeiten befragt werden, aber das Individuum selbst ist verschwunden, wenn man es nur von allgemeinen Gesetzen herleiten will. Das Individuum bringt seine eigene Möglichkeit erst durch seine Existenz mit. Vorher war es unmöglich, wenn der Begriff Zufall irgend einen wißbaren, das heißt gewußten und nicht nur erträumten Sinn haben soll. Streng wissenschaftlich müßte aus dem Möglichen, wenn es wirklich bekannt ist, das Ereignis in Strenge abzuleiten sein. Das Mögliche ist immer auch das Wirkliche, oder man hat die Möglichkeit, unter denen die Möglichkeit wirklich wird, noch nicht voll erkannt. Dann aber spielt der Zufall eine Rolle und die Wissenschaft fällt weg. Wenn man von einer vagen Möglichkeit spricht, ist man sich über den Status des möglichen Wissens nicht klar, nämlich, ob man es prinzipiell für wißbar hält, nur im Moment noch nicht verfügbar, oder aber für grundsätzlich nicht wißbar. Im ersten Fall läge eine Novität, eine kleine Neuheit vor, wie eben mein Wissen, daß morgen um 7.33 Uhr die Sonne aufgehen wird. Ein Novum wäre eine große Neuheit, die aus keinem Naturgesetz vorher abgeleitet werden kann. Und dieses Novum gibt es in dem Fall, ja davon ist die Welt von morgens bis abends durchdrungen, wenn nicht alle Wirklichkeit nur Natur ist. Nur in diesem zweiten Fall kann der Zufall wirklich Zufall genannt werden. Wenn dieser strenge Zufall gemeint ist, verliert die Biologie ihren Status als

Grundlage für ein Weltbild, weil sie über die Zukunft keine sicheren Voraussagen machen und für die Vergangenheit keine sicheren Rekonstruktionen erstellen kann.

(i) Die letzte, die philosophische Kritik des Evolutionismus, untersucht den begrifflichen Ansatz überhaupt, stellt also nicht nur die Brüchigkeit der besonderen Begriffe Zufall und Notwendigkeit fest, sondern prüft jede mögliche Wahl von Begriffen. Zweifellos ist die Reduktion als Denkmethode möglich und notwendig. Wenn überhaupt der Mensch sich als vernünftiges Wesen soll betätigen können in der Welt, muß er unbekannte Erscheinungen durch bekannte erklären. Wer kein Eis kennt, wohl aber Wasser, und wer zwischen warm und kalt unterscheiden kann, wird sich unter kaltem, festgewordenen Wasser etwas vorstellen können. Besser aber wäre es, ihm gleich ein Stück Eis mit ein paar Erklärungen in die Hand zu drücken. Dann hätte er mit dem allgemeinen Begriff auch das besondere Erlebnis der Anwendung.

Simple Reduktionen. Die Reduktion auf Gewußtes ist ein allgegenwärtiges Mittel des Erkennens. So zum Beispiel ist in einer gewissen Hinsicht alles Leben, auch das menschliche, nichts anderes als ein Körper mit einem bestimmten Körpergewicht. Aber nur in einer gewissen, vorher ausgewählten Sicht! Darin ist der Mensch identisch mit einem Stein von der gleichen Schwere und fällt nach dem gleichen Fallgesetz zu Boden. Ebenso ist er in anderer Hinsicht nichts als ein Zellengewebe, eine Ansammlung von Milliarden und Billionen organischer Zellen. In Hinsicht auf die Seifenherstellung bringt er fünf Mark als Erlös ein. Wieder in anderer Hinsicht ist er nichts als ein Exemplar seiner Menschengattung und deshalb als Arbeitssklave für den Bau von Pyramiden geeignet. Diese Reduktionen unterschlagen aber einige Phänomene, sie lassen nicht alles sehen, sondern bringen einige Erscheinungen eigens zum Verschwinden. Das unaussprechliche Individuum, das nicht durch Notwendigkeit und Zufall eingeholt wird, ist ein Beispiel für den Versuch, sich durch Begreifen und Reduzieren die Welt verständlich zu machen. Die Grundlage, von der aus erklärt werden soll, ist immer nur gerade das vom Ich einsehbare Prinzip, ja es ist schließlich das vom Ich und seinem Selbsterhaltungswillen gelenkte Interesse. Das Begreifen ist selbst eine Form der Selbsterhaltung, da es die Voraussage und die Vorsorge möglich macht. Es ist deshalb nicht überraschend, wenn der Evolutionismus und die Soziobiologie als Ergebnis genau das herausbekommen, was sie als Prinzip hineingesteckt haben. Zwar ist der Inhalt gewachsen und durch viele Tatsachen belegt worden, aber verstanden ist das Leben nur nach dem einen Prinzip, daß es jedem Lebewesen um seine eigene Erhaltung geht. Damit ist der Zirkel geschlossen! Diese Wahrheit ist interessant und füllt die Erkenntnis an, ist aber auch beschränkt und endlich. Warum sollte nicht noch etwas anderes sichtbar werden am Lebewesen überhaupt und am Lebewesen Mensch insbesondere?

Fatalismus als Ergebnis. Die Vorschau, die der Mensch leisten müßte, um die unbeschränkt vielen Ereignisse im Auge zu behalten, die auf ihn warten, ist unendlich. Dem Mißverhältnis zwischen der beschränkten Erkenntnisgrundlage und den tatsächlichen Ereignissen der Geschichte entspringt der schließliche Fatalismus der meisten Naturalisten. Die Wahrheit ihrer Endlichkeit, die an der Unendlichkeit scheitert, zeigt sich in ihrer Lebensgeschichte. Sie sterben unversöhnt, mit grimmigem Moralisieren oder entmutigtem Verzicht. Mit Blick auf die ökologische Krise wußte Hoimar von Ditfurth seine populärwissenschaftliche Produktion nur noch mit dem Titel zu beenden: *So laßt uns denn ein Apfelbäumchen pflanzen.*[29] Dort versammelt er die Trostlosigkeit des wissenschaftlichen Fortschrittsglaubens, die Tragik, mit der das Fortschreiten sich selbst zum Erlöschen bringt. Wenn das Leben auf der Erde endet, dann war für ihn alles sinnlos und vergeblich. Ein Naturalist kennt keinen Durchgang durch den Tod, und mit dem Glauben an das Fortbestehen der Menschheit oder der Natur ist es eine zweifelhafte Sache! Wo kein Ziel ist, da ist und bleibt alles sinnlos.

Ähnlich dunkel, weil bedroht in seinem Lebensziel, blickt Konrad Lorenz auf den Lauf der Welt und nimmt betrübt Abschied: *Niemand weiß, ob die weitere stammesgeschichtliche Entwicklung des Menschen überhaupt noch weiter aufwärts führen wird; ich glaube jedoch fest an diese Möglichkeit. ... Diese Richtung scheint bei unserer gegenwärtigen technokratischen Weltordnung unzweifelhaft abwärts zu führen. Wenn dem so ist, ist unser Menschsein in großer Gefahr.*[30] Alle Naturalisten unter den Naturforschern sterben mit schwerer Verdüsterung ihres Gemütes. Betrübt schauen sie in die Zukunft und haben für sich so wenig Hoffnung wie für Welt und Menschheit. Die Verzweiflung läßt die Logik der Sätze zerbrechen. Zwar glaubt Lorenz fest an die Möglichkeit der Entwicklung, die aufwärts führt, aber zur Zeit sieht er die Welt unzweifelhaft abwärts gehen. Moralisches Prinzip und realistische Erfahrung fallen auseinander, das erhoffte Ziel ist nicht zu erreichen. Das ist das Zeichen der Verzweiflung.

Jacques Monod, der den Menschen erst als Zigeuner an den Rand eines kalten, unbeteiligten Universums gesetzt hatte, ruft dennoch mit prophetischer Geste zur Umkehr, zur Wahl von Gut und Böse auf: *Der Alte Bund ist zerbrochen; der Mensch weiß endlich, daß er in der teilnahmslosen Unermeßlichkeit des Universums allein ist, aus dem er zufällig hervortrat. Nicht nur sein Los, auch seine Pflicht steht nirgendwo geschrieben. Es ist an ihm, zwischen dem Reich und der Finsternis zu wählen.*[31] Merkwürdiger, hoffnungsloser Moralismus! Alles ist leer und kalt, und dennoch soll der Mensch wählen zwischen Licht und Finsternis, zwischen Gut und Böse!

Auch einen Physiker befällt das Sinnlosigkeitssyndrom, wenn er die Wissenschaft zur Weltanschauung erhebt. So zum Beispiel den Astrophysiker Weinberg: *Noch weniger begreift man, daß dieses gegenwärtige Universum sich aus einem Anfangszustand entwickelt hat, der sich jeder Beschreibung entzieht und seiner Auslöschung durch unendliche Kälte oder unerträgliche Hitze entgegengeht. Je begreiflicher uns das Universum wird, um so sinnloser erscheint es auch.*[32] Je begreiflicher die Welt wird, um so sinnloser erscheint das Leben. Die Botschaft ist eindeutig: Wer den Sinn nicht in der Sinnlosigkeit sucht, der ist verloren, der hat den Sinn verfehlt, der eben darin besteht zu erkennen, daß alles sinnlos ist. Wenn ein Mann wie Weinberg dennoch leben und schaffen kann, lebt er aus Quellen, die er nicht bereit stellt, ja die er leugnen will, und aus denen er dennoch trinkt. Merkwürdige Härte, die sich die rationale Begreifbarkeit der Welt durch irrationale Inkonsequenz sichern will!

Der Ursprung der Sinnlosigkeit. Warum sind die Evolutionisten so von der Sinnlosigkeit und Ziellosigkeit allen Lebens durchdrungen? Warum sind andererseits die Bücher der Naturalisten so voll mit moralischen Appellen, obwohl sie sich selbst, weil sie alle Moral für naturhaft halten, den Boden entzogen haben? Sinnlosigkeit und Moralismus scheinen die beiden Seiten der gleichen Medaille zu sein. Welcher Medaille? Die Münze heißt Identität der Natur. Auf *die* Natur bezieht der Forscher sein Tun und Lassen. Mit Schrecken sieht er, daß die Natur von der Art ist, daß sie alle endliche Identität wieder verschlingt. Da er sein Leben darauf gesetzt hatte, an die Identität in der Natur zu glauben, wird ihm mit der Erkenntnis der Unhaltbarkeit endlichen Selbstseins sein eigenes Leben entrissen. Die Natur bejahen heißt also folgerichtig auch, die Kultur und ihre naturzerstörenden Wirkungen zu bejahen. Das aber ist fatal für die endliche Identität. Es wird wieder ersichtlich, daß das Phänomen der Natur von den biologischen Evolutionisten nicht vollständig wahrgenommen wird. Das Sein, das sie zugrunde legen, hat nicht die Identität, die man von einem Gegenstand der Wissenschaft verlangen muß. Oder, besser gesagt, er hat *nur* die Qualität, die für die Wissenschaft ausreicht, er reicht aber nicht zu einer Gesamtsicht der Welt aus. Warum erschöpft sich der menschliche Sinn, warum stürzt er durch die Erkenntnis der universalen Vergänglichkeit in solche Sinnlosigkeit? Es ist die aufrecht erhaltene Forderung nach absolutem Begreifen und die dunkle Ahnung, daß es unmöglich ist, das Unendliche aus dem Endlichen zu erreichen. Es ist unmöglich, den Sinn, also das Ziel des Absoluten, aus sich selbst heraus zu garantieren, weil es nicht möglich ist, sich selbst festzuhalten. Es ist unmöglich, sein Ich als Selbst anzusprechen, wenn es nicht im Absoluten ruht. Der schließliche Fatalismus der Evolutionisten ist die Erstarrung der endlichen Maus vor dem aufgesperrten Rachen der unendlichen Katze, in den hinein das winzige Leben spurlos zu verschwinden fürchtet.

Umkehrung des Glaubens. Vom Glauben her gesehen stellt sich die Situation gerade umgekehrt dar. Die gleiche Erkenntnis bringt ein freudiges Ergebnis. Alles Moralisieren nützt nichts, und obwohl die Welt in Schutt und Asche versinken wird, ist das nicht der Erweis der Sinnlosigkeit, sondern die Voraussetzung für ihren Sinn. Die kleinen und großen Apokalypsen des Neuen Testamentes sind voll von Ankündigungen über den Untergang des Tempels in Jerusalem, über die Verfinsterung von Sonne, Mond und Sternen. Dennoch führt das nicht zur Verzweiflung, sondern vor allem zur Freude darüber, daß endlich das Ende der Zeit gekommen ist. *Lernt etwas aus dem Vergleich mit dem Feigenbaum! Sobald seine Zweige saftig werden und Blätter treiben, wißt ihr, daß der Sommer nahe ist. Genauso sollt ihr erkennen, wenn ihr all das geschehen seht, daß das Ende vor der Tür steht.*[33] Jesus leugnet nicht das apokalyptische Unheil, aber da er seine Identität nicht aus der Welt bezieht, erkennt er einen Weg durch das Unheil. Die Welt endet wegen ihrer Endlichkeit auf jeden Fall in der Ausweglosigkeit, sie garantiert keine Identität. Weder Wissenschaft noch Technik haben das je ernsthaft verdecken können für den, der es wissen wollte.

Das Fazit. Das Leben steht in Übereinstimmung mit der Physik von heute. Voraussetzung dafür ist, daß die Naturforschung von heute ihre Grenzen anerkennt. Mit der mechanischen Physik des 17., 18. und 19. Jahrhunderts, die zur Erklärung der Sternenbahnen geschaffen wurde, ist das Leben nicht zu verstehen. Die mechanische Physik hatte einen totalitären Zug, da sie meinen ließ, jede andere Hypothese als die Kausalität von Druck, Stoß und einigen anderen übersichtlichen Vorstellungen verwerfen zu können. Die neuere Quantentheorie ist wegen ihres Holismus besser zum Verständnis des Lebens geeignet. Aber sie kennt eben auch den wesentlichen Zufall, das wesentliche Nichtwissen, das Novum, das es verwehrt, Gott als Meister über das Leben durch den Menschen zu ersetzen. Der Mensch hat dazu einfach die Fäden nicht vollständig genug in der Hand.

Hans Jonas. Es ist beeindruckend zu sehen, mit welcher Mühe sich der Bultmann-Schüler Hans Jonas von der mechanischen Physik losgelöst hat, unter deren Druck sein Lehrer die Bibel und den Glauben entmythologisieren wollte.[34] Die Vorstellungen vieler Biologen bewegen sich heute noch immer in den mechanischen, vorstellungshaften Bahnen der Subjekt-Objekt-Trennung. Das Ergebnis ist ein gefährlicher Naturalismus, weil die Mechanik selber ein Naturalismus ist, der für Ideologien anfällig ist. Kein endliches Prinzip kann alles erklären, und unendliche Prinzipien gibt es nicht.

Lösung für Psalm 145. Wir können jetzt eine Antwort auf die oben gestellte Frage versuchen, ob wir angesichts der Evolutionslehre am Mittagstisch weiterhin den Psalm 145 beten können: *Aller Augen warten auf dich, du gibst ihnen Speise zur rechten Zeit. Du öffnest deine Hand und sättigst alles, was lebt, nach deinem Gefallen.* Wir haben gefragt: Hat Gott wirklich gegeben? Darauf ist zu antworten: Ja, er hat gegeben und wird geben, er hat aber auch genommen und wird nehmen. Die Gaben der Natur stammen aus einem Ursprung, der jenseits einer einfach vorgestellten objektiven Natur liegt. Die vom Evolutionismus gereinigte Evolutionslehre bestreitet nicht die Schöpfungslehre, sondern bestätigt sie. Die Evolution ist ein geschichtlicher Vorgang, der seine Elemente aus einer endlichen Zeit und einer unvordenklichen Unendlichkeit sammelt. Die Reduktionen auf ein einziges wissenschaftliches Prinzip sind nicht haltbar. Damit kann die Theologie zugleich erklären, daß wir auch Opfer, das heißt selbst Speise sind für andere. Denn Gott selbst, der zeitlose, gibt und nimmt in der Zeit, auf daß wir erkennen, daß wir unser Leben nicht in der Zeit haben. Die Konkurrenz in der Welt entsteht aus dem Selbstbehauptungswillen des endlichen Lebens. Dies ist aber ein unvollständig gewähltes Prinzip. Daß man damit in der Sinnlosigkeit endet, sollte weiter nicht überraschen. Tiefer als die Selbstheit des Endlichen ist die Selbstheit des Ganzen, das heißt nicht der immanenten Welt, sondern des transzendenten Gottes. Dessen Selbstheit schließt aber nicht die Andersheit aus, sondern bringt sie hervor. *Gott ist die Liebe,* sagt der 1. Johannesbrief. Wer es nicht glaubt, wird es unter Schmerzen lernen, wer es glaubt, hat den Frieden unter allen Umständen der Welt.

Auf diese Weise kommen Evolutions- und Schöpfungslehre auf den Punkt zusammen: Was in der einen Konkurrenz ist, ist in der anderen Liebe. *Konkurrenz ist gefürchtete Andersheit, Liebe bejahte Andersheit.* Darin hat man die Wahl. Also läßt sich Psalm 145 beten, wenn man selbst bereit ist, zur rechten Zeit für andere zur Speise zu werden. Zu solcher Speise werde ich auf jeden Fall, fragt sich nur, ob mit meiner Zustimmung oder ohne sie.

Der biologischen Wirklichkeit am meisten auf der Spur scheint der große Biologe und Evolutionstheoretiker Manfred Eigen zu sein. Er vermeidet es, das Paar Zufall und Notwendigkeit mechanisch zu verwenden, als seien es zwei verstandene Begriffe. Er stellt eine Wirklichkeit anderer Art fest, welche die begriffene Wirklichkeit lenkt und leitet, die aber nicht selbst im Modus des Begreifens ausgesprochen werden kann. *So ergibt sich – im Widerspruch zur klassischen Interpretation – eine interne Lenkung des Evolutionsprozesses in Richtung auf den optimalen Wertgipfel, und diese ist – bedingt durch die hochgradige Vernetzung der Wege im multi-dimensionalen Sequenzraum – außerordentlich wirksam. Die hieraus resultierende Evolutionsbeschleunigung ist quantitativ so erheblich, daß die für den Biologen überraschende Qualität einer vorausschauenden Selektion vorzuliegen scheint – im Sinne der klassischen Interpretation Darwinscher Selektion reine Häresie!*[35]

Es *scheint* so zu sein, es *scheint* in der Evolution eine Vorausschau zu geben. Der Schein meint nicht die Unwirklichkeit, sondern das Leuchten aus einem anderen Bereich der Wirklichkeit, der nicht mit Messen und Begreifen abgebildet werden kann. Für das an der Quantentheorie geschulte holistische Denken muß das keine Überraschung sein. Noch weniger ist das eine Überraschung für ein philosophisches Denken, das sich in jedem Augenblick der Reichweite endlicher Begriffe bewußt ist. Der Biologe Manfred Eigen stellt diese begrenzte Reichweite der Begriffe fest. Das läßt sich auch so sagen: Es gibt eine Wirklichkeit, die sich mit den Begriffen Zufall und Notwendigkeit nicht erfassen läßt, die gleichwohl sehr bemerklich ihre Gegenwart in der Lenkung der Geschichte kundtut.

Evolutionismus und Kreationismus. Nicht erwähnt wurde bisher eine theologische Richtung, die besonders in Amerika verbreitet ist, die, statt die Bibel ernst zu nehmen, sie wörtlich nimmt. Besonders in der Schöpfungslehre blüht diese Art von verweigerter Modernität. Weil das einmal gewählte Fundament für unbefragbar gehalten wird, nennt man diese Richtung auch Fundamentalismus. Das Alter der Welt betrüge danach etwa 6000 Jahre, für die Schöpfung hätte Gott sechsmal 24 Stunden gebraucht, um dann am siebten Tag für 24 Stunden auszuruhen. Ebenso ist für einen Kreationisten der Sonnenstillstand wörtlich zu nehmen, von dem das Buch Josua in Kapitel 10 berichtet. Danach verlängerte sich der Tag einmal auf die Bitten Josuas um 24 Stunden, indem Gott die Sonne am Himmel anhielt, bis Josua die Feinde Israels besiegt hatte.

Vertreter dieser Richtung brauchen hier nicht genannt zu werden, denn eine eigentliche Diskussion mit ihnen ist nicht möglich. Es gibt keinen logisch zwingenden Schluß, könnten sie sagen, der beweist, die Welt müsse älter als 6000 Jahre sein. Zwar sieht es so aus, als ob der Neandertaler vor 50000 Jahren gelebt hat; es sieht so aus, als wären die Dinosaurier vor etlichen Jahrmillionen ausgestorben; und es sieht auch so aus, als wären die Kohlewälder vor 100 oder mehr Millionen Jahren gewachsen; es sieht so aus, als ob unsere Sonne etwa 10 Milliarden Jahre alt ist. Aber wenn man einmal Gott als physikalische Ursache eingeführt hat, kann er, da er allmächtig ist, natürlich eine Welt vor 6000 Jahren geschaffen haben, wovon die Bibel berichtet, die er aber so ausgestaltet hat, als sei sie wesentlich älter, wovon Uhr und Metermaß berichten. Dieser Anschein einer sich selbst über lange Zeiten erschaffenden Welt wäre dann in den Augen des Kreationisten die Glaubensprobe. Glaube ich mehr dem Worte Gottes, oder glaube ich mehr meinen eigenen Augen und Ohren?

Vielleicht die einzige logische Schwierigkeit des Kreationisten ist diejenige, daß er neben den natürlichen Prinzipien noch ein weiteres, ganz unabhängiges Prinzip einführt. Das Täuschungsprinzip erklärt nichts als sich selbst. Es erklärt kein natürliches Phänomen, sondern dient einzig dem Zweck, die Aussagen eines alten Buches mit der Wissenschaft in Übereinstimmung zu halten, also erklärt es das Prinzip, warum man die Bibel wörtlich nehmen soll. Dafür aber ist Ockhams Rasiermesser gut, das überflüssige Annahmen entbehrlich macht.[36] Die Bibel tut etwas Ernsthafteres, als sich selbst zu erklären. Sie erklärt den Lauf der Welt, insofern der Mensch in ihr keine Heimat hat, sondern sich in seinem seltsamen Gebaren zwischen Gut und Böse als Bürger einer anderen Welt erweist. Prinzipien wie das kreationistische aber schirmen die Welt vor der Offenbarung und die Offenbarung vor der Welt ab. Auf diese Weise nimmt man die Bibel wörtlich und nicht ernst.

Inhaltlich sagt eine solche Position nichts über die Grenzen der Wissenschaft, nichts über Leid, Sorge und Macht in der Welt. Während die Schöpfungsberichte des Buches *Genesis* die babylonischen Götter kritisieren und die Machtpolitik der ersten Großreiche als brüchig erweisen, kann der Fundamentalismus keine Frage nach der Reichweite der Wissenschaft stellen. Wir haben den Zufall als trojanisches Pferd in der Stadt des evolutionistischen Totalitarismus erkannt und konnten damit zu einer internen Kritik kommen. Der Kreationismus kann nur äußerlich kritisieren, und dann nach sonderbar gewählten Maßstäben. Er ist zu einer Unterscheidung der Geister nicht fähig und kann Evolutionslehre und Evolutionismus nicht auseinander halten. Das ist unproduktiv.

Feindliche Brüder. Evolutionismus und Kreationismus sind feindliche Brüder, sie stimmen in der Form ihrer Argumentation überein. Es geht beiden -Ismen um eine für den Menschen *begreifbare* erste Ursache. Nur die Art der Ursache ist bei ihnen verschieden, nicht ihr formaler Sinn. Einmal soll es die Natur sein, einmal Gott, einmal soll sie immanent, einmal transzendent sein, aber methodisch nehmen beide den Rang von Letzterklärungen ein. Es macht am Ende keinen großen Unterschied, ob man die Natur vergöttlicht oder Gott naturalisiert. Dem Begreifen wird dabei die letzte Ehre angetan, aber weder der endlichen Natur noch dem unendlichen Gott die Ehre gegeben. In geheimer Sorge hat sich der Mensch in beiden Formen zum Maß aller Dinge aufgeworfen, in beiden Formen muß er einen schreienden Widerspruch seiner Welterklärung stumm hinunter schlucken.

3.3 Nietzsches Traum vom unendlichen Leben

Das Leben als Gott. Das zentrale Wort bei Nietzsche lautet *Leben*. Er wollte das volle, ganze, tiefe, ungeteilte, endlose Leben. Nietzsche war Philologe und Philosoph mit einem ausgeprägten Hang zur Biologie, zur Lebenswissenschaft, kaum zur Mathematik und Physik, von denen er nicht viel verstand. Man könnte sagen, das Leben ist sein Gott, wenn das nicht falsche Nebengedanken erzeugen würde, da doch nur der Mensch sein eigener Gott sein kann. An das pralle Leben der Erde, wie er es meinte, das Lust und tiefe, tiefe Ewigkeit will, hatte er sein Herz gehängt, und so ist es sein Gott. Von allen Seiten sieht er das Leben belauert, von der Religion und der Moral, von den Erziehern und den Philosophen. Auch durch Gott, durch die Idee des Unendlichen über uns, wird das endliche Leben erdrückt, meinte er. Das unendliche Leben gibt es nur, wenn es vom endlichen Leben selbst entworfen wird. Anders als Feuerbach will er den unendlichen Gott nicht beerben, denn *könnt ihr einen solchen Gott schaffen*? Die Mutmaßung über die Unendlichkeit verdirbt ihm die Endlichkeit. Also kein Gott, der zu beerben, sondern ein Gott, der zu entwerfen ist. Mit ihm trete ich einen Besitz ohne Erbfall an, und ich weiß zu verhindern, daß mein Gott selbst ein Erbfall wird! Nur was der Mensch auf dem offenen Meer seiner Möglichkeiten erreichen kann, das ist Leben, das ist Sinn. Erdenken und Machen sind eins. Das Leben ist Naturleben, die Fülle, das Sieghafte, die Durchsetzung im Kampf, weshalb man Nietzsche gut den Philosophen des Darwinismus nennen kann. Er hat früh und ausgiebig seit 1859 Darwin gelesen, er hat schneller als andere auch die Folgen gesehen, und er hat härter als alle anderen nach Taten gerufen. ›*Ich lehre euch den Übermenschen.*‹ *Der Mensch ist Etwas, was überwunden werden soll. … Was ist der Affe für den Menschen? Ein Gelächter oder eine schmerzliche Scham. Und ebendies soll der Mensch für den Übermenschen sein: ein Gelächter oder eine schmerzliche Scham.*[37]

Seine Vorstellung von der Wahrheit paßt unmittelbar in die Evolutionslehre, in der jede Wahrheit rundweg als Interesse verstanden wird, also keine Wahrheit ist. Rede ist dort immer nur Überredung, Verschleierung dasselbe wie Aufdecken. In einem Fragment aus dem Frühjahr 1885 heißt es: *Wahrheit ist die Art von Irrthum, ohne welche eine bestimmte Art von lebendigen Wesen nicht leben könnte. Der Werth für das Leben entscheidet zuletzt.*[38]

Die üblicherweise so verstandene Wahrheit als Übereinstimmung von Rede und Sache verlacht Nietzsche als bloße Ideologie. Und Ideologie ist die Verschleierung von Lebensinteressen zum Zweck ihrer besseren Durchsetzung. Das muß keine rechtswidrige und juristisch verfolgbare Lüge sein, sondern der übliche, das Leben steigernde Schwindel. In ermunterndem Selbstbetrug spornt der Mensch sich an und glaubt dabei selbst etwas an seine Lüge, denn selten genug geschieht es, daß er diesen Betrug auch nur vor sich selbst erkennen will. Warum nicht lieber gleich die Lüge, und immer nur die Lüge?, kann Nietzsche trotzig rufen. Wahrheit und Lüge will er als Waffen verstehen, deren Wert einzig im Willen zum Leben bestehen kann. Tatsächlich kann eine erkannte Wahrheit zu einer scharfen Waffe werden, denn ich kann sie in meine Pläne zur Eroberung einbauen. Mit Schießpulver wurden Kanonen geladen, mit Propellern Jagdbomber ausgerüstet, mit Plutonium Atombomben gebaut. *Wir glauben nicht mehr daran, daß Wahrheit noch Wahrheit bleibt, wenn man ihr die Schleier abzieht.*[39]

Auch eine Täuschung ist gelegentlich nützlich, weil sie mich vor der Enttäuschung bewahrt, welche die nackte Wahrheit oft bietet. Außerdem schädige ich meinen Gegner, wenn ich ihm die Lüge als Wahrheit vormachen kann. Aber ist die Wahrheit noch Wahrheit, wenn sie bloß auf Interessen aus ist? Nietzsche sagt ja und nein. Reine und absichtslose Wahrheit kann es nicht geben, weil es kein Ziel, keinen Sinn, keine Richtung gibt, die über den Willen des Einzelnen hinaus liegt. Das alles heißt, daß Gott tot ist, denn Gott ist die Verbindlichkeit, die mir voraus ist. Noch der Marxismus lebte vom Glauben an ein Ziel, also an einen metaphysischen Gott, wie jeder real aufgetretene Atheismus. Erst Nietzsche ahnte die Tragweite des Atheismus, und er ahnte auch schon die Unmöglichkeit, ihn zu realisieren. *Ich fürchte, wir werden Gott nicht los, weil wir noch an die Grammatik glauben …*[40]

Gott als größte Lüge. Der massivste Irrtum nun, so Nietzsche, der sich unter die Menschen geschlichen hat, ist der Gedanke Gottes. Gott ist die größte Lüge, denn Gott soll die größte Wahrheit sein, die Wahrheit selbst, in der jedes Interesse an der Lüge aufgehoben ist. Gott soll die Liebe, soll die Selbstlosigkeit des Seins sein, soll keine Interessen haben. Das sieht Nietzsche hellsichtig als den Kern der christlichen Religion an. Gott ist keiner Sache bedürftig, weil in ihm alle Möglichkeit schon Wirklichkeit ist. Ohne Begehren aber wäre er die reine Wahrheit. Das behaupten jedenfalls die Philosophen und Theologen, deshalb sind sie die ressentimentgeladenen Hungerleider des Lebens. Das Leben hat ein Interesse, es ist nichts anderes als Begehren, wettert Nietzsche dagegen, es ist nichts als die Selbststeigerung des Lebens. Daher kann der interesselose Gott nur des Lebens Feind sein oder seine Bemäntelung, denn Leben ist nichts anderes als Interesse und Wille zur Macht. Weil die Philosophen die Gefährlichkeit des Lebens wahrnahmen, liefen sie davon, desertierten schmählich und verleugneten das Leben. Daher ihre Mißgunst auf das Leben und die Fesselung der starken Leidenschaften durch Askese und Gehorsam. Die Illusion einer absoluten, idealen Wahrheit stellt sich gegen das Leben auf und hat seit drei Jahrtausenden die Welt mit ihrem Hospitalgeruch vergiftet. Wer von Gott redet, setzt das endliche Leben unter einen unendlichen Druck. So wird dem Leben das Leben verleidet, weil es sich von Gott herleiten soll, weil es sich vor ihm verantworten soll, ja weil es nicht der unendliche Gott selbst ist. So kommt die Bedrückung, sagt Nietzsche, das Leiden und das Lazarett in die Welt. Statt das Leben zu leben, wollen die Christen es erlösen und heilen. Gott ist das fern gerückte Leben, deshalb berückt und bedrückt er das Leben und macht es zu einer Illusion. Aus einer Illusion des vollen, erfüllten Lebens wird das leere Leben, das sich grämt und in schmählicher Treulosigkeit zur Erde nach Gott ruft.

Schule des Verdachts. Der Tod Gottes war für Nietzsche die Vollendung der Metaphysik in der Gestalt ihres Endes. Alle Identitäten, um welche die Metaphysik kreist, alle Inhalte, die sie bedenkt, stammen aus einer Hinterwelt, die das Leben beneidet. Um die Dummheit zu entlarven, begründet Nietzsche eine Schule des Verdachts. Ideale und Ideen, Werte und Worte, alle vorgetragenen Ansichten, werden auf ihre bewußt verschleierten oder unbewußten Ursachen hinterfragt. Der Tod des Gottes der Philosophie ist die erste Tat einer neuen Epoche freien Denkens. Gott ist der oberste Gedanke der Hinterwelt. Auf die Destruktion des philosophischen Gottes will Nietzsche sich dabei keinesfalls beschränken. Er will auch den Tod des Gottes Abrahams, Isaaks und Jakobs, noch mehr den Tod des Gottes Jesu Christi und den Tod des Gekreuzigten. Der Gott am Kreuz ist ein einziger Fluch auf das Leben. Nietzsche wird nicht müde, auf die Gemeinsamkeit von Sokrates und Jesus hinzuweisen, auf ihren dekadenten Charakter, der sie in die Lage versetzte, das Leben gering zu achten und wegzuwerfen. *Sokrates ist ein Moment der ›tiefsten Perversität‹ in der Geschichte der Menschen.*[41] Dies ein Fragment aus dem Jahre 1888!

Dionysos gegen den Gekreuzigten. Noch gesteigert wird die Nietzscheanische Losung in seiner letzten Schrift *Ecce Homo,* im Jahr 1888 und kurz vor seiner geistigen Umnachtung aufs Papier geworfen: *Hat man mich verstanden? – Dionysos gegen den Gekreuzigten …*[42]

Dies ist das eigentlich erlöserische Wort, das Nietzsche in die Welt schreit. Aber es gilt auch umgekehrt: Wer den Gegensatz von Kreuz und Leben aufzulösen vermag, der kann Nietzsche und damit seine nihilistische Epoche erlösen. Die Aufgabe besteht darin, den Gegensatz der beiden Vorwürfe, die Nietzsche dem Christentum macht, das Leben zu scheuen und es gleichzeitig sichern zu wollen, aufzuheben. Nietzsche hinkt an einer Krücke, die er sich selbst gebaut hat, ohne sie könnte er frei gehen. Wenn Sokrates und das Christentum die Verleugnung des Lebens sind, warum ist diese Lüge dann keine Steigerung des Lebens? Lüge ist doch wie Wahrheit immer auf Steigerung bedacht. Und woher weiß Nietzsche, daß der Verzicht auf Lust nicht eine größere Lust ist als alle ausgeführte Lust? Nur Nietzsche stellt Dionysos *gegen* den Gekreuzigten. Wieso dagegen? Kann der Gekreuzigte nicht auch Dionysos sein? Wir werden sehen!

Dionysos meint bei Nietzsche den Gott des sich selbst feiernden Lebens, dem jeder Gedanke an Leiden, Askese und Einschränkung fern liegt. Das Leben liegt im Leben, ruft er aus. Der Begriff *Gott* wurde erfunden in Feindschaft zum Leben, zur Vergiftung, zur Verleumdung, zur Verleugnung des Lebens. Der Begriff *Jenseits* wurde erfunden, um das *Diesseits* zu schmähen und schmählich vor ihm zu fliehen. Deshalb der doppelte und gemeinsame Fluch auf Sokrates und auf Christus. *Christentum ist Platonismus für's Volk.*[43]

Der tolle Mensch. Der Höhepunkt der neuen Frohen Botschaft vom Tode Gottes findet sich in einem Gleichnis der Schrift *Die fröhliche Wissenschaft* aus dem Jahr 1886. *Der tolle Mensch sprang mitten unter sie und durchbohrte sie mit seinen Blicken. ›Wohin ist Gott? rief er, ich will es euch sagen! ›Wir haben ihn getödtet‹, – ihr und ich! Wir Alle sind seine Mörder! Aber wie haben wir diess gemacht? Wie vermochten wir das Meer auszutrinken? Wer gab uns den Schwamm, um den ganzen Horizont wegzuwischen? Was thaten wir, als wir diese Erde von ihrer Sonne loskettteten?‹*[44]

Mit dem einfachen Leugnen Gottes ist es nicht getan. Worte sind Schall und Rauch, wenn Gott nicht auch durch die Tat beseitigt wird. Nietzsche wußte von der Katastrophe, die durch diese Leugnung entstehen müßte. Die Erde wird losgebunden von ihrer Sonne und fliegt aus ihrer Mitte. Wohin soll sie fliegen? Wo soll ihre neue Mitte liegen? Keine Mitte mehr! Denn eine Mitte, die ich nicht bin, ist mein Gott, den ich nicht gemacht habe und den ich deshalb auch nicht beerben will.

Die kopernikanische Wende war ein Rührstück im Vergleich mit dem kosmischen Drama der Ortlosigkeit, das Nietzsche mit seiner Schrecken verbreitenden Welt aufführen wollte. Den Verlust der kosmologischen Mitte hatte der neuzeitliche Mensch durch sich selbst ausgeglichen: Wenn Gott der Schöpfer schon nicht ihm, dem höchsten Geschöpf, die Mitte garantieren kann, dann wollte der Mensch es selber tun und sich die Mitte schon schaffen. Er schuf sich die Wissenschaft und die idealistische Philosophie. Er tat es bei Descartes, bei Kant, bei Hegel und anderen. Aber das unbezweifelbare Ich, das moralische Gesetz oder der absolute Geist sind harmlose Versuche, das Leben am Band eines geistigen Prinzipes zu führen und dabei einen Sinn zu erzeugen. Nietzsche will sich von jedem Ziel lösen. Das erst kann eine Revolution genannt werden. Ich, Gesetz, Geist oder Materie sind alles Gottesnamen. Nietzsche will tun, was allerorten geschieht, was aber durch das weltliche Ersatzstück, das sich neuzeitliche Philosophie nennt und das reinweg bei den Theologen abgeschrieben wurde, noch verschleiert ist. Die neuzeitliche Kultur rennt unaufhörlich seit ihren Anfängen ins Sinnlose, die Erde ist schon längst von der Sonne losgebunden. Nietzsche entdeckt es, steht schaudernd davor und bejaht es mit frenetischem Jubel. So seine Selbstdeutung!

Er meint sie selbst kaum verstanden zu haben, die Botschaft von dem ungeheuren Ereignis, aber zu ihm ist sie als erstem gelangt. *Diess ungeheure Ereigniss ist noch unterwegs und wandert, es ist noch nicht bis zu den Ohren der Menschen gedrungen. Blitz und Donner brauchen Zeit, das Licht der Gestirne braucht Zeit, Thaten brauchen Zeit, auch nachdem sie gethan sind, um gesehen und gehört zu werden.*[45] Der Augenzeuge kann sagen: Ich bin dabei gewesen, ihr nicht. Das gibt ihm seine schiere Überlegenheit, die er durchaus bescheiden vorbringen kann. Der Zeuge weist zwar in die Richtung der Untersuchung, aber er braucht nicht für alle seine Worte einzustehen, er braucht sie auch nicht alle zu begründen. Seine Überlegenheit macht die Gegenseite lahm. Ich hab's ja gesehen, deshalb weiß ich, was ich sage!

Abhängigkeit Nietzsches. Nietzsche wollte eine absolute Philosophie, die Philosophie des unbegrenzten Lebens. Er wollte diese Absolutheit nicht als Aufgabe und Vorgabe, sondern aus der Kraft des eigenen Lebens selbst schaffen. Aus der Endlichkeit auf das horizontlose Meer hinausfahren! Gott ist tot, damit der Mensch freie Bahn hat, Gott zu werden und zwar von eigenen Gnaden, als ob es niemals die Rede vom Göttlichen gegeben hätte. Das Göttliche erregt im falschen Herzen den Neid. *Aber daß ich euch ganz mein Herz offenbare, ihr Freunde: wenn es Götter gäbe, wie hielte ich's aus, kein Gott zu sein! Also giebt es keine Götter.*[46] Eine sonst nicht verstandene Tiefe erreicht das Wort Jesu hier: *Selig, wer an mir keinen Anstoß nimmt.*[47]

Säkularisierte Unendlichkeit. Man könnte Nietzsche formal leicht nachweisen, daß er mit dem Entwurf des *Übermenschen* noch immer unter der Fuchtel des metaphysischen Gottes der Unendlichkeit gestanden hat, noch viel undurchschauter als seine verspotteten Vorläufer Kant, Hegel, Feuerbach. Der Wille zur Macht ist ein schlechthin nicht zu überbietender metaphysischer Traum. Der Wille will eine Identität ohne Grenzen, will also über die Physis dieser Welt in extremem Maße hinaus! Woher hat er das? Welche Hinterwelt hat ihm das eingeflüstert? Die verleugnete Bindung hat Heidegger bei aller Sympathie für Nietzsche deutlich gesehen und namhaft gemacht. *Sofern der ›Wert‹ und die Auslegung auf ›Werte‹ die Metaphysik Nietzsches tragen und dies in der unbedingten Gestalt einer ›Umwertung aller Werte‹, ist Nietzsche auch, weil ihm jedes Wissen vom metaphysischen Ursprung des ›Wertes‹ abgeht, der zügelloseste Platoniker innerhalb der Geschichte der abendländischen Metaphysik.*[48] Welch eine Ironie des Schicksals! Je mehr er sich losreißen will, desto mehr ist er gebunden! Nietzsche ist Platonismus für's Volk! Das ist die schlagende Erkenntnis, die Heidegger auf den Punkt bringt. Platon drückt die Andersheit mit der Transzendenz des Guten aus, die jenseits des Seins ist. Anders als Sein! Das kann alles mögliche sein: Die Zukunft, die jetzt noch nicht ist, das Haus, das ich noch bauen will, die andere Person, die ich nicht sein kann, die Sprache, in der ich lebe und die ich nicht gemacht habe. Ja, daß ich überhaupt einen Willen habe und ihn gebrauche, ist die zügelloseste Andersheit. Denn der Wille ist das Organ, die Andersheit zu beendigen, aber der Gebrauch des Willens ist mir vorgegeben: Ewige und ewig erneuerte Andersheit! Christentum ist viel weiter von Platon entfernt als

Nietzsche, denn der Glaube erkennt die Gnade und das Tun Gottes an. Auf Gnade aber haben beide nicht gesetzt, weder Platon noch Nietzsche. Deshalb ist Nietzsche Platonismus für's Volk!

Ist jemand von der Idee der Transzendenz, die das Leben schwächt, frei geworden, wenn er sie im Jenseits leugnet und im Diesseits seines Lebens realisieren will? Wobei er nicht wie Feuerbach und Marx die illusionären Gedanken über Gott zur Realität bringen will, sondern sich vorbehält, diese Gedanken selbst zu entwerfen. Ist das nicht ein Überwert über alle Werte? Gewiß, er will nichts hören von Schuld und Sühne, von Gnade und Askese, aber das sind Folgebegriffe der Einsicht und Entscheidung, das unendliche Leben nicht aus endlicher Kraft erringen zu können. Das wäre der Unterschied! Aber die Gemeinsamkeit bleibt, das Verlangen nach dem Unendlichen, selbst wenn man in immer neuer Reflexion nur den Selbstvollzug will. Heidentum und Antike kennen keine Ausfahrt ins Unendliche, sie bleiben in der endlichen Welt, um ihre Kräfte zu schonen. Nur das Christentum glaubt schonungslos an die unendliche Kraft, allerdings an die göttliche und geschenkte Kraft. Insofern also ist Nietzsche ein Ereignis innerhalb des Christentums und des Platonismus. Ohne diese beiden ist er nicht denkbar, und er führt ihr Programm weiter, den Menschen zu vergöttlichen. Nur daß er zu wenig verstanden hat, wie man das macht oder, besser gesagt, wie man das geschehen läßt. Das ist bedauerlich.

Nietzsches Szientismus. Ist Nietzsche also in seinen Zielen nicht besonders originell, so noch weniger in seinen Mitteln. Denn er ist ein Mensch des 19. Jahrhunderts und hängt dessen Wissenschaftsgläubigkeit und Evolutionismus an. Nietzsche hat früh Darwin gelesen und ihn bald lamarckistisch gedeutet. Erst die Deutung nach Lamarck gibt der Idee des Übermenschen zumindest einen Anschein des Realen. *Die Behauptungen Darwin's sind zu prüfen – durch Versuche! Ebenso die Entstehung höherer Organismen aus den niedersten. Es müssen Versuche auf 1000de von Jahren hin geleitet werden! Affen zu Menschen erziehen!*[49]

Lamarck und Darwin. Lamarck lehrte die Vererbung erworbener Eigenschaften, anders als später Darwin im 19. Jahrhundert. Sein klassisches Beispiel sind die Giraffen. Er meinte, daß Giraffen deshalb einen so langen Hals haben, weil ihre Eltern den ihren immer weiter nach oben gestreckt und so das erworbene Wissen über die Nahrungsquellen an ihre Nachkommen weitergegeben hätten. Richtiger sieht Darwin, daß Giraffen mit zufällig etwas längeren Hälsen etwas bessere Chancen im Leben haben. Und wenn das über längere Zeit so geht, dann bekommen die Tiere in der Savanne immer längere Hälse. Entsprechend kann auch die Natur des Menschen nicht lamarckistisch verstanden werden, wohl aber seine Kultur. Deshalb nimmt die Ausbildung der nachfolgenden Generation so viel Zeit in Anspruch. Die Fülle des Wissens wird nicht bei der Geburt vermittelt, sondern muß mühsam in vielen Jahren von jedem Individuum neu aufgenommen werden. Dagegen wissen wir auf der biologischen Ebene schon bei der Geburt alles und können später nichts mehr dazu lernen. Wir brauchen nicht erst beigebracht zu bekommen, wie man ißt und wie man aus der Speise neue Energie im Körper gewinnt. Die biologische Natur bewegt sich durch Versuch und Irrtum hindurch. Dabei bewahrt sie ihre vorteilhaften Treffer, die sie in der Vergangenheit hatte, für die Zukunft auf, die nachteiligen sondert sie durch den Tod aus.

Diese Zufallsgeschichte durch den Willen zur Macht lenken zu wollen, wie Nietzsche es meinte, scheint absurd, auch mit der Gentechnik unserer Tage. Das 19. Jahrhundert mochte an den Determinismus glauben, also an die eindeutige Folgewirkung einer bestimmten Ursache. Das 20. Jahrhundert hat wegen der Quantentheorie damit abgeschlossen. Es gibt keinen Grund mehr, der die Planbarkeit der Welt durch den Willen des Menschen theoretisch sichern könnte.

Bei allem Abbau der Religion ist Nietzsche ein neuer Religionsstifter geworden. Nicht umsonst imitiert er im *Zarathustra* den Stil Jesu und legt seinem Helden die Gedanken des Übermenschen und der ewigen Wiederkehr des Gleichen in den Mund. Gerade diese seine stärksten Gedanken, weil unausweichlich notwendig für sein Programm, sind theoretisch die schwächsten und durch kein Wissen gedeckt, weder damals noch heute. Also glaubte Nietzsche daran, weil er daran glauben wollte! Glaube ohne Wissen! Ein solcher Evolutionismus ist heute gegenstandslos und sinnlos geworden, und war es bei genauem Hinsehen auch vor 120 Jahren schon. Positiv ist von Nietzsche nichts mehr zu lernen. Aber vielleicht ist es schon positiv, wenn wir uns seinem überscharfen Blick für die Unwahrheiten *in* der Christenheit, er würde sagen, *des* Christentums aussetzen. Er hat den unnatürlichen Charakter des Christentums scharf gesehen und ihm den Glauben an die machbare Natur entgegen geschleudert. Obwohl es keine Natur gibt, die das von Nietzsche gewünschte Programm tragen könnte, bleibt doch seine Erkenntnis der Unnatürlichkeit oder Übernatürlichkeit des Christentums bestehen. Dafür können wir ihm dankbar sein. Den ideologischen Mißbrauch der Weltanschauungen außen und die Korruption der Herzen innen als ewige Gefahr, der wir niemals ledig werden, bleibt die eindrucksvolle Lektion des einsamen Denkers.

Die Erlösung Nietzsches. Nietzsche hat das Christentum verflucht. In der Bergpredigt steht: *Segnet die, die euch verfluchen.* Ebenso heißt es bei Paulus im Römerbrief: *Segnet eure Verfolger; segnet sie, verflucht sie nicht!*[50] Wir können nur angemessen auf Nietzsche reagieren, wenn wir versuchen, seinen Fluch in einen Segen zu verwandeln, wozu vor allem einmal gehört, sich vor dem Gegenfluch zu hüten.

Widerspruch als Segen. Nietzsches Fluch läßt sich nur durch Erlösung überwinden, nicht durch Widerlegung. Eine Widerlegung ist durch seine Art, mit Wahrheit umzugehen, unmöglich. Seine Denkart kennt zwischen Wahrheit und Lüge nur fließende Übergänge, und auch diese nur im Sinne des Interesses. Daher kann man ihm nicht im üblichen Sinne mit einem Widerspruch kommen. Daß er selbst so viel verneinen mußte und andererseits so viel gefordert hat, widerlegt ihn nicht einfach, sondern zeigt nur, was auch die heutige Naturwissenschaft weiß, daß die Wirklichkeit sich nicht in jeder Hinsicht den Sätzen der zweiwertigen Logik fügt. Schon deshalb paßt auf diesen Fluch nur der Segen, nicht die Widerlegung. Widerspruch als Segen und Lebensfülle!

Der Fluch ist die Unmöglichkeit, das Leben zu leben. Nietzsche gibt diesen Fluch zwar in trotziger Grandezza als Naivität und Gesundheit seiner Natur aus, mit der er sich selber gerade nicht flucht, sondern den Widersachern des Lebens. Aber sein Denken hat darin seine erste Grenze, daß es das verfluchte Leben nicht retten kann und auch nicht zu retten unternimmt. Ein Widerspruch setzt noch eine Gemeinsamkeit voraus, vor allem die Möglichkeit, sich zu verständigen. Nietzsches Denken stammt aus der Einsamkeit der hohen Berge. Das war kein Zufall. Der mystische Rückzug schenkt ihm von oben einen scharfen Blick auf die verlogene Welt, aber in der Einsamkeit will er doch nicht darauf verzichten, von ihr zu hören und in ihr gehört zu werden. Wo Verständigung ist, wird Wahrheit und Gemeinsamkeit vorausgesetzt, die es hier nicht geben soll und dennoch gibt. Deshalb klingt sein Wunsch nach neuen Freunden so gewaltsam, als harte Forderung des Einsamen. Aus dem Absturz in die Gletscherspalte der Einsamkeit hätte ihn nicht die Diskussion retten können, sondern nur die Liebe, vor der er geflohen ist.

In dem Nachgesang *Aus hohen Bergen* zu der Schrift *Jenseits von Gut und Böse* heißt es 1886:

> Oh Lebens Mittag! Zweite Jugendzeit!
> Oh Sommergarten!
> Unruhig Glück im Stehn und Spähn und warten!
> Der *neuen* Freunde! Kommt! 's ist Zeit! 's ist Zeit!

Aber die neuen Freunde kamen nicht, er blieb auch nicht im Licht des Mittags stehen, sondern versank drei Jahre später in die Nacht der endgültigen Einsamkeit und des Wahnsinns.

Ich will in drei Schritten vorgehen. Jeder Schritt läßt eine tiefere Stufe erblicken. Auf der 1. Stufe können wir Nietzsche von *Mißverständnissen* befreien. Das ist nützlich, würde aber, wenn wir dabei blieben, seine Kritik an Philosophie und Religion zu sehr verharmlosen. Jedes Denken hat schwache Stellen und weniger tragfähige Argumente, weshalb man sich um die starken kümmern muß, um nicht später unversehens durch die starken erdrückt zu werden, nachdem man mit den schwachen fertig geworden ist.

Auf der 2. Stufe, auf der Stufe der *Akzeptanz,* können wir die starken Stellen seiner Kritik an Christentum und Metaphysik anerkennen, diejenigen Seiten also, mit denen er ein nicht selten vorkommendes Verständnis der Wahrheit und Moral zerstören wollte. *Nicht jeder, der zu mir sagt: Herr!, Herr!, wird in das Himmelreich kommen,* heißt es am Ende der Bergpredigt. Das ist von Jesus präzise gesagt und nicht weniger radikal als von Nietzsche, nur von der anderen Seite, von oben und vom Wohlwollen her. Daß der Platonismus und das Christentum durch eine vieltausendjährige Geschichte verbunden sind, und dieses die Volksausgabe von jenem sein soll, braucht nicht geleugnet zu werden. Aber auch nicht, daß sie selbst zum Teil in Gegensatz zu ihren Gründergestalten Platon und Christus stehen. Je gewaltiger das Licht, um so tiefer die Schatten!

Die Doppeldeutigkeit der menschlichen Existenz auszuhalten war Nietzsche nicht stark genug. Um reinen Tisch zu machen hat er sogar am Ende auf jedes Licht verzichtet. Denn endliche Lichter werfen Schatten. Auf der 3. Stufe können wir mit seiner Hilfe zu einem vertieften *Verständnis* des Christentums kommen. Der Glaube ist nur in Mißdeutung die Selbstsicherung des sterblichen Ich in einem imaginierten Gott, wie Nietzsche und vielleicht auch viele Christen gemeint hatten. Wer aber ist Gott jenseits der Absicherung?

Erste Stufe. Auf der 1. Stufe läßt sich sagen, daß Nietzsche die Naturwissenschaft der Antike und der Neuzeit schief, wenn nicht gar falsch eingeschätzt hat. Er sah ihre ungeheure Wirkung und wollte ihre Dynamik auf seine Mühlen lenken, deshalb sein Einfall mit der Menschenzüchtung! Er liebte allerdings nicht die Theorie der Naturwissenschaft, die er nicht recht verstand, sondern nur ihre mögliche Praxis. *Welches sind die Ursachen, welche eine gedeihliche Experimentalphysik im Alterthum nach Democrit unterbrochen haben?*[51] In der Theorie muß der Mensch erst annehmen, was er nicht selbst gemacht hat; im Handeln kann er meinen, er habe niemanden mehr außer sich und nicht einmal ein Naturgesetz könne ihn binden.

Die große Bedeutung der Theorie, die durch Platon begründet wurde und in der Neuzeit eine zentrale Stellung gewonnen hat, erkannte er zwar, konnte sie aber nicht wirklich einschätzen. *So wie Mathematik und Mechanik lange Zeit als Wissenschaften mit absoluter Gültigkeit betrachtet wurden und erst jetzt sich der Verdacht zu entschleiern wagt, daß sie nichts mehr und nichts weniger sind als angewandte Logik auf die bestimmte und beweisliche Annahme hin, daß es ›identische Fälle‹ giebt … –: so galt ehemals auch das Wort schon als Erkenntnis eines Dings, und noch jetzt sind die grammatischen Funktionen die bestgeglaubten Dinge, vor denen man sich nicht genug hüten kann.*[52]

Weil Nietzsche den Entwurfscharakter der Identität durchschaute, meinte er, selbst einen Entwurf liefern zu können. Er wollte einfach die früheren Entwürfe abbauen und durch neue und eigene ersetzen. Weil das konkret Seiende in der Welt die Mitte einnimmt zwischen Identität und Nicht-Identität, zieht er den Schluß, er könne die vorgegebene Identität auslöschen und eine neue aus eigener Kraft an ihre Stelle setzen. Der Mensch kann sehr vieles selber machen, auch an sich selbst, aber kann er deshalb sich selbst machen? Und wenn er nicht alles kann, wenn er sich selbst nicht erschaffen kann, ist Nietzsche hinfällig. Er träumt Kindersandkastenträume mit wissenschaftlichem Spielmaterial! Zu verstehen ist, warum es Identität gibt und was sie ist. Ist es nicht sehr verwunderlich, wie gut ein Verfahren glückt, das von der letztlich falschen Annahme ausgeht, daß endliche Identitäten bestehen? Nietzsche würde uns vorwerfen, daß wir weiter an Gott und an die Grammatik glauben. Ich gebe es zu, bestehe aber darauf, daß der Gott der Grammatik kein Wissen ist, sondern die frei gehaltene Stelle des Wissens, die auszufüllen Nietzsche und seinen Nachfolgern nicht gelungen ist.

Zweite Stufe. Auf der 2. Stufe, auf der Stufe der Akzeptanz, können wir Nietzsche stark machen. Nichts hat er heftiger bekämpft als die Heuchelei der bürgerlichen Gesellschaft, die Christus sagte und Kattun meinte. Sie wollte sich der Identität Gottes und seiner Gebote bedienen, weshalb sie für sicher ausgeben mußte, was in der Welt nicht sicher ist. Heuchelei meint hier nicht den an sich leicht zu durchschauenden Fall, daß einer öffentlich eine Wahrheit predigt, die er privat anders lebt. Solche Kritik ist wohlfeil zu haben, weil niemand seinen Idealen voraus ist. Nietzsche kritisiert nicht die mangelnde Verwirklichung der Ideale, sondern er verwirft die Ideale selbst. Ja, nicht nur gewisse Ideale, sondern alle auf einmal. Die Gesetze und Ideale sind nicht nur schwer zu erfüllen, sagt er, sie ruinieren das Leben. Sind sie nicht dazu gemacht, den Lebenstrieb zu unterdrücken und den Menschen mit Sündenangst zu erfüllen? Ja, so ist es, antwortet ihm Paulus: Nietzsche, du hast recht, du hast es verstanden und erkannt, nur anerkannt hast du es noch nicht. *Gott hat alle in die Sünde eingeschlossen,* heißt es in Römer 11, *um sich aller zu erbarmen.* Das Gesetz ist gegeben worden, auf daß der Mensch erkenne, daß er es aus eigener Kraft nicht erfüllen kann. Wir können Nietzsche recht geben, können also Gutes von ihm sagen, was wiederum heißt, daß wir ihn segnen, *bene-dicere.* Ob er allerdings seinem eigenen Fluch entgeht, wissen wir nicht. Als Richter über Fluch und Segen taugen wir nicht, dazu fehlt uns die Übersicht.

Aus der Enge der Sünde ist er auf das offene Meer seines eigenen Willens geflohen, wie einst Jona im Schiff nach Tarschisch. Im Wal erreichte diesen die Barmherzigkeit Gottes. Mit seiner Erkenntnis wollte Nietzsche die Barmherzigkeit nicht anerkennen. Konnte das gut gehen?

Dritte Stufe. Auf der 3. Stufe können wir zu einem tieferen Verständnis des Glaubens gelangen. Nietzsche hat die Selbsterschaffung des Menschen proklamiert und triumphal gefeiert. Er hat, wie er meinte, die Riegel zerbrochen, die den Weg zum offenen Wasser verlegt hatten. Gott hat endlich wieder den Namen *Das Unendliche Meer* bekommen, auf daß der Mensch dieses Meer befahre. Gott heißt jetzt

Übermensch, damit der Mensch ihn erschaffen kann und nicht weiter vom Namen des unendlichen Gottes belästigt wird. Nietzsche schlüpft in die Gestalt des Seefahrers Kolumbus.

> Nach neuen Meeren
> Dorthin – *will* ich; und ich traue
> Mir fortan und meinem Griff.
> Offen liegt das Meer, in's Blaue
> Treibt mein Genueser Schiff.
>
> Alles glänzt mir neu und neuer,
> Mittag schläft auf Raum und Zeit –:
> Nur *dein* Auge – ungeheuer
> Blickt mich's an, Unendlichkeit![53]

Es hat Zeiten gegeben, in denen das Christentum nicht weniger radikal war im Befahren des Meeres als Kolumbus, nämlich zu der Zeit, als es noch keine Weltverantwortung übernommen hatte, sondern nur auf die Verwandlung der Welt hoffte. Aber auch später gab es immer wieder die von Nietzsche gepriesenen Reisen. Nur zu Nietzsches Zeiten gab es keine, wenigstens wußte er nicht davon. Auch er selbst führte die Kolumbus-Reise nur in Gedanken, nicht im Schiff aus.

Irische Seereisen. Berühmt sind die ungesteuerten Seereisen irischer Mönche, die sich in solcher *Peregrinatio* ganz der Vorsehung überlassen haben. Sie stiegen in Boote, deren Richtung sie der Vorsehung anheim stellten, den Urvater Abraham dabei vor Augen. So kamen sie von ihrer Insel in unbekannte Fernen oder sie kamen auf dem weiten Meere um. *Die irischen Mönche haben in ihrem asketischen Eifer damit begonnen, diesen Ausschluß aus der Heimat freiwillig auf sich zu nehmen, ... (sie) verließen ihre Insel und trugen auf diese Weise ihr eigengeartetes Christentum in die abendländische Christenheit.*[54] Hier wird nicht kleinlich nach Lohn und Verdienst gefragt, sondern alles in die Waagschale des gnädigen Gottes geworfen. Die Gründerväter rechnen nicht, sondern hören auf den Ruf. Erst ihre Erben und Enkel in den nächsten Generationen mit ihren kleineren Seelen streiten sich um das Erbe der Väter. Allerdings, sie haben ja auch den Ruf nicht vernommen. Dieser Trost fehlt ihnen, also suchen sie nach anderem Trost.

Was kann Gregor von Nyssa (ca. 334–394) über die Selbsterschaffung des Menschen sagen? *Der Veränderung unterworfen sein, heißt unablässig geboren werden. … Aber die Geburt erfolgt hier nicht durch einen äußeren Eingriff, wie es bei den leiblichen Wesen der Fall ist … Sie ist das Ergebnis freier Wahl, und so sind wir gewissermaßen unsere eigenen Erzeuger, indem wir uns so erschaffen, wie wir wollen, und uns mit unserer Wahl die Gestalt geben, die wir wollen.*[55] Der östliche Kirchenvater weiß von einer Freiheit, die der Westen fast ganz vergessen hatte, und die mit Nietzsche auf katastrophische Weise wieder aufgetaucht ist. Der Westen kennt zwar die Freiheit in der Welt und gegenüber der Welt. Da ist er im Vergleich mit dem Osten zur weltbeherrschenden handelnden Macht geworden. Aber die Freiheit gegenüber Gott und gegenüber sich selbst ist dabei fast ganz unter die Räder gekommen. Kein Fortschritt ist nur Fortschritt! Und der Preis für die Freiheit außen ist der Zwang gegenüber sich selbst. Gesteigert wurde diese Unfreiheit gegenüber sich selbst noch durch den Protestantismus. Er kennt überhaupt nicht das, wovon Gregor auf gesunde und Nietzsche auf hybride Weise schwärmen, die Erschaffung des Menschen durch sich selbst. Wegen der strikten Trennung von Subjekt und Objekt in der Philosophie der Neuzeit, auch von Subjekt und Subjekt, die vollständig den Protestantismus durchdrungen hat, kann der Mensch am Tun Gottes nicht teilnehmen. Da aber Gott den Menschen schafft, hat also der Mensch nichts damit zu tun. *Nietzsche ist auch ein Produkt der protestantischen Gnadenlehre, das heißt der genaue Gegensatz zu ihr.*

Gottesneid. Wie entartete die Freiheit bei Nietzsche? Zur Freiheit ist alles im Menschen bestimmt, aber weil es bestimmt ist, ist doch nicht alles an ihm nur Freiheit, nämlich diese Bestimmung nicht. Es bleibt dem Endlichen eine Vorgabe, und diese zu überspringen reicht keine Kraft dieser Erde aus. Die Vorgabe kann man den Tod nennen, und sie wird als todesartig erfahren. Denn vor dem Unendlichen findet das Endliche keine Zuflucht. Das Unendliche abschaffen und neu erschaffen zu wollen, war die unerlöste Torheit Nietzsches. Die unendliche Andersheit ist die Quelle meines Lebens, und obwohl sie mir alles geben will, ja mir sogar die Möglichkeit einräumt, mich selbst zu erschaffen, bleibt sie immer Geschenk und wird dann erst zu meinem Besitz. Diese Situation zu leugnen ist der Gottesneid, der durch keine Wahrnehmung der Wirklichkeit gedeckt ist. Er demonstriert nur die Freiheit des Menschen in der Form der Beliebigkeit. Also kann er nicht sein eigener Erzeuger sein. Und weil doch etwas an der Lehre vom Habitus, wie Gregor sie darstellt, wahr ist, nach welcher der Mensch sich selbst durch sein Handeln im Leben erschafft, kommt bei Nietzsche, dem evangelischen Pastorensohn, der katastrophale Gegenschlag, der die Balance auf der anderen Seite verliert. Großartiges Beispiel der gegenseitigen Blockade von Teilwahrheiten!

Therese vom Kinde Jesus. Diesen Abgrund in Freiheit durchlebt und zur gleichen Zeit den Verdacht Nietzsches aufgelöst zu haben, als dieser auf seinem 10-jährigen Totenbett darnieder lag, ist das Gnadenverdienst einer 23-jährigen Frau, der Karmelitin Therese Martin, auch genannt Therese vom Kinde Jesus. Im Juni 1897 schrieb sie nieder, was die Stimme der Versuchung in ihr sprach: *Du träumst vom Licht, von einer mit lieblichsten Wohlgerüchen durchströmten Heimat, du träumst von dem ewigen Besitz des Schöpfers all dieser Wunderwerke, du wähnst eines Tages den Nebeln, die dich umfangen, zu entrinnen! Nur zu, nur zu, freu dich über den Tod, der dir geben wird nicht, was du erhoffst, sondern eine noch tiefere Nacht, die Nacht des Nichts.* Darauf antwortet sie: *Wenn ich das Glück des Himmels, den ewigen Besitz Gottes besinge, so empfinde ich dabei keinerlei Freude, denn ich besinge einfach, was ich glauben will.*[56]

Wille zur Liebe. Wieder ist es der Wille, der das Leben lenkt, nicht zuerst eine Erkenntnis des Seins. Aber es ist nicht der Wille zur Macht, sondern der Wille zur Liebe, zum Erbarmen, zur Stellvertretung, zum Leiden, der Wille zur Anerkennung des Anderen in seinen vielen Gestalten. Die Liebe zum anderen und nicht zuerst zu sich selbst ist ein Willensakt, der an keine vorgängige Erkenntnis der Natur abgetreten werden kann. Hier herrscht der Primat der Praxis! Ohne vorher das Ende gesehen zu haben, muß sich der Mensch entscheiden, ja er ist gerade dabei, sich zu entscheiden und hat sich immer schon in der Vergangenheit entschieden, ob er neben sich selbst auch den Anderen gelten lassen soll.

Das ist der Gotteskampf Nietzsches, den er gegen ein kleines, verborgenes Klostermädchen verloren hat. Nachdem sie ins Nichts gefallen war, fiel sie noch unendlich tiefer, in die Arme des so anderen Gottes, der sich nicht beerben läßt, weil er dem Menschen alles schenkt, seine Gottheit, seine Ewigkeit und, damit auch das keinen Neid auslöst, seine Fähigkeit, alles zu verschenken.

4. Der Fall Galilei – eine Katastrophe?

Berühmte Rechtsfälle. Der Prozeß des Galileo Galilei von 1633 gehört zu den berühmten Rechtsfällen der abendländischen Geschichte. Er erreicht nicht ganz die Höhe des Prozesses Jesu oder des Prozesses gegen Sokrates, in denen wirkliche Weisheit und Unschuld, ja Göttlichkeit zum Tode verurteilt wurden. Im Vergleich dazu fällt die Causa Galilei schon auf den ersten Blick ab. Weder wird man den in Pisa geborenen Galilei (1564–1642) als besonders weise preisen oder zu den großen Menschheitslehrern rechnen können, noch war seine Sache ersten Ranges oder der Ausgang für ihn selbst tragisch wie in den beiden anderen Fällen. Der Fall hatte von allem ein bißchen. Statt Weisheit wollte Galilei Wissenschaft, statt Hypothesen wünschte er handliche Natur, statt einer drakonischen Strafe bekam er freizügigen Hausarrest. Dennoch konnte der Prozeß des Galilei zum Gründungsmythos der Neuzeit aufsteigen. Er besagt etwa: *Die dunklen Kräfte der Vergangenheit stellten sich noch einmal drohend den hellen Kräften einer besseren Zukunft in den Weg, aber durch die Überlegenheit des Helden war ihr Sieg nur ein scheinbarer. Schließlich mußten die Dunkelmänner doch der Kraft der Aufklärung unterliegen und sind unterlegen.* So in meinen Worten der allgemeine Mythos!

Es scheint der Fall Galilei nur der Auftakt zu einer lang andauernden Entzweiung zwischen christlichem Glauben und naturwissenschaftlichem Forschen gewesen zu sein, die auch nach fast 400 Jahren keineswegs mit einem Sieg der einen Partei über die andere geendet hat. Im Gegenteil, in Selbstzweifel blickt die Kirche immer wieder auf diesen ersten großen Bruch mit der modernen Kultur zurück. Aber auch die Selbstzweifel der Wissenschaft lassen den Gründungsmythos im Zwielicht erscheinen. Für die breite Öffentlichkeit werden die Zweifel ausgelöst durch die praktischen Wirkungen der Wissenschaft in Waffen und Umweltschäden, für die Theoretiker ist es vor allem die Grundlagenkrise in Physik, Mathematik und Biologie, von der die Kapitel 1 bis 3 berichtet haben, die den Glauben an die wissenschaftliche Lesbarkeit des Buches der Natur und an die Machbarkeit aller Wünsche gemindert haben.

Inhalt. Der Abschnitt *Auch die andere Seite hören!* (4.1) ruft einige historische Tatsachen in Erinnerung, die in der Hitze des Gefechtes leicht vergessen werden. Besonders die Gestalt Bellarmins erfährt eine deutliche Aufhellung. Er ist keineswegs der dunkle Inquisitor, der nur auf das Rechthaben pocht, sondern ein nachdenklicher Theologe, der auf die Gottentleerung der Natur durch die Galileische Wissenschaft keine rechte Antwort weiß. Der Abschnitt *Zwischen Endlichkeit und Unendlichkeit* (4.2) ist ein Versuch, zwischen Naturwissenschaft und Theologie eine Brücke zu schlagen, allerdings keine ganz friedliche. Es ist offensichtlich, daß sich beide Bereiche inhaltlich nicht trennen lassen und immer neu in Konflikt treten werden. Den Grund will ich zu nennen versuchen. Der Abschnitt *Sokrates als Quantenphysiker* (4.3) ist nicht ironisch zu verstehen, auch wenn Sokrates die Ironie zum Erkenntnismittel der Wahrheit gemacht hat. Beide stehen an der Grenze des Endlichen, der Philosoph aus Athen und die Quantentheorie, das ist ihre Gemeinsamkeit, die sie auf so ähnliche Denkbahnen geführt hat.

4.1 Auch die andere Seite hören!

Glaube und Wissen. Im Kern des Streites scheint die Frage zu stehen: Was kann ich wissen? Wie weit reicht mein Blick gegenwärtig, wie weit reicht der Horizont grundsätzlich und später einmal? Was kann ich nicht wissen? Was muß ich glauben, was soll ich überhaupt glauben? Warum gibt es Grenzen meines Wissens, und wie verhält sich der Glaube zum Wissen? Zwar hatte schon das Mittelalter viel Streit um das Verhältnis von Glaube und Wissen gekannt, aber damals ging es um die rechte Zuordnung der beiden Haltungen, nicht um die Ersetzung der einen Haltung durch die andere. Für den Versuch einer Auslöschung des Glaubens wird der Fall Galilei zum mythenträchtigen Symbol. Das war wohl nicht Galileis persönliches Ziel, lag aber doch in seiner Auffassung von der Natur und in der Absicht derjenigen, die sich später auf ihn beriefen. Sie haben lange Zeit den Mythos des ersatzlos gestrichenen Glaubens gepflegt. Bertolt Brecht läßt seinen *Galilei* im 3. Aufzug sagen: *Heute ist der 10. Januar 1610. Die Menschheit trägt in ihr Datum ein: Himmel abgeschafft.*

Es ist verständlich, warum der Fall Galilei bis heute seine Faszination im Für und Wider der Meinungen bewahrt hat. Diskutiert wird vordergründig über historische Tatsachen und Prozeßintrigen, über alte Akten und neue Quellen. Aber nicht das, was damals geschah, gibt dem Streit seine andauernde Wucht, sondern was er bis heute bedeutet. Ein bloßes historisches Ereignis hat nicht die Kraft, die Zeiten zu überdauern. Es muß Auswirkungen haben im Denken und Handeln bis in die Gegenwart oder, noch stärker, es muß die Grundstellungen des menschlichen Verhaltens überhaupt widerspiegeln. Dann erst ist der Streit von gestern auch einer von heute. Wer an die Wissenschaft glaubt, wird Galilei zu seinen Helden zählen, wer weniger daran glaubt, wird Zweifel an der Gestalt haben und vielleicht seinem Gegenspieler Kardinal Bellarmin einige Sympathien abgewinnen. Nach langem Nachdenken stelle ich vor allem eine Frage: Warum hat der Kampf um die rationale Lesbarkeit der Natur so viele irrationale Spuren mit sich gebracht und hinterlassen? Eine mögliche Antwort lautet: *Konsequenz wird man bei den Verteidigern Galileis nur vergeblich suchen. Diese Verteidigung ist ja kein rationales Unternehmen, sondern Bestandteil eines Machtkampfes, in dessen Verlauf die Wissenschaftler genau dieselbe Macht zu gewinnen hoffen, die die Kirche einst besaß.*[1] Das Hin und her zwischen Rationalität und Irrationalität ist schon vor langer Zeit beobachtet worden. Es tauchte schon 2000 Jahre vor dem Fall Galilei im Prozeß des Sokrates auf: *Wenn ich und du nicht gleicher Meinung sind, welche von zwei Zahlen die größere ist, könnte uns eine solche Uneinigkeit zu Feinden machen? Könnte sie bewirken, daß wir uns böse würden? Wir würden doch einfach die Sache ausrechnen und uns bald einig sein, nicht wahr?*[2]

Da viele Leute über den Fall Galilei zu Feinden geworden sind, geht es bei diesem Streit wohl nicht nur um einfaches Ausrechnen der Sache, nicht nur um die Frage: Welche Entfernung ist größer, welche kleiner?, sondern auch um die ethische Frage: Was darf ich tun, was darf ich nicht tun?

Der Grenzüberschreiter. Die Totalität des Wissens zu erstreben oder eben nicht an diese Möglichkeit zu glauben, ist einer der letzten Scheidewege des Menschen auf dem Weg in den Abgrund. Die totale Erfassung durch Wissen zu erhoffen macht den natürlichen Atheismus des Lebens auf der Erde aus. Der Mensch ist bis in die letzte Faser seines Daseins in Konkurrenz verstrickt, und der reinste Ausdruck dieses unreinen Vergleichs mit den anderen ist der Neid auf Gott. Unrein nenne ich das Verlangen nach dem Besitz eines anderen. Deshalb macht sich der Mensch ein Bild von Gott, damit er auf ihn neidisch werden und ihn beerben kann. Deshalb sollte Gott für die Neuzeit tot sein, damit der Mensch einst das sei, was Gott einst gewesen war. So hat es stellvertretend für viele Ludwig Feuerbach erträumt. Die Voraussetzung für diese Art von Gottwerdung des Menschen ist grenzenloses Wissen. Ein Held aus der Schar der Grenzüberschreiter zum Unendlichen ist Galileo Galilei.

Allerdings haben die Theologen anders auf ihn geschaut als der Stückeschreiber des 20. Jahrhunderts, der Propaganda machen wollte für Wissenschaft und Sozialismus. Vielen Theologen stellte sich das Ereignis auf den ersten Blick ganz anders dar, es löste ihren Kummer aus: *Doch bei wenigen geschichtlichen Ereignissen klaffen historische Wirklichkeit und deren Wirkungsgeschichte so auseinander wie beim Fall Galilei, der schon bald zum Mythos wurde ... Der Fall Galilei blieb in eben dieser Zwiespältigkeit leider kein isolierter Einzelfall. Vor allem in der Auseinandersetzung mit der Evolutionstheorie von Ch. Darwin kam es im 19. Jahrhundert zu ähnlichen Konflikten, die ... bis in unser Jahrhundert fortbestehen. So kam es zu einer der größten Katastrophen der Kirchengeschichte, zu einem Schisma zwischen Naturwissenschaft und Theologie, noch mehr: zwischen Kirche und Kultur.*[3]

Glaube und Wissen. Das ist das Empfinden eines kirchlichen Theologen. Er wird mit Recht an dem Schaden leiden, der aus der Verurteilung Galileis 1633 entstanden ist, er kann sie wie eine grenzenlose Katastrophe empfinden. Aus einer historisch provinziellen Begebenheit, in der Lokalpatriotismus, Eitelkeit und Kränkung den Takt angeben, wurde durch symbolische Aufladung ein Weltdrama ersten Ranges. Die überaus große Wirkung des Falles zeigt, wie in ihm etwas an Wahrheit oder Unwahrheit verborgen liegt, das nur wenigen Zeitgenossen damals vor die Augen getreten ist. Aber auch heute ist der Streit in seinen tieferen Ursachen nur wenigen verständlich. Der Affekt macht deutlich, daß dort etwas versteckt ist. Gefühle treten an die Stelle des Verstandes, der nicht durchdringen kann, wo Tragweite und Dunkelheit sich die Waage halten. Aber die Beständigkeit des Affektes macht auch fraglich, ob eine saubere Abgrenzung der beiden Felder Glaube und Wissen jemals möglich sein wird. Es gibt vermeidbare Katastrophen und unvermeidbare, und ich neige mehr und mehr dazu, den Konflikt um Galilei für notwendig, deshalb für unvermeidbar, deshalb auch für lehrreich und verdienstvoll zu halten. Jeder hat die Rolle gespielt, die ihm im Drama zwischen Endlichkeit und Unendlichkeit zukommt, ohne vorzeitig zu entlaufen. Der Theologe Karl Rahner hatte zwar im letzten Jahrhundert gemeint, Naturwissenschaft und Theologie bräuchten sich nicht in die Quere zu kommen und dürften es deshalb auch nicht, weil beide, *sich von vornherein in ihrem Gegenstandsbereich und ihrer Methode unterscheiden.*[4] Doch warum sollte es zwischen beiden Bereichen keinen Konflikt geben dürfen? Das Leben selbst ist ein Konflikt und die beständig erneuerte Lösung des Konflikts. Die viele Jahrhunderte alten und wohl noch älteren Grenzüberschreitungen zwischen Glaube und Wissen sind der reale Ausdruck des Gegensatzes von Endlichkeit und Unendlichkeit. Wissen ist ein Kampf mit dem Gegenstand, wie sollte er den Glauben, der auch ein Kampf ist, aber von anderer Art, unberührt lassen? Das eine ist ein Ergreifen, das andere ein Annehmen, beides geschieht auf den höchsten Stufen der Wissenschaft und der Religion unter Aufbietung letzter Kräfte. Beide tun fast dasselbe, um die Wirklichkeit letztgültig zu erfassen, aber zwischen beiden liegt der Abgrund von Selbstergreifen und Ergriffenwerden, von Machen und Lassen, von Wissen und Glauben. Beide weisen in so verschiedene Richtungen wie die beiden Seiten einer Medaille und liegen doch eng verbunden nebeneinander.

Weil sich das gleiche Ereignis möglicherweise doch nicht entweder der Religion oder der Wissenschaft allein zuschlagen läßt, weil es sich nach Gegenstand und Methode nicht trennen läßt, steht es auch noch in einer ganz anderen Wirkungslinie, die der Theologe zunächst nicht bemerkt, wenn er den Schaden beklagt. In einer tieferen Sicht wird das Ereignis Galilei statt zur Katastrophe für die Kirchengeschichte zur Katastrophe für die Menschheitsgeschichte. *Wenn ich dem Kardinal Bellarmin etwas mehr Hellsicht zutraue, als er vermutlich hatte – muß ihn nicht geschaudert haben beim Gedanken an die Folgen des herannahenden Zeitalters ungezügelter Forschung? Ein gerader Weg von dreihundert Jahren führt von der klassischen Mechanik zur Mechanik der Atome. Ein gerader Weg von zwanzig Jahren führt von der Atommechanik zur Atombombe.*[5]

Wir brauchen hier nicht die Frage zu erörtern, ob der Kardinal den Untergang der Stadt Hiroshima durch das Atomfeuer erblickt hat wie einst Kassandra die Erstürmung Trojas durch die Griechen. Aber das Feuer in den Augen Galileis hat er bemerkt, mit dem dieser bei seinem Besuch in Rom 1611 das neue Fernrohr demonstrierte, um die Anerkennung der kopernikanischen Lehre zu erreichen. Jetzt mußte jeder sehen, daß sich die Erde um die Sonne bewegt, meinte er. Das

Verlangen, eine ganz neue Wissenschaft, ein unerhörtes, neues Ideal von Welterkenntnis auf die Bahn zu bringen, war allen Beobachtern an Galilei aufgefallen. Die Kardinäle drängten herzu, um durch das von Galilei gebaute Himmelsrohr zu blicken und die Jupitermonde, die Milchstraße und die Sonnenflecken in Augenschein zu nehmen. Nur die Anhänger des Aristoteles, die Peripatetiker, weigerten sich zumeist, es ihnen gleich zu tun. Sie hatten ihre Grundsätze. Kein Blick durch geschliffene Gläser, meinten sie, kann beweisen, daß der Himmel aus der gleichen Materie besteht wie die Erde, daß es unregelmäßige Bewegungen an ihm gibt oder sonstige Unvollkommenheiten wie Berge auf dem Mond.

Kluger Beobachter. Ein kluger Beobachter der Lage war der Kardinal Bellarmin. Er war ein Meister in der Kunst, auch die andere Seite zu hören: *Pars et altera audiatur!* Er ermahnte Galilei und seine Anhänger immer wieder mündlich und brieflich, amtlich und privat, die Erdbewegung um die Sonne nur hypothetisch, nicht aber als erwiesene Realität zu lehren. Damit wären die Physiker vor den Angriffen der aristotelischen Philosophen sicher, ohne daß sie sich in ihren neuen Berechnungen gestört fühlen müßten. Heutzutage sollte man sich nicht mehr mit der zwar richtigen, aber oberflächlichen Meinung begnügen, der Kardinal und das Mitglied des Hl. Offiziums Robert Bellarmin hätte für die Lehre der Kirche gefürchtet und deshalb der neuen Wissenschaft Grenzen ziehen wollen. Er hat in der Tat viel gefürchtet und viel gekämpft in seinem Leben, aber an anderen Stellen. Er hat um die konfessionelle und politische Stabilität der Kirche mehr gebangt als um die astronomische Integrität der Theologie. So unklug und ideologisch auf Interessen bedacht war Bellarmin nicht, wie ihn die Verkünder eines messianischen Heiles aus der Wissenschaft sehen möchten. Bellarmin besaß Wahrnehmungskraft genug, um die Lehre über Gott von Gott selbst zu unterscheiden. Das eine ist die endliche Darstellung dessen, was im anderen Bereich als unendliche Wirklichkeit gemeint ist. Er hatte am 19. April 1611, nach den eindrucksvollen Auftritten Galileis in Rom, seine jesuitischen Ordensbrüder im Collegio Romano befragt, was von den Beobachtungen durchs Rohr zu halten sei. Fünf Fragen hatte er ihnen vorgelegt. Die Patres, die sich in jenen Jahren stark mit Astronomie beschäftigten, bestätigten einmütig die Ergebnisse des Florentiners Galilei. *Nun kam es darauf an, welche Folgerungen aus diesen Entdeckungen gezogen würden.*[6]

Die Folgerungen, die Galilei zog, waren Bellarmin zu voreilig. Die neuartigen Phänomene war er bereit anzuerkennen, auch daß sie in Richtung des Kopernikus Punkte sammelten für das heliozentrische Bild der Welt. Aber keinesfalls wollte er in ihnen schon jetzt einen Beweis für die Erdbewegung sehen. Warum nur konnte Galilei nicht warten? In dem intensiven Begehren Galileis nach Anerkennung muß der Kardinal etwas Bedrohliches empfunden haben, etwas, das über die Ebene von empirischen Beobachtungen und wissenschaftlichen Theorien hinaus ging. Persönlicher Ehrgeiz sicher, aber noch mehr. Die Botschaft von den Sternen klang ihm wie eine merkwürdige, neue Heilsbotschaft. Wie kann man nur so begierig sein? Kann man über das Objektive so selig und eifersüchtig brüten, über eine bloße Natur, die kein Gesicht und keinen Namen hat? Ja, man kann, denn es ist offensichtlich, daß jeder Naturforscher dazu eine Neigung hat. Einst sprang Archimedes in höchster Begeisterung aus der Badewanne, als er sein Wassergesetz gefunden hatte, und Laplace warf sich vor Napoleon in die Brust, daß er die Hypothese Gott nicht nötig gehabt habe. Aber tun sie auch recht an dem, was sie tun? Wissen sie, was sie tun? Warum nur diese Eile, fragte sich Bellarmin und war beunruhigt. Was kann die Leidenschaft bei der Frage erregen, ob der Körper A sich bewegt oder statt seiner der Körper B? Das wollte Galilei erreichen: Nicht mehr A sollte bewegt sein, sondern B, wobei A die Sonne ist und B die Erde. Nicht die Geometrie interessierte ihn oder ein Modell der Wirklichkeit, sondern die Wirklichkeit selbst und wie man auf sie zugreifen kann.

Kampf der Interessen. Welches Interesse Galilei mit diesem Realitätszugriff verband, wird noch zu klären sein. Deutlich und klar sind zunächst nur die Interessen auf der anderen Seite. Die Philosophen waren seine geborenen Gegner, sie sahen die Autorität ihres Aristoteles gefährdet. Hinzu kamen die Theologen, das heißt einige Theologen, aber längst nicht so viele wie bei den Philosophen. Einige sahen die Autorität der biblischen Lehren, also des kirchlichen Dogmas gefährdet. Auffällig anders verhält sich Bellarmin. Wenn einem Beteiligten die Palme der Klugheit gebührt, dann ihm. Weder schwenkt er um auf die Seite des neuen Zeitgeistes, noch will er ihm seine berechtigten Ansprüche bestreiten. Maßvoll antwortet er dem Karmelitenpater Paolo Antonio Foscarini, der ein glühender Kopernikaner war und ein Buch über die Vereinbarkeit von Bibel und neuer Astronomie verfaßt hatte.[7] Bellarmin schreibt an ihn im Brief vom

12. April 1615: *Ich halte dafür: Wenn es wahrhaft bewiesen würde, daß die Sonne im Mittelpunkt der Welt und die Erde im dritten Himmel steht und daß nicht die Sonne die Erde umkreist, sondern die Erde die Sonne, dann müßte man sich mit großem Bedacht um die Auslegung der Schriften bemühen, die dem zu widersprechen scheinen, und eher sagen, daß wir es nicht verstehen als zu sagen, das Bewiesene sei falsch.*[8]

Einen Beweis wollte Bellarmin anerkennen, denn Bewiesenes kann nicht falsch sein, kann also auch nicht im Widerspruch zur Bibel stehen. Aber die Eile und den Ehrgeiz nach neuen Entdeckungen wollte er nicht im selben Maße gutheißen. Es kann ihm nicht einfach nur um den Schutz für das Dogma gegangen sein. Dieses war ihm gewiß wichtig, aber darüber stand ihm noch etwas anderes, die Wahrheit, die Wirklichkeit, die Verantwortung für das Ganze oder wie man es nennen möchte. Ohne genau zu wissen, was er vernahm, hörte er in der Botschaft des Physikers mit Schrecken, wie die Welt von Gott entleert wurde. Und Gott, das ist doch das Ganze, der Grund der Wirklichkeit, die Wahrheit über oder unter aller Richtigkeit. Galilei, so mußte ihm scheinen, deutet die Natur so, als ob es Gott nicht gäbe, als ob das Ganze in seinem Teil nicht vorhanden wäre. Ist es gleichgültig, ob Gott nur für die ewige Seligkeit existiert, nicht aber für den Lauf der Welt? Konnte es gut gehen, die Welt unabhängig von ihm ablaufen zu lassen als bloßes mechanisches System? Die Natur wird bei Galilei zerschnitten und mit dem Hammer bearbeitet, einen Platz fürs Staunen über die Schöpfung oder eine Kniebank für die Anbetung des Schöpfers brauchte er bei der Forschung nicht. Die Natur wurde bei ihm, wie bei vielen anderen seiner Zeit, umgeschaffen. Sie wurde vom Organ Gottes zum Material des Menschen herab gestuft. Und da sollte Bellarmin nicht hellhörig werden?

Neues Itinerarium. Wahrscheinlich im September 1614, jedenfalls in der hitzigen Zeit der Querelen um die neue Naturforschung, verfaßte Bellarmin eine Gegenschrift, so muß man sie wohl nennen, mit der er das Gottesvakuum der neuen Naturlehre auffüllen wollte. Natürlich nennt die Schrift Galilei und den Streit nicht beim Namen. Dazu war Bellarmin als Mensch zu vornehm und als Kardinal zu hoch gestellt. Er beginnt aber ziemlich eindeutig: *Die heilige Schrift ermahnt uns häufig, daß wir Gott suchen sollen mit einziger Sorge. Obwohl nämlich Gott ›jedem von uns nicht ferne ist, da wir in ihm leben, uns bewegen und sind,‹ (Apg 17, 27) so sind doch wir fern von Gott, wenn* *wir nicht eifrig danach streben, Stufenleitern zu errichten, auf denen unser Herz in den Himmel empor steigen kann.*[9]

Derjenige, der weiß, unter welchen Zeitumständen dies gesagt ist, kann jedes Wort auf den Streit um die Himmelsbewegungen beziehen. Schon der Titel ist Programm: *De Ascensione mentis in Deum per scalas rerum creatarum – Der Aufstieg des Geistes zu Gott durch die Leiter der geschaffenen Dinge*. Die Astronomen von der Geistesart des Galileo Galilei sind zumindest in ihrer Sorge für Gott gespalten, wenn nicht schon die Natur ihre *einzige Sorge* geworden ist. Eben darum besteht nach Bellarmin die Gefahr, daß der Mensch fern von Gott verbleibt. Das heißt, die Natur wird zu Gott. *Mein Gott ist immer das, worum ich mir die erste Sorge mache, wenn auch vielleicht eine falsche, weil der Gott nur ein Götze ist.* Mit dem Fernrohr kann man nach Bellarmin nicht wirklich in den Himmel aufsteigen, auch wenn sich zwischen Venedig, Florenz und Rom immer neue Scharen von vornehmen Leuten um das neuartige Gerät drängten. Nähe und Ferne Gottes ist von Beginn an das Thema des Werkes *De Ascensione*.

Bellarmins Meßkunst. Aber auch mitten im Werk hat der Kardinal immer die drohende Gottesferne vor Augen. Da beginnt er plötzlich selbst, den Himmel auszumessen, um sich der Gegenwart Gottes zu versichern. *Trügt nämlich der Augenschein nicht, so durchläuft die Sonne den ganzen Umkreis ihrer Bahn in vierundzwanzig Stunden. Dieser Umkreis ist aber unendlich viel größer als jener der Erde, welcher ungefähr zwanzigtausend Meilen beträgt. Es muß also die Sonne in einer Stunde mehrere tausend Meilen durchlaufen … Mich selbst kam einmal die Neugier an zu erfahren, wie viel Zeit die Sonne brauche, um ins Meer unterzusinken. Zu Beginn ihres Unterganges fing ich an den Psalm Miserere zu beten, und ich war noch kaum zweimal damit fertig geworden, so war die Sonne auch schon ganz untergegangen. Sie hatte also in der kurzen Zeit, da ich zweimal den Psalm Miserere betete, einen Raum von weit mehr als siebentausend Meilen durchlaufen. So etwas würde niemand glauben, wenn es nicht der Augenschein bestätigte. Bringt man nun noch weiterhin in Anschlag, daß dieser so rasch sich bewegende Körper viel größer ist als unsere Erde, daß diese rasche Bewegung ohne Unterbrechung und Ermüdung immerfort dauert und, wenn Gott wollte, ewig dauern könnte, so müßte man ein Strunk oder Klotz sein, würde man hieran nicht die unendliche Macht des Schöpfers bewundern.*[10]

Bellarmin beginnt mit einer vorsichtigen Klausel. Er ist sich des Augenscheins über die Dinge am Himmel nach so vielen Diskussionen nicht mehr sicher. Die Vorsicht spiegelt die Unruhe angesichts des astronomischen Streites wider. Weder scheint ihm das alte System des Ptolemäus gewiß zu sein, noch auch kann er das neue nach Kopernikus für bewiesen halten. Er bewegt sich inhaltlich in Hypothesen, wie er selbst sie Galilei empfohlen hatte. Allerdings der Form nach denkt Bellarmin völlig neuzeitlich. Kein früherer Astronom hätte sich Gedanken über die Geschwindigkeit der Sonne gemacht. Der Himmel bestand in der Vorstellung der Antike aus einer *Quinta essentia*, aus einem besonderen Himmelsstoff, für den keine irdischen Gesetze galten. So dachte auch das Mittelalter bis zur Schwelle der Neuzeit. In dem einen Punkt sind Galilei und Bellarmin also Zeitgenossen, daß sie den Himmel mit irdischen Geschwindigkeiten ausmessen wollen. Daß dabei Bellarmin die Psalmen, Galilei die Uhr zu Hilfe nimmt, macht keinen großen Unterschied. Ihre Absicht allerdings ist entgegen gesetzt: Galilei will die Schöpfung auf Natur reduzieren, Bellarmin will die Natur als Schöpfung demonstrieren.

Physiko-Theologie. Das ist die Geburtstunde der Physiko-Theologie, die von der sinnvollen Ordnung in der Natur auf einen Sinn stiftenden Schöpfer über der Natur schließen will. Sie ist ganz eine Erscheinung der frühen Neuzeit.[11] Nach dem Ende des Dreißigjährigen Krieges tritt sie ihren Siegeszug durch Europa an, ohne allerdings der Flut der Mechanik, die in Galilei einen ihrer großen Vorkämpfer hatte, Einhalt gebieten zu können. Folgerichtig schaffte Kant seinem Florentiner Geistesfreund den Gegner vom Halse, als er die Physiko-Theologie zuerst stark einschränkte und ihr dann in der *Kritik der reinen Vernunft* den Garaus machte.[12] Er wählte als Überschrift: *Von der Unmöglichkeit des physikotheologischen Beweises.* Dabei gebrauchte er das an sich sehr richtige Argument, daß Gott nicht Gegenstand unserer Naturbetrachtung sein könne. Jedenfalls ist Gott nicht in der Weise die Ursache von endlichen Wirkungen, wie die Physik üblicherweise Ursachen mit Wirkungen verknüpft. Die aristotelische und scholastische Rede von den Erst- und Zweitursachen hatte die Philosophen unbekümmert über die Brücke gemacht, die vom Endlichen zum Unendlichen führt. Wenn aber keine physikalische Brücke zum Ursprung der Welt führt, dann ist die Physiko-Theologie unmöglich.

Aber auch die katholische Welt steht nicht zurück. Wir besinnen uns, daß Christian Wolff mit großer Bedeutsamkeit erklärte, daß noch niemand unter den Weltweisen gewesen sei, der so wie er ›alle Erkenntnis der Weltweisheit zu einer Leiter‹ gemacht habe, darauf man zu Gott aufsteige. Nicht nur die Sache, sondern auch der Begriff der ›Leiter‹ finden sich in dem Werk des bekannten Jesuiten-Kardinals Robert Bellarmin (1542–1621) ›de adscensione mentis in deum per scalas creat(ur)arum‹ (1618 – Bellarmin war Gönner und Freund Galileo Galileis. Die ›Leiter‹ ist bereits ein Begriff des Sabunde), das seine deutsche Ausgabe ›Von dem Aufstieg zu Gott durch die Leitern der Geschöpfe‹ Paul Gumprecht in Görlitz 1705 verdankte. Man kann sich des Gedankens schwer erwehren, daß der Breslauer Wolff, dessen kleine ›Physikotheologie‹ 1724 herauskam, diese Ausgabe gekannt hat, wenn er (ebenfalls deutsch) und in ähnlicher Reihung wie Bellarmin die Naturreiche durchschritt. Der Kardinal setzt eine Leiter von fünfzehn Stufen voraus: Mensch, Erdkreis, Wasser, Luft, Feuer, Sonne, Mond und Sterne, Seele, Engel, Göttliches Sein, Göttliche Macht, Gottes theoretische Weisheit, Gottes praktische Weisheit, Gottes Erbarmen, Gottes Gerechtigkeit. Bellarmin bringt damit in einen kontinuierlichen Zusammenhang, was sich sonst häufig in zwei Stufen vollzieht: Betrachtung der Weltwunder und Anwendung auf Gott. Die Dichtungen Friedrich von Spees wären an dieser Stelle anzuschließen.[13]

Kardinal Bellarmin war nicht der einzige, aber doch einer der ersten gewesen, die versucht hatten, Dämme gegen die Flut der Mechanik zu errichten. Das stellt seiner Wahrnehmungsfähigkeit ein glänzendes Zeugnis aus. In seiner Vorstellung vertreibt die hektische Aktivität der Physiker den Gott der Offenbarung aus der Natur und hält ihn in der Ferne. Die praktischen Auswirkungen der theoretischen Einseitigkeit zeigten sich vielleicht erst nach Jahrhunderten. Da wird die Ökologie aus dem Gleichgewicht gebracht oder mit einer einzigen Atombombe werden 100 000 Menschen getötet. *Und ich habe schon vor langer Zeit gesagt, es führt eine schnurgerade Straße von Galilei zur Atombombe. Der Kardinal Bellarmin, der Galilei daran hindern wollte, die Kopernikanische Lehre zu verbreiten, wußte, wovon er sprach. … dann müssen nur 300 Jahre vergehen, und ein anderer Professor aus Princeton sagt: ›Ich kann eine Waffe machen, mit der kann ich 100 000 Japaner auf einmal umbringen.‹ Das ist genau dieselbe Denkweise.*[14] Es wird nicht leicht aufzuklären sein, was der Gott der Offenbarung mit der ökologischen Krise zu tun hat, aber daß Ehrfurcht vor der Schöpfung in irgendeiner Beziehung zu der Ehrfurcht vor dem Schöpfer steht, wird man wohl nicht von der Hand weisen können.

Die Gewalt des Lebens. Andererseits ist der Mensch mit seiner natürlichen Lebensweise nicht in der Lage, auf Gewalt gegen seine Umwelt zu verzichten. Er muß Bäume fällen, um sich ein Dach über dem Kopf zu bauen, er muß den Acker pflügen und Tiere schlachten, um zu essen, er muß vielleicht auch einmal zur Kernenergie ja sagen, wenn er einer milliardenfachen Menschheit das Überleben sichern will. All das ist Gewalt gegen die Natur, zweifellos, und ohne Gewalt gibt es nicht das geringste Leben. Der Zwang zum Aufnötigen eines fremden Willens entspringt dem tierischen und natürlichen Erbe, das heißt, erst der Mensch empfindet den Zwang als brutal und gewaltsam, weil er sich einen universalen Frieden vorstellen kann. Erst die Fähigkeit zum Entwurf eines großen Gegenbildes macht ihn leidensfähig, da die Gewalt des Fressens und Gefressenwerdens in der Natur nichts anderes ist als der ewige Kampf ums Überleben. Der Mensch zeigt sich durch seine utopische Vorstellung vom universalen Frieden als Bürger einer anderen Heimat. Zugleich bemerkt er, wie sehr er an die grausame Natur gebunden ist. Distanz und Nähe zur Natur in einem! Sich selbst als fremd empfinden, die Natur als Material behandeln und Gott als Schöpfer anerkennen oder leugnen, sind nur wenig verschiedene Ausdrücke der gleichen Lage des Menschen. Er ist Gast auf Erden, aber er weiß nicht genau oder will nicht genau wissen, wo seine wahre Heimat ist.

Ambivalente Wirkung. Dabei bleibt die Rede von Gott als dem Schöpfer der Welt keineswegs eindeutig, wenn man aus ihr einen Nutzen ziehen will. Sie ist so ambivalent wie jeder irdische Plan. Einmal kann man die Erfolge der Neuzeit in Wissenschaft und Technik dem jüdisch-christlichen Offenbarungsglauben zuschreiben, andererseits auch die ökologische Krise auf dem Planeten Erde. Einerseits setzt der Schöpfer nach der hl. Schrift den Menschen frei und ruft ihn auf, sich die Erde untertan zu machen,[15] andererseits warnt er ihn bei Strafe der Vernichtung, sich selbst als den Herrn der Welt aufzuspielen. Die Übertretung wird ihm, wie das Beispiel des Turmbaus von Babel zeigt, dann Sprache und Identität rauben. Einmal kann man die Säkularisation der Neuzeit als Freisetzung der autonomen Kräfte durch den Schöpfungsglauben feiern; unter den gleichen Voraussetzungen aber kann man auch den Fortschritt in Wissenschaft und

Technik tödlich verdammen und dem Christentum als böse Schuld anrechnen. Verdienst und Schuld treten aus der Ferne gesehen immer zugleich auf. Es hat sich im Laufe der Zeit viel verändert im Verhältnis von Wissenschaft und Glauben, aber diese doppeldeutige Wirkung ist geblieben. Sie gewährt einen Einblick in das Leben des Menschen zwischen Endlichkeit und Unendlichkeit. Die Beständigkeit der ambivalenten Wirkungen im Wandel werden wir im Auge behalten müssen, wenn wir uns nicht die Strafe Babels zuziehen und im Sprachengewirr verlieren wollen.

Galilei aber wollte mehr, er wollte eindeutiges Wissen. Er wollte zwar nicht alles wissen, aber was er zu wissen meinte, das wollte er ohne Hypothesen, ohne Wenn und Aber besitzen. Er bestand auf der Autonomie des Endlichen, zur Not auch in Konkurrenz zum Unendlichen. Das heißt, er wollte einen theologiefreien Raum. In einem Brief an die Großherzogin Christina von Lorena schrieb er 1615: *Wenn nun die Theologie, die sich nur mit den höchsten göttlichen Problemen beschäftigt, aus Würde auf ihrem königlichen Throne verbleibt, der ihr vermöge ihrer hohen Autorität zukommt, und nicht zu den niederen Wissenschaften herabsteigt, vielmehr diese, als die Seligkeit nicht betreffend, unbeachtet läßt, so sollten die Professoren der Theologie sich auch die Autorität nicht anmaßen, Dekrete und Verordnungen in Fächern zu erlassen, die sie nicht betrieben und studiert haben.*[16]

Arthur Koestler nennt diesen Brief mustergültig in seiner Didaktik, prachtvoll in seinen Formulierungen, doch gespickt mit Ausflüchten, Spitzfindigkeiten und simpler Unredlichkeit.[17] Jedenfalls steckt die Bescheidenheit voller Findigkeit, ist also vielleicht das Gegenteil der Demut, mit der die Theologie auf den königlichen Thron gehoben wird. Kaltstellen durch Wegloben! Warum soll die Theologie sich vor den Niederungen der einzelnen Wissenschaften zurückhalten? Warum soll sie sich auf die ewige Seligkeit beschränken? Darf sie nicht auch um die zeitliche Seligkeit besorgt sein? Darf die Kirche also die Wissenschaft nicht fragen, wohin die Anhäufung endlichen Wissens führt? Galilei meinte nein, das darf sie nicht, Bellarmin meinte ja.

Ermahnung von 1616. Wenn der Glaube ein Weg zur Erkenntnis des Heiles ist, dann ist er in der Tat nicht nur ein Weg zur Seligkeit in den Himmel, er ist auch eine Erkenntnis über die Unhaltbarkeit des menschlichen Lebens auf der Erde. Das Endliche ist Teil des Unendlichen. Davon wollte Galilei nichts wissen, sondern die Natur als in sich ruhenden Identitätsträger ansprechen. Seine Einstellung bewirkte schließlich die zunächst noch sehr freundliche gehaltene Ermahnung durch Bellarmin im Jahr 1616: Galilei solle die Erdbewegung nur hypothetisch lehren. Diese Mahnung ist keineswegs als Verurteilung anzusehen. Als sich Gerüchte verbreiteten, Galilei habe abschwören müssen oder habe eine Buße auferlegt bekommen, trat der Kardinal im Mai des gleichen Jahres Galilei zur Seite und verschaffte ihm den erwünschten guten Leumund.

Was für ein Urteil läßt sich im Abstand von fast 400 Jahren über die Differenz im Denken fällen? Was ist über einen theologiefreien Raum zu sagen? Beide traten als Propheten auf, Galilei mit lauten, Bellarmin mit leisen Tönen. Einen wahren Propheten erkennt man daran, daß eintritt, was er verkündet. Wußte Bellarmin 1616, was er tat, als er den zweifellos sehr erfolgreichen Galilei zur Mäßigung mahnte, der richtig für alle Zeiten voraus gesagt hat, daß alle schweren Körper auf der Erde nach dem Fallgesetz $s = (g/2)t^2$ fallen werden? Bellarmin selbst hatte neben der Theologie auch Astronomie gelehrt, nach einem Lehrbuch, das die kopernikanische These nicht verwarf, sondern als Hypothese in Erwägung zog, weil sie in geometrischer Hinsicht für gewisse Fragen Vorteile bot. In der gleichen Weise hat er auch Galilei 1616 angeboten, sich den Rücken frei zu halten und nur die hypothetische Erdbewegung vorzutragen; bis eindeutige Beweise vorlägen, riet er zum Warten. Es ist nicht zu leugnen, daß Galilei vor allem Mond- und Jupitervergleiche für das Kopernikanische System anzubieten hatte, daß er selbst aber seine Beweisnot fühlte. Sonst hätte er nicht die falsche Deutung von Ebbe und Flut im 4. Buch seines *Dialogo* als stärksten Beweis für die Bewegung der Erde ausgegeben.

In der hypothetischen Behandlung, die Bellarmin forderte, liegt natürlich zunächst die Weisheit des vornehmen Gelehrten, der lieber zu wenig als zu viel behauptet. Von 1610 an war der Kardinal mehrmals auf die Spuren Galileis und auf ihn selbst gestoßen. Er hatte durch Fernrohre geblickt und den philosophischen Ehrgeiz bemerkt, mit dem Galilei die Naturforschung als erste Wissenschaft etablieren und, entgegen seinen Worten, die Theologie auf den zweiten Platz verweisen wollte. Der Wissenschaft wollte auch Bellarmin sich nicht entziehen, wie er in dem Brief an Foscarini betont hatte. Wirkliche wissenschaftliche Erkenntnisse sollten nicht ernstlich bezweifelt werden. Sie sind nach ihm auch für die Auslegung der hl. Schrift und für die Theologie wichtig. Wie aber sollte unter solchen Umständen die Theologie noch für die Erkenntnis der Natur und den Lauf der Erde zuständig sein? Die Position zeigt die Verlegenheit des Kardinals an, der nicht recht weiß, wie er bei Galilei ansetzen soll. Aber dunkle Ahnungen und unbestimmte Hellsicht versetzen ihn in Unruhe.

Immer noch, auch nach dem Tod des Kardinals im Jahr 1621, blieb das kirchliche Klima im großen und ganzen dem Florentiner Physiker gewogen. Kardinal Maffeo Barberini schrieb 1620 ein hohes Loblied auf den Entdecker der Sonnenflecken und pries ihn mit einer lateinischen Ode als Zierde der Wissenschaft. *Als Legat zu Bologna wechselte er Briefe mit Galilei, erbat sich z. B. dessen Schrift über die Sonnenflecken, und rühmte Genie und Schriften des großen Landsmannes in den stärksten Ausdrücken.*[18] Als Barberini 1623 Papst geworden war, wollte Galilei die Gunst der Stunde nutzen. Er widmete dem neuen Pontifex die polemische Schrift *Il saggiatore – Die Goldwaage* über den Ursprung der Kometen, und Urban VIII. nahm die Widmung an. Galilei ging noch weiter und reiste im April 1624 selbst nach Rom. Wohl sechs Mal empfing ihn der Papst zu langen Privataudienzen und bedachte ihn reichlich mit Geschenken. Galilei hatte nur den einen Gedanken, wie er mit diesem Papst endlich die offizielle Anerkennung des kopernikanischen Weltsystems erreichen könne, und wie gut es doch wäre, wenn diese Anerkennung mit seinem Namen verbunden wird. Hier aber blieb der Papst fest. Die bekannte Unterscheidung zwischen geometrischer Hypothese und realistischer Gewißheit wollte er nicht angetastet wissen.

Ruheloser Galilei. Galilei konnte es nicht verwinden, daß er noch immer an dieser Linie, die Bellarmin ihm gezogen hatte, stehen bleiben, daß der Augenblick für Kopernikus noch immer nicht gekommen sein sollte. Je länger, je mehr wollte er die Stunde des Kopernikus anbrechen sehen. Da ließ Galilei sich von seinem Furor hinreißen und schrieb sein Schicksalsbuch, den *Dialogo sopra i due massimi sistemi del mondo,* den *Dialog über die beiden hauptsächlichsten Weltsysteme.*[19] Er arbeitete daran von 1624 bis 1630, und nachdem er mit einigen Änderungen 1631 die Druckerlaubnis bekommen hatte, erschien es 1632. Es scheint, daß der Papst selbst in den Begegnungen von 1624 die Anregung zu diesem Dialog gegeben hatte, und auch 1630 und 1631 noch auf dessen Drucklegung bestand, allerdings ohne den Inhalt zu kennen. Der *Dialogo* ist ein literarisches Meisterwerk und behandelt erstmals die Kontroverse vor einem breiten Publikum. Es ist in der italienischen Volkssprache geschrieben statt in der Gelehrtensprache Latein. Der wichtigste Schachzug Galileis war die Dialogform, das heißt der Gebrauch, den er davon machte. Bei gleichmäßiger Stärke der Figuren wäre der hypothetische Charakter in den Weltsystemen gewahrt gewesen. Galilei läßt die verschiedenen Positionen in drei Personen zu Worte kommen, so daß er sich formell für salviert halten konnte. Nur eine Person, *Salviati,* tritt offen für Kopernikus ein. Sein Gegenspieler *Simplicio* vertritt die ptolemäische Position, die Meinung der Aristoteliker so schwach, daß von formeller Gleichberechtigung keine Rede sein kann. Der Name schon ist Programm. Denn es gab tatsächlich um 500 n. Chr. einen Kommentator des Aristoteles gleichen Namens. Zum anderen sagt der Name, mit welcher Verachtung Galilei auf diese Position blickt, die er nur mit dem Beiwort simpel oder naiv ertragen konnte. Gesprächsleiter ist *Sagredo,* der mehr oder weniger zu Kopernikus neigt.

Das Buch erhielt zunächst die Druckerlaubnis. Aber weil Galilei die Zensurbehörden von Rom und Florenz gegeneinander ausgespielt, auch weil er dem naiven Simplicio wörtliche Äußerungen des Papstes in den Mund gelegt hatte, nachdem er bei diesem nicht durchgedrungen war, und weil die Dialoge nicht verdecken können, daß Galilei nicht hypothetisch, sondern in vollem Realismus den Kopernikus lehrt, ohne neue Beweise vorlegen zu können, deshalb bekam er schließlich seinen Prozeß.

Formalistischer Prozeß. Es ist nicht nötig, die Einzelheiten hier anzuführen, sie sind bekannt und überall greifbar. Zur Frage nach der Reichweite von Wissenschaft und Glaube geben die Einzelvorkommnisse ab 1630 nichts mehr her, weil die ganze Frage nur mehr juristisch behandelt wurde. Ich hatte *beim Lesen der Dokumente seines Prozesses das Gefühl, daß sehr wenige Leute in der Kirche sich überhaupt für die Frage interessierten, ob er in der Sache recht habe oder nicht.*[20] Das einzige, was im Prozeß von 1633 interessierte, war die Frage, ob Galilei gegen die Verwarnung Bellarmins von 1616 verstoßen hatte oder nicht. Und wie hatte diese 17 Jahre zuvor ausgesehen? Man kann den Formalismus im Prozeß bedauern, aber er zeigt auch, daß die Motive für ihn nicht in einem schiefen Verhältnis von Wissen und Glauben zu suchen sind, sondern vor allem in politischen oder persönlichen Gründen. Auch dieser Prozeß lebt noch von der Bellarminschen Einschätzung, daß mit dem wissenschaftlichen Ideal des

Galilei tatsächlich eine Grenze überschritten wird, daß Galilei mit rasender Fahrt in ein neues, unbekanntes Land fährt, ohne ein Bewußtsein von den Gefahren eines solchen Unternehmens zu haben. Dieses mangelnde Gefühl für die doppeldeutigen Wirkungen großer Umwälzungen wird Bellarmin in beständiger Unruhe gehalten haben. Ein Homo religiosus wie er wußte, daß Revolutionen ihre eigenen Kinder fressen. Nicht wußte er, wann das geschehen wird, wie sie das tun werden, und ob diese Revolutionen Kernspaltung, Biotechnologie und ökologische Krise heißen werden.

Heutzutage scheint Galilei zum Helden auch kirchlicher Autoritäten zu werden, jedenfalls solange, wie man nicht genau hinhört. *Der Papst hat Galilei rehabilitiert.* So lautete vielfach das Presseecho auf eine Ansprache Johannes Pauls II. am 31. Oktober 1992. Eher hat er am Ende einer Studienwoche der päpstlichen Akademie das Gegenteil getan und eine Epoche für abgeschlossen erklärt, die für solche Konflikte keine Schlichtungen kannte. *Das Thema der komplexen Verhältnisse bedeutet wahrscheinlich in der Geschichte der Naturwissenschaften einen ebenso wichtigen Abschnitt wie jener, der mit dem Namen Galilei verbunden ist. Damals glaubte man, man müsse ein eindeutiges Ordnungsmodell vorlegen. Die komplexen Verhältnisse weisen aber gerade darauf hin, daß, wer den Reichtum der Wirklichkeit berücksichtigen möchte, notwendig eine Vielzahl von Modellen braucht.*[21]

Hier wird Galileis Wissenschaft weder verworfen noch rehabilitiert. Das erste geschah im Jahre 1633, als Galilei vom Heiligen Offizium zum Stillschweigen über das kopernikanische System verurteilt wurde, das andere spätestens 1835, als seine Schriften vom Index der verbotenen Bücher genommen wurden. Man könnte, statt von Rehabilitierung zu sprechen, mit größerem Recht sagen, daß die Methode der komplexen Verhältnisse dabei ist, dem Mythos Galilei den Rang abzulaufen. Jedenfalls kann der Prozeß von 1633 kaum mehr als Ursprungslegende für die heutige Physik dienen. Sie ist weit von der Hoffnung entfernt, alle Bewegungen in der Natur mit einem mathematischen Gesetz beschreiben zu wollen. Wenn Galilei der Protagonist eines solchen Gesetzes ist, weil er an die strenge Geltung mathematischer Gesetze in der Natur glaubte, so ist seine Epoche mit der Quantentheorie zu Ende gegangen.

Urteil über das Urteil. Natürlich kann man die Strafe für Galilei bedauern. Einem alten, kranken Mann strengen Hausarrest aufzuerlegen ist keine Kleinigkeit. Doch sollte man auch die andere Seite hören! Galilei war kein Unschuldsengel, er hatte keine Geduld und war dennoch nicht in der Lage, den entscheidenden Beweis für die Erdbewegung beizubringen. Zum anderen waren frühere Gesellschaften korporativer als heutige aufgebaut und mußten es wohl auch sein. Dem Individuum mußte viel Freiraum beschnitten werden, wenn das Leben in diesen Zeiten auch nur überleben wollte. Und die römische Kirchenführung hatte die Verantwortung für eine große religiöse Wahrheit. Sollte sie sich diese aus der Hand schlagen lassen für eine Wissenschaft, die zwar 400 Jahre später ihre Macht auf den Höhepunkt gebracht hat, dabei aber immer noch das Heil für den Menschen ausstehen läßt? Jeder, der heute ein Urteil über Bellarmin und Galilei spricht, tut es nach dem Maßstab des Heiles, das er von der Wissenschaft erwartet. Aber unter das Niveau, auch die andere Seite zu hören, sollte man nicht mehr gehen.

4.2 Zwischen Endlichkeit und Unendlichkeit

Damit hinterläßt die Epoche ein sinnvolles philosophisches Problem. Die Frage lautet: Warum gibt es keinen Frieden der Religion mit der Naturwissenschaft? Warum soll ein Konflikt der Theologie mit der Physik eine der größten Katastrophen der Kirchengeschichte ausgelöst haben? Trotz einer umfangreichen Literatur, die sich mit dem Verhältnis von Naturwissenschaft und Theologie beschäftigt, kann man den Eindruck haben, daß dazu bisher nicht viel gesagt worden ist, daß niemand bisher eine Antwort auf die Frage anzubieten hat. Die Autoren nehmen auch weniger die Quelle des Streites in Augenschein, sondern beteuern ihren Willen zur Versöhnung und rufen zu mehr Dialog auf.

Frieden in weiter Ferne. Nun kann das überlieferte ungelöste Problem der Epoche allerdings auch der Tatsache sein Beharren verdanken, daß die zur Lösung anstehende Frage nur schwer formulierbar ist und, wenn formuliert, nicht gelöst werden kann. Wie es keinen Frieden gibt zwischen dem endlichen Leben, zwischen Pflanzen, Tieren und Menschen, weil sie in Konkurrenz stehen und dem Tod geweiht sind, so kann es auch mit dem Unendlichen, das keine zeitlichen oder räumlichen Grenzen kennt, keinen Frieden geben, solange das Endliche dazu in Konkurrenz steht.

Drei Positionen. Wer das Verhältnis von Theologie und Naturwissenschaft bestimmen will, hat die Wahl zwischen drei Möglichkeiten. Zwei von ihnen werden real eingenommen, die immer wieder zu einer dritten Vermittlungsposition hin überschritten werden sollen, welche aber bisher noch von niemandem richtig vertreten worden ist. Realerweise konnten bisher nur die beiden ersten Positionen bezogen werden. Die erste soll *Positivismus* heißen. Dieser Standpunkt wird weltweit vertreten, obwohl er, wie die Kapitel 1 bis 3 gezeigt haben, in den Ergebnissen der Wissenschaften keine ernsthafte Grundlage mehr hat. Der Positivismus, auch Szientismus oder Reduktionismus genannt, wollte alles, was es gibt, auf Naturwissenschaften zurückführen, etwa so, wie sich Laplace vor 200 Jahren das Weltsystem gedacht hat. Da es in der Natur aber nicht deterministisch zugeht, ist nicht alle Wirklichkeit bloße Natur, also ist nicht alles Geschehen nur durch die Naturwissenschaft darstellbar, nicht einmal im Prinzip.

Die zweite Position könnte *Hermeneutik* heißen. Sie ist das Gegenteil der ersten und doch vollständig von ihr abhängig. Statt wie die Naturwissenschaften zu experimentieren und zu messen, wollte sie verstehen. Karl Barth wird gerne als Beispiel angeführt, der die Natur den Naturwissenschaftlern zum Fraß hinwerfen wollte, wenn sie ihm nur den Menschen zu überlassen bereit waren. Aber auch Karl Rahner gehört hierher, der zwischen Naturwissenschaft und Theologie einen breiten Graben ziehen und die beiden Bereiche nach Gegenstand und Methode trennen wollte. Ebenfalls dazu gehört die heutige mythenträchtige Religiösität als eine anschmiegsame Form der Hermeneutik. Als harter Kern der Wirklichkeit gilt ihr immer noch die Natur, der die Naturwissenschaft als unfehlbare Institution dient. Aber, so die Überlegung weiter, da der Mensch ein Bewußtsein hat und eine rätselhafte Subjektivität in sich trägt, braucht er, solange sein Licht in der Welt leuchtet, ein Spielfeld seiner Träume. Bis die Wissenschaften die kontingenten Randbedingungen des Lebens in den Griff bekommen haben, braucht der Mensch zu seinem Trost mythische Bilder des Verstehens, was auch der eigentliche Sinn der Religiösität sei. In gebildeten Kreisen bedient man sich zu diesem Zweck erbaulicher Literatur, erhebender Musik oder bildender Kunst, in anderen Kreisen liefern Sport, Spiel und Spannung die Identität bildenden Mythen.

Dem echt religiösen Menschen ist das verdächtig. Denn bis zur Wirklichkeit schafft es keine Mythenreligion. Die muß sie immer den gesichtslosen Wissenschaften überlassen. Deshalb wird von verantwortlichen Leuten immer wieder das Gespräch zwischen Naturwissenschaftlern und Theologen gefordert! Irgendwie und irgendwo findet es auch statt, und doch kann man den Eindruck haben, die beiden Seiten hätten noch nie miteinander gesprochen. *Dieser Disput muß daher von beiden Seiten sachlich und hörbereit in Angriff genommen werden, was bisher nur in geringem Maße geschehen ist. Niemand wird die wissenschaftlichen Beweise für die mikroevolutiven Prozesse ernstlich in Zweifel ziehen können. Nicht darauf, ja auch nicht auf die Problematik der Makroevolution, bezieht sich daher die Frage, die ein Gläubiger der modernen Vernunft gegenüber stellen wird, sondern auf die Ausdehnung zu einer philosophia universalis, die zur Gesamterklärung des Wirklichen werden will und keine andere Ebene des Denkens mehr übrig lassen möchte.*[22]

Abfall oder Bekehrung. Disput ist schon besser als Dialog, aber die gewünschte Hörbereitschaft wird es kaum geben. *Es kann keinen Frieden zwischen Glaube und Wissenschaft geben, weil die Wissenschaft die Identität des Endlichen behaupten muß und der Glaube diese Identität bestreitet.* Die Wirkung im Fall Galilei zeigt die Unmöglichkeit des hörbereiten Disputs in aller Deutlichkeit. Was es geben kann, sind Abfall oder Bekehrung, der Weg in die eine oder die andere Richtung. Das ist die Brücke zwischen der festgehaltenen und der losgelassenen Identität einer endlichen Natur.

Das endliche Leben befindet sich in einem endlosen Kampf für sich selber und für seine Erhaltung, sei er nun individuell, kollektiv oder genetisch gemeint. Aber keiner wird den Kampf gewinnen, weder das egoistische Individuum, noch die egoistische Klasse, noch das egoistische Gen. Alle Uhren der Welt sind schließlich auf Stillstand gestellt. Die mythische Religion ist der Versuch, sich mit den höheren, unbekannten Mächten des Lebens in ein nicht nur symbolisches, sondern möglichst reales Verhältnis zu setzen und die Sympathien der Gottheit für sich zu gewinnen. Diesem Streben nach irdischer Erhaltung setzt der Glaube ein Ende. Der Glaube der Offenbarung will nicht eine weitere Religion neben anderen Religionen sein, wozu auch die Religion der Naturwissenschaft gehört, er will keine bessere Methode sein, die Selbsterhaltung doch noch zustande zu bringen, sondern er ist der Sieg der Einsicht über die Welt der Religionen. Das Leben kann durch kein Bündnis mit höheren Mächten sein Bleiben in der Welt sichern! Das ist der Grund, warum die Religion der

Naturwissenschaft mit der Theologie der Offenbarung zu keinem Ausgleich kommen kann. Beide kämpfen sie auf verschiedene Weise ums Überleben. Das heißt, einen einseitigen Frieden kann es schon geben. Der wahrhaft religiöse Mensch, der die Unmöglichkeit seiner Selbsterhaltung auf der Erde eingesehen hat, der sein Leben also nicht mehr retten will,[23] der gewinnt den Frieden. Er wird zwar von denen bekämpft, die praktisch und theoretisch nach den Darwinischen Prinzipien des Daseins leben, er muß aber nicht mehr auf die gleiche Weise für seine eigene Überzeugung kämpfen, er muß nicht mehr zurückschlagen. Der Darwinische Inhalt des Kampfes ist die endliche Selbsterhaltung, der Glaubensinhalt die Anerkennung der Wahrheit, daß dieses Verlangen zu keinem Ziel führt.

Die folgenden Fragen legen sich aus der Betrachtung des Falles Galilei nahe.

1. Warum konnte der Fall Galilei zu einem Symbol des Gegensatzes von Glaube und Wissen werden?
2. Warum gibt es keinen eindeutigen Entscheid, wer Recht hat und wer nicht?
3. Welche Stufen des Rechthabens sind zu unterscheiden?
4. Welche Art von Wahrheit drückt sich im Wissen aus? Welche im Glauben?

Streit durch Formalismus. Außer Bellarmin sind in dem Streit nur Formalisten anzutreffen. Einen Formalisten nenne ich den Träger und Verteidiger einer Wahrheit, die er nicht voll versteht. Formalisten gelten im alltäglichen Sprachgebrauch als Realisten und halten sich auch selbst dafür. Sie zeichnen sich durch Kampfbereitschaft und Streitlust aus, denn ihr Realismus besteht in der Erkenntnis und Wahrnehmung ihrer Interessen. Das heißt, sie sind in dem, was sie reden und tun, Darwinisten des Alltags. Warum nicht lieber die Lüge, fragt der Hauptdarwinist ganz ohne Scheu. *Wahrheit ist die Art von Irrtum, ohne welche eine bestimmte Art von lebendigen Wesen nicht leben könnte. Der Wert für das Leben entscheidet zuletzt.*[24]

Formalisten I. Formalist war auf der einen Seite Galilei, der unbedingt Recht haben wollte, ohne das Interesse zu erkennen, das ihn an sein Verlangen band. Das kann zumindest ein doppeltes sein, einmal der Ruhm, als Entdecker einer großen Wahrheit zu gelten, zum anderen, tief verborgen, der Retter der Identität eines endlichen, vom Tode bedrohten Lebewesens zu sein. Ein ewiges Naturgesetz scheint dem

Kenner durch die Erkenntnis eine Art ewiges Leben zu geben. Das sind die beiden Hauptinteressen der Wissenschaftler von damals und heute. Sie selbst nehmen sich allerdings anders wahr und stellen sich auch nach außen für die Öffentlichkeit anders dar. Sie weisen auf die schöne Zweckfreiheit im objektiven Wissen hin und auf den allgemeinen Nutzen in der Technik, nicht auf die damit verbundenen eigenen Interessen.

Formalisten II. Auf der Gegenseite stehen zur Zeit Galileis die Verteidiger der aristotelischen Lehre und die Verteidiger des kirchlichen Dogmas. Ziemlich die gleichen Interessen wie Galilei haben die Peripatetiker. Hier kämpft ein wissenschaftliches System gegen ein anderes, ein älteres gegen ein jüngeres, ein ruhiges gegen ein stürmisches, das auf dem Gebiet der mechanischen Naturwissenschaft späterhin große Erfolge feiern wird. Natürlich hatten auch die Anhänger des kirchlichen Dogmas ihre Interessen, aber es fällt doch auf, daß viele Theologen und Mönche für Galilei und das kopernikanische System eintraten. Denn im Dogma, auch wenn es eine endliche, mit Interessen behaftete Außenseite hat, ist das Wissen enthalten, daß der Mensch auf Erden keine endgültige Heimat hat. Wer sein Leben gewinnen will, wird es verlieren! Das ist ein Dogma und zugleich die Aufhebung aller Interessen, die man durch dogmatisches Festhalten verteidigen will. Deshalb kann der Gläubige sich leichter als der Philosoph von der Mitte des Weltgeschehens wegrücken lassen, denn das hat er längst mit sich geschehen lassen, als er mit Schrecken gewahr wurde, daß er in der Welt nur befristeten Aufenthalt hat.

Deshalb ist Bellarmin ein so kluger Teilnehmer im ganzen Streit. Er ist vielleicht der einzige Beteiligte, der weiß, was ein theologischer Lehrsatz und was ein Naturgesetz ist. Er weiß von dem Unterschied zwischen der Form des Gesetzes und seinem Inhalt. Das theologische Dogma ist für ihn zwar ganz wahr, aber eben deshalb noch nicht die ganze Wahrheit. Auf der anderen Seite sieht er, daß die Natur, wenn sie nur nach Naturgesetzen ablaufen soll, von ihren Wurzeln abgeschnitten wird. Deshalb kann man Bellarmin vielleicht den einzigen Realisten in dem Streit nennen, weil er die Differenz zwischen der Aussage und dem Ausgesagten spürte. Für die Außenwelt, die immer mehr Natur statt Schöpfung genannt wurde, bedeutet dies, daß sie letztlich nicht zerschnitten und zerlegt werden kann, wie es seit Galilei wissenschaftliche Methode geworden ist. Aber das weiß in aller Deutlichkeit erst wieder die Quantentheorie. Wie sollte Bellarmin sich ausdrücken? Unter diesen Umständen riet er zum Warten, denn Abwarten ist das stärkste Mittel kirchlicher Friedensarbeit. Allerdings liegt darin auch eine Zumutung: Warten kann nur der friedensbereite Mensch, und Galilei hatte diesen Frieden nicht.

Kirchlicher Friede. Das Abwarten ist kirchliche Friedensarbeit seit je. Erst wenn eine Epoche verflossen ist, erkennt die Kirche sie an, so erst macht sie selbst Epoche. Nach altem, tiefem Gesetz billigt die Kirche eine Richtung erst, wenn sie nicht mehr ganz modern ist. Mit diesem Leitfaden ließe sich eine Kirchengeschichte schreiben! Als die lateinische Sprache mit dem Römischen Reich unterging, hat die Kirche die Sprache ihres Todfeindes übernommen und bis heute aufbewahrt. In der Philosophie setzte sie sich gegen den mittleren und den neuen Platonismus heftig zur Wehr, um ihn bis heute weiter zu führen. Im Mittelalter wurde Aristoteles modern. Nachdem er zu Anfang des 13. Jahrhunderts noch verboten war, stieg er bald zum Haus- und Hofphilosophen der kirchlichen Theologie auf. So auch im Fall Galilei. Die peripatetischen Philosophen verteidigten ihren Meister gegen den Anti-Aristoteliker Galilei. Die Kirche machte sich deren Vorbehalt gegen die mechanische Naturphilosophie Galileis zu eigen. Im 20. Jahrhundert hatte sich das Blatt noch einmal gewendet. Die Naturwissenschaften entfernten sich immer mehr vom mechanischen Ideal Galileis. Jetzt konnte die Kirche das Stück Wahrheit übernehmen, das im Naturbegriff Galileis lag, da in den Zeiten der ökologischen Krise die galileische Methode des Schneidens, Stückelns und Nötigens der Natur in Verruf gekommen war. Sie konnte auf Gestaltung der Schöpfung drängen. So bewahrt sie jetzt auch Galilei auf und verteidigt ihn gegen eine allzu mutlose, das Leben selbst verneinende Bewahrung der Schöpfung.

Für eine tiefere Analyse des Galilei-Streites bedeutet der Prozeß von 1633 nur ein trauriges Nachspiel. Inhaltsreich ist die Ermahnung von 1616; Kardinal Bellarmin forderte Galilei auf, das heliozentrische Planetensystem nur hypothetisch, nicht aber realistisch zu lehren. In den folgenden Abschnitten soll es um die Ahnung gehen, die Bellarmin möglicherweise von der Tragweite derjenigen Wissenschaft hatte, die Galilei für einige Jahrhunderte auf die Bahn gebracht hat. In sieben Einzelthesen will ich die Gesamtthese von dem bleibenden Konflikt zwischen Glauben und Wissen entfalten.

1. *Galilei hatte im Endlichen recht*

Endlich ist das, was auf Abstand gebracht werden kann. Dadurch wird ein Gegenstand gebildet, dessen Bewegungen sich in Raum und Zeit messen lassen. Weder Gott noch die Welt sind in diesem Sinne ein Gegenstand. Zum Ganzen gibt es keine Distanz, deshalb gibt es vom Ganzen auch keine Begriffe und keine Wissenschaft. Galilei ist der Erfinder des mathematischen Naturgesetzes, das versucht, die Welt zu objektivieren, also zu einem Gegenstand zu machen. Wenn das insgesamt auch unmöglich ist, dann soll das Programm doch so weit betrieben werden, wie eben möglich. Mit einem Naturgesetz kann man Vorhersagen treffen, und durch die Vorhersage wird das Naturgesetz machtförmig.

Aber es gibt auch einen anderen Zugang zur Naturwissenschaft. Den anderen Weg ging Galileis Zeitgenosse Johannes Kepler (1571–1630), der auch Kopernikaner war, der aber seine astronomischen Ergebnisse in den großen Zusammenhang eingebettet wissen wollte. Er war wohl ein echt religiöser Mensch. Kepler hatte mit rastloser Mühe drei große Gesetze über die Bewegung der Planeten entdeckt: Zum einen sind diese Bahnen Ellipsen und nicht unbedingt Kreise; zum anderen überstreicht der Fahrstrahl zwischen Planet und Sonne in gleicher Zeit gleiche Flächen; und dann, sein drittes und schönstes Gesetz, die Quadrate der Umlaufzeiten T der Planeten um die Sonne verhalten sich proportional zu den Kuben ihrer mittleren Abstände A. In der Formel: $T^2/A^3 = \text{const.}$

Keplers Hymnengesang. Statt den Nutzen der Wissenschaft für die Schiffahrt oder den Krieg zu preisen, wie Galilei es getan hat, nimmt Kepler die Machtförmigkeit seiner Gesetze bestürzt zurück. Angesichts der drei von ihm gefundenen Planetengesetze bricht er in das Lob des Schöpfers aus. Nachdem er 1619 in wunderbarer Schau, wie er sagt, das dritte Gesetz entdeckt hat, gerät er in eine heilige Raserei und endet mit einem Hymnus auf den Schöpfer. *Ich breche absichtlich den Schlaf und die uferlose Betrachtung ab, indem ich nur mit dem königlichen Psalmisten ausrufe: Groß ist unser Herr und groß seine Kraft und seiner Weisheit ist keine Zahl. Lobpreist ihn, ihr Himmel, lobpreist ihn, Sonne, Mond und Planeten, welchen Sinn ihr auch habt zu erkennen, welche Zunge zu rühmen euren Schöpfer.*[25]

Galileis gottgleiche Erkenntnis. Zum Hymnengesang war Galilei nicht aufgelegt. Seine Kunst bestand in der Zerlegung der Natur, welche die technische Anwendung der Naturgesetze begünstigt. Daß dadurch eine Unwahrheit entstehen könnte, vermutete er nicht. Kepler meinte, die Schöpfungsgedanken Gottes nachzudenken, die sich in der Welt zeigen. Galilei glaubte an ihre exakte Geltung in der Welt. Der menschliche Geist kann seiner Meinung nach an absoluter Gewißheit der göttlichen Erkenntnis gleich kommen. *Nimmt man aber das Verstehen intensive, insofern dieser Ausdruck die Intensität, d. h. die Vollkommenheit in der Erkenntnis irgend einer einzelnen Wahrheit bedeutet, so behaupte ich, daß der menschliche Intellekt einige Wahrheiten so vollkommen begreift und ihrer so unbedingt gewiß ist, wie es nur die Natur selbst sein kann. … Freilich erkennt der göttliche Geist unendlich viel mehr mathematische Wahrheiten, denn er erkennt sie alle. Die Erkenntnis der wenigen aber, welche der menschliche Geist begriffen, kommt meiner Meinung an objektiver Gewißheit der göttlichen Erkenntnis gleich. Denn sie gelangt bis zur Einsicht ihrer Notwendigkeit, und eine höhere Stufe der Gewißheit kann es wohl nicht geben.*[26]

So wird es möglich sein, sich auf das Endliche zu beschränken, ohne um den großen Zusammenhang besorgt zu sein. Im Sinne der endlichen Macht hat Galilei auch methodisch recht. Die mathematische Naturwissenschaft ist so eingerichtet, daß sie ihre Objektivität selbst erzeugt. Im Einzelfall hatte Galilei manchmal sogar Unrecht, so mit seiner falschen Theorie über die Gezeiten von Ebbe und Flut am vierten Tag seines *Dialogo,* welche die Realität der Erdbewegung beweisen sollte. Im Prinzip hat Galilei immer soweit Recht, wie sich die Natur zerschneiden und in endliche Teile zerlegen läßt. Dagegen fällt der Mißgriff mit Ebbe und Flut nicht weiter ins Gewicht. Denn wer vertut oder verrechnet sich nicht schon einmal in Einzelheiten! Wichtiger ist die Frage, ob sich alle Wirklichkeit in Einzelheiten zerlegen läßt, auf die dann die messende und rechnende Naturwissenschaft zugreifen kann. Das ist die Position des Positivismus. Ihr hat Galilei damals Tür und Tor geöffnet, mit gutem Gewissen und einigen guten Gründen. Erst das 20. Jahrhundert hat die Tür wieder geschlossen, das heißt, es hat sie als niemals offen gezeigt. *Das 21. Jahrhundert wird daraus die Folgerungen ziehen: Viel Nutzen aus Wissenschaft und Technik, aber kein Glaube mehr daran!*

2. Der Streit um Kopernikus spielt nur an der Oberfläche

Jeder Streit braucht, um populär zu werden, ein Symbol der Anschauung. Das Symbol war in diesem Falle die Erdbewegung. Hat der Alltagsverstand recht, der die Erde fest stehen sieht und die Sonne in Bewegung? Oder hat Kopernikus recht, der die Sonne in den Mittelpunkt der Welt rückt und alle Planeten zusammen mit der Erde um die Sonne laufen läßt? Den Streit zwischen beiden Systemen kann jeder verstehen. Aber das darin verborgene Problem der zerlegten Wirklichkeit erkennt kaum ein Mensch. Die Erdbewegung bringt ein paar biblische oder psychologische Schwierigkeiten für die Theologie mit sich, die sich jedoch beheben lassen. So sah es Bellarmin.

Die drei Kränkungen. Für einen echt religiösen Menschen sollte es keine Kränkung sein, aus der Mitte gerückt zu werden. Dennoch hat die wachsende Reduzierung des Menschen durch Darwin und Freud auf bloße, vergängliche Natur den Protest der religiösen Menschen hervorgerufen. Der unwahre und ideologische Anteil des Protestes besteht darin, endliche Identität in den Glaubensaussagen zu suchen, also an der äußeren Form des Satzes festhalten zu wollen: *Gott hat den Menschen gemacht.* Wer sich Gott als größten denkbaren Baumeister vorstellt, kommt durch die Mechanisierung der menschlichen Herkunft in Schwierigkeiten. Nach Darwin sieht es so aus, als müßte man im Gegenteil sagen: *Die Natur hat den Menschen gemacht.* Aber der biblische Satz über Gott kann ja auch die Anerkennung des Nichtwissens ausdrücken: Wir wissen nicht, welchen Platz und welche Herkunft der Mensch in der endlichen Welt hat. Was Natur ist, weiß niemand, und seit der Quantentheorie weiß man auch, daß man es nie wissen wird, denn nicht alle ihre Bewegungen lassen sich voraussagen. Unter solchen Umständen aber können die beiden Sätze zusammen fallen: *Die Natur hat den Menschen gemacht. = Gott hat den Menschen gemacht.* Nur einen Unterschied gibt es noch: Der Gläubige erkennt sein Nichtwissen an, der Positivist nicht. Eben deshalb hatten die Anhänger der positivistischen Seite gehofft, die Wirklichkeit lückenlos beschreiben zu können, eben deshalb war der oberste Glaubenssatz Einsteins: *Gott würfelt nicht.* Unter solchen Umständen hätte der Satz über die Natur seinen ursprünglichen antireligiösen Sinn gefunden: *Die Natur hat den Menschen gemacht. = Gott würfelt nicht. = Ich kenne im Prinzip alle Bewegungen der Vergangenheit und Zukunft. = Alle Wirklichkeit ist Natur.*

 Die inhaltliche Verbindung zwischen dem System des Kopernikus und der galileischen Zerlegung der Wirklichkeit in endliche Stücke wird durch den propagandistischen Ruf Brechts gut getroffen: *Himmel abgeschafft!* Wenn die Erde um die Sonne kreist und sie zu einem Planet unter anderen wird, dann läßt sich der Himmel in Einzelheiten zerlegen und untersuchen. Er ist abgeschafft, weil er auf die Ebene des irdischen Lebens gezogen ist, auf dem sich der Mensch so bewegt, daß er Gegenstände messen und bearbeiten kann. Das heißt, er bewegt sich unter anderem so, hat aber auch vielfach die Ahnung, daß er nicht alle Wirklichkeit zu Gegenständen machen kann. Da niemand im Ernst für seinen Alltag das deterministische Programm von Laplace oder Einstein teilt, ist jeder Mensch in seinem Verhalten religiös und erkennt versteckt übergeordnete Mächte an, allerdings dann auf recht archaische Weise.

3. *Der eigentliche Gegenstand des Streites ist die objektivierende Methode der Naturwissenschaft*

Wie weit aber ist die Wirklichkeit der Erde zerlegbar und damit autonom? An der Frage, ob das Endliche nur autonom oder auch Gegenstand der Theologie sei, entzündet sich der Streit. Nicht bei der Frage der Erdbewegung will Galilei recht behalten, das ist Nebensache und bloßes Symbol. Hauptsache ist ihm, daß seine Meinung anerkannt wird, es gebe eine Art von Erkenntnis, die an objektiver Gewißheit der göttlichen Erkenntnis gleich kommt. Als Beispiel läßt sich der Satz des Pythagoras anführen: $a^2 + b^2 = c^2$. Ich bin mit Galilei ganz einer Meinung, daß dieser Satz in der ebenen Geometrie niemals falsch werden kann. Ewig gültig ist er in der Mathematik! Aber es kommt auf die Gültigkeit in der Physik an! Zu diesem Zweck denkt sich Galilei die Natur so eingerichtet, daß sie mit mathematischen Gesetzen beschreibbar ist. Aber das ist sie, wie wir nach dem 20. Jahrhundert wissen, eben nur zum Teil, denn es gibt in ihr Bewegungen, die sich nicht mathematisch beschreiben lassen, weil sie unvorhersehbar auftreten.

Nötigung der Natur. Den totalitären Zug in der objektiven Methode hat Bellarmin dunkel geahnt. Er konnte nicht bemerken, daß die objektive Methode sich selbst erst die Objekte und damit das Recht verschafft, nach ihrer Weise zu verfahren. Das Fernrohr und das Experiment sind die Symbole für die Gewalt, mit der die Natur überlistet werden soll. Kant hat das präparierende Wesen dieser Methode 150 Jahre später gut erfaßt. *Als Galilei seine Kugeln die schiefe Fläche mit einer von ihm selbst gewählten Schwere herabrollen ... ließ ...; so ging allen Naturforschern ein Licht auf. Sie begriffen, daß die Vernunft nur das einsieht, was sie selbst nach ihrem Entwurfe hervorbringt, daß sie mit Prinzipien ihrer Urteile nach beständigen Gesetzen vorangehen und die Natur nötigen müsse, auf ihre Fragen zu antworten.*[27]

Die Nötigung der Natur empfindet Kant als den Fortschritt, den Galilei gebracht hat. Diese beiden Heroen der Neuzeit vertrauen auf die objektive Gewißheit der Gesetze in der Natur. Ja, Kant bemüht sich, die Gewißheit aus einer apriorischen Philosophie zu erklären: Der Verstand schöpft seine Gesetze nicht aus der Natur, sondern schreibt sie dieser vor. Die Geistesverwandtschaft wird begründet durch die Gleichheit in der Methode. Deshalb will Kant jede künftige Metaphysik den so unaufhörlich fortrückenden Naturwissenschaften nachbilden. Der späte Kant hat allerdings noch mehr gesehen. Er hat erkannt, daß die bloße Wissenschaft zum Leben nicht ausreicht, da sie den Menschen vor moralische Entscheidungen stellt, die er nicht auf Naturprozesse abschieben kann.

Die Frage bleibt, ob es den Raum beständiger Gesetze in der Natur gibt. Die Galileische Nötigung kann als erschreckende Totalität einer Methode empfunden werden, die außer sich keine Wirklichkeit mehr kennen will. Können wir Bellarmin nach Ablauf der Epoche Gerechtigkeit widerfahren lassen, selbst wenn der Galileiprozeß ein strategischer Fehler der Kirche war?

4. *Die objektivierende Methode ist machtförmig und katastrophenträchtig*

Tragik der Technik. Wissenschaftliche Erkenntnis ist Stillegung der Zeit im Begriff. Das geschieht durch das Naturgesetz. Der Begriff kann künftige Ereignisse im voraus ansagen und dadurch Technik möglich machen. Technik ist die methodisch eingerichtete Erwartung der Zukunft. Das Problem der Technik ist ihre bloß partielle, ihre endliche Erkenntnis. Sie kann sich als Tragik zeigen, in der die vielen bösen Nebenwirkungen die gute Hauptwirkung erdrücken. Die Erkenntnisse der Thermodynamik haben zuerst mit der Dampfmaschine die Schwerindustrie, dann mit dem Auto den Massenverkehr hervor gebracht. Medizin, Hygiene und Bakteriologie haben viele Krankheiten besiegt, zugleich das unlösbare Problem der Überbevölkerung geschaffen und viele Bakterienstämme gegen Antibiotika resistent werden lassen. Die Massenmedien mit ihrer Nachrichtenflut machen mit der Not der Welt bekannt und erzeugen selbst die Ängste, von deren Not sie gleich selbst wieder berichten. Ähnliches gilt für alle Erfindungen und technischen Neuerungen. Es gibt keinen Vorteil ohne Nachteil, keinen Fortschritt ohne Rückschritt. Es gibt wohl Bewegung, aber selten zum gewünschten Ziel. Spiegelt nicht sogar Hegels Einbau des Widerspruchs in den dialektischen Prozeß der Geschichte seine Verlegenheit angesichts ihres realen Verlaufes wider?

Der Fortschritt ist die Bewegung zu einem gewollten, die Katastrophe die Bewegung zu einem ungewollten Ziel. Warum lassen sich die ungewollten Ziele nicht abschaffen? Galilei, Descartes, Hegel, Comte, Marx und andere waren Symbolgestalten der Neuzeit mit dem Versprechen, nur noch gewollte Ziele zu erreichen. Das Mittel dazu sollte die Einsicht in die Notwendigkeit des Geschichtsprozesses sein, ermöglicht durch das mathematische Naturgesetz. Deshalb waren Galilei und Descartes so begeisterte Mathematiker und Physiker, deshalb wird von Hegel, Marx und anderen der Fortschritt wissenschaftlich geplant. Wenn es aber keine objektive, sondern nur eine präparierte Endlichkeit gibt, dann gerät das technische Handeln, das sich auf endliche Ziele richtet, periodisch in eine Katastrophe. Diese wird um so größer sein, je gewisser sich das Handeln in seiner Gewißheit dünkt. *Die Katastrophe ist das nicht anerkannte, die Theologie das anerkannte Symbol der Gegenwart des Ganzen, das Symbol Gottes.* Aber den Theologen wollte Galilei keine Autorität in den Fächern zubilligen, die sie nicht studiert hatten. Bellarmin wird geschaudert haben vor dem Ansinnen Galileis, die Natur wegen der *größten Annehmlichkeit, welche uns die mechanischen Instrumente bringen* mit Schrauben und Zwingen zu traktieren.[28]

In diesem Notfall, zwischen halber Hellsicht und dunkler Ahnung, stellte er das Programm der Physiko-Theologie auf.

5. Die Physiko-Theologie Bellarmins ist der Ausdruck einer Not

Bellarmins Notbuch. Wahrscheinlich kannte der Kardinal Bellarmin den Mathematiker Galilei schon seit etwa 1600, da er ihn im Hause des Paduaner Büchersammlers Pinelli getroffen hatte.[29] Nach 1610, als das Kopernikanische Planetensystem durch die Entdeckung der Jupitermonde, der Venusphasen und der Sonnenflecken immer mehr an Boden gewann, schrieb Bellarmin nach dem Vorbild Bonaventuras ein Itinerarium, einen *Aufstieg des Geistes zu Gott durch die Leiter der geschaffenen Dinge*. Daß ihm die neue Astronomie und ihre kalte Gottferne immer vor Augen stand, belegen viele Stellen seines Büchleins. *Endlich aber, und dies ist die Hauptsache, kommen von dem Sonnenkörper als dem Vater der körperlichen Lichter alle Gaben und Geschenke, die auf der Erde wachsen; diese nun sind zwar gut, aber lange nicht die besten und ganz vollkommenen, sondern vielmehr geringfügig, zeitlich und hinfällig, sie machen auch den Menschen nicht gut, sondern er kann, wenn er will, einen bösen Gebrauch von ihnen machen und die meisten verwenden sie zu ihrem Verderben.*[30]

Wenn Galilei die Sonne zum neuen Zentrum machen wollte, so war dies nach Bellarmin gefährlich, denn die neue Vorstellung könnte den Menschen auf ein bloßes Naturwesen reduzieren. Der Mensch ist in Gefahr, mit Gott auch sich selbst zu verlieren, das heißt sich selbst zum ungeeigneten Herrn über die Welt einzusetzen. Bellarmin war in Not, und er griff zum Vorbild aus der geistlichen Tradition. Der Franziskaner Bonaventura hatte im 13. Jahrhundert die Stigmatisierung des hl. Franziskus in einem mystischen *Itinerarium*, in einem Aufstieg zu Gott beschrieben. Der Aufstieg war für Bonaventura vor allem ein seelisches Geschehen gewesen. Er nahm zwar Gott auch in den äußeren Spuren der Schöpfung wahr, aber der Weg des hl. Franziskus bringt gerade die Abkehr von außen und die Wendung nach innen zum Ausdruck.

Anknüpfung in Parallele. Das übersah Bellarmin in seiner Not. Er wollte die Spuren Gottes in der äußeren, in der astronomischen Welt erkennbar halten, da Galilei gerade dabei war, die Spuren des Schöpfers in der Natur zu löschen. Dazu fehlten ihm die richtigen Mittel. Der hl. Bonaventura und der hl. Augustinus, die in der Tradition Platons stehen, kennen keine Identität des Endlichen aus sich selbst. Die Dinge haben bei ihnen keine zeitliche Substanz, sondern werden in jedem Augenblick von Gott getragen. Unter solchen Voraussetzungen ist es natürlich nicht schwer, in allen Dingen Gott zu finden. Aber was in der mystischen Tradition eine Anknüpfung im Widerspruch ist und zur Erkenntnis Gottes führt, wird bei Bellarmin zu einer Anknüpfung in Parallele. Die Sonne ist zwar vergänglich, sagt er, aber jetzt ist sie da, sie steht für sich, sie ist das Forschungsobjekt vieler Fernrohre. Denn das ist der Sinn der Aussage, daß die Dinge eine Substanz haben und in sich stehen. Nur unter der Voraussetzung einer selbständigen Substanz kann die objektive Gewißheit der Wissenschaft der göttlichen Erkenntnis gleich kommen, wie Galilei meinte. Wenn die Dinge ihre Substanz aber jenseits der wissenschaftlichen Möglichkeiten haben, dann wird das Wissen über sie entwertet, da sie sich unvorhersehbar immer wieder von einer anderen Seite zeigen.

Ob er wollte oder nicht, ob er es erkannte oder nicht, die Substanz, wenn auch nur eine zeitliche, gestand Bellarmin dem Physiker Galilei zu, und das konnte nicht gut gehen. Nun treten die Dinge der Welt in Konkurrenz zu Gott, weil beide als Substanzen gedacht werden, und sie treten in Konkurrenz zueinander. Der Platz, auf dem sie für sich allein stehen, wird knapp. Das hat Bellarmin nicht bemerkt und nicht bemerken können. Er hatte keine andere Wahl. Er war zu neuzeitlich, um dem Endlichen die Identität absprechen oder sie wenigstens einschränken zu können. Und er war noch lange nicht über die Neuzeit hinaus, um zu erkennen, daß die endliche Identität eine Konstruktion des menschlichen Verstandes ist. Sie kann keine letzte Wirklichkeit sein, sondern ist präparierte Natur. Er nahm die neu entdeckten Kräfte des Himmels ernst, war aber so erschrocken darüber, daß er sie unmittelbar in der Identität Gottes beheimaten wollte. Er wollte denken: Gott steht an der Spitze der Leiter, man kann ihn durch die Dinge in der Natur erreichen; deshalb ist Gott in allen Dingen gegenwärtig, weil er sie alle lenkt. Diese Physiko-Theologie war es, der Kant später ein Ende bereitet hat. Ohne Untergang des Endlichen gibt es keinen Aufgang im Unendlichen, das kann man bei Kant lernen. Deshalb wollte er das Wissen einschränken, sowohl das physische wie das metaphysische Wissen, um Platz zu bekommen für den Glauben.[31] Den Untergang konnten auch Augustinus und Bonaventura denken, nicht aber Bellarmin und die meisten Philosophen der Neuzeit. Erst die Nachneuzeit kann es wieder.

6. Die Ermahnung von 1616 ist der Ausdruck einer Verlegenheit

Galilei hatte viele Freunde und Gegner. Vor allem die peripatetischen Philosophen waren es, die im Jahr 1616 einen Verweis durch das Heilige Offizium erwirkten, den Bellarmin mit sehr viel Wohlwollen aus alter Bekanntschaft milde gestaltete. Die theologische Welt war gespalten. Auf einigen Kanzeln wurde gegen Galilei gepredigt, doch hatte er auch Freunde unter Kardinälen und Mönchen. Der Karmelit Foscarini aus Neapel machte sich 1615 zu einem Bundesgenossen und erklärte in einer Schrift das heliozentrische System für theologisch unbedenklich. Dem Kardinal Bellarmin ließ er ein Exemplar zukommen. Dieser reagierte höflich, gab aber in seinem Antwortschreiben den bestimmten Rat, der von ihm später zur Pflicht gemacht wurde: Das Kopernikanische System solle nur hypothetisch behandelt, nicht aber als real behauptet werden. Die Anhänger täten gut daran, nur *ex suppositione* zu sprechen. Indem man von der bloßen Annahme spricht, daß die Erde sich bewegt und die Sonne still stehe, wird der Anschein der Planetenbewegungen vielleicht besser gewahrt, als wenn man die Exzentrizitäten und Epizykeln nach Ptolemäus darlegt. Und das sollte dem Mathematiker genügen, meinte Bellarmin.

Die Eile Galileis. Der Heißsporn in diesem Streit war Galilei, wie alle Autoren, die über diesen Fall geschrieben haben, richtig sehen. Nur ob er Recht damit hatte, nicht abwarten zu können, wird verschieden beurteilt. Ich meine, er hätte das Recht zum Fanatismus gehabt, wenn es eine absolute und objektive Gewißheit im Endlichen geben kann. An diese glaubte Galilei unbedingt und schrieb es auch auf. In seinem Fall mußte die im Februar 1616 ausgesprochene Ermahnung, die Bewegung der Erde weder zu verteidigen noch zu behaupten, sondern nur als geometrischen Kunstgriff zu behandeln, seinen Zorn erregen. Die Hypothese der Erdbewegung genügte zwar dem Mathematiker, aber nicht dem Physiker der Neuzeit, dessen erster Vertreter Galilei war. Galilei wandte die Mathematik auf die Natur an, um die formale Sicherheit auch in der realen Erfahrung wiederzufinden. Die Sicherstellung der Natur erzeugte in Galilei den Fanatismus, der nicht abwarten konnte.

Natürlich hatte Galilei damals viele Gründe, an die absolute Gewißheit in der Natur zu glauben. Aus dem Abstand von 400 Jahren und nach der Grundlagenkrise des 20. Jahrhunderts sollte man es heute allerdings niemandem durchgehen lassen, so unbedingt auf die Gewißheit endlicher Erkenntnisse zu setzen. Die Trauerarbeit zur Beendigung des Positivismus wird noch lange Zeit dauern. Aber wer nicht ursprünglich an der Weisheit des Glaubens teilhat, sondern wie Galilei aus zweiter Hand lebt, der hofft, den Gegenstand seines Genies auf die erste Stelle heben zu können. Und da Galilei sehr gut die mechanische Physik beherrschte, neigte er dazu, den Gegenstand dieser Physik, die Natur, an die erste Stelle aller Wirklichkeit zu setzen.

7. Bellarmin hatte im Unendlichen recht

Katastrophen entstehen durch mangelnden Überblick. Garantieren kann man eine gewünschte Wirkung nur, wenn es absolute Gewißheit in der Erkenntnis gibt. Liegt diese Gewißheit nicht vor, oder ist sie nicht umfangreich genug, muß man sich anders zur Welt verhalten als nur forschend und handelnd. Etwa lobend und preisend wie Kepler! Im Fall der mangelnden Gewißheit der Wissenschaft ist die Welt nicht nur Gegenstand für den Menschen, sondern auch Organ eines Schöpfers. In der unbestimmten Erkenntnis dieses Umgreifenden und in Erwartung einer Gefahr für die so präparierte Natur hatte Bellarmin recht. Eine Wissenschaft, die mehr Bewegung in der Natur erzeugt, als sie durch ihre Erkenntnis still legen kann, ist für Katastrophen anfällig. Zwar ist alles Leben in der Welt hinfällig, aber man sollte wissen, was man tut, wenn man Wissenschaft betreibt. Die Wissenschaft enthält keineswegs nur die lichten Bereiche der Erkenntnisse, die von allen Interessen frei sind, sondern sie kämpft auf vermehrte Weise den Darwinischen Kampf weiter. Wissen ist Macht! Aber keine gewisse, sondern in ihren Wirkungen doppeldeutige Macht! Die Erkenntnis der Welt macht ihre Bewegung nicht nur kontrollierbarer, sondern zugleich auch zielloser, vor allem aber wirkungsreicher. Es bewegen sich nicht nur die Gegenstände in der Zeit, sondern es bewegt sich auch die Zeit selbst. In ihr werden Ursachen erzeugt, deren Wirkung niemand kennt. Sollte man das nicht eine Katastrophe für den Glauben an den wissenschaftlichen Überblick und für die absolute Gewißheit von endlichen Erkenntnissen nennen?

Eppur si muove! *Und sie bewegt sich doch!* Das legendäre Wort, das Galilei 1633 nach innen gewiß und nach außen gewiß nicht gesprochen hat, kann man heute frei nachsprechen. Allerdings hat es einen neuen Sinn bekommen. Nicht nur die Erde bewegt sich, sondern auch das Naturgesetz, das die Bewegung der Erde lenkt. Bellarmin wollte die Erde festhalten, als Symbol dafür, daß nur in Gott Abschluß und Aufhebung der Zeit zu finden sei. Er skizzierte eine Physiko-Theologie um zu zeigen, daß die Bewegung der Zeit erst in Gott ihr Ziel findet. Aber er gestand Galilei und allen Mechanisten eine endliche Identität im Naturgesetz zu. Wie wir heute wissen, hat sich das Streben nach objektiver Gewißheit im Naturgesetz, das wegen seiner Notwendigkeit der göttlichen Erkenntnis gleich kommen sollte, als unmöglich erwiesen. *Das Streben nach dieser Gewißheit war der Versuch, den Glauben überflüssig zu machen.*[32] Eine von der religiösen Entscheidung unabhängige objektive Wissenschaft ist nicht möglich. Die Wissenschaft ist bis ins 20. Jahrhundert selbst eine Religion zur Sicherung des Lebens gewesen. In welchem Verhältnis steht sie wirklich zur Wirklichkeit? Eine offene Frage!

4.3 Sokrates als Quantenphysiker

Galileis berühmtestes Buch ist sein *Dialog* über die beiden hauptsächlichen Weltsysteme nach Ptolemäus und Kopernikus. Darin erklärt er, die Naturerkenntnis könne so sicher sein, daß sie an objektiver Gewißheit der göttlichen Erkenntnis gleich kommt. Er hat in einem weiten Sinne recht. Sein eigenes Fallgesetz und die drei Keplerschen Planetengesetze etwa sind auch nach vier Jahrhunderten noch vollständig gültig. Das heißt, man weiß seit vierhundert Jahren, daß sie gültig sind, und man vermutet, daß sie alle Zeit vorher gültig waren und in alle Zukunft gültig sein werden. Kann man ernsthaft etwas anderes meinen? Es ist nicht einfach, gegen diese Mehrheitsmeinung etwas einzuwenden. Sollte sie vollständig gültig sein, hat das die gewaltige Folge, daß wir etwas gefunden haben, das nicht der Zeit unterliegt. Und nicht der Zeit zu unterliegen ist das erste Kennzeichen der Göttlichkeit! Aber nur bei absoluter Vollständigkeit, denn eine sehr lange Dauer ist noch nicht göttlich! Um dieser göttlichen Unberührtheit nahe zu sein, hat Einstein die Zeitformen von Vergangenheit, Gegenwart und Zukunft zu Illusionen machen wollen, jedenfalls hat er sie dazu erklärt.

Die Dauer des Fallgesetzes. Trotz langer Gültigkeit des Fallgesetzes ist die Meinung Galileis über die objektive Gewißheit zu prüfen, ob sie auch an den Rändern der Zeit gültig bleibt. Zugleich überprüfen wir damit den Glauben Einsteins an die Erfaßbarkeit der Realität durch etwas logisch Einfaches und Einheitliches. Diese Einfachheit könnte, wenn es sie gibt, die objektive Gewißheit und Zeitenthobenheit garantieren. Worauf aber genau bezieht sich die Gewißheit? Von welchem Gegenstand wird sie ausgesagt? Wenn ein Stein auf den Boden fällt oder ein Planet um sein zentrales Gestirn kreist, dann ist die Vorhersage zu 100 Prozent richtig, wenn die Modellsituation zu 100 Prozent vorliegt. Wenn man im Modell genau *eine* Sonne und *einen* Planeten hat, kann man die Stellung des Planeten beim Umlauf um die Sonne vor 100 Milliarden Jahren oder in 100 Milliarden Jahren genau angeben, wobei die Anzahl der Jahre beliebig gesteigert werden kann. Allerdings, es hat vor 100 Milliarden Jahren keine Sonnen gegeben, und es wird in 100 Milliarden Jahren wohl keine Sonnen mehr geben, also liegt die Modellsituation nicht rein vor. Außerdem gibt es nicht nur *einen* Planeten und *eine* Sonne, sondern drei und viel mehr Körper. Sowohl zeitlich wie räumlich liegt für die Planetengesetze die Modellsituation nicht rein vor. Denn Keplers Gesetze sagen nicht, wann Sonne, Monde und Planeten entstehen und wieder vergehen, sie sagen auch nichts über drei oder mehr Körper zugleich aus. Um auch in den komplizierten Fällen Bescheid zu wissen, bedürfte es umfassender Gesetze, die auch die Störungen der einfachen Gesetze bei ihrer Vorhersage berücksichtigen. Daß bis heute ein solch umfassendes Gesetz, die berühmte Weltformel, nicht bekannt ist, hat von Galilei über Laplace bis Einstein viele Naturwissenschaftler nicht gehindert, an eine solche Formel zu glauben. Die Weltformel ist der notwendige Abschlußgedanke, wenn die Naturwissenschaft vollständig sein soll. Erst seit einigen Jahrzehnten, seit den Tagen von Planck, Bohr und Heisenberg ist das anders geworden, seitdem wird der Glaube an die Weltformel mehr und mehr zu einer verzweifelten Angelegenheit.

Ich weiß nicht, ob Galilei ein Bewußtsein davon hatte, was er tat, als er eine absolute, objektive Gewißheit des Wissens in der Natur forderte. Selbst wenn ein einfacher Stein zu Boden fällt, müssen ungezählte Einflüsse minimaler Art aus der Betrachtung ausgeschlossen werden. Von absoluter Gewißheit in der Kenntnis der realen Bahn kann keine Rede sein, nur im mathematischen Modell ist die Formel absolut. Außer es gibt die Weltformel! Außer es gibt das volle mathematische Weltgesetz, das *alle* Nebeneffekte berücksichtigt! Jedenfalls wußte Einstein, was er eigentlich forderte, wenn er die volle Objektivität verlangte, Galilei wußte es wohl nicht.

Die Reichweite der Begriffe. In der gleichen Situation stand Sokrates im 5. Jahrhundert vor Christus. Auch er war durch paradoxe Erfahrungen des Lebens gezwungen sich zu fragen: Was kann ich wissen? Was kann ich nie wissen? Er hatte dabei nicht weniger Klarheit als wir heute. *Denn im Wissen von den Dingen kann es kontinuierliche Fortschritte geben, im Wissen vom Nichtwissen wird die Umkehr des ganzen Menschen in einem einzigen Augenblick vollzogen.* Die Griechen sind die Erfinder der Begriffe, mit denen die Wissenschaften heute operieren. Schließlich ist Physik ein griechisches Wort! Deshalb bauen wir keine gekünstelte Parallele auf, wenn wir sein Denken mit der Quantentheorie vergleichen. Es wird sich zeigen, daß in den Grundzügen überraschende Ähnlichkeiten bestehen. Sie kommen nicht daher, daß Sokrates etwa Experimente mit Atomen und subatomaren Teilchen angestellt hätte, das hat er nicht getan. Allerdings waren ihm die atomaren Theorien des Philosophen Demokrit bekannt. Entscheidend ist, daß er in jedem Augenblick ein Bewußtsein von der Reichweite der Begriffe hatte. Dieses Bewußtsein war in der Neuzeit unter dem Leitbegriff des wissenschaftlichen Fortschritts fast ganz geschwunden, wird aber von neuem durch die Quantentheorie erzwungen. Keinen Augenblick kann sie davon absehen, daß alle Ereignisse, wovon die Experimente berichten, Berichte von Menschen über Experimente sind, also durch die Reichweite menschlicher Begriffe bestimmt sind. Deshalb der Titel: *Sokrates als Quantenphysiker.*

Kompliment an Sokrates. Wenn wir jetzt einen Blick auf Sokrates werfen, müssen uns die historischen Fragen nicht viel kümmern. Fraglos sind die Dialoge von Platon gestaltet worden. Ob dabei die Gestalt des Sokrates verzeichnet wurde oder klarer heraus kam, ist umstritten. Ich stelle mich auf die Seite der guten Meinung, daß erst Gestaltung die historischen Ereignisse zum Sprechen bringt. Bloße historische Genauigkeit sieht, meine ich, nur die Skelette der Geschichte. Wir nehmen von dem platonischen Sokrates so viel an, wie uns einleuchtet, natürlich mit der Vorgabe, daß wir ihm bei Nichtverstehen das Kompliment machen, das Unverständnis zunächst auf unserer Seite zu suchen. Das eben ist die Achtung vor der Autorität seines Namens! Wir würden einen zweiten und dritten Anlauf machen, wenn uns das Ergebnis des ersten und zweiten Anlaufs nicht eingeleuchtet hat. Zur Entstehung des sokratischen Denkens gibt Platon im Dialog *Phaidon* erhellende Hinweise. Äußerlich berichtet der *Phaidon* vom Tod des Sokrates, in der Tiefe aber vom Erwachen des Denkens an der Grenze des menschlichen Begreifens.

Die Botschaft des Phaidon. Zur historischen Situation scheint mir ein kürzlich gemachter Vorschlag plausibel zu sein. Die These lautet, daß der *Phaidon* eine Botschaft an die Pythagoreer in Magna Graecia in Süditalien ist. Platon will den Nachkommen griechischer Siedler nicht einfach nach dem Mund reden, er will ihnen auch nicht widersprechen, sondern sie zum Weiterdenken ihrer hauptsächlichen Überzeugungen anregen. *Meine generelle These zur Interpretation des Phaidon ist die, daß man diesen Dialog nur dann richtig deutet, wenn man ihn als an ein pythagoreisches Publikum gerichtet versteht, wenn man also die fiktive Situation des Rahmengesprächs als Parallele versteht zu der Situation, in der Platon sich als Autor sah … Daß die (jüngeren) Pythagoreer von der eleatischen Dialektik nichts angenommen hatten, wird wohl auch durch die Mitteilung des Aristoteles bestätigt, daß ›die Früheren nicht an der Dialektik teilhatten‹ (Met. I, 6; 987b); ›die Früheren‹, das schließt im Kontext dieses Metaphysikkapitels jedenfalls die Pythagoreer mit ein. Die Botschaft des Phaidon an die Pythagoreer lautet: Treibt Dialektik!*[33]

Platon läßt den Bericht über den Tod des Sokrates durch Phaidon dem Leiter einer Gemeinde von Pythagoreern erzählen. Dieser Echekrates erkundigt sich zu Beginn des Dialoges nach dem Schicksal des Sokrates. (57a) Und mit dem Verweis auf die Pythagoreer endet der Dialog auch, mit einem Schlußwort an eben diesen Echekrates. (118a) Platon hat den Dialog vermutlich erst nach 366 v. Chr. geschrieben, nachdem er aus Sizilien zurückgekehrt war. Dort gab es zahlreiche pythagoreische Gemeinden. Zudem wird Aristoteles als der einzige Hörer genannt, der bis zuletzt ausharrte, als Platon den *Phaidon* in Athen vortrug, was eine auffällige Reaktion der Hörer Platons gewesen sein muß.[34] Und Aristoteles kann nicht eher mit Platon zusammen getroffen sein als um das Jahr 366. Also mehr als 33 Jahre nach dem Bechertod des Sokrates!

Platon ist sich bewußt, kein Verlaufsprotokoll zu geben. In seiner andeutenden Weise sagt er, daß er selbst wegen Krankheit den letzten Tag im Gefängnis nicht miterlebt hat. (59b) Dennoch muß man die

Reden bis zur Wende im *Autobiographischen Exkurs* nicht für erfunden halten, für eine bloße literarische Fiktion, der keinerlei Wirklichkeit entspricht und die mit dem historischen Sokrates und seinem Denken nichts zu tun hätte. Sie sind gestaltetes Denken und enthalten vielleicht schon das Wissen, daß ohne Mut zur Gestalt keine Gestalt erkennbar ist. Selbst die Gestalt der Natur läßt sich nicht ohne Nachgestaltung in theoretischen Modellen erkennen. Allerdings gibt es keine Gestaltung ohne Risiko! Selbst wenn die Reden über Tod, Unsterblichkeit und ewiges Gericht in dieser Form nicht gehalten wurden, zeigen sie womöglich mehr vom originalen Sokrates an, als wenn wir Gesprächsprotokolle in Händen hätten.

Die Gespräche des *Phaidon* durchleuchten die pythagoreischen Lehren auf dem Hintergrund der von Sokrates gemachten Entdekkung der Philosophie. Weder die idealistischen Pythagoreer, noch der materialistische Anaxagoras können nach der Entdeckung der Philosophie als Denker gelten. Sie behaupten Prinzipien, aber Prinzipien können aus sich selbst heraus nicht wahr sein, da sie beim grenzenlosen Gebrauch in Widersprüche geraten. Wie in der mathematischen Logik und in der Quantentheorie! Also existieren sie aus einer Quelle, die ursprünglicher ist als sie selbst: Der Ursprung, dem sie entstammen, und das Ziel, dem sie zustreben, liegen jenseits der Natur. Der Mangel eines Denkens aus Prinzipien gilt für beide Seiten, auch wenn die Pythagoreer und die Anhänger des Anaxagoras erbitterte Gegner waren. Platon hat einige Lehren der Pythagoreer übernommen wie auch einige Lehren der Naturphilosophen, sie aber wesentlich tiefer zu begründen gewußt. *Dieses nun dachte ich mir und freute mich, daß ich glauben konnte, für die Ursache der Dinge einen Lehrer gefunden zu haben, der recht nach meinem Sinne war. Ich meine nämlich den Anaxagoras, der mir nun zuerst sagen wird, ob die Erde flach ist oder rund, und wenn er es mir gesagt hat, mir dann auch die Notwendigkeit der Sache und ihre Ursache erklären wird. … Von dieser wunderbaren Hoffnung, o Freund, fiel ich dann ganz herunter, als ich voran kam und verstand. Ich sah, wie der Mann mit der Vernunft gar nichts anfängt und auch sonst gar keine Gründe anführt, die sich auf die Ordnung der Dinge beziehen, dagegen aber allerlei Luft und Äther und Wasser vorschiebt und sonst vieles, was zum Teil ganz wunderlich war.* (97d–e; 98b)

Die Vernunft des Anaxagoras. In seiner Jugend hatte Sokrates viel Naturkunde betrieben und sich herrliche Erkenntnisse von ihr versprochen. Die ionische Naturphilosophie, die den Namen *Philosophie* eigentlich noch nicht verdient, weil sie die Entdeckung der Grenze noch vor sich hat, verhieß Einsicht in die Ursache aller Bewegungen. In der Tradition der Ionier steht auch *Anaxagoras.* Seinem Programm, daß alles in der Welt vernünftig zugeht und jede Wirkung eine genaue Ursache hat, war von Sokrates einst geglaubt worden. In der Abkehr von dieser naiven Naturkunde hatte er sein eigenes, die Welt revolutionierendes Denken gefunden, das dialektische Gespräch angesichts mangelnder Letztbegründungen. Im *Timaios* nimmt der späte Platon in Abkehr von Sokrates das Programm des Anaxagoras und der Naturphilosophen zwar wieder auf, aber immer mit Blick auf die sokratischen Bedenken gegen eine totalisierende Naturlehre.

Blinde Brille. Im ersten Teil des *Autobiographischen Exkurses* (96a–97b) im *Phaidon* erzählt Sokrates von seinen jugendlichen Versuchen, mittels physischer Ursachen das Entstehen und Vergehen in der Natur zu begreifen. Nach einiger Zeit hatte er den Eindruck, blind zu werden, weil er einfach nicht bis zu den letzten Ursachen vordringen konnte. Er war nahe daran zu verzweifeln, bis er merkte, daß das Programm selbst wie eine blinde Brille wirkt, also blind macht. Die Ursachen, die von den Naturphilosophen angegeben werden, wie Wasser, Feuer, Blut, Gehirn, sind oberflächlich und reichen nicht an die wahren Ursachen heran, warum der eine Mensch diese, der andere jene Handlung ausführt. Die natürlichen Ursachen treffen daneben oder sind höchstens Nebenursachen. Die Naturphilosophen konnten das Programm einer Letztbegründung nur aufstellen, aber nicht durchführen. *Auch die Suche der Vorsokratiker nach der Weltformel war schon vergebens.*

Und das hat Sokrates als erster gemerkt. Im zweiten Teil des Exkurses im *Phaidon* (97b–98b) berichtet er von der Lösung, die ihm Anaxagoras zu bieten schien und die er schließlich verworfen hat. Der jugendliche Sokrates hörte zufällig aus dem Buch dieses Naturphilosophen vorlesen. Dort hieß es, ein göttlicher Geist, der Nous, herrsche über alle Dinge und leite sie als ihre letzte Ursache. (97b) Wer diesen Geist erfassen kann, so die Verheißung, der werde die volle Einsicht in den Ablauf der Dinge gewinnen.

Das Programm ist gut und schön! Seit fast 2½ Jahrtausenden schwärmt das westliche rationale Abendland vom universalen rationalen Verstehen. Aber durchgeführt hat das Programm noch keiner. Und zwar nicht, weil Einzelheiten ungeklärt sind, sondern weil, wie es scheint, das Programm grundsätzlich nicht zum Ziel kommen kann. Es kommt zwar immer voran, aber es kommt dem Ziel nicht näher. Wer den Horizont erlaufen will, hat dasselbe Lebensgefühl. Der dritte Teil des Exkurses (98b–99b) bringt deshalb die Kritik am Vernunftkonzept des Anaxagoras. Auch die Annahme einer vollkommenen Vernunft steigt über das Niveau der naiven Naturkunde nicht hinaus. Wenn Anaxagoras konkret die Ursachen angeben soll, dann sind sie bei ihm so banal wie bei den älteren Naturphilosophen. Wenn etwa einer nach seiner Methode erklären wollte, warum Sokrates noch immer im Gefängnis von Athen sitzt, obwohl er doch schon längst hätte fliehen können, dann kann ein solcher nichts anderes sagen, als daß die Knochen des Sokrates mit ihren Muskeln und Bändern sich eben nicht in Bewegung gesetzt hätten. Ist das der Grund, warum Sokrates in Haft ist und sich weigert, vor dem Giftbecher zu fliehen? Es scheint, daß das Programm der vollkommenen Vernunft selbst nicht vernünftig ist, wenn es so dumme Ursachen als Gründe angibt.

Zwei Punkte. Die sokratische Kritik hat zwei Punkte. Einmal richtet sie sich gegen das ionische Konzept der Naturursachen und einmal gegen die verfeinerte Lehre des Anaxagoras vom höchsten Grund. Der erste Punkt ist ethisch, der zweite erkenntnistheoretisch ausgerichtet. Der erste ist die Einsicht in die Banalität der Ursachen, die in keinem Verhältnis zu der schrecklichen Wirklichkeit stehen, die sie erklären sollen. Der zweite weist die Annahme zurück, die menschliche Vernunft könne Einsicht nehmen in letzte und eigentliche Ursachen. Die Vernunft verführt zur Lüge, wenn man sie für letztbegründend hält. Sie zwingt in gewissen Situationen dazu, die Gründe, die gerade zur Hand sind, für die wahren zu halten und die Abgründigkeit des Nichtwissens im Wissen zu leugnen.

Grenze der Kausalität. Der erkenntnistheoretische Einwand wird breit ausgeführt. Im Ton der sokratischen Erzählung könnte er etwa folgendermaßen nacherzählt werden (96e–97a): Nach meiner Gewohnheit ging ich durch die Straßen von Athen, befragte die Menschen nach dem, was sie wissen oder zu wissen meinen, und gelangte zum Marktplatz. Ich sah die vielen Händler und Käufer, sah auch, wie die einen die Ware herbei schleppen und andere sie wieder forttragen. Es gab auch einige Pferde, die zum Kauf standen. Von Zeit zu Zeit wurde ein Geschäft getätigt, Käufer und Verkäufer wurden handelseinig, worauf der neue Besitzer sein Pferd am Zügel nahm und fortführte.

Dann kam ein anderer, der sein Pferd verkaufen wollte, stellte es neben eines, das schon dort stand, und wartete auf einen Käufer. So ging es hin und her, immer auf die gleiche Weise, Stunde um Stunde, von morgens bis abends. Nun, soweit hat das jeder von euch schon gesehen.

Da mußte ich wieder an das Buch des Anaxagoras denken und was ich daraus gehört hatte. Die Vernunft, meinte dieser ja, ordnet alles zum Besten. Die Vernunft ist die Ursache aller Dinge, also kann er mit ihr alles erklären. Auch wenn Anaxagoras selbst mir nicht antworten konnte, denn er war ja nicht mehr da, wollte ich seine These prüfen. Ich sehe also, sagte ich mir, wie aus einem Pferd zwei Pferde werden, dadurch nämlich, daß ein Pferd neben ein anderes gestellt wird, wie gerade hier auf dem Markt. Also durch Hinzufügen wird aus einer Einheit eine Zweiheit. Das ist der Grund, der hier waltet und der immer walten muß, wenn aus einer Einheit eine Zweiheit wird. Denn wenn er nicht immer waltet, habe ich die Bewegung nicht verstanden. Ich dachte also, ich hätte mit dem Hinzufügen die Ursache erfaßt, die hier alles ordnet. Ich war entzückt, einen so klaren Grund der Bewegung gefunden zu haben. *Wenn jemand also eins zu einem hinzunimmt, dann ist entweder das eine, zu welchem hinzu genommen wurde, zwei geworden, oder das Hinzugenommene und das, zu welchem hinzu genommen wurde, eben weil eins zu dem anderen hinzu gekommen ist, sind zwei geworden.* (96e)

Ich gab mich aber nicht zufrieden und prüfte weiter. Wenn Hinzufügen das Prinzip ist, das die Bewegung von der Einheit zur Zweiheit lenkt, dann muß es überall gelten und sich an allen Orten finden lassen. Die Naturkunde kann nicht einmal diese, dann jene Ursache für die gleiche Wirkung ausgeben. So prüfte ich weiter. Draußen vor den Mauern der Stadt sah ich, wie die Holzfäller einen Baum gefällt hatten und gerade dabei waren, ihn mit der Axt zu spalten. Sie zerlegten ihn der Länge nach in zwei Halbstämme. Aus einem Stamm wurden zwei Halbstämme, also aus einer Einheit eine Zweiheit. Ich war überrascht: Diesmal nicht durch Hinzufügen, sondern durch Entfernen! Widerspricht das nicht der zuerst angegebenen Ursache? Denn dies wäre ja die entgegen gesetzte Ursache des Zweiwerdens. Zuerst entstand die Zweiheit, weil eines zum anderen gesetzt, nun aber, weil eines vom anderen weggenommen und abgetrennt wird. Kann der gleiche Vorgang, die Vermehrung der Eins zur Zwei, durch verschiedene, ja sogar durch ganz und gar entgegen gesetzte Ursachen geschehen? Nach solchen Erfahrungen traute ich mich mit der Zeit gar nicht mehr zu sagen, was die wirkliche Ursache sei.

Es wäre unter dem Denkniveau Platons, hier einzuwenden, der wahre Grund für die Betriebsamkeit des Pferdemarktes liege im Willen der Händler und Verkäufer, Geschäfte zu machen, oder im Willen der Holzfäller und ihrer Herren, Baumstämme zu fällen und zu spalten. Dieser Wille sei schließlich eine Einheit, er sei also der klare Grund für die Bewegung von der Einheit zur Zweiheit. Dieser Wille ist, genau besehen, wiederum keine letzte Ursache, sondern nur ein einzelnes Glied in einer langen Kette weiterer Ursachen, einer nichtlinearen Kette, die einem Netz mit unzählig vielen Verzweigungspunkten gleicht. Jede Ursache wird in Bezug zur vorhergehenden Ursache zu einem Instrument. Genauso wie der Wille der Händler ließe sich die Hand am Halfter der Pferde oder die Axt in der Hand des Holzfällers als Ursache dafür angeben, daß aus der Eins eine Zwei geworden ist. Eine erste Ursache ist weder das eine noch das andere. Das gilt auch psychologisch, da der Wille des Menschen keine Letztgegebenheit ist, sondern nur der Knotenpunkt einer langen Kette oder, besser gesagt, eines Netzes von Ursachen. Aber Sokrates fragt radikal bis zum Grund, ohne anzuhalten. *Es zeigt sich, daß ein letzter Grund, wenn er existieren sollte, für den Begriff nicht zugänglich ist.*

Entdeckung der Transzendenz. Sind Denken und Sein dasselbe? Unter der Maßgabe dieses Satzes des Parmenides entdeckt Sokrates die Transzendenz. Er bestätigt den Satz zwar nicht, aber er geht von ihm aus und widerlegt ihn, wenn er im Sinne des Anaxagoras verstanden wird. Transzendenz ist ein Relativbegriff, bezogen auf eine Immanenz, die festgestellt sein muß, wenn man nachweisen will, daß man von ihr nicht unter Absehen der Transzendenz reden kann. Die Immanenz hatte durch das Programm des Anaxagoras eine wirksame Definition erfahren. Die Transzendenz zeigt sich ebenso wirksam, sie ist die Unmöglichkeit, zu einer vollständigen Kausalität zu gelangen. Es gibt zu jeder Wirkung mehrere Ursachenketten, die unüberschaubar miteinander verbunden sind. Wie von einer Ursache verschiedene Wirkungen ausgehen können, so kann auch eine Wirkung verschiedenen Ursachen entstammen. Eine Einsicht in die Ursachen bis zu einem letzten Grund ist nicht möglich.

Wir brauchen hier nicht die Frage zu erörtern, was der historische Sokrates gedacht und was Platon von ihm berichtet hat. Die historische Neugierde ohne Frage nach der Wahrheit ist unnütz und bald auch langweilig. Den langen Atem behält nur, wer historische Texte unter dem Gesichtspunkt der Geltung liest.

Dialektik als Ersatz. Als Ersatz für den letzten und absoluten Grund aller Erscheinungen nimmt Sokrates seine Zuflucht zur Dialektik. Er sagt nicht, daß es einen letzten Grund nicht gibt, daß also beliebige Meinungsfreiheit herrschen soll, als ob jede Meinung gleich wahr oder unwahr sei. Gerade diesen Liberalismus hat er an den Sophisten bekämpft. Er sagt etwas anderes, das zugleich weniger und mehr ist: Für uns und unsere Vernunft ist die Einsicht in den letzten Grund versperrt! Dennoch geht uns dieser Grund unbedingt an, er ist wirksam in der Welt. Also für uns und unser Leben gibt es ihn sehr wohl, aber nicht in der Weise des Ergreifens. Deshalb nimmt Sokrates die Zuflucht zum Gespräch, in dem er nach den stärksten Gründen für eine Sache sucht. Wenn einer in wissenschaftlicher oder sophistischer Manier meint, einen letzten Grund gefunden zu haben, so zeigt er dem wirklich Wissenden an, daß er nicht weiß, wovon er redet. Weder außen noch innen kann der Mensch sich auf einen letzten Grund, eine letzte Substanz oder Letztbegründung stützen.

Allerdings gibt es eine wunderbare Aura der Gewißheit in und um Sokrates, aber in Besitz nehmen läßt sie sich nicht. Umgekehrt, sie hat ihn schon längst in Besitz genommen! Sokrates gibt nicht vor, einen letzten Grund zu kennen und ihn in überlegenem Wissen zurückzuhalten. Seine Ironie ist ein Schein, eine Rückwirkung auf diejenigen, die meinen, er halte mit einem letzten Wissen zurück. Er hat das Wissen wirklich nicht, also erscheint er ironisch nur bei denjenigen, die an das Letztwissen glauben. Nur das eine Wissen hat er, daß er ein Letztwissen nicht hat, an dessen Existenz der wissenschaftliche Mensch so gerne glauben möchte. *Der Ironiker ist für sich selbst nicht ironisch.* Nur unsichere Leute, die ihre Unsicherheit nicht wahrhaben wollen, spüren diese Ironie. Wenn sich seine Knochen samt Muskeln und Bändern in Bewegung gesetzt hätten, dann wäre er tatsächlich nicht mehr im Gefängnis. Aber das ist für den weiteren Verbleib des Sokrates in Athen höchstens eine Nebenursache, kein wirklicher Beweggrund seines Handelns. Die Nebenursache ist ein Werkzeug der tiefer liegenden Ursache, daß er den Gesetzen von Athen gehorchen will. Doch auch dies ist kein letzter Grund. Als letzter Grund wird *das Bessere* (99a) oder *das Stärkste* (100a) genannt. Das ist mehr ein Name, der eine Stelle offenhält, als eine Ursache. Jedenfalls ist es nichts nach Art der Naturphilosophie oder des

Anaxagoras. *Vom Guten geht kein Wissen aus, sondern eine Verpflichtung.* Wenn ich vom Guten wie von einem Naturwissen wüßte, geschähe es von selbst und die Verpflichtung wäre aufgehoben. Zu jedem konkreten Grund kann ein besserer angegeben werden, ohne daß man damit einem letzten Grund näher käme. Die Zahl 1 000 ist von Unendlich so weit entfernt wie die Zahl 1 000 000. Das Endliche, so viel und so lange es auch wachsen mag, bleibt immer endlich und bleibt unendlich weit vom Unendlichen entfernt. Wenn ich dies nicht bloß im allgemeinen, sondern stets neu im Einzelfall feststelle, dann kann das Wahre, die absolute Wahrheit, aufleuchten und sich mir zeigen, wenn auch nur kurz und indirekt. Sie nimmt mich in Besitz, nicht ich sie.

Ungeschriebene Lehre. Diese kurz aufleuchtende absolute Wahrheit läßt erkennen, daß es nicht die Knochen waren, die den Sokrates bewegt oder nicht bewegt haben. Fassen läßt sich die anwesende absolute Wahrheit nicht, dennoch lenkt sie das Tun und gibt dem Sokrates den entscheidenden Wink. Sie ist nicht von dämonischer Art, tut sich aber dämonisch kund, wenn ihre Anwesenheit nicht anerkannt wird. Deshalb erscheint das Wesen des Sokrates dämonisch, während ihm selbst von dort Gelassenheit und Frieden kommen. Der historische Unterschied zwischen Platon und Sokrates beruht unter anderem darauf, daß Platon bemüht ist, die Differenz zwischen dem wahren Grund, der nicht angebbar ist und der doch alles lenkt, und den 1 000 vorletzten Gründen, die den Alltag und die Wissenschaft beherrschen, zu einem System zu machen. Er wollte lehren und mußte lehren, was nicht zu lehren ist. Manchmal wußte er auch, daß nicht alles lehrbar ist, aber manchmal vergaß er es, denn der bedrängende Alltag verdrängt oft das tiefere Wissen, bis es auf unerwartete Weise wieder ans Tageslicht tritt. Die ungeschriebene Lehre Platons hat wohl darin ihren Ort. Sie ist die Gegenwart seines Lehrers Sokrates, der selbst nichts geschrieben hat, weil er die geschriebene Wahrheit für weniger wahr hielt als die gesprochene. Was gut verstehbar ist! Denn der Text läßt keine Rückfrage an den Autor zu, wie er es denn gemeint habe. Das Gespräch aber eröffnet die Möglichkeit, die einmal gewählten Begriffe durch bessere zu ersetzen. Damit hält das Gespräch einschlußweise, wenn auch nicht immer bewußt, die Erkenntnis bereit, daß die gewählten Begriffe einen Schnitt darstellen, durch den die Wirklichkeit nicht vollständig dargestellt wird.

Grenze der Vernunft. Die Erzählung der sokratischen Bekehrung mutet naiv an, jedenfalls auf den ersten Blick. Läßt sich der Glaube des Anaxagoras an die volle, begreifbare Vernunft mit diesen Argumenten aus den Angeln heben? Tatsächlich aber ist sie tiefsinnig, wenn man durch ihre Oberfläche gedrungen ist. Sie ist mit der Logik so unauslotbar, wie konkrete Ereignisse die allgemeinen Begriffe mit ihrer Wirklichkeit überschwemmen. Die Form einer persönlich erlebten Geschichte ist deshalb dem Versuch angemessen, die Grenze der Vernunft aufscheinen zu lassen. Eine vernünftige Überlegung allein wäre nicht in der Lage, diese Grenze zu zeigen, sie könnte immer nur Vernunftgrenzen benennen, die dazu einladen, durch neuerliche Anwendung der Vernunft überschritten zu werden. Die erlebte Geschichte enthält das zufällige und faktische Element, das der Vernunft voraus liegt, ohne von ihr eingeholt zu werden. Die Grenze der Vernunft liegt in den Ereignissen, die ihr begegnen und die sie mit Begriffen nicht zu bewältigen vermag.

Der Gebrauch der Vernunft zeigt nicht unbedingt die Unvernunft des Geschichts- und Naturverlaufs an. Sie zeigt aber das Unvermögen des menschlichen Verstandes an, diese Vernunft mit dem Begriff zu erkennen. Der Gebrauch der Vernunft erzeugt einen Selbstwiderspruch, der in der formalen Logik deutlich wird. Der höchste Grundsatz der Logik ist der Satz von der Identität A = A. In der Erkenntnis der Bewegung und in der Bewegung der Erkenntnis, also unter objektivem und subjektivem Gesichtspunkt, muß etwas sich selbst gleich bleiben, damit Aussagen einen Sinn haben. In dem Satz: *Ich nehme den Bleistift*, muß für einige Zeit dem Begriff *ich* und dem Begriff *Bleistift* eine Identität entsprechen, die einmal subjektive und einmal objektive Wirklichkeit ist. An den Vermutungen, ob der Identitätspunkt diesseits oder jenseits der Wirklichkeit liegt, scheiden sich die Geister, schieden sich auch damals die Geister und werden es zu allen Zeiten tun. Raffaels großes Gemälde *Die Schule von Athen* zeigt es anschaulich. Platon weist mit dem Finger nach oben, in eine Transzendenz, welche die Identität von jenseits der Wirklichkeit hält. Aristoteles zeigt mit der Hand nach vorn und nach unten, um damit seine Hoffnung auszudrücken, die Identität eines jeden Gegenstandes durch das Ergreifen der Wirklichkeit fortschreitend zu erfassen. Die Hoffnung auf eine endliche Substanz und Letztbegründung ist logisch nicht widerlegbar, weil die Logik selbst schon ein Versuch zur Festlegung von Denkregeln ist.

Die Stärke des sokratischen Einwandes erklärt den Einwand gegen das Programm der rationalen Letztbegründung. Wie kommt es, fragt Sokrates, daß die Erklärungen, die aus solchen Programmen folgen, allesamt so banal sind? Warum wird die Ethik in totalitären Systemen des Wissens auf Stimmung, auf Psychologie, auf Soziologie, auf Physiologie reduziert? Der Mensch hat die Qual der Wahl: Entweder ist der Grund transzendent oder er ist banal. Entweder sind es die Knochen, die sich nicht in Bewegung gesetzt haben, weshalb Sokrates noch in Athen ist. Das ist der banale Grund. Oder der Grund ist symbolisch, er ist durch das *Beste* mehr schlecht als recht bezeichnet, durch den Willen des Sokrates, einer Verpflichtung gegenüber einem göttlichen und schwer verständlichen Orakel zu genügen. Dieser Grund aber ist nicht real, sondern liegt auf doppelte Weise jenseits des Wissens: Er liegt jenseits der sinnlichen Wahrnehmung und jenseits des noetischen Vollzuges. Die Banalität ist eine zwangsläufige Folge des Glaubens an eine restlose Allvernunft. Eine rationale Welt ist absurd, wie Albert Camus schon gesehen hat. Denn banal ist es, eine gerade vorhandene Nebenursache als Letztbegründung ausgeben zu wollen. Diese Banalität erscheint als Folge in jedem allvernünftigen Programm. In einem Ärztekasino taucht sie als Zynismus über das Leiden auf, das im medizinischen Modell kausaler Erklärungen nicht vorgesehen ist, das dennoch ständig erlebt und mit sarkastischen Worten wieder abgestoßen wird: Es darf nicht sein, was rundherum alle Zeit anzutreffen ist.

Zweite Fahrt. Die sokratische Dialektik ist eine Ersatzfahrt, eine zweite Reise, die niemals zur ersten werden kann. Der Abstand zum Ziel verringert sich nicht. Im Angesicht des Horizontes läßt sich fahren, aber nicht zum Horizont. Man kann auch etwas wollen und sich den Griff zum Unendlichen zutrauen, aber ans Ziel zu gelangen ist unmöglich. Der Horizont ist das Symbol des Unendlichen, innerhalb dessen Sokrates die Erfindung des Begriffs, des Chorismos, gemacht hat. Da es ihm also versagt geblieben ist, sagt er, die Erstursache herauszufinden oder sie von einem anderen zu erfahren, unternimmt er die zweitbeste Fahrt auf der Suche nach der Ursache. Die Beschreibung, die er davon gibt, ist die Ideenlehre in ihren Grundzügen zusammen mit dem dialektischen Gespräch. Diese Lehre beschreibt die höchstmögliche Erkenntnis angesichts der Unmöglichkeit, den letzten Gründen, die alles lenken, näher zu kommen.

Die Ideenlehre ist ein *Ersatz* für die Kausalität, weil eine Erkenntnis rein aus Gründen unmöglich ist. Sie ist Resignation und

Erleuchtung zugleich. Ihre Resignation besteht darin, daß sie die Gründe nicht miteinander verbindet, also nicht vermeint, durch Ketten von Zweitursachen zu einer Erstursache aufsteigen zu können. Die letzten Gründe bleiben unbewegt nebeneinander stehen, es gibt keinen erkennbaren letzten Grund. Denn entweder gibt es einen einzigen Letztgrund oder es gibt keinen. Es kann für einen Sachverhalt viele Gründe geben, die sich weder gegenseitig ausschließen, noch notwendig sind, noch vor dem Eintritt ihrer Wirkung gewußt sein müssen. Es wird nicht die Existenz der *einen* Ursache geleugnet, aber sie zu begreifen ist dem Menschen nicht möglich. Ob es auf andere Weise ein Wissen davon gibt? Man könnte allerdings auch sagen, es gibt die Letztursache nicht, wenn Existenz und Sein nach Art der endlichen Welt gedacht ist. Es gibt sie nicht für den Menschen, der sie mit seinen natürlichen Begriffen beschreiben möchte. Die Bewegungen real in einem letzten Begriff, in einem unbewegten Beweger, zum Stillstand zu bringen, ist nicht möglich.

Wissen durch Nichtwissen. Die Ideenlehre ist eine zweitbeste Fahrt, da die beste nicht möglich ist. Sie ist nicht das letzte Wissen, aber sie ist besser als die Naturkunde der Ionier, die Vernunftlehre des Anaxagoras oder die mathematische Harmonielehre der Pythagoräer. Diese alle meinten, die Vernunft regiere die Welt und es sei möglich, die Vernunft in Besitz zu nehmen. Die Naturkunde hat gerade das entscheidende Wissen nicht, das man besitzen muß, um ohne Täuschung die Suche nach Gründen aufnehmen zu können. Naturkunde ist minderes Wissen, da selbst die Geometrie von Axiomen ausgehen muß, die zwar evident, aber eben auch festgesetzt sind, also doch nicht ganz selbstverständlich sind. Die Entdeckung einer ganz unanschaulichen Geometrie über Euklid hinaus beleuchtet diese Situation. Die Geometrie ist eine Hypothese und liegt unterhalb der wirklichen Einsicht, wie sie die Vernunft des Anaxagoras in Aussicht gestellt hatte. Die Naturkunde ist in Gefahr, Sein und Schein zu verwechseln. Die Ideenlehre aber weiß, daß sie nicht weiß, was sie wissen müßte, um wirklich zu wissen. Das ist ihre Erleuchtung. Unter solchen Voraussetzungen erst treibt Platon Naturkunde oder entwirft eine Staatslehre. Das sind die beiden wirkungsvollsten Anwendungen, die Platon gibt, die eine im *Timaios*, die andere im *Staat*. Der historische Sokrates, der nicht geschrieben hat, ist vermutlich in einer wesentlich negativeren Haltung verblieben als Platon, der unter dem Zwang oder einer selbst gewählten Verpflichtung stand, das Unlehrbare zu lehren. Das berühmte sokratische Wort erhält hier Zusammenhang und Tiefe: *Ich scheine also um dieses wenige doch weiser zu sein als viele, daß ich, was ich nicht weiß, auch nicht zu wissen glaube.*[35] Das Wort ist nicht ein Splitter seines Lebens, es zeigt sein Leben und Denken in der Gesamtheit an, es offenbart das Wesen der Weisheit.

Parallele über 2500 Jahre. An dieser Stelle können wir Sokrates zum Quantenphysiker ernennen. Das ist historisch gesehen nicht einmal eine Spielerei. Denn die Griechen sind nicht nur die Vorreiter der späteren wissenschaftlichen Begriffe, sondern auch die Entdecker der Grenze in diesen Begriffen, obwohl beides natürlich kaum in der gleichen Person anzutreffen ist. In der Sache des Denkens ist die Parallele zwischen sokratischem und quantentheoretischem Nichtwissen weitgehend vollkommen. Beide Male liegt kein faktisches oder praktisches Nichtwissen vor, weder bei Sokrates noch in der Quantentheorie. Eine Lücke im faktischen Wissen läßt sich auffüllen, ein prinzipielles Nichtwissen nicht. Das ist die wesentliche Gemeinsamkeit über 2½ Jahrtausende. Das Beispiel oben aus dem *Autobiographischen Exkurs* zeigt die Parallele zwischen dem sokratischen Nichtwissen und dem physikalischen Nichtwissen. Die Begriffe Einheit und Zweiheit sind nicht widerspruchsfrei zu gebrauchen, sagt Sokrates. Wenn sie auf die Wirklichkeit angewendet werden, werden sie aporetisch.

Unbestimmtheitsrelation. Wird nicht auf die gleiche Weise der physikalische Begriff widersprüchlich? Im Alltag sind wir der Meinung, daß jeder Körper mit der Masse m zu einem bestimmten Zeitpunkt eine feste Geschwindigkeit v und einen festen Ort x besitzt. Diese Meinung ist für den Alltag auch vorteilhaft, denn anders können wir uns in der Welt nicht geordnet bewegen. Die Meinung ist auch in hohem Grade gerechtfertigt und erfolgreich. Nur nicht im letzten Grade! Zuletzt sind Raum, Zeit, Geschwindigkeit, Masse keine Prinzipien zur Begründung des natürlichen Lebens. Es geschieht etwas in der Natur, was mit naturhaften Grundsätzen nicht erfaßt werden kann. Die Unschärfe- oder Unbestimmtheitsrelation von Heisenberg für Ort und Impuls zeigt das an. Wenn wir $p = m \cdot v$ setzen, dann besagt sie:

$$\triangle p \cdot \triangle x \geq \hbar/2.$$

Die Konstante $\hbar/2$ auf der rechten Seite, nach dem Physiker Max Planck benannt, ist zwar sehr, sehr klein, aber doch größer als Null. Also kann man den Ort und die Geschwindigkeit eines körperlichen Gegenstandes nie ganz genau bestimmen. Ja, es kommt sogar der Charakter der Entscheidung und des Schnittes heraus, den jeder Begriff erzeugt. Denn der Beobachter kann wählen, was er genauer wissen will, den Ort oder die Geschwindigkeit. Nur beide zusammen sind in völliger Genauigkeit nicht zu haben.

Ist das nicht die Parallele, die wir gesucht haben? Ist das nicht die in Formeln geronnene Erkenntnis des Sokrates? Begriffe werden von Menschen gebildet. Sie sind zwar unumgänglich notwendig, treffen aber nicht ganz die Wirklichkeit, und zwar gerade wegen der Bildung des Begriffs. Ein Begriff muß definieren, welcher Fall zu ihm gehört und welcher nicht, er muß eingrenzen und ausgrenzen. Aber ist die Wirklichkeit zerlegbar nach dem Baukastenprinzip eingerichtet? Natürlich läßt sich kaum sagen, was mit dem Begriff in der Wirklichkeit nicht getroffen wird. Das wäre ein idealistisches Argument: Wenn eine Grenze aufgerichtet wird, hat sie zwei Seiten, also bin ich in Gedanken auf dieser und auf der anderen Seite; also habe ich sie überwunden. In Gedanken kann ich so vorgehen. Aber es steht hier zur Frage an, ob die Wirklichkeit nach dem Modell unseres Denkens aufgebaut ist. Und da hilft das Modell, das mir mein Bewußtsein liefert, nicht weiter. *Nimmt man also die Quantentheorie mathematisch ernst, so gibt es nach ihr in Strenge überhaupt keine getrennten Objekte, sondern nur ein Ganzes. Betrachtet man einen Ausschnitt aus der Welt, z. B. einen Atomkern, ein Molekül, einen Planeten, eine Galaxie, so ist jeweils dieser betrachtete Ausschnitt das Ganze. … Diese Physik der Ganzheit aber können wir Menschen unserer Natur nach nicht konkret ausarbeiten. Unser Wissen ist wesentlich endlich, und wir entscheiden de facto stets nur endliche Alternativen, die wir als genähert trennbar voraussetzen. Damit kehrt sich die grundsätzliche Frage um. Sie lautet nun nicht: ›Kann es Physik der Ganzheit geben?‹, sondern: ›Wie kann es denn Physik trennbarer Alternativen geben?‹ Im Rahmen unserer physikalischen und kosmologischen Kenntnisse lautet die Antwort: weil der Weltraum nahezu leer ist. Es ist daher möglich, Teilchen als nahezu freie Objekte zu beobachten.*[36]

Welchen Sinn aber hat die Schnittstelle zwischen dem Begriff, der in Ja-Nein-Alternativen vorgeht, und der Wirklichkeit, die eine Ganzheit ist und sich unter leichter Verzerrung in Gegenstände zerlegen läßt? Die Wissenschaft ganz bestimmt, aber auch die Philosophie verstummt an dieser Stelle. Man könnte sagen, die Philosophie ist das beredte Verstummen angesichts dieser vorhandenen, aber nicht begreifbaren Schnittstelle zwischen Begriff und Wirklichkeit. Dabei ist die Schnittstelle zugleich die Quelle von Sein, Leben und Bewußtsein. In ihren Ereignissen geht die überzeitliche Vernunft der Begriffe mit der Geschichte ein Bündnis ein und erzeugt durch Aufbewahren die Gestalten des Lebens. Was sich allenfalls noch darüber sagen ließe, wird späteren Untersuchungen überlassen bleiben.

Bedeutung des Gesprächs. Die Bewegung der Ursachen wird durch die Bewegung des Gesprächs ersetzt, womit nicht endloses Gerede gemeint ist, sondern die Suche nach dem besseren Grund. Das ist die Art des Sokrates, an der Schnittstelle zu verharren. Das Gespräch ist die Suche nach den tieferen Ursachen, mit dem Wissen freilich, daß man in der eigenen wie in der fremden Meinung keine tiefste Ursache erreichen kann. Auf Anrede, Gespräch und Offenbarung will derjenige verzichten, der an die Begreifbarkeit letzter Gründe glaubt. Weil die Dinge in ihrem Ursprung aber nicht abschließend zu begreifen sind, deshalb müssen im Gespräch oder in der Anrede der Offenbarung die angemessensten Aussagen gesucht werden. Auf jeden Fall haben die Ereignisse in der Welt eine Eigeninitiative, die ich nicht beerben kann, weshalb die Fähigkeit, sich etwas sagen zu lassen, was ich mir nicht selbst sagen kann, zur Grundbedingung der Weisheit wird.

Die platonische Philosophie ist offen für Offenbarung, die aristotelische eigentlich nicht. Sokrates nimmt deshalb seinen Ausgang von einem Wort des delphischen Orakels, das er wie eine gewichtige Meinung im Gespräch behandelt. Er kann zwar nicht aus letzten Gründen beweisen, daß er der weiseste ist, aber alle Versuche, einen Weiseren zu finden und damit das Orakel zu widerlegen, scheitern. Die geprüften und weiter zu prüfenden Meinungen werden als bestbegründete Thesen, als Hypothesen für das Handeln zugrunde gelegt. Eine Hypothese ist eine These, die nicht letztbegründet ist, die aber als bestmögliche Grundlage gewählt wird. Letztbegründungen machen das verantwortliche Handeln unmöglich. Das Denken kann die Verbindung von Ursache und Wirkung nicht überblicken, deshalb kann die Verbindung benannt werden, sie heißt Kausalität, aber begriffen ist damit nicht viel. Mit dem Kausalitätsprinzip hat das Nichtwissen einen Namen bekommen, dem man das mangelnde Wissen nicht mehr ansieht. Wie der Horizont stets anwesend ist, so auch die Grenze. Es gibt nicht erst einen autonomen Raum des Diesseits, an dessen Grenze das Jenseits beginnt, sondern wie Vergangenheit und Zukunft in jedem Augenblick gegenwärtig sind, so auch das Jenseits im Hier und Jetzt. Der Grund der Dinge und die Ursache aller Ereignisse liegen zwar jenseits des Seins, wie es in der berühmten Stelle *Politeia* 509b heißt. Sie sind aber als die bewegenden Kräfte anwesend. Sokrates leugnet nicht die Existenz eines absoluten Grundes, er ist kein Skeptiker, der dann tut und läßt, was ihm gerade in den Sinn kommt. Das entspricht der Art der Sophisten. Er lehrt das Anspruchsvollste über das Wissen, das nur gelehrt werden kann: *Obwohl ich das Unendliche nicht voll erkennen kann, das mich absolut verpflichtet, verpflichtet es mich absolut.* Weil ich seine Absolutheit nicht in die Hand bekommen kann, bin ich ihr verpflichtet und nicht sie mir. Gott kann nur in dem Sinne begreifbar sein, daß mir sein Wesen jenseits meines Begreifens aufleuchtet. Gottes Existenz ist absolut gewiß. Aber wenn Gott in einem Gottesbeweis aufginge, dann wäre Gott nicht mehr Gott. Jeder erkannte und begriffene absolute Grund hört auf, absolut zu sein. Nur im Entzug ist das Absolute gegenwärtig. Deshalb ist keine Weltformel des Wissens und Handelns möglich, weil eine solche das Begreifen des Absoluten wäre. Die Weisheit des Sokrates entspringt der Anerkenntnis, daß wirkliches Wissen unmöglich ist. Das ist das wirklichste Wissen, das möglich ist. Menschliche Vernunft, die einen absoluten Grund sucht, um ihn in Besitz zu nehmen, fällt in den Abgrund, eben weil sie ihn vermeiden will.

Was in der Argumentation des Sokrates geschieht, ist die Vorordnung der Zielursache vor die Wirkursache. Er sagt, seine Sache sei es, immer das *Beste* zu tun. Deshalb sitzt er im Gefängnis, denn das Beste hat ihm nicht erlaubt, sich den Gesetzen der Athener zu entziehen. Auch die Zielursache ist nicht eindeutig. Denn das Beste ist eine wolkige Vorstellung, die im konkreten Leben von vielen anderen Ursachen bestimmt sein kann; nicht von einer Letztursache, aber von solchen, die auf verschiedene Weise das Beste im Sinne haben oder sich auch darüber täuschen. In beiden Fällen gilt, daß die Ursache jenseits des Begreifbaren liegt, weil nicht angebbar ist, was in Raum und Zeit das Beste ist.

5. Verweigerte Trauer und neue Erleuchtung – Die Endlichkeit des Kosmos in der Gegenwartsliteratur[1]

Philosophisch erscheint mir der Wunsch, in den kausalen Determinismus zurückzukehren, als Ausdruck einer nichtgeleisteten Trauerarbeit.[2] Der Mensch ist das Lebewesen, das Bewußtsein hat. Er macht sich deshalb nicht nur ein Bild von der Welt, sondern erweitert dieses Bild beständig und schmückt es aus: So und so und nicht anders möchte ich die Welt sehen! Da das Bild, das mir die Erfahrung liefert, zu keiner Zeit vollständig ist, ergänze ich es im Bewußtsein, bis es geschlossen ist. Dadurch wiederum weckt es Erwartungen, wie sich die Welt bewegen wird. Wie aber wird sich die Welt in Zukunft wirklich bewegen? Wie wird sie sich mir zeigen?

Freude und Trauer. Wenn die Zukunft auftritt, erzeugt sie Freude oder Trauer, je nachdem, ob meine Erwartungen bestätigt werden oder nicht. Das ist bei vielen Erwartungen nicht besonders wichtig, denn auch wenn ich nicht mit Regen gerechnet habe, stört es mich wenig, wenn er dann kommt. Ich spanne einfach den Regenschirm auf, wenn ich durch die Haustür trete, und vergesse ihn bald darauf. Die Trauer über die Enttäuschung hält sich in diesem Fall in engen Grenzen. Aber es gibt auch schmerzliche Enttäuschungen und tiefe Trauer. Der Verlust des Vermögens, der Verlust der Gesundheit oder der Verlust eines geliebten Menschen sind gesteigerte Formen der Enttäuschung, die eine entsprechend bittere Trauer auslösen. Ein Fall fehlt noch, dessen Verlust jedenfalls für eine gewisse Art von Menschen den allergrößten Schmerz auslöst, der Verlust des Weltbildes.

Schmerz und Trauer sind Funktionen des Ich, mit denen es seine Selbsterhaltung betreibt. Unter Schmerzen wird dem Menschen ein Teil seines Ich entrissen, in der Trauer ringt er sich zu dem neuen Zustand durch und gewinnt ein erneuertes Ich zurück. Die Trauer ist eine Arbeit, in der das Ich für sich selbst wirkt, um den Verlust, den ihm das Leben geschlagen hat, auszugleichen, wie auch die normale Arbeit dem Unterhalt des Lebens dient und die aufgezehrten Vorräte ergänzt.

Merkwürdig scheint es nun, daß es Schmerz und Trauer auch in der Wissenschaft gibt. Da es dabei um nüchternes Wissen geht, sollte man meinen, daß der Schmerz nicht größer sein kann als im Falle von Regen oder Nichtregen. Die zahlreichen Beispiele, die wir gesehen haben, belegen freilich das Gegenteil. Sowohl bei der Aufrichtung der neuzeitlichen Wissenschaften wie bei ihrer Begrenzung durch die Quantentheorie ging es sehr schmerzlich zu. Viele der Beteiligten sahen mit Freude oder Trauer, was da geschah. Und nur wenige, die mit Trauer zusahen, haben bis heute die Trauerarbeit vollbracht, die ihre Wunden heilen könnte.

Erkenntnis für Erkennende. Die Quantentheorie lehrt, daß es Erkenntnis nur für Erkennende gibt. Eine ganz einfache Erkenntnis über die Erkenntnis! Jeder Mensch kennt sie, aber für ihre Anerkennung mußte die Menschheit einmal durchs Weltall reisen und wieder zur Erde zurückkehren. Die Annahme einer Erkenntnis *ohne* Erkennenden führt physikalisch zum Widerspruch! Also kann es ein objektives Wissen, das nur an und für sich vorliegt, ohne beobachtet zu werden, nicht geben. Ein kunstloses Prinzip, das sich wie von selbst ergibt, wenn man das Wort *Erkenntnis* ausspricht! Aber sehr viele Schmerzen löst es bei denen aus, die es nicht hören wollen, und entsprechende Freude bei denen, die es hören können. Vielleicht die gewaltigste Revolution des 20. Jahrhunderts, gewiß aber die leiseste, und ganz gewiß die einzig bleibende!

Inhalt. Wir haben in Kapitel 1 die schwere Betrübnis von Albert Einstein gesehen und seine Verweigerung gegenüber der eingetretenen Lage. Bis heute gibt es *die verweigerte Trauerarbeit* (5.1) bei einer Vielzahl von Leuten, manchmal sogar in der Form, daß sie meinen, die Wissenschaft habe durch die Quantentheorie keinen wesentlichen Wandel erlitten. Sie handeln nach der Methode des Vogel Strauß: Wenn ich nichts sehe, merke ich nichts und leide ich nicht. Das zeigt noch einmal die Größe Einsteins: Er sah, er merkte, und er litt entsetzlich! Er konnte sehen, daß er nicht recht hatte und daß es schlimmer nicht kommen konnte, als es gekommen war. Wenn es bei der Quantentheorie bleibt, ist sein an Spinoza angelehntes Weltbild falsch. Die Relativitätstheorie bleibt richtig, nicht aber seine Theorie einer ewigen, beständigen, geschlossenen Natur, und darauf kam es ihm an. Dieser Schmerz ist auch für manche Autoren zuviel: Sie schließen die Augen und stecken den Kopf in den Sand. Einstein hatte die vage Hoffnung auf die Zukunft und auf unbekannte Parameter, die den Determinismus wieder herstellen sollten. Diese Hoffnung als Tatsache zu nehmen ist die verweigerte Trauerarbeit.

Die meisten Autoren freilich erkennen den grundlegenden Wandel an, einige dann wieder so, daß sie mit *kecken Überbietungen* (5.2) die neue Grenzen des Wissens überspringen wollen. Sie erklären einfach das Nichtwissen zum Wissen, denn in gewisser Weise ist jedes Nichtwissenkönnen auch ein Wissen. Solch ein Salto mortale dient dazu, die Welt geschlossen zu halten und den Satz zu retten: Alle Wirklichkeit ist Natur. Dann gibt es Autoren mit einer *gewissen Ratlosigkeit* (5.3). Sie erkennen den Wandel an, stehen aber bei dem Nichtwissen der Wissenschaften vor einem Rätsel, das sie wie eine Terra incognita, wie ein unbekanntes Land nicht betreten. Schließlich die erfreulichsten Autoren, die *Erleichterung und Erleuchtung* (5.4) durch die Grenzen des Wissens in der Naturwissenschaft spüren. Solche Autoren zeigen sich philosophisch auf hohem Niveau. *Sie bringen die einfache Erkenntnis zur Anerkennung, daß jede Erkenntnis eines Erkennenden bedarf.* Wer das vergißt, geht unter sein Niveau. Daß wieder sein darf, was immer war, was aber durch die mechanische Wissenschaft der Neuzeit weggeschoben werden sollte, erzeugt hier die Erleichterung und Erleuchtung.

5.1 Verweigerte Trauerarbeit

1. Wie überaus schmerzlich eine physikalische Theorie den Autor anrühren kann, zeigt Bernulf KANITSCHEIDER: *Von der mechanistischen Welt zum kreativen Universum. Zu einem neuen philosophischen Verständnis der Natur* (1993). Er bietet eines der klarsten Beispiele für verweigerte Trauerarbeit. Er ist einfach empört, wie die Natur sich zeigt. Man meint bei ihm die Tragödie zu fühlen, welche die Naturwissenschaft allen bereitet hat, die in ihr letzte Erkenntnis, Moral und Trost finden wollten. Man fühlt Erbarmen mit dem Autor, weil er nicht weiß, wohin er sich wenden soll, während ihm der Boden unter den Füßen weggezogen wird.

Er schreibt: *Die jüngsten Theorieansätze suggerieren, daß das Objektivitätsideal der neuzeitlichen Naturwissenschaft den Quantensturm überstehen wird.* (120) Wenn man den Satz langsam vor sich hin spricht, zeigt er seinen Inhalt: Ein Gläubiger hält sich am letzten Zipfel seines Glaubens fest, mit dem er im Sturm zu versinken droht. Er will Morgenröte sehen für sein Ideal, das nur noch letzte Abendstrahlen aussendet. Der Sturm ist die Quantentheorie, der Glaube das Objektivitätsideal. Diesem Ideal gebührt dem Autor zufolge der oberste Rang, weil *die Wissenschaft, dem ersten Anschein zum Trotz, durchaus Orientierungsaufgaben wahrnehmen kann.* (5) Die Wissenschaft soll, wie er meint, drei Lebensbedürfnisse befriedigen: *Wissen, Handlungsanweisung* und *Trost.* Damit befinden wir uns auf dem klassischen Feld der Religion und Philosophie, aber eben deren Erbschaft anzutreten war das Ziel der objektivierenden Wissenschaft in der Neuzeit gewesen. Auf diesem Feld die kausale Wissenschaft zu retten, ist auch das Ziel des Autors. Denn *den Menschen als Objekt mit einer mikroskopischen Struktur anzusehen* (4) hat nach ihm die vielen großen Fortschritte möglich gemacht und *kausales Verständnis … kann also durchaus zur Konfliktlösung eingesetzt werden.* (10) Für ein Liebespaar, das fürchtet, von seinen Hormonen abhängig zu sein, hat er den Trost bereit: *Auch eine strenge kausaldeterministische Erklärung des beiderseitigen emotionalen Glückszustandes, etwa durch neurochemische Ursachen, wird niemals den Eindruck der Unfreiheit in diesem Paar entstehen lassen.* (202)

Nun weiß der Autor von dem großen Aber, das die Wissenschaft gegen seinen geschlossenen Naturkosmos spricht. Über dem 20. Jahrhundert hängt das Damoklesschwert des 25-jährigen Werner Heisenberg: *So scheint durch die neuere Entwicklung der Atomphysik die Ungültigkeit oder jedenfalls die Gegenstandslosigkeit des Kausalgesetzes definitiv festgestellt.*[3] Daß alles nicht so schlimm ist und der Determinismus gerettet werden kann, ist das unbedingte Anliegen des Autors, obwohl er den Vorwurf an seine Adresse kennt, er vertrete mit seinem Glauben an die objektive Physik *eine dogmatische Erkenntnistheorie.* (118) Er und viele andere, die am konservativen Standpunkt einer kausalen physikalischen Lesbarkeit der Welt festhalten, setzen zur Zeit ihre Hoffnung auf die Chaostheorie. Denn eine chaotische Natur wäre eine solche, die alle Wirklichkeit, die nicht Natur wäre, noch einmal zur Natur schlüge, so daß alle Wirklichkeit doch wieder Natur wäre. *Bei chaotischen Systemen bleiben der deterministische Charakter, die Existenz und die Eindeutigkeit der Bahnen bestehen, aber die Vorhersagbarkeit geht verloren.* (177) Daß der Determinismus praktisch verloren ist, weiß jedermann, aber an ihn glauben möchte unser Autor doch weiterhin. Unter solchen Voraussetzungen werden die Worte zu Spielmarken, um die schreckliche Wahrheit nicht anschauen zu müssen. Was kann ein Determinismus besagen, wenn er zu keiner Voraussage mehr fähig ist? Der nüchterne und ehrliche Physiker Richard Feynman schreibt 1967: *Die Zukunft läßt sich nicht in die Karten schauen. ... Das bedeutet, daß die Physik in gewisser Hinsicht die Waffen gestreckt hat, falls es ihr, wie jedermann annahm, ursprünglich darum ging, genügend herauszufinden, um die Entwicklung der Dinge in einer vorgegebenen Situation vorhersagen zu können.*[4]

Die Physik hat die Waffen gestreckt, aber nicht unser Autor. Seine Überzeugung von der strengen Kausalität ohne Vorhersage scheint der Glaube pur zu sein, ein *sacrificium intellectus* neuen Ranges. Die Religion kennt das Opfer der Vernunft, das der Welt als Torheit erscheint. Paulus spricht davon zu Beginn des 1. Korintherbriefes. Aber dort hat das Opfer einen gewissen Sinn, weil Gott größer ist als unsere Vernunft. Ohne es zu wissen, liefert der Autor einen Beitrag für diese paulinische Erkenntnis, aber ganz unfreiwillig, das macht den Unterschied zu Paulus aus.

Die ganze Entwicklung der Physik im 20. Jahrhundert paßt ihm nicht. Statt chronologisch vorzugehen und erst die Relativitätstheorie darzulegen (120ff) und dann die Quantentheorie (73ff), stellt er die Reihenfolge um, als ob die Relativitätstheorie Einsteins, die eine deterministische, also konservative Theorie ist, den Sieg davon getragen hätte. Auch bei der Darstellung des Paradoxons von Einstein, Podolsky und Rosen macht der Autor beide Augen zu. Da er weiß, was er zu sehen bekäme, schreibt er mit geschlossenen Augen: Die Quantentheorie *verletzt eben alles, was wir gemäß der Alltagserfahrung zu den selbstverständlichen Eigenschaften der Natur rechnen, nämlich daß sie aus getrennten, individuellen, unabhängigen Objekten besteht.* (114) Damit dürfte dem Glauben an den Kausaldeterminismus der Boden entzogen sein. Denn wo die Identität der Objekte nicht feststeht, was können da Ursache und Wirkung noch besagen? Wo mag da die Hoffnung herkommen, daß das Objektivitätsideal der neuzeitlichen Naturwissenschaft den Quantensturm überstehen wird?

Über den Autor meint Hans-Dieter Mutschler wohl zu Recht, daß er *mit einer argumentfreien Selbstverständlichkeit einen weltanschaulichen Materialismus aus der Physik ableitet.*[5] In der Tat habe ich den Eindruck, daß das Buch nicht in eine wissenschaftliche Buchgesellschaft gehört, sondern eher in die Esoterikabteilung eines Kaufhauses. Gegen alle Erfahrung an einem Prinzip festzuhalten, komme, was da wolle, setzt blinden Glauben voraus. Ich weiß nicht, welche persönlichen Probleme den Autor an sein Prinzip fesseln, aber worin der philosophische Fehler besteht, läßt sich sagen: Es ist die Weigerung, eine Wirklichkeit anzuerkennen, die nicht im Begriff erfaßt werden kann.

Ein Beispiel! Der Autor hält ein beredtes Plädoyer für die Freiheit im Determinismus. *Freiheit bedarf nicht des Zufalls, ja noch stärker, sie ist sogar unvereinbar mit dem Zufall, da er der Autonomie des Handelnden widerspricht.* (203) Das ist richtig, wenigstens zum Teil. Denn ein zufälliger Anfall von Lust oder Unlust bedeutet mehr Unfreiheit als Freiheit. Aber das gleiche gilt für die Notwendigkeit aus der Kausalität, auch sie ist Unfreiheit. Weder diese allein, noch der Zufall allein, noch eine Kombination von beiden ergibt Freiheit. Vielmehr zeigt sich im Zufall die Grenze des Begriffs: Die *Verstehbarkeit der Welt* (189ff) durch den Begriff ist eben eine Forderung, die durch die Quantentheorie, auch für Naturwissenschaftler erkennbar, haltlos geworden ist. Hält man aber daran fest, ergeben sich die Widersprüche der Wissenschaft im 20. Jahrhundert. Läßt man sie fallen, entdeckt man die Transzendenz: Es gibt eine Wirklichkeit, die nicht Natur ist, eine Wirklichkeit nämlich, die überall wirkt, und die dennoch nicht im Begriff erfaßt werden kann. Das aber soll nicht sein, weil der Autor sich davor fürchtet. Soll man da nicht Erbarmen fühlen, wenn jemand die Wirklichkeit nicht so erkennen will, wie sie sich ihm zeigt?

2. Von ähnlichem Schmerz überwältigt, aber doch um einen Grad ehrlicher in der Wahrnehmung der Wirklichkeit ist Rudolf TREUMANN: *Die Elemente. Feuer, Erde, Luft und Wasser in Mythos und Wissenschaft* (1994). Das Problem des Autors ist die Existenznot der Physik. Er nennt es *die Tragödie des Determinismus.* (267) Derselbe Schmerzensruf wie bei Einstein: Tragik! In der Tat sind die Auswirkungen des lange bekannten und lange verdrängten Endes der wissenschaftlichen Hoffnungen weitreichend. Die Physik weiß, daß sie das Entscheidende, die Zukunft, nicht vollständig weiß. Und das ist die Tragödie. Die Physik weiß viel und sie weiß immer mehr, aber nur wenn sie im Prinzip alles wüßte, könnte man seine Lebenshoffnungen an sie hängen. Der Determinismus war ein solches Versprechen.

Aber will der Physiker wissen, daß die Physik nicht besitzt, was sie ihm geben sollte? Kaum einer vermag die Tragödie des Determinismus auszuhalten, der einmal sein Herz daran gehängt hat, auch unser Autor nicht, der Physiker am Max-Planck-Institut in Garching und an der Universität München ist. Ich will versuchen, die schmerzhafte Stelle zu zeigen.

Nach Carl Friedrich von Weizsäcker war der Kern der Neuzeit die Naturwissenschaft, der Kern davon die mathematische Physik. Was passiert mit der modernen Welt, mit ihrem Selbstbewußtsein, mit ihren Zielen, wenn ihre Leitwissenschaft den Glauben an sich selbst, den sie seit Galilei so unbedingt hatte, verliert? Eine Antwort auf die Frage weiß der Autor auch nicht. Er steckt in einem Dilemma. Mit Trauer schaut er auf die alten Hoffnungen und kann von ihnen doch nicht lassen. Soll er der Naturwissenschaft weiterhin vertrauen? Dabei hat *sie uns fast drei Jahrhunderte lang zum Narren gehalten … mit der Behauptung, alles erklären zu können, an der Nase herumgeführt, unterjocht … und uns ihren Alleinanspruch auf die Wahrheit aufgezwungen.* (291) Die päpstliche Unfehlbarkeit ist nichts gegen 300 Jahre Unfehlbarkeit der Wissenschaft! Daß es durch die Quantentheorie damit vorbei ist, ruft er halb ehrlich aus, aber eben doch nur halb. Der Trauer über den Verlust, unter dem er persönlich zu leiden hat, weiß der Autor beredt Ausdruck zu geben.

Trotz aller Verwirrung will er am alten Glauben festhalten, und damit zeigt sich die nicht mehr so ehrliche Seite unseres Autors: *Was anderes sollte die Stelle von Wissenschaft einnehmen; was könnte es geben, das Wissenschaft vollwertig ersetzt?* (292) Merkwürdige Frage! Wir wurden zum Narren gehalten und lassen das jetzt nicht mehr mit uns machen. Wir wollen aber vollwertigen Ersatz! Also bleiben wir bei dem, was uns bisher zum Narren gehalten hat. Merkwürdig verquaste Logik! Gegen wen richtet sich die Empörung? Hat der Autor einen Adressaten? Jedenfalls ist das wohl verweigerte Trauerarbeit.

Tränenreich ist die Trauerarbeit in der Naturwissenschaft, die sie allen bereitet, die versucht haben, in ihr Weltanschauung und Halt zu finden, und bitter ist der Schmerz über die Tragödie des Determinismus. Allerdings nur für solche, die ihr Leben an die Naturwissenschaft verpfändet hatten. Das Streben nach absoluter Sicherheit in der Wissenschaft war der Versuch, den Glauben überflüssig zu machen. Man kann eigentlich schon seit längerer Zeit wissen, daß diese Sicherheit nicht zu haben ist. Aber es wird noch lange dauern, vielleicht Jahrzehnte, ich schätze eher Jahrhunderte, bis sich die neue Erkenntnis in den Köpfen verbreitet hat. Das heißt, wichtiger noch sind die Herzen. Denn im Kopf des Autors ist die Erkenntnis schon angekommen, die eigentliche Schwelle bildet das Herz, über die läßt er sie nicht kommen. Nicht nur in der Lyrik, auch in der Physik reimt sich auf Schmerz eigentlich nur Herz!

Albert Einstein stellt den Triumph und die Tragödie der Wissenschaft im 20. Jahrhundert dar. Mit Händen und Füßen hat er sich immer wieder gegen die *verdammte Quantenspringerei* gewehrt. Wenn es dabei bleibt, das wußte er, dann ist es aus mit seinem Glauben an die Wissenschaft. Dann hätte er lieber Schuster oder Angestellter in einer Spielbank sein wollen. An Hedwig Born schreibt er am 15. Januar 1927: *Lebendiger Inhalt und Klarheit sind Antipoden, einer räumt das Feld vor dem andern. Das erleben wir gerade jetzt tragisch in der Physik.* Denn eines war Einstein vor allem, ehrlich. Er wußte, wann er Recht hatte und wann nicht.

Nicht ganz so leicht bleibt unser Autor ehrlich. Er sucht nach Auswegen, um weiterhin an die Wissenschaft glauben zu können, der er doch schon abgeschworen hat. In Kapitel VII offenbart er die Tragödie. Seit Henri Poincaré († 1912), den er Zigarren rauchend über nichtlinearen Differentialgleichungen zeigt, ist bekannt, daß die Hoffnung der Mechanik, die Zukunft aus bekannten Anfangsbedingungen zu bestimmen, unbegründet ist. Denn nur das Zweikörperproblem ist im Modell präzise lösbar, etwa die Sonne und *ein* Planet, nicht aber das Dreikörperproblem, also unser Zentralgestirn mit *zwei* Planeten, auch nicht im Modell. Man kann mit Poincaré und Treumann zwar weiterhin an den Determinismus glauben, aber Nutzen bringt das keinen mehr. Denn die entscheidende Auskunft kann die Physik nicht geben: Die Zukunft ist unwißbar.

Seit der Quantentheorie ist die Situation endgültig geworden. Nicht nur *für uns* ist die Zukunft unwißbar, sondern sie ist auch *an sich* unwißbar: Die Zukunft ist in der Gegenwart nicht enthalten! Das ist unserem Autor bekannt. Trotzdem überschreitet diese Erkenntnis seine Schmerzgrenze. Sie kommt im Kopf, aber nicht im Herzen an. Und wie er Poincaré eine Verschwörung in den Mund legt, da wir sonst *der Mechanik, dieser Königin der Wissenschaften, nicht mehr vertrauen* (264) können, so nimmt er zu einer falschen Auskunft seine Zuflucht: *Die Quantentheorie hat sich als ebenso deterministische Theorie erwiesen wie die Newtonsche Mechanik.* (272) Das könnte er besser wissen, und er weiß es auch. Wieso wäre der Determinismus sonst eine Tragödie? In der Quantentheorie ist nur die Wahrscheinlichkeit der Schrödinger-Funktion determiniert, nicht aber das gemessene Ereignis. Das konkrete Ereignis läßt sich nicht voraussagen, und das erst begegnet uns in der Wirklichkeit.

Der Determinismus gilt nur für die Wellenfunktion, nicht für die realen Teilchen, die damit beschrieben werden. Das hat Einstein gewußt und 1935 als Gedankenexperiment das EPR-Paradoxon erdacht, das die Tragödie endgültig gemacht hat. Unser Autor geht darüber weg, vielleicht merkt er die Schiefheit seines Urteils nicht einmal, so groß ist sein Schmerz über den Verlust der Gewißheit in der Naturwissenschaft. Er hält sich am Determinismus fest, der jetzt das *deterministische Chaos* heißt. Wieder soll das die Rettung für den Glauben an die Naturwissenschaft sein. Damit soll das andere Element der Wissenschaft, das Handeln aus dem erkannten Naturgesetz, gerettet werden. *Das Chaos als Allheilmittel ist ihre große Hoffnung: … so hoffen sie, dann könne sich mit Hilfe von zu erratenden Fraktalen ein Strukturgesetz für diese Ketten ableiten und eine bedingte Vorhersagbarkeit erreichen lassen.* (289) Er kann es nicht lassen! Welch eine Gewalt übt der deterministische Zauber aus! Die Zukunft muß vorhersagbar sein, sonst kann ich nicht leben. Es ist das Versprechen, das Leben selbst im Überblick und in der eigenen Hand zu haben. Die Vorhersage war der Sinn des Determinismus und hatte den Glauben an die Wissenschaft hervor gebracht. O, laß uns süß noch etwas weiter träumen, ruft der Autor mit seinem Buch aus!

Der übrige Inhalt des Buches, das sind die ersten sechs Kapitel und der Schluß, ist hier weniger von Interesse. Ohne den Ballast der Remythisierung, die der Autor unternimmt, kann man das in einschlägigen Handbüchern nüchterner nachlesen. Die vier Elemente Erde, Wasser, Luft und Feuer sind eine Erinnerung an den antiken Atomismus und eine Verbeugung vor ihm. Sie haben die Aufgabe, alle höheren Daseinsformen als niedrig zu erweisen, als Ausdruck materieller Elemente, so daß es mit ihnen eigentlich nichts ist. *Alle Wirklichkeit ist Natur.* (299) Das ist die unbedingte Quintessenz des Buches, das Dogma unseres Autors. Alles soll Diesseits, soll Natur sein, die theoretisch erkennbar und technisch lenkbar ist. Aber ist sie es? Leider wohl nicht. Ich ziehe daraus den Schluß, daß nicht alle Wirklichkeit Natur ist. Es gibt ein Jenseits der Natur, das im Diesseits der Natur gegenwärtig ist. Ist das nicht viel ungezwungener gesagt? Und das Jenseits der Natur trägt gewöhnlich den Namen Gott. Aber eine erkannte Wahrheit, wenn sie nicht anerkannt wird, führt zur Empörung.

Natürlich muß diese sich gegen die Religion der Herkunft richten. Da wird in Nebenbemerkungen verbissen gegen das Christentum und vor allem gegen die katholische Kirche gekämpft, als sei der Vatikan eine Weltmacht und als ächze der Erdkreis gewaltig unter dem Krummstab. *Ja in der dunkelsten Zeit der westlichen Zivilisation, der des Mittelalters bis hinein in die Inquisition und die Gegenreformation, ist das Feuer das bestimmende Element überhaupt …* (34) Das macht den Leser stutzig. Wer hat die Feuerwaffen des 20. Jahrhunderts geschmiedet und das Atomfeuer entzündet? Wer hat die Mittel zur Erzeugung der ökologischen Krise bereit gestellt? Was war am Ende dunkler, das Mittelalter oder das 20. Jahrhundert? Wo wurde massenhafter getötet? Sie glaubten theoretisch den Überblick zu haben und schufen praktisch das Inferno. Es scheint, als ob der Autor sein Ideal, die Rationalität der Welt, verdunsten und für immer verschwinden sieht. So erkläre ich mir seine seltsame Herbheit und Bitterkeit. Er will den Schlüssel zum Verständnis der Welt um jeden Preis in der Wissenschaft finden. Deshalb muß die Religion unbedingt falsch und heuchlerisch sein.

Wir können in unserem Autor einen Vorreiter aus einer großen Schar von Trauernden sehen. An ihm läßt sich ablesen, wie bitter der Kummer und wie schmerzensreich die Arbeit sein werden, die der säkularen Welt bevorstehen. Die Wissenschaft ist siegreich gewesen, aber sie hat sich zu Tode gesiegt: Sie weiß mit Sicherheit, daß sie die Sicherheit, die zu erobern sie einmal ausgezogen war, nicht erringen wird. Einen Christen überrascht das nicht. Die Götterdämmerung der Wissenschaft ist ein weiterer Sturz eines endlichen Gottes.

3. Auf der gleichen Ebene wie Treumann bewegt sich Carsten Held: *Die Bohr-Einstein-Debatte. Quantenmechanik und physikalische Wirklichkeit* (1998). Auch dieser Autor weiß von der paradoxen Situation, die mit der Quantentheorie geschaffen wurde, weigert sich aber, sie anzuerkennen, und sucht nach möglichen Auswegen.

Die Naturwissenschaft war der harte Kern der Neuzeit. Gerade durch ihre Erfolge hat sie diesen Kern verloren, was im 20. Jahrhundert deutlich geworden ist. Das heißt, die Naturwissenschaft war im Bewußtsein als der harte Kern geglaubt worden, ohne es zu sein. Der Konsens des Bewußtseins über Jahrhunderte hat die Natur des Seins unberührt gelassen. Man kann nicht mehr gut behaupten, alles wirkliche Wissen sei objektivierbar und deshalb naturwissenschaftliches Wissen. Es gilt nicht mehr und hat auch nie gegolten: *Wo faß ich Dich, unendliche Natur?* So rief zwar Goethes Faust, der Protagonist der Neuzeit aus, aber er hatte unrecht. Die Unendlichkeit hat keine

Stelle, an der sie sich fassen läßt. Weil der physikalische Determinismus gescheitert ist, kann die Natur nicht unendlich sein. Der Verlust des neuzeitlichen Weltbildes durch die Quantentheorie ist eine gewaltige Revolution, die nicht weniger explosiv ist als der Verlust der antik-mittelalterlichen Weltordnung durch die kopernikanische Wende vor 400 Jahren. Eine der traurigsten Gestalten im 20. Jahrhundert war Albert Einstein (†1955), der seine Jahre seit 1925 mit dem Versuch verbracht hat, das alte Weltbild zu retten. Vergeblich! Oftmals entrang sich ihm das Wort von der Tragik in der Physik. Er erlebte die Begrenzung der Natur so besonders tief, weil er Physiker aus Leidenschaft war. Er bezog nicht nur seinen Lebensunterhalt aus der Physik, sondern auch seine Lebensanschauung. Um so schlimmer mußte er erleben, daß die Natur, auf die er seine Hoffnungen gesetzt hatte, ihn durch ihr Verhalten tief enttäuschte. *Das erleben wir tragisch in der Physik*, rief er aus.

Auch jüngere Autoren, wie der Verfasser dieser Freiburger philosophischen Dissertation, können es nicht fassen. Sie sind von dem älteren Weltbild so eingenommen, daß sie zu retten suchen, was zu retten ist. Die Physik war insofern der harte Kern der Neuzeit, als sie in ihrer deterministischen Form den Überblick über das, was Natur genannt wurde, garantieren sollte. Wenn Gott in der Religion der Unendliche ist, an den der Mensch mit seiner Endlichkeit stößt, so war umgekehrt diese Physik pantheistisch oder atheistisch, da in ihr die Natur und das menschliche Begreifen unendlich sein sollten. Diese Gott-Natur pries auch Einstein als sein Ideal. Der Verfasser erkennt, wie sehr das Ideal in Gefahr ist zu vergehen, und möchte es retten: *Die Quantenmechanik darf daher mit Recht als die radikalste Umwälzung unseres wissenschaftlichen Weltbildes in diesem Jahrhundert angesehen werden (und dies geschieht ja auch bis in die Feuilletons hinein). Doch die weitergehende Behauptung, die neue Theorie sei zugleich ein neues Fundament der Wissenschaft, entpuppt sich – so wohlfeil sie sein mag – bei genauem Hinsehen als ein ungedeckter Scheck.* (9) Ja, so möchte er es haben, so möchte er es sehen. Aber was mag das sein: Eine radikale Umwälzung, die radikalste auch gleich im 20. Jahrhundert, aber geändert hat sich eigentlich nichts? Deshalb brauchen wir kein neues Fundament und können weiter an die Wissenschaft glauben?

Gefühlsbeladen geht es zu in dieser Dissertation. *Ähnlich düster* (11), sagt der Autor, sieht es aus, wenn die mechanischen Vorstellungen nicht mehr passen wollen. Die Vollständigkeitsargumente *dro-*

hen die quantenmechanischen Paradoxien ein für allemal festzuschreiben. (248) Die Quantentheorie und ihre Deutung von Bohr wird *orthodox* genannt (169), womit umgekehrt Einstein wohl für unorthodox gehalten werden soll, also nach gegenwärtigem Sprachgebrauch für fortschrittlich und sieghaft. Das ist eine Umkehrung von alt und neu, die schon manipulativen Charakter hat! Denn Einstein und sein Verteidiger wollen an allem Möglichen festhalten, am Alltagsrealismus (168), am alten Fundament der Wissenschaft, am alten Wissenschaftsglauben überhaupt.

Der Autor stellt sich auf die Seite von Einstein, auf die Anklagebank kommt Bohr. In immer neu ansetzenden Kreisen wird Bohr Unverständlichkeit oder Unklarheit vorgehalten. In der Tat hat dieser seufzend oft selbst gesagt: *Wir hängen in der Sprache.* Allerdings ist es fraglich, ob der Autor ihm gleich die physikalische Kompetenz absprechen sollte: *Nur müssen wir nun schließen, daß Bohr eigentlich an der Sache des EPR-Arguments vorbeiredet.* (189) Hier war ich versucht, mich anderer Lektüre zuzuwenden, habe aber noch 65 Seiten ausgehalten und dann erst abgebrochen.

Auf S. 254 versucht der Autor, ein von Einstein vermißtes Argument nachzureichen. *Einstein kann, wie gesagt, kein direktes Argument vorbringen für eine aus der statistischen Bedeutung der Zustandsfunktion sich ergebende Unvollständigkeit. Wir können aber mittlerweile dieses Argument aus unseren Überlegungen ergänzen. Eine Funktion $\psi(x, t_1)$, die Wahrscheinlichkeiten für das Vorliegen von Werten einer beliebigen Größe A zur Zeit t_1 vorgibt, kann nicht zugleich eine Aussage über den Wert von A zu dieser Zeit t_1 enthalten. Sie ist in diesem Sinne trivialerweise unvollständig, weil sie überhaupt nichts über ein Objekt aussagt, überhaupt nicht ein bestimmtes Objekt beschreibt, weil sie stattdessen nur Wahrscheinlichkeiten für das Vorliegen eines bestimmten Objekts angibt.* Hier unterliegt der Autor, weil er kein Physiker ist, einem simplen mechanischen Mißverständnis. Nur bei einem *an sich* bestehenden Wert der Größe A kann man so reden, daß die Statistik nur durch das Nicht-Wissen des Beobachters bedingt ist. Aber gerade das wird in der Quantentheorie anders gesehen, das ist der Gegenstand der Debatte. Die Hauptfrage aber, ob es ein von der Beobachtung unabhängiges Wissen geben kann, im Nebensatz erledigen zu wollen, zeigt, daß der Autor noch gar nicht bei der Diskussion im 20. Jahrhundert angekommen ist.

Ehrlich ist das Buch nicht, oder ehrlich nur in der Angst, das klassische mechanische Weltbild zu verlieren. Unterlassene Trauer aber erzeugt Blindheit. Doch Bohr kann getröstet sein. Auch Kopernikus brauchte mit der Anerkennung seiner Theorie 100, 200 oder 300 Jahre. Beide Theorien sind revolutionär, stehen allerdings im Verhältnis zueinander wie Gegenrevolutionen. Die Quantentheorie fördert die Einsicht in die Endlichkeit des Menschen, während der kopernikanische Heliozentrismus das mechanische Weltbild und den Traum von der Unendlichkeit der Natur ausgelöst hat. Diese Revolution setzt die Religionsfähigkeit herab, jene hinauf. Ob vielleicht deshalb der Autor so heftig Einstein gegen Bohr in Schutz nimmt?

Eine kuriose Arbeit, aber wertvoll als Beleg für selbstgewählte Blindheit! Man kann gegen die Kopenhagener Deutung der Quantentheorie viel einwenden, aber man sollte doch wissen, wovon die alte Physik und Einstein geredet haben: Vom Determinismus, der die Zukunft in der Gegenwart enthalten sein läßt! Der populäre Autor Paul Davies, immerhin Physiker, mag die Revolution des 20. Jahrhunderts auch nicht, aber er weiß, daß er im Unrecht ist mit seinen Gefühlen. *Bohr gewinnt, Einstein verliert.*[6] Oder noch stärker und zehn Jahre später: *Die jüngsten quantenoptischen Experimente dürften genügen, Einstein im Grabe rotieren zu lassen. … Merkmal der Quantenphysik ist, daß Ursache und Wirkung nicht so fest miteinander verbunden sind wie in der klassischen Physik. Es herrscht Unbestimmtheit, was bedeutet, daß einige Ereignisse ›einfach geschehen‹, spontan sozusagen, ohne vorherige Ursache im üblichen Wortsinn.*[7] Da spricht eine ehrliche Haut, wenn auch mit betrübtem Sinn.

Am tiefsten schaut wohl Carl Friedrich von Weizsäcker: *Einsteins beide Relativitätstheorien bedeuten noch nicht den völligen Bruch mit der Ontologie der klassischen Physik, aber eine tiefe Modifikation. … Nur die Objektivierbarkeit in einem klassischen Modell alles Geschehens muß geopfert werden: das aber eben ist die Ontologie der klassischen Physik.*[8]

5.2 Kecke Überbietungen

Von ganz anderer Art sind die astrophysikalischen Versuche, mit der Trauer über den Verlust der Natur fertig zu werden. Mir fällt dazu nur das Wort *keck* ein: Das Nichtwissen wird einfach zum Wissen erklärt. In der Tat enthält das quantenphysikalische Unwissen auch ein echtes Wissen. Beim Doppelspaltversuch (vgl. Kapitel 1) ist es nicht nur Unwissen auf unserer Seite, wenn wir nicht wissen, ob das Elektron seinen Weg durch die Öffnung 1 oder 2 nehmen wird. Die Natur selbst weiß es nicht, so hatte ja Feynman gesagt. Wir wissen über die Zukunft dieses Elektrons nichts völlig Bestimmtes zu sagen, und wir wissen, daß niemand es sagen kann. Also haben wir das bestimmte Wissen über die Natur, daß nicht einmal sie den Weg weiß. Das Nicht-Wissen enthält also ein echtes Wissen!

1. Wie man daraus den alten Traum von der Weltformel neu beleben kann, führt seit einer Reihe von Jahren der Engländer Stephen W. Hawking dem faszinierten Publikum vor. Durch seine schwere Behinderung symbolisiert er auch persönlich den frei schwebenden Geist, der allein durch die Kraft seiner Gedanken in das verborgene Zentrum der Natur vordringt.

Eine kurze Geschichte der Zeit. Die Suche nach der Urkraft des Universums (1988) ist ein Buch über Kosmologie. Im August 1988 ist es in Deutschland erschienen, lag im September in der vierten Auflage vor und führte mehr als ein Jahr lang die Bestseller-Liste an. Wenn es nicht nur in Deutschland Verlag und Autor mit 2000 täglich verkauften Exemplaren erfreut hat, sondern weltweit solches Aufsehen gemacht hat, dann kann das lebensferne Thema einer Urkraft des Universums der ansonsten auf das praktische Überleben und Wohlleben eingerichteten Natur des Menschen nicht ganz gleichgültig sein. Wenn dann fast auf jeder Seite von Gott die Rede ist, fragt sich der Theologe, wie in einer säkularisierten Welt ein solches Interesse an letzten Dingen möglich ist. Vorher aber muß er sich bewußt werden, was er etwa Neues lernen kann über Gott oder auch *vielleicht über die Nicht-Existenz Gottes,* (12) wie es in der Einleitung von Carl Sagan heißt. Aber noch davor sollte er versuchen, etwas von der Theorie selbst zu verstehen, die Hawking vorlegt.

Nur das Einfache hat Kraft. Nur ein einfacher Gedanke ist gut genug für ein Weltbild. Deshalb ist es nicht verwunderlich, daß Naturwissenschaftler sich von Zeit zu Zeit über Fragen des Weltbildes zu Wort melden und mit viel Erfolg beim Publikum übersichtliche Lösungen vorlegen. Hier ist es der Kosmologe Hawking, Professor auf dem Lehrstuhl des Isaak Newton in Cambridge, der sich der Aufgabe unterzieht, eine vollständige Theorie des Seins zu entwerfen: *Dann werden wir uns alle – Philosophen, Naturwissenschaftler und Laien – mit der Frage auseinandersetzen können, warum es uns und das Universum gibt. Wenn wir die Antwort auf diese Frage fänden, wäre das der endgültige Triumph der menschlichen Vernunft – denn dann würden wir Gottes Plan kennen.* (218) Bisher zwar mußte jede naturwissenschaftliche Lösung im entscheidenden Punkt wieder korrigiert werden, weil etwa die Atome sich nicht als die letzten Bestandteile der Materie halten konnten oder weil die Naturgesetze immer neue Wandlungen durchmachten. Aber der bisherige Mißerfolg schließt nicht aus, daß es die ganz einfache, übersichtliche Theorie, die Weltformel oder die Große Vereinheitlichte Theorie, englisch GUT, Great Unified Theory genannt, einmal geben könnte. Vor verfrühter Freude warnt Hawking jedoch selbst. *Doch hüten wir uns vor allzu großer Zuversicht – zu oft schon haben wir Heureka gerufen.* (196) Das hindert ihn und viele andere nicht, immer wieder populärwissenschaftliche Bücher aufzulegen, deren Leitwort *Weltformel* lautet. Im März 2000 habe ich im Verzeichnis lieferbarer Bücher für Deutschland 13 Titel unter diesem Stichwort gefunden. Die öffentliche Seele muß ein großes Bedürfnis nach einer Wissenschaft des vollen Überblicks haben!

Dies ist der einfache Gedanke von Hawking: Es hat entgegen einer jetzt vierzigjährigen Tradition doch keinen Urknall gegeben. Das heißt, es hat den Urknall nur im Sinne einer extremen Verdichtung der Materie des Kosmos gegeben, nicht im Sinne einer Singularität, die der Physik eine Grenze zieht. Eine echte Singularität würde die physikalischen Formeln beschränken, weil sie für den Nullpunkt von Raum und Zeit ihre Gültigkeit verlören. Und da man sich schon angewöhnt hatte, den Urknall eine Standardtheorie zu nennen, ist die These des brillanten Kosmologen von Neuigkeitswert. Vor allem hält sie die Idee der Weltformel offen, wie er meint.

Hawking beschreibt zunächst die Geschichte der Kosmologie bis zu seiner eigenen Keine-Grenzen-Theorie. Die Abfolge der Themen zeigt den Inhalt des Buches, daß sein Autor sich nämlich der vollendeten Physik nahe wähnt. In elf Kapiteln bemüht er sich um diesen Nachweis.

Im Einleitungskapitel spricht er über *Unsere Vorstellung vom Universum*, das sind für ihn die vorwissenschaftlichen Theorien des Aristoteles und Ptolemäus. Mit Philosophen insbesondere kann er sich nicht gut anfreunden. So lehnt er Kants philosophische Kritik an Kosmologien, die über Anfang oder Nichtanfang der Welt spekulieren, entschieden ab. Für Hawking können nur physikalische Theorien ernsthaft sein und die spekulieren nicht, wie er meint.

Die ernsthaften Ansichten beginnen für ihn mit Galilei und

Newton. Das erste der neun Hauptkapitel, *Raum und Zeit*, behandelt die Geschichte der Kosmologie von Galilei bis Einstein. Zur Frage nach dem Anfang machen diese Theorien allerdings unterschiedliche Angaben. Für die letzte Theorie gilt: *Aus Einsteins allgemeiner Relativitätstheorie folgt, so wiesen Roger Penrose und ich nach, daß das Universum einen Anfang hat – und möglicherweise auch ein Ende.* (52) Dies ist eine Folgerung innerhalb des Modells. Theorien werden immer anhand eines Modells entworfen, nur fragt es sich, wie weit die Wirklichkeit mit dem Modell übereinstimmt.

Auch die Empirie dieses Jahrhunderts weist in die gleiche Richtung einer Welt, die Anfang und Ende hat. Das zweite Kapitel *Das expandierende Universum* handelt von zwei astronomischen Entdekkungen des 20. Jahrhunderts. Die Rotverschiebung weit entfernter Sterne wurde in den zwanziger Jahren von Edwin Hubble entdeckt. Wie auf der Oberfläche eines sich aufblähenden Ballons alle Punkte auseinander streben, so entfernen sich die Sterne um so schneller, je weiter sie schon voneinander entfernt sind. Dadurch wird die Vorstellung eines Anfangs nahe gelegt, in dem alle Punkte einmal nahe beisammen waren. Die zweite Entdeckung geschah im Jahre 1965, als Penzias und Wilson eher zufällig eine den ganzen Kosmos erfüllende, sehr kalte Strahlung von 3° K fanden (mit der Wärmeangabe von 3° Kelvin läßt sich eine Strahlung kennzeichnen), die als Rest des Urknalls übrig geblieben ist. Dadurch wurde die Hypothese des Urknalls bald zur Standardtheorie.

Diese Ergebnisse sind allerdings mit der Vorstellung eindeutig definierter Objekte gewonnen worden, eine Voraussetzung, die in der Quantentheorie, wovon das dritte Kapitel *Die Unschärferelation* handelt, eingeschränkt wird. *Wir haben noch keine vollständige, widerspruchsfreie Theorie, welche die allgemeine Relativität und die Quantenmechanik vereinigte, aber wir kennen eine Reihe von Eigenschaften, die sie aufweisen müßte.* (84) Die in den sechziger Jahren entwickelte Quark-Theorie der kleinsten Materieteilchen, skizziert in *Elementarteilchen und Naturkräfte*, ist nicht die einheitliche Physik, sondern läßt die Relativitätstheorie unberücksichtigt.

Den Durchbruch sieht Hawking in der *Entdeckung* von Sternen, die grundsätzlich kein Licht aussenden. Zum Verständnis dieser seltsamen Sterne stelle man sich vor, daß Licht aus kleinen Kugeln besteht. Wenn ein Stern sehr massereich und klein ist, kann kein Lichtstrahl ihn verlassen, weil die denkbar größte Fliehkraft des Lichtes die Anziehungskraft nicht mehr überwinden kann. Folglich sind *Schwar-*

ze Löcher unsichtbar, wie das fünfte Kapitel erklärt. Ihre Existenz gilt theoretisch und praktisch als sicher. Aber, so paradox es auch klingen mag, es sind *Schwarze Löcher gar nicht so schwarz,* wie dann wieder das sechste Kapitel weiß. Denn im Grenzbereich eines so verdichteten Sternes zum übrigen All entsteht eine intensive Strahlung, die *indirekt* vom Schwarzen Loch Kenntnis gibt. Diese wurde von Hawking postuliert und ist wohl für die enorme Strahlung des Sternes Cygnus X-1 im Sternbild Schwan verantwortlich. *Die Idee, daß Schwarze Löcher strahlen, war das erste Beispiel für eine Vorhersage, die wesentlich auf beiden großen Theorien unseres Jahrhunderts beruhte – der allgemeinen Relativitätstheorie und der Quantenmechanik.* (144) Die strahlenden Schwarzen Löcher inspirierten Hawking zu seiner eigentlichen Theorie, weil dann *der Gravitationskollaps nicht so endgültig und unwiderruflich ist, wie man einmal geglaubt hat.* (145)

Das siebte Kapitel über *Ursprung und Schicksal des Universums* entwickelt die Keine-Grenzen-Theorie. Nach der jetzigen Phase der Expansion soll sich der Kosmos so zusammen ziehen, daß er zu einem Schwarzen Loch wird. Da sich aber Schwarze Löcher auflösen können, beginnt ein neuer kosmischer Zyklus im Punkte Null, im ewigen Pulsschlag einander ablösender Universen. Als Bild des Universums wählt Hawking die Oberfläche der Erde, *wobei der Abstand vom Nordpol der imaginären Zeit entspricht und die Größe eines Kreises mit gleichbleibendem Abstand vom Nordpol die räumliche Ausdehnung des Universums angibt ... Obwohl die Größe des Universums am Nord- und Südpol der Erde Null wäre, wären diese Punkte keine Singularitäten, genauso wenig wie der Nord- und Südpol der Erde singulär sind. Die Naturgesetze behalten an ihnen ihre Gültigkeit, wie es am Nord- und Südpol der Erde der Fall ist.* (175f)

Warum leben wir gerade in einer Expansionsphase? Das Kapitel *Der Zeitpfeil* versucht darauf mit einem a priori-Schluß zu antworten: *Diese Frage läßt sich mit dem schwachen anthropischen Prinzip beantworten. Die Bedingungen in der Kontraktionsphase wären nicht für die Existenz intelligenter Wesen geeignet ...* (191) Trotz des anthropischen Prinzips, gewissermaßen das verobjektivierte Prinzip der Transzendentalphilosophie, geht Hawking in seiner Vorstellung über die Expansions- und Kontraktionsphasen hinaus und versucht eine *Vereinheitlichung der Physik* im neunten Kapitel. Nach der Stringtheorie, in der alle Singularitäten verschwinden, existiert das Universum in einer 10- oder 26-dimensionalen Raumzeit. Wir Menschen können nur drei Raumdimensionen und die Zeit bemerken. Die Theorie hat allerdings noch Probleme. *Wir wissen zum Beispiel noch nicht, ob sich alle Unendlichkeiten gegenseitig aufheben oder wie wir die Wellen auf dem String zu den jeweiligen Teilchenarten, die wir beobachten, in Beziehung setzen sollen.* (208) Die Entscheidung über die Theorie erwartete Hawking bis zum Ende des 20. Jahrhunderts, ist aber wie so viele andere Erwartungen auch im Jahr 2000 noch nicht gefallen.

Von der Philosophie erhofft unser Autor nichts. Die Philosophen scheinen ihm alle Kraft verloren zu haben, wie er im Schlußabschnitt betont. *Sie engten den Horizont ihrer Fragen immer weiter ein, bis schließlich Wittgenstein, einer der bekanntesten Philosophen unseres Jahrhunderts erklärte: ›Alle Philosophie ist Sprachkritik … [ihr] Zweck ist die logische Klärung von Gedanken.‹ Was für ein Niedergang für die große philosophische Tradition von Aristoteles bis Kant!* (217)

Die zweite Frage, was der Theologe hier lernen kann, ist schwerer zu beantworten, als die Theorie darzustellen. Von Gott, vom Papst und von Galilei ist häufig die Rede. In der Einleitung sagt der Astronom Carl Sagan: *›Eine kurze Geschichte der Zeit‹ ist auch ein Buch über Gott … Das Wort Gott ist auf diesen Seiten überall präsent.* (11 f.) Dennoch ist das Buch kein Beitrag zum Gespräch von Naturwissenschaften und Theologie. Wenn man sich der einheitlichen Theorie nahe weiß, ja wenn man eine solche nur für möglich hält, hat ein solcher Dialog keinen Sinn mehr, dann kann man der Theologie nur ihre Existenzberechtigung aufkündigen. Deshalb sollte man das Buch besser als den Bericht eines Mannes lesen, der sich mit den Mitteln der Physik und Astronomie die Frage zu beantworten sucht: Was ist das Ganze? *Wenn das Universum einen Anfang hatte, können wir von der Annahme ausgehen, daß es durch einen Schöpfer geschaffen worden sei. Doch wenn das Universum wirklich völlig in sich abgeschlossen ist, wenn es wirklich keine Grenze und keinen Rand hat, dann hätte es auch weder einen Anfang noch ein Ende: Es würde einfach sein.* (179) Warum sollten die faustischen Naturen ausgestorben sein, die ergründen wollen, was die Welt im Innersten zusammen hält? Und da Hawking nun einmal nicht möchte, daß es einen Schöpfer gibt, sucht er ein Leben lang nach einer physikalischen Theorie ohne Schöpfer.

Dem Schöpfungsglauben ist der Urknall dienlich, weil er sehr anschaulich die Endlichkeit der Natur zeigt. Der Papst hat 1981 nach einem astronomischen Kongress in Rom Hawking und seinen Kollegen empfohlen, sich mit der Entwicklung *nach* dem Urknall zu beschäftigen, nicht aber *den Urknall selbst zu erforschen, denn er sei der Augenblick der Schöpfung und damit das Werk Gottes.* (148) Daß die Vorstellungen über den kosmologischen Ursprung Weltbilder prägen, zeigt das Verschwinden aller stationären kosmologischen Steady-state-Theorien der vierziger und fünfziger Jahre. Mit dem *Big-Bang* waren ab 1965 alle Theorien vom Tisch, die das allezeit gleiche Aussehen, also die Ewigkeit des Kosmos behauptet hatten. Sie waren mit den Beobachtungen nicht vereinbar. Geschmack hatten an solchen Theorien westliche Materialisten und östliche Marxisten, aus Gründen des Weltbildes!

Hawking legt die stationäre Theorie in allgemeinerer Form wieder auf. Das Weltbild soll nach ihm wieder das ewige Diesseits sein. Er mag Singularitäten nicht leiden, aus dem gleichen Grund, aus dem der Papst sie mag. Denn sie beschränken den Menschen im Erkennen und zeigen ihm seine Endlichkeit. Hawking bestreitet nicht den Urknall als verdichteten Anfang des Universums, wohl aber als Singularität des Nichtwissens. Er meint, er könne noch vor den Urknall zurückdenken, als vielleicht das Universum kontrahierte und die Zeit anders verlief. Jedenfalls wäre der singuläre Punkt nicht mehr singulär, sondern läge auf einer kontinuierlichen Linie und wäre einer von vielen anderen Punkten.

Ich kann hier keine physikalischen Theorien mit den Mitteln der Physik prüfen. Aber prüfen kann ich, ob der Anspruch auf universales Wissen, wie Hawking ihn hier vorlegt, sinnvoll ist, ob die beiläufige Erledigung der Gottesfrage im Klappentext nicht eine Sensationsmache ist, die Weltbilder prägt und Leute verdummt. Die Kritik muß mit dem Eingeständnis beginnen, daß auch die Urknall-Hypothese keine völlig wahre Theorie sein kann. Ein Beobachter, der über die Reichweite von Allgemeinbegriffen unterrichtet ist, bemerkte da zu: *Mir kommt der Urknall immer so vor wie der Weltentstehungsmythos desjenigen Jahrhunderts, in dem die Atombombe explodiert ist.*[9] Da die Physiker und das Publikum weniger begrifflich geübt sind, tappen sie nicht selten in die mythische Falle, wenn sie die empirisch gewonnenen Ergebnisse zu einem Weltbild zusammen setzen. Theologisch kann es trotz der Vorliebe des Papstes nicht um eine Interpretation des Urknalls als Schöpfung gehen. Die Theologie kann hier nur den immer nachwachsenden hybriden Anspruch auf grenzenloses Wissen prüfen, die Stelle aufsuchen, wo die Theorie unhaltbar wird, und die Motive solchen Verlangens darlegen.

Wenn man die Geschichte der Kosmologien betrachtet, dann wechseln sich stationäre und singuläre Theorien ab. Die ersten lehren in verschiedener Form eine Ewigkeit der Welt, die zweiten ihre plötzliche Entstehung. Der Wechsel in der Folge spiegelt sich in der Logik des Denkens wider. Der Mensch findet sich als Teil eines ihn umfassenden Ganzen vor und geht zugleich auf Abstand zum Ganzen, wenn er es erkennen will. Jede Erkenntnis trägt also ihre Unwahrheit durch die Trennung von Subjekt und Objekt schon in sich. Wird nun die Trennung festgehalten, entsteht der Eindruck eines stationären Weltlaufes. Es entstehen ewige Naturgesetze oder ewige Materien mit Steady-state-Theorien. Bezieht sich der Beobachter als Teil in das Ganze ein, dann entsteht ein singuläres Modell, weil die Theorie ihre eigene Nicht-Anwendbarkeit für den Moment der Entstehung anzeigt. Es entstehen dann die archaischen Ursprungsmythen bis hin zum Urknall. Über diese Antinomie des Anfangs ist begrifflich nicht hinaus zu kommen.

Eine kosmologische Theorie kann nur wahr sein, wenn sie die Stelle ihrer eigenen Nichtanwendbarkeit angibt. Das ist die Mindestanforderung an sie. Die Theorie Hawkings will das vermeiden. Daraus schließe ich, daß es einfach ist, ihr den Punkt des Versagens nachzuweisen. Man kann die Unmöglichkeit einer begrifflichen Einheitstheorie etwa am Dialog *Parmenides* von Platon studieren oder auch bei Kant in der *Kritik der reinen Vernunft*. Hawking selbst führt die erste Kantische Antinomie (KrV B 454) an, nach der die Annahme sowohl eines Weltanfangs wie einer Weltewigkeit zum Widerspruch führen muß. Er wird leicht damit fertig, allzu leicht. *Kant bedient sich also des gleichen Argumentes, um These und Antithese zu begründen. Beide beruhen sie auf der stillschweigenden Voraussetzung, daß die Zeit unendlich weit zurückreicht, ganz gleich, ob das Universum einen Anfang hat oder nicht. Wie wir noch sehen werden, ist ein Zeitbegriff vor Beginn des Universums sinnlos.* (22) Gerade das tut Kant nicht, aber Hawking tut es, wenn er noch *vor* den singulären Urknall zurück will. Den Zustand des distanzierten Beobachters, der sich selbst außerhalb der Zeit aufgestellt hat, hält Hawking unbekümmert fest. Es entgeht ihm so die subjektive Wendung Kants, nach der ein Beobachter auch selbst innerhalb des Universums und seiner Zeit steht. *So ist möglicherweise das, was wir imaginäre Zeit nennen, von viel grundlegenderer Bedeutung und das, was wir real nennen, lediglich ein Begriff, den wir erfinden, um unsere Vorstellung vom Universum zu beschreiben.* (177) Wenn man so auf das

Verstehen der Realität verzichtet, ist man wieder bei dem, was die Theorie gerade vermeiden wollte, beim Nicht-Wissen, mit dem einen Unterschied nur, nicht mehr zu wissen, daß man nicht weiß. Und so endet das Buch mit dem Kunststück des Barons von Münchhausen: *Eine vollständige, widerspruchsfreie, einheitliche Theorie ist nur der erste Schritt: Unser Ziel ist ein vollständiges Verständnis der Ereignisse, die uns umgeben, und unserer Existenz.* (212) Hawking ist ein guter Mathematiker, aber ein schlechter Philosoph.

Der Theologe staunt, wie oft schon letzte Aufschlüsse als wissenschaftliche Theorien angekündigt wurden und wie wenig sich im maßgeblichen Punkt bisher getan hat, so daß nicht etwa nur der Fortschritt langsamer abläuft als erwartet, sondern sich auch in gegensätzliche Richtungen bewegt. Einmal bietet er stationäre, dann wieder singuläre Theorien als neue Erkenntnis an. Eine wissenschaftliche Theorie sollte mit Wissen auftreten, oder sie sollte sagen, daß sie nicht weiß. Sie hat keine Quelle, um aus dem Endlichen über das Unendliche zu sprechen, außer wenn sie wirklich etwas weiß. Allenfalls die Theologie darf über diese Grenze hinaus gehen, da sie die zusätzliche Quelle der Offenbarung benutzt, die aber zuallererst die Endlichkeit des Menschen anerkennt. Die Grenzverletzungen in der Spekulation um eine Weltformel zeigen, daß das Verlangen nach vollständigem Wissen selbst eine Religion ist, eine säkulare Religion, mit dem Unterschied allerdings, keine sein zu wollen. Damit läßt sich das Interesse der säkularisierten Welt an letzten, ganz unpraktischen Fragen verstehen: Durch Weltformeln kann man einen Hauch von Ewigkeit erlangen, mit dem Rausch, nun alles zu verstehen. Da scheint mir der Papst über die Stellung des Menschen im Kosmos besser unterrichtet zu sein, wenn er den Kosmos als erforschbar bezeichnet, immer aber gewisse, doch wesentliche Grenzen prophezeit. Der Papst ist ein besserer Kosmologe als Hawking, er kennt die Grenze des Menschen, unser Kosmologe kennt sie nicht.

2. Die kleine Antrittsvorlesung Hawkings von 1980 ist es wert, daß wir einen kurzen Blick auf sie werfen. Sie bietet ein hübsches und humoriges Beispiel für den *transrationalen* Charakter des *Rationalen,* den ich hier so ausführlich auftreten lasse und den man auf den ersten Blick in den Wissenschaften gar nicht vermuten sollte. Stephen W. Hawking: *Anfang oder Ende? (1991)* (engl.: *Is the End in Sight for theoretical Physics?* 1980). Die bei Hawking praktizierte Form des irrationalen Rationalismus genießt große Gunst beim Pu-

blikum, das noch immer geneigt ist, an die Naturwissenschaft wie an eine Religion zu glauben. Das zeigte der große Erfolg seiner *Kurzen Geschichte der Zeit*, die vom Allwissen und von der Weltformel träumen läßt, das zeigen auch die vielen Biographien, Aktiv-CD's und Sprechkassetten über *Stephen Hawking's Universum*.

Von der träumerischen Weltformel ist auch hier die Rede. Der Umschlag des vorliegenden Büchleins wird mit ausholenden Presseurteilen geschmückt: *Der größte Wandel unseres Weltbildes seit Kopernikus und Galilei!* (FAZ) *Der Physiker Hawking ist im Begriff, die Formel zu finden, die das Universum erklärt!* (ZEIT) Die Neuzeit ist voll von solchen Ankündigungen, aber sind ihnen auch schon Taten gefolgt? Viel weiß die Wissenschaft, aber weiß sie das Entscheidende, nämlich alles?

Was ist also von solchen Allwünschen zu halten? Kennen sie ihren religiösen Charakter? Den echten Propheten erkennt man im Rückblick daran, daß er recht hatte. Schauen wir also einige Jahre zurück! In dem Vorwort von 1991 sagte Hawking: *Im Jahre 1980 habe ich geschätzt, die Chancen stünden fünfzig zu fünfzig, daß wir eine solche Theorie vor Ende des Jahrhunderts finden werden. Ich glaube immer noch, daß die Chancen fünfzig zu fünfzig stehen, daß wir eine solche Theorie in den nächsten zwanzig Jahren finden werden, aber diesmal beginnen die zwanzig Jahre elf Jahre später.* Im Jahr 2000 stehen die Chancen immer noch fünfzig zu fünfzig. Jedes Jahr ein halbwegs ernsthaftes Buch mit dem Titel Weltformel! Hier eine kleine Auswahl aus den letzten Jahren, die auf dem Sprung nach der magischen Formel sind. Brian Greene: *Das elegante Universum. Superstrings, verborgene Dimensionen und die Suche nach der Weltformel.* (2000) Étienne Klein; Marc Lachièze-Rey: *Die Entwirrung des Universums. Physiker auf der Suche nach der Weltformel.* (1999) Paul Davies; John Gribbin: *Auf dem Weg zur Weltformel. Superstrings, Chaos, Komplexität. Über den neuesten Stand der Physik.* (1996)

Vor seinen Anhängern und den Sachbuchautoren hat Hawking den Humor voraus, wenn auch vielleicht noch nicht die Weisheit. Das von ihm selbst belächelte Ziel ist die Allwissenheit in der sogenannten *vollständigen einheitlichen Theorie der Physik*, mit der alle Naturbewegung berechnet und im voraus angekündigt werden soll. Allerdings bisher *ist es uns noch nicht gelungen, das Studium des menschlichen Verhaltens zu einem Zweig der angewandten Mathematik zu reduzieren,* (11) sagte er 1980. Ewiges altes Ziel, immer neu aufgeschmückt! Der Mensch darf nur ein Naturprodukt sein und von unten stammen, dann gibt es kein Oben und wir können wissenschaftlich begründet Gott den Schöpfer leugnen. Welch unerschöpfliche Energie steckt doch im Gottesgedanken!

Ausgangspunkt muß die Quantentheorie sein, da sie die umfassende Form des Wissens und Nichtwissens darstellt. *Die ohne jeden Zweifel größte Errungenschaft der theoretischen Physik unseres Jahrhunderts …: die Entdeckung der Quantentheorie. Das grundlegende Postulat dieser Theorie ist das Unschärfeprinzip Heisenbergs.* (19) Dagegen rutscht die Allgemeine Relativitätstheorie Einsteins ganz zurecht zu einer *sogenannten klassischen Theorie* ab. Das Problem ist jetzt dieses Nichtwissen, das aus der Unschärfe der Bewegungen in der Natur kommt. Kann es abgeschlossene oder wenigstens auf einen Abschluß zulaufende Theorien geben, wenn sich die Beobachtungen nicht über einen gewissen Punkt hinaus voraussagen lassen? Diese Möglichkeit hat man *als Argument gegen die Wissenschaftler des siebzehnten und achtzehnten Jahrhunderts vorgebracht. ›Wie können sie Gesetze formulieren, die die Freiheit Gottes beschneiden würden, es sich irgendwann einmal anders zu überlegen?‹ Trotzdem haben diese Pioniere solche Gesetze formuliert und diese haben sich bestätigt. … Die Quantenmechanik ist im wesentlichen eine Theorie darüber, was wir nicht wissen und nicht voraussagen können.* (41) Die *festen Gesetze* von heute sind nicht das, was sich die Pioniere erhofft hatten. Sie hatten nicht *ein paar* feste Gesetze erhofft, sondern sie wollten die Naturbewegung ohne Eingreifen Gottes unter *ein einziges* festes Gesetz bringen. Vergleiche Descartes, Laplace, Einstein! Diese subkutane religiöse Hoffnung der Neuzeit ist durch die Quantentheorie beendet worden.

Natürlich, man kann immer mehr wissen, aber das Wissen läuft nicht zusammen, es sammelt sich nicht, es vermehrt sich eben nur. Der Wissenschaft geht es wie dem Esel, dem man das Heu vor die Nase bindet und der nun läuft und läuft, immer mit dem Eindruck, er mache Fortschritte auf dem Weg zu dem ersehnten Ziel. Nur kommt er nicht an, da er selbst das Ziel immer weiter hinausschiebt. So erging es der Wissenschaft in der Neuzeit. Die humorige Ironie Hawkings bringt es auf den Punkt: Das Wesen der Wissenschaft in der Neuzeit bestand darin, alle zehn Jahre anzukündigen, daß wir in zwanzig Jahren möglicherweise eine vollständige Theorie der *Natur* haben werden. Die Ironie ist der halbe Weg zwischen Wissenschaft und Weisheit. Das Wissen wächst und wächst und möchte zum Ende kommen. Die Weisheit beschränkt sich und gelangt im Augenblick zur Vollendung. Diese Weisheit ist eine Glaubens-Tugend, die schon Paulus der Wissenschaft seiner Zeit opponiert hatte, (1. Korintherbrief, Kapitel 1) und heute noch so frisch wie am ersten Tag.

3. Noch etwas weiter in der Zeit zurück führt ein Klassiker der verweigerten Trauerarbeit. Mit kecker Überbietung aller Grenzen breitet Erich JANTSCH seinen Mythos aus: *Die Selbstorganisation des Universums. Vom Urknall zum menschlichen Geist* (1979).

Ein Sachbuch, das nach fast fünfzehn Jahren unverändert neu aufgelegt wird und auch nach über zwanzig Jahren noch zu haben ist, muß einen unverwüstlichen Inhalt besitzen. In den Beweisdisziplinen wie Mathematik, Physik und Biologie ist kaum ein Lehrbuch älter als zehn Jahre. Tatsächlich ist das Buch von Jantsch auch kein solches Sachbuch, sondern entwickelt anhand von etwa 250 Zitaten aus Originalarbeiten ein in den letzten Jahren recht erfolgreiches Konzept, die Idee der Selbstorganisation. Dieses Paradigma hat bis weit hinein in die Geisteswissenschaften und die Theologie gewirkt. Kein Wunder, denn es geht dem Autor um letzte Dinge, um Wahrheit und Erlösung, um die Einheit von Glauben und Wissen: *Die Menschheit wird nicht von einem Gott erlöst, sondern aus sich selbst heraus. … Gott ist also nicht absolut, sondern er evolviert selbst – er ist die Evolution.* (412) Spätestens bei solchen Schlußfolgerungen wird sich die Theologie für die Selbstorganisation interessieren. Denn wer Gott ist und wer schließlich wen erlöst, das sind ihre Fragen von Urtagen an. Die Antwort, die hier auf die Gottesfrage gegeben wird, ist allerdings neu, denn der Begriff der Evolution ist kaum mehr als 150, der Begriff der Selbstorganisation nicht einmal 50 Jahre alt. Der Skeptiker konstatiert bei dieser Begeisterung über das neue Konzept allerdings nichts Neues, sondern nur die Wiederkehr älterer Philosophien wie Monismus oder Pantheismus.

Doch wir müssen genauer zusehen. Einige Theologen, besonders solche, die den Rigorismus von der Art eines Karl Barth nicht länger mitmachen wollen, der die Natur den Naturwissenschaften zum Fraß hinwarf, wenn diese der Theologie nur den Menschen überläßt, hoffen auf Vermittlung durch den Begriff der Selbstorganisation: *Man neigt geradezu zur Auffassung, daß Selbstorganisation und Selbsttranszendenz trotz ihrer unterschiedlichen Provenienz konnaturale Begriffe sind.*[10] Wenn nämlich die Selbsttranszendenz ein theologisches Existential des Menschen und der Mensch die in Erscheinung tretende Selbsttranszendenz der lebendigen Materie ist, dann könnte die Brücke geschlagen und das Verhältnis zwischen Theologie und Naturwissenschaft nachhaltig gebessert sein. Dann könnte man auch meinen, Biologie und Theologie seien konnatural und deshalb ein und dasselbe. Es lohnt sich, einen Blick zurück zu tun auf das Buch von Jantsch, da es zur Popularisierung des Konzepts der Selbstorganisation stark beigetragen hat.

Zunächst zeigt es mit einem reichen Arsenal von Beispielen die Ablösung des galilei-newtonschen Weltbildes durch das neue Paradigma: *Selbstorganisation ist das dynamische Prinzip, das der Entstehung der reichen Formenwelt biologischer, ökologischer, gesellschaftlicher und kultureller Strukturen zugrunde liegt.* (49) Ältere mechanische Physik oder Biologie wollte Gott nicht nötig haben und von dieser Hypothese absehen wie bei Laplace und Haeckel. Aber seit zwei, drei Jahrzehnten finden sich immer mehr Naturwissenschaftler, die das große Wort nicht scheuen. Sie wollen es nicht unbedingt im christlichen Sinn verstanden wissen, vielmehr machen sie umgekehrt Angebote an die Kirche, wie man Gott verstehen sollte. Zu dieser Gruppe zählt auch Jantsch. Mehr oder weniger steht ihnen dabei die Vorstellung vor Augen: Gott evolviert, er wächst, er ist das Ziel, vor allem steht er nicht dualistisch der Materie gegenüber. Ja, der Mensch kann durch natürliches Wachstum Anteil an der göttlichen Natur bekommen. Dazu muß er sich bewußt werden, im großen Prozeß der Evolution zu stehen: *In der Selbsttranszendenz können wir nicht nur über uns selbst als Individuen, sondern auch über die Menschheit hinausgelangen. Die Faszination, die die Evolution der Menschheit ausübt, verblaßt gegenüber der Faszination einer universalen Evolution, deren integraler Aspekt wir selbst sind.* (414)

Wer dem Autor bisher wohlwollend gefolgt ist, wird an dieser Stelle doch Bedenken bekommen, nicht theologischer Art, sondern zuerst naturwissenschaftliche und dann theologische Zweifel. Er wird den Vorwurf des Monismus nicht ganz von der Hand weisen wollen. Ist der Mensch oder die Menschheit oder die Natur, deren integraler Teil sie sein soll, wirklich in der Lage, sich zu solchen Zielen zu erheben? Daß Individuen sterben, ist ausgemacht. Gilt das gleiche nicht auch für Gattungen? Kann man an der Einsicht vorbeikommen, daß der Mensch, biologisch gesehen, keine Zukunft hat? Mit der Herrlichkeit des Lebens auf der Erde wird es in hundert oder tausend oder einer Million Jahren vorbei sein. Ist es wirklich glaubhaft, daß das menschliche Bewußtsein durch selbstorganisierende Komplexifikation im *Unendlichen mit dem Göttlichen* (411) zusammen fallen wird? Daß die Gleichsetzung von Evolution und Gott nicht dem christlichen Glauben entspricht, ist klar. Aber auch die Ergebnisse der Naturwissenschaften sollten einer Apotheose der Natur eigentlich widerstehen. Zwischen Wärme- und Kältetod, zwischen allezeit explodierendem oder in Kürze implodierendem Universum hat das Leben im Kosmos nicht die geringste Chance. Das Vertrauen, daß Gott gut ist und es gut mit uns meint, gilt eben nicht, wenn Gott die Natur ist. Dort gilt nur das brutale Gesetz des Stärkeren, der seine Niederlage für einen Augenblick hinaus schieben kann.

Wenn der Mensch meint, individuell wie kommuniell eine Zukunft zu haben, gründet solche Zuversicht auf einem *Trotzdem*, auf einem Erstehen des Lebens bei garantiertem biologischen Untergang. Es scheint, daß Karl Barth so überholt noch nicht ist. Kann man Gott aus der Natur erkennen? Gewiß, sage ich mit ihm, aber nur *per modum negationis*, auf die Weise des natürlichen Neinsagens. Keine der Hoffnungen auf Identität und Selbsterhaltung, die sie erweckt, kann die Natur erfüllen. Die Welt als evolutiver Prozeß ist mit nichts anderem beschäftigt als mit der Sehnsucht nach dem eigenen Heil. Diese Sehnsucht zu stillen aber vermag sie nicht. Denn die Evolution verschlingt alle ihre Kinder. Nicht einmal ihre eigene Identität kann sie erhalten. Kein Gott wird uns retten, wenn wir diesen Gott in der Natur oder in uns selbst suchen. Ist da die kosmosweite Kälte des Jacques Monod nicht ehrlicher? Der Mensch, sagt er, ist ein Zigeuner am Rande des Universums. Gleichgültig und erbarmungslos wird er von der Natur abgewiesen. Wo soll er sich da auf Dauer niederlassen?

Im Liede heißt es: Freut euch des Lebens, weil noch das Lämpchen glüht. Seltsam, wie viel mehr Weisheit dieses Verslein enthält, als die schwer bewaffneten Theoretiker der Selbstorganisation bieten können! Freude angesichts der Endlichkeit, Glaube, der die Gegenwart des Unendlichen kennt, aber vor seiner Erstürmung warnt. Kein Wunder, denn der Vers stimmt ein in den biblischen Gottesgesang vom Ende des sechsten Tages: *Siehe, es war sehr gut.*

3. Die keckeste Art, die Trauerarbeit zu vermeiden, bietet ein Astrophysiker aus der Richtung von Hawking, nur noch vermehrt um eine Menge von Science-Fiction. Frank J. Tipler: *Die Physik der Unsterblichkeit. Moderne Kosmologie, Gott und die Auferstehung der Toten* (1994).

Es ist der Pferdefuß der modernen Theologie, daß sie so modern sein will. Ist sie zu wenig modern, wird sie nicht gehört, ist sie zu modern, hat sie nichts mehr zu sagen. Angesichts dieser Zwickmühle hat sie es der Wissenschaft überlassen zu sagen, was Realität ist. Seit Galilei, Darwin und Freud den Realismus allein für die Wissenschaft beansprucht haben, versteht sich die ernsthafte Theologie nur mehr historisch, ethisch, symbolisch oder psychologisch: Alles ist Spiegelung des Bewußtseins, mehr läßt sich von der letzten Wirklichkeit nicht ausmachen. Mit Schleiermacher hat die Theologie diese Lektion in allen Lagern gründlich gelernt. Sie glaubt weniger an Gott als an den Glauben an Gott, denn ein paar gläubige Leute gibt es immerhin real. Die nicht ernsthafte Theologie, also diejenige, die auf der Realität von Gott, Schöpfung und Letztem Gericht besteht, heißt fundamentalistisch.

Bei einfachen Geistern ist Fundamentalismus der Versuch, die Länge der Arche Noah zu vermessen, um für alle Dinosaurier Platz zu finden. Nun, Tipler, ein ansonsten tüchtiger Kosmologe, betreibt auch Fundamentalismus, allerdings auf hohem Niveau, jedenfalls mit vielen mathematischen Formeln und noch mehr Phantasie. Er gibt genau an, wer Gott ist, was er tut, wie er am Ende der Tage, in etwa 100 Mrd. Jahren, die Toten zum Leben auferwecken wird, nämlich als Emulation auf der Festplatte in einem Rechner mit unbegrenzter Energie. Dennoch, trotz zahlloser Formeln ist das Buch insgesamt ein blühender Unfug. Selbst ist es zwar humorlos, aber um so mehr habe ich gelacht und einiges dabei gelernt. Vor allem das Geheimnis des Sokrates habe ich wieder hoch schätzen gelernt: Wer gute Schuhe machen kann, muß damit noch kein guter Reiseführer sein, geschweige denn ein guter Seelenführer. Trotz vieler Kenntnisse des physikalischen Handwerkers Tipler besteht kein Grund, seinen Empfehlungen zur Erlösung der Menschheit zu folgen.

Die gar nicht zufällige Verwandtschaft von religiösem und naturwissenschaftlichem Fundamentalismus macht uns der Autor mit einem Wort seines Kollegen St. Weinberg klar: *Genauso wie die Wissenschaft werden ihnen die Konservativen sagen, daß sie an das, woran sie glauben, deshalb glauben, weil es wahr ist, und nicht, weil es sie gut oder gleich macht.* (408) Über die inhaltslose Frömmigkeit der religiösen Liberalen, die solange etwas glauben, wie ihnen der Glaube *etwas bringt*, kann er nur spotten. Dieser Glaube ist so leer, daß er noch nicht einmal falsch sein kann. Jedenfalls meint Tipler, daß die Theologie es mit dem Sein der Dinge und nicht bloß mit Lebenshilfe für ein paar flüchtige Erdenjahre zu tun hat. Da kann ihm die echte Theologie nur zustimmen.

Tipler möchte sein Buch als Lehrbuch der Eschatologie verstanden wissen. Er lobt Wolfhart Pannenberg, der die zentrale Stellung der Eschatologie erkannt habe, weshalb auf ihn die Schelte gegen die modernen Theologen nicht anzuwenden sei. Ein Briefwechsel mit dem Münchener Systematiker habe *wesentlich zur Verbesserung* des Buches beigetragen. (20) Zu einem Geleitwort, wie es Pannenberg sonst gern verfaßt, hat es aber nicht ganz gereicht. Bisher hat die Physik nur die Fakten der Vergangenheit in den Blick genommen, notwendig sei aber eine Physik der Zukunft. Tun wir Tipler also den Gefallen, erzählen wir die Geschichte der Zukunft bis zu den Letzten Dingen:

Im Anfang war der Urknall, das war vor etwa 20 Mrd. Jahren. Mindestens noch 100 Mrd. Jahre werden vor uns liegen, deshalb erleben wir das Universum in einem sehr frühen Stadium. (35) Das größte philosophische und theologische Ereignis des 20. Jahrhunderts war die Quantentheorie, denn sie hat den mechanischen Determinismus der Physik von Galilei, Newton und Einstein aus den Angeln gehoben. Daraus ergeben sich zwei Folgerungen: Die Zukunft steht nicht fest, und wir haben einen freien Willen! Fortschritt geschieht nicht einfach, sondern muß *gewollt* sein, und zwar in allergrößtem Maßstab: *Wenn die Spezies Mensch ... überleben will, muß sie schließlich die Erde verlassen und den Raum kolonisieren.* (43) Da die Zukunft offen ist, steht auch der Endausgang des Universums noch nicht fest. Wir sind frei und können das Gesamtuniversum so lenken, daß nicht nur das kollektive Leben weiter besteht, sondern jeder einzelne Mensch zum ewigen Leben aufersteht. Das ist die *Physik der Unsterblichkeit.* Wir müssen aber selbst etwas tun und für unsere Erlösung aus eigenen Kräften sorgen. Zu diesem Zweck sind selbst-reproduzierende Computer zu schaffen, Von-Neumann-Sonden genannt, die ferne Galaxien kolonisieren und dort mit menschlichen Genomen und künstlichen Gebärmuttern irdische Menschen nach unserem Bild erzeugen. (77) Bald werden die Computer in der Lage sein, die Gehirnkapazitäten des Menschen zu erreichen und ihn selbst als Computerprogramm an Bord zu nehmen. Der Omegapunkt der Zukunft (= Gott) wird nach der Kontraktion des Weltalls eine stabile Endsingularität sein und zugleich ein riesiger Computer von der Länge Null, in dem Gott alles in allem ist, d.h. jeder mit jedem beliebig kommunizieren kann. Insofern läßt sich sagen, daß Gott uns liebt, weil wir zwar zunächst sterben, aber der Omegapunkt uns am Ende der Tage als Emulation mit einem idealen Kommunikationsleib auf einer Art Festplatte wieder auferwecken wird.

Von weitem hat der Jesuit Teilhard de Chardin (†1955) bei dieser Eschato-Kosmologie Pate gestanden. Teilhard hatte den wiederkommenden Christus als den Punkt Omega der Evolution beschrieben. Ihm zu Ehren nennt Tipler sein kosmologisches Modell Omegapunkt-Theorie. (154) Was Teilhard dunkel und unzulänglich geahnt hat, ist hier zum ausführbaren Programm geworden. Zwei Hindernisse vor allem gilt es zu überwinden. Zum einen wird wegen der Sonnenaufblähung unsere gewöhnliche Erde in etwa 5 Mrd. Jahren zu heiß werden für alles Leben. Zum anderen behindert der 2. Hauptsatz der Thermodynamik das ewige physikalische Leben, weil in einem gleichmäßig warmen Universum keine Energie mehr umgesetzt werden kann. Die Pointe der Tiplerschen Soteriologie ist der doppelte Ausweg aus der fatalen Lage, einmal die Aussendung der kolonisierenden Sonden, dann die Scherung des Universums nach einem Modell seines Lehrers Taub. (177) Demnach kann eine überlegene Intelligenz das Weltall bei der künftigen Kontraktion in etwa 50 Mrd. Jahren so einrichten, daß es sich in verschiedenen Richtungen verschieden schnell zusammen zieht. So wird das All dem Wärmetod entgehen. Dies der große Blick in die physikalisch-eschatologische Zukunft des Universums!

Was lehrt der kleine Blick in die Vergangenheit der letzten 400 Jahre? *Ach, ihr Physiker! Immer versucht ihr das Nichtmeßbare zu messen.* (48) Die Neuzeit ist von dem Versuch berauscht, alles und vor allem den Menschen zu quantifizieren, zu analysieren und autonom zu erlösen. Wissenschaft ist der Versuch, mit Gott den Platz zu tauschen. Berühmt sind die Vorschläge von *Descartes* aus dem Jahr 1637, den Menschen als Maschine zu behandeln und ihn auf diese Weise vor Altersschwäche zu bewahren,[11] also auch vor dem Tod. Ähnliches hatte sich de Lamettrie 1748 ausgedacht, als er den Ärzten in seinem Buch *L'homme machine – Der Mensch als Maschine* empfahl, alles Ganzheitliche, die Seele und so etwas, beiseite zu lassen und den Menschen nur als Objekt der Physik zu behandeln. Solange die Mechanik als Leitmotiv galt, lieferte die Maschine das fortschrittliche Bild vom Menschen. Im 19. Jahrhundert brachte *Darwin* den Evolutionsgedanken auf. Also wurde der Mensch zu einem Ebenbild des Kampfes ums Dasein. Heute scheint die Informatik zur Leitwissenschaft aufgestiegen zu sein, also wird Gott zu einer Turing-Maschine und der Mensch zu seinem vorläufig gelungensten Programm.

Ich freue mich über den Fortschritt. Denn es ist sehr wahrscheinlich, daß der ängstlich um sich selbst besorgte irdische Zweibeiner etwas mit einer Maschine, etwas mehr mit einem Affen und noch etwas mehr mit einem Computer zu tun hat. Nur stimmt mich der Blick auf die Erfolgsgeschichte der Wissenschaft nachdenklich. Wieso ist der Mensch immer gerade das, was die neueste Wissenschaft lehrt? Ich bin gespannt, was der Mensch im 21. Jahrhundert sein wird. Was kommt nach dem Informationszeitalter?

Leider bin ich nicht in der Lage, die quantenkosmologischen Rechnungen unseres Autors zu kontrollieren. Vermutlich ist aber schon die Deutung der Bekenstein-Grenze, die unmittelbar aus der Heisenbergschen Unbestimmtheit folgt, falsch, wie auch der Astrophysiker Penrose meint. (57) Beweist diese Grenze etwa, *daß ein menschliches Wesen eine Maschine mit endlich vielen Zuständen ist: nicht mehr und nicht weniger*? Jedenfalls weiß unser Autor, was er haben müßte, um an sein Ziel zu kommen: Der Mensch müßte digitalisierbar sein, sonst paßt er nicht auf die Festplatte. Die Simplizität, mit der er meint, es verhalte sich so, klingt ideologisch. Zwar mag der Mensch durch einen Quantenzustand von 10^x Bits mit $x = 10^{45}$ darstellbar sein, aber das bedeutet keine digitale Reproduzierbarkeit. *Es gibt keine in Strenge vom Rest der Welt isolierbaren Objekte oder Alternativen.*[12] Die Emulierbarkeit des Menschen auf der Festplatte ist ein schiefer Gedanke. Ein Freund von mir sagt gern: *Amerikaner können nicht denken.* Das ist zwar übertrieben, aber in der angelsächsischen Welt gibt es eine Tendenz zur Objektivierung, welche wenig Rücksicht auf die Reichweite der Begriffe nimmt. Um die Unbestimmtheit zu umgehen, führen die Quantenkosmologen gerne Everetts Vielweltentheorie ein, die *alternative Geschichten als real* behandelt (219), deren einziger Zweck die Sicherung der Objektivität ist. Sie entspringt dem Wunsch nach einer *Rückkehr zur einfachen klassischen Ontologie* der Physik und ist Ausdruck einer nicht geleisteten Trauerarbeit. Wenn der Mensch aber nicht durch endlich viele Zustände darstellbar ist, dann ist er zwar nicht unendlich, aber er wird zu dem, was die Schöpfungslehre schon lange die Spur oder das Bild Gottes in der Welt nennt.

Wenn sie überleben will, muß die Theologie ein Teil der Physik werden. (35) Ich fürchte, unser Autor hat noch nicht gemerkt, daß das Umgekehrte schon geschehen ist und fortfährt zu geschehen. Aber er hat gemerkt, daß sich beide Bereiche *inhaltlich* und *methodisch* überschneiden. Das ist die positive Seite seines phantasiegeladenen Buches. Nur ist seine Wahrnehmung getrübt durch die Quantifizierung. Die Wissenschaft der Neuzeit von Descartes über Einstein bis zu den neueren Kosmologen war eine Religion, die Letzterkenntnis und ewiges Leben versprochen hatte. Die Lehre daraus ist für die Theologie bedeutsam: Es gibt keine Säkularisierung, es gibt nur einen Kampf verschiedener Religionen, um von der endlichen Erde zur Unendlichkeit aufzusteigen. *Es ist daher, wenn man aufs Ganze der Wahrheit geht, unmöglich, eine von der religiösen Entscheidung unabhängige Philosophie zu machen.*[13] Mit der Quantentheorie hat die Physik ein wesentliches Element der Theologie in sich aufgenommen: Die Zukunft ist nicht in der Gegenwart enthalten. Deshalb können wir nicht begreifen, wann wir wollen. Wir müssen warten, bis sich die Wahrheit von selbst zeigt. Der Vorschlag Tiplers mit der kosmosweiten Manipulation zur Erzeugung der Auferstehung ist ein verständlicher Ausweg aus der Verzweiflung, welche die Neuzeit mit der Hoffnung auf Heil aus der Wissenschaft geweckt hatte.

Das geistliche Leben kennt halbe Bekehrungen. Vor zwanzig Jahren war Tipler *überzeugter Atheist* (13), inzwischen redet er fast nur noch von Gott und vom Ewigen Leben. Es ist ihm die Vollendung seiner Bekehrung zu wünschen, damit er die Gegenwart des Heiles erkennt, das er so aufwendig selbst schaffen will. Eschatologie meint nicht das Erreichen des Reiches Gottes in 100 Mrd. Jahren – das ist leere Zeit, die vor sich hindümpelt – im Jetzt ist der Omegapunkt zu finden: *Das Reich Gottes ist nahe gekommen.* (Mk 1, 15) Es ist unserem Autor zu wünschen, daß er in seinen vielen theologischen Büchern auch die Abschnitte über die präsentische Eschatologie findet.

5.3 Eine gewisse Ratlosigkeit

Es gibt eine ganze Reihe von Autoren, die vor den Umbrüchen in den Naturwissenschaften des 20. Jahrhunderts ratlos dastehen. Die Tatsache, daß dort etwas Umwälzendes passiert ist, auch daß das Ereignis ganz unerwartet kam und die Umwälzung den alten Erfahrungen der Religion plötzlich einen neuen Raum geschaffen hat, erkennen sie an. Bei ihnen gibt es also keine verweigerte Trauerarbeit. Dennoch stehen sie häufig unter einer Blockade, die zwar keine Verweigerung im

Willen ist, die aber eine Verschleierung in der Erkenntnis, also eine gewisse Ratlosigkeit hinterläßt. Zu dieser Gruppe von Autoren zählen zum einen Theologen, die zu wenig naturwissenschaftliches Blut in sich haben, um den titanischen Traum der Naturforscher in der Neuzeit zu ermessen, der so schmerzlich zu Ende gegangen ist, so daß Richard Feynman pathetisch und präzise zugleich sagt: *Die Physik hat die Waffen gestreckt.*[14] Zum anderen zählen dazu Physiker wie Feynman selbst oder Davies oder die Gruppe, für die sie stehen. Sie haben zwar die schmerzlichen Ergebnisse anerkannt, wollen aber keine Schlüsse daraus ziehen und bleiben vorläufig erst einmal beim alten Naturbild.

1. Abgründig ist in der Tat die Suche nach Gott auf den Wegen der Natur. In dem Maße, wie die Natur in Wissenschaft und Technik sich eindeutig zeigen wollte, hat sie sich zweideutig gezeigt. Wegen allzu vielen Gebrauchs in der Vorzeit hatte das Wort *Gott* zu Anfang der Neuzeit begonnen, sich zu zersetzen. Nachdem die Naturforscher es lange Zeit als entbehrlich weggelegt hatten, ist es heute wieder da, mit einer Bedeutungsfülle, die man wohl dem Traum, nicht aber der harten Realität zugetraut hätte. Vom Entschwinden und der Wiederkehr Gottes in der Natur gibt das Buch von Alexandre Ganoczy ein nützliches Beispiel: *Suche nach Gott auf den Wegen der Natur. Theologie, Mystik, Naturwissenschaften – ein kritischer Versuch* (1992).

Jedenfalls kann man das Wort im Munde vieler großer Naturforscher finden. Newton als *theologisierender Physiker* redete sehr ernst vom Gott des Alten Testamentes, vom Schöpfer der Welt, vom *alles einsehenden allmächtigen Wesen.* (33) Einstein nahm das Wort auch nicht selten in den Mund und sprach vom Herrgott oder vom Alten. *Jedenfalls bin ich überzeugt, daß der nicht würfelt,* schreibt er am 4. Dezember 1926 an Max Born. Seit der Entdeckung der Quantenmechanik im Jahr 1925 war das sein Lieblingswort. Ist es der Gott der Bibel? Die Holisten unserer Tage reden nicht von Gott, weil sie mit dem Wort einen Gegensatz zur Natur fürchten, sie aber den Dualismus für alle neuzeitlichen Übel, für die Entseelung des Menschen und die Verschmutzung der Erde verantwortlich machen. Wo Gott mit Namen genannt wird, wie bei Descartes, Galilei, Newton oder auch Einstein, ist er möglicherweise nicht anwesend, auch wenn er persönlich ehrlich gesucht war. Wo er, wie bei den Neueren, nicht genannt und persönlich nicht gesucht wird, könnte er wiederum anwesend sein. Denn *ohne* das Wort Gott das Ende der Herrschaft des

Menschen über die Natur zu proklamieren, ist vielleicht eher ein Bekenntnis zu Gott dem Schöpfer, als *mit* diesem Wort den Menschen zum *Besitzer der Natur*, zum *Possesseur de la nature* zu machen wie bei Descartes.

Der Verfasser ist zu loben, daß er sich auf ein Terrain begibt, wo jeder Grenzübertritt den Sinn der Worte verändert. Unter solchen Umständen kann er kaum dem Vorwurf des Dilettantismus entgehen. Wer in zwei so hoch spezialisierten Fächern wie der Theologie und der Naturwissenschaft zugleich schreiben will, ist gezwungen, die Komplexität zu vermindern, so daß sich einmal der eine, dann der andere Leser vom Fach verkürzt vorkommt.

Mit drei Stichworten stellt der Autor das Thema dar: *Gott* in Kapitel I, *Natur* in Kapitel II, *Mensch* in Kapitel III. Das erste Kapitel setzt sich mit der Physik auseinander, das zweite mit der Biologie und Chaostheorie, das dritte mit der Evolutionären Erkenntnistheorie sowie der Verhaltensforschung. Als gelernter Geisteswissenschaftler untersucht der Autor vor allem die Meinungen und will diese verstehen, womöglich besser, als die Urheber sie verstanden haben. Das ist die hermeneutische Kunst, die wenig auf die Sache, aber um so mehr auf die Ansichten zur Sache schaut. Newton etwa, der bei den heutigen Holisten in bösem Ruf steht, kommt sehr gut weg. Den *deterministischen bzw. mechanistischen und deistischen Zug* (49), der ihm von allen Seiten angelastet wird, findet Ganoczy in Newtons Selbstdeutung nicht. Auch Einsteins Religiösität wird überraschend positiv beurteilt, ja Ganoczy vermutet bei Einstein *ein Analogon zur biblischen Vorstellung der Selbstoffenbarung Gottes.* (64) Den üblicherweise bei Einstein gesuchten Spinozismus kann er nicht ausmachen. Jedenfalls möchte er Einstein davon freisprechen. *Denn wo hat er je dem Prinzip ›deus sive natura‹ ausdrücklich zugestimmt?* (63) Theologisch folgt für ihn daraus, daß die relativistische Geometrie *reichere Gleichnismöglichkeiten als die starr dreidimensionale* (220) bietet. Ja, die Relativitätstheorie rettet sogar die Geschichte: *Das vierdimensionale Raum-Zeit-Kontinuum nach Einstein scheint aber mit einer geschichtlichen, folglich heilsgeschichtlichen Sicht der Wirklichkeit besser zu korrelieren.* (220)

Für den Theologen ist es eine verlockende Aussicht, den großen Namen Einstein mit den großen Fortschritten der Theologie nach dem Vaticanum II in Parallele zu bringen. Aber ist nicht eher das Gegenteil richtig? Die Äußerungen Einsteins, daß alle Geschichte nur Illusion sei, sind Legion. Seine Bekenntnisse stimmen ganz mit seinen physikalischen Grundsätzen überein, daß Zeit und Geschichte wie das eigene Ich nur Einbildungen sind. Nicht genug kann man die Klarheit bewundern, mit der Einstein das ausgesprochen hat. Vier Wochen vor seinem eigenen Tod tröstet er die Hinterbliebenen seines Jugendfreundes Besso. Er schreibt am 21. März 1955: *In den Studentenjahren in Zürich wurde unsere Freundschaft begründet, wo wir uns bei musikalischen Abenden regelmäßig trafen ... Später brachte uns das Patentamt zusammen. Die Gespräche am gemeinsamen Heimweg waren von unvergleichlichem Charme ... Nun ist er mir auch im Abschied von dieser sonderbaren Welt ein wenig vorausgegangen. Dies bedeutet nichts. Für uns gläubige Physiker hat die Scheidung zwischen Vergangenheit, Gegenwart und Zukunft nur die Bedeutung einer wenn auch hartnäckigen Illusion.*

Wie soll man in einem solchen Testament letzten Willens eine betont geschichtliche oder heilsgeschichtliche Sicht der Wirklichkeit erkennen? Warum hat der Theologe solche Schwierigkeiten, die Naturwissenschaftler zu verstehen, obwohl doch gerade er als Hermeneutiker die Meinung ehrt?

Ein Geisteswissenschaftler ist in der Kunst ausgebildet, fremde Meinungen zu achten. Dieses Können ist sein Grunderlebnis. Das Erlebnis des Naturwissenschaftlers ist die Objektivität. Meinungen hält er günstigenfalls für unschädlich, meistens aber für blinde Flekken und auf jeden Fall für entbehrlich. Nur allein die meßbaren Phänomene, wie er meint, entscheiden über wahr und falsch. Unser Autor gehört ganz auf die erste Seite und leider überhaupt nicht auf die zweite. Er fördert mit viel Wohlwollen überraschende Blickwinkel zutage, er findet Bezüge, Metaphern, Gleichnisse und Parallelen, um die Übereinstimmung von Schöpfungsglauben und Naturwissenschaft darzulegen.

Aber das Grunderlebnis der anderen Seite ist ihm fremd. Das Beispiel über den Spinozismus Einsteins ist kennzeichnend. Wer Äußerungen Einsteins deutet, kann leicht das Opfer der Begriffsschlampigkeit unter Physikern werden. Denn da es auf Meinungen und Wörter nicht ankommt, kann Einstein ganz munter vom lieben Gott, von der Raffinesse dieses Gottes und von seiner nicht vorhandenen Bosheit, von Offenbarung, von Gut und Böse reden. *Jene mit tiefem Gefühl verbundene Überzeugung von einer überlegenen Vernunft, die sich in der erfahrbaren Welt offenbart, bildet meinen Gottesbegriff; man kann ihn also in der üblichen Ausdrucksweise als ›pantheistisch‹ (Spinoza) bezeichnen.*[15] Oder auch: *1929 nennt er sich in einem Brief einen ›Spinoza-Anhänger‹, dem die Natur Ausdruck des Göttlichen war. Kurz zuvor, als er in einer transatlantischen Depesche gefragt wurde, ob er an Gott glaube, hatte er zurücktelegraphiert: ›Ich glaube an Spinozas Gott, der sich in der gesetzlichen Harmonie des Seienden offenbart, nicht an einen Gott, der sich mit den Schicksalen und Handlungen der Menschen abgibt.‹*[16]

Die Natur soll keinerlei Geschichte bei Einstein haben, sie ist das ewige Gleichmaß über der Zeit, und kein Gott gibt sich mit dem Schicksal der Menschen ab. Wie hartnäckig diese Überzeugung bei Einstein ist, sieht man erst, wenn man ein physikalisches Bewegungsgesetz untersucht und in dessen Determinismus gerechnet hat. Dann weiß man, warum sich Einstein mit Händen und Füßen gegen die *verdammte Quantenspringerei* in der Physik gewehrt hat. Wenn es bei der Springerei mit den Quanten bleibt, das wußte er, dann war es aus mit dem Gott Spinozas. Weil er so sehr nach Harmonie verlangte, wurde seine Existenz tragisch. Lebendiger Inhalt und die Klarheit der Formeln wurden ihm zu Gegensätzen, beide können nicht auf gleichem Feld bestehen. Am 15. Januar 1927: *Das erleben wir gerade jetzt tragisch in der Physik.*

2. Die Beiträge des Bandes Karl Schmitz-Moormann (Hrsg.): *Schöpfung und Evolution. Neue Ansätze zum Dialog zwischen Naturwissenschaften und Theologie* (1992) geben Referate und die Stimmung im Gespräch zwischen Naturwissenschaften und Theologie aus den Jahren 1991/92 wieder. Neben je einem Beitrag eines Physikers, Biologen, Alttestamentlers und einem kurzen Papstschreiben von 1988 stehen fünf Beiträge des Herausgebers selbst (1928–1996), der durch seinen Einsatz für Teilhard de Chardin bekannt geworden ist. Er lehrte Anthropologie und Ethik in Dortmund, zuletzt in Princeton. Neben einer Geschichte des spannungsreichen Verhältnisses von *Evolutionstheorie und Schöpfungsglaube* (33–57), die Bekanntes und weniger Bekanntes aus dem Kampf um die Abstammungslehre erzählt, bringt er vier Beiträge, die sich um ein systematisches Verständnis mühen.

Der Grundgedanke des Autors ist zunächst der von der großen Bedeutung des Dialogs zwischen Naturwissenschaft und Theologie. Darin muß ihm jedermann beipflichten. Auch darf sich der Dialog nicht wie *in Europa meist auf Fragen der Ethik* (7) beschränken. Von solcher Einschränkung gibt gleich der Biologe ein Beispiel, der bei der Suche nach dem *Überleben der Spezies Mensch* die Zeit für gekommen hält, auch die Hilfe von Philosophen und Theologen in Anspruch zu nehmen. (31) Hier wurde die Erschütterung des Objektivitätspostulates noch nicht wahrgenommen, deshalb wird auch der Graben zwischen Wissenschaft und Theologie hier noch nicht überschritten. Allerdings sollten die Kämpfe um das Objektivitätsideal der Wissenschaften gezeigt haben, wo die großen Sprengsätze liegen. Nicht in der Ethik, sondern in der Reichweite des Wissens liegen sie zuerst. Die Objektivität der Natur ist eine stilisierte Denkfigur, deren Versteinerung nur durch das Mitwissen von der unvermeidlichen Stilisierung verhindert wird. Deshalb sieht Schmitz-Moormann mit aller Deutlichkeit, daß die Evolution kein Letztbegriff des Wissens und kein Letztziel des Lebens sein kann, wie das etwa bei Lorenz, Monod, Ditfurth oder anderen Vertretern des Evolutionismus der Fall war: *Selbst der Begriff der Evolution ... wie auch der der Entwicklung versetzt uns in eine statische Sicht des Universums.* (86) Sinnstiftung aus dem Begriff *Evolution* ist unmöglich, weil *Evolution* eine Vorstellung aus dem Arsenal mechanischer Weltbilder ist. Sie setzt ein Ziel, indem sie dieses für sinnvoll erklärt, zum Beispiel die Selbsterhaltung der Spezies Mensch, und fordert zur Teilnahme an der Erreichung dieses Zieles auf. Der Autor stellt befriedigt die *immer deutlichere Abkehr von einer strikt deterministischen Interpretation der Natur* fest. (6) Diese Sichtweise gibt dem Bändchen seine Aktualität. Mit der damit freigesetzten organischen Vorstellung möchte der Autor die Visionen Teilhards über eine sinngerichtete Entwicklung des Lebens unterstützen.

Die Evolution allen Lebens aus der Vergangenheit ist eine Tatsache, die man vernünftigerweise nicht bestreiten sollte. Zur Deutung der Tatsache möchte der Autor ein Wort Tertullians umkehren und sagen: Wahrer ist, was später kommt. Bei Tertullian heißt es in der Schrift *Gegen Markion*: *Si constat id verius quod prius, id prius quod ab initio. – Wenn feststeht, daß wahrer ist, was früher ist, dann ist das früher, was am Anfang steht.* (4, 5) Entsprechend schließt der Autor umgekehrt: Am Anfang der Erde könne kein Paradies mit einer Erbsünde gestanden haben, da dem Neandertaler oder einem anderen Frühmenschen weder ein heiler Anfang noch ein so großes Versagen zuzutrauen ist. Allerdings kommt er auch nicht zu dem Fehlschluß, daß nun das Paradies vorne und in der Zukunft zu suchen sei. Mit Teilhard nimmt er den Sinn und das Ziel einer paradiesischen Erfüllung des Menschen über jede chronologische Zukunft hinaus an, im Punkt Omega des Christus Evolutor. Er anerkennt ohne Wanken, daß die physikalische Welt unter dem Gesetz der Entropie steht. Von unten aus gesehen hat sie nur zufällige Ereignisse anzubieten und deshalb weder Sinn noch Bestand. (134f)

Alles hat seine Grenzen, auch die teilhardschen Vorstellungen. Wenn das Heil in der Zukunft liegt, über jede Zeit hinaus, warum sollte es dann nicht auch in der Vergangenheit gelegen haben, über jede Zeit hinaus, aber in der Zeit? Warum dann nicht ein früheres Paradies? Dann vor allem kann es in der Gegenwart liegen, im singulären Ereignis, etwa dem Ereignis Christi selbst. Das würde Anfang und Ende, Paradies und Sündenfall, Gericht und Seligkeit, miteinander verbinden im entscheidenden Augenblick. *Jetzt sind die Tage des Heiles*! Der wissenschaftliche Begriff kommt schnell an seine Grenzen und dann drehen sich die Aporien im Kreis. Wegen dieses Mangels an philosophischer Reflexion erscheint manches beim Autor ratlos. Die Vorstellungen bleiben an Raum und Zeit gebunden, sind also trotz Berufung auf einen Bereich oberhalb stark von Raum und Zeit her genommen. Die Vorstellung hat die Grenze des Begriffs im Denken noch nicht in sich aufgenommen. Hier eine Erfahrung des Paradieses von jenseits des Begriffs: *Mein sind die Jahre nicht, die mir die Zeit genommen. Mein sind die Jahre nicht, die etwa möchten kommen. Der Augenblick ist mein, und nehm ich den in acht, so ist der mein, der Jahr und Ewigkeit gemacht.* (Andreas Gryphius)

3. Für Theologie und Glaube ziemlich erfreulich ist das Buch von Philip Clayton: *Rationalität und Religion. Erklärung in Naturwissenschaft und Theologie* (1992). Gefallen kann es vor allem denjenigen Theologen, die den Wahrheitswert der Naturwissenschaften bisher so hoch angesetzt hatten, daß sie fürchten mußten, Theologie und Naturwissenschaft würden in einen Widerspruch geraten, wenn beide nicht *von vornherein* in ihrem Gegenstandsbereich und in ihrer Methode unterschieden würden. Die großen Verwerfungen im Streit um Galilei und Darwin stehen im Hintergrund der Furcht vor unzulässigen Grenzüberschreitungen. Dagegen ist hier von der unvermeidlichen Berührung der Theologie mit der Naturwissenschaft die Rede. Das Buch will angesichts der Grundlagenprobleme in der Wissenschaftstheorie den Nachweis erbringen, daß Religion sinnvoll ist, daß sie *wieder* sinnvoll ist, weil sie sich vor der Rationalität der Wissenschaften nicht mehr zu fürchten braucht. Denn der Wissenschaftstheorie ist die Bestimmung dessen, was Rationalität ist, nicht recht gelungen. Also kann auch der Theologie nicht bestritten wer-

den, daß sie eine zwar andersartige, aber keinesfalls mindere Art von Rationalität besitzt als etwa die Physik oder die Soziologie. Wenn sie ein paar Regeln allgemeiner Art einhält, kann auch sie als vernünftig gelten und öffentliche Ansprüche stellen, etwa auf staatlich besoldete Lehrstühle.

Die neue Wertschätzung ist möglich geworden durch die sogenannte *kontextuelle Wende* in der Wissenschaftstheorie. Diese Wende beherrscht das Buch des Autors wie eine Losung. Sie weist *unmißverständlich darauf hin, daß eine rein formale Darstellung der Erklärung in der Wissenschaft nicht angemessen ist.* (24) Der Formalismus, oftmals auch Positivismus genannt, war anfangs getragen vom Wiener Kreis und hatte den Versuch gemacht, unabhängig von künftigen Inhalten zu sagen, was Rationalität, was Vernunft, was Wissenschaft sei. Zugleich sollte, nach Ansicht der Positivisten, einzig die wissenschaftliche Rationalität Anspruch auf öffentliche Geltung besitzen. Die Theologie durfte keinesfalls dazu zählen. Ja, es scheint, daß die Wissenschaftstheorie eigens zu dem Zweck ersonnen war, die Theologie zusammen mit ihrer Metaphysik zu vertreiben. Bekannt ist der Sinnlosigkeitsverdacht Rudolf Carnaps: Gott ist babig. Und was mag das schon heißen? Das Wort *Gott* hat also mit wahr und falsch nichts zu tun, sondern ist einfach unsinnig, meinte Carnap.

Mehr als in Europa ist die Wissenschaftstheorie die Philosophie der Angelsachsen geworden. In Europa hat es der amerikanische Pragmatismus schwerer gehabt, besonders bei den gemütstiefen Deutschen. Wittgenstein wurde in Cambridge groß, Heidegger im Schwarzwald; umgekehrt wäre es nicht möglich gewesen. Aber um eine *Verknüpfung gegenwärtiger analytischer Philosophie und traditioneller europäischer und deutscher Philosophie* (XI) geht es dem Autor.

Die Krise der formalen Wissenschaftstheorie macht einen Dialog mit der Theologie wieder möglich. Entsprechend hat das Buch von Clayton zwei Teile. Im ersten Teil, Kapitel 1 bis 4, beschreibt er die Krise der Wissenschaftstheorie und die kontextuelle Wende, im zweiten Teil, Kapitel 5 und 6, wendet er einen gemäßigt formalen Rationalitätsbegriff auf die Theologie an und sucht ihren Status als Wissenschaft zu bestimmen.

Mit der von Thomas S. Kuhn († 1996) im Jahre 1962 vollzogenen kontextuellen Wende hat sich die Hoffnung auf eine vorweg garantierte, formale Sicherheit aufgelöst. Die Form empirischen Wissens scheint selbst wandelbar zu sein, also kann auch die Methode, welche das Wissen ansammelt, nicht von einer apriorischen Methode garantiert werden. Welches *Paradigma* in einer Epoche als wissenschaftlich und selbstverständlich, also als vernünftig gilt, muß zu anderen Zeiten, so Kuhn, keineswegs mehr die Norm der Wissenschaft sein. Daher kann mit der Berufung auf Wissenschaft, d.h. auf Naturwissenschaft, kein letztgültiger Anspruch auf Rationalität begründet werden. Radikale Vertreter der Gleichwertigkeit aller Paradigmen wie Paul Feyerabend († 1994) stellen deshalb den *Hexenhammer* auf die gleiche Rationalitätsstufe wie die Relativitätstheorie Einsteins. Sein Leitwort lautete: *Anything goes.* Clayton möchte so einseitig nicht sein, er möchte die Kriterien für die Rationalität nicht völlig dem Wandel der Zeit unterwerfen. Er favorisiert den vermittelnden Ansatz von Imre *Lakatos,* der formale und kontextuelle Elemente zu einer Rationalitätstheorie verbindet, die er dann, nachdem er sie von *jeder immanenten Abhängigkeit vom naturwissenschaftlichen Kontext* befreit hat (69), auf die Theologie überträgt. Er kommt schließlich *zu einer methodologischen Definition der Theologie als Wissenschaft.* Von den vier Punkten der Definition scheint der vierte Punkt der wichtigste zu sein: *Also müssen in einem diskursiven Kontext letztlich alle Überzeugungen als Hypothesen behandelt werden.* (189)

Damit kann die Theologie leben, auch wenn der Glaube nach eigenem Selbstverständnis alles andere als eine Hypothese ist. Doch die Gewißheits-, Einzigkeits- und Absolutheitsansprüche bis hin zur betonten Infallibilität von Schrift, Kirche, Konzil oder Papst haben nur deshalb soviel Zorn ausgelöst, weil zugleich die Wissenschaften, allen voran die Naturwissenschaften, selbst solche Ansprüche angemeldet hatten. Fallen diese weg, geben also die Wissenschaften ihre Allmachts- und Heilsträume auf, dann stellt sich der Themenkomplex von Absolutheit, Infallibilität, Toleranz und Hypothese ganz neu dar. Das Hauptverdienst des Buches von Clayton ist es, die Theologie von der kontextuellen Wende in der Wissenschaftstheorie zu unterrichten.

Alles hat seine Grenzen, auch dieses Buch. Man könnte die Frage stellen, warum die Naturwissenschaften so fraglos zur normgebenden Instanz aufsteigen konnten. Mutet es nicht sonderbar an: Weil der Formalismus in der Wissenschaftstheorie in die Krise geraten ist, deshalb dürfen Theologie und Glaube wieder sein? Zwar hat die Naturwissenschaft viel Wahrheit für sich, mehr noch Richtigkeit, aber daß sie sich zum Paradigma für Denken und Handeln hat aufwerfen können, ist nicht selbstverständlich, sondern die Signatur einer merkwürdigen Epoche. Das eben macht das Amerikanische an diesem Buch aus, daß es zum Maßstab der Epoche, zum Kern der Neuzeit, in keine Distanz getreten ist. Das eben ist auch das ratlose Element in diesem ansonsten erfreulichen Buch. Der Autor ist wohl nur zufällig auf die Grenze der Naturwissenschaft gestoßen, die Eigenart dieser Grenze hat er noch nicht in sein Denken aufgenommen.

4. Der Autor Rainer Koltermann: *Grundzüge der modernen Naturphilosophie. Ein kritischer Entwurf* (1994) liefert eine Naturphilosophie mit Maß! Obwohl er eine Vielzahl von Informationen aus der Kosmologie, Physik, Biologie, Psychologie und Evolutionslehre anführt, erläutert er nüchtern die Einzelheiten des Naturwissens. Mit der gleichen *Nüchternheit* fragt er, was dieses Wissen an Selbst- und Gotteserkenntnis bereit hält. Weder durch eine Reduktion des Geistes auf Natur, noch durch einen Triumph des Geistes über die Natur werden Erlösungswünsche befriedigt. Diese Naturphilosophie will sich nicht berauschen! Das ist ihr erstes Verdienst. Zwar verkündet der Verlag, daß Experten diese Naturphilosophie für *die beste, die derzeit im deutschen Sprachraum existiert*, halten, aber solches Eigenlob ist der einzig störende Geruch an diesem Buch.

Der Nüchternheit zum Trotz unternimmt der Autor eine Art *Gesamtschau* von Natur und Welt. Das ist das zweite Verdienst. Vor Jahren einmal hatte Karl Barth gefragt, ob die Theologen jenen abergläubischen Respekt vor der Naturwissenschaft nötig hatten, der so lange bei ihnen herrschend war.[17] Daß ein katholischer Autor am Ende des 20. Jahrhunderts mit Respekt, aber ohne Aberglaube *die Naturwissenschaften befragt*, ob sie wissen, was sie tun, ist das dritte Verdienst. Dazu kommen noch einige weitere.

Nach einer *Einführung* im ersten Teil wird das heutige Naturwissen zuerst in seinen Grundzügen vorgestellt, dann philosophisch durchleuchtet, schließlich theologisch gedeutet. *Der große anthropologische Bogen* im zweiten Teil stellt die neueren Ergebnisse des Naturwissens vor und spannt einen Bogen, der vom Beginn der Schöpfung bis zum Punkt Omega der Zukunft reicht, in dem Gott alles in allem wird und Welt und Mensch versöhnt sein werden. *Der kleine anthropologische Bogen* im dritten Teil wendet sich den ethischen und praktischen Fragen des Alltags zu, dem Beginn des individuellen Lebens, den Prägungen der Jugendzeit, den Aggressionen des aktiven Lebens sowie dem Alter mitsamt dem Tod. Immer ist die neueste Literatur angegeben, deren wichtigste Ergebnisse dargestellt und untersucht werden.

Ein weiteres Verdienst ist, daß der Autor die Sache der Natur von Anfang an in den richtigen Rahmen stellt. Denn mit dem Ende des bloßen Kausaldenkens in der Naturwissenschaft beginnt eine neue Epoche. Über die Idee einer strengen Determination sagt er mit Recht, daß sie wegen der statistischen Art der Naturgesetze nicht aufrecht erhalten werden kann. Nur macht er keine Tragödie daraus wie solche Autoren, die ihr Herz daran gehängt haben. *Auch in der Mikrophysik sowie in den Bereichen der Relativitäts- und Quantentheorie trifft eine strenge Kausaldetermination nicht mehr zu.* (20) Genauer müßte er wohl sagen, sie hat nie zugetroffen. Es gab nur einen weitgehenden Konsens zu ihren Gunsten, weil der Mensch eine (tragische?) Neigung hat, die Determination glauben zu wollen.

War der Glaube an das Kausalgesetz der Versuch, den religiösen Glauben überflüssig zu machen? War das Naturgesetz selbst eine Art von Gott? Was wird aus der Wissenschaft werden, wenn das Postulat einer objektiven Natur mit der Wissenschaft gleichzusetzen ist? Dieses Postulat *hat ihre außerordentliche Entwicklung seit dreihundert Jahren angeführt,* wie Jacques Monod sehr richtig und voll Trauer in der Stimme sagt. Der Mensch, das Leben, ja der ganze Kosmos scheinen jenseits des objektiven Kausalgesetzes in einem neuen Licht zu erstrahlen. Mit dem Wegfall der Determination erhält die Daseinserfahrung ein neues Lebensrecht: Es gibt den Zufall, das Kontingente, das unvorhersehbare Ereignis. Personale Freiheit wird denkmöglich, sowohl die Freiheit Gottes wie die des Menschen: *Gott schafft aus nichts in Freiheit.* (190)

Das letzte Verdienst ist, daß der Autor mehr Philosophie fordert! Mehrfach bedauert er das Fehlen eines solchen Rahmens, etwa beim Biologen Illies (186), oder er beklagt das Übel eines maßlosen Naturalismus: *Insgesamt liegt der Grund für das Entstehen der Chaostheorien in einem Mangel an philosophischer Reflexion.* (72) In der Tat, Philosophie ist etwas anderes als das Ansammeln von Fakten und Daten. Die philosophische Reflexion ist eine Sicherung gegen die rauschhaften Kurzschlüsse, die dem Wunsch nach Weltanschauung und augenblicklicher Gewißheit entspringen, die wiederum Funktionen des Ich in seinem Willen zur Selbsterhaltung sind.

Trotz der vielfachen Vorzüge dieser Naturphilosophie bleibt eine Frage bestehen. Wenn der Autor den Anfang ganz richtig mit der

Kritik der Kausaldetermination macht, kann es dann sinnvoll sein, beim Kausaldenken zu bleiben? Sollte man Aristoteles und Thomas herbei holen, um Gott die Erstursache der Schöpfung zu nennen? Läßt sich auf solche Weise der neuzeitliche Mangel beheben? Wenn das Kausalmodell schon im kleinen kein treuer Sachwalter der Wirklichkeit war, dann ist es doch unwahrscheinlich, daß es diese Aufgabe im großen erfüllen wird. Natürlich ist die metaphysische Kausalität strikt von der naturwissenschaftlichen zu unterscheiden, also nur analog zu verstehen. Was aber heißt analog? Beträgt der Grad der Analogizität 90 % oder 50 % oder 10 % oder gar 0 %? Ich gestehe, daß ich die Analogie für eine undurchsichtige Sache halte. Sie will dort reden, wo die Möglichkeit der Objektivität am Ende ist. Sie will dort Wissen haben, wo Weisheit am Platze wäre. Es ist, als ob die Analogielehre den verlorenen Schlüssel unter dem Licht der Laterne sucht, nicht weil er dort verloren wurde, sondern weil sie nur dort etwas sehen kann.

An dieser Stelle behandelt der Autor einen Einwand von Bertrand Russell († 1970), der wiederum ein Motiv von Kant verwendet und sagt: *Ich sehe jedoch keinerlei Anlaß für die Annahme, daß nicht nur jedes einzelne Ding in der Welt, sondern die Welt als Ganzes eine Ursache haben muß.* (85) Die Schwierigkeit, die sich Koltermann bereitet, liegt darin, daß er mit Russell die Voraussetzung teilt: Jedes Ding in der Welt muß eine Ursache haben! Er beruft sich dafür auf Leibniz und das Prinzip vom zureichenden Grund. Unter solchen Umständen allerdings läßt sich Gott als Ursache und Urheber aus der Kontingenz der Welt erschließen. Es werden aber keine neuen Argumente bereit gestellt, welche die alten Einwände von Kant beheben. Was mag es heißen, daß die Frage nach der Welt im ganzen einer anderen Kategorie angehört als die Frage nach den einzelnen Dingen? Müßte nicht eine bessere Lösung überhaupt vom Kausaldenken Abschied nehmen? Das heißt, Kausalität wäre ein Denken auf der zweiten Stufe. Wie nicht alle Wirklichkeit Natur ist, so geschieht auch nicht alle Bewegung durch Kausalität.

Galilei, Russell und Einstein hatten darauf bestanden, daß es eine absolut gewisse, endliche Erkenntnis von den Dingen gibt. *Gott selbst weiß nicht mehr darüber.* So jubelte einst Galilei. *In einigen Dingen kommt die Erkenntnis des menschlichen Geistes an objektiver Gewißheit der göttlichen Erkenntnis gleich.* Das ist ein schal gewordener Traum. Es gibt aus Gründen der Mikrophysik und der Quantentheorie keine das Sicherheitsbedürfnis befriedigende Erkenntnis der

Endlichkeit, auch keine fortschreitende auf ein Ziel hin. Was aber ist dann die Erfahrung des Glaubens? Diese ist es: Obwohl alles unsicher ist und die Kausalkette eine nicht behebbare Lücke aufweist, so daß sie mir nicht helfen kann, den Überblick zu gewinnen, verzweifle ich dennoch nicht. Im Gegenteil! Von jenseits, durch die Befreiung vom Kausalzwang, kommt mir ein Licht als Erkenntnis zu, die alle Unsicherheit in strahlende Gewißheit verwandelt: *Gott ist nicht notwendig; er ist mehr als notwendig.* In ihm bin ich frei, nicht am Ende der Zeiten, sondern durch den Herrn der Zeiten jetzt im Augenblick. Das hatte wohl Kant gemeint, als er das Wissen einschränken wollte, um Platz für den Glauben zu schaffen. Dabei aber hat er nicht nur das metaphysische Wissen, wie Russell meinte, sondern vor allem das physikalische Wissen eingeschränkt. Kant ein Alleszermalmer? Ja, er hat die Hoffnung zermalmt, mit der Wissenschaft zu einer Letzterkenntnis zu gelangen.

Wenn nun Koltermann seinen Jesuitenmitbruder Ogiermann sagen läßt, daß bei der metaphysischen Kausalbestimmung die Ursache im Hinblick auf das Kontingente entwickelt wird, so ist darin zwar die Erfahrung des Glaubens enthalten, aber nicht ausgesagt. Diese Kausalbestimmung soll *primär, ursprünglich, in der Konsequenz ihres Ansatzes zu dem Grunde, der Ursache, zu Gott* führen. (86) Gott ist keine *physische* Ursache, einverstanden, aber warum soll man ihn dann eine *metaphysische* Ursache nennen? Zahllos sind die Mißverständnisse, die aus dieser Benennung geflossen sind. Wer kein Homo religiosus oder religiöser Virtuose ist, hört nur wieder die Ursache heraus, wenn man ihm von einer Erstursache erzählt. Denn da er nicht über dem Abgrund schweben kann, muß er sein Sicherheitsbedürfnis befriedigen.

Ist es dem Autor gelungen, nach den *ungenügenden Lösungen zu Evolution und Schöpfung* einen *positiven* Entwurf (186) vorzutragen? Nein, das würde ich nicht sagen. Aber das ist auch nicht schlimm. Einen solchen Entwurf kann es nicht geben, denn er müßte den Begriff der Kausalität verwenden, von welcher Art der auch immer sei. In allen Einzelheiten ist der Entwurf von Koltermann gut. Wir haben alle noch viel Negative Theologie zu lernen, um die Schöpfungswege Gottes im verstummenden Reden zu hören. Als Rahmen einer nachneuzeitlichen, religiösen Deutung des Naturwissens kann diese Naturphilosophie nicht dienen, aber weil sie den besagten abergläubischen Respekt vor den Naturwissenschaften abgelegt hat, weist sie in die richtige Richtung.

5. *De mortuis nihil nisi bene. – Über die Toten nichts als Gutes.* Nach längerem Leiden ist Reinhard Löw am 25. August 1994 gestorben. Das erschwert dem Kritiker die Kritik. Schon das irdische Antlitz des Menschen klagt Rechte ein, die über eine bloße Sachlichkeit hinaus gehen. Wieviel mehr das verewigte! Doch nur in den Augen der Welt sind die Toten tot. Vertrauen wir also darauf, daß unser Autor Gelegenheit finden wird, seinem Kritiker zu erwidern, und behandeln wir ihn als Lebenden!

Denn ehrlich gesagt, das Buch von Reinhard Löw: *Die neuen Gottesbeweise (1994)* ist schrecklich! Und das trotz der Verdienste, die sich der Autor beim Thema Naturwissenschaft und Theologie erworben hat und mit diesem Buch noch einmal erwirbt. Nicht daß er in der Sache kein Recht hätte, aber der rauhe Ton des Buches nimmt nicht gerade für den Autor ein! Im Angesicht des Todes möchte ich mir einen größeren Frieden wünschen. Dem armen Tipler, der einen Bestseller über die *Physik der Unsterblichkeit* angefertigt hat, hätte er etwas milder sagen können, daß er eine Null im Denken ist. Die Verrücktheit dieses Physikers stammt aus dem Herzen und verdient seelsorgliche Rücksicht! Aber wahrscheinlich war Löw der strengen Meinung, daß die Philosophie keinen Trost spenden, sondern zum *Streit ohne Haß* (13) bereit sein soll. Denn ohne Streit sind Philosophen nicht schreibtauglich, und dieser war es insbesondere nicht.

In den ersten drei Kapiteln ist der Ton erträglicher, wenn auch keineswegs souverän. Das erste bringt logisches Handwerkszeug zum Thema der Gottesbeweise, das zweite historische Tatsachen. Das alles ist Standardwissen. Das dritte Kapitel aber wird originell und führt an die Schwelle des Problems. Denn die neuen *Gottesbeweise,* von denen die Literatur der Populärwissenschaften voll ist, sind natürlich keine. Wenn Evolutionisten wie Hoimar von Ditfurth, Biophilosophen wie Wolfgang Wickler, Soziobiologen wie Richard Dawkins oder eben Tipler ihren Gott predigen, so ist es ihr kleines Weltsystem, das sie mit dem Namen aller Namen belegen. Der treibende Motor ist die Naturwissenschaft, die ihre religiösen Bedürfnisse und diejenigen eines breiten Publikums befriedigt. Löw rückt diesen *fürchterlichen Beweisen* (134) mit logischen Mitteln zu Leibe. Fast alle diese Wissenschaftler sind ziemlich naiv und ungeübt im Denken. Sie bauen mit ruhigem Gewissen auf Objektivität und Gewißheit der Natur, ohne jemals die Rückfrage zu stellen, was das denn sei, die Objektivität. Deshalb hat Löw leichtes Spiel hier und kann ihnen die *Beweise* für ihren Gott schnell Blatt für Blatt aus der Hand schlagen.

Dann kehrt er den Spieß um und entwickelt einen sehr erwägenswerten Gedanken. Er packt den *Stier bei den Hörnern* (135) und versucht auf zwanzig Seiten einen eigenen Gottesbeweis. Mit diesem gelingt ihm fast der Durchbruch. Löw sieht, daß der Kern der naturwissenschaftlichen Anmaßung im *Problem des Neuen* steckt. Physik und Biologie müssen, um atheistisch zu sein, das *Neue* leugnen. Sie sind deistisch. Im Deismus ist Gott nur eine Frage des Namens. Es ist gleichgültig, ob man das letzte Prinzip Gott nennt oder Weltformel oder sonstwie. Löw deckt auf, daß die Fulgurationen, von denen die Biophilosophen seit Konrad Lorenz reden, das Neue zwar benennen, aber es zugleich wegerklären, um es nicht sehen zu müssen. Denn das Neue, wenn es wirklich neu ist, das radikal Neue, das Novum, ist der Statthalter der Transzendenz. Bei seinem eigenen *Versuch eines evolutionstheoretischen Gottesbeweises* (149) bedient sich Löw der Hilfe Hegels und zeigt, daß die *Trennung von Begriff und Gegenstand* eine Leistung des Menschen ist, die nicht schlechthin objektiv genannt werden kann. Damit *Neues* sein kann, sagt er, muß es ein Bewußtsein geben, das über den Menschen hinaus geht, nämlich das göttliche Bewußtsein. Wer auf der endlichen Ebene von alt und neu redet, gerät, wenn er seine Begriffe ernst nimmt, in eine Dialektik, deren Einheit nicht mehr im Endlichen liegt. Wenn die Evolutionstheorie von *wirklich Neuem* handelt, und von Altem handelt sie sowieso, dann *ergibt sich als einfachste Konsequenz die Annahme der Existenz eines göttlichen Bewußtseins.*

Der Beweis hat eine Schwachstelle. Gibt es das Neue? Hartgesottene Biophilosophen wie Ernst Mayr leugnen das. Nach ihm bedeutet die Unbestimmtheit, von der die Quantenphysik spricht, *nicht das Fehlen von Ursachen, sondern lediglich Unvorhersagbarkeit.* (143) Das legt die religiöse Funktion des Biologismus offen. Mayr will das *Neue,* das in der Unbestimmtheit liegt, nicht annehmen. Deshalb glaubt er an unvorhersehbare Ursachen, was ein irrationaler Glaube und eine grundlose Metaphysik ist wie bei Einstein. Das Vertrauen auf vorhandene, wenn auch unvorhersehbare Ursachen ist bei beiden infallibel. Löw ist nicht Physiker genug, um sein logisches Argument in ein ontologisches zu verwandeln, denn nur naturhafte Argumente nimmt der Evolutionist an. Logisch könnte dieser durch einen *progressus in infinitum,* durch die Hoffnung auf einen Fortschritt ohne Ende, zu entfliehen suchen. Aber ontologisch gelingt der Durchbruch.

Es gibt das Neue, radikal, in jeder Hinsicht: Die Geburt des Seins aus dem Nichtsein, die Geburt des Lebens aus dem Sein und die Geburt des Menschen. Das Neue ist das Ende des mechanischen Weltbildes. Auch jede Gen-Mutation ist von dieser Neuheit, meistens aber nicht so erfreulich wie die drei Geburten. Die Fulgurationen der Biologen sind noch nicht das wirklich Neue.

Weil es das radikal Neue in der Welt gibt, deshalb gibt es einen Gott, der nicht der deistische ist. Bei seiner Erkenntnis fällt der rauhe Ton fort. Möge unserem verewigten Autor der Durchbruch gelungen sein, möge er jetzt in Frieden ruhen, durch Einsicht in die Teilwahrheit seiner Gegner!

6. Von Buch zu Buch berichte ich hier von der tränenreichen Trauerarbeit, die in den Naturwissenschaften vor sich geht, von der Tragödie, die sie allen bereitet hat, die bei ihr Erkenntnis, Weisung und Trost finden wollten. Das gilt auch von Paul Davies: *Die Unsterblichkeit der Zeit. Die moderne Physik zwischen Rationalität und Gott* (1995). Nur drückt sich die Enttäuschung nach Temperament und denkerischem Vermögen verschieden aus, und bei ihm in sehr gesitteten Formen.

Mir scheint, die Enttäuschten und ihre Anhänger lassen sich in drei Gruppen einteilen: Es gibt die *Aggressiven*, die merken, wie ihnen die Wissenschaft als fester Boden unter den Füßen weggezogen wird, die es aber nicht bemerken wollen; Namen zu nennen wäre hier wenig ehrenvoll. Dann gibt es die *Ratlosen*, die es merken und wissen, und die darunter leiden; dazu gehörte Albert Einstein, dem zu den letzten dreißig Jahren seines Lebens nur noch das Wort Tragik eingefallen ist. Zu der dritten Gruppe, zu den *Jovialen*, die ihre Ratlosigkeit mit Forschheit verdecken wollen, zählt unser Autor. Davies bedauert zwar den Verlust der Übersicht, wie er in der alten, klassischen Physik geherrscht hat, nimmt die Situation aber heiter: Es ist eben eine Tatsache der Natur, daß es in der Natur nicht nur Tatsachen gibt! Zum Glück ist Davies ein Engländer und merkt die Paradoxie des Satzes nicht, deshalb stört ihn auch die Tragödie nicht, an der Einstein gescheitert ist. Schon vor 10 Jahren hatte Davies notiert: *Bohr gewinnt, Einstein verliert.* Dennoch ist der Held des Buches wieder Einstein, wie es der englische Titel besagt: *About Time. Einstein's Unfinished Revolution*. Diesmal heißt es noch stärker: *Obwohl Einstein einen so außergewöhnlichen Ruf als Wissenschaftler hatte, blieb seine Ansicht die einer Minderheit, und heute, vierzig*

Jahre nach seinem Tod, haben verfeinerte Experimente Einsteins Position noch weiter geschwächt. (110) *Die jüngsten quantenoptischen Experimente dürften genügen, Einstein im Grabe rotieren zu lassen.* (207) *Aus Einsteins Gedankenexperiment sind jedenfalls inzwischen eine Reihe wirklicher Experimente geworden, deren Ergebnisse bestätigt haben, daß Bohr eindeutig recht hatte und Einstein bedauerlicherweise unrecht.* (208)

Wer diesen letzten Satz zu deuten weiß, der hat den Schlüssel zum Verständnis der Neuzeit in der Hand. Vor allem das Wort *Bedauern*. Einstein, der mythische Held der Wissenschaft im 20. Jahrhundert, bedauerlicherweise im Unrecht! *Wie wir uns die Wirklichkeit vorgestellt haben, so ist sie nicht! Wie sie wirklich ist, wollen wir dann gar nicht mehr wissen oder doch nur mit abgewandtem Gesicht!* Mit Wehmut blickt eine ganze Gemeinde von Wissenschaftsgläubigen einem Traum nach, der dabei ist zu verfliegen wie die Septemberschwalben nach dem Sommer! Die Hoffnungen sitzen noch wie die Schwalben auf den Telegraphenleitungen, aber laut zwitschernd und zum Abflug bereit. Alle Rettungsversuche mit Begriffen wie *Systemtheorie* oder *deterministisches Chaos* helfen nicht weiter, die immanente Natur vor der Berührung mit der Transzendenz zu bewahren.

Ein Traumbuch hat Davies denn auch geschrieben, mit tausend skurrilen Vermutungen und Zeitreisen, die um einen kleinen Kern von Realität gelagert sind. Ein einziges hartes Experiment steht am Anfang, das sogenannte Zwillingsparadoxon. Nach der bestätigten Vorstellung der Relativitätstheorie hat ein auf der Erde verbliebener Zwilling weiße Haare, wenn der andere nahe der Lichtgeschwindigkeit einige Zeit dahin fliegt, dann zur Erde zurückkehrt und noch in jungen Jahren steht. Die Vorstellung übt auf viele Leute einen Schock aus, weil damit anscheinend die objektive Ordnung der Natur umgestoßen wird. Wer auf die Natur sein Vertrauen und seine Hoffnung gesetzt hat, bekommt dann Identitätsängste. Aber *dieser* Umsturz ist nur ein Vorschein der Revolution, die in der Quantentheorie lauert. Daß die Relativitätstheorie die Objektivität und Kausalität der klassischen Physik nicht antastet, weiß auch unser Autor. *Einsteins Zeit ist trotz ihrer begrenzten Beobachterabhängigkeit immer noch dem Laplaceschen Determinismus verhaftet …* (327) Das Problem des pragmatischen Angelsachsen Davies ist, daß er weiter auf wissenschaftliche Lösungen hofft. Auch wo es mit der Wissenschaft schon zu Ende ist und eine andere Wirklichkeit in der Natur sich kundtut, die selbst nicht Natur ist, will er einzig bei der Natur bleiben! Einstein wußte um das Ende des wissenschaftlichen Zeitalters, wenn die Quantentheorie recht behalten sollte. So groß waren seine Ängste, daß er nur noch um diese Frage kreiste. Aber da unser Autor zur jovialen Gruppe gehört, nimmt er das Faktum an, daß es keine eindeutigen Fakten gibt. Hier zeigt sich die fehlende Philosophie, der Mangel an Bewußtsein über die Reichweite des menschlichen Begreifens. Die Endlichkeit sucht sich bei Davies einen anderen Ausweg und wird kurios, wenn der ansonsten seriöse Autor von einer Reise in die Vergangenheit spricht, obwohl er weiß, daß nichts für eine solche Möglichkeit spricht. *Dennoch, begnügen wir uns im Moment damit, daß eine Zeitmaschine im Prinzip gebaut (oder in der Natur entdeckt) werden könnte.* (292)

Der Vorteil des Buches ist, daß der Autor weiß, was bestätigte und was unbestätigte Hypothesen sind, der Nachteil ist, daß er meint, alle Wirklichkeit lasse sich wissenschaftlich begreifen. *Alle Wirklichkeit ist Natur!* Das war die Hypothese der Neuzeit. Wie es scheint, muß man sie zu den Vorurteilen der Neuzeit zählen, zu den produktiven zwar, die aber letztlich nicht bestätigt wurden. Wer den Satz abgelegt hat, hat die Trauerarbeit vollbracht. Vielleicht in einem Buch in 10 Jahren!

7. Aber unser Autor schreibt jedes Jahr ein Buch, deshalb ist er diesmal noch nicht so weit. Wenn er zehn Jahre aussetzen und statt dessen seine Grundlagen bedenken würde, wäre es wirklich einmal ein neues Buch.

Paul Davies bleibt sich durch die Jahre gleich, auch mit dem Buch: *Sind wir allein im Universum? Über die Wahrscheinlichkeit außerirdischen Lebens.* (1996). Er möchte nachweisen, daß der Mensch ein Naturwesen ist und daß er *nichts anderes* ist. Darin muß für viele Zeitgenossen ein Trost liegen. Vielleicht, weil man damit der Verantwortung entgehen und die Flucht in ein unpersönliches Es antreten kann? Aber andererseits ist Davies kein Ideologe. Entgegen aller persönlichen Neigung kann er Argumente auch gegen sich selbst kehren und schreiben, *daß Bohr eindeutig recht hatte und Einstein bedauerlicherweise unrecht.* So verficht Davies zwar mit Eifer die These des Naturalismus, daß kein Gott sei, oder wenn schon ein Gott, dann soll dieser Gott die Natur sein, also nicht weiter stören. Immer und immer wieder erscheint in Variation die Grundformel: *Alle Wirklichkeit ist Natur,* aber beunruhigt nimmt Davies doch auch die

Phänomene wahr, die nicht zu seiner Lebensthese passen. Deshalb ist das Gespräch mit ihm noch sinnvoll und möglich.

Das in populärem Ton gehaltene Buch erzählt von SETI, von der **S**uche nach **e**xtra-**t**errestrischer **I**ntelligenz. Kapitel 1 bringt die *Geschichte von SETI im Überblick.* So war etwa Galilei wegen seiner Wissenschaft fest von der Existenz intelligenter Jovianer auf dem Jupiter überzeugt, ebenso Kepler von den *Seleniten* auf dem Mond. In Kapitel 2, *Außerirdische Mikroben* benannt, offenbart der Autor seine Überzeugung von der weltallweiten Verbreitung von Leben und Intelligenz. Er plädiert für eine neue Art von Teleologie: Wenn wir außerirdisches und von der Erde unabhängiges Leben antreffen, dann wäre *die Darwinsche Evolutionstheorie ... im Kern getroffen.* (48) Das Kapitel 3, *Die Botschaft aus dem All,* bewegt sich im doppelt Hypothetischen. Was würde passieren, wenn SETI Erfolg haben würde? Zuerst sollten alle, die an das Leben wie an ein Wunder glauben, aus der Bahn geworfen werden, das sind die Religiösen. *Im Vatikan,* meint unser Autor, *ist man sich dieser Situation bewußt.* (60) Sowohl die Schöpfungslehre wie auch die Christologie sieht Davies verdunsten. Wie kann sich etwa der Mensch die *Krone der Schöpfung* nennen, wenn uns andere Kulturen schon Millionen von Jahren voraus sind? (68) Wir sehen: Nur theologische Themen interessieren unseren Autor, die er aber physikalisch beantworten will.

Aber auch die andere Seite wird aus der Bahn geschleudert, also die Mechaniker der Darwinschen Evolution, die an den Zufall glauben und den Menschen als Zigeuner am Rande des Universums ansiedeln. Das Kapitel 4 benennt *Argumente gegen die Existenz außerirdischen Lebens* und sucht sie auszuräumen. Eines ist sehr stark: Unsere technische Kultur zählt nur nach Jahrhunderten oder Jahrtausenden. Wenn es eine außerirdische Kultur mit ein wenig Kommunikations- und Expansionsdrang gäbe, hätte sie schon Millionen von Jahren Zeit gehabt und wäre gewiß auf der Erde angekommen. Es gibt aber keine ernsthaften Berichte von solchen Besuchen. Gegen die Zufälligkeit des Menschen auf der Erde und im Weltall setzt unser Autor die Mathematik, die Musik und die Sprache. *Das Aufkommen solcher Qualitäten wäre also als Beleg für einen nicht darwinistischen progressiven Trend in der Entwicklung des Intellekts zu betrachten.* (108)

Für den Theologen interessant ist das Kapitel 5 über *die Natur des Bewußtseins.* Darin entfaltet Davies seine teleologische Theorie über die Notwendigkeit der Natur, die schließlich den Menschen mit

Intelligenz und Bewußtsein hervorbringen muß. Er nennt vier Gründe für die hominide Schwangerschaft des Universums. Der *erste* Grund ist astronomisch: Wenn wir erdunabhängiges Leben in anderen Galaxien fänden, dann trägt die Natur überall den Keim des Lebens in sich. Die Probe ist gut, nur könnte es noch einige Äonen dauern, bis wir das Ergebnis erfahren. Stärker und aktueller ist das *zweite,* das physikalische Argument. Die Quantentheorie verstrickt den Beobachter unausweichlich in die Natur: Erst die Beobachtung schafft eine objektive Natur! Ebenso stark ist, *drittens,* die anthropische Ausrichtung der Naturkonstanten. *Die Gesetze der Physik und die Struktur der Sterne scheinen sich verschworen zu haben, die Kohlenstoffproduktion … großzügig zu fördern.* (142) Das Leben hängt auf extreme Weise von der glücklichen Wahl einer zahllosen Reihe von Parametern ab. Und *viertens* ein philosophisches Argument: Wie Musik hat auch das Selbstbewußtsein keinen evolutiven Überlebenswert. Mysterium der Rationalität! Vorteilhafter wäre der Mensch als intelligente Maschine ohne Bewußtsein und Gefühl. Gefühle bringen nur Störung und Verwirrung ins Leben des Menschen, sie behindern seinen Erfolg. Da er aber so ist, wie er ist, scheint die *Natur* mit dem Menschen schwanger zu gehen, was nach Davies nur weltallweit der Fall sein kann.

Unser Urteil muß paradox sein: Zustimmung und Ablehnung zugleich. Die Ergebnisse muten ziemlich vernünftig an, aber das System, in dem Davies sie präsentiert, ist verquer. Einerseits soll der Mensch nicht die Krone der Schöpfung sein: *Wir sind nicht der Mittelpunkt der Schöpfung.* (154) Warum nicht? Weil die Krone ein religiöser Terminus ist und die neuzeitliche Wissenschaft seit der kopernikanischen Wende mit der Religion im Streit liegt. Andererseits heißt es: *Wir spielen eine wichtige Rolle.* In der Tat ist die Sonderrolle des Menschen in der Natur deutlich zu sehen. Die Naturwissenschaft zeigt, daß er weder dem Zufall noch der Notwendigkeit entsprungen sein kann. Folgerichtig proklamiert Davies einen neuen Humanismus. Denn diese Sonderrolle ist Humanismus. Aber mit der Denksituation wird er nur schlecht fertig. Ihm fehlt das Verständnis für nicht-objektivierbare Wirklichkeiten, etwa für einen theistischen Gott als Schöpfer der Welt. Statt dessen läßt er die *Natur* den Menschen schaffen, als ob die *Natur* besser bekannt wäre als Gott. Unbalancierter Umgang mit dem, was man weiß, was man noch nicht weiß und was man nicht wissen kann!

Ganz gegen seine Absicht hat Davies am Ende des zweiten Jahrtausends einen schönen philosophischen Gottesbeweis geliefert: Die Natur ist mit tausend Wegen auf Leben und Bewußtsein angelegt, aber der Mensch entsteht nicht automatisch am Fließband der Natur. Die Anlage zur hominiden Schwangerschaft des Weltalls bringt nicht von selbst den Menschen hervor. Es bedarf eines Neueinsatzes. Der Psalm 8 ruft vor 2500 Jahren: *Herr, unser Herrscher, was ist der Mensch, daß du an ihn denkst, des Menschen Kind, daß du dich seiner annimmst? Du hast ihn nur wenig geringer gemacht als Gott, hast ihn mit Herrlichkeit und Ehre gekrönt.* Damit wären die Probleme des Vatikan gelöst. Wenn die SETI-Besucher aus den Tiefen des Weltalls kommen, werden wir sie als kosmische Geschwister und als Kinder des einen Weltenvaters begrüßen können: *Gelobt seien, die da kommen im Namen des Herrn!* Mit diesem Wort wird der Papst die Deputierten bei der Audienz im Vatikan empfangen.

5.4 Erleichterung und Erleuchtung

1. Das Buch von Ilya Prigogine; Isabelle Stengers: *Das Paradox der Zeit. Zeit, Chaos und Quanten* (1993) endet mit dem Satz: *Wir stehen am Ende der Wissenschaft, am Ende der Idee der klassischen Rationalität, die das Verstehen gleichsetzt mit der Entdeckung deterministischer Regeln.* (312f) Ein solcher Ausspruch zur Lage der Wissenschaften am Ende des 20. Jahrhunderts, gesprochen von einem Nobelpreisträger, kann die Aufmerksamkeit des Theologen auf sich lenken. Die neuzeitliche Rationalität hatte sich eng an die Naturwissenschaften angelehnt und den Versuch unternommen, die Zeit im mathematischen Naturgesetz aufzuheben, um so zur Ewigkeit zu gelangen. Der harte Kern der Neuzeit war wirklich die Naturwissenschaft mit ihrer Hoffnung auf deterministische Regeln. *Es dauerte zwei Jahrhunderte – von Galilei bis Boltzmann –, ehe man begriff, welcher Preis für diesen Erfolg zu zahlen war: Es war der Widerspruch zwischen den grundlegenden Gesetzen der Physik und allen Prozessen, die durch eine gebrochene zeitliche Symmetrie gekennzeichnet sind.* (309) Das *Paradox der Zeit* ist für die Autoren die Allgegenwart der Zeitrichtung und deren Leugnung durch die Wissenschaft. Der Pfeil der Zeit weist aus der Vergangenheit in die Zukunft. Um der Rationalität willen sollte er im Naturgesetz getilgt werden; dazu sollte die Zeit ohne Zeitpfeil rekonstruiert werden. Solche Zeitlosigkeit wäre die weltliche Ewigkeit. *Man kann die Tatsache, daß das*

Zeitparadox hingenommen wurde, nur verstehen, wenn man das Streben der abendländischen Wissenschaft nach Intelligibilität berücksichtigt. (20) Im 20. Jahrhundert noch hatte sich Einstein diesem Programm verpflichtet gefühlt. Aber die entscheidende physikalische Theorie des vorigen Jahrhunderts, die Quantentheorie, hat das Programm einer solchen Intelligibilität beendet. Für die Theologie ist das ein Jahrhundertereignis und mehr: Sie ist dabei, alle ihre neuzeitlichen Gegner zu verlieren, alle, die sich auf eine zeitlose Rationalität gestützt und den Traum einer vom Menschen selbst begriffenen Unendlichkeit geträumt hatten. Und wie immer allein durch Ausharren in der Wahrheit! Von Spinoza bis Nietzsche sinken alle Gegner des Glaubens in sich zusammen.

Von den religiösen Qualitäten der Wissenschaft ist auch unser Autor zusammen mit seiner Mitarbeiterin überzeugt. *Die abendländische Wissenschaft war nicht bloß ein intellektuelles Spiel oder eine Quelle nützlicher Praktiken, sondern ein leidenschaftliches Streben nach Wahrheit.* (63) Um die Wissenschaft in einen *Gegensatz* zur Religion zu bringen, muß man versuchen, ihr einen objektiven Status zu geben. Eine solche Objektivität ist jedoch, wie schon seit einigen Jahrzehnten bekannt, nur eingeschränkt und in endlichen Bereichen möglich, nicht aber im Prinzip. Als beschränkte Erkenntnis verliert sie das Objektivitätspostulat und die Fähigkeit, als Grundlage für ein Weltbild zu dienen. Wie aber ist dann die Welt zu verstehen, wenn sie nichts Objektives ist?

Das Buch ist einigermaßen anspruchsvoll und wohl nur in den Anfangs- und Schlußkapiteln allgemein verständlich. Man darf sich vor der *berühmten Heisenbergschen Unschärferelation* oder vor dem Anblick eines Eigenwertproblems $H_{op}u_n = E_nu_n$ nicht fürchten. (177 f.) Allerdings ist durch Abstraktion noch niemand weise geworden. Mit Formeln läßt sich so viel Mißbrauch treiben wie mit der Statistik. Also braucht man nicht allzu viel Ehrfurcht zu haben, zumal die Autoren sich bemühen, nicht nur zu Fachleuten zu sprechen.

Der Teil I *Der ideologische Hintergrund* beleuchtet den außerwissenschaftlichen Charakter der Wissenschaft, in dem sich das Verlangen nach zeitunabhängigen Wahrheiten ausgedrückt hat. Seit der Zeit Galileis wird der Zeitpfeil geleugnet, seitdem möchte die Wissenschaft über der Zeit stehen. (9) Galilei wollte göttliche Gewißheit haben, das heißt objektive Erkenntnis, die keiner Veränderung in der Zeit mehr unterliegt. Dieses Verlangen hatte großen Erfolg gehabt und hat zugleich großen Schaden angerichtet, meinen die Autoren.

Die zeitlose Naturbetrachtung mit ihren deterministischen und reversiblen Gesetzen reduziert die Welt auf eine Maschine, in welcher der Mensch zu einem Zigeuner am Rande des Universums wird, zu einem Titanen der Technik und zugleich zum Opfer eines totalitären Systems.

Der Teil II *Die Wiederkehr des Zeitparadoxons* beschreibt die Grenze des Endlichen, die nicht überschritten werden kann, was der Wissenschaft erst langsam bewußt wird. Die Grenze enthüllt ihr Gesicht im *Problem des Neuen.* (73) Weil an jedem Ereignis etwas ist, das nicht auf ein regelmäßiges und wiederholbares Verhalten reduziert werden kann, *kommt ein ›narratives Element‹ in die Physik.* (93) Der Teil III *Die Gesetze der Physik* rekapituliert im wesentlichen die Konzepte der Thermodynamik und der Quantentheorie, soweit sie zur Lösung des Zeitparadoxons notwendig sind. Im Teil IV *Die Auflösung des Zeitparadoxons* versuchen die Autoren eine realistische und zugleich nicht-deterministische Lösung des Zeitproblems. Mit ihrem betonten Realismus wollen sie die *Kopenhagener Deutung* (196) überbieten, die das Paradox als Paradox bestehen läßt, weil es nach Einsicht von Bohr und Heisenberg kein System der Natur geben kann, das einzelne Ereignisse und zugleich überzeitliche Naturgesetze umfaßt. Demnach scheint der Beobachter den Zeitpfeil selbst zu erzeugen.

Das aber möchte Prigogine nun doch nicht. Er möchte den Beobachter aus dem Meßprozeß ausscheiden, um zu erreichen, daß der Zeitpfeil *real* wird, so real, daß man sagen kann: In der Natur ereignen sich objektive Ereignisse, selbst wenn sie niemand beobachten sollte. Auf die Kosmologie angewandt ergibt dieses Prinzip dann doch wieder ein Weltbild, das zeitlos ist und einzelne Ereignisse als zweitrangig behandelt. Den Urknall gibt es zum Beispiel, aber er könnte periodisch wiederkehren, so daß es ihn zugleich auch wieder nicht gibt. In dieser Art möchte Prigogine denken. Wenn man den Urknall periodisch wiederkehren läßt, leitet man ihn aus einem unveränderlichen Sein ab, und für dieses Sein gibt es dann keinen Anfang im Urknall. Wir haben es hier mit einer religiösen Leidenschaft in der Kosmologie zu tun, die nach Auflösung letzter Rätsel verlangt. *Es ist daher ein verlockender Gedanke, daß unser aus Materie und Gravitation bestehendes Universum eine verschwindende Gesamtenergie haben könnte genau wie ein leeres Universum.* (284)

Der Leser spürt, daß die Begriffe an ihre Grenzen gelangen und den Dienst einstellen. Auch dem Nichtphysiker werden einige Unverträglichkeiten auffallen. Die beiden Autoren sind sich *einig mit Karl Popper, wenn er betont, daß eine Rückkehr zum Realismus nicht gleichzusetzen ist mit einer Rückkehr zum Determinismus.* (200) Daher anerkennen sie die Geschichtlichkeit der Natur, denn das gegenwärtige Weltall hat eine Geschichte, in der vielleicht selbst die Naturgesetze der Zeit unterliegen. Andererseits sprechen sie von einer realen Beständigkeit, von einer Art Übernatur, die mehrere Welten und mehrere Urknälle umfassen könnte, so daß sie wieder bei einer klassischen TOE, *Theory of everything* enden. Dennoch beurteilen sie das Programm Stephen Hawkings, *den Plan Gottes zu kennen* und *zumindest prinzipiell alle Phänomene auf deterministische Weise abzuleiten,* skeptisch. Wenn man eine TOE für unmöglich hält, darf man dann von einer *Vereinheitlichung ganz anderer Art* reden? (321) Die Religion tut das; sie erkennt Gott als den Einen an, ohne diese Einheit als begriffen zu behaupten. Was heißt das? Wenn die Naturprozesse nicht deterministisch verlaufen, dann würfelt Gott doch, dann sind Gott und Natur nicht pantheistisch gleich zu setzen, wie Giordano Bruno, Spinoza oder Einstein gemeint hatten. Wenn man trotzdem von einem Realismus überzeugt ist, in dem der Zufall nicht das letzte Wort hat, dann hat man den transzendenten Gott entdeckt. Seine Vorsehung wird anerkannt mit dem Satz: *Die Welt wird nicht von Gesetzen regiert, aber auch nicht vom bloßen Zufall.* (326) Ist das nicht der Anfang einer Hymne auf Gott, den transzendent-immanenten Gott, den Schöpfer *und* Lenker aller Dinge? Eine Gott-Natur ist es wohl nicht!

2. Hier die Biographie eines philosophierenden Physikers zum 80. Geburtstag! Thomas GÖRNITZ: *Carl Friedrich von Weizsäcker. Ein Denker an der Schwelle zum neuen Jahrtausend* (1992). Aber in einem theologischen Buch? Die Überraschung nimmt ab, wenn man erfährt, daß Carl Friedrich von Weizsäcker, obwohl Mitglied der evangelischen Kirche, (104) zugleich Ehrendoktor der katholischen Fakultät in Tübingen, also *katholischer Theologe* ist. (185) Diese scherzhafte Selbstbezeichnung gewinnt vollen Ernst durch die von Weizsäcker angekündigte und betriebene Aufhebung des neuzeitlichen Gegensatzes von Geist und Natur, von Natur und Übernatur, von Wahrheit und Interesse, von Wissenschaft und Glaube. Der Verweis im Untertitel auf die Jahrtausendschwelle ist präzise: Die Physik des 20. Jahrhunderts wird die Philosophen und Theologen erst im 21. Jahrhundert erreichen. So wie die Theologen zu Zeiten des Kopernikus erst

spät den Anfang der Neuzeit bemerkt haben, so erkennen sie jetzt spät erst das Ende der Neuzeit.

Das Leben eines Denkers ist sein Denken, deshalb kann *Das Leben* des Biographierten im 1. Kapitel auf wenigen Seiten abgehandelt werden. *Die Forschung* in der Physik, wie das 2. Kapitel ausführt, hat er in jungen Jahren begonnen. Bekannt wurde etwa die Bethe-Weizsäcker-Formel 1938 zur Berechnung der Energieproduktion in der Sonne, bekannt auch seine Mitarbeit während des 2. Weltkrieges im *Uranverein.* (24) Geblieben ist ihm bis ins hohe Alter die Produktivität, zuletzt in den Arbeiten über die Ur-Theorie zum Verständnis der Quantenphysik. *Das Denken* Weizsäckers (3. Kapitel) ist vor allem durch den *Holismus der Quantentheorie* (89) geprägt. Die Quantentheorie scheint umfassend genug zu sein, eine Universaltheorie allen möglichen Wissens abzugeben, ohne daß sie dabei in den Fehler einer Weltformel im Descartesschen, Laplaceschen, materialistischen oder sonst einem totalitären Sinne verfällt. *Der Glaube* (4. Kapitel) braucht im holistischen Denken nicht mehr ausgegrenzt zu werden. Mit Empirie und Rationalität wurde in der Neuzeit die Religion kritisiert, doch können diese begrifflichen Mittel ihren Status als Letztmaßstab nicht halten. Schon für das Leben vor dem Tode ist die Wissenschaft nicht ausreichend gerüstet, um es vollständig beschreiben zu können. Ganz anders als Galilei gemeint hatte, sollen sich die Theologen nach von Weizsäcker nicht nur auf das ewige Leben beschränken. Das endliche Leben der Natur schon ist auf Gnade angewiesen, um leben zu können. Im Leben vor dem Tode hat sich allerdings der Glaube auch zu bewähren, wenn er wahr ist. Er lebt nicht nur in geglaubten Sätzen für einen ewigen Lohn. *Das verantwortliche Handeln,* so das 5. Kapitel, ist deshalb ein Prüfstein auf die Wahrheit des Geglaubten, was sich bei von Weizsäcker vor allem im Bemühen um Abrüstung und im Einsatz für die ökologische Weltversammlung der Christen ausgewirkt hat. *Das Wirken – Versuch eines Augenblicks* (6. Kapitel) ist ein in nüchternem, aber prophetischem Ton gehaltenes Resümee. Eine *Bibliographie* in Kapitel 7 schließt das Bändchen ab.

Ich will nur auf die theoretische Seite im Schaffen von Weizsäckers eingehen, weil sie auf Dauer am nachhaltigsten das Verhältnis von Naturwissenschaft und Theologie bestimmen wird. Die Theorie ist die wirkungsvollste Praxis. Zwar hat aus dem Bereich der Physik die Relativitätstheorie viel Neugier erregt, aber es gilt wohl, – und das wird in populären Darstellungen nicht immer deutlich genug gesagt –, daß *für jeden einzelnen Beobachter der Unterschied von Vergangenheit und Zukunft so fundamental bleibt, wie wir ihn an uns selbst seit eh und je kannten.* (36) Die Relativitätstheorie schmeichelt dem menschlichen Bewußtsein, das mit der Vorstellung einer vierten Dimension über Raum und Zeit zu stehen dünkt. Die Relativitätstheorie war nicht ganz so umwälzend, wie es manchmal den Anschein hatte, sie führte in wesentlichen Punkten die Mechanik der Neuzeit fort: *Tatsächlich … hat Einstein zwar die Modellvorstellungen geändert, aber den Realitätsbegriff der klassischen Physik nicht aufgegeben.*[18] Deshalb muß man die Einsteinsche Theorie noch zu den klassischen zählen, in denen der Satz gelten soll: *Die Natur macht keine Sprünge.* (59) Einen Sprung in Sein und Bewußtsein der Neuzeit bringt erst die Quantentheorie. Zwar ist sie im Jahr 2000 schon 75 Jahre alt, liefert nur richtige Ergebnisse, man kann wunderbar mit ihr rechnen, aber verstanden hat sie bis heute keiner ganz richtig. Zumindest konnte es Mitte der achtziger Jahre in Nashville/Tennessee passieren, daß *derjenige Physikprofessor die größte Zustimmung zu seinem Vortrag erhielt, dessen These – kurz gefaßt – darin bestand, daß er selbst die Quantentheorie nicht verstehe.* (47)

Das Unverständnis ist verständlich. Diese Theorie stürzt ihren Kenner in ein tiefes existentielles Dilemma, weil sie ihm das Vertrauen auf Natur und Wissenschaft raubt: Eine beständige Natur mit endlichen Identitäten gibt es nicht. Alle Endlichkeit ist wandelbar. Die Beziehungen zwischen den meßbaren Größen gehen, anders als in Mechanik und Relativitätstheorie, *weit hinaus über die Ursache-Wirkung-Beziehungen, welche aus der klassischen Physik folgen.* (50) Die Natur selbst wird zur Geschichte gewandelt. Dennoch gerät nicht alles Sein oder Sollen ins Schwimmen, weil es vermeintlich nur noch *geschichtlich* begründete Ansprüche und damit keine Ansprüche an Wahrheit und Tun mehr gäbe, woraus dann etwa die Ermächtigung konsumtiver Gesellschaften zur beliebigen Herrschaft folgen würde. Keinesfalls! Das empirische Wissen ist immer nur endlich und damit nur die *Oberfläche einer tieferen ›unendlichen‹ Wirklichkeit.* Dennoch sind Regeln in die Natur gesetzt, die manchmal schon Milliarden von Jahren alt sind, manchmal Millionen, manchmal Tausende von Jahren, *denen gemäß wir die Wirklichkeit in endlichem Wissen, mit endlichen Alternativen spiegeln können. Das, so scheint es bisher, sind die Gesetze der Quantentheorie. Keine echte Errungenschaft der Aufklärung wird durch den Weg preisgegeben, der uns jenseits der Physik führt.* (101) Dennoch lassen sich geschichtlich entstandene Naturgesetze kaum ändern. Auch wenn eine Welt mit einem anderen Fallgesetz denkbar wäre, bei uns fallen alle Steine nach dem Gesetz $s = (g/2)t^2$, wie sehr man auch darüber Meinungsumfragen anstellen und alternative Fallgeschwindigkeiten diskutieren mag. Anders bei Sprachgesetzen! Sie lassen sich bei einigem Konsens durchaus ändern, zum Beispiel die Schreibweise der Wörter mit ß, so daß jetzt amtlich *dass* statt *daß* geschrieben werden soll, aber vielleicht bald wieder *daß*.

Der Theologe sollte sich aber nicht zu früh über die Welt als Oberfläche Gottes und Gott als die Tiefe der Welt freuen. Von Weizsäcker ist ein Einzelfall. Die meisten Naturforscher erkennen die Quantentheorie an, indem sie gut mit ihr rechnen. Sie wollen aber die klassische Sicht eines Galilei, Newton, Einstein über eine unabhängige, autonome Natur, die nicht den Bewegungen der Zeit unterliegt, keinesfalls aufgeben. Der religiöse oder *transrationale* Charakter der Wissenschaft wird in der Bemerkung eines Physikerkollegen deutlich: *Herr von Weizsäcker, … was Sie von Ihren Kollegen in Wirklichkeit wollen, ist doch: ›Verlasse Weib und Kind und folge mir nach!‹* (181) An dieser Stelle wird mir die Darstellung von Thomas Görnitz, dessen Sprache sonst zurückhaltend und klar ist, zu messianisch. Es stimmt zwar, wenn er sagt, daß sich die Physik auf eine umfassendere Sicht der Wirklichkeit öffnet, *unbehindert durch die Scheuklappen eines … Materialismus, der nicht nur geistig, sondern auch auf der materiellen Ebene Konkurs anmelden mußte.* (182) Aber von Weizsäckers Denken selbst ist nicht messianisch, sondern die Befreiung der Erde vom messianischen Anspruch der Wissenschaften, so daß sich der Glaube, der einzig messianisch sein kann, nicht mehr zu verstecken braucht.

Ich persönlich gestehe, erst durch die Kenntnis der Quantentheorie und die Bekanntschaft mit dem Denken von Weizsäckers zur Theologie und zum reflektierten Glauben gefunden zu haben. Ohne die Erkenntnis der Endlichkeit der Begriffe gibt es für mich keine Anerkenntnis der Unendlichkeit Gottes. Kurz gesagt: *Die Quantentheorie ist der beste Gottesbeweis, den es je gegeben hat. Die Quantentheorie zeigt die Endlichkeit der Natur und die Gegenwart einer Wirklichkeit an, die nicht Natur ist.* Die Vorstellung von Gott als Lückenbüßer war gar nicht so schlecht, aber bei Freund und Feind falsch verstanden. Die Lücke ist die Endlichkeit der Welt, die Bewegung der Zeit, die zur Unendlichkeit strebt, aber aus eigener Kraft nicht dorthin gelangen kann. Raum und Zeit bilden die Oberfläche des Seins, in deren Tiefe nicht Maß noch Zahl ist; aus der Tiefe wird die Oberfläche erzeugt, die man *die* Natur nennt. Die Natur ist die Wundertüte Gottes. Oder in Weizsäckerscher Diktion: *Gott ist gegenwärtig – und die Sterne sind glühende Gaskugeln.* (104)

3. *Das Streben nach absoluter Gewißheit war der Versuch, den Glauben überflüssig zu machen. Dies hat sich als unmöglich erwiesen.* (51) Für ein Buch, das einen solchen Aphorismus über die Wissenschaft der Neuzeit enthält, würde ich, zur Wahl gezwungen, ganze Bibliotheken hergeben, auch große Teile der theologischen Literatur des 20. Jahrhunderts. Ich meine Carl Friedrich von Weizsäckers: *Zeit und Wissen* (1992). Aber zum Glück steht ja keine Wahl an, es lassen sich alle Bibliotheken konsultieren und zugleich auch dieses Buch. Es handelt vom Leben des Menschen angesichts der Ungewißheit in dem bislang für einzig gewiß gehaltenen Lebensbereich, der Wissenschaft.

Biographie und Wissenschaft machen die beiden Teile dieser Lebenssumme aus. Der Teil I bringt einen systematischen *Rundgang*, der biographische Teil II berichtet über *Lehrer, Partner, Reflexionen.* Beide Teile durchdringen sich so stark, daß die Themen im Inhaltsverzeichnis als Konkordanz abgedruckt werden. Weizsäcker will die in der Neuzeit aufgebrachte, von Descartes und Kant verschärfte und vom deutschen Idealismus vergeblich attackierte *Kluft zwischen Bewußtsein und Natur nicht akzeptieren.* (899) Denn die Natur ist zwar früher als der Mensch, aber der Mensch ist früher als die Naturwissenschaft. Schon die äußere Gestalt entspricht dem Gehalt des Buches.

Die Darstellung darf trotz der fast 1200 Seiten kurz gehalten werden, da schon an einigen Stellen in diesen Kapiteln auf die theologische Bedeutung des Weizsäckerschen Denkens hingewiesen wurde. Was ist der zentrale Gedanke? Auch wenn die beiden Rundgänge enzyklopädisch jeweils *alles* in den Blick nehmen, von der Erfahrung der Sinne, über die Mathematik, Logik, Physik, Biologie zu Kunst, Religion und Philosophie, so steht eine Erfahrung in der Mitte: *Fundamental erschüttert wurde das klassische Weltbild erst durch die Quantentheorie; … die meisten Naturwissenschaftler haben seine Erschütterung in ihrer Praxis noch nicht wahrgenommen.* (251) Wenn der Traum der Neuzeit die Gewißheit der Wissenschaft war, maßgebend anzuschauen etwa bei Galilei und Descartes, wenn ihr Denken den Alltag noch heute weitgehend bestimmt, wenn die Ablehnung von Theologie, Glaube und Kirche in der Naturwissenschaft ihr Fundament hat, dann ist die Unmöglichkeit absoluter endlicher Gewißheit von einiger Bedeutung.

Die Erschütterung des klassischen Weltbildes der Physik ist zugleich die Entdeckung der Zeit, deshalb der Titel *Zeit und Wissen.* Das Ideal der Wissenschaft war geprägt durch das Programm des Parmenides (ca. 500 v. Chr.) über das zeitlose, im Denken zu erfassende Sein. *Dasselbe nämlich ist Denken und Sein.* Einstein z. B. hat die Ablösung dieses ontologischen Credos nicht mitzumachen vermocht. *Die ›Trauerarbeit‹ bezieht sich auf den Verlust der Ontologie der klassischen Physik, dessen also, was Einstein die ›Realität‹ nannte.* (903) In seiner Person spiegelt sich die Größe und Tragik der Physik unseres Jahrhunderts. Alle Trauerarbeit bezieht sich auf den Verlust der Ontologie der Gewißheit. Wenn Bewußtsein und Natur sich durchdringen, dann unterscheiden sich Vergangenheit und Zukunft auf reale Weise. In der mechanischen Physik war die Zeit nur ein idealer Parameter. Die Geschichte wird zur Natur und die Natur zur Geschichte. Beide erscheinen als Zustände in der Zeit, die sich in der Gegenwart durchdringen, deren Einheit aber selbst nicht in der Zeit erscheint. Mit Heidegger gefragt: *Offenbart sich die Zeit selbst als Horizont des Seins?* (27; 878) Nach Durchlaufen und Akzeptieren aller neuzeitlichen Aufklärung von Kopernikus, Darwin und Freud plädiert von Weizsäcker für einen maßvollen Platonismus, in Abkehr vom aristotelischen Glauben an den Fortschritt der Wissenschaft. Mit Georg Picht: *Die Idee der ewigen Gegenwart steht in einer unüberbrückbaren Antinomie zum Wesen der Zeit.* (1155) Die andere Tradition des Abendlandes bietet die gleiche Erfahrung: *Quintessenz der Geschichte des jüdischen Volkes ..., daß die Geschichte immer so verläuft, wie Gott nicht will.* (1151) Daraus ziehen schwächere Denker den Schluß, Gott das klassische Attribut der Allmächtigkeit abzusprechen. Das ist hier anders: Mit dem Gedanken der Komplementarität braucht keine Konkurrenz mehr zwischen dem Willen Gottes und dem Willen des Menschen aufgebaut zu werden.

Der Tübinger Theologe Eberhard Jüngel warnte vor Jahren in seinen Vorlesungen vor der aphoristischen Kunst: Man solle von Weizsäcker nicht schon deshalb glauben, weil er so griffig zu formulieren verstehe. Auffällig ist auch in diesem Buch wieder die Vielzahl geschliffener und treffsicherer Sentenzen. Sollte das ein Zufall sein? Oder liegt die Sprache im Denken begründet? Hegel sagt, das Denken komme erst, wenn das Leben schon gelebt ist, wie auch die Eule der

Minerva ihren Flug erst in der Dämmerung beginnt. Der Systematiker beleuchtet die Vergangenheit von Natur und Geschichte, der Aphoristiker dagegen dokumentiert die Ankunft des Lebens, das Ereignis, in dem Natur und Geschichte sich durchdringen. Der Aphorismus beleuchtet eine Welt, die vorher nicht möglich war. Unmöglich ist immer die Liebe, sagt Goethe, … bis sie da ist. Der Aphorismus ist der Blitz der neuen Erkenntnis, die Erkenntnis von Gestalt durch die Schaffung von Gestalt. (438) Die höchste Kunst des Lebens ist das Leben selbst. Hier eine kleine Blütenlese von Aphorismen mit einigen Erläuterungen!

Es ist daher, wenn man aufs Ganze der Wahrheit geht, unmöglich, eine von der religiösen Entscheidung unabhängige Philosophie zu machen. (53) Die Wissenschaft der Neuzeit sollte es ermöglichen, ohne Entscheidung das Wahre zu sagen und zu tun. Das war ihr Objektivitätsideal. Der große Vorteil wäre gewesen, daß man die Wahrheit dann hätte ausrechnen können, 2 + 2 = 4. Alle Streit- und Kriegauslöser wären beseitigt gewesen. Denn diese entstehen durch Geltungsansprüche von Wahrheit, die andere Parteien nicht gelten lassen wollen. Leider hat sich dieser Friedensweg als unmöglich erwiesen. Oder ich sage lieber: Zum Glück! Mit einer ausrechenbaren Wahrheit wäre der Mensch zur Marionette geworden, ohne Freiheit und Verantwortung. Manche Leute mögen diese Vorstellung zwar schätzen, aber sie ist selbst nicht selbstverständlich, sondern eine Entscheidung, und wahrscheinlich eine falsche. Denn den Menschen als Marionette zu denken, welchen Grund gäbe es wohl noch in der Wissenschaft dafür? Jedenfalls keinen objektiven, der diese Entscheidung zu einer Nicht-Entscheidung werden ließe. Entscheidung aber ist Religion, sie ist Bindung an eine Wirklichkeit, die ich nicht überblicke.

Das Zählen entspringt … der Unterscheidung des wissenden und gewußten Ich, die als die erste aller Unterscheidungen auch die Zeit erzeugt. Dies ist selbst sprachlich nicht mehr aussagbar. (112) So wird wohl der Ursprung des Zählens und der Mathematik sein. Deshalb das mathematische Naturgesetz als die Idealform des Wissens in der Neuzeit! In Kantischer Fassung gesprochen ist die Naturwissenschaft der Blick des wissenden auf das gewußte Ich. Die Subjektivität erzeugt die Objektivität und umgekehrt. Die Zahl 1 wird dabei dem ersten Gegenstand zugeordnet, den ich bilde, um ihn von einem anderen zu unterscheiden, der die Zahl 2 bekommt. Die Bildung der Gegenstände erzeugt zwar zunächst den Raum, wandelt aber die Aktivität in die Passivität der Zeit um, weil die Erinnerung an mein Tun nicht mehr ungetan gemacht werden kann. Sprachlich aussagbar ist das nicht mehr, wenn mit Sprache nur objektiver Inhalt gemeint ist. Aber vermutlich ist ja Sprache auch noch etwas anderes, da sich darin die Sprecher und Hörer aufhalten. Daher die Dialektik des Verstehens zwischen Sprecher und Sprache!

Ich betrachte … das Ich und den Tod als Geschwister, als zusammengehörige Geschenke des Lebens. Ich rede so, im Bewußtsein des Schocks, den diese Rede dann für unser Gefühl bedeuten muß. (404) Die Religion weiß seit langer Zeit um den Zusammenhang von Tod und Ich. So in der klassischen Formulierung des Apostels Paulus: *Durch einen einzigen Menschen kam die Sünde in die Welt und durch die Sünde der Tod, und auf diese Weise gelangte der Tod zu allen Menschen, weil alle sündigten.* (Röm 5, 12) Eine geschichtliche Tat wird zu einer naturbestimmten, so daß jetzt Sünde und Tod verbunden sind. Die paulinische Lehre ist ein Versuch zur Erlösung vom Schock, unter dem offensichtlich auch Paulus steht. Warum wird ein Ich in die Welt gesetzt, dem der Tod mit Schrecken vor Augen geführt wird? Wenn die Natur eine Letztgröße wäre, bliebe das Elend endgültig. Wenn es aber eine Differenz zwischen Gott und Natur gibt, dann kann der Mensch die Schuld für den Tod auf sich nehmen, woraus die klassische Erbsündenlehre entsteht. Nur dann hat der Mensch eine Aussicht auf Erlösung! Auf der Erde hat der Mensch mit seinem Ich keine Chancen, da er aus der Konkurrenz der Arten nicht entfliehen kann, was ihn wiederum dazu zwingt, sein eigenes Interesse an die erste Stelle zu setzen. Dann aber entsteht, religiös gesprochen, die Sünde, die Verkrümmung in sich selbst. Nur wo es etwas anderes gibt als endliche Natur, kann es eine Befreiung von der Konkurrenz, von der Sünde und vom Tod des Ich geben.

Der Ursprung der aufklärenden Religion, die im Abendland wirksam wurde, ist die griechische Philosophie. (162) *Die Griechen gehörten zu den Herren der Welt, die Juden … zu den Beherrschten. Der Herr sieht das Schlechte als Mangel, der Beherrschte sieht es als böse.* (471) Der Weg Jesu *war der Weg des Friedens und der sehenden Liebe, aber seine Vision war apokalyptisch: das Reich Gottes, das schon begonnen hat, ist die einzige Form menschlichen Zusammenlebens. Er wußte, daß er damit den Konflikt brachte, das Schwert, durch das Feuer, das er entzünden wollte. Der tiefste, bis heute ungelöste Konflikt der Menschheit.* (472) Der tiefste Konflikt ist der zwischen Wahrheit und Interesse. Der Weg des Friedens ist die Loslösung des Ich von seinem Egoismus. Diese Loslösung wird als Sterben erfahren und schmerzt entsprechend, solange man damit nicht einverstanden ist. Diese Wahrheit tritt in die Unendlichkeit ein, hat aber selbst, wenn sie in der Welt gepredigt wird, eine endliche Gestalt, die ein Interesse entwickelt, sich selbst zu erhalten. Dadurch wird sie mißbrauchbar, also selbst zu einem Stein des Anstoßes, da sie doch alle Anstöße wegbringen wollte. Wer den Schmerz des Eintritts in die Religion nicht ertragen will, wird ihr Ideologie vorwerfen, und genug Beispiele finden, die seinem Vorwurf Nahrung geben.

Die Grenze zwischen Diesseits und Jenseits wird wieder durchlässig. (585) *Dem Christen ist diese Welt nicht als Ort seiner Siege bestimmt.* (1039) *Gott hat uns den Verstand gegeben, um ihn zu benützen, nicht um ihn durch Zorn und Begeisterung lahmzulegen.* (1047)

4. Drei Vorträge des lutherischen Theologen Philip Hefner: *Natur – Weltbild – Religion. Drei Vorträge* (1995) aus Chicago, die er im Dezember 1994 auf Einladung des Instituts *Technik – Theologie – Naturwissenschaft* in München gehalten hat! Leitend ist seine Überzeugung von der zunehmenden Bedeutung des Themas Natur und Religion. *Das aus der Aufklärung hervorgegangene wissenschaftliche Weltbild wird nun selbst wieder von einem anderen wissenschaftlichen Weltbild untergraben. Die Schwächung der traditionellen Weltbilder tritt in ein neues Stadium, in dem die ehedem destabilisierenden Faktoren nicht nur selbst einer Destabilisierung ausgesetzt werden, sondern überdies die Rolle einer neuen Restabilisierung übernehmen.* (11) Eine neue und vertiefte Sicht des Verhältnisses von Naturwissenschaft und Theologie für die Nachneuzeit ist deshalb zu erwarten.

In einem Überblick *Naturwissenschaft und Theologie* stellt Hefner zunächst gängige Modelle des Verhältnisses von Teilhard de Chardin bis Pannenberg vor, mit Einschluß einiger amerikanischer Theologen. Bemerkenswert ist, daß der Autor nicht einfachhin die Naturwissenschaften zur Norm erklärt, sondern auch umgekehrt Fragen der Theologie an die Wissenschaft für legitim hält. Die Erlaubnis, die er sich nimmt, zeigt die gewandelte Epoche an. Mit Recht kann man die Naturwissenschaft als harten Kern der Neuzeit bezeichnen. Bei aller Freundlichkeit für Mythen, die über eine rational verengte Sicht hinaus führen, betrachtet Hefner solche Schnellversuche neuer Synthesen allerdings skeptisch (New-Age, Gaia).

In einem zweiten Vortrag *Jenseits von Ausbeutung und Senti-*

mentalität stellt Hefner die Frage: Wie weit ist der Mensch ein Naturwesen? Was heißt es, wenn wir sagen, er sei ein Produkt der Evolution? Die Botschaft der Neuzeit war in diesem Punkt nicht eindeutig und schwankte zwischen Idealismus und Materialismus: Der Mensch sollte Geist sein und der Natur *gegenüber* als ihr Herr und Meister stehen. Oder er sollte in kecker Gegenmeinung zu einem nackten Affen *in ihr* degradiert werden, im Vergleich mit anderen Tierarten an ein paar Besonderheiten erkennbar, vielleicht an Sprache, Kultur und Religion, aber er sollte doch eben nur ein besonderes Tier sein. Man kann Hefner nur zustimmen, wenn er sagt, daß die ökologische Krise die Einsicht gefördert hat, *daß wir mit der Natur verwandt sind. Kurz: Wir sind vollständig und unauflöslich ein Teil der Natur.* (28) Aber er sieht auch, daß diese Aussage für sich allein genommen nicht bestehen kann. Der Mensch lebt zugleich in Distanz zur Natur, ob er will oder nicht, gleichgültig auch darum, ob eine solche Distanz den Oikos der Erde belastet oder nicht. Der Mensch ist mehr als ein Teil der Natur! *Wir mißtrauen dem Ausdruck ›Überleben‹, wenn er sich nur auf die biologische Fortführung des Lebens bezieht, weil wir den Verdacht haben, daß – wenn die Natur nicht mehr vermag – das für uns nicht genug ist.* (48) Er verweist auf das *tragische Verhältnis zwischen Mensch und Natur* (39), das in der Welt keinen Ausgleich findet.

Der dritte Aufsatz *Das menschliche Genom* behandelt das internationale und auf Jahre angelegte Human-Genom-Project (HGP), dessen Risiken und Möglichkeiten er sine ira et studio abschätzt.

Was in einem Urteil allenfalls kritisch anzumerken wäre, ist das allzu freundlich beschriebene Verhältnis des Menschen zur Natur. Zwar läßt Hefner den mexikanischen Romancier Carlos Fuentes das tragische Spiel zwischen Matador und Stier als Abbild des Spiels zwischen Mensch und Natur darstellen, denn in dessen Roman *Der vergrabene Spiegel* heißt es: *Wir können die Ausbeutung der Natur nicht vermeiden, weil sie eine Bedingung unseres Überlebens ist.* (39) Daraus folgert Hefner auch sehr richtig: *Der Tod ist unvermeidlich im Verhältnis zwischen Mensch und Natur.* (40) Dennoch frage ich mich, ob diese praktischen Bedenken auch zu theoretischen Einsichten geworden sind, wenn er die Theologie anhand des Schöpfungsaxioms *Gratia praesupponit naturam et perficit eam* (36) entfaltet. Dieses Axiom verkündet ja nicht nur eine schöne Vollendung der Natur in der Gnade, sondern auch eine schöne Einheit der Natur mit sich selbst. Aber gibt es überhaupt *die* Natur, wenn in ihr der Tod unvermeidlich ist? Was ist die Harmonie von Natur und Gnade, wenn in der Natur die Tragik herrscht?

Ich schlage eine Erweiterung des klassischen Axioms vor: *Natura destruit naturam, et gratia sanat et perficit eam – Die Natur zerstört die Natur, und die Gnade heilt und vollendet sie.* Damit können die Dynamik der Neuzeit, die Geschichtlichkeit des 19. Jahrhunderts und die Katastrophen des 20. Jahrhunderts recht zur Sprache kommen. Aber um diese Erweiterung annehmen zu können, muß man von der Vorstellung Abschied genommen haben, der Mensch passe harmonisch in die Natur. Das ist selbst für Theologen schwierig, wie das Beispiel hier zeigt, und noch viel schwieriger für die Naturalisten, die den Menschen von vornherein als Produkt der Natur ansehen.

5. Im letzten Jahrhundert scheinen die Naturwissenschaften ihren Totalanspruch auf Wissen verloren zu haben. Der Kern der Neuzeit war die Naturwissenschaft, aber diesen ihren Rang hat sie aufgegeben, als ihre Grenzen entdeckt wurden – von ihr selbst! Das heißt, für einige Theologen und Philosophen ist es eine Freudenbotschaft, und selbst für einige Naturwissenschaftler, wie dieses Buch von Hans-Peter Dürr u.a. belegt: *Gott, der Mensch und die Wissenschaft* (1997). Seine Gattung ist toskanisch, sein Inhalt wissenschaftlich, es ist höhere Unterhaltung nach berühmten Vorbildern. Fünf Herren plaudern an drei Sommertagen des Jahres 1996 in gepflegter Weise im lieblichen Oberitalien kontrovers, aber ohne Aggression, über Gott, Mensch und Welt.

Es werden unter den drei Leitworten *Kosmos, Leben, Geist* viele Themen berührt, eigentlich alle, die auch nur von Ferne mit Gott, Mensch und Wissenschaft in Verbindung stehen. Es gibt keine Vorträge; nur zu Anfang eines jeden Gesprächs kommt eine kurze Erläuterung zum Thema, dann beginnt der Disput. Das heißt, über weite Strecken herrscht Abfrage von Meinungen vor. Die Argumente eines anderen zu würdigen, fällt niemandem leicht, nur geistiger Adel hält die Schmerzen aus, ins Unrecht gesetzt zu werden. Der Evolutionstheoretiker *Wuketits* hat nun einmal seinen agnostischen Standpunkt vor langer Zeit gewählt, und er bleibt trotz Urknall und Quantentheorie unbewegt dabei. Der Philosoph und Physiker *Mayer-Abich* ist unbedingt religiös, weniger im christlichen, sondern im pantheistischen Sinne. Ähnlich der Physiker *Dürr,* der aber dem Theologen *Pannenberg* oftmals deutlich zustimmt, der als der älteste und am meisten philosophische Kopf die klarsten Positionen vertritt.

Er versteht zum Beispiel als einziger in der ganzen Runde, daß die vielen religiösen Äußerungen Einsteins gar nicht sehr religiös, zumindest aber sehr untheologisch sind.[19] Eine ähnlich theologische Position nimmt *Mutschler* ein. Als Ersatz für einen geschlossenen Vortrag darf jeder Teilnehmer zum Schluß etwa zehn Seiten von sich abgedruckt sehen, die er als Autor einmal zu dem Thema geäußert hat.

Unter dem Leitwort *Kosmos* werden Fragen diskutiert wie: Was war vor dem Urknall? Wird Gott jemals naturwissenschaftlich beweisbar sein? Gibt es Erkenntnisgrenzen in der Naturwissenschaft? Unter dem Leitwort *Leben*: Was ist Leben? Was ist es für den Theologen? Was heißt Selbstorganisation? Ist der Mensch die Krone der Schöpfung? Unter dem Leitwort *Geist*: Was ist die Seele? Das Leib-Seele-Problem. Hat die Quantentheorie Einfluß auf die Theologie?

Der jüngste Teilnehmer macht den ältesten Eindruck. So beruft sich Wuketits ohne Distanzierung auf Laplace, einen Astronomen aus dem Anfang des 19. Jahrhunderts, der die Vorstellung einer absolut determinierten Welt hatte. *In der naturwissenschaftlichen Welterfahrung ist Gott, wie der bereits zitierte Laplace sagte, als Hypothese überflüssig.* (32) Das konnte Laplace sagen, weil er gehofft hatte, alle Dinge und alles Leben in der Welt würden sich wie auf den vorbestimmten Bahnen der Planeten bewegen. Dieser Determinismus ist in jeder Weise widerlegt worden, aber Wuketits beruft sich darauf. Schmerzvermeidung?

Daß es schwer ist zu sagen, was sich im Verhältnis zwischen Naturwissenschaft und Theologie im 20. Jahrhundert verändert hat, sei allerdings zugestanden. Die Grenze zwischen Diesseits und Jenseits ist wieder durchlässig geworden, aber wie soll man die Gegenwart der Transzendenz in der Immanenz aussagen? Ich will das an der Schwierigkeit des Hauptherausgebers vor Augen führen. Dürr will die Transzendenz einer Wirklichkeit jenseits unserer erkennenden Begriffe anerkennen, wird aber durch den Strudel seiner Vorstellungen fortgerissen. *Denn das uns von der Quantenphysik aufgezwungene neue Paradigma ist nicht mehr mit unseren gewohnten Vorstellungen in Einklang zu bringen und läßt sich nur schwer in unserer Umgangssprache beschreiben. Es war den Entdeckern der neuen Physik nur unter enormen Mühen gelungen, die neue Botschaft zu entziffern … Einige der ersten und bedeutendsten unter ihnen, wie Max Planck, Albert Einstein und Erwin Schrödinger, … haben die Wende zum neuen Paradigma nie ganz vollzogen.* (161) Wie ist die Wirklichkeit anzusprechen, die da ist oder vielleicht auch nicht da ist, sondern die vielleicht ohne Existenz im Sein nur wirkt und das Sein in Händen hält, die aber jedenfalls keine Vorhersage der natürlichen Ereignisse zuläßt? Ein objektives Sein hat diese Wirklichkeit nicht, denn sie kann nicht Gegenstand für ein Subjekt sein, oder vielleicht doch, aber nicht in der Form des Wissens? *Das wahre Wesen der Dinge bleibt verschlossen*, zitiert Dürr zustimmend John Locke. (165) Aber dieser hatte sein Wort gegen jegliche Metaphysik gerichtet, um nur noch Empirie zuzulassen. Jetzt aber ist die Situation genau umgekehrt, das *wahre Wesen* bleibt jetzt der empirischen Physik verschlossen. Deshalb gilt: *Physik und Transzendenz stehen in der Vorstellung der heutigen Physiker nicht mehr in einem antagonistischen Sinne gegenüber.* (162) Wenn das die Quintessenz der Neuzeit ist, dann war sie die erfolgreichste theologische Epoche der Geschichte: Der Theologie ist ihr Hauptgegner mühelos abhanden gekommen. Er hat unbesiegt die Waffen gestreckt, mittels der einfachen Erkenntnis, daß nicht alle Wirklichkeit Natur ist. Jeder Versuch, diese Situation auch nur von Ferne positiv zu beschreiben, ist bisher gescheitert. Aus Verlegenheit dürfen sogar die eigentlich abgetanen Altphysiker wieder ihre Bilder ausbreiten: *Auch Erwin Schrödinger versteht die eigentliche Wirklichkeit als Geist. Sie ist für ihn das Ganze, das Eine, wie es uns in unserem Bewußtsein unmittelbar und ungebrochen entgegentritt.* (165) Wer hilft hier aus der Verlegenheit?

6. Mal machen mir die Berichte über den Stand der Trauerarbeit in den Naturwissenschaften mehr Freude, mal mehr Kummer. Bei dem Buch Étienne Klein; Marc Lachièze-Rey: *Die Entwirrung des Universums. Physiker auf der Suche nach der Weltformel* (1996) überwiegt die Freude bei weitem. Obwohl die beiden Autoren kaum ausdrücklich Philosophie treiben und noch weniger theologische Fragen berühren, stellen sie die Physik von heute in einer Weise dar, wie sie dargestellt werden sollte und wie sie zugleich das Herz des Theologen erfreut.

Als Fazit heißt es am Ende: Die Physik wird *nur dann lebendig bleiben, wenn sie darauf verzichtet, das Wunschbild einer vollkommenen Versöhnung mit der Realität zu lehren, gestützt auf die Religion einer endlich wiedergefundenen Einheit.* (216) Das ist eine präzise Erkenntnis, die zu einem einsichtigen Urteil geführt hat. *Adaequatio intellectus et rei – Übereinstimmung von Vernunft und Realität!* Die Physik der Neuzeit hatte versucht, dieses metaphysische Prinzip physikalisch einzulösen und ist dabei gescheitert. Sie setzt nur dann weltanschauliche Potenzen frei, wenn sie ihre Grenzen überschreitet und Universalität beansprucht. Das gilt ähnlich für die Biologie. Erst mit Allerklärungen verspricht die Wissenschaft, religiöse Qualitäten anzunehmen und in Konkurrenz mit anderen Religionen zu treten. Wegen dieser Neigung konnte es in der Neuzeit zu einem Konflikt der Wissenschaften mit dem christlichen Glauben kommen. Allerdings war die Universalität mehr Anspruch als Wirklichkeit. Die Autoren haben einen Blick für dieses Paradox: *Die Leidenschaft für die Einheit hat das Denken seit 2.500 Jahren einzigartig beflügelt, sie hat die Einheit der Natur aber nicht näher gebracht.* Und wird sie nicht näher bringen! Das ist die Pointe des Buches. Am Ende des letzten Jahrhunderts hat es zwar wieder eine neue Einheitstheorie gegeben, die Great Unified Theory oder GUT des Engländers St. Hawking, aber die Autoren überlegen, ob ein solches Programm nicht ein größenwahnsinniges Delirium sei. Zumindest kommt ihnen *eine solche Schwärmerei verdächtig* vor. (16) Damit ist das Stichwort des Buches gefallen. Wie steht es mit dem Einheitsstreben wirklich und welchen Sinn hat solches Streben? Die beiden Autoren ernüchtern den Rausch, aber sie diffamieren das Ideal der Wissenschaften nicht. Sie erkennen seine ordnende Kraft an und zeigen seine Grenzen auf.

Das Ideal der Einheit ist alt. Die Vorsokratiker hielten abwechselnd das Wasser, die Erde, die Luft, das Feuer für das eine Prinzip, aus dem alles entspringt. Sokrates zeigte ihnen, daß sie nicht wirklich wissen, was sie zu wissen meinten. Er *war also nach den Sophisten der erste, der die Ansprüche des menschlichen Geistes herabsetzte und die Philosophen, die sich zu haltlosen Spekulationen verstiegen hatten, wieder auf den Boden zurückholte. Blaise Pascal, genau wie Sokrates überzeugt, daß menschliches Wissen weder die ersten Prinzipien noch gar die Einheit, in die man sie zwängen möchte, zu erkennen vermag, teilte dessen weise Zurückhaltung.* (37) Ja, Sokrates ist ein Quantenphysiker, denn er hat auf die Grenzen des Naturwissens gezeigt und zugleich dem Traum sein Ziel gesteckt: Nur das ist wirkliches Wissen, was aus *einem* Prinzip stammt. Da dem Menschen ein solches Prinzip nicht gegeben ist, bleibt der Traum eine regulative Idee, die alles antreibt und nicht zu ihrem Ziel kommt.

Das alte Programm wurde in der Neuzeit wieder aufgenommen. Allerdings trat neben die naturphilosophische Seite, für die Descartes, Galilei und Newton stehen, noch die idealistische Philosophie, die aber beide aus der gleichen Quelle stammen und in brüderlicher Feindschaft geeint blieben. Der Philosoph kümmerte sich nicht um die materiellen Bedingungen seiner Existenz, der Wissenschaftler nicht um seine subjektive Seite. Das eine Prinzip war *das Denken*, das andere *die Mechanik*. Das erzeugte die beiden Kulturen der Neuzeit, die Geistes- und die Naturwissenschaften. Das Ende der Neuzeit wurde durch die Anwendung des Prinzips selbst erreicht. In immer neuen Variationen wurde es deutlich: *Ein großartiges vereinheitlichendes Prinzip reicht also nicht aus, um die Physik voranzubringen.* (96)

Das hätte man zu allen Zeiten wissen können, wie es ja auch Sokrates gewußt hat. Aber die Lust des Rausches war zu groß gewesen. Erst die *Quantenrevolution* (99) hat dem ein Ende gemacht und die Besinnung über die Endlichkeit erzwungen. All das wird hier ohne Verblendung oder größere Trauer dargestellt. Das heißt, die beiden Autoren haben die Trauerarbeit schon hinter sich gebracht und wissen, wie sehr andere noch unter dem Verlust leiden. Die *Vielzahl der Interpretationen der Quantenphysik* (109) hat kaum mehr mit Physik zu tun, sondern mit der Metaphysik des einen Wunschbildes von einer vollkommenen Versöhnung mit der Realität. Der religiöse Furor zur Verteidigung dieses Prinzips zeigt, *in welche Verlegenheit die Quantenphysik manche Leute bringt.* (111)

Große Klarheit leitet die Autoren auch bei der Darstellung der Kontroverse zwischen Bohr und Einstein über die Vollständigkeit der Quantentheorie. Die Darstellung bestätigt das bekannte Wort von Heisenberg, wonach das entscheidende philosophische Ereignis des 20. Jahrhunderts in der Physik geschehen ist. Die materiellen Dinge der Welt liegen nicht an sich vor, auch wenn unser Denken sich ein Ding an sich vorstellen muß, um überhaupt denken zu können. Großartiges Paradox! Selbst Einstein konnte es nicht ertragen! Deshalb wollte er die Lokalität in der Physik erzwingen. Vergeblich! *Diese Frage ist mittlerweile durch die Erfahrung entschieden, und zwar nicht im Sinne der Hoffnung des Vaters der Relativitätstheorie. … Jetzt konnte man die anfangs rein philosophische Kontroverse zwischen Einstein und Bohr experimentell entscheiden. … Man muß, ob man will oder nicht, darauf verzichten, die Quantenphysik im Sinne des Vaters der Relativitätstheorie zu interpretieren.* (107 f.) Galilei hat zwar die Physik als Zerschneiden der Natur betrieben, aber das ist wirklich ein Betrieb, und nicht die Wahrheit der Wirklichkeit. Die Natur antwortet auf diesen Betrieb, daß sie den Wunsch nicht befriedigt und nicht nach dem Einheitsprinzip funktioniert, das heißt sich nicht als bloße Natur erweist. *Doch paradoxerweise führt die Vereinheitlichung nicht zur Einheit.* (215)

Ist die Einheit der GUT also in zehn oder zwanzig Jahren zu erreichen, wie es Hawking vor zehn oder zwanzig Jahren prophezeit hatte? Die Antwort lautet etwa so: Die Physik funktioniert nicht, ohne daß sie die Natur zu Objekten zerschneidet. Erst dann kann ich von einer *Tasse* auf einem *Tisch* sprechen und ihre Eigenschaften beschreiben, wenn ich in Gedanken das eine vom anderen getrennt habe. In letzter Sauberkeit sind sie aber nicht zu trennen, ja selbst der Sirius, fünf Lichtjahre entfernt, muß immer berücksichtigt werden. *Das ist die Revolution in der Physik: Weil die Welt nur ein Objekt ist, ist sie für uns kein Objekt, und Objekte in ihr können nur willkürlich herausgeschnitten werden.*

Die beiden Autoren erkennen die Kraft einer einheitlichen Vision der Welt an, aber glauben wollen sie nicht an eine Weltformel. Zu einem wirklichen Ende kommt die Wissenschaft nie, weil bei jedem partiellen Erfolg neue Resultate auftauchen, welche die Vielfalt wieder erhöhen; und vermutlich ist es das Streben nach Einheit selbst, welches die Vielfalt erzeugt.

Seltsam an dem Buch ist der Titel, denn er weckt falsche Erwartungen. Die *Entwirrung des Universums* klingt nach einem Programm, das auf sicheren Wegen zu einem klaren Ziel führt. Gar das Stichwort *Weltformel* verspricht von vornherein die Erfüllung einer Sehnsucht. Aber zum Schluß heißt es hier: *Vielleicht waren wir noch nie so weit von einem global vereinheitlichten Weltbild entfernt wie heute.* (214) Daß in vielen Köpfen der Traum der Einheit sich unter dem Stichwort *Weltformel* gesammelt hat, ist keine Frage. Auch daß die Lektoren der Verlage meinen, die grenzenlose Naturtheorie beherrsche bis heute die Herzen der Menschen, ist keine Frage. Da sie Bücher mit Ankündigungen von Grenzen nicht verkaufen können, müssen sie im Titel die vage Hoffnung hochhalten, der Mensch könne seine Endlichkeit loswerden und über jede Grenze hinaus gelangen. Unsere beiden Autoren gehören nicht mehr zu dieser neuzeitlichen Spezies Mensch.

6. Die Endlichkeit der Natur – und die Frage nach der Lebensform

Agere sequitur esse. Das ist eine Weisheit aus alter Zeit, ein von Aristoteles geprägter Satz, der besagen will: Aus dem Sein folgt das Handeln. Das, was sich nicht bewegt, lenkt das, was sich bewegt. In vielen Gestalten tritt dieser Grundsatz zutage, an vielen Orten und fast zu jeder Zeit. Es ist auch ein kluger Satz, dessen Kritik man nicht beginnen sollte, ohne ihn vorher auf alle Weise stark gemacht zu haben. Er soll der onto-ethische Grundsatz heißen.

Beispiele für den Satz. Das kalte Wetter im Winter etwa erfordert, daß ich einen Mantel anlege, bevor ich das Haus verlasse. Also folgt aus dem Sein des Winters das Handeln meiner Hände und Arme. Wenn ich mir den Bart scheren will, so nehme ich am besten keine Hekkenschere, sondern ein feineres Schneidegerät, um an das Ziel meiner Wünsche zu gelangen und eine gesäuberte Wange zu haben. Das Sein des Bartes schreibt mir den Gebrauch des Werkzeuges vor. Höchstens hätte ich noch die Wahl zwischen Naß- und Elektrorasur. Der Anwendungsbereich des in Rede stehenden Grundsatzes ist groß und kaum absehbar. Wird nicht erst der Baugrund geprüft, ob er aus Sand, Lehm oder Felsen besteht, bevor das Fundament für ein Haus darauf gesetzt wird? Oder wenn ein König gegen einen anderen in den Krieg zieht, setzt er sich dann nicht zuerst hin und überlegt, ob er sich mit seinen zehntausend Mann dem entgegen stellen kann, der mit zwanzigtausend gegen ihn anrückt? Dies zwei Beispiele aus den Gleichnissen Jesu![1] In all diesen Fällen folgt aus dem Sein das Sollen.

Dennoch ist der Geltungsbereich des onto-ethischen Grundsatzes nicht unbegrenzt. Seine Anwendung gilt nicht restlos überall und soll auch nicht überall gelten. Weder das Sein noch das Sollen des Satzes sind unbestreitbar. Sozial gesehen müßte ein solcher Grundsatz jeden Status quo einer Gesellschaft zementieren. Dann hieße er: Jeder soll tun, was zu seinem Stand gehört. Der Knecht soll dienen, und der Herr soll herrschen, was dem Knecht vielleicht nicht für alle Zeit behagt, vielleicht auch nicht dem Herrn. Selbst die unbewußte Natur scheint gelegentlich Abweichungen von ihrem gewöhnlichen Handeln in Kauf zu nehmen. Jedenfalls dann, wenn man die Redeweise zuläßt und unbewußte Wirkungen als Handlungen bezeichnet. Beispielsweise gehört es zum Sein eines lebendigen Wesens, daß es selbst aus einem lebendigen Wesen geboren wurde: Ein Baum stammt von einem Baum, ein Hund von einem Hund und ein Mensch von einem Menschen ab. Die Erfahrung kann allerdings für den Beginn des Lebens vor Jahrmillionen nicht in aller Strenge gegolten haben, als die Erde wüst und leer war, also nur unbelebte Stoffe trug. Daher folgt aus dem Sein des Lebens nicht immer diejenige Art von Sollen, die wir gewohnt sind. Ja, vielleicht existiert nicht einmal immer eine Vorschrift, wie aus einem gegebenen Zustand ein neuer Zustand entsteht.

Der Blick nach innen. Diese kurze Vorbemerkung als Abwandlung eines klassisch knappen und folgenreichen Satzes zeigt schon an, welcher Artenreichtum im Übergangsfeld von Sein und Sollen zu finden ist. Ein wesentlicher Gesichtspunkt fehlt noch, der wohl die schärfste Kritik des Satzes darstellt. Mit diesem Punkt betreten wir das Gebiet der Theologie. Alle bisherigen Beispiele waren äußerlich und betrafen nicht mein eigenes Sein und Handeln. Der Blick auf das Subjekt des Handelns oder, besser gesagt, der Blick auf mich selbst zeigt eine andere Grenze. Der Mensch mag auf natürlichem, auf gesellschaftlichem oder moralischem Gebiet den onto-ethischen Grundsatz bejahen oder verneinen, dennoch vollzieht sich das Leben *weitgehend* in seinen Bahnen. Der Mensch mag also diesen Satz auf alle Weise anerkennen, damit argumentieren oder gegen ihn handeln, wendet er ihn aber auf sich selber an, so steht er vor einer Schwierigkeit, die mit dem Blick nach außen nicht zu erkennen war, vor einer Doppeldeutigkeit, der er nicht entgehen kann. Paulus hat diese Not in klare Worte gefaßt. Im siebenten Kapitel des Römerbriefes schreibt er: *Ich begreife mein Handeln nicht. Ich tue nicht das, was ich will, sondern das, was ich hasse … In meinem Inneren freue ich mich am Gesetz Gottes; ich sehe aber ein anderes Gesetz in meinen Gliedern, das mit dem Gesetz meiner Vernunft im Streit liegt und mich gefangenhält im Gesetz der Sünde, von dem meine Glieder beherrscht werden. Ich unglücklicher Mensch!*

Negative Weltformel. Damit sind wir beim Thema von Natur und Theologie angelangt. Die drei ersten Kapitel oben über Physik, Mathematik und Biologie haben nach einem Gesetz Ausschau gehalten, welches das Wissen als wirkliches Wissen begründen sollte. Das heißt, sie haben das Tun der Physiker, Mathematiker und Biologen beobachtet, die in der Mehrzahl ein solches Gesetz erhofft hatten. Wohl 400 oder 500 Jahre wurde daran gearbeitet, aber weit und breit wurde es bisher nicht nur nicht gefunden, es scheint grundsätzlich nicht zu existieren. Das folgende Schaubild gibt eine Vorstellung von der Lage:

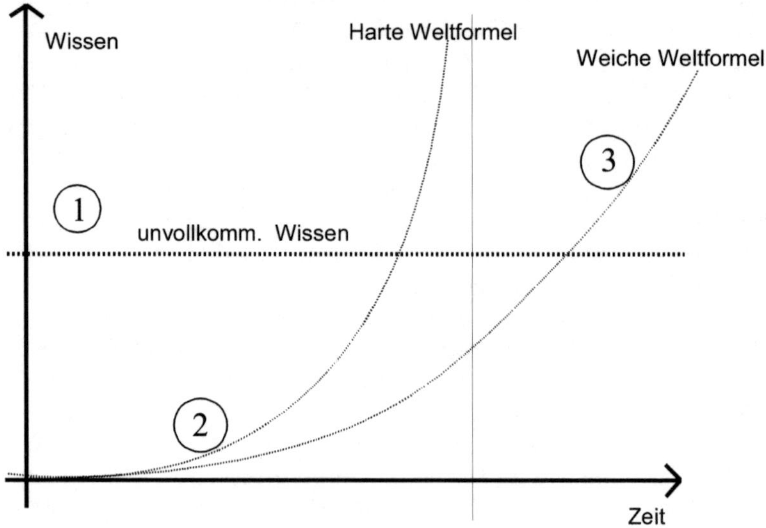

Drei Vorstellungen von Wissenszuwachs

Die Anhänger der harten Form der Weltformel versuchen, in endlicher Zeit zu einem abgeschlossenen und vollständigen Wissen von der Welt zu kommen. Die gepunktete Linie 2 stellt diese Vorstellung dar. Beispiele dafür sind die Ankündigungen etwa von Stephen W. Hawking, in zehn oder zwanzig Jahren die Weltformel zu haben. Die Form entspricht dem Besitz und der Reichweite eines Laplaceschen Dämons, der ab heute alle in Zukunft stattfindenden Ereignisse im voraus ansagt, wenn er einmal in den Besitz des allgemeinen Weltgesetzes und aller heutigen Ausgangspunkte gelangt ist. In dieser harten Form vertreten wohl nur noch wenige Physiker das Programm, und selbst Hawking nur mit ironischem Unterton. Zu sehr haben sich die Grenzen des Wissens bei den meisten Teilnehmern des Wissensbetriebs eingeprägt und eine neue Bescheidenheit erzeugt.

Als Ersatz bietet sich die weiche oder evolutive Weltformel an, die von der gepunkteten Linie 3 dargestellt wird. Weltanschaulich ist sie kaum weniger nützlich als die harte Form, ja sie bietet womöglich andere Vorteile, da sie die Vorstellung eines unendlichen, niemals endenden Wachstums nahe legt. Das verwehrt zwar die Vorstellung eines aktuellen absoluten Wissens jemals in der Zukunft, hat aber den Vorteil, die Unendlichkeit Gottes auf andere Weise zu beerben: Unendliches Wachstum im Endlichen! Oft wird diese Vorstellung mit der Hypothesen- und Falsifikationstheorie Poppers vorgetragen, so daß sich die Vorstellung einer objektiv wißbaren Welt, die anders besehen auch in einem bösen Totalitarismus enden kann, in einer liberalen und gefälligen Form darstellt. Es sind eben immer nur Arbeitshypothesen zu prüfen! Dogmatische Geltung scheint in der weichen Form der Weltformel niemand zu beanspruchen. Man kann damit bei der Vorstellung von der Wissenschaft als einziger Lebensform bleiben, sich gegen alle fremden dogmatischen Ansprüche aussprechen und zugleich unbemerkt lassen, welche eigenen Ansprüche man stellt.

Sollte die weiche Form das Ei des Kolumbus sein? Dazu müßte bewiesen werden, daß die Wissenschaft einen wachsenden Überblick über die Welt erbringt und die Technik sie wachsend beherrscht. Aber gilt nicht zugleich auch das Gegenteil? Im gleichen Maße wie die Übersicht wächst auch die Unübersichtlichkeit, und in gleichem Maße wie die Technik wirksamer wird, wird sie nebenwirkungsreicher. Aber auch vor den Ansprüchen einer kritischen Wissenschaftstheorie scheint die weiche Weltformel nicht bestehen zu können. Die weiche Form sucht das Unwissen nur in der subjektiven Bedingtheit auf, so als ob *wir* es noch nicht wüßten, *an sich* aber das zu Wissende objektiv vorliegt. Eine solche Vorstellung hat die Tiefe der Kritik, die von der Quantentheorie ausgeht, noch nicht in sich aufgenommen. Tiefer und ganz anders muß die Kritik der Weltformel ansetzen: Das Wissen der zukünftigen Dinge ist deshalb nicht möglich, weil das künftig Gewußte in der Gegenwart nicht als Ursache einer späteren Wirkung existiert.

Es bietet sich die Vorstellung eines bleibend unvollkommenen Wissens als die nüchternste Form der Wissenschaftstheorie an, so wie sie die gepunktete Linie 1 darstellt. Das Wissen wächst zwar beständig, aber die Menge des zu Wissenden im selben Maße auch. Der Mensch weiß immer mehr von der Natur, aber die Natur wächst weiter. Deshalb kommt die Wissenschaft dem Horizont des vollendeten Wissens nicht näher, so schnell sie auch laufen mag. Das aktuelle

Wissen hält stets eine mittlere Linie, weil das Wissenwollen selbst eine Lebensform ist, die den Inhalt der Geschichte bestimmt und wachsen läßt. Das titanische Ziel des Allwissens ist nicht zu erreichen, und zwar deshalb nicht, weil der Wille, zum Ziel zu kommen, das Ziel immer weiter hinaus schiebt. Ein Horizont wird nicht erlaufen, sondern entfernt sich im Näherkommen!

Weltformel ohne Wissen. Die Wissenschaft weiß viel, sie wird auch immer mehr wissen, aber sie weiß nicht, was sie weiß, denn sie kennt ihre Grenze nicht. Die Grenze zeigt sich in zwei Richtungen: Die Mathematik, der man es am ehesten zutrauen möchte, weiß sich nicht selbst zu begründen, und die Physik weiß die wichtigsten Bewegungen in der Natur nicht vorherzusagen. Man mag Einwände gegen die skeptische Einschätzung der Lage erheben. Aber diese haben ihre Quelle dann nicht in begründeter Einsicht um die Quelle des Wissens, sondern in dem Wunsch nach Übersicht. Sind Wünsche die stärkeren Argumente? Ja und nein, sie schließen die Augen und treiben zum Handeln.

Wenn Einstein den Mythos der Wissenschaft im 20. Jahrhundert symbolisiert, dann sollte das Fazit wie oben in Kapitel 1 lauten: *Bohr gewinnt, Einstein verliert.*[2] Diese Niederlage können wir jetzt auf einer höheren Stufe, auf einer Metaebene als Gesetz der Natur heraus stellen: Es ist unmöglich, ein sicheres und sich selbst begründendes Wissen in der Natur zu finden. Daß die Weltformel unmöglich ist, mag die wahre Weltformel sein: Formale Weltformel ohne inhaltliches Wissen. Aber ist das verstehbar? Die Formel besagt: Natur ist endlich. Es gibt eine Wirklichkeit, die nicht Natur ist, und diese Wirklichkeit trägt üblicherweise den Namen Gott. Denn Natur wäre unendlich, wenn es keine Wirklichkeit außer ihr selbst gäbe. Im Fall der uns bekannten Welt aber scheint man besser sagen zu müssen, daß nicht alle Wirklichkeit Natur und sie damit endlich ist. Die Endlichkeit ist gleichbedeutend mit der Aussage: Die Natur hat keine letzte Identität, Gott und Natur sind nicht wechselweise das gleiche. Das wäre das Weltgesetz der Natur. Die Weltformel lautet: *Nicht alle Wirklichkeit ist Natur.* Was mag das heißen? Folgt daraus etwas für das Leben?

Das Gesetz, daß die Natur kein letztes Gesetz hat, das ihre Bewegungen lenkt, wobei ich voller Begeisterung davon rede, daß vorletztlich überall viel mathematische Gesetzmäßigkeit in der Natur herrscht, ist durchaus mit dem Gesetz vergleichbar, wie es der Apostel Paulus versteht. Paulus meint eine ähnliche Erkenntnis aus einer anderen Quelle bezogen zu haben. Er versteht unter dem Gesetz die jüdische Thora, deren Vorschrift die Identität eines Volkes oder eines einzelnen Menschen garantieren sollte. In der paulinischen Gesetzeskritik hat sich die Erfahrung niedergeschlagen, daß die Welt oder die Natur eine solche Identität nicht zu geben vermag. *Alle Götter der Heiden sind nichtig,* heißt es in Psalm 96. Damit ist wiederum nicht geleugnet, daß viel alltägliche Wirklichkeit in den Götterbildern zum Ausdruck kommt, nur eben nicht die letzte, die alles entscheidet. Auf der dritten Reflexionsstufe befindet sich jetzt Paulus, und auch wir bewegen uns auf ihr: Als endliche Naturwesen allein können wir nicht leben, denn das endet tragisch, als Geistwesen vermögen wir nicht zu leben, denn dazu sind wir zu irdisch. Wer hilft uns aus der mißlichen Lage?

Inhalt. Wir werden versuchen, am Ende mit Paulus auszurufen: Dank sei Gott durch Jesus Christus! Aber die schließliche Erleichterung soll schrittweise entwickelt und mit Einsicht gewonnen werden. Die einzelnen Schritte sollen, wenn möglich, kontrollierbar bleiben. Wir treiben Wissenschaft, Philosophie, Theologie! Der Leser wird allerdings wissen, daß er eine Bereitschaft zur Einsicht mitbringen muß, die nicht von vornherein schon Einsicht ist. Der Wille läuft parallel zu jeder Erkenntnis. Der erste Abschnitt wird noch einmal von der Endlichkeit der Natur handeln, *von der Sagbarkeit des Unsagbaren* (6.1). Das Scheitern der Begriffe ist eine negative Aussage, ein Mißlingen ohne greifbares Ergebnis. Welchen Status kann das scheiternde Reden haben oder, besser gefragt, was besagen die Reden über das Scheitern, wenn gerade das Reden über letzte Erkenntnis in der Natur scheitert? Wie erkennt ein solches Reden das Scheitern an? Läßt sich, so soll im zweiten Schritt gefragt werden, eine angemessene Lebensform finden, die dieser Einsicht entspricht? Kann oder soll oder muß sogar die persönliche Lebensführung der Endlichkeit der Natur entsprechen, da wir uns nun einmal überzeugt haben, daß sie endlich ist? Gibt es also, so wird hier gefragt, ein *Leben angesichts der Endlichkeit* (6.2)? Da kein gutes Handeln ohne Gnade möglich ist, stellt sich die Frage, wie ich angesichts der persönlichen Unfähigkeit oder angesichts der allgemeinen Unfähigkeit der Gattung Mensch dennoch sinnvoll und verantwortlich leben kann. Daß dabei von Schuld und Vergebung die Rede ist, ja sein muß, wird in einer solchen Lage niemanden verwundern. *Die Gnade angesichts des Scheiterns*

 (6.3) verweist auf einen Lebensraum, der die endliche Natur überschreitet. In der religiösen, besonders in der mönchischen Lebensform findet diese Gnade ihren deutlichsten Ausdruck. Der letzte Abschnitt, *der Fortschritt als Rückschritt* (6.4), mundet wie ein letztes Dessert nach großer Mahlzeit. Der Konflikt zwischen Naturwissenschaft und Religion stand lange Zeit im Zeichen von Fortschritt und Rückschritt. Natürlich gehörte der Fortschritt zur Wissenschaft und der Rückschritt zur Religion. Der letzte Abschnitt bringt eine Dialektik zwischen beiden an den Tag, von der bisher wenig zu hören war, das heißt, von der jedenfalls ich bisher noch nie etwas gehört habe.

6.1 Von der Sagbarkeit des Unsagbaren

Läßt Natur sich ihres Schleiers berauben? Das hatte Faust einst gehofft und dafür das Zeichen des Makrokosmus beschworen: *Wo faß' ich dich, unendliche Natur?* So steht es in der Eingangsszene der *Nacht*! Oder bleibt sie verborgen und verschlossen? Dann bleibt dem tragischen Helden der Neuzeit nichts anderes übrig, als mit dem Teufel einen Bund einzugehen. Jedenfalls dann, wenn er unter Verzicht auf Erkenntnis trotzdem zur Herrschaft gelangen will.

Wer Einsicht hat, kann auf Herrschaft verzichten. Denn ihm vollzieht sich auch ohne seinen Willen alles nach seinem Willen. Wer keine Einsicht hat, wer sieht, daß wir nichts wissen können, der muß die Herrschaft über die Erde wollen, um so zum Überblick zu gelangen. Faust also mußte sie wollen: Wie kann ich das Wort nur sprechen, das mich in den Besitz der verborgenen Kräfte der Natur setzt? *D'rum hab ich mich der Magie ergeben,* raunt er.

Natürlich, das ist eine fremde Sprache, die Epoche rückt immer weiter weg, das ist die Welt der Naturmystik, der Alchemie, da wird nach dem Stein der Weisen und dem Universallösungsmittel Alkahest gesucht. Aber wenn die Evolution ohne viel Widerspruch als das einzig denkbare Muster des Weltwissens gepriesen wurde, wenn öffentliche Meinungsmacher des 20. Jahrhunderts wie Konrad Lorenz oder Hoimar von Ditfurth um das Gelingen dieser Evolution fürchteten (s. Kapitel 3), so taten sie dies in der Furcht Gottes, das heißt in der Sorge um den Sinn ihres Lebens. Wenn Gott das evolvierende Universum ist, wie einige Naturphilosophen der Selbstorganisation noch heute meinen,[3] dann ist durch die ökologische Krise ihr Gott, die Natur, selbst gefährdet, das heißt: Mein Heil ist in Gefahr!

Diese Bindung des persönlichen Heils an das Heil der Natur ist zu befragen, ob sie der Belastung durch solche Hoffnung standhält.

Was ist die Sonne? Wer von *der* Natur redet, spricht ihr die Qualität eines letzten, maßgebenden Seins zu. Eben dies soll hier untersucht werden: Kann im Blick auf die widersprüchlichen Ergebnisse der ersten drei Kapitel noch von *der* Natur gesprochen werden? Hat sie eine Einheit, die sich in Begriffe fassen und mit Worten aussagen läßt? Von einem Gegenstand kann ich sprechen, wenn er meinen Begriffen zugänglich ist. Sonst rede ich leere Worte über Dinge, die ich nicht kenne. Aber rede ich dann noch vernünftig? Nun braucht man nicht wirklich in letzter Einsicht eine Sache verstanden zu haben, um sinnvoll von ihr reden zu können. Denn ich kann gewiß vernünftig von *der* Sonne sprechen, wenn ich unser Zentralgestirn meine, das der Erde Licht und Leben spendet. Auch zu der Zeit, als noch nicht bekannt war, woher die Sonne ihre Energie bezieht, war es sinnvoll, sie als einzelnen und unverwechselbaren Gegenstand anzusprechen. Inzwischen ist bekannt, daß sie ihre Energie durch das Verbrennen von Wasserstoff zu Helium gewinnt. Die Vorstellung wird dadurch gerechtfertigt, daß es im Prinzip möglich ist, immer mehr von ihr zu wissen und schließlich alles. Die Sonne ist keine transzendente Wirklichkeit, denn sie ist vorhanden. Wir ergreifen die Initiative, um mehr von ihr zu wissen. Vieles an ihr ist zwar bis heute nicht bekannt, aber niemand zweifelt im Ernst daran, daß wir mit Sinn und Gültigkeit von *der* Sonne sprechen. Es gibt viele Kennzeichen, an denen sie unzweifelhaft und für die Zeitspanne, in der sie existiert, kenntlich ist. Allerdings nur für diese Spanne! Sie besteht nicht auf ewig. Sie ist aus kosmischem Nebel entstanden und wird sich bis auf einen kleinen Rest in einen solchen Nebel wieder auflösen. *Durch die Differenz zum natürlichen Hintergrund kann die Sonne als* ***die*** *Sonne angesprochen werden.*

Was ist die Natur? Gibt es aber in der gleichen Weise **die** Natur? Um sie mit Recht so anzusprechen, müßte sie etwas sein, was wir kennen oder doch kennen könnten. Wie oben gezeigt, kennen wir aber wesentliche Bewegungen der Natur nicht und werden sie niemals kennen lernen: Ignorabimus. Also sind es keine Bewegungen *aus* der Natur, die sich uns *in* der Natur zeigen. Uns werden auch nicht alle Bewegungen und Eigenschaften der Sonne bekannt sein, aber durch die Differenz zu dem, was die Sonne nicht ist, läßt sich sinnvollerweise und vorübergehend von ihr sprechen. *Diese Differenz fehlt, wenn wir von* ***der*** *Natur reden.* Deshalb lag in der Neuzeit die Versuchung nahe, ja sie war oft so stark, daß sie unwiderstehlich war, *die* Natur pantheistisch als Gott-Natur anzurufen, als das große Sein ohne Differenz: *Deus sive Natura*![4] Um dieses einen Wortes willen haben die Deutschen den holländischen Philosophen Spinoza über alles geliebt, Goethe, Schelling, Einstein und viele andere. Die geistige Befruchtung der Dichter, Philosophen, Naturwissenschaftler durch diese Vorstellung ist nicht zu leugnen: In der Einssetzung kann die Gott-Natur ihre Geheimnisse offenbaren und den Menschen selbst schöpferisch und göttlich machen. Wenn man den Pantheismus als Spielart des Atheismus ansieht, kann man sogar sagen: Erst die Gottesleugnung macht das Gotteserlebnis möglich. Denn mit der Leugnung übernehme ich selbst die Eigenschaften Gottes. Weit entfernt liegt das Prometheus-Gedicht Goethes nicht von dem Kolumbus-Gedicht Nietzsches.[5] Dieser allerdings ist dabei geblieben und nicht mehr von der Stelle gekommen, während Goethe den empörten Zugriff schnell als Jugendphase durchlaufen hat. Einzig den Kräften der Natur zu trauen ist folgerichtig, wenn Natur unendlich ist. Das glaubte zwar auch der reife Goethe, aber doch anders als Nietzsche, der sich nichts geben lassen konnte, sondern immer nur nehmen mußte und wollte und es doch nicht ergriff: *Wenn* es Götter gäbe, wie hielte ich's aus, kein Gott zu sein! *Also* gibt es keine Götter. Er rief es aus und starb.

Das Scheitern Hilberts. Die andere Seite: Wenn der endliche Mensch seine Identität durch sich selbst sichern will, dann muß er Gott als Natur ansprechen oder, wie man auch sagen kann, er muß Gott auf Natur reduzieren. Zwar haben der theologische Gott und die neuzeitliche Natur vieles gemeinsam, ihre Universalität vor allem, aber in diesem Punkt unterscheiden sie sich: Natur ist die Wirklichkeit, die für den Menschen zu jeder Zeit zugänglich ist. Auf Gott muß ich warten, bis er selbst sich zeigt. David Hilbert, der einflußreiche Mathematiker, hatte verkündet: *Wir wollen wissen und wir werden wissen! Für uns gibt es kein Ignorabimus!*[6] Was sein Programm scheitern ließ, war das negative Element, die fehlende Philosophie oder auch die fehlende negative Theologie. Eine letzte Gewißheit kann es im Naturwissen nicht geben, weil die entscheidenden Bewegungen in der Natur nicht vorhanden sind. Nicht einmal die Natur selbst weiß, welchen Weg das Elektron beim Versuch am Doppelspalt einschlagen wird. Deshalb sollte man auch nicht von *der* Natur reden, nicht einmal als Arbeitshypothese, unter welcher der Mensch oder, besser gesagt, wegen der Länge der Zeit, die Menschheit sich abarbeitet. Der Hintergrund, der eine zeitweise und vorüber gehende Identität verleihen könnte, fehlt dem Begriff der Natur. Das unterscheidet die Natur von der Schöpfung. Wenn ich Schöpfung sage, sage ich zugleich damit auch Schöpfer, ob ich das Wort nun ausspreche oder nicht. Das trifft bei der Natur nicht zu. Welche Gegenvorstellung spreche ich zugleich aus, wenn ich Natur sage? Keine! Das Wort trägt seinen Pantheismus in sich selbst und will keine Wirklichkeit außerhalb seiner selbst zulassen. Der Begriff der Kultur kann diese Rolle nicht spielen, denn Kultur meint im landläufigen Sinne nicht einen Gegen-, sondern einen Unterbegriff von Natur.

Prekäre Situation. Damit aber ist die Situation des Sprechens bedenklich geworden. Was sage ich eigentlich, wenn ich mein alltägliches Reden, das irgendwie und jederzeit die Vorstellung einer Natur voraus setzt, nicht *so* präzisieren kann, daß meine Aussagen auf festen Füßen stehen, das heißt durch sich selbst begründet sind, auch im Prinzip nicht? Natürlich ließe sich dem entgegen halten: Ich definiere eben die Natur als das, was eine solche sichere Rede möglich macht. *Die Grenzen der Physik müßten demnach die Grenzen des begrifflichen Denkens sein.*[7] So sagt es der achtsame Philosoph sehr verständig. Aber die Folge davon ist, daß die Natur ihre Unendlichkeit verliert und zu einer begrenzten Wirklichkeit wird. Wenn Natur das ist, was Gegenstand der Physik und des begrifflichen Denkens sein kann, dann hat diese Natur ihre Grenzen. Die Folgen reichen weit! Es gilt dann nicht einmal mehr der Spruch von Wittgenstein, daß man über das schweigen muß, worüber man nichts Sicheres reden kann. Der frühe Wittgenstein hatte wie David Hilbert an regionale Abgrenzungen geglaubt: Hier Sicherheit, dort Unsicherheit, hier sichere Wissenschaft, dort bloße Meinung: *Wovon man nicht sprechen kann, darüber muß man schweigen.*[8] Unter dem Banne einer solchen Einteilung in Regionen stehen viele Wissenschaftler noch heute, wenn sie das Wissen der Wissenschaft für wachsend und gewiß, alles andere Wissen aber bestenfalls für wahrscheinlich oder, noch schlimmer, nur für tröstlich halten. Jedenfalls ist das die landläufige Meinung, wie sie sich ohne besonderes Nachdenken aufdrängt.

Das Schlimme, ja das Tragische an der Situation ist, daß es, wenn man wirkliches Wissen verlangt, nichts und gar nichts zu wissen gibt.

Das zu zeigen, ist der Sinn dieses Buches über die Tragik in der Wissenschaft. Auch das ist nicht mehr sagbar, was Wittgenstein im *Tractatus* noch für sagbar hielt. Er meinte, einen Bereich des klar und unterschieden Sagbaren abgrenzen zu können, also das, was Descartes *clare et distincte* genannt hatte. Wittgenstein dachte zwar von der Naturwissenschaft her, aber 1921, als der *Tractatus* erschien, hatten ihn die verwirrenden Nachrichten aus Mathematik und Physik noch nicht erreicht. Nicht aus diesem Grund allein, aber vermutlich auch aus diesem, ist er von seiner frühen Philosophie in den späteren Jahren abgekommen. Es scheint, daß die Wirklichkeit ein Element an sich trägt, in dem sie nicht so ist, wie der Mensch sie ansehen will. Ja, man muß noch deutlicher und paradoxer reden: *Der Mensch muß über die Welt so reden, als ob die Dinge in ihr sich zum Gegenstand machen ließen. Das aber tun sie nur zum Teil und letztlich nicht.*

Es scheint im Bereich der Naturwissenschaften nicht nur entscheidbare Experimente, sondern auch entscheidbare Weltbilder zu geben. Die Vermutung von Laplace und Einstein über den deterministischen Charakter der Naturerscheinungen ist nicht nur eine mögliche Meinung im Kreis von manchen anderen, sondern eine durch das Experiment als falsch erwiesene Vermutung. *Die jüngsten quantenoptischen Experimente dürften genügen, Einstein im Grabe rotieren zu lassen,*[9] schreibt der Physiker Paul Davies in schmerzlicher Erkenntnis der Lage. Oder weiter: *Aus Einsteins Gedankenexperiment sind jedenfalls inzwischen eine Reihe wirklicher Experimente geworden, deren Ergebnisse bestätigt haben, daß Bohr eindeutig recht hatte und Einstein bedauerlicherweise unrecht.*[10] Es scheint Wahrheiten zu geben, die sich selbst dann durchsetzen, wenn ein umfassender Konsens gegen sie besteht. Das wird hier *bedauerlich* genannt. Das Drama und die Trauerarbeit um die Quantentheorie sind dafür ein beredtes Beispiel. Die bedeutendsten Köpfe der Neuzeit waren sich im Konsens darüber einig, daß die Natur so beschaffen sein muß, daß sie vollständig erkennbar ist. Die Natur hat sich um den Konsens nicht gekümmert und läuft einen anderen Weg: Sie läßt dauernd eine Wirklichkeit sichtbar werden, die nicht Natur ist.

Sagbarkeit Gottes. Das also soll hier die Quintessenz sein: Natur ist endlich, deshalb ist sie nicht wirklich sagbar! Dagegen kann man fragen: Was reden wir denn, wenn wir über natürliche Dinge reden oder wenn wir *Welt* oder *Natur* sagen? Wir sagen doch immer etwas und treffen es manchmal auch damit. Dennoch soll Sagen unmöglich sein? Ich versuche hier eine These vorzustellen und auf ihre Tragweite zu prüfen, die lautet: *Einzig sagbar ist Gott, weil ich im Sagen Gottes nicht zu sagen brauche, was ich nicht weiß. Im Sagen Gottes übernimmt Gott selbst das Sagen.* Dann erst herrscht die Adäquation von Gegenstand und Subjekt, dann erst sind Gott und Natur eins geworden. Die Natur zu sagen und die Natur zu wissen, ist eine titanische Überforderung, die auch schon unmöglich geworden ist, wenn man sie als solche erkannt hat. Manche Theologen ziehen daraus den Schluß, daß es dann noch viel schwieriger, ja unmöglich sein muß, über Gott bestimmte Aussagen zu machen, der doch viel unbekannter sei als die uns ein wenig bekannte Natur. Das scheint mir voreilig geschlossen zu sein.

Manchmal wird aus der aporetischen Situation der säkularen Wissenschaften sogar eine dogmenkritische Haltung abgeleitet, die überhaupt das Denken als Denken für verdächtig hält, die Theorie eine bloße Flucht nennt und die strikte Hinwendung zur Praxis empfiehlt. So in manchen Modellen des kommunikativen Handelns! Mit Anlehnung an Kant heißt es etwa: *Die Kritik muß solche objektivierenden, gegenständlichen Konstruktionen der reinen theoretischen Vernunft destruieren ... Von Gott kann nur im Zusammenhang mit der Freiheit von Subjekten geredet werden, also in einem Zusammenhang, in dem Vernunft praktisch wird.*[11] Dieser Vorschlag ist gewiß stark, soweit tatsächlich Theologie und Glaube objektivierend vorgehen. Der Einwand bleibt auch stark gegen eine schlichte Beteuerung, die Theologie kenne doch mindestens seit 1215 auf dem 4. Laterankonzil auch ganz offiziell eine Negative Theologie. Denn damals hat die Kirche anerkannt, daß nichts über den Schöpfer der Welt ausgesagt werden kann, was nicht gleichzeitig eine noch größere Unähnlichkeit enthält.[12] Jede Aussage über Gott sagt etwas aus, das für Gott den Schöpfer nicht zutrifft. Wie beim Gödelschen Satz über die Unabschließbarkeit von Logik und Mathematik! Diese Beteuerung bleibt jedoch kraftlos, wenn man an die Festigkeit und Verläßlichkeit endlicher Aussagen gebunden bleibt, also der säkularen Vernunft in ihren vielen Spielarten eine objektivierende Kraft zuspricht. Die mangelnde Objektivität der Natur hat ja die Verzweiflung Einsteins ausgelöst! Die Natur, von den Wissenschaftlern als Richterin eingesetzt, bestätigt *nicht* die Vermutung ihrer alleinigen Existenz. Die Berufung auf Kant hat ihren guten Sinn. Aber die Kritik an Gegenständen, die lediglich konstruiert sind, muß auch auf die Begriffe *Subjekt* und *Natur* angewandt werden, was oft unterlassen wird. Damit steht eine solche Kritik ohne Distanz in der Tradition der Neuzeit, deren Anliegen es war, dem Ich und der Natur eine sich selbst tragende Identität zuzusprechen. Aber gegen eine solche Vereinfachung, die das Subjekt oder die Natur an die Stelle Gottes setzen will, steht schon die Kritik Kants, der dem objektiven *Ding an sich* und *dem transzendentalen Subjekt* zugleich die volle Erkennbarkeit abspricht.

Schellings Formel. Nun scheinen aber selbst die Positionen Kants nicht mehr sehr fest zu sein. Dieser hielt zwar Gott und Natur für unendliche Wirklichkeiten und deshalb für nicht erkennbar, aber er wollte doch wenigstens die Erkenntnis der endlichen Wirklichkeiten sicher begründet wissen. Aber wenn es keine endliche Identität gibt, die sich selbst begründet, dann ist es nötig, über Kant hinaus zu gehen. Eher ließe sich sagen, daß Aussagen über endliche Gegenstände, in der Tiefe betrachtet, Reden Gottes über sich selber sind. In ihm allein, so spreche ich das nicht Aussprechbare aus, ist Adäquation, also Wahrheit möglich. Bekommt hier etwa die Schellingsche Formel ihren Sinn: *Natur ist sichtbarer Geist, der Geist die unsichtbare Natur?*[13]

Anerkennung der Aporie. Zumindest kann dem Traum der Neuzeit mit ihrer Gleichsetzung von Gott und Natur, ihrem Verlangen nach Monismus, in gewissen Grenzen Befriedigung verschafft werden. Die Formel *Deus sive Natura* scheitert zwar an den Grenzen des Begriffs, wie in der Quantentheorie deutlich geworden ist, aber eine richtige Ahnung mag sich gleichwohl in ihr ausgedrückt haben. Nur scheint das Einssein der Gott-Natur nicht allein oder nicht vornehmlich mit dem Begriff aussagbar zu sein. Der Begriff wird, wenn er unbedacht verwendet wird oder wenn er sich selbst begründen soll, aporetisch, er führt in die Sackgasse der Widersprüche. Vielleicht nähert man sich der Wahrheit auf einem anderen Weg besser an: Nicht das Endliche spricht das Unendliche aus, sondern das Unendliche das Endliche! Die widersprüchliche Situation wird dadurch zwar nicht aufgehoben, aber anerkannt. Weder im Objekt noch im Subjekt des Sprechens ist so viel Substanz zu finden, daß deren Gegenwart allein den Sinn der Aussagen begründen könnte. Die Substanz macht Anspruch auf eine der Bewegung der Zeit enthobene Beständigkeit der endlichen Natur, für die es keine guten Gründe mehr gibt. Damit wird die abstrakt theoretische Erkenntnis der Endlichkeit der Natur auf die Praxis verwiesen, da es dem Menschen nicht mehr zukommt, *über* das Unendliche zu sprechen oder etwa über ihm zu stehen und die Hand nach ihm auszustrecken, sondern sich *darunter* zu stellen, als Werkzeug, Symbol und Organ des Unendlichen.

6.2 Das Leben angesichts der Endlichkeit

Damit sind wir bei der Frage des zweiten Abschnittes angelangt. Der Mensch kann nur im Endlichen leben. Unendliche Weiten gibt es nicht in der Natur. Er ist an die Erde gebunden, auch wenn er zu den Sternen aufschaut. Er muß sich in der Welt bewegen, auch wenn er anerkannt hat, daß das, was er tut und sagt, nur vom Unendlichen selbst sinnvoll getan und gesagt werden kann.

Drei Stufen des Lebens. Drei Stufen werden sichtbar: Natur, Kritik, Gnade! Das Gegen- und Miteinander dieser Stufen soll hier im zweiten Abschnitt zum Thema werden. Die Natur auf der ersten Stufe ist endlich. Auch die säkulare Vernunft vermag nach den Erfahrungen der Neuzeit nicht mehr ernsthaft zu behaupten, alle Wirklichkeit sei Natur, denn es gibt Wirkungen, die von keiner Wissenschaft der Natur beschrieben werden. Die dritte Stufe wäre die Unendlichkeit, die Unvergänglichkeit und die Ungeschaffenheit, Gott selbst also, wenn denn diese Stufe mit dem großen Namen benannt wird. Die zweite Stufe in der Mitte ist der Kampfplatz der Geschichte. Von der säkularen, endlichen Vernunft her erhalten die drei Stufen folgende Bewertung: Die erste Stufe ist unmöglich, die zweite kann ehrlich sein, die dritte wäre die Erleuchtung, wenn sie als Lebensstufe erreicht wird. Die ersten beiden Stufen existieren von Natur aus, die dritte nicht. Ja, vielleicht existiert auch die zweite Stufe schon nicht mehr ganz von Natur aus, also vom Endlichen her, sondern von der dritten Stufe aus. Sie zeigt ein Gezogen- und Getriebensein an, das über alle begreifbare Natur hinausweist. Für solche Stufeneinteilung sprechen einige Gründe, wenn es zutrifft, daß *nicht alle Wirklichkeit Natur ist.*

Rätsel der Zeit. Das große Rätsel in dieser Reihenfolge ist die Zeit, die sich wie ein Schleier über alle Ereignisse legt. Sie bringt die Geschichte der Ereignisse hervor und verschlingt sie wieder. Die Zeit ermöglicht die Stufen und räumt sie wieder weg. Die erste Aussage, das Leben in der Natur sei unmöglich, erweist sich erst auf Dauer als richtig; denn auf einige Zeit ist Natur möglich, als Frist und Frust, als Lust und Last, als Yin und Yang, für das Individuum, für die Gattung, für kleine Steine und für große Sterne. Die Definition der neueren Anthropologie, daß der Mensch das Tier ist, das weiß, daß es sterben muß, hat wohl tiefer gesehen als die antike Bestimmung, nach welcher der Mensch das vernünftige Wesen sein soll.[14] Denn auch die Vernunft ist in der Zeit und unterliegt ihrer Bewegung. Daß sie die Zeit vertilgen und sich zur Zeitlosigkeit erheben kann, mag wohl die leitende Idee der Wissenschaften sein, ist aber keine mögliche Aussage in ihr. Die Vernunft will zwar die Zeit vertreiben, sie will die Vergänglichkeit im Begriff aufheben, sie will die Zeit von sich weisen, um über ihr zu stehen, aber weder hat sie bisher das Ziel erreicht, noch stehen ihre Chancen für die Zukunft gut. Denn die Zukunft ist nicht in der Gegenwart enthalten, also gibt es keine Möglichkeit für die Vernunft, sich über der Zeit aufzustellen. In dieser Hinsicht ist die Vernunft unwahr, wenn sie ihr Geschäft betreibt. Deshalb gehört die Definition vom sterbenden Menschenwesen schon der zweiten Stufe an und wird von ferne durch die dritte Stufe angezogen. Der vom Tode gezeichnete Mensch des existentialistischen Entwurfs ist von der biblischen Hoffnung des individuellen Rufes geprägt, in negativer Weise: *Ich habe dich bei deinem Namen gerufen, du bist mein!*[15] Wird von diesem Ruf der Rufende gestrichen, bleibt der Anruf allein ohne Rufer zurück, die nackte Existenz, die den Menschen aus der Natur reißt und ihm die Heimat von unten verwehrt, ohne ihm eine neue Heimat von oben anzubieten. Ist erst einmal die Distanz zur Natur entdeckt, dann ist eine Beruhigung des Menschenwesens, das sich in natürliche Gesellschaft eingebettet sehen möchte, unmöglich geworden.

Eine andere anthropologische Definition der Antike, die auch der ersten Stufe angehört, besagt, daß der Mensch von Natur aus ein gemeinschaftliches Lebewesen sei.[16] Wenn der Unterschied zur Natur erst einmal entdeckt ist, kann eine solche Erkenntnis nur noch als Nebenzug des Menschen gelten. Seine Existenz in ihrer Tiefe und Fülle kann sie nicht mehr beschreiben. Eine einmal entdeckte Möglichkeit ist nicht mehr rückgängig zu machen, sie drängt zur Erfüllung, so oder so, zur Realisierung oder zur Beendigung ihrer Möglichkeit.

Verlorenheit der 2. Stufe. Die Stufe zwei ist oft geprägt von einem antitheologischen Affekt. Wenn ich den Affekt selbst mit einem Affekt ausdrücken sollte, würde ich sagen, es herrscht dort das dunkle

Christ in der Gegenwa
46
52. Jahrgang
Der Kommentar
Weit weg – kein Thema?
Vom Mangel zur Hingabe
Kunstgeschichte als Glaubensgeschichte

Gefühl, daß eine große Verheißung, die einmal in der Jugendzeit geleuchtet hat, nicht in Erfüllung gegangen ist. Dabei kann Jugendzeit manches bedeuten, die persönliche Jugend oder die Jugend der Menschheit oder die Jugend einer Epoche. Durch den Verlust ohne neuen Gewinn bekommt die Kritik der zweiten Stufe einen Januskopf: Die Natur ist verloren, aber die Gnade nicht gefunden. Die zweite Stufe schaut zurück auf die Natur wie auf ein verlorenes Paradies, wie auf eine fern-ferne Heimat. Aus dem Ursprungsland wurde sie vertrieben, aber sie vermag nicht zu sehen, was den Menschen daraus vertrieben hat. Sie kann das Wort der Gnade nicht aussprechen, denn sie steht mit dem Rücken zur dritten Stufe und schaut auf die Natur oder die Gesellschaft zurück und will nur heim ins Paradies. Die beiden politischen Hauptbewegungen des letzten Jahrhunderts, der Faschismus und der Sozialismus, wollten heftig in die Geborgenheit eines unbedingten Kollektivs zurückfliehen. Deshalb gaben sich beide als besonders fortschrittlich aus. Beide waren naturalistisch geprägt und wollten von Gott und Gnade nichts wissen. Beide wollten sie das Paradies mit eigenen Händen bauen, und das geht immer nach alten Mustern. Nur die Christen, die kein festes Bild von der Geschichte haben, konnten mit den Ereignissen einer unbestimmten Zukunft fertig werden. Sie können in allen Ereignissen die Zeichen des ankommenden Reiches erkennen.

Die zweite Stufe spürt die Bewegung, ja sie sieht den Sturm, der den Menschen aus seiner ersten Natur vertrieben hat, aber sie kann den Urheber des Sturmes nicht erkennen. Die utopischen Entwürfe der Neuzeit wollten die Natur dem Menschen in die Hand geben oder sie wollten ihn selbst zu einem Stück der Natur machen. Als ihr Herr und Meister sollte er zugleich die Speerspitze einer evolutiven Naturdynamik und damit nur eine Sprosse auf dem Weg zu einem neuartigen Menschen sein. All diese Dynamik treibt ihn zwar in der Geschichte weiter, aber die ersehnte Einbettung in die Ewigkeit, für welche die Natur ein Symbol und Gleichnis war, hat sie nicht erreicht.

Dreifache Bitterkeit. Gewiß sind die Sichtweisen der zweiten Stufe vor dem Richterstuhl der Theologie nicht zu rechtfertigen, sie hat andere Postulate, Erfahrungen und Hoffnungen, die von der dritten Stufe gespeist sind. Doch erklärbar sind ihre Hoffnungen auch aus der Sicht der Theologie. Niemand kann sich selbst das Leben geben, sagt sie, und keiner vollendet auch sein Leben durch sich selbst. Das ist die dreifache Bitterkeit der zweiten Stufe: Zur ersten Stufe kann sie nicht zurück, zur dritten Stufe kann sie nicht hinauf, und auf der zweiten Stufe läßt es sich nicht leben. Ich unglücklicher Mensch, würde Paulus ausrufen! Wer wird mich aus dieser dem Tod verfallenen Lage befreien? Mit Demonstrationen und Emanzipationen kommt man von der zweiten Stufe nicht wieder herunter. Das ist eine theologische und eine anthropologische Einsicht. Ich meine, daß sich die Unzulänglichkeit der zweiten Stufe von innen her, das heißt auf der Stufe selbst zeigt. Die Unwahrheit der ersten Stufe war *sachlich* zu erkennen, die Unwahrheit der zweiten zeigt sich *personal*. Das eine erfordert ein erkenntnistheoretisches, das zweite ein ethisches Vermögen. Die Unbeständigkeit der natürlichen Substanzen zeigt sich auf der zweiten Ebene als der Tod, der das Hauptthema des Existentialismus und des Apostels Paulus ist. Aber bei aller Entschlossenheit auf der zweiten Stufe bleibt der Tod dem Leben fremd, er vermag das Leben zwar zu zerreißen, aber es zu verwandeln und zu neuem Leben zu bringen, vermag er nicht.

Beispiel für die 2. Stufe. Dabei stehen zur Zeit auch theologische Ansätze in der Gefahr, den Tod an den Rand zu drängen, statt ihn mitten ins Leben zu stellen und sein Durchschreiten zu üben. Als Beispiel verweise ich auf die Theorien des kommunikativen Handelns, wo der Tod als Bedrohung des Lebens durchaus wahrgenommen wird, wo entschieden im Namen des Lebens der Protest gegen ihn eingelegt wird, er aber am Rande verbleibt und dieses Leben trotz guten Willens nicht erlösen kann. Es wird dort von der Wissenschaftstheorie auf eine Theorie des kommunikativen Handelns geschlossen,[17] in der jemand nur um den Preis des Verlustes der eigenen Identität aus der Solidarität aller endlichen Wesen ausbrechen kann. Sollte das ausreichen? Bleibt ein solcher Ausbruch nicht im Endlichen stecken, wo der Tod zu Hause ist? Für Theologen muß die Frage nach der Solidarität radikaler gestellt werden. Für den Theologen wird sie zur Frage nach einer Wirklichkeit, die diese Solidarität auch angesichts der Vernichtung im Tode aufrecht erhält.

Weltgeschichte als Weltgericht. Mit dieser Forderung wird die dritte Stufe fast erreicht, jedenfalls ihre andrängende Nähe schon verspürt, ohne daß jedoch der Übergang stattgefunden hätte. Denn Solidarität ist noch keine Liebe, und nur Liebe kann die Grenze des Todes überwinden. Solidarität ist eigenes, endliches Interesse, wenn auch vielleicht in seiner edelsten Form, da ich mein Interesse nur in Rücksicht mit anderen Interessen durchsetzen will. An das Eigeninteresse muß in solchen Konzepten auch kräftig appelliert werden, wenn für Solidarität geworben wird. Die Weltgeschichte, verkündet hier die Theologie, ist das Weltgericht, das über deine Identität entscheidet! Auch wenn der Tod der letzte Horizont ist, sollst du vorher solidarisch handeln! Solche Solidarität auf der zweiten Stufe scheint ziemlich stützungsbedürftig zu sein und macht sich nicht von selbst. Die geforderte Solidarität bricht immer wieder zusammen. Die unter solcher Predigt stehenden modernen Gesellschaften sind egoistischer denn je in der Geschichte. Kommt es zu einem Konflikt zwischen meinen und den fremden Interessen, und es ist nicht zu sehen, wie es dazu nicht kommen sollte, dann wählt *fast* jeder Mensch, wenn er nicht ein Heiliger ist, bei noch so gutem Willen, das eigene Interesse, weil er am Leben hängt.

Heiligkeit und Tod. Damit ist das Stichwort gefallen. Erst Heiligkeit ist das befreite Leben, das Leben auf der dritten Stufe, das aus den Widersprüchen des endlichen Lebens erlöst ist! Aber ist es wirklich erlöst? Kann es überhaupt einen Ausweg geben? Wer nicht aus Wasser und Geist wiedergeboren wird, heißt es im nächtlichen Gespräch Jesu mit Nikodemus, der kann nicht in das Reich Gottes gelangen.[18] Im Bild der drei Stufen gehört die Wiedergeburt auf die dritte Stufe. Solche Geburt aber setzt den Tod voraus, den Tod in der Welt, den man geistlich nennen kann. Das sollte nicht dazu verführen, mit diesem Namen zu meinen, der geistliche Tod sei *nur* geistig oder abstrakt zu verstehen, und er könne so weh gar nicht tun. Eher umgekehrt würde ich fragen: War nicht der geistliche Tod, den der Christ in der Taufe gestorben ist, viel schmerzhafter als der leibliche Tod, den er als Mensch noch erwartet? Der Tod am Ende des Lebens opfert keine Lebenskraft mehr auf. Das tut nur der geistliche Tod mitten im Leben, der sich auf andere Ziele ausrichten läßt. Diesen stirbt der Mensch bei vollem Bewußtsein, nachdem er festgestellt hat, daß seine endlichen Kräfte ihr Ziel nicht erreichen. Dann allerdings steht er zum neuen Leben auf, da er seine Kräfte dem Unendlichen zur Verfügung gestellt hat und sie jetzt von dort her gespeist werden.

Der Tod des Ich. Hier tut sich der Sinn der christlichen Weltverneinung auf, die dem Evangelium entspringt. Der Verzicht kehrt die Sichtweise um: Habe ich auf der ersten, auf der naiven Stufe, den

Bestand zum Erhalt meines Lebens nur außen gesucht, außerhalb von mir, in dem, was wir allgemein die Natur nennen, also *extra nos*, dann wendet die zweite Stufe ihren Blick nach innen, zum Subjekt, das ich selber bin, also *intra nos*. Aber diese Stufe ist so widersprüchlich und unhaltbar wie die vorige. Erst auf der dritten Stufe, bildlich gesprochen *supra nos*, über uns, wird eine Lösung denkbar. Das heißt, sie ist auch wiederum nicht denkbar, weil sie nicht einmal aussagbar ist, denn sie übersteigt jeden Begriff. Das Ich ist auf allen drei Stufen das Problem, das heißt: ›ich‹ selbst bin es in meiner Subjektivität, ich bin die ungelöste Frage und deshalb die Quelle meines Leidens. Nun besagt die religiöse Erfahrung, daß es eine Lösung dieser Bedrängnis gibt, eine Erlösung, die zwar weltlich und begrifflich nicht verständlich ist, (wie sollte das auch zugehen!), die aber denen mitgeteilt werden kann, die sie kennen. Nicht umsonst wird das Gespräch Jesu mit Nikodemus in der Nacht geführt, was als Hinweis auf den verborgenen Charakter seiner Wahrheit zu verstehen ist. Eine öffentliche, das heißt objektivierbare Wahrheit, die im Diskurs verteidigt werden könnte, vermag die Rede von der dritten Stufe nicht zu sein. Gerade die in der Endlichkeit festgehaltene Subjektivität und Objektivität erzeugen ja die Probleme der beiden ersten Stufen.

Die Lösung der dritten Stufe ist die freie Übernahme des Todes für mein ›ich‹ durch mein ›ich‹. Sie nimmt am deutlichsten in den Evangelischen Räten von Gehorsam, Keuschheit und Armut ihre Gestalt an. Jedenfalls sind die Räte die vernünftigste Lösung des Lebens für den, der einmal den Gedanken der Endlichkeit der Natur erfaßt hat. Diese Ratschläge zum erlösten Leben sind die Verneinung des Ich in seinen drei brisanten Interessen von Geld, Macht und Sexualität. Die Räte nehmen den Tod freiwillig vorweg, den der Mensch in seiner Natur trotz aller Mühe nicht vermeiden kann. Mit seinen Interessen erkennt der Mensch, daß sein Ich ein Organ der Natur ist oder, besser gesagt, ein Organ *in* der Natur. Umgekehrt gilt, daß die Hinwendung dieses Ich zu Armut, Gehorsam, geschlechtlicher Enthaltsamkeit nur sinnvoll ist, wenn nicht alle Wirklichkeit Natur ist. Sie lebt in der Gegenwart der Transzendenz, deren eine Eigenschaft die Unendlichkeit ist. In Gott gibt es keine Konkurrenz, weil im Unendlichen die Plätze nicht knapp sind. Nur im endlichen Leben sind die Plätze Mangelware und erzeugen die Brüche des Lebens. Deshalb gibt Gott einen Frieden, den die Welt nicht geben kann. Angesichts der Endlichkeit sind die Evangelischen Räte die verständlichste Lebensform. Keine Flucht vor der Sterblichkeit, keine Verzweiflung angesichts der Sterblichkeit, nur Auferstehung zur Teilnahme des sterblichen Lebens am unsterblichen!

6.3 Die Gnade im Scheitern

Damit sind wir auf die dritte Stufe gelangt und zugleich zum dritten Abschnitt dieses Kapitels. Wie gestaltet, wie lebt, oder auch, wenn es so erlaubt ist zu fragen, wie ordnet die Kirche, das heißt die leibhaft in Erscheinung getretene Gnade, die Unverfügbarkeit des Lebensnotwendigen? Es gibt einen alten scholastischen Satz, der von einer Synthese zwischen Natur und Gnade redet: *Gratia supponit naturam et perficit eam – Die Gnade setzt die Natur voraus und vollendet sie.*[19] Der Satz versucht, einen Ausgleich zwischen der rationalen Philosophie des Aristoteles und dem gnadenhaften Geheimnis der Offenbarung zu schaffen. Er stellt einen großen Versuch der mittelalterlichen Denker dar, die Grenze zwischen dem Endlichen und Unendlichen zu bestimmen und den Übergang zwischen ihnen offen zu halten. Aber für eine Welt, die ihre Geschichte entdeckt hat, reicht der Satz zur Beschreibung der Grenze nicht mehr aus. Er sollte um einen Vordersatz erweitert werden: *Natura destruit naturam, et gratia sanat et perficit eam – Die Natur zerstört die Natur, und die Gnade heilt und vollendet sie.* Die klassische Formel ist zweistufig und verbindet die erste mit der dritten Stufe, sie gibt einen direkten Weg von der Natur zur Gnade an. Die erweiterte Formel ist dreistufig, denn die Kritik der zweiten Stufe ist die Reflexion auf die Destruktion der Natur, die sie in sich trägt. Man kann den Anfang der Formel, daß die Natur die Natur zerstört, auch als Reflexion auf die Entdeckung Darwins, des Kampfes ums Überleben in der Natur, auf die ökologische Krise des 20. Jahrhunderts oder auch ganz allgemein als Reflex auf die doppeldeutige Dynamik der Neuzeit lesen. Das Ordnungsschema des Mittelalters war zerbrochen, nicht weil es falsch war, sondern weil es eine Momentaufnahme zeigte, in der die Gestalten still stehen, während sie sich in Wirklichkeit auch bewegen. Die Neuzeit zeigt die Gestalten wie im Film, die Anfang und Ende, Entstehen und Vergehen haben: *Natura destruit naturam.* Auf der zweiten Stufe macht der Mensch die Erfahrung, daß er nicht nur Natur ist, sondern daß er eine Natur hat. Dieser Besitz kann ihm keine Identität verleihen, wie er gerne möchte und wie sie ihm die Neuzeit vergeblich versprochen hatte. Aus eigener Kraft kann er auf die Stufe der

Identität, und das ist zugleich die Stufe der Gnade, nicht gelangen, ja er kann sogar deren Existenz erst erkennen, wenn er sich schon auf ihr befindet. Solange er nur von ihr sprechen hört, steht sie noch im Raum der Meinungen, ist also noch nicht ans Ende der Konkurrenz gelangt.

Gnade und Ideologie. Aber die Rede von der Gnade macht auch Schwierigkeiten. Sie wird gern unter den Verdacht der Auserwählung und elitären Gesinnung gestellt, ein Verdacht, der allezeit bereit steht und schnell als Empörung zutage tritt. Gnade ist für ein Zeitalter, das in Demokratie und Gleichheit seine höchsten Werte sieht, eine Zumutung. Jedenfalls scheint es auf den ersten Blick so zu sein. Gnade erinnert an feudale Zeiten, eben mittelalterliche, in denen es Brauch war, nach der Gunst und Huld des Fürsten Ausschau zu halten. Um ihre Notwendigkeit abzuwehren, wird deshalb die Rede von der Gnade schnell unter Ideologieverdacht gestellt. Den Schein, dem ich keine Realität zubillige, muß ich für verdächtig halten: Ich plädiere auf versteckte Vorteilnahme. Anders läßt sich seelisch damit nicht leben, solange ich nicht selbst der Gnade zugestimmt habe. Tatsächlich ist die Rede von der Gnade umlagert und bedroht von der Korruption: Sie erklären sich bereit, für Christus ihr Blut zu vergießen, lassen aber vorläufig erst einmal die rote oder purpurne Farbe als Gewand an ihrem Körper herabfließen. Sie sagen Christus und meinen Kattun. Auch in anderen Gestalten ist diese Erscheinung bekannt: Sie sagen Freiheit und meinen Erdöl, sie sagen Sozialismus und meinen die Herrschaft der Funktionäre! Die stehenden Formeln drücken eine alte Erfahrung über versteckte Vorteilnahme aus, die man wohl nur dann sachgerecht beurteilt, wenn man sie als ständige Gefahr an sich selbst bemerkt. Die Selbstanklage öffnet die Quellen der Gnade, die Fremdanklage verschließt sie. Aus früherer Zeit berichtet der hl. Augustinus von ähnlichen Dingen: *Bei der Beobachtung des menschlichen Verhaltens habe ich oft die Erfahrung gemacht,* sagt er, *daß mit der Beherrschung der Sexualität die Habsucht an ihrer Stelle zunahm.*[20]

Bei aller Achtung vor dieser Kritik aber sollte der Mißbrauch aus dem Gebrauch erklärt werden und nicht umgekehrt. *Abusus non tollit usum – Der Mißbrauch macht den Gebrauch nicht überflüssig.* Christentum ist Leben auf der dritten Stufe, ist Leben aus der Gnade. Wie das zugeht, mag der Vernunft ein Rätsel sein, ist aber eine Erfahrung, die zu einem neuen Leben befähigt. Wenn die Gnade kein

Rätsel wäre, dann wäre sie gewiß keine Gnade, sondern verfügbares Interesse und Instrument. Das Rätsel aber, das Leben spendet, heißt Geheimnis: Es verwahrt das Leben, es nährt und tröstet es, aber es läßt sich nicht überflüssig machen.

Gnade definiere ich als Erlösung vom Interesse. Dabei ist offen gelassen, ob das Interesse erfüllt ist oder sich nur aufgelöst hat. Jedes Streben kann auf zweifache Weise zu Ende kommen, einmal, indem es sein Ziel erreicht, das andere Mal, indem es vom Streben abläßt. Wahrscheinlich ist die Frage nach Erfüllung und Auflösung selbst schon an Interessen gebunden, eben gebunden an die Endlichkeit, in der die beiden Möglichkeiten auseinander fallen. Die Erlösung vom Interesse ist deshalb ein so großes Gut, weil der Mensch mit seinen Interessen in der endlichen Welt nicht zum Ziele kommt. Man könnte natürlich auch andere Definitionen versuchen und etwa die Gnade als Handeln Christi in der Welt bezeichnen oder als Eingießung in unsere Herzen, als Gabe des Heiligen Geistes oder als diesen Geist selbst. Das sind alles mögliche Redeweisen. Dann aber besteht die Gefahr, daß aus der berührenden Redeweise eine verfügende wird, aus dem Scheitern des Naturalismus ein Supranaturalismus. Die Formel *Gnade als Erlösung vom Interesse* ist dagegen zurückhaltend. Sie beschreibt das Phänomen, ohne es auch nur den Worten nach in die Verfügung zu nehmen. Ihr Nachteil ist die Negativität, da sie die Gestalt der Erlösung nicht näher darstellt.

Alles Tun der Kirche soll von der Interesselosigkeit getragen sein, von der Gnade der Erlösung, und ist es letztlich auch. Damit wird nicht die Welt verneint, auch nicht jedwedes Interesse verworfen oder abgelehnt, aber die Welt auf einen Weg verwiesen, der sie von ihrem nur zeitweise erfolgreichen und darum tödlichen Interesse heilen kann. Wie das zugeht, mag rätselhaft und kaum zu wissen sein. Allerdings darf ich es auch nicht wissen, denn wenn ich es wüßte, würde das Wissen unter der Hand zu einem Instrument in meiner Hand. Es ist genug, daß eine solche Erfahrung denkbar ist, ja daß die widersprüchlichen Erfahrungen der endlichen Welt auf eine solche Erscheinung zulaufen. Ob die Gnade der Erlösung vom Interesse im Einzelfall vorliegt, kann vielleicht nachträglich erkennbar sein, kann aber nicht zu einem geplanten Handeln für die Zukunft werden. Wenn Natur endlich ist, scheint mir die höchste oder, vielleicht sollte ich besser sagen, die klügste oder, besser noch, die weiseste Lebensform die der Evangelischen Räte zu sein. Aber zugleich ist diese Form eine Lebensgestalt, die kein Mensch aus sich heraus vollbringen kann. *O, ich unglücklicher Mensch!*, ruft Paulus im Römerbrief aus.

Solidarität in der Gnade. Die Kirchenkonstitution *Lumen Gentium* des Vaticanum II (1962–1965) stellt einen bemerkenswerten Zusammenhang zwischen der elitären Lebensform und dem Leben eines jeden Christen her. Es heißt dort in Nr. 44: *So erscheint das Bekenntnis zu den Evangelischen Räten als ein Zeichen, das alle Glieder der Kirche wirksam zur eifrigen Erfüllung der Pflichten ihrer christlichen Berufung hinziehen kann und soll. Das Volk Gottes hat ja hier keine bleibende Heimstatt, sondern sucht die zukünftige.* Bei aller Weltzuwendung des Konzils werden hiermit die Räte in eine Beziehung zur Gesamtkirche gesetzt, die sie vor dem Vaticanum II nicht hatten. Zugleich mit der verstärkten Sendung der Kirche in die Welt hinein wird auf der anderen Seite betont, daß Herkunft und Ziel dieser Sendung alle zeitlichen Ziele überschreiten. Mitten in der Welt sollen Herkunft und Ziel der Kirche keinesfalls von der Welt sein. Das Konzil erkennt damit die Paradoxie der Gnade für die Stunde von heute an, während in der bisherigen Sicht das gnadenhafte Handeln Gottes vorwiegend auf die einzelne Person bezogen war. Was früheren Epochen angemessen war, erfordert heute eine vertiefte Sicht. Eben das ist das fruchtbare *Aggiornamento* des Konzils.

Evangelische Räte für alle. Das Zitat über die Evangelischen Räte aus dem 6. Kapitel der Kirchenkonstitution hat einen moralisierenden Ton, der mit dem Charakter der unverfügbaren Gnade in Spannung steht. Moralisierend ist der Ton, nicht weil er die Gläubigen auffordert, selbst nach den Evangelischen Räten zu leben, das wird nicht gesagt, sondern weil das Zitat die Gnade als Instrument der Sendung gebrauchen will. Das Kapitel redet zwar diejenigen an, die zu diesen Räten schon berufen sind, aber das Vorbild wird als Tatsache behandelt, das in Gebrauch zu nehmen ist. Es appelliert schließlich auch an die Christen, ihre eigene Berufung anzunehmen, so daß die eine Tatsache der von selbst eintretenden Wirkung von zwei Appellen an die Freiheit umrahmt wird. Ohne das Schreiten durch die Freiheit, die in der Moralisierung enthalten ist, kann sich die westliche Theologie eine Teilnahme an der Gnade nicht vorstellen.

Osten und Westen. Für den Theologen ist es ein verführerischer Gedanke, hier nach dem Osten zu schauen und von der orthodoxen Tradition einen alten, verborgenen Schatz, nämlich die physische Gnadenlehre zu übernehmen. Diese ältere Form der Gnadenlehre kennt kaum eine Dialektik zwischen Freiheit und Gnade. In der östlichen korporativen Denkweise ist die Gnade ein für allemal gegeben, weil Christus selbst sich ganz in die Menschheit eingesenkt hat. Jeder, der im Leib der Kirche mit Christus verbunden ist, nimmt an der Erlösung teil. Das Mönchtum hat in der Orthodoxie einen so hohen Stellenwert, weil sich jeder Christ in den Mönchen wiederfindet und in ihnen korporativ die Erlösung vom Ich lebt, auch wenn er in der Welt verbleibt. Das beste Beispiel dafür ist der Berg Athos. Die ganze orthodoxe Welt erkennt ihn an und jede autokephale Kirche hat Mönchssiedlungen auf dem Berg im Nordosten Griechenlands. Das Mönchtum wirkt wie eine Vertretung des Gesamtsubjekts der Kirche, ohne daß das einzelne Individuum die Lebensweise übernehmen müßte. Auch die räumliche Entfernung verstärkt diesen Charakter der Stellvertretung noch.

Die Evangelischen Räte und das Mönchtum sind im Westen dagegen heikler. Sie entfalten eine scharfe Dialektik zwischen Freiheit und Gnade. Durch das individuelle Bewußtsein erfahren die Räte zugleich eine Aufwertung und eine Abwertung im Vergleich mit dem Osten: Entweder sind die Räte die Lösung des Menschenparadoxes, dann müssen alle danach leben, oder sie sind es nicht, dann muß diese Lebensform verschwinden! Wir im Westen haben durch Augustinus und die nachfolgende Theologie die Lektion der individuellen Freiheit gelernt. Damit haben wir die Drohung aus der Unfreiheit und Sünde zu tief erfahren, als daß wir einfach in die korporative Denkweise zurückkehren könnten, in der ich die Verantwortung für meine Lebensweise an Stellvertreter abtreten kann. Dazu kommt, daß der Osten nicht mehr der Osten ist, sondern selbst die westliche Lektion der Freiheit mehr oder weniger gründlich gelernt hat. Der mit einem grenzenlosen Freiheitsbewußtsein ausgestatteten Kultur des Westens ist die Wahrheit der Evangelischen Räte zu vermitteln! Sie ist die aktuelle Wahrheit oder sie ist gar keine Wahrheit. Auf den ersten Blick allerdings und auch noch auf den zweiten leben die westlichen Gesellschaften in striktem Gegensatz zu den Evangelischen Räten, sowohl in ihrem praktischen Konsum wie in ihrem theoretischen Freiheitsbewußtsein. Wegen der großen inneren Widersprüche von Gesellschaften, die auf der Identität endlicher Subjekte aufgebaut sind, läßt sich trotzdem fragen: *Gehen wir einer asketischen Weltkultur entgegen?*[21] In der Askese erkennt der Mensch seine mangelnde Identität in der Welt an und setzt die Einsicht in praktisches Handeln um. Nur muß der persönliche oder gesellschaftliche Druck ziemlich groß sein, um auf diese einerseits sehr vernünftige, aber andererseits sehr unnatürliche Lebensstufe zu gelangen. *Sind vielleicht die Kontemplativen der Atlas, der den Himmel über der Menschenwelt trägt? Es ist ein fundamentaler Irrtum zu meinen, der Kontemplative tue kein Werk für die Mitmenschen. Als Franziskus von seinen Ordensbrüdern gebeten wurde, ihnen wie den Dominikanern das Studium zum Zweck des Predigens zu erlauben, weigerte er sich lange. Als er es zuletzt erlaubte, sagte er: ›Aber vergeßt nie, daß es nichts gäbe, worüber ihr predigen könnt, wenn nicht Brüder lebten, die zu demütig sind, um zu wagen, als Prediger aufzutreten.‹*[22]

Der Christ als Mönch. Dabei hat es auch in der westlichen Tradition einige Versuche gegeben, das mönchische Leben funktional zur Lösung globaler Probleme einzusetzen, gleichsam korporativ im Geist einer physischen Gnadenlehre. Von Joachim von Fiore im Mittelalter über Cromwell bis zum SS-Orden der Nazis zieht sich eine dunkle Linie, die sich den Nutzen strenger Ich-Beherrschung ohne Gnade politisch dienstbar machen wollte. Um dieser Funktionalität nicht zu verfallen, aber auch um die Korporation zwischen Christen und Mönchen, von der das Vaticanum II spricht, nicht funktional zu mißdeuten, seien einige weitere Beispiele angeführt. Ein Muster in der ausgehenden Antike bietet Pelagius, der britische Mönch, der die östliche Form der Gnadenlehre, stark angereichert mit stoischen Lehren, in ein Konzept von Gewißheit und Nützlichkeit goß, das die personale Paradoxie des Menschen nicht sehen wollte. Pelagius wünschte, daß jeder Christ ein Mönch sei.[23] Aber Augustinus, der selbst in einem klösterlichen Verband lebte und als frisch bekehrter Christ wie Pelagius dachte, war später nicht mehr gewillt, diesem selbstherrlich vollkommenen Christen das Feld zu überlassen. Für ihn war die Gnade ein viel zu innerliches, zerbrechliches Geschehen, als daß es durch Erziehung mit planbarem Erfolg erreicht oder zum Zweck moralischer Vollkommenheit eingesetzt werden kann.

Die Welt als Kloster. Eine weniger deutliche kirchliche Verurteilung als Pelagius hat Joachim von Fiore 800 Jahre später erfahren, aber auch er wurde von allen großen Theologen abgelehnt. Wie Pelagius wollte auch er mit den Mönchen etwas anfangen und aus ihrem Leben einen sichtbaren Nutzen ziehen. In dem von ihm erwarteten Dritten

Reich des Heiligen Geistes sollten die Mönche an der Spitze des Klosterverbandes stehen.[24] In einem großen Plan hat Joachim die Struktur des neuen Volkes Gottes entworfen. Auf die Gruppe der verheirateten Laien folgt die Gruppe des Klerus, die beide bestehen bleiben, die aber ihren Sinn von den Mönchen her empfangen. Die dritte Stufe, das alles entscheidende Mönchtum, ist noch einmal dreigeteilt bei ihm. Auf der höchsten Stufe steht eine letzte Gruppe von Mönchen, die sich durch rigoroses Fasten, innere Gottverbundenheit und Kontemplation auszeichnen. Sie arbeiten nicht und sind durch kein äußeres Gesetz gebunden, da sie unter der Leitung des Heiligen Geistes selbst stehen. Kirchlich hat dieser joachimitische Chiliasmus zunächst bei einer Gruppe der Franziskaner gewirkt, bei den Spiritualen, ist dann aber aus der Kirche ausgewandert und zu einem Zündfunken der neuzeitlichen revolutionären Bewegungen geworden.[25] Nicht umsonst läuft ein Bonmot über die verborgenen Antriebe des Sozialismus umher: Der Sozialismus war der Versuch, die Welt in ein Kloster zu verwandeln, um das Glück mit Gewalt zu erzwingen.

Leitbild des Entsagenden. Diese drei Beispiele aus alter, mittlerer und neuerer Zeit sind eine Art Negativ, mit dem ich mich selbst vor dem Nutzen warne, den ich von den Evangelischen Räten erwarte. Wenn tatsächlich die Übel zur Gestaltung eines glücklichen und wahren Lebens aus dem unerlösten Interesse des Ich stammen, kann dann das Planen den Übeln abhelfen? Das Planen gehört selbst zu den scheiternden Projekten der Selbsterhaltung. Es kann deshalb hier nur darum gehen, die Plausibilität dieser vielleicht tiefsten geistlichen Lebensform heraus zu stellen, um sie von dem Verdacht zu befreien, sie sei überholt und dürfe deshalb nicht gelebt oder gelobt werden. Da ich mich darauf beschränke, auf das Phänomen zu verweisen, reicht zum Abschluß die Interpretation einer Beobachtung, die das mönchische Leben in einen Zusammenhang mit dem geistigen Strom der Zeit stellt, um so seine Plausibilität zu zeigen.

Neben den einander ergänzenden Leitbildern der Bescheidenheit der Dienenden und der Selbstbeherrschung der Herrschenden steht in fast allen Hochkulturen das Leitbild echter Askese der Entsagenden. Diese Entsagung versteht sich im allgemeinen religiös. Medizinmann und Priester, Einsiedler und Mönch, der Fromme einer Heilssekte, jeder, der in sich und anderen eine religiöse Reinigung und Reifung sucht, braucht Übung, Askese. Er braucht insbesondere die Beherrschung der elementaren leiblichen Bedürfnisse, ihre scharfe

Zügelung in Fasten und sexueller Enthaltung. Er braucht die scharfe Zügelung der gesellschaftlichen Bedürfnisse durch freiwillige Armut und durch Machtverzicht, letzteren in den religiösen Orden wie im Militär in der Form des freiwilligen Gehorsams. Einheitlich in den Grundzügen, wenngleich mit zahllosen kulturellen und individuellen Schattierungen, findet sich diese Erfahrung in allen überlieferten Kulturen. Unserer konsumtiven Gesellschaft blieb es vorbehalten, diese Erfahrung zu vergessen.[26]

Die konsumtive Kultur hat sich nicht zufällig am Ende der Neuzeit ausgebildet. Eine größere Befriedigung der zeitlichen Bedürfnisse zu erreichen, war schon immer das Ziel dieser Epoche gewesen, zu dem sie früh Anstalten gemacht hat. Wenn der Mensch es zum Meister und Besitzer der Natur gebracht hat, dann steht zu erwarten, *daß man sich vor einer unendlichen Zahl von Krankheiten sowohl des Körpers wie des Geistes, ja vielleicht sogar auch vor Altersschwäche bewahren könnte.* So raunt es Descartes der Neuzeit im Anfang zu.[27] *Der Konsum ist die Form des Paradieses, das sich der Mensch selbst bereiten kann.* Alles andere Glück muß ihm geschenkt sein. Aber ist der Konsum ein Paradies? Da dem Menschen nur das Leibliche greifbar zur Verfügung steht, da schon das geistige oder künstlerische Leben sich weithin dem Zugriff entzieht, wie eben die Gnade selbst, muß eine Gesellschaft, die sich von der Transzendenz loskoppeln will, zwangsläufig beim Konsum landen: Wenn schon keine sinnvolle, dann wenigstens eine machbare Lebensqualität! Das war im Osten nach dem Ende des Kommunismus nicht anders, als es im Westen noch immer der Fall ist. Das wird auch im Süden nicht anders werden, wenn dort erst einmal die wirtschaftlichen Mittel für den Konsum bereit stehen. Dabei ist nicht auszuschließen, daß sie wegen der ökologischen Krise niemals in dem Ausmaß wie im Westen zur Verfügung stehen werden. Dies könnte der gesellschaftliche Druck sein, der die Evangelischen Räte in der ganzen Welt plausibel macht. Allerdings treten die Wirkungen außen sehr viel später auf als die Wahrnehmungen innen. Diese sind gespeist durch die mangelnde Identität endlicher Subjekte und bleiben immer wahrnehmbar. Wer die Erleuchtung will, braucht äußere Katastrophen nicht abzuwarten.

Neben der theoretischen Überzeugung der Neuzeit von der Natur als dem Kern aller Wirklichkeit ist der Konsum die praktische Seite des Zugriffs auf die Natur. Der Konsum ist die Bestätigung des Ich im alltäglichen Leben, das sich mit der Wissenschaft theoretisch der Identität der endlichen Welt vergewissern wollte. Nur weil sie ökonomischen Nutzen erwarten, sind die westlichen Gesellschaften bereit, die enormen Kosten der wissenschaftlichen Forschung zu tragen.

Die Grenze des Umweltschutzes. Der im Namen des Umweltschutzes geforderte behutsame Umgang ist dabei wohl der Anzeiger einer Krise, aber noch keine grundsätzliche Abkehr vom konsumtiven Lebensstil. Der Umweltschützer sieht die Knappheit der Mittel und den Schaden einer ungebremsten Verbrauchskultur. In dieser Situation will er sich solidarisch verhalten, mit Blick auf die mit- und nachlebenden Generationen, aber auch mit Blick auf die eigenen Interessen. Einer solchen praktischen Anerkennung der Naturkrise fehlt die grundsätzliche und geistliche Anerkennung der Endlichkeit der Natur. Ja, Umweltschützer scheinen in erhöhtem Maße daran zu glauben, daß alle Wirklichkeit nur Natur sei. Der sparsame Umgang mit der Natur kann bei ihnen geradezu eine erhöhte Bindung an die Endlichkeit bedeuten, weil Natur unter diesen Voraussetzungen in den Rang einer letzten Bezugsgröße rückt, die unbedingt zu bewahren ist. Das Ich ist damit noch nicht durch den Tod seiner Endlichkeit gegangen.

Die Bedeutung, die das Vaticanum II den Evangelischen Räten für das gesamte Leben der Kirche beilegt, ist also keine neue Erfahrung, sie ist auch keine Erfahrung nur des christlichen Kulturkreises. Aber sie ist in ein neues Stadium des Bewußtseins getreten, das eben durch die Krise der Neuzeit ausgelöst wurde. Der Konsum ist die bewußtlose Art und Weise, sich im Diesseits der Welt aufhalten zu wollen. Dagegen ist die Einssetzung von Gott und Natur der hochartifizielle Versuch der Theorie, alle Identität diesseitig, also begreifbar und technisch nutzbar zu machen. Das hat sich als unmöglich erwiesen.

6.4 Der Fortschritt als Rückschritt

Die Begriffe *Fortschritt* und *Rückschritt* haben in der Neuzeit eine große Faszination ausgeübt. So stark war ihre Kraft, daß sie die Erkenntniskategorien überschritten und zu moralischen Kategorien mit *Gut* und *Böse* aufgeladen wurden. Wie in anderen Zeitaltern die Sitte der Alten der gute Maßstab war und die Neuerer das Böse taten, so war gegen die überwältigende Faszination des Künftigen in der neueren Zeit nichts auszurichten gewesen. Zukunft war das Zauberwort der Neuzeit. Das Goldene Zeitalter sollte und mußte in der Zukunft liegen, nicht in der Vergangenheit, allen Erfahrungen zum Trotz, daß der Mensch sterblich ist. Bis auf gelegentliche Irritationen durch verschreckte Bilder aus einer *Schönen neuen Welt* war die suggestive Wirkung eindeutig, ja sie besteht trotz einiger Zukunftsängste weiter fort. Das psychologische Motiv, entweder das Alte oder das Neue zu preisen, ist nicht schwer zu bestimmen. Ein Zeitalter, das wenig Zutrauen in seine Kräfte hat, wird die Vergangenheit rühmen, ein seiner selbst gewisses Zeitalter wird die Zukunft bevorzugen, weil es den Mut zur Gestaltung des Künftigen in sich fühlt.

Zukunftseuphorie. Zweifellos hat das Christentum etwas mit der Zukunftsbegeisterung zu tun, denn nichts haben die Christen mehr ersehnt als das Ende der Geschichte und den Anbruch einer neuen Zeit. Das Ende soll die Vollendung bringen, die Wiederkunft Christi, der das Reich Gottes errichten wird, zur Freude all derer, die darin Einlaß erlangen. An das gleiche Ziel hat die Neuzeit geglaubt, nur mit einem kleinen Unterschied. Nicht mehr soll es Christus sein, der das baldige Reich des Friedens und des Wohlergehens aufrichten wird, sondern die Christen sollen es tun. Das heißt, noch besser, alle Menschen überhaupt sollen es tun. Der Fortschritt sollte die neue gemeinsame Religion sein. Aus dem Ruf Christi zur Umkehr wurde der Aufruf, mitzuarbeiten am Bau eines neuen Menschen und einer neuen Welt. Die Zukunftsbegeisterung der Neuzeit war eine Seitenreligion des Christentums. In ihr waren nicht die Inhalte, aber die Akteure ausgetauscht. Der Konflikt des Christentums mit der Neuzeit wird am besten als Bruderkonflikt unter nahen Verwandten verständlich. Der Begriff *Fortschritt* spielte darin die Rolle eines polemischen Kampfmittels. Er führte den Begriff *Rückschritt* als Schatten im Gefolge mit, der auf die Religion gelegt wurde. Insbesondere das Christentum wurde von der Fortschrittseuphorie unter die Fuchtel des Überholtseins gestellt, denn um wirklich der alleinige Erbe der Zukunft zu sein, müssen die anderen Erben weichen.

Notwendigkeit der Weltformel. Die unwiderstehliche Kraft der säkularisierten Kategorie *Fortschritt* lag in der Unwidersprechlichkeit der Wissenschaft begründet. Wissenschaft wie Technik waren die Mittel oder die beiden Füße, auf denen die Zukunft erschritten werden sollte. Ihre Erfolge waren beeindruckend, so daß sich die immer weiter verzögerte Herstellung des erträumten Reiches nie lähmend auf den Fortschrittsglauben ausgewirkt hat. Es ist ersichtlich, warum der

Kern der Neuzeit die Naturwissenschaft war. Das Wissen von der Natur stellt die Mittel für das zielgerichtete Handeln zur Verfügung. Deshalb auch die Weltformel! Sie wird erwartet und gewünscht, ersehnt und gefordert. Ohne sie steht das Programm des Fortschritts auf wackeligen Füßen. Erst wenn das Wissen von der Natur vollständig ist, geht das Programm der Zukunft einer wirklich sicheren Zukunft entgegen. Andernfalls, wenn nicht alle Wirklichkeit Natur ist, könnte sich diese Wirklichkeit selbständig machen und den Menschen aus seiner Rolle des einzig Handelnden verdrängen. Das heißt, der Mensch wäre auf das Schicksal, die Vorsehung oder die Gnade eines Gottes angewiesen. Eine schreckliche Vorstellung für das Programm des Fortschritts!

Zunächst sollte klar sein, daß die Gesetze der Wissenschaften, vor allem der mathematischen Physik, den Sinn haben, die Zukunft vorher zu sagen. Wer ein allgemeines Gesetz kennt, wie etwa das Fallgesetz, und darin die speziellen Anfangsbedingungen einsetzt, wird wissen, was in Zukunft passieren wird. Das ist auch der Sinn der üblichen Erfahrung, die wir im Alltag machen. *Ich habe aus der Vergangenheit gelernt,* heißt so viel wie: Ich kann die Umstände in der Gegenwart so einrichten, daß ich ein gewünschtes Ergebnis in der Zukunft erzielen werde. Nur gelingt das zielgerichtete Handeln nicht immer vollständig, und meistens gelingt es für nur kleine Bereiche des Lebens. Wie das Wetter in fünf Minuten aussieht, getraut sich jeder zu sagen, wie es in fünf Tagen aussehen wird, kaum einer, allenfalls mit großer Unsicherheit.

Die Zukunft läßt sich nicht vorhersagen.[28] Das ist das merkwürdige Ergebnis des 20. Jahrhunderts, das wie kein anderes Jahrhundert die Zukunft erforschen und gestalten wollte. Gemeint ist natürlich die vollständige Vorhersage, denn die Sonnenaufgänge der nahen Zukunft bleiben von der Unschärfe in der Quantentheorie unberührt. Die Zukunft läßt sich in vielen Dingen im voraus wissen, aber nicht in allen Einzelheiten, und vor allem nicht im Prinzip. Daher die Empörung Einsteins gegen die Natur. Vergeblich! Da eine unvollständig vorher gesagte Zukunft so gut wie gar nichts ist und keinen Wert hat, weil die Unsicherheit nicht aufgehoben ist, sagt der Physiker resignierend: *Die Zukunft läßt sich nicht vorhersagen.*

Tiefe der Erschütterung. Nur wer den auf die Theorie gestellten Weltentwurf der Neuzeit vor Augen hat, spürt die Tiefe der Erschütterung. Das Projekt der Neuzeit hätte nur dann einen Sinn gehabt, wenn wir die Zukunft lückenlos im voraus wissen könnten. Daher formuliert der theoretische Physiker auch so verstört den Satz. Wenigstens theoretisch *muß* die Zukunft vorhersagbar sein, müßte sie es sein! Das heißt: *Ohne Weltformel im strengen Sinn des Vorherwissens gibt es keinen Fortschritt, der sich an die Stelle der Religion setzen könnte.* Im andern Fall möchte das möglich sein. Denn im Falle der Weltformel hätte der Mensch den Überblick gewonnen. Ein gewaltiges Gottesattribut, die Allwissenheit! Besonders bei Autoren, die an das Wissen und die Wissenschaft geglaubt haben, aber so ehrlich sind, ihr Scheitern anzuerkennen, wirkt das wie ein Offenbarungseid. Bei Einstein und Davies haben wir das in Kapitel 1 gesehen, Richard Feynman ist hier ein anderes Beispiel. Was seine Äußerungen so erhellend macht, ist die Verknüpfung der Kategorien Fortschritt und Rückschritt mit den Grenzen des Wissens. Fast immer sind die Interessen verdeckt, die hinter dem Verlangen nach vollem theoretischen Überblick stecken, bei ihm einmal kommen sie zum Vorschein.

Wir können nur die Chance voraussagen! Wenn das wahr wäre, würde es bedeuten, daß die Physik aufgegeben hat bei dem Problem, genau vorherzusagen, was unter bestimmten Umständen passieren wird. Ja! Die Physik hat aufgegeben. Wir wissen nicht, wie man vorhersagen könnte, was unter vorgegebenen Umständen passieren würde, und wir glauben heute, daß es unmöglich ist – daß das einzige, was vorhergesagt werden kann, die Wahrscheinlichkeit verschiedener Ereignisse ist. Man muß erkennen, daß dies eine Einschränkung unseres früheren Ideals, die Natur zu verstehen, ist. Es mag ein Schritt zurück sein, doch hat niemand eine Möglichkeit gesehen, ihn zu vermeiden.[29]

Hier kennt meine Verwunderung keine Grenzen mehr. Die Quantentheorie ist die erfolgreichste wissenschaftliche Theorie aller Zeiten, und sie soll ein Schritt zurück sein? Und das aus dem Mund eines der besten theoretischen Physiker der zweiten Hälfte des 20. Jahrhunderts? Die Quantentheorie ist noch nie an eine Grenze gestoßen; die empirische Erfahrung im atomaren und subatomaren Bereich ist mit den Vorhersagen der Theorie noch nie in Konflikt geraten. Die Theorie der Quanten stößt sich an keiner Grenze und ist grenzenlos gültig, allerdings formuliert sie selbst Grenzen und richtet diese auf. Dieses großartige Wissen soll zu bedauern, soll ein Rückschritt sein? Und das aus dem Munde eines Wissenschaftlers, der von Berufs wegen ein Wissenssucher und dessen Anliegen die

Vermehrung des Wissens sein sollte? Oder haben wir alle im rasenden Rausch des Fortschritts etwas übersehen? Gibt es ein wissenschaftliches Wissen, das man nicht wissen möchte?

Um hier klarer zu sehen, sind die Begriffe tiefer zu klären. Was heißt Wissen? Was soll in der Physik, in der strengsten empirischen Wissenschaft, gewußt werden? Gewußt werden soll, wie sich die Gegenstände, die außerhalb von mir sind, bewegen, wo sie in Zukunft sein und wie sie dort aussehen werden. *Die Grundlage einer Wissenschaft ist die Fähigkeit, etwas vorauszusagen.*[30] Der Gegenstand kann auch eine Wolke sein oder sonst ein Komplex, der sich einigermaßen abgrenzen läßt. Die klassische Physik erfüllte diese Forderung und betätigt sich bis heute darin, die Zukunft voraus zu sagen, allerdings nur im Modell. In der Anwendung war ihr schon die Anwesenheit von drei Körpern zu viel, um noch exakt zu sein. Aber immerhin konnte man noch an den Determinismus glauben, auch wenn er praktisch nicht zur Verfügung stand.

Waffen gestreckt. Das hat sich mit der Quantentheorie geändert. Nicht nur praktisch, sondern auch im Modell und theoretisch steht der Determinismus nicht mehr zur Verfügung. Die Welt läuft nicht in den Bahnen einer berechenbaren Notwendigkeit. Der Determinismus war ein Gedankenprodukt, ein Seelenwunsch, eine Erlösungshoffnung, aber nie eine Erfahrung. Das heißt dann, nicht alle Bewegungen *in* der Natur lassen sich *aus* der Natur erklären. *Die theoretische Physik hat in diesem Punkt auch die Waffen gestreckt.*[31]

Im Waffenstrecken liegt ein Wissen zugleich mit einem Nichtwissen. In der Kapitulation sehe ich ein, daß ich im Kopf einen Wunsch hatte, der in der Realität keinen Platz findet. Ich weiß, was ich gewünscht habe, aber ich weiß keinen Weg, wie ich den Wunsch realisieren soll. Warum begrüße ich nicht alles Wissen in der gleichen Weise? Die Energiegleichung $E = m \cdot c^2$ ist Einstein lieb, die Heisenbergsche Unschärferelation $\triangle p \cdot \triangle x \geq \hbar/2$ ist ihm ein Greuel. Was ist der Unterschied? Sind nicht beide Formeln geronnenes Wissen?

Die klassische mechanische Physik suchte nur nach dem Wissen von äußeren Dingen und nach objektiver Darstellung ihrer Bewegung. Mit einer ähnlichen Einstellung gehen wir durch unseren Alltag. Wir meinen, die Dinge draußen sind da, sind vorhanden, und wir könnten von ihnen im Prinzip wissen. Überhaupt kein Wissen gibt es in dieser Alltagswelt über die Grenzen des Wissens. Das begrenzte Wissen wird im allgemeinen für problemlos gehalten, als mangelnde

 Bekanntheit mit den Dingen, und meistens ist es auch so. Aber eben nicht immer, und gerade in den entscheidenden Augenblicken ist es anders! Da tritt die Grenze als Bruch zwischen dem Gegenstand und dem Wissenden auf, der dann plötzlich nicht mehr weiß, weil es mehr zu wissen nicht gibt, und die Ereignisse geschehen ohne sein Wissen. In solchen Momenten werden Voraussagen unmöglich. Und daß das für alle Zeit so bleiben soll, war das Trauma der Physik im 20. Jahrhundert.

Präzise Angaben macht die Quantentheorie über die Grenzen des Wissens. Sie weiß, daß jedes Wissen für einen Wissenden da ist, sonst ist es kein Wissen. Kein Wissen ohne Wissenden! Dieser Wissende, oder das Subjekt im objektiven Erkennen, hat den natürlichen Wunsch, immer mehr zu wissen. Der Wunsch heißt gewöhnlich Fortschritt der Wissenschaft. Über sein Verhältnis zu den Dingen will er nichts wissen, denn das hält er für problemlos klar. Jedenfalls stört das Nachdenken über die Grenzen des Wissens die Vermehrung des Wissens. Immer mehr von der objektiven Welt im Wissen aufzubewahren ist hier das Ideal. Die Unterscheidung zwischen Vergangenheit, Gegenwart und Zukunft wollte Einstein nur für eine, wenn auch hartnäckige Illusion halten! Die Abwehr der zeitlichen Bindung des Menschen hat ihren guten Sinn. Für ein vollständiges Wissen darf es keinen Unterschied von Vergangenheit, Gegenwart und Zukunft geben. Nur hat eben Einstein unrecht! Seine Meinung über den Unterschied, nicht der Unterschied selbst ist eine Illusion.

Fontanes Stechlin. Wozu dieses Ideal der Zeitlosigkeit? Welchem Zweck diente es? Es geht um das Ich, um den Wissenden in dieser grenzenlosen Wissenssuche. Einstein wollte das Ich verschwinden lassen und erklärte es für eine Illusion. *Das ›Ich‹ ist nichts – damit muß man sich durchdringen,* läßt der alte Fontane seinen Dubslav von Stechlin sagen.[32] *Ein ewig Gesetzliches vollzieht sich, weiter nichts, und dieser Vollzug, auch wenn er ›Tod‹ heißt, darf uns nicht schrecken. In das Gesetzliche sich ruhig schicken, das macht den sittlichen Menschen und hebt ihn.*

Der alte Fontane lebte zu der Zeit, als der junge Einstein groß wurde. Die Mechanik bestimmte am Ende des 19. Jahrhunderts die Geister der wachen Menschen. Nur die menschliche Erfahrung sprach auch damals gegen die Flüchtigkeit des Ich. Fontane läßt den alten Dubslav weiter sagen: *Er hing dem noch so nach und freute sich, alle Furcht überwunden zu haben. Aber dann kamen doch wieder Anfälle von Angst, und er seufzte: ›Das Leben ist kurz, aber die Stunde ist lang.‹*

Auf das Weiterleben in einem beständigen Sein kann niemand verzichten, und wenn er sein Ich in der Ewigkeit des ewig Gesetzlichen unterbringen muß! Deshalb sollte man natürlich das Gegenteil sagen: Das Ich möchte gar nicht verschwinden, es möchte ewig leben, und das heißt zunächst einmal möglichst lange leben. Dafür werden die Naturwissenschaften in den westlichen Gesellschaften von Staat und Industrie gefördert. Nicht um objektiver Ideale, sondern um subjektiver Interessen willen! Auf jeden Fall steht das Ich im Mittelpunkt des Wissens, bei Einstein, um in der von ihm verehrten objektiv seienden Natur zu verschwinden, bei der Industrie, um zu wachsen. Dennoch kommt das Ich in der Objektivität des Wissens nicht vor oder, besser gesagt, es kam in der klassischen Physik nicht vor. Bei solcher Interessenlage muß die Quantentheorie wie die größte anzunehmende Katastrophe gewirkt haben. Bei Einstein gewiß, aber auch bei den weniger grundsätzlich denkenden Menschen des Alltags. Leider, sagt Feynman, stoßen wir auf die Grenze des Wissens, leider ist das ein Rückschritt, aber wir können es nicht ändern.

Und die Religion, der man so lange ihre Rückschrittlichkeit vorgehalten hat? In der Tat ist der Vorwurf des Rückschritts berechtigt, wenn es dem Ich gelingt, aus dem Wissen Nutzen zu ziehen und sich voll in Sicherheit zu bringen. Dann muß jede Religion abgeschafft werden, denn sie steht dem Prinzip, alles aus eigener Kraft zu vollbringen und das Ich zu retten, im Wege. Die Abschaffung von Krankheit und Alter erhoffte sich Descartes! Und was erhofften sich nicht seine Nachfolger? Immer das Gleiche! Erlösung durch Wissenschaft und Technik!

Kern der religiösen Erfahrung. Nehmen wir einmal an, der Kern der religiösen Erfahrung sei dieses: *Wer sein Leben zu bewahren sucht, wird es verlieren; wer es dagegen verliert, wird es gewinnen.*[33] Das ist weder eine ganz alte Erfahrung, noch eine ganz neue. Sie setzt eine gewisse Kultur, Bildung und Erfahrung voraus. Es gibt sie vielleicht im Buddhismus, vielleicht bei Sokrates, aber natürlich in großem Maße im Christentum. Aus dem Munde Jesu jedenfalls stammt das Wort, das er ständig an seine Jünger richtete. Es existiert in mehreren Fassungen, tritt in Vergleichen und Gleichnissen auf, es bestimmt sein Handeln.

Ist dieses Wissen nun fortschrittlich oder rückschrittlich? Die

Neuzeit hatte gemeint, es sei alt und überholt; zu Anfang der Neuzeit war es 1500, am Ende 2000 Jahre alt. Die Neuzeit wollte das Ich auf direktem Wege und durch eigene Kraft sichern. Bei Lichte besehen ist dieses Verlangen, sich und sein Leben zu erhalten, allerdings viel archaischer als jede Religion, denn es reicht in die vormenschliche Biosphäre zurück, es ist das Darwinische *Survival of the fittest*. Was so alt ist, müßte eigentlich rückschrittlich genannt werden! Denn schon die Dinosaurier wollten, was die fortschrittlichste Neuzeit wollte, sich erhalten! Allen individuellen Lebewesen in der Natur geht es ums Überleben und die Selbsterhaltung. Das Programm der Neuzeit, das sich selbst als so fortschrittlich preist, ist das älteste der Natur, ein älteres kann nicht gefunden werden. Selbsterhaltung! Immer wieder das gleiche: Das Selbst in seiner individuellen oder kollektiven Gestalt setzt alle seine Kräfte für das eine Ziel ein: Selbsterhaltung! Nur die Mittel sind neu und wurden in der Neuzeit aufwendiger.

Die Religion enthält das Wissen, daß die endliche Selbsterhaltung nicht zum Ziel führt. Sie enthält das Wissen, daß das Ich sich auch nicht an Ersatzobjekte klammern kann, also an das, was man gewöhnlich die Götter dieser Welt nennt, an Materie, Maschinen, Menschen. Allerdings gibt es unterschiedliche Religionen, je nach der Art, wie dort das gefährdete Ich wahrgenommen und auf ein Ziel verwiesen wird. Allen Religionen gemeinsam ist die Erfahrung von der Gefährdung des Ich, das *nicht* durch sich selbst gesichert werden kann. Diese *Selbst*sicherung war das große Motiv in der Entwicklung der Wissenschaften gewesen, so daß man den Szientismus im eingeschränkten Sinn auch eine Religion nennen kann. Die Gefährdung des Ich und seine Erlösungsbedürftigkeit werden, wie allgemein üblich, von der Wissenschaft wahrgenommen. Aber die Sicherung soll, anders als in der Religion, mit den Kräften des Ich geschehen.

Die Religionen suchen dem Ich auf verschiedene Weise zu helfen, wobei sie sich halb unentschieden zwischen Diesseits und Jenseits bewegen. Wenn das Ich einen Teil seines Ich opfert, etwa einen Teil seines Besitzes, kann es hoffen, daß ihm die göttlichen Mächte den anderen Teil des Ich auf der Erde belassen. Nicht ohne Grund aber ist diese List des Opfers schon vor langer Zeit in die Krise gekommen: *Wer sein Leben zu bewahren sucht, wird es verlieren*. Die höchste Form der Religion ist jene, in der das Ich sein Ich selbst opfert und nicht nur gewisse Besitztümer des Ich. Damit steht die Religion den Wissenschaften streng gegenüber, aber nicht als überholte, sondern als erkenntnisreichste Lebensform. Sie hat das Scheitern als Wissen in sich aufgenommen. Und sie deckt den Charakter der neuzeitlichen Wissenschaften auf. Diese Wissenschaften, die schließlich den Darwinismus der auf Selbsterhalt bedachten Arten entdeckt haben, sind selbst von darwinischer Art. Ihr Sinn richtet sich auf den Selbsterhalt des Ich. Ihr Impuls ist der älteste der Welt. Dagegen ist die Religion, in der das Ich sein eigenes Ich freiwillig opfert, die neueste Nachricht, die gute Botschaft. Ein unerhörtes Ereignis in der Welt der Interessen! Von ihm kann nicht festgestellt werden, ob es schon jemals passiert ist, außer wenn ich in dieses Opfer selbst eintrete. Nur daß darüber Worte gemacht wurden, läßt sich feststellen. Denn alle, die einmal lebten und ihr Ich vielleicht geopfert haben, lebten ja auch für einige Jahre unter Darwinischen Voraussetzungen in der Welt. Auch sie waren Enkel von Siegern im Kampf ums Dasein. Und ob sie schon das Leben empfangen hatten, das aus der Konkurrenzlosigkeit des Unendlichen lebt, kann niemand von außen feststellen. *Wer sein Leben zu bewahren sucht, wird es verlieren; wer es dagegen verliert, wird es gewinnen.* In der Sprache der Neuzeit heißt das: *So wurde aus dem Fortschritt der Rückschritt und aus dem Rückschritt der Fortschritt!*

Literaturverzeichnis

BARTH, Karl:
- *Die protestantische Theologie im 19. Jahrhundert. Ihre Vorgeschichte und ihre Geschichte* (1947). Zürich: TVZ, [5]1985.– 611 S.

BELLARMIN, Robert:
- *De Ascensione mentis in Deum per scalas rerum creatarum – Himmelsstiege oder Erhebung der Seele zu Gott durch die Betrachtung der erschaffenen Dinge* (1618). Übertr. und mit Anmerkungen versehen von Franz X. Dieringer. Köln: Heberle, 1850.– 444 S.

BOIS-REYMOND, Emil du:
- *Über die Grenzen der Naturerkenntnis. Die sieben Welträtsel. Zwei Vorträge* (1872). Leipzig: von Veit, 1916.– 120 S.

BORN, Max; EINSTEIN, Albert:
- *Briefwechsel 1916–1955 kommentiert v. Max Born* (1969). Vorwort von Werner Heisenberg. Hamburg: Rowohlt, 1972.– 251 S.; 102 (Neuauflage München: Nymphenburger, 1991.– 320 S.)

BOSSHARD, Stefan Niklaus:
- *Erschafft die Welt sich selbst? Die Selbstorganisation von Natur und Mensch aus naturwissenschaftlicher, philosophischer und theologischer Sicht.* Freiburg u. a.: Herder, 1985 (QD 103).– 263 S.

BRANDMÜLLER, Walter:
- *Galilei und die Kirche.* Aachen: MM–Verlag, 1994.– 334 S.

CANTOR, Georg:
- *Über unendliche, lineare Punktmannigfaltigkeiten. Arbeiten zur Mengenlehre aus den Jahren 1872–1888.* Hrsg. von Günter Asser. Leipzig: Teubner, 1984.– 180 S.

CAPRA, Fritjof:
- *Das Tao der Physik. Die Konvergenz von westlicher Wissenschaft und östlicher Philosophie* (1975). 17. Aufl. Bern u. a.: Scherz, 1997.– 344 S.

CLAYTON, Philip:
- *Rationalität und Religion. Erklärung in Naturwissenschaft und Theologie.* Aus dem Amerik. von Martin Laube. Vorwort von Wolfhart Pannenberg. Paderborn: Schöningh, 1992.– 272 S.

CORNELISSEN, Hanns:
- *Der Faktor Gott. Ernstfall oder Unfall des Denkens?* Freiburg: Herder, 1999.– 336 S.

DARWIN, Charles:
- *Die Entstehung der Arten durch natürliche Zuchtwahl.* Hrsg. von C. W. Neumann, Stuttgart: Reclam, 1963.– 693 S. (engl.: *On the Origin of Species by Means of Natural Selection, or the Preservation of Favoured Races in the Struggle of Life.* London, 1859)

Davies, Paul:
– *Gott und die moderne Physik*. München: Bertelsmann, 1986.– 319 S.
– *Die Unsterblichkeit der Zeit. Die moderne Physik zwischen Rationalität und Gott*. Bern u. a.: Scherz, 1995.– 349 S.
– *Sind wir allein im Universum? Über die Wahrscheinlichkeit außerirdischen Lebens*. München: Scherz, 1996.–189 S.
Davies, Paul; Gribbin, John:
– *Auf dem Weg zur Weltformel. Superstrings, Chaos, Komplexität. Über den neuesten Stand der Physik*. Aus dem Amerikan. von Wolfgang Rhiel. München: Dt. Taschenbuch-Verl., 1996.
Dawkins, Richard:
– *Das egoistische Gen*. Berlin u. a.: Springer, 1978; (engl.: *The selfish Gene* 1976).
Dawson, John W.:
– *Kurt Gödel. Leben und Werk* (1997). Springer: Wien u. a., 1999.– 294 S.
Descartes, René:
– *Discours de la Méthode* (1637). Hamburg: Meiner, 1969 (Phil. Bibl. Bd. 261).– 127 S.
Ditfurth, Hoimar von:
– *Wir sind nicht nur von dieser Welt. Naturwissenschaft, Religion und die Zukunft des Menschen* (1981). München: dtv, 1984 (dtv 10290).– 340 S.
– *So laßt uns denn ein Apfelbäumchen pflanzen*. Hamburg: Hoffmann u. Campe, 1985.– 432 S.
Drake, Stillman:
– *Galilei*. Aus dem Englischen von Bernardin Schellenberger. Freiburg: Herder, 1999. – 156 S.
Dürr, Hans-Peter; Meyer-Abich, Klaus Michael; Mutschler, Hans-Dieter; Pannenberg, Wolfhart; Wuketits, Franz M.:
– *Gott, der Mensch und die Wissenschaft*. Augsburg: Pattloch, 1997.– 214 S.
Ebert, Theodor:
– *Sokrates als Pythagoreer und die Anamnesis in Platons ›Phaidon‹*. Stuttgart: Steiner, 1994.– 106 S.
Eigen, Manfred:
– *Stufen zum Leben. Die frühe Evolution im Visier der Molekularbiologie*. München u. a.: Piper, 1987.– 311 S.
Einstein, Albert:
– *Briefe* (1979). Aus dem Nachlaß hrsg. von Helen Dukas und Banesh Hoffmann. Zürich: Diogenes, 1981.– 109 S.
– *Mein Weltbild* (1934). Hrsg. von Carl Seelig. Frankfurt u. a.: Ullstein, 1970.– 201 S.
Einstein, Albert; Besso, Michele:
– *Correspondance 1903–1955*. Paris: Hermann, 1972.– 327 S.
Feyerabend, Paul:
– *Wider den Methodenzwang* (amerik. *Against Method*. 1975). Frankfurt: Suhrkamp, ^{3}1983.– 423 S.
Feynman, Richard P.:
– *Vorlesungen über Physik. Bd. III Quantenmechanik* (1965). Übers. von H. Wessel. München u. a.: Oldenbourg, ^{2}1992.– 503 S.

– *Vom Wesen physikalischer Gesetze* (1967). Vorwort von Rudolf Mößbauer. München: Piper, 1993.– 216 S.
– *QED – Die seltsame Theorie des Lichts und der Materie* (1985). München: Piper, 1990.– 175 S.

FÖLSING, Albrecht:
– *Galileo Galilei – Prozeß ohne Ende. Eine Biographie* (1983). München: Piper, 1989.– 500 S.

FREGE, Gottlob:
– *Grundgesetze der Arithmetik.* Bd. 2. Jena: H. Pohle, 1903.– 265 S.

GALILEI, Galileo:
– *Schriften – Briefe – Dokumente.* Bd. 2. Hrsg. von Anna Mudry. München: Beck, 1987.– 333 S.
– *Dialog über die beiden hauptsächlichsten Weltsysteme – das ptolemäische und das kopernikanische* (1631). Aus dem Ital. übers. und erl. von Emil Strauss. Hrsg. von Roman Sexl u. Karl von Meyenn. Stuttgart: Teubner, 1982.– 643 S.

GANOCZY, Alexandre:
– *Suche nach Gott auf den Wegen der Natur. Theologie, Mystik, Naturwissenschaften – ein kritischer Versuch.* Düsseldorf: Patmos, 1992.– 334 S.
– *Unendliche Weiten ...: naturwissenschaftliches Weltbild und christlicher Glaube.* Freiburg: Herder, 1998.– 192 S.

GAUSS, Carl Friedrich:
– *Werke.* 12 Bd. Göttingen oder Lepizig, 1863–1933; Bd. 8. Leipzig, 1900.

GIRARD, René:
– *Das Ende der Gewalt. Analyse des Menschheitsverhängnisses.* Freiburg u. a.: Herder, 1983.– 304 S. (frz. *Des choses cachées depuis la fondation du monde;* 1978)
– *›Figuren des Begehrens.‹ Das Selbst und der Andere in der fiktionalen Realität.* Übers. von Elisabeth Mainberger-Ruh. Münster: LIT, 1999.– 338 S. (frz. *Mensonge romantique et la vérité romanesque;* 1961)

GÖRNITZ, Thomas:
– *Carl Friedrich von Weizsäcker. Ein Denker an der Schwelle zum neuen Jahrtausend.* Freiburg u. a.: Herder, 1992.– 191 S.
– *Quanten sind anders. Die verborgene Einheit der Welt.* Heidelberg: Spektrum, 1999.– 318 S.

GREENE, Brian:
– *Das elegante Universum. Superstrings, verborgene Dimensionen und die Suche nach der Weltformel.* Hamburg: Siedler, 2000.– 512 S.

HAWKING, Stephen W.:
– *Eine kurze Geschichte der Zeit. Die Suche nach der Urkraft des Universums.* (engl.: *A Brief History of Time* 1988) Deutsch von Hainer Kober. Rowohlt: Reinbek 1988.– 238 S.
– *Anfang oder Ende?* (engl.: *Is the End in Sight for theoretical Physics?* 1980). Paderborn: Junfermann, 1991.– 48 S.

HEFNER, Philip:
– *Natur – Weltbild – Religion. Drei Vorträge.* München: Evang. Presseverband, 1995 (Akzente 3).– 80 S.

HEIDEGGER, Martin:
– *Platons Lehre von der Wahrheit* (1931). In: DERS.: *Wegmarken*. 2. erw. Aufl. Frankfurt: Klostermann, ²1978.– 478 S.
HEISENBERG, Werner:
– *Gesammelte Werke. Abtlg. C. Allgemeinverständliche Schriften. Bd. 1. Physik und Erkenntnis 1927–1955*. München: Piper, 1984.– 453 S.
– *Der Teil und das Ganze. Gespräche im Umkreis der Atomphysik*. München: Piper, 1969.– 334 S.
HELD, Carsten:
– *Die Bohr-Einstein-Debatte. Quantenmechanik und physikalische Wirklichkeit*. Paderborn u. a.: Schöningh, 1998.– 292 S.
HOBBES, Thomas:
– *Leviathan* (1651). 1. und 2. Teil. Stuttgart: Reclam, 1987 (reclam 8348).– 327 S.
HOFFMANN, Banesh:
– *Albert Einstein. Schöpfer und Rebell* (1972). Unter Mitarbeit von Helen DUKAS. Aus dem Englischen von Jeanette Zehnder. Zürich: Belser, 1976.– 312 S.
HOFFMANN, Klaus:
– *J. Robert Oppenheimer. Schöpfer der ersten Atombombe*. Berlin u. a.: Springer, 1995.– 307 S.
HÜNERMANN, Peter:
– *Der Durchbruch geschichtlichen Denkens im 19. Jahrhundert*. Freiburg u. a.: Herder, 1967.– 440 S.
JAMMER, Max:
– *Einstein und die Religion*. Konstanz: Universitätsverlag, 1995.– 125 S.
JANTSCH, Erich:
– *Die Selbstorganisation des Universums. Vom Urknall zum menschlichen Geist* (1979). Vorwort von Paul Feyerabend und Peter Kafka. München: Hanser, 1992.– 472 S.
JONAS, Hans:
– *Das Prinzip Verantwortung. Versuch einer Ethik für die technische Zivilisation* (1979). Frankfurt: Insel, 1980.– 426 S.
– *Macht und Ohnmacht der Subjektivität? Das Leib-Seele-Problem im Vorfeld des Prinzips Verantwortung* (1981). Frankfurt: Suhrkamp, 1987 (st 1513).– 144 S.
KANITSCHEIDER, Bernulf:
– *Von der mechanistischen Welt zum kreativen Universum. Zu einem neuen philosophischen Verständnis der Natur* (1993). Darmstadt: Wiss. Buchges., 1993.– 250 S.
KANT, Immanuel:
– *Kritik der reinen Vernunft*. 2. Aufl. 1787.
KASPER, Walter:
– *Der Gott Jesu Christi* (1982). Mainz: Grünewald, ²1983.– 406 S.
KEPLER, Johannes:
– *Weltharmonik – Harmonice Mundi* (1619). Übers. und eingel. von Max Caspar. 3. Auflage, unverän. Nachdruck von 1939. Darmstadt: Wiss. Buchges., 1967.– 403 S.

KOESTLER, Arthur:
– *Die Nachtwandler. Das Bild des Universums im Wandel der Zeit.* Bern u.a.: Scherz: 1959. – 560 S.
KLEIN, Étienne; LACHIÈZE-REY, Marc:
– *Die Entwirrung des Universums. Physiker auf der Suche nach der Weltformel* (1996). Aus dem Franz. von Friedrich Griese. Stuttgart: Klett-Cotta, 1999.– 233 S.
KOLTERMANN, Rainer:
– *Grundzüge der modernen Naturphilosophie. Ein kritischer Gesamtentwurf.* Frankfurt: Knecht, 1994.– 423 S.
LAPLACE, Pierre Simon Marquis de:
– *Essai philosophique sur les probabilites* (1814). Bruxelles: Culture et civilisation, 1967.
LEIBNIZ, Gottfried Wilhelm:
– *Monadologie* (1714). In: *Philosophische Schriften. Bd. I. Kleine Schriften zur Metaphysik.* Hrsg. von Hans Heinz Holz. Darmstadt: Wiss. Buchges., ^{2}1985.– 495 S.; 439–483.
LEVINAS, Emmanuel:
– *Totalität und Unendlichkeit. Versuch über die Exteriorität* (1961). Übers. von Wolfgang Nikolaus Krewani. Freiburg u. a.: Alber, 1987.– 470 S.
LORENZ, Konrad:
– *Das sogenannte Böse. Zur Naturgeschichte der menschlichen Aggression* (1963). München: dtv, 1983 (dtv 1000).– 262 S.
– *Die Rückseite des Spiegels. Versuch einer Naturgeschichte menschlichen Erkennens.* München: Piper, 1973.– 338 S.
– *Der Abbau des Menschlichen.* München u. a.: Piper, 1983.– 294 S.
LÖW, Reinhard:
– *Die neuen Gottesbeweise.* Augsburg: Pattloch, 1994.– 207 S.
LÖWITH, Karl:
– *Weltgeschichte und Heilsgeschehen. Die theologischen Voraussetzungen der Geschichtsphilosophie* (1949). Stuttgart u. a.: Kohlhammer, ^{7}1979.– 231 S.
LÜKE, Ulrich:
– *Evolutionäre Erkenntnistheorie. Eine kritische Auseinandersetzung aus fundamentaltheologischer Perspektive.* Stuttgart: Hirzel, 1990.– 223 S.
MANSFELD, Jaap:
– *Die Vorsokratiker.* Gr.-dt. Stuttgart: Reclam, 1987.– 682 S.
MONOD, Jacques:
– *Zufall und Notwendigkeit. Philosophische Fragen der modernen Biologie* (1970). München: Piper, 1971.– 238 S.
NIETZSCHE, Friedrich:
– *Nachgelaßene Fragmente.* Kritische Studienausgabe. 15 Bde. Hrsg. von Giorgio Colli und Mazzino Montinari. München: dtv, 1988.
PASTOR, Ludwig von:
– *Geschichte der Päpste.* Bd. XIII. Freiburg: Herder, 1960.
PEUKERT, Helmut:
– *Wissenschaftstheorie – Handlungstheorie – Fundamentale Theologie. Analysen zu Ansatz und Status theologischer Theoriebildung* (1976). Frankfurt: Suhrkamp, 1978 (stw 231).– 406 S.

Philipp, Wolfgang:
– *Das Werden der Aufklärung in theologiegeschichtlicher Sicht.* Göttingen: Vandenhoeck, 1957.– 228 S.; 57f.
Poincaré, Henri:
– *Masses fluides en rotation [Texte imprimé]; Principes de mécanique analytique; Problème des trois corps.* [publ. avec la collab. de Jacques Lévy, ...]. Oeuvres Henri Poincaré. Bd. 7. [Sceaux]: J. Gabay, 1996.– 634 S.
Portmann, Adolf:
– *An den Grenzen des Wissens. Vom Beitrag der Biologie zu einem neuen Weltbild.* Düsseldorf u. a.: Econ, 1974.– 263 S.
Prigogine, Ilya; Stengers, Isabelle:
– *Das Paradox der Zeit. Zeit, Chaos und Quanten.* München u.a: Piper, 1993.– 338 S.
Purkert, Walter u. a. (Hrsg.):
– *Georg Cantor 1845–1918* (1987). Basel u. a.: Birkhäuser, 1987.– 262 S.
Rahner, Karl:
– *Schriften zur Theologie Bd. XV. Wissenschaft und christlicher Glaube.* Einsiedeln: Benziger, 1982.– 426 S.
Reidemeister, Kurt:
– *Hilbert.* Gedenkband. Berlin u. a.: Springer, 1971.– 86 S.
Russell, Bertrand:
– *Die Entwicklung meines Denkens* (1958). Frankfurt: Fischer, 1992 (Nr. 6572).– 290 S.
Schmitz-Moormann, Karl (Hrsg.):
– *Schöpfung und Evolution. Neue Ansätze zum Dialog zwischen Naturwissenschaften und Theologie.* Düsseldorf: Patmos, 1992.– 160 S.
Spaemann, Robert; Löw, Reinhard; Koslowski, Peter:
– *Evolutionismus und Christentum.* Weinheim, 1986 (Civitas Resultate 9).– 152 S.
Spinoza, Benedictus de:
– *Opera.* Lat.–dt. Bd. 2. *Ethik* (1677). Hrsg. von Konrad Blumenstock. Darmstadt: Wiss. Buchges., 3 1980.– 565 S.
Teller, Edward:
– *Die dunklen Geheimnisse der Physik* (1991). München: Piper, 1993.– 271 S.
Thomas von Aquin:
– *De ente et essentia. Über das Sein und das Wesen.* Deutsche.-Lat. Ausgabe. Hrsg. von Rudolf Allers. Darmstadt: Wiss. Buchges., 1965.– 166 S.
Tipler, Frank J.:
– *Die Physik der Unsterblichkeit. Moderne Kosmologie, Gott und die Auferstehung der Toten.* München u. a.: Piper, 1994.– 605 S.
Weinberg, Steven:
– *Die ersten drei Minuten. Der Ursprung des Universums* (1977). München u. a.: Piper, 1983.– 269 S.
Treumann, Rudolf:
– *Die Elemente. Feuer, Erde, Luft und Wasser in Mythos und Wissenschaft.* München u. a.: Hanser, 1994.– 343 S.

Weizsäcker, Carl Friedrich von:
– *Einheit der Natur. Studien.* München: Hanser, 1971.– 491 S.
– *Der Garten des Menschlichen. Beiträge zur geschichtlichen Anthropologie.* München: Hanser, 1977.– 612 S.
– *Deutlichkeit. Beiträge zu politischen und religiösen Gegenwartsfragen.* München: Hanser, 1978.– 184 S.
– *Wahrnehmung der Neuzeit.* München: Hanser, 1983.– 440 S.
– *Aufbau der Physik.* München: Hanser, 1985.– 662 S.
– *Bewußtseinswandel.* München u.a.: Hanser, 1988.– 476 S.
– *Der Mensch in seiner Geschichte.* München: Hanser, 1991.– 245 S.
– *Zeit und Wissen.* München: Hanser, 1992.– 1184 S.

Wittgenstein, Ludwig:
– *Tractatus logico-philosophicus. Logisch-philosophische Abhandlungen* (1921). Frankfurt: Suhrkamp, 1968.– 115 S.

Anmerkungen

1. Tragik in der Physik

[1] Prägnante und weit bekannte Formulierung von Carl Friedrich VON WEIZSÄCKER. Vgl. *Der Garten des Menschlichen. Beiträge zur geschichtlichen Anthropologie* (1977); 93: »Demgegenüber möchte ich behaupten, daß sich die mathematische Naturwissenschaft von Jahrhundert zu Jahrhundert immer mehr als der harte Kern der Kultur des neuzeitlichen Europa erweist. Der harte Kern – das heißt nicht das bewußt gepflegte höchste Ideal …« *Wahrnehmung der Neuzeit* (1983); 372: »Der harte Kern der Neuzeit ist die Naturwissenschaft.«

[2] Einen letzten Versuch, den Mythos zu bedienen, macht *Der Spiegel* 50 (1999) 260–280: *Das Gehirn des Jahrhunderts.* Aber auch diesem Autor ist bekannt, daß es mit dem Herzstück von Einsteins Naturanschauung vorbei ist. Nur versteckt er seine Erkenntnis ein wenig. Weil der kausale Determinismus sich nicht halten läßt, wußte Einstein sehr wohl, warum er unter solchen Umständen *lieber Schuster oder Angestellter in einer Spielbank sein* (278) wollte.

[3] »Weiter legte ich dar, welches die Naturgesetze sind, und versuchte, gestützt auf kein anderes Prinzip als die unendliche Vollkommenheit Gottes, alle die zu beweisen, die man etwa hätte bezweifeln können, und deutlich zu machen, daß sie so umfassend sind, daß es, selbst wenn Gott mehrere Welten geschaffen hätte, keine einzige geben könnte, in der sie nicht beobachtet würden.« René DESCARTES: *Discours de la Méthode* (1637); V, 2.

[4] Carl Friedrich von WEIZSÄCKER: *Zeit und Wissen* (1992); 96.

[5] »Aeternum namque illud, et infinitum Ens, quod Deum, seu Naturam appellamus, eadem, qua existit, necessitate agit.« »Potentia, qua res singulares, et consequenter homo suum esse conservat, est ipsa Dei, sive Naturae potentia …« SPINOZA: *Ethik* (1677). 4. Teil; Einleitung u. 4. Lehrsatz.

[6] Pierre Simon de LAPLACE: *Essai philosophique sur les probabilités* (1814).

[7] Max BORN; Albert EINSTEIN: *Briefwechsel 1916–1955 kommentiert v. Max Born* (1969).

[8] In: *Forschungen und Fortschritte* 3 (1927) 83; Werner HEISENBERG: *Gesammelte Werke. Abtlg. C. Allgemeinverständliche Schriften. Bd. 1. Physik und Erkenntnis 1927–1955* (1984); 21.

[9] Paul DAVIES: *Die Unsterblichkeit der Zeit. Die moderne Physik zwischen Rationalität und Gott* (1995); 208.

[10] Die Äußerungen stammen, wenn nicht anders angegeben, aus dem Band Max BORN; Albert EINSTEIN: *Briefwechsel 1916–1955 kommentiert v. Max Born* (1969), oder Albert EINSTEIN: *Briefe* (1979).

[11] Albert EINSTEIN: *Mein Weltbild* (1934); 171.

[12] Helen DUKAS; Banesh HOFFMANN: *Albert Einstein* (1972); 302. Vgl. etwa: Albert EINSTEIN; Michele BESSO: *Correspondance 1903–1955* (1972); 312.
[13] »Später lehrte uns die experimentelle mathematische Physik – um Galileis Worte zu gebrauchen – ›die Natur zu zerschneiden‹.« Carl Friedrich von WEIZSÄCKER: *Der Garten des Menschlichen. Beiträge zur geschichtlichen Anthropologie* (1977); 169.
[14] Immanuel KANT: *Kritik der reinen Vernunft*. 2. Aufl. 1787. Vorrede B XII.
[15] Vgl. Thomas GÖRNITZ: *Quanten sind anders. Die verborgene Einheit der Welt* (1999); 131.
[16] *Measurements Are the Only Reality, Say Quantum Tests*. In: *Science*. Bd. 270 (1995) 1439 f.
[17] Werner HEISENBERG: *Der Teil und das Ganze. Gespräche im Umkreis der Atomphysik* (1969); 280.
[18] Jürgen AUDRETSCH in: Max JAMMER: *Einstein und die Religion* (1995); 9 f.
[19] Klaus HOFFMANN: *J. Robert Oppenheimer. Schöpfer der ersten Atombombe* (1995); 197.
[20] Henri POINCARÉ: *Problème des trois corps et les équations de la dynamique*. In: Acta Mathematica 13 (1890) 1–271. Heute in: Henri POINCARÉ: *Masses fluides en rotation* (1996).
[21] Ilya PRIGOGINE; Isabelle STENGERS: *Das Paradox der Zeit. Zeit, Chaos und Quanten* (1993); 160.
[22] Rainer KOLTERMANN: *Grundzüge der modernen Naturphilosophie. Ein kritischer Gesamtentwurf* (1994); 72.
[23] Jacques MONOD: *Zufall und Notwendigkeit. Philosophische Fragen der modernen Biologie* (1970); 30.
[24] Gottfried Wilhelm LEIBNIZ: *Monadologie* (1714); § 31 f.
[25] Paul DAVIES: *Gott und die moderne Physik* (1986); 143.
[26] Paul DAVIES: *Die Unsterblichkeit der Zeit. Die moderne Physik zwischen Rationalität und Gott* (1995); 110.
[27] Banesh HOFFMANN: *Albert Einstein. Schöpfer und Rebell* (1972); 13.
[28] Richard P. FEYNMAN: *Vom Wesen physikalischer Gesetze* (1967); 179.
[29] Vgl. René DESCARTES: *Discours de la Méthode* (1637); VI, 2.
[30] Edward TELLER: *Die dunklen Geheimnisse der Physik* (1991); 201.
[31] Banesh HOFFMANN: *Albert Einstein. Schöpfer und Rebell* (1972); 298.
[32] Richard P. FEYNMAN: *Vom Wesen physikalischer Gesetze* (1967); 180.
[33] Albert EINSTEIN: *Briefe* (1979); 65.
[34] Werner HEISENBERG: *Der Teil und das Ganze. Gespräche im Umkreis der Atomphysik* (1969); 115.
[35] Vgl. Fritjof CAPRA: *Das Tao der Physik. Die Konvergenz von westlicher Wissenschaft und östlicher Philosophie* (1975).
[36] Joh 14, 27.
[37] Werner HEISENBERG: *Der Teil und das Ganze. Gespräche im Umkreis der Atomphysik* (1969).
[38] Werner HEISENBERG: *Der Teil und das Ganze. Gespräche im Umkreis der Atomphysik* (1969); 10.
[39] Hanns CORNELISSEN: *Der Faktor Gott. Ernstfall oder Unfall des Denkens?* (1999); 14.

2. Der Traum der Unendlichkeit in der Mathematik

[1] David HILBERT: *Über das Unendliche.* In: Math. Annalen 95 (1925) 161–190; 170.

[2] Vortrag HILBERTS, gehalten auf dem Mathematikerkongreß in Bologna am 3. Sept. 1928.

[3] Brief Cantors an Charles HERMITE vom 21. Januar 1894. Zit. nach: Walter PURKERT u. a. (Hrsg.): *Georg Cantor 1845–1918* (1987); 117.

[4] Carl Friedrich von WEIZSÄCKER: *Zeit und Wissen* (1992); 51.

[5] ARISTOTELES: *Physik* VI, 7; 238b.

[6] Brief an H. C. Schumacher vom 12. Juli 1831. Carl Friedrich GAUSS: *Werke.* Bd. 8 (1900); 216.

[7] Georg CANTOR: *Über eine Eigenschaft des Inbegriffs aller reellen algebraischen Zahlen.* In: Journal f. reine und angew. Math. 77 (1874) 258–262.

[8] Georg CANTOR: *Beiträge zur Begründung der transfiniten Mengenlehre.* In: Math. Ann. 46 (1895) 481–512; 49 (1897) 207–246; 46 (1895) 481.

[9] »Quia parvus error in principio magnus est in fine, secundum Philosophum.« THOMAS VON AQUIN: *De ente et essentia. Über das Sein und das Wesen.* Prooemium.

[10] Paul COHEN: *The independency of the continuum hypothesis.* In: Proc. Nat. Acad. Sci. USA 50 (1963) 1143–1148; 51 (1964) 105–110.

[11] Gottlob FREGE: *Grundgesetze der Arithmetik* (1903); 253.

[12] Bertrand RUSSELL: *Die Entwicklung meines Denkens* (1958); 76 f.

[13] Kurt GÖDEL: *Über formal unentscheidbare Sätze der Principia Mathematica und verwandter Systeme.* In: Monatshefte f. Math. und Physik 38 (1931) 173–198; 196. Vgl. John W. DAWSON: *Kurt Gödel. Leben und Werk* (1997).

[14] Georg CANTOR: *Mitteilungen zur Lehre vom Transfiniten.* Zeitschr. für Philos. und philosophische Kritik 91 (1887) 81–125; 107.

[15] Zit. nach: Walter PURKERT u. a. (Hrsg.): *Georg Cantor 1845–1918* (1987); 151.

[16] Bertrand RUSSELL: *Die Entwicklung meines Denkens* (1958); 7. Das biblische Zitat ist aus Tit 1, 12 f.

[17] Kurt REIDEMEISTER: *Hilbert. Gedenkband* (1971); 18 f.

[18] Emil du BOIS-REYMOND: *Über die Grenzen der Naturerkenntnis. Die sieben Welträtsel. Zwei Vorträge* (1872); 51.

[19] Georg CANTOR: *Mitteilungen zur Lehre vom Transfiniten.* In: Zeitschr. für Philos. und philosophische Kritik 91 (1887) 81–125; 99.

[20] Zit. nach: Walter PURKERT u. a. (Hrsg.): *Georg Cantor 1845–1918* (1987); 150.

[21] Carl Friedrich von WEIZSÄCKER: *Wahrnehmung der Neuzeit* (1983); 314.

[22] Hans Grauert, geb. 1930, ordentlicher Professor in Göttingen seit 1960. In: FAZ vom 15. Januar 2000, S. 49.

[23] Emmanuel LEVINAS: *Totalität und Unendlichkeit. Versuch über die Exteriorität* (1961); 76.

3. Wie notwendig ist der Zufall?

[1] 2 Makk 7, 28

[2] Robert SPAEMANN; Reinhard LÖW; Peter KOSLOWSKI: *Evolutionismus und Christentum* (1986). Andreas KNAPP: *Soziobiologie und christliche Moral.* In: Intern. Katholische Zeitschrift 17 (1988) 227–241.

[3] Über die merkwürdige Herkunft der Formel »Individuum est ineffabile« vgl. Ludger OEING-HANHOFF: Art. »Individuum«. In: *Historisches Wörterbuch der Philosophie* 4 (1976) 309.

[4] Röm 8, 19 f.

[5] Nüchterne und sachliche Informationen über die internen Schwierigkeiten eines Evolutionismus bietet Manfred EIGEN: *Stufen zum Leben. Die frühe Evolution im Visier der Molekularbiologie* (1987).

[6] Gerhard VOLLMER: *Geleitwort.* In: Ulrich LÜKE: *Evolutionäre Erkenntnistheorie. Eine kritische Auseinandersetzung aus fundamentaltheologischer Perspektive* (1990); 7.

[7] Charles DARWIN: *Die Entstehung der Arten durch natürliche Zuchtwahl* (1859).

[8] Die drei Stellen: 1 Petr 5, 7; Ps 145, 15 f; Mt 7, 11.

[9] Vgl. Konrad LORENZ: *Das sogenannte Böse. Zur Naturgeschichte der menschlichen Aggression* (1963).

[10] Vgl. Konrad LORENZ: *Die Rückseite des Spiegels. Versuch einer Naturgeschichte menschlichen Erkennens* (1973). Wie man die Biologie anerkennen, aber am Biologismus Kritik üben kann vgl.: Carl Friedrich von WEIZSÄCKER: *Die Rückseite des Spiegels, gespiegelt.* In: DERS.: *Der Garten des Menschlichen. Beiträge zur geschichtlichen Anthropologie* (1977); 187–205.

[11] Hoimar von DITFURTH: *Wir sind nicht nur von dieser Welt. Naturwissenschaft, Religion und die Zukunft des Menschen* (1981); 230.

[12] Vgl. Hans JONAS: *Das Prinzip Verantwortung. Versuch einer Ethik für die technische Zivilisation* (1979).

[13] Es gibt aber auch andere Biologen, etwa Adolf PORTMANN: *An den Grenzen des Wissens. Vom Beitrag der Biologie zu einem neuen Weltbild* (1974).

[14] Konrad LORENZ: *Die Rückseite des Spiegels. Versuch einer Naturgeschichte menschlichen Erkennens* (1973); 12.

[15] Vgl. Richard DAWKINS: *Das egoistische Gen* (1976).

[16] Vgl. Peter HÜNERMANN: *Der Durchbruch geschichtlichen Denkens im 19. Jahrhundert.* Freiburg u. a.: Herder, 1967.– 440 S.

[17] Vgl. Mt 7, 16.

[18] Vgl. Enzyklika *Evangelium Vitae* vom 15. März 1995, Nr. 12.

[19] Vgl. René GIRARD: *Das Ende der Gewalt. Analyse des Menschheitsverhängnisses* (1978). DERS.: *›Figuren des Begehrens.‹ Das Selbst und der Andere in der fiktionalen Realität* (1961).

[20] Frgm. 12 A 9, B 1 nach Diels-Kranz. Vgl. Jaap MANSFELD: *Die Vorsokratiker* (1987).

[21] ARISTOTELES: *Poetik* 4.

[22] Vgl. zur neueren Diskussion Richard SCHENK (Hrsg.): *Zur Theorie des Opfers. Ein interdisziplinäres Gespräch* (1995). Oder: Józef NIEWIADOMSKI u. a. (Hrsg.): *Vom Fluch und Segen der Sündenböcke* (1995).

[23] Vgl. René GIRARD: *Das Ende der Gewalt. Analyse des Menschheitsverhängnisses* (1978); 44. Buch Leviticus: Lev 16, 5–10.
[24] Vgl. Joh 11, 50.
[25] »Homo homini lupus.« Das Wort wird *Thomas Hobbes* zugeschrieben. Ähnlich ist das Wort: »Hieraus ergibt sich, daß ohne eine einschränkende Macht der Zustand der Menschen ein solcher sei, wie er zuvor beschrieben wurde, nämlich ein Krieg aller gegen alle.« Vgl. Thomas HOBBES: *Leviathan* (1651); I/13.
[26] James WATSON; Francis CRICK: *Molecular structure of nucleic acids. A structure for deoxyribose nucleic acid.* In: *Nature* (London) 171 (1953) 737 f.
[27] Vgl. Jacques MONOD: *Zufall und Notwendigkeit. Philosophische Fragen der modernen Biologie* (1970).
[28] Thomas GÖRNITZ: *Quanten sind anders. Die verborgene Einheit der Welt* (1999); 107.
[29] Hoimar von DITFURTH: *So laßt uns denn ein Apfelbäumchen pflanzen* (1985).
[30] Konrad LORENZ: *Der Abbau des Menschlichen* (1983); 19.
[31] Vgl. Jacques MONOD: *Zufall und Notwendigkeit. Philosophische Fragen der modernen Biologie* (1970); 219.
[32] Steven WEINBERG: *Die ersten drei Minuten. Der Ursprung des Universums* (1977); 212.
[33] Mk 13, 28 f.
[34] Hans JONAS: *Macht und Ohnmacht der Subjektivität? Das Leib-Seele-Problem im Vorfeld des Prinzips Verantwortung* (1981); 133–139.
[35] Manfred EIGEN: *Stufen zum Leben. Die frühe Evolution im Visier der Molekularbiologie* (1987); 256.
[36] Vgl. H. J. CLOEREN: Art. *Ockham's razor.* In: *Historisches Wörterbuch der Philosophie* 6 (1984) 1094–1096.
[37] Zarathustras Vorrede 3.
[38] April – Juni 1885. Hrsg. von Colli-Montinari, VII 34 [253].
[39] *Nietzsche contra Wagner;* Epilog 2. Hrsg. von Colli-Montinari. Bd. 6; 438.
[40] *Götzen–Dämmerung;* Die *Vernunft* in der Philosophie 5. Hrsg. von Colli-Montinari. Bd. 6; 78.
[41] Hrsg. von Colli-Montinari, VIII 14 [111].
[42] *Ecce Homo: Warum ich ein Schicksal bin,* 9.
[43] *Jenseits von Gut und Böse.* Vorrede.
[44] *Die fröhliche Wissenschaft,* Nr. 125.
[45] *Die fröhliche Wissenschaft,* Nr. 125.
[46] *Zarathustra II. Auf den glückseligen Inseln.*
[47] Mt 11, 6; Lk 7, 23.
[48] Martin HEIDEGGER: *Platons Lehre von der Wahrheit* (1931). In: DERS.: *Wegmarken;* 201–236; 255.
[49] Frühjahr – Herbst 1881. Hrsg. von Colli-Montinari, V 2, 11 [177].
[50] Lk 6, 28; Röm 12, 14.
[51] Winter 1872–73. III 4, 23 [36].
[52] August – September 1885. VII 3, 40 [27].
[53] *Lieder des Prinzen Vogelfrei.* Anhang zu: *Die fröhliche Wissenschaft.*
[54] Arnold ANGENENDT: *Das Frühmittelalter. Die abendländische Christenheit von 400 bis 900* (1990); 213.

[55] Gregor von Nyssa: *De vita Moyses.* II, 2–3. In: PG 44, 327–328.; zitiert auch in der Enzyklika Johannes Paul II.: *Veritatis Splendor,* Nr. 71.
[56] Therese vom Kinde Jesus: *Selbstbiographische Schriften;* 221. 223.

4. Der Fall Galilei

[1] Paul Feyerabend: *Wider den Methodenzwang* (1975); 217.
[2] Platon: *Euthyphron* 7c; *Kriton* 49d.
[3] Walter Kasper: *Der Gott Jesu Christi* (1982); 35.
[4] Karl Rahner: *Schriften zur Theologie Bd. XV. Wissenschaft und christlicher Glaube* (1982); 26.
[5] Carl Friedrich von Weizsäcker: *Die Tragweite der Wissenschaft* (1964); 116.
[6] Walter Brandmüller: *Galilei und die Kirche* (1994); 60.
[7] Antonio Paolo Foscarini: *De mobilitate terrae, et stabilitate solis: et de novo systemate seu constitutione mundi.* London: Dicas, 1663 [Juxta editionem Neapoli … anno 1615].
[8] In: Galileo Galilei: *Schriften – Briefe – Dokumente* (1987); 47.
[9] Robert Bellarmin: *De Ascensione mentis in Deum per scalas rerum creatarum – Himmelsstiege oder Erhebung der Seele zu Gott durch die Betrachtung der erschaffenen Dinge* (1618); Einleitung.
[10] Robert Bellarmin: *De Ascensione mentis in Deum per scalas rerum creatarum* (1618); VII, 2.
[11] Vgl. S. Lorenz: Art. *Physikotheologie.* In: *Historisches Wörterbuch der Philosophie* 7 (1989) 948–955.
[12] Immanuel Kant: *Der einzig mögliche Beweisgrund zu einer Demonstration des Daseins Gottes* (1763); *Von der Unmöglichkeit des physikotheologischen Beweises.* In: *Kritik der reinen Vernunft.* 2. Aufl. (1787). B 648.
[13] Wolfgang Philipp: *Das Werden der Aufklärung in theologiegeschichtlicher Sicht* (1957); 57 f.
[14] Carl Friedrich von Weizsäcker: *Bewußtseinswandel* (1988); 372.
[15] Gen 1, 28.
[16] In: *Edizione nazionale delle Opere di Galileo Galilei.* (Neuausgabe 1968); Band V, S. 307–348; 330. Zit. nach: Albrecht Fölsing: *Galileo Galilei – Prozeß ohne Ende. Eine Biographie* (1983); 320.
[17] Arthur Koestler: *Die Nachtwandler. Das Bild des Universums im Wandel der Zeit* (1959); 446.
[18] Ludwig von Pastor: *Geschichte der Päpste* (1960); 617.
[19] Galileo Galilei: *Dialog über die beiden hauptsächlichsten Weltsysteme – das ptolemäische und das kopernikanische* (1631).
[20] Carl Friedrich von Weizsäcker: *Die Tragweite der Wissenschaft* (1964); 113.
[21] Johannes Paul II.: *Ansprache an die Päpstliche Akademie der Wissenschaften.* In: *L'Osservatore Romano* (deutsch) 22 Nr. 46 (1992), Beilage XXXVIII, 9 (13. Nov. 1992).
[22] Joseph Kardinal Ratzinger: *Der angezweifelte Wahrheitsanspruch. Die Krise*

des Christentums am Beginn des dritten Jahrtausends. In: *FAZ* vom 8. Januar 2000. Beilage S. I.
[23] Vgl. Lk 17, 33.
[24] Friedrich NIETZSCHE: *Nachgelassene Fragmente.* VII 34 [253]; Fragment April – Juni 1885.
[25] Johannes KEPLER: *Weltharmonik = Harmonice Mundi* (1619); 356.
[26] Galileo GALILEI: *Dialog über die beiden hauptsächlichsten Weltsysteme – das ptolemäische und das kopernikanische* (1631); 108; 1. Tag.
[27] Immanuel KANT: *Vorrede zur 2. Aufl. der ›Kritik der reinen Vernunft‹* (1787); B XII f.
[28] Galileo GALILEI: *Schriften – Briefe – Dokumente. Bd. 1: Schriften* (1987); Einführung zu der Schrift *Die Mechanik = Le Mecaniche* (1593); 71.
[29] Vgl. Stillman DRAKE: *Galilei* (1999); 53.
[30] Robert BELLARMIN: *De Ascensione mentis in Deum per scalas rerum creatarum* (1618); VII, 3.
[31] Vgl. *Kritik der reinen Vernunft,* B XXX.
[32] Carl Friedrich von WEIZSÄCKER: *Zeit und Wissen* (1992); 51.
[33] Theodor EBERT: *Sokrates als Pythagoreer und die Anamnesis in Platons ›Phaidon‹* (1994); 93, vgl. 4.
[34] Vgl. DIOGENES LAERTIUS: *Vitae* 3, 37.
[35] *Apologie* 21d.
[36] Carl Friedrich von WEIZSÄCKER: *Zeit und Wissen* (1992); 329 f.

5. Verweigerte Trauer und neue Erleuchtung

[1] Die Vorarbeit zu diesem Kapitel sind Rezensionen. Die meisten dieser Buchbesprechungen sind in der theologischen Fachzeitschrift *Theologie und Glaube,* Paderborn: Schöningh-Verlag in den 90er Jahren erschienen.
[2] Carl Friedrich von WEIZSÄCKER: *Zeit und Wissen* (1992); 347.
[3] In: *Forschungen und Fortschritte* 3 (1927) 83; Werner HEISENBERG: *Gesammelte Werke. Abtlg. C. Allgemeinverständliche Schriften. Bd. 1. Physik und Erkenntnis 1927–1955* (1984); 21.
[4] Richard P. FEYNMAN: *Vom Wesen physikalischer Gesetze* (1967); 179.
[5] FAZ ca. 25. Nov. 1994.
[6] Paul DAVIES: *Gott und die moderne Physik* (1986); 143.
[7] Paul DAVIES: *Die Unsterblichkeit der Zeit. Die moderne Physik zwischen Rationalität und Gott* (1995); 207; 220.
[8] Carl Friedrich von WEIZSÄCKER: *Zeit und Wissen* (1992); 284; 288.
[9] Carl Friedrich von WEIZSÄCKER: *Bewußtseinswandel* (1988); 201.
[10] Stefan N. BOSSHARD: *Erschafft die Welt sich selbst?* (1985); 200.
[11] Rene DESCARTES: *Discours* (1637); VI, 2.
[12] Carl Friedrich VON WEIZSÄCKER: *Der Mensch in seiner Geschichte* (1991); 134.
[13] Carl Friedrich VON WEIZSÄCKER: *Zeit und Wissen* (1992); 53.
[14] Richard P. FEYNMAN: *QED – Die seltsame Theorie des Lichts und der Materie* (1985); 97.

[15] Albert Einstein: *Mein Weltbild* (1934); 171.
[16] Banesh Hoffmann: *Albert Einstein. Schöpfer und Rebell* (1972); 114.
[17] Karl Barth: *Die protestantische Theologie im 19. Jahrhundert* (1947); 373 f.
[18] Carl Friedrich von *Weizsäcker*: *Aufbau der Physik* (1985); 555.
[19] Vgl. Kapitel 1.

6. Die Endlichkeit der Natur

[1] Vgl. Mt 7; Lk 14.
[2] Paul Davies: *Gott und die moderne Physik* (1986); 143.
[3] »Die Menschheit wird nicht von einem Gott erlöst, sondern aus sich selbst heraus. … Gott ist also nicht absolut, sondern er evolviert selbst – er *ist* die Evolution.« Erich Jantsch: *Die Selbstorganisation des Universums. Vom Urknall zum menschlichen Geist* (1979); 412.
[4] Spinoza: *Ethik* (1677). 4. Teil; Einleitung u. 4. Lehrsatz.
[5] Johann Wolfgang Goethe:
Prometheus

Bedecke deinen Himmel, Zeus,
Mit Wolkendunst
Und übe, dem Knaben gleich,
Der Disteln köpft,
An Eichen dich und Bergeshöhn;
Mußt mir meine Erde
Doch lassen stehn
Und meine Hütte,
die du nicht gebaut,
Und meinen Herd,
Um dessen Glut
Du mich beneidest ….

Hier sitz ich, forme Menschen
Nach meinem Bilde,
Ein Geschlecht, das mir gleich sei,
Zu leiden, zu weinen,
Zu genießen und zu freuen sich,
Und dein nicht zu achten
Wie ich!

Friedrich Nietzsche:
Nach neuen Meeren.

Dorthin – *will* ich; und ich traue
Mir fortan und meinem Griff.

Offen liegt das Meer, in's Blaue
Treibt mein Genueser Schiff.

Alles glänzt mir neu und neuer,
Mittag schläft auf Raum und Zeit:
Nur *dein* Auge – ungeheuer
Blickt mich's an, Unendlichkeit!

Aus: Lieder des Prinzen Vogelfrei; Anhang zu: Friedrich NIETZSCHE: *Die fröhliche Wissenschaft.*

[6] Kurt REIDEMEISTER: *Hilbert* (1971); 18.

[7] Carl Friedrich von WEIZSÄCKER: *Einheit der Natur. Studien* (1971); 318.

[8] *Tractatus logico-philosophicus* (1921); Nr. 7.

[9] Paul DAVIES: *Die Unsterblichkeit der Zeit. Die moderne Physik zwischen Rationalität und Gott* (1995); 207.

[10] Paul DAVIES: *Die Unsterblichkeit der Zeit. Die moderne Physik zwischen Rationalität und Gott* (1995); 208.

[11] Helmut PEUKERT: *Wissenschaftstheorie – Handlungstheorie – Fundamentale Theologie. Analysen zu Ansatz und Status theologischer Theoriebildung* (1976); 316.

[12] Denzinger Nr. 806: »Quia inter creatorem et creaturam non potest tanta similitudo notari, quin inter eos maior sit dissimilitudo notanda.«

[13] Friedrich W. J. SCHELLING: *Ideen zu einer Philosophie der Natur als Einleitung in das Studium dieser Wissenschaft (1806).* In: Werke VII. Hrsg. von M. Schröter; 380 [56]. Wörtlich: »Die Natur soll der sichtbare Geist, der Geist die unsichtbare Natur sein. *Hier* also, in der absoluten Identität des Geistes *in* uns und der Natur *außer* uns, muß sich das Problem, wie eine Natur außer uns möglich sei, auflösen.«

[14] Das Wort vom Menschen als Vernunftwesen, vom »ζῷον λόγον ἔχον« geht wohl auf Alkmaion zurück. Vgl. *Historisches Wörterbuch der Philosophie* 5, 1071.

[15] Jes 43, 1.

[16] ARISTOTELES: *Politica* 1254 a3 f.

[17] Helmut PEUKERT: *Wissenschaftstheorie – Handlungstheorie – Fundamentale Theologie. Analysen zu Ansatz und Status theologischer Theoriebildung* (1976); 355.

[18] Vgl. Joh 3, 5.

[19] THOMAS VON AQUIN: STh I q1 a8; q2 a2 und passim. Johannes BEUMER: *Gratia supponit naturam. Zur Geschichte eines theologischen Prinzips.* In: Gregorianum 20 (1939) 381–406; 535–552.

[20] AUGUSTINUS: *De bono viduitatis* 21, 26: »Intuentes enim hominum conversationem saepe experti sumus in quibusdam lascivia compressa crevisse avaritiam.«

[21] In: Carl Friedrich von WEIZSÄCKER: *Deutlichkeit* (1979); 73–113.

[22] Carl Friedrich von WEIZSÄCKER: *Wahrnehmung der Neuzeit* (1983); 324.

[23] PELAGIUS: *Ad Demetriadem Epistola 10.* In: PL 30, 26b. »Deposuisti iam impedimenta vel maxima, et omne quidquid a spiritualis vitae cursu, vel retardat, vel revocat, prima statim conversione vicisti. Respuisti coniugii voluptatem, posteritas curam, illecebras deliciarum, saeculi pompam, divitiarum cupidinem.«

[24] Vgkl. Henri de LUBAC SJ: *La postérité spirituelle de Joachim de Flore. Tome I: De Joachim à Schelling* (1979); 46.

[25] Karl Löwith: *Weltgeschichte und Heilsgeschehen. Die theologischen Voraussetzungen der Geschichtsphilosophie* (1949); 136: »So entfernt dieser Streit des dreizehnten und vierzehnten Jahrhunderts uns heute erscheint, so wenig läßt sich bezweifeln, daß er den Enthusiasmus des frühen Christentums neu aufflammen ließ und indirekt die Fortschrittsreligion der Neuzeit bedingt hat.«

[26] Carl Friedrich von Weizsäcker: *Deutlichkeit. Beiträge zu politischen und religiösen Gegenwartsfragen* (1978); 86.

[27] René Descartes: *Discours de la Méthode* (1637); VI, 2.

[28] Richard P. Feynman: *Vom Wesen physikalischer Gesetze* (1967); 181.

[29] Richard P. Feynman u.a.: *Vorlesungen über Physik. Bd. III Quantenmechanik* (1965); 30.

[30] Richard P. Feynman u.a.: *Vorlesungen über Physik. Bd. III Quantenmechanik* (1965); 46.

[31] Richard P. Feynman: *QED – Die seltsame Theorie des Lichts und der Materie* (1985); 97.

[32] Theodor Fontane: *Der Stechlin*. 42. Kapitel.

[33] Lk 17, 33.

Personenregister

HELGA
PEHAM

Die Salonièren und die Salons in Wien

200 JAHRE GESCHICHTE EINER BESONDEREN INSTITUTION

styria premium

INHALTSVERZEICHNIS

Alma Mahler-Werfel im Jahre 1909. Foto von Madame d'Ora.

SALONS ENTSTEHEN UND SALONIÈREN ENTWICKELN SICH

Ein Salon bildet sich um eine gebildete, geistreiche Frau, die Salonière. Die Besucher treffen einander mehr oder minder regelmäßig, die Geselligkeitsform ist das Gespräch mit dem Ziel, neues Wissen aufzunehmen, weiterzuentwickeln und weiterzugeben.
Der ursprüngliche Salon beginnt Anfang des 17. Jahrhunderts in der Pariser Aristokratie. Die Kultivierung der feinen Lebensart, der Sitten und der Sprache, und der Kontakt mit Künstlern und Wissenschaftern bleiben jedoch innerhalb dieser Elite und erzielen keine Wirkung nach außen.
In Wien setzt das Salonleben in den 70er-Jahren des 18. Jahrhunderts ein. Der erste Kreis bildet sich um das Ehepaar Charlotte und Franz Greiner. Im Salon Fanny von Arnsteins treffen Adelige, Geschäftsleute, Gelehrte, Künstler und Damen der Gesellschaft aufeinander. Karoline Pichler umgibt sich mit angesehenen Beamten und deren Familien, Kavalieren, Gelehrten und Künstlern.
Um 1800 und zur Zeit des Wiener Kongresses 1814/15 erlebt der Wiener Salon eine erste Hochblüte, er dauert bis zur Mitte des 20. Jahrhunderts.
Der Begriff „Salon" entstammt der repräsentativen Architektur, er wird in die bürgerliche Wohnkultur übernommen, als die bürgerliche Repräsentation die aristokratische ablöst. Ohne das Salonleben wären die prachtvollen Ringstraßenbauten nicht entstanden.
Ab der zweiten Hälfte des 18. Jahrhunderts findet man Salons als Geselligkeitsformen im Bereich zwischen privater und öffentlicher Sphäre, das ist das Emanzipatorische daran. Der Hochadel grenzt sich zu dieser Zeit noch streng vom niederen Adel und den bürgerlichen Schichten ab. Durch das starre Festhalten an Althergebrachtem und das Abgrenzen gegenüber neuen Einflüssen, bleibt

die Hocharistokratie meist unberührt von gesellschaftlichen Entwicklungen. Merkmal für die Zugehörigkeit zur Hocharistokratie sei die Zahl der adeligen Vorfahren, berichtet 1796 ein Reisender, der von Riga aus nach Wien fährt. Niemand könne die Salons der Hocharistokratie betreten, „den nicht Rang und Geburt dazu berechtigen, und die Häuser sind immer noch selten genug, die hierin bey verdienstvollen Gelehrten und Künstlern eine Ausnahme machen".[1]

Zusehends öffnen sich die Gesellschaften des niederen Adels, der sich ständig durch Nobilitierungen erweitert, dem aufstrebenden Bürgertum, und es bildet sich die Zweite Gesellschaft heraus. Man blickt auf den Hochadel und kopiert ihn, ist jedoch gesellschaftlich weit geöffnet. Aufgeklärte Wien-Reisende werden rasch in die Geselligkeit integriert und von Salon zu Salon herumgereicht, sobald sie eingeführt sind. Bankiers, Wissenschafter, höhere Beamte, Künstler und Offiziere kommunizieren miteinander. Im 18. Jahrhundert, das vom Geist der Aufklärung stark geprägt ist, distanziert man sich zunehmend vom Hof und bespricht politische Themen. Der politische Salontyp entsteht. Es bilden sich Interessengemeinschaften, und gebildete Bürger nehmen gleichberechtigt an den Salongesprächen teil.

Ideen und Ideale, „cognitiv" akzentuierte Geselligkeiten bilden den Kern von Salons mit dem Ziel, gewisse Kunstrichtungen oder politische Ideen philosophischer Schulen zu diskutieren. Die Salonière bringt intellektuelle Fähigkeiten mit und verfügt, meist durch den Ehemann, über die materiellen Voraussetzungen, ein entsprechendes Ambiente, Räumlichkeiten sowie über das notwendige Personal, um eine solche Gesellschaft zu geben, in der und durch die sie anerkannt ist. Zu den hervorstechenden Eigenschaften einer Salonière gehören organisatorisches Geschick, Kontaktfreudigkeit, ein großes Interesse an Menschen und die Fähigkeit, einen intellektuellen Diskurs zu führen. Dem Ehemann ist eine untergeordnete Rolle im Salon zugeteilt, obwohl er als

Geldgeber fungiert, „Salonunternehmerin“ ist die Salonière. Oft übernimmt ein Habitué den männlichen Part im Salon, oder es steht der Dame des Hauses eine herausragende Persönlichkeit zur Seite – ein großer Schriftsteller, ein tonangebender Philosoph –, die dem Gespräch eine Richtung gibt. Die regelmäßigen Zusammenkünfte ermöglichen es, dass ein Thema vertieft, der Gesprächsfaden wieder aufgenommen wird. Ist zunächst die kommunikative Begegnung der primäre Zweck, so ändert sich die Dynamik mit dem Beginn der Aufklärung und man will den Gesprächspartner überzeugen. Die Argumentation gewinnt an Raum. Die Salondame bezieht Position.

Universalität ist wichtig, die Themenpalette erstreckt sich von Literatur über Philosophie, Musik, Kunst hin zu politischen Ereignissen und kleinen Skandalen. Mit Beginn der Aufklärung entwickelt sich der Salon zu einer Plattform für Künstler und Publikum und zum Ort, der Einfluss auf das Schaffen eines Schriftstellers oder Musikers ausübt. Philosophische, wissenschaftliche und religiöse Fragen werden im Sinne der Aufklärung zu Themen. Der neue Stil ist geistreich, witzig, elegant.

Die Zweite Gesellschaft ist eine lernende Gesellschaft, ihre Salons sind die Akademien, in denen Wissen aufgenommen und weitergegeben wird. Gebildete Frauen sind bildungshungrig, ihnen ist es aber in Österreich verwehrt, an der Universität zu studieren. So holen sie sich kulturelle und wissenschaftliche Weiterbildung ins Haus und sammeln einen Kreis von Persönlichkeiten aller Schichten und Sparten um sich. Wissenschafter, führende Persönlichkeiten, Künstler verschiedenster Richtungen leisten ihren Beitrag zur Weiterbildung im Gespräch, im Vortrag, zur Ausbildung und Verfeinerung der Sinne.

Der Salon bildet „einen Freiraum von materiellen oder ideologischen Interessen. Die alleinige Motivation der Gäste ist es, einander zu respektieren, zu fördern und zu bilden.“[2] Ein ästhetisches Element kann hinzukommen: Gedichte und Schriften aller Art

werden vorgetragen, Theaterstücke aufgeführt, Musikabende gestaltet.
Statt rückwärts zu schauen, wie es vielfach in den hochadeligen Kreisen der Ersten Gesellschaft Usus ist, trachtet man in den Salons des aufstrebenden Bürgertums nach Erweiterung des Geistes, unabhängig vom Stand, in den man hineingeboren ist.
Die Salonière hat einen großen Anteil an diesem Bildungsangebot, denn sie stellt die Besucherliste aus Habitués und Besuchern zusammen, die zur geistigen Bereicherung aktiv beitragen. Die meist heterogene Zusammensetzung der Gäste zwingt sie, ein „auf situative Harmonie" bedachtes Verhalten zu beherrschen. Dadurch gelingt im Salon eine Art von Gleichberechtigung, die anderswo nicht zu finden ist: Das bürgerliche Rollenmodell steht gleichberechtigt neben dem aristokratischen und das weibliche neben dem männlichen. Die erotische Komponente in der Begegnung zieht sich wie ein roter Faden durch die europäische Salonkultur.
Ende der 1930er-Jahre gehen die Salons ihrem Ende entgegen. Die Künstler und Gelehrten verlassen vielfach Österreich, die Salonièren ebenfalls, sie kehren größtenteils nicht mehr zurück und es gibt keine Persönlichkeiten, die die Lücke nach Eugenie Schwarzwald, Gina Kaus, Berta Zuckerkandl, Alma Mahler und Grete Wiesenthal füllen. Doch die Erinnerung an die großen Wiener Salons und Salonièren ist heute noch lebendig.

CHARLOTTE VON GREINER (1739–1815)

Charlotte von Greiner, geborene Hieronymus, führt den ersten bürgerlichen Salon in Wien.[3] In der eleganten Wohnung steht ihr berühmtes Kanapee, von dem aus sie abends Gäste empfängt und geistvolle Diskussionen anregt. Charlotte ist von Jugend an Maria Theresias Vorleserin und Kammerfrau. Der Hof ist ihr Zuhause, wo sie unter der Obhut der Kaiserin, von deren Obersthofmeisterin, der Gräfin Fuchs, und in der Gesellschaft von Erzherzoginnen und Erzherzogen aufwächst. Vor diesem Hintergrund ist es zu verstehen, dass sie den ersten Salon Wiens entwickelt und zur Blüte bringt.

Charlotte ist die Tochter des aus Hannover stammenden protestantischen Leutnants Augustus Siegfridus und seiner Frau Anna Elisabetha Hieronymus, sie wird am 14. April 1739 in Brod in Slawonien (heute *Slavonski Brod*, Kroatien) geboren. Der Vater hat das Privileg, Frau und Kind an seinen Dienstort mitzunehmen und durch das Regiment verpflegen zu lassen. Eine solche Eheschließung der „ersten Art" ist eher selten, nur wenigen wird dieses Recht erteilt. Bei allen anderen Eheschließungen von Militärangehörigen darf die Familie nicht mitkommen.

Zwei Tage nach ihrer Geburt wird Charlotte getauft. Es heißt, dass ihre Mutter in Ödenburg (heute *Sopron*, Ungarn) gestorben sei, bei der Geburt oder kurz danach. Im April 1744 kommt sie mit dem Regiment ihres Vaters aus Ungarn nach Wien, wo dieser kurz darauf an Lungenbrand, einer damals tödlich verlaufenden Krankheit, stirbt. Er lässt ein unmündiges Kind zurück. „Der Vater hatte das kleine, kaum fünfjährige Mädchen bei sich, zog mit ihm und

Führte in Wien den ersten bürgerlichen Salon: Charlotte von Greiner. Anonyme Bleistiftzeichnung nach einer Miniatur.

dem Regimente – mühsam genug, wie man [sich] denken kann – auf ungarischen Dörfern umher, und kam zuletzt ... nach Wien. Hier erkrankte er schwer und starb nach kurzer Zeit, das unmündige Kind unter lauter fremden Menschen, fremden Glaubens (denn mein Großvater war protestantisch), im fremden Lande zurücklassend. ‚Du armes Kind, was wird aus dir werden!' waren seine letzten schmerzlichen Worte zu der kleinen Charlotte (so hieß meine Mutter) gewesen, die sich ihrem kindischen Gedächtnis unauslöschlich eingeprägt hatten."[4] So berichtet Karoline Pichler, die Tochter Charlottes, in ihren Memoiren.
Maria Theresias Mutter Elisabeth Christine entstammt der Familie Braunschweig-Wolfenbüttel. Charlottes Vater hat dem Regiment Wolfenbüttel angehört. Das mag das Mitgefühl der Kaiserin erweckt haben, als sie die Geschichte der kleinen Waisen von ihrer Kammerfrau erfährt. Nach einigen Tagen findet man das Mädchen, nimmt es auf und erzieht es im katholischen Glauben. Religiöse Erziehung ist Maria Theresia besonders wichtig.
Charlotte spielt oft mit den Kindern der Kaiserin und nimmt gelegentlich an deren Unterricht teil. Sie erhalten eine strenge, dennoch ausgesprochen moderne Erziehung, Naturereignisse wie Gewitter werden ihnen wissenschaftlich erklärt.
Charlotte lernt lesen, schreiben, rechnen. Bald kann sie Druck- und Handschriften gut entziffern. Schließlich beherrscht sie die ungarische Geschäftssprache Latein, Französisch, die Sprache der Gebildeten und der Diplomatie sowie der belgischen Provinzen, und Italienisch, die Sprache, die im Großherzogtum Toskana und in Mailand gesprochen wird.
Obersthofmeisterin Karolina Reichsgräfin von Fuchs kümmert sich um Charlotte und erzieht sie zur Vorleserin der Kaiserin, für die sie als Lieblingskammerdienerin und persönliche Sekretärin immer unentbehrlicher wird. Am kaiserlichen Hof lernt sie die vornehme Lebensart kennen. Sie ist schön und klug, ihre Interessen sind breit gestreut.

Am 22. Februar 1782 schreibt Charlotte an den Theologen, Philosophen und Schriftsteller Johann Caspar Lavater über ihr Leben am Hof: „Ich war bei Hof erzogen, oder besser zu sagen mir selbst überlassen. Von meinen zwölften Jahr an brauchte mich die Kayserin zum Vorlesen und dann zu allen Geschäften die nur immer bei einer Selbstregierenden Frau vorfallen können ... Die vielen Kränkungen die ich in denen Jahren die bei anderen Mädchen die angenehmsten sind, erlitten, haben in Ermanglung einer vernünftigen Erziehung das meiste zu meiner Bildung beigetragen, ich lernte früh mir selbst alles zu sein."[5] Aus dieser Briefstelle klingen Einsamkeit und Bitterkeit. Charlotte erlebt die Realität des Lebens am Hof. Sie fühlt sich als Zuschauerin hinter der Bühne, lernt dabei früh, auf sich achtzugeben, und entwickelt ein starkes Selbstbewusstsein. „Und da ich auf diesen grossen Schauplaz keine Rolle spielen wolte, so stand ich hinter der Courtine, und sah alle die Räder, Federn und Seile, die die Machine in Bewegung brachten, sah alle die Schminke all das Flittergold, mit denen man den Zuschauer täuschte."[6] Später schreibt ihre Tochter Karoline: „Meiner Mutter ungewöhnlich lebhafter und durchdringender Geist fühlte bald die Schranken, welche die Beschränktheit ihrer Umgebungen demselben anlegte. Sie dürstete nach Kenntnissen, nach gründlichen Erklärungen der Dinge oder Begebenheiten, die sie um sich sah, und sie benutzte die Besuche einiger älterer, gebildeter Männer, welche in das Haus ihrer Erzieherin kamen, um von ihnen Antwort auf die Fragen zu erhalten, welche sich ihr während der Zeit aufgedrängt, und die sie sich deshalb aufzuschreiben pflegte. So strebte ihr Geist weit über ihre Lage, über ihre Gefährtinnen hinaus, und bildete sich meist aus sich selbst."[7]
Zu ihren Aufgaben gehört es, der Kaiserin Akten, Depeschen und diplomatische Berichte vorzulesen. Dadurch erhält sie Einblicke in Politik und Regierungsgeschäfte, erfährt wichtige Staatsgeheimnisse, ist aber absolut verschwiegen. Auch am Abend liest Charlotte vor: „Diese Lektüre dauerte fort, nachdem die Monarchin

sich schon entkleiden lassen und zu Bette gelegt hatte, und selbst dann noch, bis der Schlaf sie überwältigte. Dann erst bekam meine Mutter die Erlaubnis, sich zu entfernen."[8]

Charlotte führt ihre im Alter schwindende Sehkraft auf stundenlanges Vorlesen bei Kerzenlicht zurück. Dabei muss sie eisige Kälte ertragen, denn Maria Theresia lässt auch im Winter nicht heizen und arbeitet bei offenem Fenster. Die zierliche Charlotte hat diese harte Schule bei Hof hingenommen. Später prägt sich ihr Wille zu dominieren und zu beherrschen stark aus, was sicher auch auf diese Erlebnisse zurückzuführen ist. Außerdem hat Charlotte gelernt, die Kaiserin auf das Schönste zu frisieren und den Kopfputz besser als alle anderen Kammerfrauen zu stecken. „Oft – sehr oft – mußte eine Haube vier- bis fünfmal anders gesteckt werden, bis sie nach dem Geschmacke der Gebieterin war, und wer diese Art von Arbeit zu beurteilen versteht, wird wissen, daß ein öfteres Auf- und Andersmachen der Sache gar nicht förderlich ist, ja meistens die Schönheit der Stoffe und des Zubehörs ganz zerstört."[9] Maria Theresia zerrt und zupft, bis die ganze Haarpracht in sich zusammenfällt und „die Haare ausgekämmt und nicht selten neu in Papilloten gewickelt und gekräuselt werden mußten. Daß die Gebieterin dabei übellaunig wurde, daß die Zofen das entgelten mußten, ist ebenso natürlich – und die Erinnerung an alle die trüben Stunden, welche Putz und Toilette ihr gemacht hatten, mag wohl schuld gewesen sein, daß meine Mutter selbst in den Jahren, wo sie noch wohl Freude daran hätte haben können, sich vorteilhaft und ihrer sehr niedlichen Figur gemäß anzuziehen, sich schon ganz matronenhaft, und, wie ich mich aus den Bildern meiner Kindheit wohl entsinne, beinahe altfränkisch kleidete."[10]

Die Kammerfräulein genossen Ansehen und Wohlstand, standen aber unter einer Art häuslicher, ja mütterlicher Aufsicht. Wollten sie ausgehen, mussten sie es melden, dann wurde eine Hofequipage angespannt, anders durften sie auf den Straßen nicht erscheinen. In Gesellschaften stand ihnen der Rang einer Hofrätin zu.

„Ihren Tisch hatten sie vom Hofe, ihre Besoldungen waren mäßig, aber die Freigebigkeit der Monarchin, die vielen Teilungen ihrer Garderobe ersetzte ihnen das reichlich, und sie fanden bei Ordnungsliebe und Sparsamkeit stets die Mittel, sehr geschmackvoll und glänzend angezogen zu sein und doch etwas zurückzulegen. An den Tagen, an welchen sie den Dienst nicht hatten, war es ihnen auch vergönnt, auf ihren Zimmern Bekannte, selbst Männer, nicht bloß vom Hofe, sondern auch aus der Stadt, zu sehen, nur mußte die Kaiserin davon benachrichtigt und diese Personen von unbescholtenem Rufe sein."[11]
Ihre Stellung bei der Kaiserin bringt Charlotte Vorteile wie Aussteuer, Erziehungsbeiträge für Kinder und weitere Unterstützung von der Monarchin, die sich gerne und erfolgreich als Ehestifterin betätigt. Charlotte hat viele Verehrer, doch ihre Liebe, den Ungarn Ignaz Sautersheim, einen Honorarkonzipisten der Hofkammer in Pressburg, darf sie nicht heiraten. Die Kaiserin versagt ihre Zustimmung. Er ist ein zu unruhiger Geist, reist oft nach Wien, verschuldet sich und flüchtet 1762 in die Schweiz, der Spionage verdächtigt. Zwei Jahre später stirbt er in Straßburg. „Bei den meisten, ja fast bei allen, war meiner Mutter Herz gleichgültig geblieben. Nur einer, ein geborner Ungar, dessen Porträt sie noch lange Jahre nachher besaß – und dessen in Rousseaus Konfessionen als eines höchst interessanten und liebenswürdigen jungen Mannes erwähnt wird –, hatte ihr Herz tiefer gerührt. Nicht bloß der Wille der Monarchin, auch ungünstige Verhältnisse in der Familie des jungen Ungars zerrissen das Bündnis. – Er starb bald darauf; meine Mutter gedachte seiner nie ohne Rührung."[12]
Charlottes späterer Ehemann, Franz Sales Greiner, geboren am 2. Februar 1730, entstammt einer kaisertreuen Beamtenfamilie. Sein Vater Franz Joseph besitzt eine beachtliche Kunstsammlung, seine Mutter Katharina, geb. Schwärzel, ist gebildet und beherrscht sogar Latein. Er studiert Rechtswissenschaften, seine Familie besitzt ein Haus am Tiefen Graben. In den fünfziger Jahren

des 18. Jahrhunderts, als der dritte schlesische Krieg gegen Preußen tobt, lernt Charlotte Franz Sales kennen, der um sie wirbt. Er ist zunächst Konzipist beim Hofkriegsrat, vier Jahre später Hofkriegssekretär und ab 1769 Hofsekretär der böhmisch-österreichischen Hofkanzlei.

Bisher hat die Kaiserin jeden Bewerber um Charlottes Hand abgewiesen, zunächst mit den Worten: „Du bist zu jung.“ Sie will ihre persönliche Sekretärin noch nicht entbehren. Erst nach dem Tod ihres Gatten, um den sie tief trauert, gestattet sie, weicher geworden, noch in ihrem Trauerjahr Charlotte die Ehe. Auch Charlotte ist in Hoftrauer. Sie stellt ihren zukünftigen Mann der Kaiserinwitwe vor, er gefällt ihr, aber die Monarchin meint: „Ich glaubte immer du würdest dir so einen galanten Herrn, einen Chevalier aussuchen.“[13] – Eine Anspielung auf Sautersheim.

Zwischen Charlotte und Franz wird ein Ehevertrag geschlossen, in dem die Ehepartner finanziell abgesichert werden. Auffallend ist in diesem Vertrag die mehrmalige Feststellung der Gleichwertigkeit der Ehepartner. Kurz nach Charlottes 27. Geburtstag heiraten die beiden.

Zur Hochzeit legt Maria Theresia Charlotte eine sehr wertvolle Perlenschnur aus dem habsburgischen Familienschmuck um den Hals, die sie nach den Trauungsfeierlichkeiten jedoch wieder zurückgeben muss. Für Charlottes hervorragende Stellung bei der Kaiserin spricht, dass Obersthofmeisterin Gräfin Maria Josepha Paar, Nachfolgerin der Gräfin Fuchs, die Braut in der Kammerkapelle der Kaiserin zum Altar führt. „Als der Geistliche … die Braut auffordert, das Ja auszusprechen, mußte diese (so gebot es die Etikette), ehe sie antwortete, sich mit einer Verneigung gegen die Obersthofmeisterin wenden, sie gleichsam um die Erlaubnis dazu ersuchen. – Die Obersthofmeisterin erhob sich, drehte sich gegen das Oratorium, in welchem sich die Monarchin befand, und wiederholte die Verbeugung und die stumme Anfrage. Hierauf nickte die Kaiserin bejahend, die Obersthofmeisterin überlieferte

durch ein ebensolches Zeichen die Einwilligung der, Mutterstelle vertretenden, hohen Frau; die Braut verbeugte sich dankbar, wendete sich dann gegen den Priester und sprach ihr Ja aus."[14] Die Trauzeugen sind Kollegen des Bräutigams.
Mit der Eheschließung geht für Charlotte eine große Umstellung einher, sie verlässt den Glanz des Hofes, um sich in einer wohlhabenden Wiener Beamtenfamilie einzurichten. Doch das bereitet der jungen Ehefrau keine großen Schwierigkeiten, sie freut sich, dass sie nun freier leben kann. „Hier begann nun für meine Mutter eine ganz neue Lebensweise, ja, sie fand sich eigentlich in einer neuen Welt, nicht bloß durch den bedeutenden Unterschied, den die Verheiratung in das Leben jedes Mädchens bringt, sondern hauptsächlich dadurch, daß sie sich plötzlich aus den glänzenden, geräuschvollen Räumen eines der ersten Höfe Europas und aus der unmittelbaren Nähe einer regierenden Monarchin in die Stille und Dunkelheit einer wohlhabenden, aber im Vergleich mit ihren frühern Gewohnheiten doch sehr beschränkten Haushaltung versetzt sah. Dennoch scheint dies so sehr mit den geheimen und lange genährten Wünschen ihres Herzens übereingestimmt zu haben, daß ich sie nicht allein dieser Epoche nie mit Trauer oder düsterer Erinnerung erwähnen hörte, wie man sonst wohl später sich an trübverlebte Stunden erinnert, sondern sie vielmehr mit Freude von dem Zeitpunkte sprach, wo sie endlich einer glänzenden und von vielen beneideten Sklaverei los ward und sich selbst angehören durfte."[15]
Charlotte beginnt ihr Leben nach eigenen Vorstellungen aufzubauen, Selbstständigkeit und innere Unabhängigkeit zählen zu ihren herausragenden Eigenschaften. Eine Rente von 1000 bis 3000 fl. ist nach Beendigung des Dienstes für Hofdamen und Kammerfrauen üblich, Kammerdienerinnen erhalten bei der Heirat 1000 bis 2000 fl. Charlotte ist finanziell unabhängig. Ihr Mann profitiert ebenfalls von der Eheschließung. Maria Theresia wird auf ihn aufmerksam. Franz Greiner macht rasch Karriere und

Verstört die Damen des Salons durch seine derbe Art: Franz Sales von Greiner, der Ehemann Charlottes.

avanciert 1771 zum jüngsten Hofrat der österreichischen Monarchie.
Zahlreiche Schreiben Greiners tragen eigenhändige Bemerkungen der Kaiserin. Die beiden Eheleute verstehen sich, nach den Schilderungen der Tochter Karoline, nicht besonders, denn sie haben recht unterschiedliche Interessen. Charlotte, die Offizierstochter, ist ehrgeizig, intellektuell; Franz Sales stammt aus einer alten österreichischen Beamtenfamilie, ist voller Pflichtgefühl, künstlerisch interessiert, ein sympathischer „Dilettant". Er liebt die Musik und seine Kinder. Ein schöner Mann ist er nicht, ein Herr mit gewaltigem „Embonpoint", aber wenig Ausstrahlungskraft und einer derben Art sich auszudrücken, was gelegentlich die Damen des Salons entsetzt. Die Eheleute sind gegensätzliche Charaktere, die Männer aus ihrem geistigen Freundeskreis sind Charlotte näher als ihr eigener Gemahl.
Im Jahr 1767 erwartet Charlotte ihr erstes Kind. Sie steht im 29. Lebensjahr und ist für eine erste Schwangerschaft in dieser Zeit eine reife Frau. Am 19. Oktober kommt Joseph Franz Vinzenz zur Welt. Anton Faucherand, ein Hof-Kammerdiener, vertritt als Taufpate die Kaiserin. Der Junge gedeiht zunächst prächtig, stirbt aber früh an „Kopffraisen", eleptoiden Krämpfen. Am 7. September 1769 kommen die Zwillinge Karoline und Franz Salesius zur Welt. Charlotte hat ihr erstes Kind selbst gestillt, was in diesen Kreisen

unüblich ist, und möchte dies auch bei den Zwillingen tun. Bei einem Besuch bei Hof erzählt sie Maria Theresia von ihrer Absicht, doch die Kaiserin verbietet ihr „ausdrücklich, mehr als ein Kind zugleich zu stillen, und so überließ meine Mutter die Wahl, welche ihr schwer gewesen sein würde, der Vorsicht, indem sie beschloß, das Erstgeborne selbst zu tränken. Das war nun zu meinem Glücke ich, und obwohl ich, wie man mir später erzählte, so klein und schwach auf die Welt kam, daß man an meinem Leben verzweifelnd, mir die Nottaufe gab, so gedieh ich doch an meiner Mutter Brust zu einer solchen Fülle von Kraft und Gesundheit."[16] So Karoline in ihren Memoiren. Ihr Zwillingsbruder ist ein kräftiger, hübscher Bub, für den eine Amme engagiert wird. Als diese jedoch erkrankt, ihren Zustand verheimlicht und den Knaben weiterhin stillt, stirbt dieser noch vor dem vollendeten ersten Lebensjahr. Am 10. September 1772 wird Karolines Bruder Franz Xaver Nikolaus geboren. Die Kinder werden der Kaiserin vorgestellt. Ihr ganzes Leben hält Maria Theresia ihre schützende Hand über die Familie ihrer ehemaligen Vorleserin.

Fünf Jahre nach der Vermählung erhebt Maria Theresia Franz Sales Greiner mit seiner Familie in den Ritterstand, bereits zwei Jahre später ist er in der Hofkanzlei einer der engsten Berater der Kaiserin. Trotz seiner anspruchsvollen Tätigkeit findet er Zeit, um Lieder zu komponieren und zu malen, bevorzugt in Pastellfarben. Die Kunst ist sein Gebiet, während sich Charlotte den Naturwissenschaften zuwendet. Aufgrund der breit gestreuten Interessen des Paars und des engen Kontakts zum Kaiserhof entwickelt sich im Hause der Greiners ein reges gesellschaftliches Leben.

Am 31. Dezember 1777 kommt noch eine Tochter zur Welt und stirbt ein knappes Jahr später an Blattern. Hofrat Greiner berichtet der Kaiserin am 17. Dezember 1778 davon:

„Heute früh um acht Uhr", schreibt er der Monarchin, „habe ich mein armes Mädel verloren, das die Blattern auf eine schmerzliche Weise erstickt haben. Dem Buben geht es bis itzt noch so ziemlich gut. Weil mein Weib vor Wehmuth dem Kinde nicht beystehen konnte, habe ich das arme Würmchen müssen sterben sehen, so weh mir auch dabey geschah. O Gott wie war es so finster in meiner Seele!" Die Kaiserin schreibt: „Ich empfinde beeder Eltern Schmertz; wie glücklich ist die Kleine, hat ihr Carriere bald gemacht in unschuld. Von dem muss man sich occupiren, nicht von dem Verlurst. Was haben wir mit unsern langen Leben vor Nutz und Freud, was vor Verantwortung! Da ist zu zittern. Gott erhalte ihm seinen Kleinen."[17]

Die Kinder Franz Xaver und Karoline nehmen schon früh an den Gesellschaften im Hause teil, wodurch ihre Bildung in Fragen der Ästhetik, der Philosophie und der Religion erweitert wird. Unterricht erhalten beide in den Sprachen Deutsch, Französisch, Italienisch und Latein, weiters in Mathematik, Religion und Naturgeschichte. Die Mathematik soll Karoline „gründliche[s] Denken"[18] lehren. Dazu erhält Karoline Zeichen- und Klavierstunden sowie hauswirtschaftliche Unterweisung. Charlotte lässt ihre Kinder von ausgesuchten Lehrern, teils bekannten Persönlichkeiten, im Hause unterrichten. Zu ihnen gehören Joseph Anton Gall, ein Priester aus Schwaben, der in Wien Felbigers Normalschule (Volksschule) bekannt macht. Joseph Anton Steffan aus Böhmen, ein berühmter Hofklaviermeister, unterrichtet die Erzherzoginnen Marie Antoinette, Maria Karoline und Elisabeth ebenso wie Karoline Greiner.

Charlotte beschäftigt sich intensiv mit ihren Kindern: Am 5. Februar 1783 schreibt sie an Lavater: „Von meinen Kindern kan ich – vielleicht mit Partheylichkeit – sagen das sie gutartig sind; das Mädchen ist im 14ten Jahr, hat viel Talente aber desto weniger Anwendung, doch hoffe das ihr hang zum Nachdenken, in reiferen Jahren gute Früchte bringen wird. Der Knab hat 10 Jahr, giebt sich mit wenigern Talenten mehr Mühe etwas zu lernen; bis izt aber will es noch nicht gelingen. Die unterhaltlichen Lehr stunden als Musik und Tanzen, haben den besern Fortgang. Ich will indessen hoffen das das wichtigere und also auch mühsamere mit den Jahren nachkomt."[19]

Für die Geschwister wird ein neuer Hofmeister eingestellt, der sie gemeinsam in Latein und Englisch unterrichtet. Noch mehr lernen sie im Salon. Sie hören zu und sind es gewohnt, mit Dichtern und Wissenschaftern umzugehen. Karoline berichtet: „Das Leben in meiner Eltern Hause gestaltete sich um diese Zeit sehr angenehm, wie denn überhaupt in ganz Wien damals ein fröhlicher, für jedes Schöne empfänglicher, für jeden Genuß offener Sinn herrschte. Der Geist durfte sich frei bewegen, es durfte geschrieben, gedruckt werden, was … nicht... wider Religion und Staat war. Auf gute Sitten ward nicht so sehr gesehen."[20] Es bahnen sich, verglichen mit früheren Zeiten, lockere Sitten an. Dieser legere Lebensstil soll Wien zur Zeit des Kongresses so beliebt machen.

Die Wohnung im Haus „Im Tiefen Graben" wird zu klein und so zieht die Familie im Jahr 1776 in das nahe gelegene Haus Nr. 429 im Salvatorgassl, wo sie bis 1777 lebt. Das einstöckige Gebäude gleicht außen wie innen einer alten Schlossruine, aber es gibt große stattliche Zimmer und noch stellt man bei einer Wohnung keine so hohen Ansprüche an die Bequemlichkeit. „Ich weiß, daß meine Eltern ganz zufrieden mit ihrer Wohnung waren. Die großen Zimmer, welche Sälen glichen, boten ihnen ein gewünschtes Lokal für die Bildersammlung meines Großvaters und für die zahlreichen Gesellschaften, welche sich in unserm Hause zu versammeln anfingen. Hier wurde ein Theater errichtet, worauf wir Kinder kleine französische Stücke: Zeneide ou la fée und L'isle déserte, nebst einer kleinen deutschen Idylle aufführten … In allen diesen Stücken wurden mir die muntern, mutwilligen Rollen zugeteilt."[21]

Man gab große musikalische Aufführungen und „obwohl ich ein ganz winziges Geschöpf von etwa 7–8 Jahren war, ließ mein Vater mich doch kleine Konzerte, die mein Klaviermeister Steffann eigens für mich komponierte, mit vollem Orchester produzieren. Natürlich wurde das Kind, die Tochter vom Hause, beklatscht, belobt, bewundert, und ich hielt mich bald für eine bedeutende Künstlerin."[22]

Nach dem Tod von Charlottes Schwiegermutter im Herbst 1777 erhält die Familie in einem Haus „Am Graben" Nr. 1163, später 1201, eine schöne geräumige Wohnung, in der sie bis 1781 lebt. Später übersiedeln die Greiners in das Antonilettische Haus am Neuen Markt. Das Haus in der Alstergasse (heute Alser Straße) wird nach dem Tod Greiners Eigentum und Wohnsitz Charlottes und sollte später in den Besitz Karoline Pichlers übergehen, die bis zu ihrem Ableben dort wohnt. 1771 erwirbt Greiner aus ererbtem Vermögen und seinem Gehalt zusätzlich zur Stadtwohnung ein Landhaus in Hernals. Man hält sich Reitpferde, Equipagen und Dienerschaft.

Mit dem Tod Kaiserin Maria Theresias im Jahr 1780 kommt es zu weitreichenden Veränderungen, die sich unmittelbar auf das Leben der Greiners auswirken. Joseph II. schafft die Freiquartiere, also das Wohnen auf Kosten des Hofes, ab. So müssen auch die Greiners ihr kostenloses Quartier am Graben verlassen und ziehen auf den Neuen Markt in die Mehlgrube 1074. In diesem Haus entsteht bald wieder ein Salon; ihre Lebensart ändert sich auch unter dem Kaiser kaum.

Auch einige Jesuiten – der Jesuitenorden wird 1773 aufgehoben – verkehren im Hause Greiner, darunter der „Hausfreund" Charlottes, der Dichter Lorenz Leopold Haschka. Karoline erinnert sich, dass „ein Mann in meiner Eltern Hause eingeführt [wurde], der bedeutenden Einfluß auf die Ausbildung und Richtung meines Geistes nahm – Herr L. L. Haschka, ein damals sehr junger, und, so viel ich mich erinnere, liebenswürdiger Mann, der nun seit ein paar Jahren bei der Aufhebung des Jesuitenordens, dessen Mitglied er gewesen, wieder in die Welt getreten, und den geistlichen Stand, da er keine Profeß abgelegt, völlig verlassen hatte. Mit ihm zogen, möchte ich sagen, die Musen in unser Haus, und meines Vaters Liebe für die schönen Künste kam jener Richtung, welche

Haschka in sich trug, gern entgegen. Meine Mutter liebte zwar die Poesie durchaus nicht, aber sie hörte doch gern gute Gedichte lesen, und erfreute sich daran, wenn Haschka, und auch später andere Musensöhne Wiens, die nach und nach mit uns bekannt wurden, ihre Werke bei uns lasen."[23]

Charlotte Greiner befasst sich am liebsten mit exakten Wissenschaften. Besonders liebt sie die Astronomie. „Meine Mutter, im Gegensatze von ihm [dem Vater] oder um den Kreis der Bildung, der sich in unserm Hause fand, zu vervollständigen, hatte einen ausschließenden Hang zu ernsten Wissenschaften. Sie verachtete, möchte ich beinahe sagen, Dichtkunst und überhaupt schöne Künste, sie hielt blutwenig von der Geschichte, die ihr zu wenig ausgemachte und unzweifelhafte Wahrheit bot. Sie strebte nur nach dieser, wollte nur diese finden, hören und ihr folgen."[24] Trotz ihrer Skepsis sind Künstler, Dichter, Schauspieler, Maler und Komponisten, wohl auch Wolfgang Amadeus Mozart, ständige Gäste im Salon Greiner.

Im Jahr 1777 versucht der Mediziner Dr. Franz Anton Mesmer ein blindes Mädchen, Maria Theresia Paradis, eine Musikerin, mithilfe des Magnetismus wieder sehend zu machen. „Ich erinnere mich wohl der überaus lebhaften Debatten, welche jeden Abend im Zirkel meiner Eltern, wo sich viele geistreiche, gelehrte Männer und gebildete Frauen versammelten, über diesen Gegenstand gehalten wurden. Die Gesellschaft teilte sich in Gläubige und Ungläubige."[25] Es kommt vorübergehend zu Erfolgen, doch die Greiners gehören zu den Ungläubigen. „Vor allen erklärte sich meine Mutter, deren scharfsichtiger Geist so wie ihre Achtung vor der Wahrheit sie schon a priori jedem Unerklärlichen, Geheimnisvollen abgeneigt machten, stets laut dagegen, und wollte diese Heilung, welche die andere Partei als schon entschieden annahm, nicht eher als möglich zugeben, bis sie nicht selbst sich überzeugt hätte, daß das Fräulein sehe. Sie fuhr also mit einem Anhänger der glaubenden Partei selbst in die Gartenwohnung, in welcher

Franz Anton Mesmer, der Begründer der Lehre vom animalischen Magnetismus. Zeitgenössisches Porträt.

damals die Familie Paradis lebte … Mein Vater begab sich an einem andern Tage dahin … Beide konnten sich nicht überzeugen, daß Fräulein Paradis wirklich sehe."[26]

Unter Joseph II., dem Sohn und Nachfolger Maria Theresias, wird der alte Feudalstaat außer Kraft gesetzt. Er formt ihn in einen modernen Nationalstaat um. Die Beamten werden zu Staatsbeamten, sie dienen nun dem Staat und nicht mehr dem Hof. Dadurch gibt der Kaiser seine Macht an den Staat ab. Das Verhalten der Staatsdiener wird kontrolliert, sie erhalten gute Aus- und Weiterbildung, bei einwandfreiem Verhalten gibt es Provisionen. Dieses neue System begünstigt Bespitzelungen, Intrigen und Denunziationen. Joseph II. erlässt eine „Rang- und Charakterverordnung" mit Angaben über Taxen, Gebühren, Urlaub, Diäten, Geschäftsordnung, Verhalten und Bestrafung, Verbot von Geschenkannahmen, Vormundschaftsfragen und die Aufnahme in den Staatsdienst. Die Anzahl der Dienstjahre wird als Beförderungskriterium offiziell eingeführt. Diese Maßnahmen stärken das Bürgertum und schwächen den Adel.

Als Folge der Pressefreiheit überschwemmen zahlreiche Broschüren und Pamphlete, vielfach Eintagsfliegen, den Markt. Die bürgerliche Ordnung wird in Frage gestellt. Diese Zeit ist, so schreibt Karoline später, „eine Zeit frischen, schönen, regen Geisteslebens und vielleicht das goldene – nie wiederkehrende Zeitalter der deutschen Literatur, zumal im ästhetischen Fache. Überall zuckten die

Funken lebhafter Geistestätigkeit auf, leuchteten hier mit mildem Lichte, das sich segensreich weiter und weiter verbreitete, blendeten dort wie gewaltige Blitze, fuhren auch manchmal wie täuschende Irrwische hin und lockten den Nachfolgenden in Sümpfe. Wird es wohl nötig sein, hier auf Klopstock, Lessing, Goethe, Wieland, Schiller, Herder hinzuweisen? Wir in Österreich hatten unsern Denis, Sonnenfels, Jünger, Alxinger und viele andere, deren Leistungen leider jetzt vom Zeitenstrom weggespült sind, so wie man kaum mehr eines Gellert, Rabener, Hagedorn gedenkt und nur jene größern Namen stehen geblieben sind, die ich oben genannt. In allen Zweigen des Wissens regte sich eine lobenswerte Tätigkeit, man durfte frei denken und so dachte man wohl … Auch in die geselligen Kreise drang eine muntere Freudigkeit statt früherer Steifheit und veralteter Formen. Das Theater, welches Kaiser Joseph seines unmittelbaren Schutzes würdigte, trug sehr viel zu diesen geselligen Freuden bei … Das Publikum nahm auf eine Weise an dem Theater Teil, die von der jetzigen ganz verschieden ist. Es suchte geistigen Genuß, nicht bloßen Zeitvertreib, es wollte sein Gefühl anregen lassen, nicht bloß den Verstand im Tadeln üben. Es kam mit frischer Empfänglichkeit ins Theater, faßte jede Schönheit des Dramas sowohl als der Darstellung auf, verlangte nicht mit Übersättigung nur nach schnellem Dahineilen der Handlung und wurde durch eine tiefere psychologische Entfaltung der Motive nicht gelangweilt … So be-

Sollte von Mesmer geheilt werden: die blinde Komponistin Maria Theresia v. Paradis. Wachsbüste im ehem. k. k. Blindeninstitut, Linz.

wegte sich die gesellige Welt, geistig angeregt, aufs lebhafteste und genügendste in stetem Wechsel der Leistungen und Empfängnisse."[27]

Die meisten Männer im Salon Greiner sind Mitglieder einer Freimaurerloge. Hofrat Greiner und seine Frau Charlotte stehen dem Freimaurertum positiv gegenüber. In den Logen schließen sich Männer gleicher Gesinnung zusammen und streben im Zuge der Aufklärung danach, Begriffe wie Humanität, Toleranz und Wohltätigkeit praktisch umzusetzen. Bürger und Adelige werden in dieser Gemeinschaft vereint und Standesunterschiede überwunden, da in den Logen religiöse, nationale sowie ständische Unterscheidungen keine Rolle spielen.

Dazu Karoline Pichler: „Ein charakteristisches Merkmal jener Zeit unter Kaiser Josef waren die Bewegungen, welche durch die sogenannten geheimen Gesellschaften in der geselligen Welt hervorgebracht wurden. Der Orden der Freimaurer trieb sein Wesen mit einer fast lächerlichen Öffentlichkeit und Ostentation. Freimaurerlieder wurden gedruckt, komponiert und allgemein gesungen. Man trug Freimaurerzeichen als joujoux an den Uhren, die Damen empfingen weiße Handschuhe von Lehrlingen und Gesellen, und mehrere Modeartikel, wie die weißatlassenen Müffe mit dem blauumsäumten Überschlage, der den Maurerschurz vorstellte, hießen à la franc-maçon. Viele Männer ließen sich aus Neugier aufnehmen, traten dann, wenn der frère terrible nicht gar zu arg mit ihnen umsprang, in den Orden, und genossen wenigstens die Freuden der Tafellogen. Andere hatten andere Absichten. Es war damals nicht unnützlich, zu dieser Bruderschaft zu gehören, welche in allen Kollegien Mitglieder hatte und überall den Vorsteher, Präsidenten, Gouverneur in ihren Schoß zu ziehen verstanden hatte."[28]

Die österreichische Aufklärung stellt Autoritäten wie Klerus, Kirche, Orden in Frage, nicht aber den Glauben an sich. Mit Einverständnis des Kaisers blüht die Freimaurerei in Österreich, bis durch das Freimaurerpatent von 1785 ein Einschnitt erfolgt. Die Loge „Zur wahren Eintracht“ akzeptiert die Logenreform. Zwischen 1780 und 1790 ändert sich die Zahl der Logenbrüder kaum. 1792 beginnt unter Kaiser Franz II. die Reaktion, ein Jahr später arbeiten die letzten Logen nicht mehr, und 1795 wird die Freimaurerei in Österreich verboten.

Karoline lernt, häusliche Pflichten zu übernehmen. „Meine Mutter war, trotz ihres hochgebildeten Geistes und dem glänzenden Fuße, auf dem unser Haus eingerichtet war, ihrer Wirtschaft bis ins kleinste Detail stets selbst vorgestanden ... Ich mußte mich soviel als möglich überall selbst behelfen ... meine Hauben und Hüte selbst stecken und ich lernte es endlich so gut, daß ich meinen Freundinnen hierin half ... Bei diesen Ansichten war [meiner Mutter] die Liebe meines Vaters zur Musik und die Forderung, die er deswegen an mich stellte, oft ein Anstoß. Mit Klavierspielen, Üben, Produzieren, Singen, gingen viele Stunden des Tages und das billigte meine Mutter wohl nicht.“[29] Immerhin wird Karoline 1796 im *Jahrbuch der Tonkunst* sehr gelobt: „Dieses vortreffliche Frauenzimmer ... ist eine der ersten Klavierspielerinnen Wiens, meisterhaft im Anschlag, stark in der Ausführung und unerschrocken bei den größten Schwierigkeiten.“[30] Da das Sehvermögen von Charlotte im Lauf der Jahre nachlässt, erledigt Karoline auch Schreibarbeiten und kümmert sich um die Vermögensangelegenheiten.

Am 2. Juni 1798 stirbt Hofrat Greiner 68-jährig an „Nervenfieber“. Obwohl es immer wieder am Hof Intrigen gegen ihn und Konkurrenzkämpfe gibt, verkennt Maria Theresia seine Leistungen nie, er behält das Vertrauen der Kaiserin bis zu ihrem Tod. Greiners Gehalt fällt nun weg. Charlotte muss das Haus in Hernals und die Stadtwohnung aufgeben und in die Vorstadt ziehen. Sie kauft das Haus auf der Alser Straße 25. Bis zum Ende ihres Lebens herrscht sie souverän über die Familie. Dort beginnt sich um 1800, nach Karolines Veröffentlichung ihrer „Gleichnisse“,

der Salon der Karoline Pichler, ein Treffpunkt von bürgerlichem und niederem Adel im Bereich von Kunst und Literatur, zu bilden. Offiziell steht zu dieser Zeit Charlotte Greiner noch dem Salon vor.
Auch nach ihrer Heirat mit dem Juristen Andreas Pichler lebt Karoline im selben Haus. Charlotte verlangt stets Gehorsam und die Übernahme von Pflichten von ihren Kindern. Auch nach deren Heirat benötigt sie ihre Tochter als Vorleserin. Karoline bleibt bis zum Tod ihrer Mutter bei ihr.
Charlotte leidet sehr unter den Schicksalsschlägen, Mann, Sohn und Schwiegertochter innerhalb von vier Jahren verloren zu haben, erholt sich aber wieder. Die letzten Jahre lebt sie zurückgezogen, sie stirbt zwei Tage nach einem Schlaganfall am 21. Jänner 1815 im Alter von 76 Jahren.
Im Jahr 1777, als Haschka den Salon Greiner erstmals betritt, schreibt er als Herausgeber der Zeitschrift *Litterarische Monate* in der Einleitung: „Ein großer Herr, oder auch ein Privatmann, der Platz in seinem Hause hat, solle einen Saal widmen, in welchem an bestimmten Tagen und zu bestimmten Stunden Gesellschaft wäre, wie sonst Spielgesellschaften, oder musikalische Akademien, oder so etwas ist. Die Gesellschaft versammelt sich, setzt sich in einen halben Circel; jetzt tritt ein Anagnost auf, und liest heute diesen, morgen jenen Dichter, zuweilen auch Prosaisten, mit der ganzen Kunststärke vor, mit welcher die Werke des Genie gelesen werden müßen. Man würde mit dem, was leicht ist, anfangen, und nach und nach zum Schweren empor steigen. Die großen Dichter, die Wien hat, ein Denis und Mastalier, sollten ihre Werke selbst lesen. Zuweilen dürften auch junge aufblühende Köpfe dadurch ermuntert werden, daß man ihnen erlaubte, hervor zu treten und ihre Productionen, nach vorheriger Prüfung und Billigung, öffentlich zu lesen. Ein solches Institut, welches weder dem Staate, noch sonst jemanden, den zwanzigsten Theil eines Pfennigs kostete, würde in wenigen Jahren den falschen Geschmack verbannen, den

beßern allgemein machen, und endlich an die Stelle der leeren Unterhaltung treten, mit welchen man jetzt die Zeit tödtet. Im Sommer wäre der akademische Cirkel in einem Garten, oder in einem Lustwalde: die Schönheit der Natur würde sich vereinigen mit den Schönheiten der poethischen Kunst, und beyde würden in jeder empfindsamen Seele das reinste Vergnügen hervorbringen, dessen ein Sterblicher fähig ist."[31] Genau dieser Traum Haschkas wird in Greiners Salon Realität. Die Übersiedlung in das Haus im Salvatorgässl 1775 markiert dessen Beginn und Aufstieg zum führenden bürgerlichen Salon Wiens. Gelehrte und Künstler gehen dort ein und aus. Kennzeichnend für den aufgeklärten Lebensstil sind wissenschaftliche Gesellschaften und Akademieliteraturzirkel, welche die deutsche Sprache fördern. Die gebildeten Beamten sind Träger der Aufklärung, und Franz Sales von Greiner ist durch seine Ehe mit Charlotte in eine Spitzenposition bei Hof gelangt. Man kann davon ausgehen, dass auch karrieristische Absichten hinter der Errichtung eines Salons standen. Die Trennung nach sozialer Herkunft ist weniger ausgeprägt, es handelt sich bei den Salongästen um Mitglieder des „Zweiten Standes", des Bürgertums und des niederen Adels. Mitglieder des Hochadels sind nicht darunter.
Kennzeichnend für den Kreis um die Hofrätin Greiner ist die geschickte Auswahl ihrer Gäste. Lorenz Leopold Haschka führt seinen Freund, den Dichter Johann Baptist Alxinger, im Salon ein, der bald täglicher Gast bei Greiner wird. Der Dichter Gottlieb Leon – späterer Kustos der k.k. Hofbibliothek – wird von Haschka als Hofmeister des Sohnes ins Haus gebracht. Haschka gewinnt beim Ehepaar Greiner an Ansehen und Einfluss und bringt „nach und nach die damaligen Schöngeister von Wien"[32] als Gäste.
Die Damen gruppieren sich strickend um den runden Tisch, die Männer diskutieren lebhaft, während sie auf und ab gehen oder in kleinen Gruppen zusammenstehen. Man kann auch in einem der Nebenzimmer am Spiel teilnehmen. Um die Hausfrau sammelt sich die geistige Elite Wiens. Streitgespräche finden beispiels-

weise zwischen dem Chemiker und Mineralogen Ignaz Edler von Born und dem Botaniker Joseph Franz Freiherr von Jacquin statt. Von Leon und Haschka eingeführt, gehören zu den Gästen: Josef Franz von Ratschky, der es vom Hofkonzipienten zum Hof- und Staatsrat bringt; Johann Nepomuk Denis, zunächst Lehrer am Theresianum, später wirklicher Hofrat an der Hofbibliothek, ausgezeichnet als Gelehrter, Dichter, veröffentlicht meist unter dem Pseudonym „Sined der Barde" – Sined als Anagramm seines Nachnamens; Karl Mastalier, ehemaliger Jesuit, geht seiner Muse, der Dichtung, nach; Johann Alois Blumauer, ebenfalls ein ehemaliger Jesuit aus Oberösterreich, Freimaurer, Bücherzensor, Dichter und Buchhändler, schreibt seine *Aeneis*, die Hofrat Greiner und Charlotte subskribieren. Die Familie Greiner lernt Professor Johann Jacob Weil, den Botaniker und Naturforscher, kennen, der auch als Verfasser der Schrift *Kurzgefasste Gründe zur Pflanzenlehre* bekannt ist; weiters Nikolaus Joseph Freiherr von Jacquin, der viele Pflanzen zum ersten Mal beschrieben hat, wie auch den berühmten Numismatiker Abbé Joseph Hilarius Eckel. Ebenfalls häufig zu Gast sind Joseph Freiherr von Sonnenfels, ein Kollege Greiners, Hofrat beim Direktorium; ferner Joseph Freiherr von Sperges, ein ausgezeichneter Staatsmann, Dichter und Kunstmäzen, und Joseph Maffei, Direktor der chemischen Schule, ein mathematisches Genie, der interessante Vorträge hält. Durch sie werden „die ernstern Wissenschaften in unsern Kreis gezogen"[33], erzählt Karoline Pichler.

Charlotte von Greiner steht den Ideen der Aufklärung offen gegenüber. Was die Stellung der Frau in der Gesellschaft betrifft, geht sie weit über die Forderungen der meisten Zeitgenossen hinaus. Diese damals ungewöhnliche Denkungsart dürfte damit zusammenhängen, dass Charlotte im Umfeld Maria Theresias aufgewachsen ist. Zwar hat die Kaiserin nie ihre eigene Rolle als Frau in der Gesellschaft hinterfragt, aber ein wacher Geist wie Charlotte könnte da schon angefangen haben, im Sinne der Aufklärung weiterzudenken. In späteren Jahren studiert sie gewissenhaft das Buch von Mary Wollstonecraft *A vindication of the rights of a woman.* Die Autorin vertritt die Ansicht, dass ursprünglich die Frauen die Herrschaft übernehmen sollten, aber die Männer hätten sie durch ihre physische Kraft verdrängt. Charlotte will das weibliche Prinzip an die Stelle des kriegerisch-männlichen Selbstbewusstseins setzen.[34] Ihr geht es um das „mütterlich Liebende" anstelle des „väterlich Herrschenden"[35]. Sie denkt, dass Frauen zur Herrschaft bestimmt seien, nur durch die an Muskulatur kräftigeren Männer sei ihnen ihre Macht entrissen worden.[36] Sie befasst sich zu einer Zeit, als dieses Gebiet noch kaum von Wissenschaftern beleuchtet wird, mit der Frage des Matriarchats.

Besonders liebt Charlotte Gespräche über Mythologie, denn sie glaubt, dadurch zu tiefer Erkenntnis zu gelangen. Ihre Bibliothek ist gefüllt mit Büchern aus diesem Gebiet. Nach Maria Theresias Tod reduziert sich Hofrat Greiners Einfluss, doch sein Haus behält wegen Charlotte seine große Bedeutung. Sie ist in den siebziger, achtziger und neunziger Jahren des 18. Jahrhunderts der Mittelpunkt ihrer täglichen Abendgesellschaften. Es gibt viel Abwechslung. „Während sie selbst mit ihren Freunden eine Art gelehrter Akademie wöchentlich abhielt ..., veranstaltete ihr Gatte seiner Neigung gemäß, größere Gesellschaftskonzerte, an denen die Tochter des Hauses mitwirkte … Als Sohn und Tochter erwachsen waren, da gab es für die Freunde des Sohnes gelehrte Kränzchen … und für alle jungen Leute Tableaux und Theatervorstellungen …, bei denen man sich die Liebe ins Herz mimte. Während die Frau des Hauses auf ihrem Ehrenplatz am Sopha thronte … da flirteten die jungen Leute, aller Standesunterschiede vergessend, und aus ihren Herzen knospte die luftige Zukunft in die Gegenwart hinein."[37]

Karoline Pichler erinnert sich an ihre Jugendzeit: „Mein Geist war lebhaft, meine Phantasie beweglich. Die schönen Künste lebten und herrschten in unserm Hause, Dichter umgaben uns beständig,

Musiker, Maler von einiger Bedeutung, welche nach Wien kamen, ließen so wie Gelehrte anderer Art sich bei meinen Eltern einführen, deren Haus vor vielen der Hauptstadt sich auszeichnete. Alles, was von neuen Dichterwerken im In- und Auslande erschien, wurde sogleich bei uns bekannt, gelesen, besprochen. Herr v. Leon, unser Hofmeister, damals ein junger Mann von 23–24 Jahren, fand Vergnügen an der lebhaften Weise, womit mein Geist alles auffaßte, was Dichtung hieß, so z. B. die Bürgerschen Romanzen, die ich bald auswendig wußte. Wenn ich gut gelernt hatte, las er mir zur Belohnung eine Szene aus Götz von Berlichingen, ein Stück aus Werther, Woldemar oder einer andern Dichtung vor."[38] Weitere Gäste sind der Dichter Leopold Friedrich Günther Göckingk, der Schauspieler und Freimaurer Friedrich Ludwig Schröder, die Komponisten Giovanni Paisiello, Domenico Cimarosa, Antonio Salieri und der Maler Hoffinger.
Das Haustheater wird wichtiger Bestandteil des gesellschaftlichen Lebens. Beamte – oft Kollegen des Hausherrn und seines Sohnes – und Schriftsteller wie Alxinger übernehmen Rollen. Begabungen zeigen sich, Theaterspielen wird zum Freizeitvergnügen, zum Fieber. Anton Bernhard Eberl übernimmt im Salon Greiner begeistert Rollen gefeierter Wiener Schaupieler des Nationaltheaters nächst der Burg, dem späteren Burgtheater. Karoline mimt mit Eberl eine Szene voll Leidenschaft, sodass ihre Kräfte versagen, sie ist Eberl sehr zugetan. Neben dem Theater wird pantomimische Darstellung und „Geschichten spielen" gepflegt, wobei Szenen aus Theaterstücken, Mythologie und weltlicher wie geistlicher Geschichte aufgeführt werden. Man erzählt sich überall von den immer interessanter werdenden pantomimischen Bildern.
Eines Tages spielt Wolfgang Amadeus Mozart in einem Nebenzimmer des Salons am Piano. Charlotte kann mit Musik wenig anfangen, nicht einmal mit dieser, daher auch mit Mozart nicht. Sie führt eher oberflächliche Gespräche mit ihm. Johann Baptist Alxinger und Alois Blumauer versuchen ihre Meinung zu ändern.

Mozart unterrichtet Nikolaus Joseph von Jacquins Tochter Katharina und komponiert für sie sogar ein Trio mit Klarinette. Auch Karoline, die gerne Klavier spielt, ist von Mozarts Ratschlägen entzückt.

Die Greiners sammeln einen „Kreis vorzüglicher Menschen" um sich. Ihr Haus besuchen junge Leute aus besseren Familien, die nach höherer Bildung streben und diese im Greinerschen Salon finden, wo sie auch gutes Benehmen lernen. Die jungen Männer, oft Freunde von Charlottes Sohn, werden vielfach angesehene Staatsbeamte, einer von ihnen später Karolines Ehemann.

Als Joseph II. 1780 Alleinregent wird, spricht man noch offener und freier als zur Zeit Maria Theresias. Johann Baptist Alxinger, ein Stammgast im Salon, trägt frei sein Hohelied auf die Toleranz vor:

Nur dort, wo man in jedem Mann
der Gottheit heilgen Abdruck ehret,
von jenem, der nicht glauben kann,
nie, daß er glauben soll, begehret,
den züchtiget, der als Tyrann
die Menschen mit der Geißel lehret,
Unglauben nicht bestraft, und Glauben nicht belohnet,
dort ist es, wo die Duldung wohnet.[39]

Alois Blumauer vertritt ähnliche Ideen. Blumauer lässt beim Besuch von Papst Pius VI. in Wien seinen Hut auf, als der Papst vom Balkon der Kirche am Hof seinen Segen spricht: „Ist der Segen gut, so geht er durch den Hut." Die Zeiten haben sich geändert. Maria Theresia wäre entsetzt gewesen; unter Josephs Regentschaft ist das freie Wort zunächst erlaubt.

Während Charlotte, von der Jugend respektiert, das Haupt des Hauses bleibt und oft im Nebenzimmer Karten spielt, übernimmt die heranwachsende Jugend eine immer größere Rolle im Salon.

Charlotte zieht nicht nur bedeutende Persönlichkeiten Wiens an, sondern auch viele bekannte Reisende, die meist von Haschka bei ihr eingeführt werden. So ist der Reiseschriftsteller Georg Forster, der erste deutsche Weltumsegler und Kosmopolit, ein gern gesehener Gast. 1784, auf seiner Reise nach Wien, notiert er in sein Tagebuch: „Mittagessen bey H. Hofrat Greiner, daselbst Haschka, Denis, Mastalier und Münter. Greiner ein braver, guter, gerader Mann, von Einsicht und gesunden Urtheil, auch artige Bücherkenntnis …“[40] Später unterhält Karoline mit Forsters Frau Therese einen gelehrten Briefwechsel.
Aus Frankreich ist die Philosophie der Aufklärung eingedrungen. Kirche und Klerus werden abgelehnt, es ist die Zeit des „öffentlich getragenen Unglaubens“. In heftigen Diskussionen und lauten Gesprächen kommt es teilweise zum Bruch mit der Religion. Auch Karoline, später strenge Katholikin, sagt sich von kirchlichen Ritualen los: „Ich glaubte nicht mehr, und ich wußte doch nichts“[41], schreibt sie später. Es versammeln sich im Haus ihrer Eltern zahlreiche Menschen, die an keine Religion mehr glauben oder zu Deisten, so nannte man die freidenkerische Geistesströmung in der Aufklärung, geworden sind. Diese Ideen verunsichern die junge Karoline: „Ich war religiös erzogen, und alle von der Kirche vorgeschriebenen Gebräuche waren bis zu jener Zeit im Hause sowohl als auch von mir beobachtet worden. Allmählich aber, drang die neue Gesinnung auch bei uns ein. Gar manche der Freunde, die unser Haus besuchten und übrigens achtungswerte Menschen waren, dachten über die Religion sehr frei. – Nicht allein, daß sie sich in ihrem Herzen von jeder positiven Satzung losmachten und eigentliche Deisten, oft nicht einmal dies, sondern Materialisten und Atheisten waren, gab es auch viele unter ihnen, die unbesonnen genug waren, diese Gesinnung ungescheut im Gespräche laut werden zu lassen, sich von allen äußerlichen Beobachtungen der Religion, allen Vorschriften der Kirche los zu machen und in philosophischer Ruhe bequem dahin zu leben.“[42]

Die erste Strophe des Kaiserlieds von Lorenz Leopold Haschka in der handschriftlichen Klavierfassung von Joseph Haydn, 1797.

Auch eine unglückliche Liebe zu einem jungen Mann namens Fernando erschüttert Karolines Glauben. „Da erhoben sich mit feindlicher Kälte alle jene Zweifel und Unsicherheiten, welche durch die Lesung von irreligiösen Büchern und Anhörung solcher Gespräche sich nach und nach wie verfinsternde Nebel in mein Gemüt gelagert und mir den tröstlichen Ausblick in die Ewigkeit verdunkelt hatten. Ich glaubte nicht mehr.“[43]

Hat im höheren Bürgertum bisher tiefe Ehrfurcht vor Kirche und Klerus gegolten, beginnt man nun „antireligiöse Bonmots“ in den Diskurs einzubringen und sich lustig zu machen über das, was man früher hochgehalten hat. Modischer Spott ist für Hofrätin Greiner keineswegs toleranter Geist. Die Aufklärung lehnt „geistige Diktatur“ ab, ebenso „Mystizismus“ und Aberglauben, sie befreit den Geist aus der Enge. Das abendländische Denken erfährt eine Revolution. Das gebildete Bürgertum wird zum mächtigen Träger, die Salons zu Zellen der neuen Geisteshaltung, Kaiser Joseph II. ist Vorbild. Weder dem Bürgertum noch dem Kaiser ist bewusst, dass eine soziale Revolution der geistigen Vorbereitung

Ständiger Gast im Salon Greiner: der Schriftsteller und Freimaurer Johann Baptist von Alxinger.

folgen wird, in blutigen Straßenschlachten ausgetragen statt in Rededuellen.
Wien trägt nicht viel zur Kultur der Aufklärung bei, die Dichter aus dem Salon Greiner sind zu wenig bekannt.[44]
In Wien feiert man Feste, in Frankreich gärt es. Joseph II. erfährt bei einer Reise nach Paris von der Unruhe im französischen Volk. Nur Reformen können Frankreich vor einer Revolution bewahren, doch die werden nicht eingeleitet. Marie-Antoinette, Königin von Frankreich und Schwester Josephs II. und Leopolds II. wird in Paris hingerichtet. Es folgen die Koalitionskriege gegen Frankreich.
Auch unter Leopold II. herrscht Meinungsfreiheit, doch sein Nachfolger Franz II. zeigt rasch seine reaktionäre Gesinnung. Es kommt zu Anklagen, Denunziationen, Todesurteilen. Die Aufklärung wird durch ein skrupelloses Polizeiregime abgelöst und der Salon Greiner findet 1794 ein jähes Ende wegen der angeblichen Jakobinerverschwörung in Wien, die die Polizei zum Anlass nimmt, neben vielem anderen auch gesellige Zusammenkünfte zu überwachen. Einmal noch flackert das Salonleben danach auf, erlischt aber endgültig mit dem Tod des Hofrats Greiner.
Unter den vielen Gästen des Salons verdienen es einige, besonders hervorgehoben zu werden.
Lorenz Leopold Haschka wird zum engen Freund des Hauses und Charlotte lauscht seinen Versen andächtig, obwohl sie sonst der Lyrik skeptisch gegenübersteht. Haschka ist neun Jahre jünger,

Charlottes bevorzugter Dichter und Mitglied einer Loge, der auch Franz Sales Greiner angehört. 1783 verlässt er sie, was zum Bruch mit vielen Freunden führt.

1749 in Wien geboren, wird Haschka nach seiner Ausbildung Lehrer der Grammatik in Krems. Nach der Aufhebung des Jesuitenordens zieht er nach Wien und wird von Johann Baptist Alxinger finanziell unterstützt. Er widmet sich der Schriftstellerei und wird Kustos an der Wiener Universitätsbibliothek. Unter Maria Theresia ist Haschka frommer Jesuit, unter Joseph II. eifriger Kirchengegner und während der napoleonischen Kriege ein österreichischer Patriot.

Haschkas größter Stolz ist es, am selben Tag wie Goethe das Licht der Welt erblickt zu haben, er hält sich für den bedeutendsten Dichter Wiens. Durch Kleidung und Haartracht versucht er, dem Dichterfürsten möglichst ähnlich zu werden. Ein Brief von ihm an Goethe bleibt unbeantwortet.

Im Hause Greiner fällt ihm eine wichtige geschmacksbildende Funktion zu, da er dem Salon namhafte Gäste zuführt, Wissenschafter, Ärzte und Gelehrte wie Freiherrn von Jacquin, Maximilian Stoll, Johann Josef Eckhel, Musiker, Schauspieler und Maler wie Joseph Anton Steffan, Wolfgang Amadeus Mozart oder Joseph Haydn. Neben den Kunstschaffenden verkehren dank ihm auch Staatsmänner wie Joseph von Sonnenfels, Gottfried Freiherr van Swieten, Tobias Freiherr von Gebler und Theologen wie Joseph Anton Gall, Franz Stephan Rautenstrauch und Felix Franz Hofstätter im Salon. Dazu kommen Dichterkollegen wie Alois Blumauer, Michael Denis (der Haschka als dichterisches Vorbild dient), Gottlieb von Leon, Joseph Franz von Ratschky und Johann Baptist Alxinger als ständige Gäste, Habitués genannt.

Haschka wird von seinen Zeitgenossen kritisch, aber auch positiv beurteilt. Am bekanntesten ist sein Werk *Gott! Erhalte Franz den Kaiser*. Haschka und Johann Caspar Lavater führen einen von Charlotte initiierten Briefwechsel.

Der Umstand, dass er im Hause der Greiners lebt, gibt Anlass zu Spekulationen über das Verhältnis zwischen Charlotte und ihm. In einem Gedicht drückt er seine tiefe Verehrung für seine Gastgeberin aus. Die beiden verbringen viel Zeit miteinander, die Beziehung ist innig. Gerne spazieren sie in den Sommermonaten durch den Garten im Landhaus in Hernals.
Ein Zeitgenosse schreibt über das ungleiche Paar: „Noch einen jungen Dichter hab ich hier in dem Haus einer gewissen Frau von G** kennen gelernt, die eine Beschützerin der schönen Literatur ist, und bey der sich viele junge Schöngeister versammeln; er heißt Haschka, ein Model von teutschem Engelländer, nicht ohne Genie, das versichre ich, aber so voll Eigenliebe, daß er nicht den geringsten Widerspruch ertragen kann. Er ist der Freund des Hauses der Frau von G** und wohnt sogar des Sommers bey ihr in ihrem Landhause vor der Stadt. Ich muß aber auch gestehen, daß ich selbst am Platze der Frau von G. mir einen Hausfreund gewählt haben würde: denn ihr trauter Hr. Gemahl … hat unter allen nichts weniger, als eine einnehmende Aussenseite."[45]
Und weiter: „… durch Unterstützung des Herrn Hofrathes von Gr. bey dem er Tisch und Wohnung frey hat, lebt Haschka ohne weiteren Charakter ganz bequem. Höchstens macht er einen gelehrten Sekretaire. Denn bey der Frau Hofräthinn von Gr. gilt er alles. Und da diese deutsche Sappho wöchentlich etlichemal gelehrte Versammlungen giebt, bey welchen sie präsidiert, so macht dabey Haschka einen akademischen Sekretaire. Diese Akademie besteht aus Frauenzimmer und Süssen Herrchen von Genie. Das übrige mag man sich hinzu denken."[46]
Charlotte erfährt von den Gerüchten, ist tief verletzt und fühlt sich missverstanden. Haschka schreibt an Alxinger am 2. August 1792: „Meine Wirthin ist die beste edelmüthigste Frau von der Welt, die dadurch, daß ich nun beynahe drey Wochen mit ihr wohne und bin, nicht nur allein nichts verloren, sondern wahrlich gewonnen hat, und bey jedem billigen Kenner und Schätzer der

Menschen hätte gewinnen müssen. Wenn ich sie nun so ansehe, voll Ruhe eines guten Gewissens, aufgeheitert von dem Bewusstseyn redlich erfüllter Pflichten, freundlich und gefällig und dienstfertig gegen jede Creatur und bedenke, daß JEDERMANN, wie, die Fr. H. Gr. sich in ihrem letzten Briefe auszudrücken beliebte, JEDERMANN diese Frau verachtete, Du hast schon recht gelesen, – verachtete! O! Dann zieht sich mein Herz krampfhaft zusammen und ich möcht' ein Menschenfeind, ein Swift, ein Hobbes werden."[47]

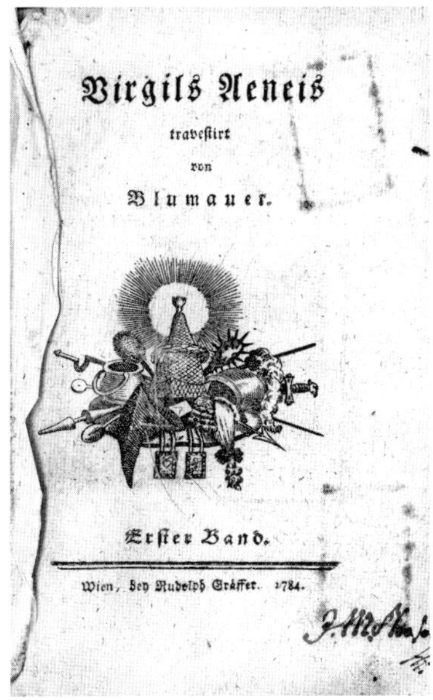
Virgils Aeneis
travestirt
von
Blumauer.
Erster Band.
Wien, bey Rudolph Gräffer. 1784.

„Geist mit Witz" vereint: Alois Blumauers „Aeneis" wurde zum großen Erfolg.

Karoline schreibt in ihren „Denkwürdigkeiten" nur, dass Haschka aufgrund kleiner Missverständnisse das Haus verlassen habe. Doch die Freundschaft bleibt bestehen. Auch nach Charlottes Tod verkehrt er als alter Freund der Familie im Haus ihrer Tochter.

Zu seiner Zeit ist Johann Baptist von Alxinger der bekannteste Wiener Dichter und auch der temperamentvollste, der bei der Arbeit gerne ein Glas Champagner genießt. Es heißt, dass er seine schöne, treulose Frau in ein Kloster geschickt hat. Mit vielen deutschen Dichtergrößen steht er in Verbindung, so mit Christoph Martin Wieland, Salomon Geßner, Johann Wilhelm Ludwig Gleim und Friedrich Nicolai. Um ihn, den Freund und Schüler Haschkas, und Alois Blumauer sammeln sich die österreichischen Literaten. Im Hause Greiner – und später im Haus von Karoline Pichler – wirkt er bei Theateraufführungen mit.

Alxinger wird 1755 in Wien geboren und studiert wie sein Vater Rechtswissenschaften. Später wird er Hofagent und übernimmt 1794 die Stelle eines Sekretärs des k.k. Hoftheaters. Aufgrund seines geerbten Vermögens verfügt er über ein sicheres Einkommen, mit dem er ärmere Dichter fördert und Mittellose in Prozessen unterstützt.
Stilistisch erlangt die mariatheresianisch-josephinische Epoche mit den Werken Alxingers einen Höhepunkt. Die deutsche Kritik hingegen ignoriert ihn. Alxinger bekommt Schwierigkeiten mit der Zensurbehörde, als sich seine Gedichte gegen Kirche und Zölibat richten. Ab 1793 gibt er die selbstfinanzierten *Österreichischen Monatsschriften* heraus. Zentral in Alxingers Dichtung sind Themen aus dem Mittelalter, doch es finden sich auch literarische und politische Bezüge zur Zeit, Grundsätze der Erziehung und der Staatsführung in seinen Werken. 1797 stirbt er in Wien.
Mit folgenden Worten besingt eine junge Dichterin Alois Blumauer:

Als Vater Zeus bei guter Laune war,
Sich schmeichelnd einen guten Rat,
Der Geist mit Witz vereint, erbat –
Blumauer, da wurdest du geboren …[48]

Blumauer gehört trotz oder wegen seiner sarkastischen Äußerungen in Gesellschaften zu den beliebtesten Gästen Charlottes. „Mit seinem kaustischen Witz würzte Alois Blumauer die Tafel bei Greiner“[49], steht in einem Bericht über den jungen Schriftsteller. Er ist zunächst Redakteur der *Österreichischen Realzeitung* und des *Musenalmanachs*. Blumauer liebt Spaziergänge, Besuche, Reiten, Kaffeehäuser und besonders das Theater. Sein erstes Stück, *Erwine von Steinheim*, ein Ritterdrama, wird 1780 im Nationaltheater nächst der Burg aufgeführt und macht Blumauer bekannt. Seine *Äneis* wird zu einem der meistgelesenen Bücher. Es ist eine Parodie auf das Vergil'sche Werk. Wieland gefällt es sehr, Schiller und Goethe gar nicht, Grillparzer schützt es vor der Zensur. Alois Blumauer ist ein Vertreter der josephinischen Aufklärungsliteratur. In Steyr im Jahr 1755 geboren, besucht er das Jesuitengymnasium und tritt 1772 in den Orden ein, der 1773 aufgelöst wird. Ein Jahr später ist Blumauer Civis der Philosophischen Fakultät in Wien, wo er lehrt und schreibt. Er besucht den Salon Greiner und begegnet dort seinem künftigen Förderer Joseph Freiherr von Sonnenfels. Die geistigen Auseinandersetzungen nimmt er ernst und kämpft einen schweren inneren Kampf vor seiner Entscheidung für die Aufklärung. In seinem Werk nimmt er Stellung zu Fragen der Zeit und unterstützt die Kirchenreform Josephs II.

Zahlreiche kleine Broschüren überschwemmen 1782 als Folge der Pressefreiheit den Markt. Auch Blumauer verfasst einige von ihnen. Unter Sonnenfels wird Blumauer 1782 zum k.k. Bücherzensor der neu geschaffenen Zensur- und Studienhofkommission. Die Zensur soll aus den Händen der ehemaligen Jesuiten genommen werden. Das Direktorium will Sachlichkeit und Effektivität. Gelehrte Zensoren werden eingesetzt, sie sollen entscheiden, welches Wissen weitergegeben wird.

Dazu Alois Blumauer: „Allerdings geht es mit der Zurechtweisung des menschlichen Geistes sehr langsam und eine durchaus aufgeklärtere Denkungsart lässt sich höchstens erst von der zweiten Generation, wenn unsere itzigen Kinder Väter sein werden, erwarten.“[50]

Als Blumauer Zensor wird, tritt er auch der Freimaurerloge „Zur wahren Eintracht“ bei. Er lebt im Haus des Ignaz von Born und ist kurze Zeit mit dessen Tochter Maria verlobt, welche die Verbindung jedoch wieder löst.

Mit Joseph Franz von Ratschky gibt Blumauer zehn Jahre lang den *Wienerischen Musenalmanach* heraus, der sich als Organ sieht, das „tatsächlich ein Spiegelbild der Wiener Dichtung jener Zeit bot“.[51]

Im Jahr 1794 verlässt Blumauer seine Stelle bei der Zensurbehörde und wird Kompagnon des Buchhändlers August Gräffer.

Zwischen Blumauer und Alxinger herrscht eine Art Konkurrenzkampf, denn beide verkehren in den gleichen Kreisen und in derselben Freimaurerloge. Alxinger ist wohlhabend, Blumauer arm, doch beide sind von den Ideen der Aufklärung und des Freimaurertums durchdrungen. 1798 stirbt Alois Blumauer und hinterlässt einen Schuldenberg.

Der älteste Dichter im Kreis ist der „Barde" Johann Michael Denis, Jesuit, Freimaurer, Professor am Theresianum. Sein Kirchenlied „Tauet, Himmel, dem Gerechten" ist noch heute bekannt. Geboren 1729, ist er eine besondere Autorität im Salon Greiner, er wird als „Vater der heimischen Dichtkunst" bezeichnet. Der sprachgewandte studierte Theologe und geweihte Priester übersiedelt 1759 nach Wien und wird Präfekt an der Theresianischen Ritterakademie. Nach der Auflösung seines Ordens 1773 wird ihm die Garellische Bibliothek am Theresianum anvertraut. Sein Hauptgebiet sind Biografien und Literaturgeschichte. Er hält öffentliche Vorlesungen und übernimmt später die dritte Kustosstelle an der Hofbibliothek.

Denis ist Mitglied der „Deutschen Gesellschaft", einer Sprachgesellschaft der Aufklärung in Leipzig, deren Ziel es ist, die deutsche Sprache gegenüber dem Lateinischen und dem Französischen aufzuwerten. Deutsch soll Vortragssprache in den Schulen und Akademien werden. Denis steht auch mit Friedrich Gottlieb Klopstock und Friedrich Nicolai im Briefwechsel.

Joseph von Sonnenfels, ein Amtskollege des Hausherrn, gehört wohl zu den bedeutendsten Freunden des Hauses, er steht in enger Beziehung zur Aufklärung und ist regelmäßiger Gast. Für Karoline wird er zum väterlichen Freund und bei ihrer Hochzeit fungiert er als Trauzeuge. Sonnenfels entstammt einer Rabbiner- und Gelehrtenfamilie und kommt 1733 als Sohn des Hebräischlehrers Lipmann Perlin in Nikolsburg (Mähren) zur Welt. Perlin konvertiert 1735 mit seinen drei Söhnen zum Katholizismus, worauf Joseph das Piaristengymnasium in Nikolsburg besucht.

Väterlicher Freund der Familie Greiner: der bedeutende Aufklärer und Reformer Joseph von Sonnenfels. Zeitgenössischer Stich.

Mit seinem Vater übersiedelt er nach Wien, nimmt den Namen Alois Wienner an und erhält 1746 das Prädikat „Edler von Sonnenfels". Er studiert Staatswissenschaften, schreibt Lehrbücher und erstellt in seinen „Grundsätzen" einen Staatsplan. Ganz im Sinne der Aufklärung fordert er die Abschaffung der Folter und arbeitet bei der Justizreform des Kaisers mit. Seine Leidenschaft gilt dem Theater, das er zu professionellen Spielstätten mit professionellen Schauspielern umstrukturieren möchte. Dennoch gelingt es ihm nicht, den derben Hanswurst von Wiens Bühnen zu vertreiben. Als seinen größten Triumph empfindet er, dass das Hoftheater zum Nationaltheater erhoben und damit eine „deutsche Bühne“ geschaffen wird. 1770 wird Sonnenfels oberster Theaterzensor, Mitglied der Bücherzensurkommission und Sekretär der k.k. Zeichen- und Kupferstecherakademie. 1776 wird er Illuminationsdirektor, Wien erhält die erste ständige Straßenbeleuchtung in Europa. 1779 wird er zum Hofrat ernannt.

Sonnenfels entwickelt eine Art Wissenschaft der Verwaltung, basierend auf dem Bevölkerungszuwachs, und strebt wirtschaftliche und politische Ausgewogenheit an. Weiters wirkt er am Strafgesetzbuch von 1787 mit. Bei der Strafe und dem Strafausmaß soll der Nutzen für den Staat ausschlaggebend sein. Von 1793 bis 1796 steht er der Universität Wien als Rektor vor. 1811 wird Sonnenfels zum Präsidenten der k.k. Akademie der Bildenden Künste ernannt.

Der aus Siebenbürgen stammende Ignaz von Born studiert in Prag Jura und tritt anschließend eine Europareise an. Danach studiert er in Prag Mineralogie, Naturlehre und Bergwerkskunde.

Born ist ein überzeugter Aufklärer und Meister vom Stuhl der Loge „Zur wahren Eintracht“. Unter seiner Führung wird die Loge zur Gesellschaft der Wissenschaften, einer Art „Deutsche Akademie der Wissenschaften und Künste im Geiste der Aufklärung“.

Franz Xaver, Charlottes Sohn, ist ebenfalls im Sinne der Aufklärung literarisch tätig. Er studiert Jura, wird 1796 Hofkonzipist und stirbt bereits mit 27 Jahren. 1791 gründet er im Sinne der Gedanken der französischen Revolution einen literarischen Verein. Man trifft sich im Haus Greiner, bis die anti-jakobinische Wende in der Politik einsetzt: Männer aus der Umgebung des Salons, wie etwa Alois Blumauer, werden von der Polizei beobachtet und verhört.

Mit der Aufdeckung einer angeblichen Jakobinerverschwörung in Wien und ihrer Niederschlagung entsteht ein Klima des Misstrauens. „Wie ein kalter Wasserstrahl wirkte das nunmehr auftretende Polizeiregiment auf die Gesellschaften und man zog sich scheu vor den Menschen zurück."[52] Die jungen Leute stellen ihren literarischen Zirkel ein. Im Landhaus in Hernals treffen sie sich nun zu harmlosen Zusammenkünften und Gartenfesten. Karoline hat inzwischen geheiratet, die Familie Greiner-Pichler reduziert den Hausstand und zieht in das Haus in der Alser Vorstadt Nr. 109, heute im 9. Wiener Bezirk. Es ist schwierig, über die Glacis, die ungepflastert und schlecht beleuchtet sind, von Wien in die Vorstadt zu gelangen. Es gibt selten Besuche und man unterhält sich im engsten Familienkreis. Mit der Veröffentlichung ihrer *Gleichnisse* 1800 wird Karoline Pichler bekannt. Zwei Jahre später entsteht ihr Salon, noch immer mit Charlotte Greiner als zentraler Figur.

Ihr geht es um geistig-moralische Bildung der gesamten Persönlichkeit mit dem klaren Ziel, den Geschmack zu verbessern. Dasselbe gilt für die literarischen und musikalischen Zirkel des Hausherrn, das Treiben der Kinder und das Theaterspiel.

Im Gegensatz dazu kennzeichnet den Salon der Fanny von Arnstein, einer Wiener Salonière aus Berlin, kulturelle Internationalität und die Freude am Repräsentieren. Zwischen den beiden Salons gibt es wenig Berührungspunkte – Ausnahmen sind Gäste wie Mozart und Sonnenfels –, sie sind zu unterschiedlich in ihrer Ausrichtung.

FANNY VON ARNSTEIN (1758–1818)

„Wohltätig, reizend, klug und ohne jede Mängel", beginnt ein Huldigungsgedicht Johann Baptist Alxingers an die junge Fanny von Arnstein[1], geborene Franziska Itzig, die nach dem Tod ihrer Schwiegereltern 1787 die Leitung des Wiener Hauses Arnstein übernimmt und einen Salon führt. Sie ist Mitbegründerin der Gesellschaft der Musikfreunde in Wien, wird in den folgenden Jahrzehnten eine bedeutende Rolle als Salonière spielen und auch den Boden für diplomatische Verhandlungen zur Neuaufteilung Europas zur Zeit des Wiener Kongresses bereiten.
Fanny ist von großer Gestalt, wie der Chronist, Schriftsteller, Diplomat und spätere Ehemann der berühmten Berliner Salonière Rahel Levin, Karl August Varnhagen von Ense, sie beschreibt. Er unterstreicht ihre Schönheit und Anmut, ihr strahlendes, vornehmes Wesen. Ihre Augen sind feurig, ihr Verstand scharf, sie hat Witz und kann Fröhlichkeit verbreiten, jedoch auch reizbar oder wild aufbrausend sein, wenn ihr etwas gegen den Strich geht, doch sie beruhigt sich rasch und beschenkt alle, die sie mit ihren Launen gekränkt hat. In Wien gilt sie als eine höchst auffällige Erscheinung, sie ist belesen, beherrscht mehrere Fremdsprachen und beeinflusst mit ihrer Bildung und ihrer freien Art zu denken die Wiener Gesellschaft im Geist der Berliner Aufklärung. Die Schriftstellerin Hilde Spiel schreibt in ihrer Biografie über Fanny Arnstein: „Hochgewachsen und schlank, mit langer gerader Nase und schönen, etwas vorquellenden hellblauen Augen, wirkte sie, wenn auch keineswegs norddeutsch, doch berlinisch neben den kleinen, fülligen, feingliedrigen Wienerinnen, rührten auch ihre Frische,

„Ihre Augen sind feurig, ihr Verstand scharf": Fanny von Arnstein. Schabblatt von Vincenz Georg Kininger nach einem Gemälde von Guerin.

„ihr rascher Witz, ihre rastlose Beweglichkeit unverkennbar von der scharfen reinen Luft der Stadt, aus der sie stammte."[2]
Fanny ist in den literarischen Salons Berlins groß geworden. Künstlerische und intellektuelle Interessen bilden von früh an einen Teil ihres Lebens. Dieser Hintergrund, dieses Gespür für Kultur und Literatur prägen ihren überaus prächtigen Salon, die Gäste, die Gespräche, die Atmosphäre.
Später wird Fanny auch so beschrieben: „Fahrig, vergesslich, sprunghaft, stets zum Lachen wie zum Weinen bereit, unberechenbar und dennoch überaus liebenswert muss man sie sich denken."[3] Sie besitzt „die Allüren großer Damen", die das Schicksal verwöhnt. „Doch sie war … ebenso der munteren und klagenden Vertraulichkeit mit Dienern, Zofen und ihren übrigen ‚Leuten' fähig wie des Umgangs mit Prinzen, Prälaten und Diplomaten. Mag sie gegen Ende ihres Lebens entkräftet, mißgestimmt und unstet gewesen sein, ihre tiefinnere Heiterkeit, ihr echter Humor hatten sie nicht verlassen."[4]
Fanny ist in Wohlstand und mit Bildung aufgewachsen. Das prädestiniert sie, auch in Wien zu glänzen. Karl August Varnhagen von Ense schreibt später: „Allein die frühe Gewohnheit, sich in Fülle und Glanz zu bewegen, und der Nachdruck, welchen äußere Hilfsmittel jedem persönlichen Dastehn und Benehmen ertheilen, gaben ihrem Eintritt in den neuen Lebenskreis unstreitig gleich den größten Vortheil. Sie bedurfte dieses Vortheils, um größere geltend zu machen … die Eigenschaften, welche nur wenigen Frauen der höchsten Stände anzugehören pflegen, sah man staunend in einer Jüdin glänzen, deren unter den segensreichen Einflüssen der Regierung Friedrichs des Großen gediehene Geistesfreiheit und Bildung nur um so stärker in einer Stadt wirken mußte, wo man diese letzteren Vorzüge wenig verbreitet fand, aber zu schätzen und begehren schon begonnen hatte."[5]
Hilde Spiel schreibt in ihrer Biografie, dass „die Frau, deren Leben hier berichtet wird", sich weder „hemmend" noch „fördernd" in

den Fortgang der Dinge einbringt. „Doch sie war sich bewusst, aus welchem Volk, in welche Zeit und an welchen Ort sie geboren war, und sie füllte ihren Platz in der Geschichte mit Anmut, Geist und Würde. Ihr Ort war ein Europa, zerrissen von den Kämpfen der Könige, vom Aufstand der Völker, von Krieg und Revolution. Ihre Zeit spannte den Bogen vom mittelalterlichen Dunkel des Denkens über die Aufklärung bis zum neuerlichen Zwielicht der Reaktion." Mendelssohns Mutter nennt Fanny die „interessanteste Frau in Europa". Sie ist „kein intellektuelles Phänomen wie die Rahel, kein romantisch-schwärmerisches wie Dorothea Schlegel, kein erotisch-sentimentales wie die arme Henriette Herz", meint Spiel. Sie ist ein „soziales Phänomen, das allein durch seine Ausstrahlung"[6] wirkt.

Franziska, die in der Wiener Gesellschaft nur noch Fanny genannt wird, ist eine der zehn Töchter von insgesamt sechzehn Kindern des Berliner Hofbankiers Friedrichs II., Daniel Itzig, eines sehr geschickten Finanzmannes, und seiner Frau Mariana (Mirjam), geborene Wulff. Sie kommt am 29. November 1758 in Berlin zur Welt. Obwohl nicht viel über ihre Kindheit und Jugend bekannt ist, weiß man doch, dass Fanny und ihre Geschwister eine sorgfältige Erziehung und vielfältige Bildung genossen haben. Zeitgenossen erwähnen die Anmut der Töchter und deren Talente genauso wie ihren hoch entwickelten Geist und ihre Musikalität. Die geradezu hervorragende Ausbildung der Kinder in Berlins jüdischen Familien fällt auch der Schwester Friedrichs des Großen, Königinmutter Ulrike von Schweden, auf, als sie im April 1772 an einer jüdischen Hochzeit teilnimmt. Sie ist tief beeindruckt von der berauschenden Pracht des Festes und den feinen Sitten: „Was mich am meisten überrascht hat, ist die Erziehung, die das auserwählte Volk Gottes seinen Kindern gibt. Ich glaubte wahrhaftig, mich unter Personen von Rang und Geburt zu befinden."[7] Dass die jüdische Elite auf eine ausgezeichnete Erziehung und Ausbildung ihrer Kinder größten Wert legt und ihnen Sitten und Gebräuche des Bürgertums vorlebt, hängt auch mit dem Bestreben zusammen, in die christlich dominierte Gesellschaft Eingang zu finden, um in weiterer Folge sozial aufsteigen zu können. Dies ist von der Haskala, der jüdischen Aufklärung, geprägt, deren Vertreter die Anpassung an die christliche Gesellschaft fordern.

So werden Franziska Itzig und ihre Geschwister ganz im Geiste Gotthold Ephraim Lessings und Friedrich Nicolais erzogen, besonders aber nach den Vorstellungen des Philosophen und Aufklärers Moses Mendelssohn, dem Lessing als Nathan ein Denkmal setzte. So wie Nathan tiefgläubiger Jude ist, wird auch Fanny ihren Glauben bis zu ihrem Tod behalten. Moses Mendelssohn bleibt lebenslang ihr großes Vorbild.

Seit ihrer frühesten Jugend kommt Fanny mit Haustheater, musikalischen Darbietungen und Diskussionen im Haus ihrer Eltern in Berührung. Dort verkehren Lessing, die Familie um Moses Mendelssohn, Rahel Varnhagen, geborene Levin, die Familie Herz und viele andere Intellektuelle der Stadt.

Ihre Leidenschaft für das Schauspiel führt Fanny schon früh auf die Bühne des hauseigenen Theaters. So wirkt sie unter anderem gemeinsam mit ihren Schwestern an einer Inszenierung mit, von der Henriette Herz, die berühmte Berliner Salonière, berichten wird. Das Schauspiel wird wahrscheinlich im Gartenhaus der Itzigs in ihrem Park in der Kölnischen oder Köpenicker Vorstadt aufgeführt: „Schon etwa in meinem neunten Jahre, also ungefähr 1773", erfährt Julius Fürst, ihr Biograf, von Henriette Herz, „wohnte ich in dem Hause eines jüdischen Banquiers der Darstellung eines Trauerspiels bei. Es war dies ‚Richard der Dritte' – von welchem Verfasser weiß ich nicht mehr – und die Töchter des Hauses hatten in demselben die weiblichen Hauptrollen übernommen. Der Eindruck dieser ersten dramatischen Vorstellung, welche ich überhaupt sah, wurde ein unauslöschlicher."[8] Später bildet Fanny mit viel Liebe den Park am Braunhirschengrund in Wien ihren Kindheitserinnerungen an den Park vor dem Schlesischen Tor nach.

In Wien wird sich Fanny auch der sozialen Wohlfahrt widmen. Als Jüdin konzentrieren sich ihre Wohltätigkeiten vor allem darauf, den Angehörigen der untersten Klassen zu helfen. So fordert sie in ihrem Testament ihre Erben dazu auf, sich besonders um die armen Juden zu kümmern.

Franziska heiratet mit siebzehn den Wiener Bankier Nathan Adam Arnsteiner und zieht in das Haus ihrer Schwiegereltern. Sie verlässt das väterliche Palais in der Berliner Burgstraße, einen Hort der Schönen Künste, und das Landgut der Familie vor dem Schlesischen Tor, um am Graben, „Numero 1175 in der Stadt", zu leben – im Wien der damaligen Zeit waren die Häuser durchnummeriert. Von ihrem Vater erhält sie 70.000 Taler Mitgift.

Der Graben bildet das Herz der Stadt, er ist die Straße der Modehändler, es gibt Kaffeehäuser und am Abend lustwandeln Spaziergänger und leichte Mädchen, gleichzeitig gilt er als der Wohnort der besten Gesellschaft.

Ihr Schwiegervater, der Hoffaktor Adam Isaak Arnsteiner, hat bereits von Maria Theresia das Recht erkämpft, frei seinen Wohnsitz

Das Herz der Stadt: Ansicht vom Graben gegen den Kohlmarkt. Kolorierter Kupferstich von Carl Schütz, 1781.

Musik verbindet: ein Hauskonzert. Kupferstich von Johann Ernst Mansfeld in Joseph Richters Buch „Bildergalerie weltlicher Mißbräuche", 1785.

zu wählen. Als Hoffaktor ist es Arnsteiner und seiner Familie mittels kaiserlichen Briefes gestattet, sein Quartier „aller Orten, wo er solches am sichersten zu sein erachtet, um billige Bezahlung"[9] aufzuschlagen. Die Jahresmiete beträgt 2690 Gulden, der Eigentümer ist der Bürger Johann Baptist Contrini. Noch dürfen Juden keine Immobilien besitzen. Auf drei Stockwerke und auf Gebäude im Hof verteilt, verfügt er über 19 Zimmer, zehn Kammern und drei Küchen sowie weitere Nebenräume. Den Eckfirst des prächtigen Bauwerks ziert ein Zähne fletschender herabspringender Löwe.

Eng drängen sich in Wien die Häuser um den Stephansdom, schmale Gassen bieten keinerlei Aussicht auf Innenhöfe oder Brunnen. Die Gassen sind krumm und ungleich angelegt, ganz anders als in Berlin mit seinen breiten Alleen und Plätzen. Wie mag wohl Fannys erster Eindruck von Wien gewesen sein? Berlin und seiner Gesellschaft bleibt sie immer verbunden, ihre Tochter Henriette wird dort geboren, und doch wird Fanny zu einem Symbol des Wiener Salonlebens.

Fannys Mann, Nathan Adam Arnsteiner, wird am 30. März 1748 geboren. Ihr Ehemann, zehn Jahre älter als sie, hat ein gutmütiges, ausdrucksloses Gesicht mit weichem Kinn. Neben zwei älteren Schwestern hat Nathan zwei jüngere Brüder. Fanny und er lernen einander wahrscheinlich 1773 in Berlin kennen, die Ehe wird von den Eltern arrangiert, die Hochzeit findet 1776 statt.

Fanny hat einige Mühe, sich in ihrer neuen Umgebung einzuleben, der Familie Arnsteiner ist sie seit achtzig Jahren vertraut. Um 1700 ist der Vater des Hoffaktors aus Arnstein bei Würzburg nach Wien gereist, hat gleich beim großen Samson Wertheimer den Dienst angetreten und so an dessen Schutzprivilegium teilgenommen.

Fanny führt ein nicht immer einfaches Leben im Hause ihrer Schwiegereltern, wovon ein hebräischer Chronist berichtet. Einmal lässt sie zwei männliche Gäste hinauskomplimentieren: Ein Gelehrter reist mit seinem Schüler nach Frankfurt und logiert auf der Durchreise bei Adam Arnsteiner, um dort das Passahfest zu feiern. Der Schüler verläuft sich einmal im Haus und sieht, wie Fanny in ihrem Zimmer ihr langes Haar kämmt. Seiner Meinung nach sollen jüdische Frauen kurze Haare und eine Perücke tragen. Fanny droht daraufhin, nach Berlin zurückzukehren, wenn die beiden Gäste nicht sofort das Haus verlassen. Die selbstbewusste junge Frau duldet keine herrischen Besucher und setzt sich auch über religiöse Vorschriften zur Haartracht hinweg. Ihr freigeistiger Mann vermittelt zwischen ihr und seinem strenggläubigen Vater.

Es ist vor allem die Musik, die Menschen verschiedener Stände in den Salons zusammenbringt. Auf einer Soirée der Gattin des Ministers Hochstedten spielt Frau von Arnstein entzückend Klavier, und Mozarts Schwägerin, Aloysia Weber, bezaubert mit ihrem Gesang die versammelten Gäste.[10] Das schreibt der Kölner Jurist Johann Baptist Fuchs von seiner Reise nach Wien. Nicht lange nach ihrer Ankunft gelingt es Fanny, erste Kontakte zur Wiener Gesellschaft zu knüpfen. Wohl in den letzten Regierungsjahren Maria Theresias muss sich Fanny einmal ein Wiener Haus geöffnet haben, über dessen Schwelle sie leichtfüßig tritt, so Hilde Spiel. Sie freundet sich mit anderen jungen Damen an und fordert sie und deren Ehemänner auf, nach dem Theater zum Souper zu ihr zu kommen. Allmählich beginnen solche Empfänge regelmäßig stattzufinden. Die Berliner Jüdin wird in die Wiener Gesellschaft aufgenommen.

Man schreibt das Jahr 1776. Kathl Obermayer ist die zweite Frau des Rates in der Hof- und Staatskanzlei Johann Georg Obermayer und wird eine Freundin Fanny von Arnsteins. Kathl und ihr Mann sprechen – wie viele Adelige und vornehme Bürger – miteinander Spanisch. Kathls „Sitzzimmer“ ist ihr Salon.

Wir wissen einiges davon aus Emilie Weckbeckers Erinnerungen, die über ihre Mutter und deren Salon schreibt: „Mein Vater, der gerne Leute sah, lud nun Herren seiner Bekanntschaft, meist Diplomaten, Gelehrte, nach dem Theater zu sich. So empfing meine Mutter abends fast täglich. Fanny von Arnstein tat dasselbe. Die beiden Frauen trafen sich häufig in Gesellschaft und wurden bald intime Freundinnen, doch konnten sie sich im Winter an drei Abenden nicht sehen, weil da auch die Arnstein nach dem Theater Leute bei sich empfing. Bei ihr, die reich war, fand allabendlich

Souper statt, bei meinen Eltern nicht; da gab's nur Wasser mit gestoßenem Zucker und – o Wunder – Tee ... Tee zu jener Zeit, wo dieses Getränk bei uns fast noch unbekannt war."[11] Tee entwickelt sich nach und nach zu einem beliebten Getränk in den verschiedenen Salons.

Im Hause Obermayer kommt es zu einer einschneidenden Veränderung, als Joseph II. nach Maria Theresias Tod den kaiserlichen Beamten verbot, Umgang mit Diplomaten ausländischer Mächte zu pflegen. „Für die Gewohnheiten meiner Eltern bedeutete das eine Umwälzung. Sie behielten wohl ihre Soireen nach dem Theater bei, aber ihr Hauptreiz, die Fremden, war daraus verbannt.

Fannys Mann: der Bankier Nathan Adam von Arnstein. Ob seiner Leistungen für Hof und Staat erhält er den Adelstitel verliehen.

Nach und nach wurden sie durch Militärs ersetzt, die durch Bienenfeld (welcher stets Verbindungen mit der Armee hatte) ins Haus kamen."[12]
Große Gesellschaften gibt es an den Geburts- und Namenstagen des Ehepaares Obermayer und am Neujahrstag.
Jahre nach ihrem Eintreffen in Wien wird Nathan Adam Arnsteiner ob seiner Leistungen für den Hof und den Staat der Adelstitel verliehen. Er nennt sich nun Nathan Freiherr von Arnstein. Die Erhebung des Bankiers zum Baron erfolgt aus rein praktischen Gründen, denn der Staat braucht das Vermögen der jüdischen Bankiers, um das Heer für die napoleonischen Kriege aufzurüsten. Fanny von Arnstein wird zur Gegnerin Napoleons werden, empfängt aber dennoch Franzosen.
1785 stirbt Fannys Schwiegervater Adam Isaak Arnsteiner, zwei Jahre später folgt ihm seine Frau nach. Von da an übernimmt Fanny das Haus. Ihren schon seit Jahren bestehenden Salon erweitert Fanny nun um die Räume der Schwiegereltern und modernisiert das Mobiliar. Anschließend vergrößert sie ihren Kreis und lädt Damen und Herren des gehobenen Adelsstandes zu sich. Die Einladungen werden gerne angenommen, denn der Empfang ist liebenswürdig, die Konversation anregend und die Bewirtung glänzend. Hilde Spiel schreibt, dass eine „Entwicklung" vor sich gehe, „die der bisherigen Hierarchie der gesellschaftsfähigen Schichten" entgegenwirkt, und dass „ein gelösteres, gemischteres Zusammentreffen", wie das bisher nur bei „öffentlichen Konzerten und auf musikalischen Soireen"[13] der Fall war, in die Privatgemächer Eingang findet.
Wirklichkeit und Scheinwelt berühren einander im josephinischen Jahrzehnt und gehen ineinander über. Lebenslust kommt aus den verschiedensten Bereichen. Selbst die Natur wird zum Kunstwerk. Als Kulissen für Gespräche dienen Gärten, Laubenstatuen, Springbrunnen und Parks, ja sogar die traumhafte Umgebung Wiens wird eingebunden.

Die schärfste Kritik über die Sinnenlust der Bewohner Wiens kommt von norddeutschen Besuchern. Bereits im Jahr 1784 schreibt ein Berliner seinem Freund über den Adel folgendes: „Die Jungen spielen, fahren, reiten, jagen, treiben die Liebe in warmen Ländern, bis sie ganz kalt werden, schlagen ihre Bediente lahm, ruiniren ihre Pächter, pressen Geld aus ihren Verwaltern, schwängern ihre Mägde oft, ihre Weiber wenig, kennen kein anderes Verdienst an ihnen, als daß sie Geld haben."[14] Die Alten seien „zornig, eigensinnig, stolz, führen beständig Prozesse, und halten sich eigene Partheygänger, weil sie in ihrem Alter die Leute zu necken nicht vergessen haben, welches ihnen noch von ihrer Jugend anklebt; sie zanken mit ihren Weibern, sind dem Fraß und Trunk ergeben, und lassen ihre Kinder Schafköpfe seyn".[15]
Besser gefällt ihm das Volk, von dem er sagt, es sei „bieder, gastfrey, gütig, wohlmeinend", lebe aber gern „in Glanz und Ueberfluß".[16]„Bester, ich beleidige keineswegs die Schranken der Wahrheit, wenn ich vielleicht Wien, als den einzigen Ort Dir schildere, wo am meisten gefressen wird."[17]
Auch der Schriftsteller und wichtige Vertreter der Berliner Aufklärung, Friedrich Nicolai, spottet der österreichischen Esslust: „Ein wohlhabender Bürger in Wien isset beynahe den ganzen Tag. Schon in der Frühe schlürft er im Sommer ein paar Seidl Obers oder Milchrahm in sich und genießt eine gehörige Anzahl Kipfl oder Milchbrödchen dazu. Im Winter aber tunkt er seine Eierkipfl in Milchkaffee, und ehe er in die Messe geht, stopft er eine gute Portion Gebetwürstel in sich. Noch Vormittags ist er im Sommer im Kirschweinkeller oder im Winter im Methkeller anzutreffen und dabei wird wieder etwas Kaltes genossen. Zu Mittag ißt er gewöhnlich vier Gerichte und von jedem nicht wenig. Gegen vier ein tüchtiges Jausen oder Vesperbrod; um fünf geht er kegeln und nimmt dann geselchtes Kaiserfleisch oder Hendl zu sich, auch gebackene Schnecken, eingerührte Eier und Lungenbratl. Dehmohngeachtet kann er zu Hause gegen Acht Uhr wieder drei

Gerichte verzehren, oder begibt sich in ein Gewürzgewölb, speist ein hundert Austern und trinkt süßen Wein dazu. Alle anderen nennen sie Hungerleider."[18]

Kritiker der Wiener Lebenslust: der Berliner Aufklärer Friedrich Nicolai. Stich von Christian Gottlieb Geyser.

In Wien leben gegen Ende der Regierungszeit Josephs II. ca. 250.000 Menschen in 6000 Häusern. Die Vororte sind ausgebaut, reichen bis zum Glacis und den zehn Bastionen, auf denen man promenieren kann. Diese werden von Alleen gesäumt und bilden einen Halbkreis um den Stadtkern. Während des Tages strömt das Volk in beide Richtungen durch die vier Tore und spaziert abends bis Mitternacht am Graben, am Kohlmarkt und am Hof. In den einhundert Kaffeehäusern genießen die Wiener – Kaffee. Durch die Fenster sieht man kristallene Kronleuchter glitzern, Vögel zwitschern in Vogelbauern an den Fenstern.

Fanny hat die Freiheiten, die sie braucht. Sie kann reisen. Am Todestag Maria Theresias, dem 29. November 1780, bringt Fanny in Berlin ihr erstes Kind, Henriette, zur Welt.

Auch später wird Fanny immer wieder, wenn sie dazu Lust verspürt, nach Berlin fahren, wo sie den frischen Wind im Kreise ihrer gebildeten Schwestern genießt. Zwei von ihnen, Cäcilie und Rebecca, holt sie später nach Wien. Hof und Gesellschaft in Berlin sind unter Friedrich dem Großen französisch geworden.

Als Fanny mit ihrer Tochter aus Berlin nach Wien zurückkehrt, macht sich Zuversicht breit. Die Zensur ist gemildert, Dichter und

Denker wagen sich hervor. Es gibt Autoren wie den boshaften Polemiker Blumauer, den Poeten Ratschky und den Dramatiker Ayrenhoff, der im französischen Stil schreibt. Haschka ermuntert den jungen Adeligen Johann Baptist von Alxinger zu schreiben. Dazu kommen Sonnenfels, Jacquin und Born, Aufklärer in ihren Fächern, und Schöngeister wie Gerard van Swietens Sohn Gottfried, Baron Spielmann und Graf Pergen. Viele der Dichter im josephinischen Wien fallen später der Vergessenheit anheim. Dazu Hilde Spiel: „Hielten sich Literatur und Wissenschaft in Wien auch nicht auf der Höhe seiner Musik, hatten sie bisher keine Erscheinung von europäischem Rang hervorgebracht, so bestand in ihnen genug Feinsinn, Geschmack und echte Bewunderung für die Größe der gleichzeitigen deutschen Dichtung, daß aus ihren Kreisen, vermochte man diesen nur einen gemeinsamen Mittelpunkt zu geben, ein Salon nach französischem Muster sehr wohl zu bilden war."[19]

Fanny geht in ihren ersten Ehejahren viel in Gesellschaft. Der bekannte Buchhändler, Anekdotenschreiber und Journalist Franz Gräffer schildert sie in einer Begebenheit zu Beginn der achtziger Jahre des 18. Jahrhunderts, die zeigt, für wie bedeutend er ihre Meinung hält.

Die feine Gesellschaft strömte in den Augarten, das Wetter war herrlich, Nachtigallen sangen, der Lustfeuerwerker Girandolini versprach eine „außerordentlich imposante Production" zu geben. Manche Familie speiste beim „Hoftraiteur" zu Mittag, die Menschen flanierten in den sich langsam füllenden Alleen, Blaser spielten liebliche Musik. „In dem Baumgange, dicht neben dem kleinen, noch bestehenden Hause, welches der Kaiser während der schönen Jahreszeit häufig bewohnte, wandelte die in Jugendreiz, Anmuth, Bildung und Geist prangende Frau von Arnstein mit ihrem Gemahl. In ihrer Gesellschaft befand sich der merkwürdige königliche Neger Angelo Soliman in seinem durchaus weißen türkischen Kostüm, und der General Ayrenhoff." Man sprach über das am Tag zuvor gegebene Ayrenhoff'sche Stück *Die große Batterie* und Angelo lobt den Verfasser in einem langen Wortschwall, in dem er dessen Arbeit eines Voltaire würdig erachte. Auch seinem Freund, dem regierenden Fürsten von Liechtenstein, gefiel das Werk besser als *Der Postzug*. Das Stück habe „wirksame Scenen und die Charaktere sind vortrefflich gezeichnet". Ayrenhoff genießt die Schmeicheleien. „Der kluge Arnstein sagte mit gentiler Geberde: was wird Herr Hofrath Wieland dazu sagen?" Bestimmt nur Worte der Anerkennung! „Obschon; aber ich muß gestehen, unter vielen Dingen, die ich nicht begreife, ist auch dieses, daß Sie Herr General und Wieland nicht die besten Freunde sind. Frau von Arnstein lächelte und kühlte ihr Grazienantlitz mit dem kostbaren Fächer. Sie enthielt sich des Wortes. Auf den Ausspruch dieser hochgebildeten Dame, deren Urtheil mit Recht eben so viel galt und noch mehr, als das einer ganzen Akademie, auf dieses Urtheil war Ayrenhoff gespannt. Als eine negative Aufforderung oder höfliche Einladung sich zu äußern, nahm Ayrenhoff, zur Dame gewendet, neuerdings den Hut ab. Sie aber fuhr fort, mild und süß zu lächeln. Der gefolterte Poet studierte dieses Lächeln; er fand aber nicht den entferntesten Ausdruck critischer Natur, weder des Beyfalls noch der Mißbilligung. Dieser Umstand brachte ihn bald zur Verzweiflung. Von den Worten der Frau von Arnstein hing das Schicksal der ‚großen Batterie'"[20] ab. Herr von Arnstein und Angelo Soliman erfassten die Situation und fühlten sich ein wenig beklommen. Schließlich besaß Fanny den Großmut, der peinlichen Situation ein Ende zu bereiten.

Früh schon hat Fanny Zugang zum Kaiser. Es gibt eine Anekdote aus der Zeit kurz vor dem Erlass des Toleranzpatentes, die der preußische Staatsrat Stägemann erst viele Jahre später an seinen Freund Benzenberg schreibt. Stägemann wird während des Wiener Kongresses im Arnstein'schen Haus ein- und ausgehen. Er hat diese Anekdote vermutlich von der Gastgeberin selbst:

„Als Frau von Arnstein in Wien zu jener Zeit, wie Esther den Ahasverus, den Kaiser Joseph um Wohlwollen für ihr Volk bat, antwortete er ihr: ‚ich thue ja Alles für sie, was ich kann; aber leiden mag ich sie nicht; sehen Sie einmal, wie sie aussehen! Können Sie sie leiden?'"[21] Die Antwort, die Fanny dem Kaiser gibt, ist nicht überliefert. Vielleicht ist sic erstaunt über seine offenen Worte. Verbindungen zwischen der Familie und dem Hof gibt es einige. So besteht ein Band der Neigung zwischen dem kaiserlichen Kabinettsekretär Günther und der Jüdin Eleonore Eskeles, einer Schwester des Kompagnons ihres Mannes.

Fannys Witz, ihr Charme und wacher Geist ziehen in den 1780er Jahren zunehmend Gesellschaft an. Mühelos schließt sie ihre Bildung in „funkelnde Fiolen", gibt ihren Beobachtungen geschliffene Form, entzieht sich der Plattitüden und wird ob ihrer Talente von ihren Zeitgenossen bewundert. „Des Kleingelds der üblen Nachrede, der gehässigen Pfeile und Spitzen, mit denen man in den Wiener Salons um sich warf, bediente sie sich selten oder nie. Wenn sie ablehnte, gar haßte, war sie maßlos in ihrer Rede, blieb hierin ganz die Preußin, die sich weigert, gleich dem Wolf in der Fabel Kreide zu schlucken, um ihrer Stimme eine vorgetäuschte Milde zu verleihen."[22]

Fanny fährt wiederholt nach Berlin und wird vom dort herrschenden preußischen Patriotismus in den jüdischen Salons und der Abkehr von Frankreich sowie der romantischen Verherrlichung des Deutschtums in alten Märchen beeinflusst. Im Mai 1791 wird als erster Berliner jüdischen Glaubens Fannys Vater Daniel Itzig aufgrund seiner geleisteten Dienste als Bankier von König Friedrich Wilhelm eingebürgert und erhält die gleichen Rechte wie christliche Bürger in Preußen. Dieses Privileg gilt auch für Fanny und ihre Familie.

Die Aufklärer in Wien, besonders der Kreis um Fanny von Arnstein, hängen treu dem neuen Kaiser Franz II. an, was ihre Berliner Verwandten nicht verstehen können. Doch in Österreich

stellen sich die neu geadelten Barone aus Dankbarkeit für die Aufnahme in den Adelsstand als Patrioten bedingungslos hinter den Kaiser. Sie wissen nicht, dass sie an einer Zeitwende stehen, und glauben die Revolution überwunden.
Den Wiener Juden ist Grundbesitz noch verboten. Das Appartement, das Fanny und ihr Mann in der Inneren Stadt bewohnen, ist gemietet. Doch 1794 beziehen sie ein ehemaliges Sommerpalais der Erzherzogin Marie Christine am Braunhirschengrund, dessen Garten sich von der Mariahilfer Straße bis zum Wienfluss erstreckt. Fanny gestaltet den Garten prächtig aus und empfängt im Sommer ihre Freunde, um die Jahrhundertwende auch Lady Hamilton und Lord Nelson. Dieses Anwesen trägt dazu bei, dass Fannys Salon immer bedeutender wird.
Als Franz II. von seinem Vater Leopold II. die Macht übernimmt, schränkt er die Pressefreiheit ein und verschärft die Zensur. Während seiner Regierungszeit kommt es zum Krieg gegen Napoleon. Der Kaiser, äußerlich väterlich, innerlich jedoch verängstigt, bricht jeden Widerstand frei denkender Intellektueller und Schöngeister sowie der von Joseph II. geförderten Freimaurer und macht sie mundtot. 1794 setzt der Stadthauptmann von Wien, Graf Saurau, als wichtigster Unterstützer der Geheimpolizei das Blutgericht gegen die „Wiener Jakobiner" ein, oft völlig harmlose Menschen. Die Bevölkerung gerät darüber in Zorn. Aus dieser Zeit stammt das berühmte Eipeldauerlied, durchaus ein Revolutionslied, des Demokraten Franz Hebenstreit. Danach folgt jahrzehntelanges Schweigen durch verstärkte Zensur und Polizeidiktatur. Zu Fannys Leidwesen kündigt Preußen die Koalition mit Österreich auf und schließt am 5. April 1795 den Frieden von Basel.
Nach der Trennung von ihrem Mann zieht Fannys Schwester Cäcilie nach Wien. Sie heiratet, durch Fannys Vermittlung, 1799 Bernhard Freiherr von Eskeles, den Kompagnon Nathan von Arnsteins, der als Wiens geschicktester Finanzmann gilt. Cäcilie führt ebenfalls einen berühmten Salon, in dem sie besonders die Musik

pflegt. Bernhard Eskeles wird 1797 in den österreichischen Adelsstand erhoben, zunächst in den Ritterstand, 1822 dann in den Freiherrenstand.[23] Nathan Adam Freiherr von Arnstein wird 1798 in den österreichischen erbländischen Freiherrenstand erhoben.[24] 1805 besetzt Napoleon Wien und französische Soldaten werden bei den Arnsteins einquartiert. Schwer trifft Fanny die Niederlage Preußens bei Jena und Auerstädt. Sie empfängt vor allem patriotische Landsleute wie Varnhagen von Ense. Immer bedrohlicher wird die finanzielle Lage in Österreich. In Preußen leitet der Staatsmann Heinrich Friedrich Karl Freiherr vom und zum Stein soziale Reformen ein, und unter seinem Nachfolger Hardenberg kommt es zur Gleichstellung der Juden mit allen anderen Staatsbürgern Preußens. Der Kaiser ist in einer notwendigen Freundschaft mit Reichen wie Arnstein verbunden, doch das bedeutet keinesfalls auch eine Gleichberechtigung für die breite Masse der Armen.
Fanny unterstützt jene, die sich der napoleonischen Herrschaft widersetzen. So ist auch der Tiroler Josef Speckbacher, der 1809 den Aufstand anführt, Gast und Freund in ihrem Salon, wo er politisch agiert und die Gesellschaft als lustiger Patron unterhält. Mit großen Summen unterstützt Fanny sein politisches Anliegen in Tirol.
1809 steht Napoleon zum zweiten Mal vor den Toren Wiens. Eine halbe Nacht wird gekämpft. Auf beiden Seiten gibt es Tote und Verwundete. Neugierige Wienerinnen und Wiener stehen am Glacis und beobachten das Kanonenfeuer. Im Mai 1809 kommt es zu Napoleons erster Niederlage, er wird von Erzherzog Karl bei Aspern geschlagen. Allerdings wird das österreichische Heer wenige Wochen später bei Wagram besiegt und erleidet große Verluste. Napoleon hält Hof in Schönbrunn. Offiziere quartieren sich in den vornehmen Häusern ein, aber auch Verwundete bringt man dort unter.
Fanny von Arnstein muss französische Offiziere in ihrem Salon empfangen, viele von ihnen sind Söhne alter französischer Adels-

familien. Sie unterhält sich mit ihnen, dennoch bleibt sie ihrer Gesinnung treu.

Zu dieser Zeit entwickeln die Menschen ein wahres Reisefieber, sie fahren durch ganz Europa, wollen Neues und Fremdes erleben. Trotz widersprüchlicher Urteile – über die Genusssucht und Völlerei der Wiener sind sich viele Reisende einig: „Außer dem Fressen ist ihr größtes Vergnügen, ihr Kasperl und ihre Hetze", schreibt ein ungenannter Engländer in seiner Schrift *Reise durch Mannheim, Baiern und Österreich nach Wien.*[25] Wilhelm Ludwig Werkhlin, ein Schwabe ist der Ansicht, beide Geschlechter liebten Pracht, Aufwand und Vergnügen bis zum Laster, Fehler, die bei ihnen „nicht im Herzen, sondern im Blute stecken". Er habe vollendet schöne Frauen gesehen, es gebe fesche Mannsbilder, doch rügt er die unerträgliche Selbstliebe und Eitelkeit beider Geschlechter. Die Wienerinnen besäßen „das Gefühl einer Neapolitanerin, den Buhlgeist einer Französin und das Herz einer Deutschin", doch sie zeigten auch eine Schwäche für Müßiggang und ein bequemes Leben, was alles wieder ausbalanciert werde. Österreicher gebe es keine mehr: „In Wien wimmelt es von Franzosen, Welschen, Hungarn, Raizen, Juden und Reichsgliedern. Die ursprünglichen Österreicher sind verschwunden. Von dem Hause Starhemberg an, sagte mir gestern eine Magistratsperson, bis auf den Kerl, der mit der Klapper in den Straßen herumgeht, ist kaum eine Familie unter uns übrig, die ihr österreichisches Herkommen in einer unvermischten Geschlechtsfolge vom Urgroßvater herleiten kann."[26]

Trotz der von 1792 bis 1815 andauernden Kriegsgefahr versinken die Wiener nicht in Angst und Schrecken, sondern verdrängen die lauernde Bedrohung und erfreuen sich ihres Lebens. Der deutsche Schriftsteller Ernst Moritz Arndt, er wird später Abgeordneter der Frankfurter Nationalversammlung, besucht 1798 Wien. In Wien „genießt jeder reichlich, was sein Vermögen und Magen vermag", schreibt er, und „kümmert sich nicht um seinen Nachbarn, noch um die ganze Welt, und drückt kaum das Ohr von seinem Seidel

Wein, gebackenen Hendel oder Kapaunkerl auf, wenn ein ungewohntes Tosen erschallt".[27] Ernst Moritz Arndt verkennt allerdings wie viele seiner Landsleute, dass in derselben Stadt trotz ständig lauernder Gefahr auch die Freude an Kunst und Philosophie wieder zunimmt.

Fannys Schwager, der Bankier Bernhard Freiherr von Eskeles, Mitbegründer der Österreichischen Nationalbank.

Johann Friedrich Reichardt, ein anerkannter Komponist und Dirigent, schreibt über seine Wiener Reise 1808 und 1809 „vertraute Briefe", in denen seine Liebe zur Stadt zum Ausdruck kommt. Ihn zieht ihr musikalischer Ruf an und ebenso die Literatur, das Gesellschaftsleben, das lebendiger ist als in den meisten deutschen Großstädten.

„Wenn ich dir nun noch sage, daß ich zwischen diesen Morgen-, Tags- und Abendmusiken noch die Freude hatte, der Fürstin von Lobkowitz, die eben ein leichtes, glückliches Wochenbett verläßt, und ihren liebenswürdigen Töchtern einige Akte aus Schillers ‚Wilhelm Tell' vorzulesen, und abends an einer witzigen feinen Szene teilzunehmen, die beim Diner der Frau von Arnsteiner zur Geburtstagsfeier ihrer von allen geliebten Schwester verabredet wurde; so hast du einen Tag, wie man ihn wohl nur in Wien erlebt."[28]

Der Staatsmann Friedrich von Gentz, einer der großen politischen Gegner Napoleons, verkehrt vor allem in hochadeligen Kreisen. „Es ist im Grunde ein Schlaraffenleben, welches man hier führt", schreibt er an Goethe, „aber doch kann es dem Beobachter nicht entgehen, daß weit mehr Geist als sonst in diese sinnliche Masse gedrungen ist. Unter den vielen Beweisen davon wähle ich nur den, daß, als ich im Jahre 1802 und 3 mit Wien genauer bekannt wurde, es noch unter die großen Seltenheiten gehörte, in der ersten Gesellschaft auf Personen zu stoßen, die den Faust oder die Iphigenie gelesen hatten; dagegen jetzt ein Mädchen von 17 oder 18 Jahren sich schämen würde, nicht mit allen Ihren Werken mehr oder weniger vertraut zu sein und gewiß kann in Dresden oder Berlin nicht öfter, nicht mit größerer Bewunderung und Liebe von Ihnen gesprochen werden, als hier geschieht."[29]

Von Paris aus ist es im 18. Jahrhundert zu einem ständigen Gedankenaustausch und der Pflege gelehrter Konversation gekommen. Die Zusammenkünfte in den Häusern der Marquise d'Epinay, der Madame Geoffrin und der Mademoiselle de Lespinasse regen Wiener und preußische Anhänger zur Nachahmung an. Doch der Hochadel zögert noch, seine formellen Empfänge aufzugeben. Das deutsche Bürgertum ohne höhere Bildung hält an der Einfachheit des Haushalts fest. So sind es zunächst jüdische Kreise, die nach Pariser Vorbild Kunst und Gesellschaft miteinander vereinen. Sie schließen sich rascher als ihre Landsleute der französischen Kultur an, versprühen Geist, Witz und Geschmack, wissen Dinge fein auszudrücken. Ihr spöttischer Ton erregt Aufmerksamkeit für das Lächerliche, außerdem besitzen sie Instinkt für praktischen Rationalismus in ihrer Lebensführung.

Ein unbekannter junger Mann aus Bayern liefert in seinen Briefen aus Wien an eine „Frau von Stande" eine lebendige Schilderung über Fanny. „Die Baroninn von Arnsteiner, oder wie man sie hier im allgemeinen nennt, die Fanny, ist eine Frau von einigen und 30 Jahren und von Geburt eine Berlinerinn. Sie ist die Tochter des, wegen seines Reichthums, seiner Wohlthätigkeit und redlichen Gesinnungen bekannten jüdischen Handelsmannes Itzig; er war ein aufgeklärter Mann, im guten Sinne des Wortes, Beweisthümer seiner hellen Denkart, die ihn über die großen Vorurtheile seines Volks und der damaligen noch geringen Kultur desselben erhoben, sind die Erziehung und Bildung die er seinen Kindern gab, jede der Itzig'schen Töchter ward mit so vieler Sorgfalt erzogen, genoß in allen Fächern der Sprachen und Wissenschaften einen so reichlichen Unterricht, daß sie, wenn es Wille des Schicksals gewesen wäre, den Stand der Fürstinnen nicht verunzieret haben würden."[30]

Den Musiker Johann Friedrich Reichardt kennt Fanny schon aus Berlin, wo er in den musischen Salons der Stadt ein und aus geht. Er nennt sie seine vieljährige Freundin und Beschützerin, die edle prächtige Frau des Hauses, und fühlt sich besonders wohl in ihrem Salon, denn er kann sie am kleinen runden Familientisch treffen und muss sie nur mit wenigen Freunden teilen. Ungewohnt für ihn, den Norddeutschen, ist die einfache Kleidung, die man trägt. Selbst bei einer Abendassemblée kann man im Haus Arnstein in Stiefeln und Reisekleidung erscheinen. Es gibt keine Kleidervorschriften und man spricht überall in den Salons Deutsch (außer beim Fürsten de Ligne). Reichardt trifft Sonnenfels bei größeren Abendgesellschaften und als Musiker erfreut er sich am Spiel der Klaviervirtuosin Fräulein von Kurzböck. Er besucht Friedrich Schlegel und seine Frau und kennt auch Karoline Pichler, Charlotte von Greiners Tochter. Er berichtet, wie die verschiedensten Zirkel und die Cliquen der Wiener Gesellschaft immer weiter zusammenwachsen und die Grenzen zwischen den verschiedenen Schichten und Kreisen allmählich verschwimmen.

Im Haus Nummer 1188 am Graben stehen die Türen weit offen und immer mehr bedeutende Gäste besuchen Fannys Salon. In Wien entsteht die „Zweite Gesellschaft", die Johann Pezzl, Schriftsteller, Bibliothekar, radikaler antiklerikaler Aufklärer, der auch der Loge „Zur wahren Eintracht" angehört, für die Zeit Josephs II. folgendermaßen charakterisiert: „Dieser Stand besitzt einen Kern von Geschäftsmännern, die den Staatssternen der ersten Größe in die Hände arbeiten, und den Gang der grossen Maschine befördern helfen. Patriotismus, Rechtschaffenheit, Fleiß, Sachenkenntniß, Einsichten und Arbeitsamkeit, machen sie ehrwürdig und beliebt. Diese Klasse fängt an, sich unter allen Ständen am meisten aufzuhellen, welches eine treffliche Wirkung thut. Da die Gesellschaften derselben für andere ehrliche, aber ungeadelte Erdensöhne nicht sogar sorgfältig verpallisadirt sind, wie jene der ersten Noblesse: so verbreitet sich durch sie die lichtere Denkart auf mehrere Köpfe, und durch diese wieder auf mehrere Stände des Publikums."[31]

Diese Gesellschaft ist offen gegenüber neuen Einflüssen, Zeitströmungen, insbesondere den Ideen der Aufklärung, während der Hochadel, die Erste Gesellschaft, in geistiger Starre, ausgedrückt in alten Konventionen eines geschlossenen Kreises ohne Erneuerungswillen, verharrt.

Besonders wirke, schreibt Johann Pezzl, dass einige „Damen aus diesen Häusern, die männliche Denkart mit weiblicher Grazie verbinden, und dadurch doppelt liebenswürdig sind. Ich würde sie nennen, wenn es ihre Bescheidenheit erlaubte, die sie nur um so schätzbarer macht. Sie sind Schülerinnen Musarions: ihr Umgang ist so belehrend und geschmackvoll, als reizend; in ihren Häusern vergähnt man die Abende nicht mit elendem Kartengeblätter. Kleine Musiken, vertrauliches Freundschaftsgeplauder, litterarische Neuheiten, Räsonements über Bücher, Reisen, Kunstwerke, Theater; die Vorfälle des Tages, und interessante Neuigkeiten mit Salz erzählt, beurtheilt, beleuchtet, machen die Unterhaltung aus, und kürzen dem vertrauten Zirkel die langen Winterabende. Man lernt dort die meisten einheimischen, und die fremden, gelegenheitlich durch Wien reisenden Gelehrten kennen."[32]

Die Veränderungen im Denken und in der Kultur spiegeln sich auch in der Einrichtung im Hause Arnstein wider. Nach und nach verschwinden das Rokoko und alles, was aus der ersten Hälfte des alten Jahrhunderts vorhanden ist, wie Damasttapeten, überdimensionale Gobelins, niedliche Engel und Putten, Chinoiserien und

Porzellanfiguren. Alles soll neu sein, der Antike nachempfunden, einer römischen Villa gleich. Mildes Licht entströmt etrurischen Vasen und erhellt den Raum. Die Zimmerecken leuchten flammende Kerzen auf antiken Kandelabern aus. Kostbare Draperien zwischen den Säulen vollenden die Szenerie.
Von höchster Wichtigkeit ist auch die Verteilung des Mobiliars im Raum. Es gibt, anders als beim Hochadel, keine Rangordnung bei den Arnsteins. Das Kanapee, einst der „Thronsitz" der Hausfrau im Salon, steht nicht mehr im Mittelpunkt. Stühle und Tische sind frei über den Raum verstreut, die Gesellschaft verteilt sich im Salon und in den Nebenräumen, um besonders interessanten Gesprächen zu lauschen oder daran teilzunehmen. Vor allem wenn Besuch von außen vorgestellt wird, drängen sich die Damen und Herren gleichermaßen um die Berühmtheit, um mit dem Besucher bekannt zu werden.
Fanny fühlt sich als stolze Preußin. Die geschliffenen Gespräche in ihrem Salon, elegante, schöngeistigen Unterhaltungen, schaffen eine lebendige und angeregte Atmosphäre. Es bildet sich nun

Fannys Wiener Welt ab 1804: der Hohe Markt.
Kupferstich von Georg Daniel Heumann nach Salomon Kleiner.

Mitte der neunziger Jahre des 18. Jahrhunderts auch ein Zweck heraus. Fanny sucht in Berlin die Herz, die Eybenberg und Rahel Levin auf und trifft auf Männer der neuen Zeit. Bei ihrer Schwester Sara Levy, die den Grafen Mirabeau häufig als Gast begrüßt, lernt Fanny die ersten französischen Emigranten kennen und kehrt enthusiastisch in ihr Haus am Graben zurück. Sie kann nun preußische und österreichische Gefühle in ihrer Brust vereinen, denn kurz vor Kaiser Leopolds II. Tod schließen die beiden Länder ein Bündnis und stehen vereint gegen Frankreich, das einen Krieg beginnt.

Ihr Salon wird Treffpunkt einer völlig neuen Gesellschaft, die eine Besonderheit Wiens darstellt. „Weder in London, noch in Paris", schreibt die englische Schriftstellerin Francis Milton Trollope in ihrem Werk *Briefe aus der Kaiserstadt* über die geadelten Wiener Kaufleute und Bankiers, „gibt es irgend etwas, was der Stellung, welche die Wiener Bankiers in der Gesellschaft einnehmen, auch nur im geringsten ähnlich wäre. Ihr Reichtum als Körperschaft ist unermeßlich, und als solche haben sie, und müssen auch beträchtlichen Einfluß und Wichtigkeit im Staate haben. Auch individuell genommen ist in manchen Fällen ihr Reichtum so groß, daß ihr Aufwand den ersten Großen der Monarchie sehr nahe kommt."[33]

Fannys erste große Zeit als Salonière ist im Josephinischen Jahrzehnt anzusetzen, sie ist knapp über dreißig Jahre alt und auf der Höhe ihrer Anziehungskraft. Die Ecken und Kanten ihrer Jugend sind von der weichen Luft Wiens gedämpft, von ihrer Umgebung abgeschliffen, die Künste der Wiener Marchants de Modes verhüllen sie. Fanny gilt als eine schöne Frau, die alle bezaubert.

In ihrem Haus gehen, wie Varnhagen schreibt, die vornehmsten Fremden, die regierenden Herren und Prinzen, Gesandte, hohe Militärpersonen, Geistliche, Kaufleute, Künstler, Gelehrte und alle gesellschaftlich akzeptierten Klassen ein und aus: „Ein angenehmes, jeden Tag zahlreichen Gästen aus allen Klassen offenes Haus, die geschmacksvollste Umgebung, die reichste Bewirthung, der

Zusammenfluß ausgezeichneter Fremden, die Verbindung adlicher Ansprüche und Sitte mit ... ja nicht einmal bürgerlicher, sondern ganz ausnahmsartiger Stellung, die unbedingte Herrschaft einer liebenswürdigen, thätigen Frau, die alles um sich her belebt und entzündet: dies alles in einer üppigen Hauptstadt, dem Mittelpunkte viele Staaten und Völker, wo die höchste Üppigkeit, das behaglichste Wohlleben, mit stolzer Vornehmheit und rohen Vorurtheilen, aber auch mit lebensfrischer Einfalt und Gutmüthigkeit vereint im Schwange gingen."[34]

Täglich treffen verschiedene kulturelle Elemente in ständiger Wechselwirkung im Haus Arnstein aufeinander. Sie als Salonière ist die Vermittlerin. Auch wenn später zahlreiche andere Salons nach diesem Vorbild entstehen, so ist es ihr Verdienst, diese Möglichkeit geschaffen zu haben. Darüber hinaus ebnet Fanny damit den Weg für ihre Glaubensgenossen zur Besserstellung und freieren Lebensgestaltung.

Im August 1794 schreibt Rahel Varnhagen aus Breslau, sie habe den aus Wien angereisten Geheimrat Leveaux getroffen, der Wunderbares von Frau von Arnstein erzählt, deren Haus Prinzen, Grafen, Minister, Gesandte und verschiedenste bekannte Wiener Persönlichkeiten frequentieren. Empfänge, Gesellschaften, wie die des Herzogs von Württemberg im Haus des Bankiers Bienenfeld, von der Emilie Weckbecker in ihren Erinnerungen berichtet, enden in einer späten Abendsoiree bei Fanny.

Viele Reisende suchen den Salon auf, wenn sie nach Wien kommen. Bunt schillernd ist auch jene umstrittene Lady Hamilton, die mit Lord Nelson, ihrem Geliebten, dem Besieger Napoleons, zu Fannys berühmtesten Gästen zählt. Die Weimarer Sängerin Henriette Karoline Jagemann von Heygendorff, Mätresse des Herzogs August Wilhelm, berichtet im Zuge einer Einladung zu einem Gastspiel in Wien von einem Besuch bei Fanny am Braunhirschengrund in ihren Memoiren: „Zu meinen angenehmsten Wiener Bekanntschaften gehörte das Arnsteinsche Haus und der Arzt

Führte von 1790 bis 1806 in Berlin selbst einen Salon: Rahel Varnhagen von Ense.

Frank mit seiner jungen Frau … Die Familie Arnstein bewohnte eine Gartenwohnung in der Nähe der Stadt, nahm mich mit großer Artigkeit auf und verdoppelte dieselbe nach meinen glücklichen Debüts … In ihrer sehr hübschen Behausung sah man täglich Fremde aus allen Ländern, auch Lord Nelson mit der durch ihre Attitüden bekannten Lady Hamilton wurden erwartet. Nach vielen Stunden der Ungewißheit, ob die Herrschaften der Einladung Folge leisten würden, erschienen sie endlich; Nelson, ein kleiner, magerer Mann mit einem Auge und einem Arm, dem man den Helden nicht ansah, Lady Hamilton, eine hohe, stattliche Gestalt mit dem Kopfe einer Pallas, hinter ihm drein, seinen Hut unter dem Arme tragend. Sie blieben den ganzen Abend und ließen ihre Wirte in der größten Satisfaktion über die ihnen gewordene Ehre zurück."[35]

Man präsentiert literarische Gustostückerln im Salon: So deklamieren Schauspieler des Hoftheaters Gedichte und Verse von Schiller, das Publikum applaudiert und diskutiert nach dem Vortrag über den Dichter und den vortragenden Schauspieler oder die Schauspielerin. Die noch wenigen Literaturkritiken in den Gazetten dominieren die allgemeine Meinung noch nicht. Es ist das persönliche, unmittelbare Empfinden der Zuhörer, welches angeregte Diskussionen auslöst.

Später drängt die Gesellschaft in den Tableau-Saal, wo sich an einem besonderen Abend nach einigen Takten Musik der Vorhang

hebt und man ein Szenenbild aus „Wallenstein“ frei gibt: Max Piccolomini nimmt Abschied von seiner Geliebten. Freunde des Hauses spielen die verschiedenen Rollen, Fanny selbst die Thekla, wovon die Zuschauer begeistert sind. Einige im Halbdunkel stehende Herren flüstern einander Bemerkungen zu, die nicht für die Ohren der Dame des Hauses bestimmt sind. Sobald der Vorhang fällt, mischt sich die Hausfrau wieder unter ihre Gäste und ein schöner Kavalier küsst ihr galant die Hand. Mit einem Lächeln dankt sie, Triumph liegt in ihren Augen, denn der Kavalier ist ein Fürst von Liechtenstein, Träger eines der höchsten Adelstitel des Reiches. Er hat ihr, einer Angehörigen des jüdischen Volkes, die Hand geküsst. Viele der geladenen Gäste, neu ernannte Barone, empfinden Triumph wie sie, nur einige Damen des alten Adels wenden sich pikiert ab. Links und rechts wird geflüstert.
In Fanny von Arnsteins Salon, anders als in denen der Charlotte von Greiner und ihrer Tochter Karoline Pichler, verkehrt auch der Hochadel, darunter die Brüder Carl und Wenzel Liechtenstein. Zwischen Fanny und Carl Liechtenstein entspinnt sich eine Liebesbeziehung, die gesellschaftlich akzeptiert wird. Als es zu Differenzen zwischen Carl Liechtenstein und einem Domherrn kommt, tragen die beiden Kontrahenten, wie damals üblich, ein Duell aus, an dessen Folgen Liechtenstein am 24. Dezember 1795 stirbt. Varnhagen notiert: „Der Vorgang brachte ganz Wien in Aufregung; die vornehmsten und mächtigsten Familien waren dabei betheiligt. Doch die tieferschütterte Frau, die

Ist vom „angenehmen, exoterischen Umgang“ in Fannys Salon angetan: Karl August Varnhagen von Ense.

ganz ohne ihre Schuld der Anlaß dieses Unglücks geworden war, erfuhr von allen Seiten die stärkendste Teilnahme und Tröstung, der Hof und die Stadt wetteiferten, ihr zu huldigen; es fanden sich die unzweideutigsten Zeugnisse der Großmuth, des Edelsinns und der Selbstverleugnung, mit der sie das ganze Verhältnis behandelt hatte. Daher konnte sie auch getrost mit ganzem Herzen sich dem tragischen Eindruck hingeben, den sie ihr ganzes folgendes Leben hindurch, sagt man, nie wieder ganz verwunden habe. Jedermann fand ihre Trauer gerecht und schön, und sie durfte ohne Scham den Mann beweinen, der als ihr Ritter das Leben geopfert hatte."[36]
Im Handelsalmanach von 1799 wird als Adresse Nathans und Fannys bereits das Palais Wilczek in der Herrengasse 34 angegeben. Im November 1798 berichtet ein Reisender, dass es bei den Arnsteins alle zwei Wochen einen Ball gebe und die Gesellschaft zu groß für den Platz sei.

Doch es gibt auch kritische Aussagen von Zeitzeugen: „Bei aller Sympathie, die man Fanny von Arnstein entgegenbrachte, bei allem Ansehen, das sie und ihr Haus genossen, zu dem geistigen Zentrum, wie es ihre Verwandten und Freunde in Berlin begründet hatten, wurde ihr Haus in Wien nicht. Dazu kam, daß gerade das erste Jahrzehnt des neuen Jahrhunderts für Fanny ein bedrückendes war. Sie war nicht die leichtsinnige Wienerin, die böse politische Ereignisse rasch vergessen und sich wieder den Freuden des Lebens zuwenden konnte, sie war die Preußin, der Gesinnung heilig und unwandelbar war, der es nicht gegönnt war, sich mit Humor, und sei es auch nur mit schwarzem Humor, aus einem seelischen Tief zu befreien. Auch die Heirat ihrer Tochter Henriette mit Heinrich Pereira, einem reichen Holländer aus altem, jüdisch-portugiesischem Geschlecht, bereitete ihr mehr Sorge als Freude. Zwar von ihr gebilligt, erkannte sie früher als ihre Tochter die Problematik dieser Ehe, die keine glückliche wurde. Als Frau an die fünfzig, empfindlich und launenhaft, fiel es ihr schwer, diese Sorgen zu verdrängen. Der Siegeszug Napoleons, der die Revolution verraten hatte, die Idee eines Weltreichs seinem eigenen Ruhm opferte und ihr Preußen, ja ganz Deutschland unterdrückte, erfüllte sie mit leidenschaftlichem Hass."[37]

Carl Gottlob Küttner schildert in seiner *Reise durch Deutschland, Dänemark, Schweden, Norwegen und einem Theil von Italien in den Jahren 1797, 1798, 1799* Bälle, Maskeraden, Redouten und Tanzveranstaltungen in den Sälen „Zur Mehlgrube" und „Zur Neuen Welt". Schlittenfahrten, Empfänge in den feinen Häusern bilden die Vergnügungen während der Koalitionskriege mit Frankreich. Der Hochadel scheue keine Ausgaben und gebe fast täglich Gesellschaften. Wenn ein Fremder nach Wien komme, schicke sein Gesandter in dessen und dem eigenen Namen einige -zig Visitenkarten in die vornehmen Häuser und führe ihn in die öffentlichen Abende ein, die der Fürst Colloredo und die Grafen Kollowrat, Lazansky, Trautmannsdorf und andere Adelige gäben. Er erhalte Einladungen zu Bällen, Konzerten, großen Diners, dafür mache er zu bestimmten Zeiten seine Aufwartung an Journéen. Es sei nicht schwer, als Fremder auch in die Häuser Arnstein, Eichelburg, Button (Puthon), Henikstein und andere eingeführt zu werden, wo sich der Hochadel von Wien und die Zweite Gesellschaft träfen. Eine Wiener Gesellschaft sei der Hochadel nicht, viele Fremde von Rang und Namen finde man dort. In den engeren Kreis gelange man nicht, dieser sei ihren engen Bekannten und Verwandten vorbehalten. In den Häusern des Zweiten Standes und des niederen Adels könne man heimisch werden. Aber auch dort sehe er an den öffentlichen Abenden Fremde oder Reisende aller Länder und Menschen aus allen österreichischen Staaten mehr als echte Wiener.

Politisch und finanziell unter Druck geraten, verkaufen reichsständische Familien ihre Stadtpaläste und Häuser, in die reich gewordene Kaufleute, Nutznießer der Kontinentalsperre und des Papiergeldes, einziehen. Das Zeitalter der Fabriken beginnt, Fabrikanten heiraten Töchter der Beamtenaristokratie und werden in den Adelsstand erhoben. Die Klassenunterschiede verlieren nach außen ein wenig ihre Bedeutung. Sogar Diener tragen keine Standesabzeichen mehr.

Im Jahr 1804 beziehen Nathan und Fanny von Arnstein die Beletage des Hauses Hoher Markt 582. Hier gründet Fanny ihren zweiten Salon, einen Konversationssalon im engern Sinn. Äußerst ambivalent findet der damals noch junge Philosoph Arthur Schopenhauer, Gast im Hause Arnstein, die Beziehung zu Frankreich, insbesondere zur französischen Sprache. Es wird heftig auf die Franzosen geschimpft – auf Französisch! Schopenhauer schreibt, dass Französisch als Konversationssprache die anderen völlig übertreffe und das Wiener Deutsch so schlecht sei.

Der bereits zitierte junge Reisende aus Bayern schwärmt von Fannys Gastfreundschaft. „Gegen jeden Fremden", schreibt er, „ist sie fast gleich artig und weiß ihn augenblicklich in ein angenehmes Verhältniß zu versetzen. Ihr elegantes Haus ist jedem, ihr empfohlnen Reisenden offen. Von des Mittags um 12 Uhr bis spät nach Mitternacht trifft man hier die ausgesuchteste Gesellschaft an, zu der man, ohne besondere Einladung, täglich den Zutritt hat. Um unausgesetzt die Honneurs ihres Hauses machen zu können, geht sie nie oder selten aus, wahrlich kein geringes Opfer, dessen Gewicht der Fremde nicht dankbar genug anerkennen kann. Man kommt ohne große Ceremonie und geht ohne sich zu beurlauben; verbannt ist jede lästige Etikette der höhern Zirkel; der Geist, entfesselt vom Zwange der Convenienz, athmet hier freyer. Aus diesen Gründen ist dann auch die Conversation nie schmachtend, triviell, sondern jederzeit belebt und interessant und reichlich gewürzt mit attischem Salze."[38]

Im Jahr 1801 berichtet der Deutsche J. W. Fischer, ein Kantianer, dass Karoline Pichler eine Dichtung mit dem Titel *Gleichnisse* veröffentlicht habe. Das Bürgertum liest Lafontaine und Cramer. Haydn hat die „Schöpfung" und die „Jahreszeiten" komponiert und man beginnt Mozarts Genialität, zehn Jahre nach seinem Tod,

zu würdigen. In Klavierkompositionen seien jetzt Beethoven und Anton Eberl am stärksten vertreten, voll von Feuer und Kraft; beide verströmten Ideen in Fülle, beider Werke zeichneten sich durch viel Künstlertum aus. Man diskutiert, ob Eberl oder Beethoven der größere Künstler sei. In einem Brief an Rahel Varnhagen schreibt Henriette Mendelssohn, die mehrere Jahre in Wien verbringt, über Fannys Salon: „Ihr Haus ist einzig in seiner Art, so wie sie selbst es ist; es ist beinahe der einzige Standpunkt, von dem man Wien recht würdigen und genießen kann; man ist bei ihr in guter Gesellschaft, ganz ohne Zwang, so confortable, wie nur immer in seinem eigenen Hause, und man sieht von da aus das Treiben der Wiener und ihren Ernst und Spaß, wie in einem täuschend gemahlten Guckkasten, ohne gedrängt und gestoßen, oder von der unerhörten Geschmacklosigkeit und plumpen Frivolität in jedem Punkt des Gefühls beleidigt zu werden."[39]
Etwa zur gleichen Zeit besucht eine englische Dame, Mrs. St. George, die Witwe des Obersten St. George, ausgestattet mit erstklassigen Empfehlungen, Wiener Adelsfamilien. Mrs. St. George gelingt es, über den britischen Botschafter Lord Minto in die Häuser Esterházy, Schwarzenberg, Colloredo, Starhemberg und Cobenzl Zugang zu bekommen, und sie verschafft sich Zutritt zum Hof. Einmal begibt sie sich mit der Witwe des Prinzen Reuss auch in das Haus der Fanny von Arnstein, was ihrerseits wohl einen Bruch der Etikette darstellt, da die Gastgeberin die Frau eines Bankiers ist. „However, I found there a pleasant society, and an easier *ton* than in most houses at Vienna. She keeps open house every evening to a few women, and all the best company in Vienna as to men. She is a pretty woman with an excellent address."[40]
Carl Bertuch verkehrt in den Salons und notiert in seinem *Tagebuch vom Wiener Kongreß* Folgendes: „Mit Cotta zu Arnsteiners, durch Bartholdy eingeführt. Eine angenehme Frau von großem Welttone. In ihrem Hause wechseln des Abends oft 100 Personen. Ein Graf Degenfeld, Jordan, Stegmann, da."[41]

In einem Brief an seinen Vater schreibt Bertuch 1814: „Soeben komme ich mit Cotta vom Diner von Arnsteiners, wo es mir zu gefallen anfängt. Die Baronin Arnsteiner ist in der That eine Frau vom besten Weltton, voll Geist, und Attention für ihre Gesellschaft. Ihre Tochter Frau v. Pereira, ist ohne hübsch zu seyn, recht liebenswürdig … Ich werde das Haus mehr besuchen, es ist in Hinsicht der feinen ungezwungenen Geselligkeit mit das Erste in Wien." Die Gesellschaft besteht aus 22 illustren Gästen.[42]

Bertuch liebt die Hauskonzerte in Fannys Palais. Beim ersten, an dem er teilnimmt, spielt Ignaz (Isaak) Moscheles, ein böhmisch-österreichischer Komponist, Pianist und Musikpädagoge, die Ouvertüre zu „Fidelio", weiters werden Duette und Kammerquartette vorgetragen. Das zweite Konzert bestreitet der junge Berliner Musiker Giacomo Meyerbeer. „Er zeigte als Klavierspieler in einem variierten Thema ein vorzügliches Talent und große Fertigkeit in beyden Händen."[43] Die junge Welt tanzt bis Mitternacht. „Es wird bei diesen Cercles Thee, dann Limonade, Mandelmilch, Eis und leichtes Backwerk presentiert. – Von bedeutenden Fremden bemerkte ich heute den Grafen Pozzo di Gorge … ferner den Capo d'Istria, russ. Gesandten in der Schweiz. Außerdem viele Generäle, Fürsten und Grafen."[44] Auch Fürst Franz Georg Karl von Metternich (1746–1818), der Vater des Staatskanzlers, besucht den Salon.

Im Jahr 1814 bringt Fanny den ersten Christbaum aus dem protestantischen Norddeutschland ins katholische Wien und feiert den Weihnachtsabend auf Berliner Art. Mit der Zeit übernehmen der Adel, das Bürgertum und sogar das Kaiserhaus diesen Brauch. In Fannys Haus bekommt jeder ein Weihnachtsgeschenk. Auch darüber gibt es einen Bericht der Geheimpolizei. Zu Neujahr wird Punsch getrunken und man stellt lebende Bilder. Mit ihren *Tableaux vivants* übertrifft Fanny sogar den Hof.

Im Jänner 1815 gibt es bei Arnsteins für 200 Personen, auch Prinzen und ausländische Gesandte sind unter den Gästen, ein

„Wachsfigurencabinet mit lebenden Figuren“, das auf Bertuch großen Eindruck macht. Es ist so beliebt, dass es einen Monat später, etwas verändert, vor 200 Personen nochmals aufgeführt wird, unter ihnen auch Arthur Wellesley, 1. Duke of Wellington.

Spielt in Fannys Salon die Ouvertüre zu „Fidelio“: der Pianist und Komponist Ignaz Moscheles.

Zum Wiener Kongress treffen etwa 100.000 Gäste und Bedienstete in der Stadt ein. Könige, Fürsten und Gesandte tagen und genießen. Die Salons des Hochadels und der Zweiten Gesellschaft spielen politisch und diplomatisch eine bedeutende Rolle im Kongressgeschehen. „Nicht allein bei Hof, auch in den großen Particuliershäusern gab es wahre ‚Völkerfeste', bunt gemischte Assembléen, bei denen jedes Land Europas vertreten war. Diese Gelegenheit zur Salondiplomatie war um so angebrachter, als der Kongreß selten und auch dann nur in kleinen Ausschüssen tagte, sonst ganz aus Schriftenwechsel, Separatkonferenzen und Geheimbesprechungen bestand, ja im Grunde nie ordentlich begonnen hatte und erst durch seinen Schlußakt rechtskräftig werden sollte. Obleich bei feierlichem Anlaß alle Souveräne und wichtigsten Diplomaten einander beim Souper oder im Ballsaal trafen, bildeten sich schon in den ersten Wochen gewisse Zirkel heraus. In den meisten Fällen scharten sie sich um schöne und einflussreiche Damen.“[45]

Fanny von Arnstein steht nun auf dem Gipfel des Ruhms, ihres gesellschaftlichen Ansehens und Wirkens. Das liegt wohl auch daran, dass sich Fannys Landsleute besonders wohl bei ihr fühlen,

Preußens Salondiplomatie findet bei den Arnsteins am Hohen Markt statt. Man trifft sich regelmäßig dienstags, dazu auch an anderen Tagen. „Frauen und Herren, Fremde und Einheimische fanden sich in ihren Sälen ein. Man konnte an demselben Abend den Herzog von Wellington, den Kardinal Consalvi, den Fürsten von Hardenberg, die Grafen Kapodistras (Capo d'Istria) und Pozzo di Borgo, den Freiherrn von Humboldt, die Prinzen von Hessen-Homburg, die Grafen von Bernstorff, von Münster und von Neipperg und viele andere solchen Ansehens, aus der gedrängten Menge auslesen. Besonders hatten die Preußen insgesammt hier die angenehmste Stätte, wo sie mit den Reizen der Fremde alle Behaglichkeit der Heimath genießen konnten."[46] Der Neffe Fannys, Jacob Ludwig Salomon Bartholdy, später preußischer Generalkonsul und Geheimer Legationsrat, kommt mit den Staatsbeamten im Gefolge des Staatskanzlers Karl August Fürst von Hardenberg nach Wien.
Hardenbergs Vertrauter, Staatsrat Stägemann, ist häufig bei Fanny oder deren Schwester Cäcilie zu Gast. Nachdem er beide Damen

Die Verhandlungen zum Wiener Kongress. Kupferstich von Jean Godefroy. Fannys Salon erlebt in diesen Tagen seine Blütezeit.

bewundert und ihm das Restaurantessen missfällt, speist er oft in diesen Häusern. Er trifft Karoline Pichler, die er zu anspruchslos und wenig hübsch findet. Cäcilie Eskeles, Fanny und die Damen in ihrem Salon sind mehr nach seinem Geschmack. Fanny, in den Fünfzigern, ist für Stägemann eine interessante, gescheite, äußerst lebendige, doch auch ernsthafte Frau. Der Schriftsteller und Diplomat Karl August Varnhagen trifft am 11. Oktober 1814 in Wien ein, zeigt sich in den Salons und schreibt am darauffolgenden Tag seiner Frau: „Arnstein's scheinen mehr als sonst en vogue, ich sehe es daran, daß Bentheim alle Abend dort seine Parthie macht, ich hoffe ihn heute Abend dort zu sehen. Alle diese Leute werden uns äußerst freundlich und gewogen sein. Sie werden uns ein angenehmer, exoterischer Umgang sein."[47]

Zu Aristokratie und Diplomatie kommt während des Wiener Kongresses auch die hohe katholische Geistlichkeit, sogar der Wiener Nuntius Severoli tritt über die Schwelle des Hauses Arnstein. Stägemann berichtet nach Berlin: „Um acht Uhr abends fuhr ich zu Arnsteins, wohin zu unser aller Verwunderung der Kardinal Consalvi und der Nuntius kamen. Sie unterhielten sich mit den Damen sehr artig einige Stunden lang. Ihre Erscheinung gab besonders der Madame Ephraim zu manchem Bonmot Anlaß, und die Grafin Engel mußte viel leiden. Ich vermute doch, daß sie das Haus für getauft halten."[48] Die hohe Geistlichkeit erscheint wiederholt im Arnsteinschen Palais zum Souper oder zu einem Konzert mit Limonade, Mandelmilch und Eis.

Fanny und Nathan von Arnstein geben ein äußerst prunkvolles Fest im öffentlichen Ballsaal „auf der Mehlgrube", das Nathan als Wiens erster Finanzmann dem Kongress seiner Meinung nach schuldig ist – sein Palais ist für diese pompöse Einladung nicht groß genug. Graf Auguste de la Garde berichtet in seinen Memoiren darüber Folgendes:

„Der Baron Arnstein hatte sozusagen sich selbst übertroffen. Die seltensten Blumen aus allen Klimaten schmückten die Treppen,

Zu Gast bei den Arnsteins: Preußens Staatskanzler Karl August von Hardenberg. Gemälde von Friedrich Georg Weitsch.

die Salons und die Tanzsäle mit reichstem Farbenglanze und herrlichem Dufte. Tausende von Kerzen und Spiegeln, Gold und Seide prangten überall. Eine ausgezeichnete Musik, wie man sie damals nur in Wien hören konnte, bezauberte das Ohr. Die vornehmste Gesellschaft von Wien drängte sich in den Salon, alle einflußreichen Personen des Kongresses, alle Fremde von Rang, alle Häupter der fürstlichen Häuser waren anwesend. Es fehlten eigentlich nur noch die Souveräne. Das Auge fand entzückt alle die reizenden Frauen wieder, in deren Besitz Wien seinen Stolz setzte, und die die Seele und der schönste Schmuck dieser ausgezeichneten Feste waren. Mitten unter diesen aristokratischen Schönheiten glänzte, ohne die Konkurrenz zu fürchten, die Baronin Fanny Arnstein, mit Unermüdlichkeit den Fremden entgegenkommend, und Madame Geymüller mit dem ätherischen Wuchse, dem zu Ehren man sie die ‚Tochter der Luft' nannte.
Die Soiree begann mit einem Konzert. Man braucht darüber nur zu sagen, daß es von den ersten Künstlern Wiens ausgeführt wurde. Auf das Konzert folgte ein Ball und dem Balle ein Souper, bei dem der Baron sich ein Vergnügen daraus gemacht zu haben schien, alle Jahreszeiten und alle Entfernungen als nicht vorhanden darzustellen. Er hatte die Erzeugnisse aller Länder und aller Breitengrade vereinigt. Die Säle waren mit Bäumen geschmückt, die mit reichen Früchten beladen hingen. Es nahm sich merkwürdig

aus, mitten im Winter, wie in einem Garten der Provence, Kirschen, Pfirsiche und Aprikosen pflücken zu sehen.
Endlich zogen wir uns zurück, weniger erstaunt über die unerschöpfliche Abwechslung der Wunder, als über die unersättliche Begierde nach Vergnügungen."[49]
In Fannys Salon wird Politik gemacht. Polizeiagenten und Spitzel aus den höchsten Kreisen berichten über Fanny und ihre Gäste. Geheimberichte geben Auskunft über ihre Aktivitäten, besonders im Hinblick auf Preußen.
Tief enttäuscht ist man im Salon, als Napoleon aus der Verbannung nach Paris zurückkehrt. Trotz mancher kolportierter scharfer Worte bleibt Fanny auch in dieser Zeit „die unermüdliche, lebenssprühende Gastgeberin".
Doch dann ist die „große Schlacht" geschlagen und der Wiener Kongress zu Ende. Am Tage darauf setzt allmählich in Österreich die Restauration ein und kulturgeschichtlich die bedeutsame Epoche des Biedermeier.
Die letzen Jahre ihres glanzvollen Lebens verbringt Fanny auf Reisen und an ihrem Wohnsitz in Baden bei Wien. „Das kleine Baden war der rechte Ort, um den Übergang in das biedermeierliche Wohlbehagen zu finden."[50] Rahel Varnhagen zieht zwei Monate nach Baden, Fannys Tochter „Jettchen Pereira" ist ihr sehr ans Herz gewachsen. Ein Kreis teils Adeliger findet sich im Haus der Arnsteins ein und es werden auch Partien unternommen zum Landhaus des Grafen

Der Schriftsteller und Philosoph Friedrich Schlegel. Porträt von Franz Gareis, 1801.

In der Familie „Jettchen“ genannt: Henriette von Arnstein-Pereira. Lithografie von Joseph Kriehuber, 1841.

Fries in Vöslau und zum Schloss Schönau zu dem alten Baron Braun.[51]

Elegant ist die Gesellschaft in Baden. Napoleons Gattin wohnt dort, ihre Leidenschaft für Graf Neipperg ist ein gehütetes Geheimnis, sie heiratet ihn später.

Baden hat ein „reizendes Schauspielhaus“, das beste Theater der Kurbäder, vornehmes Publikum und ein Casino, in dem am Sonntag Bälle stattfinden. Langweilt man sich, fährt man zur Abwechslung nach Wien auf den Braunhirschengrund und besucht Freunde. Am Abend kehrt man zu später Stunde zurück nach Baden. Rahel schreibt an ihren Mann: „Den Abend verlebten wir dann vor der Arnstein ihrem Bette. Ich bin immer lustig.“[52]

Am Tag muss man sich einmal umkleiden, weiß Rahel Varnhagen zu berichten: „Zum Thee hat unsere Wirthin ganz Baden, sie nennt es Assemblée in Krähwinkel; dazu muß eine besondere Toilette.“[53]

Rahel ist bei den Arnsteinschen Damen beliebt, die mit ihr in Richtung Paris reisen wollen. Fanny ist rastlos, Varnhagen berichtet darüber später spöttisch aus Rahels Erzählungen: „Frau von Arnstein war in Frankfurt kaum angekommen, als sie schon ganz verzweifelte, wie und wo sie ihren Tag zubringen sollte. Sie überschüttete Rahel mit ihren liebkosenden Klagen und als sie Doren sah, fiel sie der weinend um den Hals, und rief immer: ‚Dore, liebe Dore! Können Sie mir nicht sagen, warum ich gereist bin! Ach,

sagen Sie mir doch, warum reise ich! Kinder, wisst ihr's denn nicht? Ich weiß gar keine Ursache mehr!' Welches sich alles unendlich komisch und doch nebenher wahrhaft traurig anhörte."[54]
Dieser Bericht sei erbarmungslos, meint Hilde Spiel, doch „vermittelt er Fannys besonderen Reiz, ihre sprunghafte, übersprudelnde Laune, ihre kindhafte, dennoch nicht ganz unbewußte, ja leicht gestellte Zerfahrenheit, den jähen Wechsel zwischen Lachen und Weinen, die Aura der vielbeschäftigten, geistesabwesenden, zugleich überschwenglich herzlichen Frau – eine Ausstrahlung, die sie mit vielen großen Damen und Künstlerinnen teilte. Man vermeint, sie vor sich zu sehen: schlank und agil, die vorquellenden blauen Augen immer noch schön im gealterten Gesicht, mit wehendem Reisekleid, Rahel liebkosend, deren Jungfer umarmend, Anteilnahme heischend von aller Welt, verwirrt, zerrüttet von allzu viel Geselligkeit, von ihrem eigenen rastlosen Gemüt, dann wieder begeistert über Rahels trockenen Witz, unter Tränen sich ausschüttend über deren Bonmots, nach Stille, Einsamkeit, Ruhe dürstend und dennoch unaufhaltsam getrieben, die Runde der Frankfurter Häuser zu machen, zu Otterstedts und Hügels, zu Joseph Mendellsohns Frau zu laufen, die sich unerträglich altdeutsch trug, zur Familie Hertz, den von Hamburg hierher verpflanzten jüdischen Patriziern."[55]
Sie stirbt am 8. Juni 1818 an einer Lungenentzündung und wird am Jüdischen Friedhof in Wien-Währing bestattet. Ihr Wirken ist in das Selbstverständnis des Bürgertums eingegangen und lebt fort.

KAROLINE PICHLER (1769–1843)

„Zusammenkünfte des vernünftigen Teils der Stadt" nennt der Aufklärer Joseph von Sonnenfels die kleine Zahl der Salons Intellektueller. Karoline Pichlers Haus gehört dazu. Ab 1802 führt sie nicht nur den Salon ihrer Mutter weiter, sondern wird später auch zur gefeierten Dichterin. Ihrem Vater, Hofrat Franz Sales von Greiner, einem hohen Hofbeamten mit Zivilcourage und kompromisslosem Einsatz, verdankt Karoline ihre Liebe zur Kunst.

Bereits im Alter von acht Jahren spielt Karoline Klavier und rezitiert Gedichte vor Publikum. Sie und ihr Bruder Karl verbringen eine unbeschwerte Kindheit und Jugend in einem wohlhabenden Bürgerhaus. Für Karoline ist der Salon ihrer Mutter von klein auf Lebenszentrum. Die Kinder dürfen an der Unterhaltung der Erwachsenen teilnehmen und Theaterstücke aufführen. Dazwischen vergnügen sie sich im Nebenzimmer mit Freunden, die regelmäßig kommen. Die jungen Leute lieben Pfänderspiele, besonders dann, wenn das Pfand mit Küssen ausgelöst wird.

Offiziell besucht Charlotte die Kaiserin am Neujahrstag, als Frau eines höheren Staatsbeamten gekleidet in schweren weißen Seidenstoff. Aber sie fährt auch nach Schönbrunn oder Laxenburg, um, häufig von ihren Kindern begleitet, der Kaiserin aufzuwarten. Tochter Karoline erinnert sich: „So sah ich denn den glänzenden Hof der regierenden Frau, sie und viele ihrer schönen Kinder, die damaligen Erzherzoge Max und Ferdinand, die Erzherzoginnen Marianne, Christine, Elisabeth usw. oft. Lebhaft steht die Gestalt der großen Frau vor mir, die, trotz ihres vorgerückten Alters und ihrer durch die Blattern damals ganz zerstörten Schönheit, eine

Zeit ihres Lebens fröhlich und tolerant: Karoline Pichler. Pastellbildnis von Gabriele Beyer, 1786.

Majestät mit Huld und Freundlichkeit verbunden, besaß, welche unwiderstehlich anzog. Wie manches Mal redete sie freundlich zu mir, ließ sich herab, mir Spielzeug zu schenken und dessen Gebrauch zu zeigen."[1]

Die gesellschaftlichen Ereignisse im Hause Greiner sind über das ganze Jahr verteilt. „Die theatralischen Vorstellungen begannen, so wie wir vom Lande zurückgekehrt waren; dann kamen die wöchentlichen Quartetten während des Advents an die Reihe. Im Karneval lösten ebenso wöchentliche Picknicks unter unserer näheren Bekanntschaft die Quartetten ab, die mit der Fastenzeit wieder eintraten, und nach Ostern wurde das Theater abermals aufgerichtet und fortgespielt, bis es Zeit war, aufs Land zu ziehen."[2]

„Unsere Gesellschaft teilte sich nämlich in zwei ziemlich gleiche Hälften", schreibt Karoline weiter, „und jede Partie stellte abwechselnd irgendeine Szene aus einem bekannten Theaterstück, aus der Profan- oder heiligen Geschichte oder der Mythologie pantomimisch dar. Die zur Verständigung nötigen Kostüme und Requisiten wurden, so gut sich es tun ließ, aus den nächsten Umgebungen herbeigeschafft; denn eine Hauptsache war, daß die Zubereitungen nicht zu viel Zeit hinwegnahmen und möglichst viele Geschichten in einem Abend aufgeführt werden konnten. Wir nannten es auch Geschichten spielen. Aus dem Bornschen Hause, welches bald darauf durch den Tod des ausgezeichneten Mannes und durch den zerrütteten Zustand, in dem er sein Vermögen hinterließ, sich aufgelöst hatte, verpflanzte sich jenes Spiel in unser Haus. Jeden Montag kam eine zahlreiche Gesellschaft junger Leute bei uns zusammen. Ihre Eltern und auch andere Personen fanden sich mit ihnen ein, und unterhielten sich recht gut, indem sie unserm Spiele zusahen. Verschiedene freundlich gesinnte Zuseher spendeten uns allerlei Gerätschaften, Maskenanzüge, Waffen, Helme, Lanzen, Mäntel usw., und es bildete sich eine hübsche Theatergarderobe, in der sich denn die auftretenden Personen ganz leidlich und kenntlich ausnahmen. Ein großer Schritt zur Vervollkommnung dieser Spiele wurde dadurch gemacht, dass die Geschichten nicht mehr pantomimisch und sukzessive wie früher, sondern auf einmal in einem glücklich oder unglücklich gewählten Moment als Tableau dargestellt wurden, wodurch mancher Ungeschicklichkeit, und manchem lächerlichen Mißgriff der darstellenden Personen vorgebeugt wurde. Nach und nach wurde auch auf Gruppierung, Beleuchtung, Effekt geachtet, und diese Darstellungen bekamen dadurch ein immer lebhafteres Interesse für die Spielenden sowohl als für die Zuseher, welche sich stets in größerer Menge einfanden."[3]

Die Jugend im Salon spielt also ausgesprochen gerne Theater. Karoline und ihr Bruder planen, Hauskomödien, eine sehr beliebte Unterhaltung, aufzuführen, und bald sammeln sich interessierte Laienschauspieler um sie. Anton Bernhard Eberl, ein kleiner Beamter, übernimmt in der Truppe die Rolle des ersten Liebhabers. Johann Baptist von Alxinger führt Regie und verkörpert Rollen wie junge Ehemänner, launische Charaktere, komische oder Charakterrollen. Karolines Bruder begeistert als komischer Bedienter, als zweiter Liebhaber. Karolines Fach ist das der munteren Jugendlichen, des schnippischen, koketten Mädchens oder der Soubrette. Joseph II. ist gegen die Sucht des Theaterspiels. Hofrat Greiner setzt sich mit Zivilcourage für die Privattheater ein. Ende des 18. Jahrhunderts gibt es in Wien 84 davon. Die Schauspielerei ist den Bürgern oft wichtiger als der Brotberuf. Im Jahr 1801 erlässt man ein Verbot der Haustheater. Doch wie vieles in Wien wird das Gebot nicht befolgt, auch nicht im Hause Greiner. Dort hat man bald ein fixes Theater eingerichtet, und der Salon gehört den Musikabenden des Hausherrn oder kleinen Picknicks im Fasching.

Um Karolines Bruder Franz entsteht ein Zirkel junger Leute. Dazu Karoline: „Mein Bruder hatte um diese Zeit mit seinen Gefährten im Bureau, mit Herrn Eberl und noch ein paar jungen Männern den Plan zu einer Art von literarischem Verein entworfen, in welchem Aufsätze über mancherlei Gegenstände geschrieben, diese gegenseitig vorgelesen, beurteilt und auch bei Gelegenheit Reden aus dem Stegreife gehalten werden sollten; denn die französische Revolution, das Repräsentativsystem und die öffentlichen Reden beschäftigten die Geister der meisten und gerade der bessern jungen Leute."[4]

Ziel und Zweck der Vereinigung ist die „gegenseitige Ausbildung und Vervollkommnung zu ihrer künftigen Laufbahn"[5]. Für die Zusammenkünfte eignen sich am besten die Räumlichkeiten im Hause Greiner. Man trifft sich dort an Samstagen nach Büroschluss. Auch Karoline muss einige Aufsätze gelesen haben, denn sie kennt die Themenkreise, die behandelt werden: „Allmählich stieg in mir der Gedanke auf, mich ebenfalls auf dieser Bahn zu versuchen und ohne, wie es sich versteht, persönlich zu erscheinen, ja auch ohne meinen Namen zu nennen, über einige der Aufgaben, die meiner Fassungskraft sowie meinem Geschlecht zusagten, ebenfalls kleine Aufsätze zu schreiben. Diese übergab ich meinem Bruder, der sie nebst den seinigen vorlas, wenn die jungen Herren sich bei ihm versammelten, und ein paarmal ließ sich sogar meine Mutter herbei, ungenannterweise an dieser Geistesübung teilzunehmen."[6]

Der Geist der heranwachsenden Karoline wird durch die Gespräche der gebildeten Persönlichkeiten im Salon ihrer Mutter geformt. Durch die Ideen der Aufklärung werden auch Zweifel am Glauben ausgelöst, später wird sie jedoch wieder tief religiös. Dennoch erhält sie sich ihr fröhliches und tolerantes Wesen zeitlebens. Im Jahr 1796 heiratet Karoline, mittlerweile 27 Jahre alt, einen Kollegen ihres Bruders, den Beamten Andreas Pichler: „Unter den Mitarbeitern befand sich nämlich jener junge Mann, der in meines Vaters Bureau arbeitete, längst von mir mit Auszeichnung war bemerkt worden und mich zum Gegenstande einer stillen, ehrfurchtsvollen, aber innigen und edlen Zuneigung erwählt hatte. Sonderbar genug fand es sich, daß, wenn die sechs bis sieben Mitglieder jenes Vereins ihre Meinungen über denselben Gegenstand meist sehr verschieden, ja oft entgegengesetzt äußerten, Pichlers (dies war der Name jenes jungen Mannes) Aufsätze mit denen des Unbekannten (unter welcher Bezeichnung ich schrieb) in Ansicht und Beurteilung meist vollkommen zusammen trafen. Daß vorher darüber zwischen uns nicht gesprochen wurde, versteht sich von selbst; denn ich sollte ja mein Incognito behalten; es war also wirklich Übereinstimmung der Seelen, die sich durch dieses Mittel wahrhaft und offen zeigte."[7]

Andreas Pichler und Karoline kommen einander näher. „Pichler wurde mir immer werter, und ich fühlte wohl, wie sehr mit seiner vermehrten Achtung für meinen Geist, auch seine Empfindung für mich lebendiger wurde. So entwickelte, vermehrte und stärkte sich unsere wechselseitige Neigung und ward zuletzt zum unauflöslichen Seelenbande."[8]

Andreas Eugen Pichler kommt am 3. März 1764 als Sohn des Hausbesitzers und Gastwirts Ulrich Josef Pichler und seiner Frau Maria Theresia, geborene Bodenreiter, am Spittelberg – er wird später ein Teil des 7. Wiener Bezirks – zur Welt. Andreas geht bei den Piaristen in die Schule und studiert danach an der Universität Wien Jus. Daneben praktiziert er bei Joseph von Sonnenfels, der ihn sehr schätzt und den Pichler seinerseits sehr verehrt. Sonnenfels wird bei seiner Hochzeit mit Karoline Beistand.

Pichler schließt seine Studien ab, wird zunächst „Konzeptpraktikant", dann „Accessist", „Hofkonzipist", bis er 1796 schließlich zum „Regierungssekretär" ernannt wird.[9] Seine Karriere bei der „Niederösterreichischen Regierung" verläuft äußerst erfolgreich. 1802 wird er zum Regierungsrat ernannt und der „Wohlfeilheitshofkommission" zugezogen, später wird er als Referent für das „Wohlfahrtwesen" – die Versorgung Wiens mit Lebensmitteln und Holz – zuständig. Weitere Aufgaben folgen.[10]

Andreas Pichler wird für seine Frau zum „wohlwollenden Beurteiler" ihrer Werke. Er unterstützt Karoline dabei, ihre *Gleichnisse*

zu veröffentlichen, und hilft ihr damit, den Grundstein für ihren Weg als Schriftstellerin zu legen. Seiner Schwiegermutter Charlotte gegenüber verhält sich Pichler tolerant und vermeidet Streit, was ihm Karoline sehr dankt. Im Jahr 1797 kommt Andreas' und Karolines einzige Tochter Lotte zur Welt. Im Alter von 73 Jahren stirbt Andreas Pichler, der in Baden bei Wien beigesetzt wird.
Die Hochzeit Karoline Greiners mit Andreas Pichler wird auf den 25. Mai 1796 festgelegt, Kranzljungfern und Trauzeugen werden gewählt. Das Wetter ist frühlingshaft und strahlend, im Haus der Braut herrschen Unruhe, Spannung und geschäftiges Treiben bei den letzten Vorbereitungen.
Am Abend erscheinen die Hochzeitsgäste. Karoline weint vor Aufregung und Freude, weniger aus Rührung bei der Trauungszeremonie, die ihr Schwager, der Priester ist, vollzieht. Eine Überraschung wartet auf das Brautpaar im Garten. Musizierend nähert sich der Zug mit Karolines Schauspiel- und Opernkollegen aus dem Haus der Familie Paradis. Die ländlich gekleideten Männer und Frauen übergeben dem Brautpaar Körbchen mit Miniaturen der Hauseinrichtung und singen im Chor. So ist aus dem stillen Fest ein rauschendes geworden.
Zunächst lebt das Paar mit den Eltern Karolines im gemeinsamen Haushalt. Das Landhaus der Greiners in Hernals, Nummer 88, später Nummer 151, verfügt über rund zwanzig Zimmer und einen großen Garten. Viele Kindheits- und Jugenderinnerungen verbindet Karoline mit diesem Haus, das nach dem Tod des Vaters verkauft werden muss, da das Einkommen der jungen Familie für die Erhaltung nicht ausreicht.
Die Familie zieht 1799 in das neue Haus in der Alser Vorstadt ein. „Wir bezogen es im Frühling und versprachen uns viel von der reinen Luft, von dem Leben im Garten für unsere Kranke. Dieser Garten war aber in einem Zustande völliger Verwilderung, obgleich reich mit schönen exotischen Bäumen und Sträuchern und mitunter auch edlem Obst besetzt."[11] Der vorige Besitzer, ein Arzt,

hat ihn modern gestaltet, ist aber plötzlich verstorben und der Garten ist verwildert.
Im selben Jahr, am 12. Dezember 1799, stirbt die oben zitierte Kranke, Karolines Schwägerin Marie. Franz ist untröstlich. Nur wenige Jahre später, am 17. März 1804, stirbt auch er.
In Karolines Salon verkehrten viele Persönlichkeiten, die noch

Anno 1799 zieht die Familie Pichler vom Landhaus in Hernals in das neue Haus in der Alser Vorstadt, Alser Straße 25.

heute weltbekannt sind: die Brüder August Wilhelm und Friedrich Schlegel, Anna Louise Germaine de Staël-Holstein, genannt Madame de Staël, die Geschwister Brentano, Ludwig Tieck, Franz Grillparzer, Ferdinand Raimund – um einige Namen zu nennen. Interessanterweise vertritt sie die Meinung, dass ein Künstler nicht von seiner Kunst leben, sondern einen Brotberuf haben soll. Das ist verständlich, denn im Salon ihrer Mutter wie auch in ihrem eigenen verkehren viele Literaten und „Musensöhne", die einer Erwerbstätigkeit nachgehen und ihre Künste in der Freizeit ausüben. So ist ein Vorbild entstanden.

Der künstlerische Ausdruck der Klassik ist Karolines Stil, die Romantik jedoch bleibt ihr fremd, obwohl sie sich deren Einfluss nicht entziehen kann. Von Jugend an ist sie geprägt von Klopstock, Herder, Seneca, dem Goethe-Kult der Zeit hängt sie wie selbstverständlich an. Anders als ihre Mutter urteilt Karoline nach dem Gefühl, nicht nach dem Verstand. So bezeichnet sie sich als „das einfachste, fröhlichste Wesen, dem nichts fremd erscheint, als Erhabenheit und Ernst". Ihrer Freundin Therese Huber gesteht sie: „Ich habe gar nichts pikantes, interessantes, grandioses, romantisches und wie alle die Phrasen heißen, mit denen man jetzt einen bedeutenden Charakter schildern will, an mir. Ich erscheine in Gesellschaft wie jede andere Hausfrau, ja ich will nicht anders erscheinen."[12]

Karoline ist misstrauisch intellektuellen Frauen gegenüber, die nicht hinter ihren Pflichten als Gattin, Mutter und Hausfrau stehen. Allerdings bewundert sie die Frau des berühmten Naturforschers Johann Christian Mikan, die ihren Mann bei seinen Forschungsreisen in die Wildnis Südamerikas begleitet. Karoline versteht zwar Frauen nicht, die sich von ihren Männern trennen, dennoch verfestigt sich ihre Ansicht, sie sollen sich von ihren Männern nicht mehr unterdrücken lassen. Sie möchte alle ihre Schwestern fragen, „ob sie sich in dem natürlichen Verhältnisse von Abhängigkeit und Unterordnung (nicht Erniedrigung und sklavischem Gehorsam) gegen ihre Männer nicht glücklich fühlen und an keine Emanzipation denken würden, wenn die Männer es verstünden, recht eigentlich Männer zu sein".[13]

Karoline sieht ihre eigenen Dichtungen als Erfüllung, aber nicht als Beruf. Es ist ihr Erfolg als Dichterin, der sie einen eigenen Salon gründen lässt, jedoch im Schatten der Mutter, welche sie, bis zu ihrem Tod, an sich zu binden weiß.

Der Beginn von Karolines eigenem Salon ist etwa im Jahr 1800 anzusetzen. Man wohnt bereits in der Alser Vorstadt. Familien von Stand aus der näheren Umgebung und Mieter aus dem ersten Stock treffen einander regelmäßig bei Karoline: „Im Herbst bezog eine sehr würdige Familie, die Witwe eines ungarischen Hofrates, Frau von Wlassics mit ihren Söhnen und einer, bereits an einen Cousin, der sich ebenfalls Wlassics nannte, verheirateten Stieftochter, die Wohnung im obern Stocke unsers Hauses, und ganz in unserer Nähe mietete sich ihre Schwester ein, die an den nachmals durch verschiedene seltsame Schicksale bekannt gewordenen Baron von Geramb verheiratet war. Jetzt bildete sich für uns ein recht angenehmes, geselliges Leben. So wie es Abend wurde, kamen die beiden Frauen, welche bei uns wohnten, mit ihrer Arbeit zu uns herab, etwas später kehrten Herr von Wlassics und mein Mann aus ihren Bureaus nach Hause, und nun lasen uns die Herren, oder vielmehr meistens Pichler, die neuesten Erscheinungen der damaligen Literatur vor, Lafontaines Romane, eine zu jener Zeit sehr geschätzte Lektüre, oder wenn etwas noch Höherstrahlendes aus Schillers oder Goethes Feder geflossen, vor ganz Deutschland neu erglänzte. Die Knaben der Witwe, ihre Neffen, die Kinder eben jenes Barons Geramb und meine kleine Lotte spielten neben uns, und so vergingen uns die Abende still und genußreich."[14] Diese Geselligkeiten finden ein Ende, als die Familie Wlassics fortzieht.

Noch scheuen die meisten früheren Bekannten den Weg in das neue Haus der Greiners und Pichlers: „Wir brachten den Winter fast ohne allen Umgang zu; denn wenn jetzt noch die meisten Bewohner der innern Stadt den Weg in die Vorstädte scheuen, und das Glacis für viele ein nicht zu überschreitender Ozean ist, dessen Stürmen und Fährlichkeiten sie sich im Winter kaum auszusetzen wagen, wenn nicht eine sehr lockende Unterhaltung sie dazu reizt und für die Beschwerlichkeiten einer solchen Fahrt entschädigt, so kann man sich vorstellen, wie das vor mehr als vierzig Jahren war."[15]

Bisweilen fahren die Eheleute in die Stadt, um den Abend bei Freunden zu verbringen oder ins Theater zu gehen. Häufig sind sie aber allein, wobei der Hausherr vorliest, während Charlotte strickt und Karoline am Spinnrad sitzt, ihre Tochter schläft und ihr Bruder ausgeht. „Dennoch hatte auch dies sehr stille Leben, so auffallend es gegen das gesellige Geräusch in meines Vaters Hause abstach, und vielleicht eben des Kontrastes wegen, einen großen Reiz für mich … Kam dann manchmal ein unvermuteter Besuch aus der Stadt, so wurde er mit großer Freude empfangen, nach Neuigkeiten befragt, wenn es ein Freund war, mit Pichler politisiert, und so verstrichen die stürmischen Abende wie auf dem Lande still und behaglich, bis endlich der Winter, in jenem Jahre etwas spät, dem Frühlinge wich und nun die Arbeiten im Garten, um ihn neu anzulegen, beginnen konnten."[16]

Durch die Veröffentlichung der *Gleichnisse* wird Karoline als Schriftstellerin berühmt. Daneben verfasst sie historische Romane, Erzählungen und Essays zu aktuellen Themen. Ihre umfangreiche Biografie *Denkwürdigkeiten aus meinem Leben* umfasst vier Bände und gibt einen tiefen Einblick in das Leben dieser Epoche. Andreas Pichler nimmt regen Anteil an den literarischen Arbeiten Karolines. Er ist ihr erster Leser. Auch ermutigt er sie, Dramatisches für das Theater zu schreiben. Dazu verwendet sie einen Stoff aus der römischen Antike, den sie zu einer Tragödie gestaltet. Das Stück wird anonym aufgeführt und erlebt einige Vorstellungen.

Freunde und Bekannte der Mutter finden sich in den wachsenden

Im Hof des Hauses Alser Straße 25: Der Garten war in einem „Zustand völliger Verwilderung".

Kreis von Kunst- und Literaturinteressierten ein. Nach und nach lernen sie weitere Familien, so auch eine aus Heidelberg, kennen und sammeln einen Kreis Gleichgesinnter um sich. „Unser Haus wurde bald der allgemeine Vereinigungspunkt dieses ganzen Kreises, da die andern Familien teils durch die Beschaffenheit ihrer kleinern Wohnungen, teils durch Kränklichkeiten eines oder des andern Mitgliedes, teils endlich durch eigenen Geschmack sich nicht dazu geneigt fanden, jeden Abend zu Hause zu bleiben und Gesellschaft bei sich zu empfangen."[17]

Diese Lebensweise war durch die Übersiedlung in die Vorstadt einige Jahre unterbrochen worden, jetzt bot sich die Möglichkeit wieder. Selbstverständlich hat Charlotte Greiner offiziell den Vorsitz des Salons, aber Karoline ist sein geistiges Zentrum.

Im Winter 1801/02 führt Lorenz Leopold Haschka den Verfasser der *Geschichte der gefürsteten Grafschaft Tirol*, Joseph Freiherr von Hormayr, bei Karoline ein und sammelt patriotisch-traditionell denkende Kräfte um sich. Unter dem Einfluss Hormayrs nimmt sich Karoline Themen der „vaterländischen Geschichte" an. Auch andere Gäste wirken auf sie ein wie die Brüder Heinrich Joseph und Matthäus von Collin, der Geschichtsschreiber Julius Schneller, Karl Streckfuß, Joseph von Hammer-Purgstall, später der Dichter Theodor Körner (durch ihn ergab sich eine immer stärker werdende Verbindung zu anderen bedeutenden Salons wie jenen von Flies oder Pereira-Arnstein), die Brüder August Wilhelm und Friedrich Schlegel, Joseph Schreyvogel und in späterer Zeit auch Franz Grillparzer.

Zu den neuen Gästen zur Zeit des Wiener Kongresses zählen Frau von Wolzogen, die Schwägerin Schillers, und zwei Verleger, Johann Friedrich Cotta und Friedrich Fleischer. Im Jahr 1808 übersiedeln Dorothea Schlegel und ihr Mann Friedrich von Köln nach Wien. Dorothea wird eine der engsten Freundinnen Karolines und zieht später in eine leer gewordene Wohnung in deren Haus.

Karoline Pichler besitzt Humor, ihre „moralische" Lebensanschauung wirkt entwaffnend und von ihren Gästen wird sie geschätzt und geliebt. Ohne Vorbehalt nimmt sie jeden empfohlenen Gast in ihrem Salon auf. Ihre mütterliche Art unterscheidet sie von der kühlen Charlotte. Im Wesen schlägt Karoline mehr nach der Familie ihres Vaters.

Die Abendgesellschaften finden zunächst jeden Mittwoch im Pichlerschen Salon, später zweimal pro Woche am Dienstag und am Donnerstag um sieben Uhr abends statt. Wie schon bei Karolines Eltern üblich müssen Gäste durch Freunde des Hauses persönlich eingeführt werden oder von ihnen ein Empfehlungsschreiben vorweisen können. Pünktlichkeit ist wichtig. Kurz vor dem Schließen der Haustore um zehn Uhr verabschieden sich die Gäste.[18]

„Damals bildete sich gar ein schönes geistiges Leben um uns. Collin, Hormayr, Haschka, Köderl, Schneller und noch einige andere schriftstellernde Herren besuchten fleißig unser Haus, in welchem sich jeden Abend auch jene gebildeten Frauen mit ihren Familien einfanden, deren ich früher erwähnt. Gemeinschaftliche Lektüre der besten, eben damals erscheinenden Stücke von Goethe, Schiller, Werner usw. mit ausgeteilten Rollen, Musik, gesellschaftliche

Spiele, im Fasching auch wohl zuweilen ein Tänzchen, das bei uns oder einer unserer Freundinnen statthatte, füllten unsere Abende aufs angenehmste aus."[19] Hormayr will begeistert „Geschichte aus der Stube der Gelehrten in das Leben und die Herzen der Staatsbürger bringen"[20]. Karoline beabsichtigt, für ihre Werke ab nun „heimatliche Stoffe" zu verwenden.

Im Salon ist als sehr angesehener Gast Joseph Köderl häufig anzutreffen. Seit 1803 ist er zweiter Bücherrevisor, zuvor studierte er Philosophie und Jus an der Universität Wien. Köderl steht mit vielen Literaten Wiens in Kontakt und führt 1804 Julius Schneller, Professor für Geschichte am Linzer Lyzeum und „Geschichtenschreiber", in den Salon Pichler ein. Schneller, damals 27 Jahre alt und noch wenig bekannt, ist beliebt und integriert sich rasch.

Im selben Jahr tritt an einem schönen Sommerabend der junge Dichter Karl Streckfuß in den Kreis ein. Der 26-jährige, schlanke, hoch gewachsene junge Mann mit blonden Locken und blauen Augen ist Hofmeister in einem Bankierhaus, Übersetzer von Dante und Ariost, noch unbekannt als Dichter – und Karoline sofort mehr als sympathisch. Sie ist von ihm begeistert wie auch von dem Tiroler Joseph Hormayr, den Lorenz Leopold Haschka drei Jahre zuvor in ihren Salon eingeführt hat. Er ist bereits über die Grenzen Österreichs hinaus bekannt.

Diese Männer beeinflussen Karolines dichterisches Schaffen. „Ich hatte früher bereits einige Idyllen geschrieben. Haschka, dem ich so vieles verdanke, was meine literarische Ausbildung vervollkommnete, und bei dem ich mir über meine Arbeiten gern Rats holte, hatte mir, mit sehr triftigen Gründen, vorgeschlagen, den Stoff zu einigen Idyllen aus der Bibel, das heißt aus der Zeit der Patriarchen zu nehmen."[21] So vergeht die Zeit äußerst angenehm. Oft verbringt man die Abende musizierend. Frau von Kempelen spielt meisterhaft Klavier, Streckfuß singt mit angenehmer Stimme.[22] Karoline weiter: „Ich besaß ein seltenes, aber sehr vorzügliches Instrument, organisiertes Fortepiano genannt, das zu-

Dorothea Schlegel, die Lebensgefährtin und spätere Ehefrau von Friedrich Schlegel. Porträt von Anton Graff, um 1790.

gleich Klavier und Positiv war, und das man auf jede dieser Arten einzeln oder auch zusammen benützen konnte, was denn einen sehr angenehmen Effekt machte, wenn der melodische Hauch der Orgelpfeifen sich mit den Saitenklängen des Fortepiano verband."[23]

Wie ein Paukenschlag wirkt am 2. Dezember 1804 die Selbstkrönung Napoleons zum Kaiser der Franzosen. Der Krieg lässt nicht lange auf sich warten, auch Wien wird nicht verschont. Die Franzosen besetzen am 14. Dezember 1805 die Stadt. Schon am darauffolgenden Tag werden im Pichler'schen Hause französische Offiziere einquartiert. Es kommt bei Tisch zu Gesprächen zwischen den französischen Besatzern und den unfreiwilligen Gastgebern. Nach einigen Tagen lösen holländische Offiziere die französischen ab. Nach der Schlacht bei Austerlitz, später „Dreikaiserschlacht" genannt, müssen die Pichlers Verwundete in ihrem Haus einquartieren. Der französische Stabsoffizier Guy erhält Zutritt zu Pichlers Abendkreis. Guy, ein Musikliebhaber, und Antonie von Kempelen, die Gemahlin eines Jugendfreundes von Karoline und ihrem Bruder, verlieben sich. Auch Streckfuß verehrt Kempelen, die hervorragend auf Karolines Klavier zu spielen weiß.

Mit dem Frieden von Preßburg zieht die französische Besatzung ab, Kaiser Franz I. kehrt 1808 nach Wien zurück. Antonie von Kempelen verlässt ihren Mann und wird die Geliebte von Carl Kurländer, Pichlers Schwager, der ihretwegen wiederum seine Braut verlässt. Diese Geschichte verarbeitet Karoline Pichler 1817 in ihrem Roman *Frauenwürde*. Mag also die Gesellschaft nach außen hin sittsam und leidenschaftslos erscheinen, bestehend aus strickenden biederen Frauen, so ist Karolines Salon doch kein Club von Klosterschülerinnen.

Im Jahr 1807 sorgen zwei Gäste im Pichler'schen Salon für Aufsehen: Zacharias Werner und Madame de Staël. Karoline ist stolz auf ihren Kontakt zu Zacharias Werner, einen der wichtigsten Dramatiker der Zeit und Vertreter der Romantik. Sein eigenwilliges Konglomerat aus Religiosität und Sinnlichkeit lehnt sie jedoch ab. Die Religiosität der Romantik sieht Karoline als krampfhaftes Glauben an Wunder in Verbindung mit starker Sinnlichkeit. Werner ist romantischer Fundamentalist, als er in den Salon Pichler tritt. Er bleibt nur kurz in Wien und verteidigt überall seine Liebesmystik. Die wahre Liebe sei das Werk eines Augenblicks, meint Zacharias, ein Blitz. Gleichzeitig schlage er in zwei Herzen ein, entzünde und reinige sie.[24] Diese Worte flüstert er in einer lauen Julinacht Karoline zu. Sie meint, dass Liebe auf Achtung begründet sein solle. Doch der hagere Dichter beharrt darauf, dass Liebe nur von Dauer sei, wenn sie plötzlich entstehe. Leicht ironisch schreibt Karoline später, er selbst habe während seines Lebens eine ganze Reihe solcher Ewigkeiten durchlebt, und sicher sei keine die rechte gewesen. Später wird er römisch-katholischer Priester. Religiöse Themen, die er mit ihr disputieren will, lehnt sie als Diskussion in der Gesellschaft ab.

Der Romantiker Johann Ludwig Tieck. Bleistiftzeichnung von C. Vogel.

Misstrauisch ist die Salonière zunächst gegenüber den Gebrüdern Schlegel, doch Friedrich wird wenige Jahre später enger Freund des Hauses. Sie steht Menschen ablehnend gegenüber, die stets auf der Suche nach dem Neuen sind. Sie empört sich über jene, die Klopstock, Herder und Schiller nicht mehr ehren und nur mehr Goethe gelten lassen. „Im nächsten Winter wurden unsere gewöhnlichen Abendunterhaltungen fortgesetzt, und es fiel uns ein, uns doch einmal wieder im Komödienspielen zu versuchen. Zuerst wählten wir kleinere Stücke, Kotzebuesche, ein- oder zweiaktige Lustspiele: Den Mann von 40 Jahren, die Brandschatzung usw. Endlich schlug uns Hormayr vor, uns an ein bedeutendes Stück zu wagen. Der Mann von Wort, von Iffland, wurde gewählt, und auf eine Weise besetzt und gespielt, wie man es auf Haustheatern selten finden wird.“[25] Das Stück wird zu Charlottes Namenstag unter allgemeinem Beifall aufgeführt.
Der Winter und der Sommer darauf verstreichen, viele Freunde besuchen den Salon. Ein Angestellter der Staatskanzlei, Baron von Merian-Falkach, wird von Hormayr eingeführt und bleibt bis 1810 ständiger Gast: „Dieser Mann war ganz klassische Literatur, scharfsinnig, gelehrt, wahrhaft freundschaftlich, aber auch höchst eigen.“[26] Hormayr ist der Ansicht, dass eine Frau ungelehrt bleiben und nur für den Mann leben solle. Obwohl er daher gegen „weibliche Schriftstellerei“ ist, liebt er den Umgang mit Karoline Pichler und nennt ihre Mutter „eine der geistreichsten und selbständigsten Frauen ..., die nur je vorgekommen“[27]. Später wird er eine recht herrische Lebenspartnerin wählen, die ihn „unter ihrem Pantoffel“ hält.[28]
Auf der Flucht vor Napoleon weilt Germaine de Staël seit Jänner 1808 in Begleitung von August Wilhelm Schlegel in Wien. „Drei bis viermal die Woche begeben sich all die guten Leute von einem Salon zum anderen … und es ist unmöglich in diesen zahlreichen Versammlungen irgend etwas zu hören, was sich über konventionelle Phrasen erhebt.“[29] So sarkastisch beurteilt sie das Wiener Ge-

sellschaftsleben. In den Salons empfängt man sie neugierig. Sie ist häufig zu Gast bei den Arnsteins. Obwohl sie in die Häuser der Hocharistokratie geladen und von einem Salon zum anderen gereicht wird, verachtet sie die Stadt, welche ihrer Ansicht nach die akuten Probleme der Zeit nicht wahrhaben will und weiterhin Feste feiert, als wäre nichts geschehen.

Über August Wilhelm Schlegel wird vermerkt: „Im Umgange war er sehr artig, sehr geistreich, aber nicht ohne eine merkliche Beimischung von Selbstgefühl, die sich oft geltend machte, und mit allen diesen Eigenschaften und einem angenehmen Äußern, das durch einen vorteilhaften Anzug gehoben war, der Liebling vieler geistvollen, gebildeten Frauen, sowohl einheimischer als fremder, mit denen ich damals umging."[30] Madame de Staël behandelt diesen klugen, angesehenen und beliebten Mann wie einen Untergebenen. Selbstverständlich möchte auch Karoline Pichler die Bekanntschaft Madame de Staëls machen, lehnt es jedoch ab, ihr einen persönlichen Besuch abzustatten. Eine Bekannte, Frau von Nuys, übernimmt es, die beiden Damen zum Tee einzuladen und miteinander bekannt zu machen. Nachdem an diesem Abend auch Charlotte Greiner ihre Runde um sich versammelt, kann Karoline erst etwas später der Nuys'schen Einladung Folge leisten: „Als ich eintrat, war der Kreis schon eine Weile versammelt, und ich sah neben einer meiner Freundinnen, die eine große Künstlerin auf dem Klavier war, am Fortepiano eine Frau sitzen, welche ich nach allem, was ich bereits gehört – für die berühmte Dichterin erkennen mußte. Ich werde den Eindruck nicht vergessen, den mir ihre Gestalt machte. Sie war eine ziemlich große, starke Frau, über alle Jugend hinaus, mit bedeutenden, aber nicht angenehmen Zügen, deren Ausdruck – in dem vortretenden Mund und Kinne, in der ganzen etwas mohrischen Bildung – mir eine überwiegende Sinnlichkeit zu verkünden schien, und deren auffallender, ich möchte sagen gewagter Anzug Ansprüche anzeigte, welchen sowohl die Jahre als die ganze unanmutige Erscheinung nicht entsprachen."[31]

Kommt 1808 mit ihrem Bruder Clemens Brentano nach Wien: Bettina von Arnim.

Karoline kommt im Nebenzimmer mit Madame de Staël über einen Aufsatz ins Gespräch, den sie in der *Morgenpost* veröffentlicht hat. Man unterhält sich auch mit den anderen Gästen. Bald verlässt der französische Gast in Begleitung Schlegels die Gesellschaft. Über August Wilhelm Schlegels Vermittlung lädt Karoline Pichler Germaine de Staël in den Circle ihrer Mutter ein. „Als die zahlreichen Damen, welche die gewöhnliche Abendgesellschaft meiner Mutter ausmachten, vernahmen, daß Frau von Staël an jenem Mittwoch abends kommen würde, wollte jede sie sehen, wie man etwa ein fremdes Tier ansieht; denn nur wenige unter ihnen waren gebildet genug, um sich in eine Konversation mit dieser Frau einzulassen, und unter diesen, welchen es wohl nicht an Geisteskultur und Artigkeit mangelte, war doch keine der französischen Sprache so mächtig, um ein Gespräch mit Frau von Staël hinlänglich gewandt zu führen."[32]
Auch Karoline fühlt sich „geniert", obwohl sie die französische Sprache gut beherrscht. Doch es ist etwas anderes, „sich über Gedanken, Meinungen, literarische Gegenstände usw. auszusprechen, besonders einem so brillanten Geiste wie Frau von Staël gegenüber".[33]
So sitzen denn, wie Karoline dreißig Jahre später schreibt, am Aschermittwoch des Jahres 1808, „unsere Damen – unter welchen sich leider viele befanden, von denen ich noch nicht begreife, wie meine so geistvolle, hochgebildete Mutter sie fast täglich um sich

dulden konnte – in dichtgedrängter Reihe um den Teetisch, jede mit einem Strickstrumpf bewaffnet, jede fest entschlossen, und viele auch bemüßigt, eine stumme Rolle zu spielen. Es wurde sieben (die damals gewöhnliche Versammlungsstunde), es wurde halb acht Uhr, die Erwartete erschien nicht. – Von Männern … hatte ich nur Herrn von Hammer und unsern Collin für diesen Abend bekommen, und diese waren, nebst meiner Mutter, die vortrefflich Französisch sprach, die einzigen Personen, auf die ich zählen konnte, um Frau von Staël zu unterhalten, wenn sie käme. Dies geschah denn endlich um acht oder nach acht Uhr, wo sie … auf eine kurze Zeit zu mir herüber kam. Sie trat ein, und alle Blicke wendeten sich nach ihr. Ein Kleid von silbergrauem Atlas und ein Schal oder Tuch von schwarzen Spitzen darüber war ein recht passender Anzug für eine Frau von ihren Jahren, aber ein auf orientalische Art gewundener Wulst von schwarzem Samt, mit hochroten Grains d'Inde vielfach umschlungen, gab ihr etwas Höchstauffallendes, Kühnes und kleidete sie, meiner Meinung nach, bei ihren starken, männlichen Zügen und braunem Teint durchaus nicht. Sie saß neben meiner Mutter auf dem Kanapee, ich nahm meinen Platz an ihrer Seite, Schlegel, Hammer und Collin näherten sich ebenfalls, die Frauen rings um den Tisch hatten ehrerbietig gegrüßt und sich jetzt wieder niedergesetzt, um – zu stricken, wie das altenglische Lied singt:

Philis ohne Sprach und Wort,
Saß und strickte ruhig fort.

Zu Gast bei Karoline Pichler: Clemens Brentano. Zeichnung von Wilhelm Heinsel, 1819.

Joseph Freiherr von Hormayr. Stahlstich nach einer Zeichnung von Johann Peter Krafft, 1820.

Mich überfiel eine Art von Bangigkeit, so oft ich auf diese schweigsame Gesellschaft sah, die die hochberühmte Frau lautlos umgab, sie nur dann und wann mit neugierigen Blicken musternd, und mir dachte, welche Vorstellung sich Frau von Staël wohl nach diesem Abend von dem Kreis machen möchte, in dem ich lebte. Daß es nicht eigentlich meine, sondern meiner Mutter Bekannte waren, konnte ich nicht sagen und sie nicht erfahren, da ich, solange meine Mutter lebte, in diesen wie in so manchen andern Stücken mich gänzlich nach ihr richten musste.“[34]

Germaine de Staël bittet Karoline, auf dem Orgelpiano zu spielen, und spielt auch selbst. Zu Karolines Erleichterung verlässt der Gast bald den Raum und das Gespräch dreht sich eher um die Toilette der Dame als um ihren Geist. Man tratscht.

Germaine de Staëls berühmtes Werk *Über Deutschland* entsteht zwischen den Jahren 1807 und 1810. Trotz Napoleons Verbot dieses Buches – 1813 wird Germaine de Staël es in London publizieren – trägt es viel zum Verständnis der Völker untereinander bei. Als geniale Frau, Künstlerin, Dichterin und Denkerin, die sich intensiv für die Befreiung der Kunst einsetzt, wird sie in die Palais des Hochadels geladen, findet aber nicht zu allen Gastgebern ein wirklich herzliches Verhältnis, auch nicht zu den Arnsteins.

Ihr Begleiter August Wilhelm Schlegel hält Vorlesungen, die von den Gebildeten aller Stände gerne besucht werden: „Ich fand hier die Herzlichkeit besserer Zeiten mit jener liebenswürdigen Reg-

samkeit des Südens vereinigt, welche oft dem deutschen Ernst versagt ist und lebhaften Geschmack an geistiger Unterhaltung allgemein verbreitet“[35], erklärt er.
Schlegel ist häufiger Gast im Pichler'schen Salon, liest aus seinen eigenen Werken vor und hört gerne Dichterkollegen zu. Von Anfang an ist er Karoline sympathisch, die seinen literarischen Ruhm, sein Aussehen, die Manieren und Kleidung lobt. Die Damen des Kreises lieben ihn und bedauern, dass er sich Madame de Staël und ihrem befehlenden Ton beugt.
Bald übernimmt Friedrich Schlegel, der Bruder August Wilhelms, eine Diplomatenstelle in Wien und gründet die Zeitschrift *Österreichischer Beobachter*, die Politik und Literatur zum Thema hat. Seinem Bruder schreibt er: „Denn es (Österreich) ist doch der einzige Staat in der Welt, wo ich mich mit voller Neigung anschließen kann“.[36] Schlegel tritt zum Katholizismus über.
Zeitgleich mit Schlegel kommt Ludwig Tieck nach Wien und in den Pichler'schen Salon. Karoline beschreibt ihn als hübsch, schlank, mittelgroß, zirka dreißig Jahre alt. Collin will ihn als Hausdichter für das Burgtheater, vormals Nationaltheater nächst der Burg, gewinnen. Tieck schätzt Karoline als Person mehr als ihre Werke. Sie wiederum liebt seine Werke, und so entsteht ein jahrelanger Briefwechsel zwischen den beiden. Im Laufe des Jahres 1808 sind wohl die wichtigsten Vertreter der Romantik zu Gast im Salon Pichler, sogar die Geschwister Clemens und Bettina Brentano finden sich ein.

Dichterin und Denkerin: Madame Germaine de Staël. Porträt von François Gérard, um 1810.

Im Mai 1809 besetzen Napoleons Truppen Wien zum zweiten Mal. Charlotte Greiner, Karoline Pichler und ihre Familie bleiben mit einem Kreis von Freunden in ihrem Haus in der Alser Vorstadt, wo sie größere Mengen an Mehl, Hülsenfrüchten, Schmalz und Rauchfleisch als Vorräte einlagern. Napoleon lässt sich in Schönbrunn feiern. Es folgt der Sieg Erzherzog Karls bei Aspern, der von den Österreichern jedoch in weiterer Folge nicht ausgenützt werden kann.[37] Karoline Pichler: „Aber es verging ein Tag nach dem andern, und es geschah nichts. Noch immer liegt ein undurchdringliches Dunkel über den wahren, aber geheimen Beweggründen, welche damals den Erzherzog abhielten, seinen Sieg zu verfolgen, über die Donau zu setzen und unsere Peiniger aus Wien zu verjagen."[38] Nachdem Napoleon die Möglichkeit gegeben wurde, seine Truppen wieder zusammenzuziehen und zu verstärken, schlägt er die österreichische Armee vernichtend in der Schlacht bei Wagram. Kaiser Franz I. bleibt nichts anderes übrig, als am 14. Oktober 1809 den „Frieden von Schönbrunn" zu unterzeichnen.

Wie schon im Jahr 1805 werden auch bei der zweiten Besetzung Wiens durch Napoleon Franzosen im Hause Pichler einquartiert und damit zumindest zu Mittag Tischgenossen der Familie und ihrer Gäste: „Es waren meist artige, bescheidene Leute und manche darunter … sehr gebildete Leute, mit denen man ganz angenehm hätte umgehen können, wenn der Gedanke, in welchen Verhältnissen sie zu uns standen, mich wenigstens nicht immer gewaltig von dem Franzosen, dem Feinde abgestoßen hätte."[39]

Die Versorgungslage der Bevölkerung ist prekär, bis endlich aus Ungarn wieder Nahrungsmittel nach Wien gelangen. Die gesamte Alser Vorstadt wird mit dem Zivil- und Militärspital und mit Verwundeten und Genesenden in Privathäusern zu einem einzigen großen Lazarett.[40]

Karl August Varnhagen von Ense tritt 1809 als Freiwilliger in die Armee von Erzherzog Karl ein und kommt im August desselben

Jahres als französischer Kriegsgefangener nach Wien, wo er auch nach seiner Freilassung bleibt. Er wird in die Salons Arnstein, Eskeles, Pereira und Flies eingeführt, wo ihn Karoline kennenlernt. „Eines Abends trat ich bei Frau von Flies ein. – Welche Freude! Eine österreichische Offiziersschärpe hing über die Lehne des Sofa, und ein kaiserlicher Degen mit dem goldenen und schwarzen Portepee lehnte daneben. Mir ging das Herz in wehmütiger Freude auf. Wie lange hatte mein Auge diese, eben durch die Entfernung so wertgewordenen Abzeichen nicht gesehen! Ohne zu wissen, wem sie gehörte, drückte ich, da ich mich allein im Zimmer befand, die vaterländische Schärpe an meine Lippen, und begrüßte so im Geist das befreundete tapfere Heer in dem unbekannten Einzelwesen.

In das Kabinett der Frau vom Hause getreten, erblickte ich dieses bald in voller Uniform und erfuhr, daß es ein als Schriftsteller sowie überhaupt als geistreicher Mann ausgezeichneter Preuße, Herr Varnhagen war, der, wie so manche seiner Landsleute, österreichische Dienste genommen und den gegenwärtigen Feldzug mitgemacht hatte, wie denn auch ein Aufsatz von ihm über die Vorfälle desselben erst neuerlich in einem historischen Taschenbuche erschienen ist. Damals war er ein junger Mann, und noch nicht durch seine eigenen und seiner nicht minder berühmten Frau geistsprühende Schriften merkwürdig geworden: aber schon damals war seine Unterhaltung sehr lebhaft und geistvoll, und schon damals sprach sich sein eminentes Talent, Charaktere zu schildern, freilich nur erst in höchst charakteristisch aus Papier ausgeschnittenen Figürchen aus. Denselben Abend waren auch De la Borde und Denon zugegen, und die Stunden verflossen angenehm im Kreise so hochgebildeter Personen.“[41]

Varnhagen besucht später auch Karolines Salon, wie wir aus Hormayrs *Vaterländischem Taschenbuch* (1845) erfahren. „Im Gegensatz zu den glänzenden und berühmten Gesellschaften, wie sie sich im Wien des Kongresses darstellten, sah Varnhagen in dem von

Beliebt für abendliche Spaziergänge: die durch Gaslaternen beleuchtete Löwelbastei.

starkem literarischen Anstrich behafteten Pichler'schen Salon Geist, Geschmack und Liebenswürdigkeit verkörpert."[42]
Der dänische Dichter Adam Gottlob Öhlenschläger schreibt von seinem Besuch in Karoline Pichlers Salon in seinen *Briefen in die Heimat*: „Bei der Dichterin Frau Caroline Pichler war ich mehrere Mal; sie wohnt mit ihrer liebenswürdigen Tochter in einer der Vorstädte; alle Donnerstage sind Theaterzirkel bei ihr. Sie ist eine bescheidene, freundliche, natürliche Frau, die ich anfangs gefürchtet hatte, etwas zu griechisch für mich zu finden, allein sie ist im Gegenteil österreichisch in des Wortes bester Bedeutung. Selbst der österreichische Accent, in dem sie redet, gefällt mir, er ist so wohlgefällig und ausdrucksvoll wie das Plattdeutsche. Sie und ihre Tochter sitzen gewöhnlich, wenn ich komme, in einer kleinen Laube im Garten, mit Handarbeit beschäftigt."[43]
Die rauschende Zeit des Wiener Kongresses hinterlässt auch in Karolines Salon ihre Spuren. „Der Name Pichler hatte sich bereits so viel Ruhm und Ehre erworben, dass selbst die Spitzen einer vor-

nehmen Gesellschaft, wie sie sich gerade damals in Wien versammelte, es nicht verschmähten, die vielgerühmte Schriftstellerin und vollendete Salondame speziell Wiener Note wenigstens einmal aufzusuchen."[44] Zu den Gästen in ihrem Salon gehören Fürstin Charlotte Isenburg-Birnstein, Fürst Georg Wilhelm Schaumburg-Lippe und seine Schwester Prinzessin Wilhelmine Charlotte, Fürstin Karoline Fürstenberg-Donaueschingen, Baronin Henriette E. K. von Münchhausen, der einstige Erzieher des späteren Zaren Alexanders I. von Russland, nun Schweizer Politiker General Frédéric César de la Harpe, der hannoveranische Minister Graf Ernst von Münster – er vermählt sich während des Wiener Kongresses mit Prinzessin Wilhelmine Charlotte Schaumburg-Lippe – der Schweizer Staatsmann Albrecht von Rengger und der preußische Oberst Frederich Gottlieb Hövel. „Wenn für Karoline diese illustren Gäste durch keine nähere, geistige Beziehung irgendwie bedeutender wurden, so gereichte ihr doch allein die Tatsache, von so hohen Persönlichkeiten geachtet und geschätzt zu werden, zur größten Ehre."[45]
Zwei Persönlichkeiten unter ihren Besuchern zur Zeit des Wiener Kongresses werden für Karoline besonders bedeutend: Vom badischen Hof Major Emil Haenel von Kronenthal, er überbringt Briefe seines Schwiegervaters, des Schriftstellers Herrn von Ewald, sowie der spätere Staatsrat Graf Heinrich von Stolberg-Wernigrode, empfohlen vom treuen Freund Hofrat Büel. Der Februar 1815 zieht ins Land und an einem der Gesellschaftsabende sind schon Damen und Herren eingetroffen, „als Graf Stolberg mit einer Miene, die Verstimmung und Mißmut aussprach, eintrat, sich an seinen gewohnten Platz neben dem Sofa setzte, und wenig oder keinen Anteil an der Unterhaltung nahm. Während ein lebhafteres Gespräch die übrige Gesellschaft in Anspruch nahm, flüsterte er mir leise zu: ‚Wissen Sie schon die Nachricht, die eben gekommen? Napoleon ist von Elba entflohen, und der Krieg beginnt von neuem.'"[46] Daraufhin bestätigt Major Kronenthal diese

Schriftsteller und Dramaturg am Burgtheater: Joseph Schreyvogel. Zeitgenössisches Porträt.

Nachricht und man informiert die Gesellschaft im Salon. Wenige Zeit später gewinnen die verbündeten Armeen und Napoleon wird verbannt.[47]

Auch in den Jahren nach dem Wiener Kongress kommen bedeutende Persönlichkeiten in Karolines Salon und um Karolines Tochter Lotte bildet sich ein Kreis gleichgesinnter Jugendlicher. Karoline freut sich über die junge Gesellschaft und schreibt in einem Brief an Therese Huber: „O gar zu gern versammle ich junge hoffnungsvolle Leute um mich, und erquicke mich an den aufsproßenden Geistern, an der jugendlichen Willenskraft, an den Schwärmereyen, selbst an den Irrthümern derselben, dafern (sic) sie nur aus einer echten Quelle, aus Herzenswärme und Thätigkeitslust entspringen also: … Ich … bin fest überzeugt daß ich schon manches Gute auf diese Art gestiftet. Nicht durch ausgesprochene Lehre und Ermahnung … aber durch die stille Gewalt des Umgangs, des Beyspiels, des Gedankentausches. In mein Haus kommen manche sehr vorzügliche Menschen, sehr edle hochgebildete Frauen, die deßhalb doch um keine Linie aus dem Kreise schöner Weiblichkeit vorgeschritten sind, gelehrte würdige Männer, Künstler, Beamte, Krieger, und ich kann mit Lust und Stolz sagen es ist zuweilen ein erlesener Zirkel wie man ihn selten – selbst in Wien – beysammen findet, in meinem Besuchszimmer versammelt."[48]

In ihrem Salon finden junge Menschen Vorbilder, denen sie folgen können, und gebildete Menschen, die der Jugend gegenüber offen

sind. In diesem Sinne wollen Karoline und ihr Mann ihre Tochter Lotte zu keiner Vernunftehe überreden, sie soll frei entscheiden können.
Franz Grillparzer wird von Joseph Schreyvogel im Frühjahr 1817 in den Kreis Karoline Pichlers eingeführt und gewinnt Lottes Aufmerksamkeit. Karoline notiert dazu: „Nie werde ich den Abend vergessen, und den allgemein günstigen Eindruck, den seine Erscheinung hervorbrachte; Grillparzer war nicht hübsch zu nennen, aber eine schlanke Gestalt von mehr als Mittelgröße, schöne blaue Augen, die über die blassen Züge den Ausdruck von Geistestiefe und Güte verbreiteten, und eine Fülle von dunkelblonden Locken machten ihn zu einer Erscheinung, die man gewiß nicht so leicht vergaß, wenn man auch ihren Namen nicht kannte, wenn auch der Reichtum eines höchstgebildeten Geistes und eines edlen Gemüts sich nicht so deutlich in allem, was er tat und sprach, gezeigt hätte. Dieser Eindruck war allgemein in der kleinen Gesellschaft, die sich an jenem Abend in unserm Garten versammelt hatte.“[49]
Grillparzer wird ein gern gesehener Gast, denn ihm gefällt „unser Haus und der Ton, der darin herrschte, so wie der Kreis, der uns umgab“, wie Karoline schreibt. Wiederholt kommt er zu den Gesellschaften am Abend, ist aber auch an Sonntagen zum Mittagsmahl häufig anzutreffen. An manchen Nachmittagen musiziert er gemeinsam mit Karoline und Lotte, „denn er spielt sehr fertig Fortepiano, und phantasiert auf demselben mit ebenso viel Talent als Geschmack. Sein

Wird von Joseph Schreyvogel im Salon Karoline Pichlers eingeführt: Franz Grillparzer.

Hinterlässt nachhaltigen Eindruck: der dänische Bildhauer Bertel Thorvaldsen. Porträt von Carl Joseph Begas, um 1820.

reich geschmückter Geist, noch mehr aber die Einfachheit und Herzlichkeit seines Benehmens, gewannen ihm unser aller Achtung und Zuneigung, und auch er schien sich mit gleichen Gesinnungen an uns anzuschließen. Er benahm sich offen und herzlich … und teilte uns seine poetischen Pläne mit (damals arbeitete er an der ‚Sappho'')."[50] Das Werk wird 1818 uraufgeführt und vom Publikum begeistert aufgenommen.

Ist Karolines Salon vor allem ein literarischer, so setzt sich doch „das in der Tradition des Greiner'schen Salons stehende, allgemein schöngeistige Interesse unverändert fort".[52] Bildende Künstler und Musiker bringen Geist, Witz und Ansehen ins Haus. Karl Russ hält sich zuweilen den ganzen Tag im Salon auf. Der junge Maler religiöser Themen, Johann Scheffer, folgt Karolines Einladung zu einem Diner. Zu den beliebten und erfolgreichen Landschaftsmalern zählt der geistvolle und gebildete Johann Schödelberger, der Josefa von Ravenet, eine Jugendfreundin Karolines und ebenfalls Malerin, heiratet. Karoline besitzt zwei Gemälde des seit 1800 in Wien lebenden Landschaftsmalers Friedrich Philipp Reinhold und es ist wahrscheinlich, dass er Lotte im Zeichnen und Malen unterrichtet hat.

Einen nachhaltigen Eindruck hinterlässt der dänische Bildhauer Bertel Thorvaldsen während seines kurzen Wienbesuches 1820 in der Wiener Gesellschaft, so auch bei Karoline Pichler. Sie ist von seiner Persönlichkeit und Erscheinung hingerissen. Karoline lernt

Thorvaldsen bei Henriette Pereira kennen. Gemeinsam mit der Schauspielerin Auguste Stich verbringen sie später einen unvergesslichen Abend.
Karoline schätzt Mozart und Haydn als Komponisten, wenn sie auch, ihrer Ansicht nach, nur platte Scherze und banale Gespräche führen. Das trifft ebenso auf Schubert zu, dessen Werk sie liebt. Karoline lauscht oft Beethovens Vortrag, ist tief ergriffen, bewundert ihn und sein Spiel. Carl Maria von Weber wird in Wien begeistert aufgenommen und verkehrt auch bei Karoline, der er von Hofrat Tieck empfohlen wird. Es ist kein besonders naher Umgang, aber Karoline bleibt Weber in guter Erinnerung.
In den zwanziger Jahren des 19. Jahrhunderts fahren auch Pichlers, wie viele andere Familien des vornehmen Wien, während der Sommermonate nach Baden. Das gesellschaftliche Leben der großen Häuser wird auch in der Kurstadt gepflegt, die Familien Pichler, Pereira, Ephraim und andere besuchen einander abwechselnd. „Am öftesten versammelte man sich allerdings bei der Baronin Pereira, deren Salon von allen hoch- und geldaristokratischen Häusern noch am ehesten im Bezug auf geistiges Niveau dem Pichler'schen glich. – Hier traf nun Karoline mit Felix Mendelssohn, der mit dem Haus verwandt war, und mit Helmina von Chezy zusammen, hier lernte sie Adelheid Reinbold, unter dem Schriftstellernamen Franz Berthold bekannt, ein höchst geistreiches, charakter-

Im Badener Salon der Baronin Pereira trifft Karoline Pichler mit dem Komponisten Felix Mendelssohn Bartholdy zusammen.

festes Mädchen kennen, das als Erzieherin im Dienst der Baronin Pereira stand."[53] Adelheid Reinbold und Lotte freunden sich an, Karoline allerdings schätzt deren Dichtungen nicht. Eine weitere Freundschaft verbindet Lotte mit dem Arzt und Naturliebhaber Franz Rollett, der in Baden ein Museum gründet. Karoline verfasst ihm zu Ehren Verse und hält auch von Wien aus Kontakt zu ihm. Lotte ist der jugendliche Anziehungspunkt in Karolines Salon. 1824 verlässt sie Wien und übersiedelt nach Prag. Karoline zieht sich mehr und mehr zurück. In einem Brief an Karl Streckfuß zeichnet sie das Gesellschaftsleben der Zeit: „Der Kreis von gebildeten, mitunter gelehrten Männern, der mich einst umgab, hat sich durch Zeit, Tod und Entfernung geänderte Verhältnisse u.s.w. zerstreut; Neues hat sich nicht eingefunden. Die jetzigen jungen Dichter besuchen selten gebildete Zirkel, sie gesellen sich besser in Kaffeehäusern, bei Wein, Tabakdampf, ungeniertem Umgang, denn jener Anstand und jene Aufmerksamkeit auf sich selbst … zwängt diese Geister gar sehr, und um eine alte Frau in einer Vorstadt zu besuchen, rühren sie keinen Finger, denn es lohnt ihnen nicht die Mühe." Es folgt der traurige Nachsatz an die verklungene Zeit: „Zerstoben ist das liebende Gedränge, verklungen ach! der erste Wiederklang."[54]

Die durch Heirat bedingte Trennung von ihrer Tochter Lotte fällt Karoline schwer, umso mehr erfreut es sie, dass ihre treue Freundin Dorothea Schlegel und deren Mann Friedrich in die leere Wohnung in ihrem Haus einziehen: „Ihre Nähe, ihr Umgang, die mannigfachen Ressourcen, welche ein gebildeter Mensch in diesem Hause finden konnte, das von so vielen bedeutenden einheimischen Personen und von den meisten interessanten Fremden besucht wurde, und vor allem die Freundschaft, die herzliche Teilnahme und der fromme Sinn Dorotheens taten meinem wunden Herzen unendlich wohl."[55]

Die jungen Literaten sitzen im „silbernen Kaffeehaus" in der Plankengasse und nicht mehr im Salon. Johann Karl Braun Ritter von

Neue Mobilität: „Der Dampfwagen nach Hietzing". Kupferstich nach Vorlage von Johann Christian Schoeller aus der „Wiener Theaterzeitung".

Braunthal, der unter dem Namen Jean Charles *Wien und die Wiener* veröffentlicht, kennt Karolines Salon und schreibt: „Selbst die edleren Vereine dieser Art passen für das geistige Leben so wenig, dass man auch ihrer nicht schonen soll; so belächelt denn der Wiener nicht minder die ästhetischen Soiréen bei Hammer, Pereira und der Frau von Pichler, in denen sich doch Poeten von bedeutenden Namen einfinden."[56]

Wenn auch eher flüchtig, so trifft Karoline Pichler in den 30er Jahren doch mit einigen jungen Dichtern zusammen und einer von ihnen, Ludwig August Frankl von Hochwart, verleiht dem Pichler'schen Salon einen letzten, nachsommerlichen Glanz.

Der Deutschböhme und Jungmediziner, von Dichtung beseelt, wird mit seinem ersten Buch *Das Habsburgerlied. Historische Balladen* schnell bekannt und in Wiens beste Gesellschaft eingeführt. Der Orientalist und Diplomat Joseph Freiherr von Hammer-Purgstall stellt ihn Karoline vor. Sein Talent zum Vorlesen ist legendär und so trägt er wiederholt eigene und fremde Gedichte vor interessiertem Publikum vor. Nikolaus Lenau und Eduard von Bauernfeld sieht Karoline anlässlich einer Einladung zu einem Literatenessen im April 1835 zum letzten Mal in ihrem Salon. „Ich war viel zu stolz, um durch eine nochmalige Einladung ein Verlangen nach ihrem Umgang zu zeigen, das sie nicht nach dem meinigen fühlten."[57]

Uffo Daniel Horn kommt im Jahr 1836, von Professor Gerle aus Prag geschickt, mit einem Empfehlungsschreiben in Karolines Salon. Im Gespräch erkennt sie den Tatendrang des Studenten, doch die Geistesrichtung des „Jungen Deutschland", die er vertritt, steht konträr zu ihrer eigenen Anschauung. In seinen *Literarischen Charakteren* lobt er ihre „edle Weiblichkeit" und „Produktionskraft", doch im anonym erschienenen *Österreichischen Parnass* urteilt er über Karoline völlig anders als noch 1836: „Matrone thut sehr häuslich und spricht gerne von Küche und Wäsche, unschön, immer prosaisch, als Romanschriftstellerin sehr fruchtbar gewesen, ehemals sehr beliebt, noch geachtet und phantasiereich, wohlhabend, Wittwe. Hat die Leidenschaft, Leute aufzufordern, über ihre Schriften zu urtheilen …"[58] Später kommt Horn mit Polizei und Zensur in Konflikt und verlässt das Land.

Karoline zieht sich zusehens zurück, dennoch kommen immer wieder Gäste aus dem Ausland und aus ihrem eigenen kleinen Freundeskreis. Zu diesem gehören der Lemberger Miniaturmaler Anton Laub, der Lemberger Landrechtspräsident Karl Ritter von Krauss, beide vermittelt von der Dichterin Josefa Kuhn, die auch ihren Neffen schickt. Weitere Gäste bringt Frankl ins Haus. A. von Proksch ist Gesandter in Griechenland und ein ehemaliger Verehrer Lottes. Es kommt zu einem freundschaftlichen und herzlichen Wiedersehen in Wien. Bei diesen beinahe intimen Treffen mit engen Freunden sprechen sie wie gewohnt über die Neuerscheinungen der Literatur, führen anregende Gespräche, halten Lesungen ungedruckter Schriften ab und tauschen rege ihre Meinungen aus. Zum engen Kreis jener Zeit gehören: Joseph Freiherr

von Hammer-Purgstall, der Hausarzt Ludwig Freiherr von Türkheim, Ritter von Perger, ein Kollege von Karolines Mann, der Direktor der Sternwarte, Karl Ludwig von Littrow, Frau von Weissenthurn und Ludwig August Ritter von Frankl-Hochwart. Drei neue Freunde stoßen zum Kreis: Dichter und Zensor Josef Stierle-Holzmeister, der Dramatiker Otto Prechtler und der bedeutende Romanist und Philologe Ferdinand Wolf.
Karoline Pichler stirbt am 9. Juli 1843. Über ihre letzten Lebensjahre veröffentlicht ihre Enkelin Franziska von Pelzeln unter dem Pseudonym Henriette Franz einen ausführlichen Bericht. Otto Prechtler schreibt einen Nachruf und betont Karoline Pichlers Verdienste:

Werth Deiner bessern Zeit warst Du, Verklärte!
Warst Deines Hauses Stolz und edle Zier!
Dein klarer Geist bleibt Manchem noch Gefährte;
Dort oben ewig, – lange lebst Du hier!
So lang die Guten liebend sich erkennen:
Wird man auch Deinen theuren Namen nennen.[59]

HENRIETTE PEREIRA (1780–1859), DIE HÄUSER ESKELES, WECKBECKER, ROTHSCHILD UND METTERNICH

Ebenso wie Charlotte von Greiners Tochter Karoline Pichler einen eigenen Salon etabliert, wird auch Fanny von Arnsteins Tochter Henriette zum gesellschaftlichen Mittelpunkt eines Kreises.
Henriette (Judith ist ihr jüdischer Name) Freifrau von Pereira-Arnstein wird am 29. November 1780 in Berlin geboren, nachdem Fanny von Arnstein zum ersten Mal wieder in ihre Heimatstadt Berlin gefahren ist. Mehrere Reisen folgen und es gibt kulturelle Einflüsse zwischen Wien und Berlin, da Fanny dort viele Gesellschaften besucht und mit Rahel Varnhagen und Henriette Herz bekannt ist.[1] Fanny gelingt es „die Ideen der Berliner Aufklärung in ihrer Umgebung zu verbreiten".[2]
Ein Bayer ist entzückt von der siebzehnjährigen Henriette und schreibt über einen Besuch in Fannys Salon: „Wenn Sie diese eben genannte Dame schon kennen und lieb gewonnen haben, so müssen wir jetzt den schönen Schößling dieses Mutterstammes, ich meine ihre einzige Tochter Henriette, ins Auge nehmen. Wie der mild strahlende Orion am schön gestirnten nächtlichen Himmel, so glänzt Henriette v. Arenstein durch Grazie, Schönheit und Geist am gesellschaftlichen Horizonte ihres väterlichen Hauses … Frey von jedem Zwange athmet ihr ganzes Wesen jene reizende Naivetät jenes unnennbare Etwas in Worten, Mienen, Körperhaltung etc. das ihrem Geschlechte den Sieg über jedes Männerherz, welches Gefühl besitzt, sichert."[3] Von einer unglücklichen Liebe, von einer Verbindung, die nicht zustande kommt, ist die Rede. Wem diese Liebe gilt, wird nicht bekannt.

„Grazie, Schönheit und Geist": Henriette Freifrau von Pereira-Arnstein mit ihrer Tochter Flora. Gemälde von Friedrich von Amerling.

Mit achtzehn Jahren ist Henriette im heiratsfähigen Alter. Hilde Spiel schreibt: „In ihrer Person waren die Eigenschaften der Eltern bemerkenswert vereint. Im herkömmlichen Sinne hübscher, sicherlich auch gefühlvoller als ihre Mutter, besaß sie dennoch nicht Fannys bezwingende Gegenwart."[4] Henriettes Anmut gleicht Fannys „Schärfe" mildernd aus, wenn Fanny über Napoleons Siege wütend ist. Henriette hat viele Verehrer und führt einen Salon, als es bereits weniger Salongeselligkeit gibt. Im Jahr 1802 heiratet sie den Bankier Heinrich Freiherr von Pereira. Das Bankhaus Pereira ist (an der heutigen Adresse Bräunerstraße 9) im 1. Wiener Bezirk angesiedelt. Auch Henriette heiratet innerhalb der jüdischen Glaubensgemeinschaft. Anders als ihre Mutter konvertieren sie und ihr Mann zum Christentum, um in der Gesellschaft anerkannt zu werden und beruflich bessere Aufstiegschancen zu haben. Die Taufe ist damit laut Heinrich Heine zum „Entréebillet zur europäischen Kultur"[5] geworden.
Vor allem Jugend verkehrt in Henriettes Salon. Baronin Pereira fühlt sich wohl in ihrem kleinen ungezwungenen Kreis in ihrem Haus in der Grünangergasse. Der Dichter Theodor Körner ist bei ihr zu Gast, die Jugend diskutiert, improvisiert Gedichte, es wird aufgespielt, man tanzt, Henriette bezaubert mit ihrem Walzer. Man erzählt sich Gruselgeschichten zum Vergnügen. Die reizvolle Marianne Saaling übt im Salon eine Anziehungskraft auf bedeutende Männer aus.
Henriette gibt auch große Gesellschaften, besonders im Fasching wird bei ihr viel getanzt. Ihre *Thés Dansants* besuchen schillernde Gäste wie Graf Fries und Fürst Lobkowitz, der Hoftheaterdirektor. Henriette ist schon im Salon ihrer Mutter Fanny von Arnstein ein starker gesellschaftlicher Anziehungspunkt und setzt nach deren Tod die Tradition des Hauses fort. Sie ist nicht nur musikalisch talentiert, sie hat auch großes diplomatisches Geschick und weiß mit Menschen umzugehen, so dass sich der Hochadel und die „vornehme Welt" gerne in den Salons der Finanzaristokratie und

des liberalen Großbürgertums aufhalten. Hier kann man ungestört und am Rande gesellschaftlichen Vergnügens politische Gespräche führen.[6] Dank ihrer musikalischen Begabung wird Henriette Schülerin des italienischen Komponisten und Musikpädagogen Muzio Clementis, bis sie zu einer gefeierten Pianistin wird. Bedeutend ist Henriettes innige Freundschaft zum Dichter Theodor Körner, der ihr seinen Liederzyklus „Leier und Schwert" widmet.[7]

Henriette Pereira führt nach dem Tod ihrer Mutter ihren eigenen Salon mit derselben Gastlichkeit, jedoch mit weniger Aufwand und Prunk als ihre Mutter. An jedem Freitag werden in Henriettes *bureau d'esprit* Soireen mit musikalischen Darbietungen veranstaltet. Ottilie von Goethe, eine Freundin Henriettes, und Franz Grillparzer zählen zu Henriettes Kreis, in dem Karl von Holtei Gedichte rezitiert und Baron Carl von Schönstein Lieder vorträgt. Ebenso gehören die Maler Moritz von Schwind, Friedrich von Amerling, Moritz Michael Daffinger und Josef Kriehuber zu dieser Gesellschaft. Kriehuber hat einige der Wiener Salonièren in Porträts festgehalten. Auch Clemens Brentano, der Bildhauer Bertel Thorvaldsen, Ludwig van Beethoven und Felix Mendelssohn-Bartholdy verkehren bei Pereiras. Über ihren literarisch-musikalischen Salon führt Henriette ein kulturgeschichtlich bedeutsames Tagebuch. Ihre Bedeutung als Kunstliebhaberin spiegelt sich darin wider, dass ihre Büste in der

Mit Henriette Arnstein-Pereira befreundet: der Dichter Theodor Körner. Posthumes Porträt, um 1830.

Stammgast bei den Soireen von Henriette Arnstein-Pereira: Moritz von Schwind. Selbstporträt 1822.

Sammlung im Musiksalon der Grafen von Fries sich neben jenen von Mozart und Haydn befindet.

Als junger Schriftsteller sieht Adalbert Stifter, wie das Palais Arnstein im hellen Lichterglanz die vornehmen Gäste zur Zeit des Wiener Kongresses empfängt. Sein Wunsch, dort einmal Gast zu sein, erfüllt sich später. Es ist bereits die Zeit des Biedermeier, kein Zwang, keine Etikette kennzeichnen Henriettes Salon, vielmehr ist er ein gesellschaftlicher Freiraum ohne festes Programm: „Jeder darf kommen, wann er will, jeder geht, wann er will; es ist keine Etikette des Sitzens, Gehens, Stehens, Grüßens. – Die Gruppen können sich gestalten, wie sie wollen, und meistens tun sie es, wie sie die Laune oder das Bedürfnis des Gespräches zusammenführt. Es unterscheidet sich dieser Salon von andern literarischen und künstlerischen dadurch, daß es bei ihm Gesetz ist, kein Gesetz zu haben; man wird da durchaus nicht mit Literatur gequält; es sind keine Stunden und Tage, wo vorgelesen, vormusiziert, vorrezensiert wird, sondern der Salon soll eben gar nichts sein als ein Ort, wo man an gewissen Tagen sicher ist, daß man jemanden findet, der einen anziehen kann. Was und wovon man an diesem Tage reden wird, ob alle miteinander reden oder ob sich Abteilungen, ja sogar Zweigespräche bilden, ob etwa gesungen, gelacht, disputiert oder gar geschwiegen wird – alles das ist im voraus ganz und gar nicht bestimmt – es soll eben ganz beliebige Gesellschaftsfreiheit sein.“[8] Adalbert Stifter schildert in seinen *Wiener Salonszenen* die „Biedermeier-Geselligkeiten" mit Augenzwinkern: „Trete mit mir, geliebter Leser, in jenes Haus, von dem eine Reihe Spiegelfenster des ersten Stockes auf einen lichten Platz hinaussieht. Die Treppen sind sanft und mit Strohmatten belegt. Durch geräumige Vorzimmer treten wir in den Salon. Da wir beide unsichtbar sind, so können wir die bereits versammelte Gesellschaft um so ungestörter beobachten. Sie ist heute besonders zahlreich besucht. Jene ältliche Frau, die auf den rotseidenen Kissen leicht zurückgelehnt ist und mit geistreichen Augen, und fast mehr hausmütterlichem Aussehen, als sich eigentlich für einen Schöngeist schickt, auf den vor ihr stehenden jungen Mann blickt und seinen Reden lächelnd zuhört, ist die Frau des Hauses und eigentlich Präsidentin des Salons, obwohl sie nichts weniger als auf dem Präsidentenstuhl, nämlich dem unmäßig breiten und langen Sofa sitzt, dessen Mitte vielmehr ganz allein ein heiterer, bereits ergrauender Mann einnimmt, so ungeniert oder vielmehr so naiv, als wäre er eben eine Dame, die man hingenötigt ... Jene streitende Gruppe am Fenster sind Glieder eines Kränzchens, das täglich den Mozart lobt, und täglich disputiert ... Die andern, die nicht Genies sind, müssen eben zerrissen mit der Welt zerfallen und vorlaut sein, daß sie sich als Genies vorkommen. Auch Maler findest du heute hier; auch Musiker, obwohl eigentlich im strengsten Sinne jeder und jede von den hier Anwesenden ein Musiker ist; denn du wirst keinen finden, der nicht etwa Klavier spielt, geigt oder ein anderes Instrument handhabt ... Als Zwang und Regel herrscht nur die, die

Der Maler Friedrich von Amerling. Selbstporträt, 1834.

jedem sein Takt und Zartgefühl von selbst auflegt, und in dieser Hinsicht wirst du bemerken, wie es jedem der Anwesenden ist, als fühle er sich durch sanfte, linde Fäden angeregt, aber nicht gebunden. Dafür ist es aber auch eine Auszeichnung, in diese Gesellschaft geladen zu werden."[9]

Karoline Pichler lobt die Freigiebigkeit wohlhabender Familien: „Das Arnsteinische Haus, die beiden Familien Eskeles und Ephraim mit einbegriffen, war wegen seiner Mildtätigkeit gegen Arme und Hilfsbedürftige jedes Glaubens schon lange in Wien geschätzt und berühmt."[10] Henriette Pereira unterstützt als gewählte Ausschussdame das Marienspital in Baden. Karolines Mann gründet einen Fonds und errichtet für die Notleidenden und Armen in Baden das sogenannte „Franzensbad". Hunderte Kranke und Bedürftige finden dort Heilung und Verpflegung. „Alles dies brachte uns in nähere Beziehung mit Frau von Pereira und ihren Verwandten. Wir brachten oft Abende dort zu; im Fasching war jeden Mittwoch thé dansant daselbst, der bis 11, halb 12 Uhr währte, und bei welchen ich mit meiner Tochter und ihrer Gespielin, Fräulein Amalie Schechtern, beide hübsche Mädchen und flinke Tänzerinnen, stets eine willkommene Erscheinung war. An anderen stillen Abenden, wenn nur ein kleiner Kreis sich versammelte, wurde entweder Musik gemacht oder vorgelesen oder auch bloß geplaudert, indem wir Frauen mit unsern Handarbeiten um den runden Tisch herum saßen, die Herren zwischen oder hinter uns Platz fanden, und die Gesellschaft ein Ganzes ausmachte, dessen Seele die Frau vom Hause vorstellte, und jeder, so gut er es vermochte, zu der allgemeinen Unterhaltung beitrug."[11]

Reichardt, „ein Mann der neuen Zeit", besucht mit kindlicher Freude die leichten musikalischen Darbietungen in Wien und schreibt von einer musikalischen Soirée bei Henriette: „Mehrere kleine italienische Duette … hatte ich zuletzt in einer Abendgesellschaft bei Frau von Pereira schon gehört, wo ein Prinz Rohan … auch ein eignes, angenehmes Talent, eigne Kompositionen mit kleiner Stimme, aber echt italienischer Methode, am Fortepiano zu singen zeigte und besonders pikant eine ganze Reihe von allerliebsten Walzern mit bloßer Begleitung des Fortepiano teils singend, teils pfeifend vortrug."[12]

Der Walzer beginnt die anderen Tänze zu verdrängen, und die musikalische Henriette spielt sie gerne. Die Arnsteins geben große Feste. Reichardt berichtet von einer solchen Festlichkeit: „Einer zahlreichen, großen Assemblée von drei-, vierhundert Personen hab ich einen dieser Abende auch bei dem Baron *Arnstein* beigewohnt, die mit den berühmten Assembléen der Dame Récamier in Paris vieles und auch das gemeinsam hatte, daß die Gesellschaft für das Lokal, so ansehnlich dieses auch ist, doch zu groß war und sich wie Meereswogen auf und ab drängte. Ehe noch die ganze Gesellschaft beisammen war, spielte Frau von *Pereira* mit dem Frl. von Kurzbeck eine sehr brillante Doppelsonate von Steibelt recht meisterhaft und dann mit unglaublicher Langmut und Güte viele schöne Walzer, nach welchen sich schöne, junge Welt in dem immer zunehmenden Gewühl lustig umdrehte."[13] Reichardt bevorzugt jetzt die kleineren Kreise bei Lobkowitz, Czernin, Fries und den Familientisch bei Arnstein.

Henriette ist musikalisch wie ihre Mutter Fanny und deren Schwestern. Hilde Spiel schreibt: „Jetzt war Henriette neben den Fräulein von Kurzbeck und Hahn, den Baronessen Spielmann und Hügel und der Baronin Ertmann eine der besten Klavierspielerinnen der Wiener Gesellschaft."[14] Reichardt wird zu einer Sonntagsmatinee im kleinen Kreis von Henriettes Lehrer, dem Klavierbauer Streicher, eingeladen, der das Quartett des Prinzen Louis Ferdinand für zwei Klaviere adaptiert und mit den Damen eingeübt hat. Eine Biedermeierszene wird vorweggenommen. „So hörten wir nun an einem schönen, hellen Morgen in Streichers Wohnung, auf zwei der schönsten Fortepianos dieses Meisters, von schönen kunstvollen Händen jene höchst geniale Komposition mit einer Vollendung vorgetragen, wie man selten etwas hört. Die zarten

Kunstseelen gingen mit so vielem Geist und Gefühl in die sublimen und schönen Gedanken und Phantasien des Komponisten ein und übten die größten Schwierigkeiten mit so vieler Präzision und Rundung aus, dass sie wahrlich eine ganze Welt von Musik um uns herzauberten. Nur sehr wenige, ganz auserwählte Kunstfreunde nahmen teil an dieser hohen Lust und das erhöhte sie noch."[15]

Im Fasching hält Henriette größere „Thés Dansants" ab, zu denen auch einflussreiche Leute kommen. Theodor Körner ist gerade Anfang zwanzig und nimmt an Henriettes Geistersoireen mit eigenen Geistergeschichten teil. Später schreibt Körner Henriette Briefe, doch ihre Beziehung ist „vom Nebel der Vergangenheit umhüllt".[16]

Zur Zeit des Wiener Kongresses finden sich auch in Cäcilie Eskeles' Salon bedeutende Gäste aus den österreichischen Ländern und dem Ausland ein. Sie sucht es ihrer Schwester Fanny von Arnstein gleichzutun. Verheiratet ist Cäcilie in zweiter Ehe mit dem Kompagnon ihres Schwagers Bernhard Freiherr von Eskeles, Teilhaber der Bank „Arnstein & Eskeles" und Direktor der Österreichischen Nationalbank. Rahel Varnhagen, die zum Kongress in Wien weilt, schreibt über Bernhard Freiherr von Eskles: „Er amüsiert mich in gewissem Sinn hier besser als alle anderen Leute; weil er ganz altväterisch geblieben ist, mit geistigen Gaben, und ein reiches Leben über ihn weggegangen ist, welches er ganz nach seiner Art bearbeitet hat, und lauter Originales davon ausgibt, mit der Aisance des gelebtesten Menschen auf gut alttestamentliche Weise."[17]

In den Häusern der jüdischen Hochfinanz trifft man auf viele Künstler. Eine unbekannte Dame aus dem Wiener Hochadel, die unter dem Pseudonym Paul Graf Vasili schreibt, meint: „Ich rathe Ihnen, die Einladungen der neuen Krösusse anzunehmen. Sie werden nicht die ‚große Welt' dort antreffen, aber Sie werden in diesen Kreisen Künstler, einige Schriftsteller und andere interessante Personen sehen, die nur dorthin gehen."[18]

Sammelt die geistige Elite Wiens um sich: Karoline Pichler.
Ölgemälde von Carl von Sales, 1818.

Die aufstrebenden bürgerlichen Schichten entdecken den Prater als Ausflugsziel am Sonntag: „Versammlung der schönen Welt bey den Kaffée-Häusern in der großen Prater-Allée“.

Kolorierter Kupferstich von Johann Ziegler nach einer Zeichnung von Laurenz Janscha, um 1779.
Vor allem die Hauptallee wurde zur „Promeniermeile" der Reichen.

Es wird gesungen und rezitiert, gescherzt und diskutiert: „Schubertiade" bei Joseph von Spaun in den sogenannten „Klepperställen", heute Teinfaltstraße 8/8 A.

Kolorierter Holzstich nach einem Gemälde von Hans Temple. Am Klavier Franz Schubert, der hier am 28. Januar 1828 sein Klaviertrio in B-Dur, Opus 99, zur Uraufführung bringt.

*Henriette Freifrau von Arnstein-Pereira und ihre Tochter Flora.
Gemälde von Friedrich von Amerling.*

Versammelt in ihrem Salon während des Wiener Kongresses bedeutende Gäste aus dem Ausland: Cäcilie Freifrau von Eskeles, die Schwester Fanny von Arnsteins. Gemälde von Friedrich von Amerling, 1832.

Das Tanzfieber im Wien des Biedermeier erfasst die Salons. Satirische Darstellung der Wiener „Tanzwut“ in der „Wiener Theaterzeitung“ nach einer Vorlage von Johann Christian Schoeller.

Die Familie Feldmarschallleutnant Hugo Freiherr von Weckbecker übersiedelt 1823 in den Heiligenkreuzerhof in der Inneren Stadt. Über die Abendgesellschaften in den Wintermonaten bei seinen Eltern in den 1820er Jahren schreibt Hugo Freiherr von Weckbecker begeistert: „Im Fasching wurde getanzt, sonst wurden oft Schreibspiele veranstaltet, ja ganze Aufsätze über gegebene Worte mußten über acht Tage verfaßt und dann vorgelesen werden, ebenso Gedichte. In letzteren exzellierte besonders Baron Engelhart, dessen Tochter später einen meiner besten Kameraden den nachmaligen F. M. Lt. Grafen Messey heiratete. Meinen Vater, der stets viel Sinn für die Jugend und deren geistiges Aufblühen hatte, interessierten diese Spiele sehr, er nahm jedoch nicht teil daran. Wohl aber beteiligten sich eifrig meine Mutter und namentlich meine älteste Schwester Käthe. Diese hatte ein ausgesprochenes Talent zur Schriftstellerei und war überhaupt so begabt, daß sich gebildete junge Leute von ihr sehr angezogen fühlten."[19] Die Gebrüder Joseph und Franz Weigl, beide Schriftsteller, und Dr. Adolf Schmidl gehören zu ihren glühendsten Verehrern.
Ludwig Döbler setzt seine experimentalphysikalischen Kenntnisse dazu ein, seine „Taschenspielerkünste" zu vervollkommnen. Im Hause Weckbecker führt er sie einem interessierten Kreis vor, bevor er auf die großen Bühnen Wiens geht und dort seine Erfolge feiert. Weckbecker erinnert sich: „Er hatte damals einen kleinen Kaufladen in der Jägerzeile gemietet, in dem er Produktionen gab und unter anderem zwei Metallfiguren zeigte, die er mittels Magnetstäben sehr künstlich zu bewegen wußte. Bei uns gab er seine erste größere Vorstellung vor einer zahlreichen, dazu geladenen Gesellschaft. Dann erst begann er im Theater in der Leopoldstadt, später am Josefstädter Theater, aufzutreten."[20]
Weckbecker wird Flügeladjutant des noch jungen Kaisers Franz Joseph und es gelingt ihm, in den Kreis einiger Familien des Hochadels aufgenommen zu werden, obwohl er dem niederen Adel angehört. Über den Hof und die Gesellschaft berichtet er: „Damals

Erbaut 1840 von Ludwig Förster für Ludwig Freiherr von Pereira-Arnstein: das Palais Pereira-Arnstein in der Weihburggasse 4.

tanzte der Kaiser gerne. Im Fasching fanden deshalb allwöchentlich Kammerbälle bei E. H. Sofie statt; außerdem machte sich der hohe Adel ein Vergnügen daraus, den jungen Kaiser durch Ballfeste zu zerstreuen, zu denen die Flügeladjutanten dann auch stets eingeladen wurden, so bei Schwarzenberg, Liechtenstein, Pallavicini. Ich bemerkte, daß es Sr. Majestät sehr angenehm war, wenn ich mich am Tanze beteiligte, um so mehr als Boxberg und O'Donell nicht tanzten. So war ich den damals ein eifriger Tänzer und erinnere mich besonders gern meiner Partnerinnen Gräfin Julie (Juppi) Hunyadi, nachmaliger Fürstin Obrenowitsch, Gräfin Kitty Wickenburg, jetzt Gräfin Kesselstadt, Fürstin Melanie Metternich, jetzt Gräfin Zichy, Pauline Gräfin Sandor, jetzt Fürstin Metternich, Selma Gräfin Christallnigg, jetzt Gräfin Coronini. Ich wurde dabei bekannt und teilweise enger befreundet mit dem männlichen höchsten Adel. Obwohl ich mich nach dem Ausscheiden aus der Stellung bei Hofe, wohl eingedenk der strengen Grenzen, die das Koteriewesen innerhalb der österreichischen Gesellschaft aufgerichtet hat, von diesen Beziehungen ganz loslöste, da ich nach meiner Geburt nicht zum hohen Adel zählte, haben sich einige meiner damaligen Bekannten, wie Graf Edmund Zichy, die beiden Fürsten Schwarzenberg Vater und Sohn, Graf Georg Festetics und andere, die über den Vorurteilen ihrer Kaste standen, auch später mir gegenüber bleibend freundschaftlich und liebenswürdig erwiesen."[21]

Als Flügeladjutant des Kaisers ist Weckbecker auch anwesend, als Luise von Bayern, Herzogin Ludovika in Bayern, mit ihren beiden Töchtern Helene und Elisabeth anlässlich des Geburtstags des Kaisers am 18. August nach Bad Ischl kommt. Sie wünscht eine Verbindung Helenes mit dem Kaiser. Den ersten Tanz tanzen weder der Kaiser noch die beiden Prinzessinnen. Erzherzogin Sophie fordert Weckbecker auf, mit Elisabeth zu tanzen. Franz Joseph lässt die Augen nicht von Elisabeth, die „sylphengleich an meinem Arme vorüberschwebte. Nach dem Tanze flüsterte ich O'Donell zu: ‚Mir scheint, ich habe jetzt mit unserer künftigen Kaiserin getanzt', was O'Donell auch als seine Vermutung aussprach. Der Kaiser tanzte darauf mit beiden Prinzessinnen, den Kotillon aber

Luxuriöses Interieur: das „Gschnaszimmer" der Fürstin Pauline Metternich in ihrem Palais in der Fasangasse 26, um 1873.

„Grand dame" von Wien und bekannt für ihre Klatschlust: Fürstin Pauline Metternich, Daguerreotypie von Hermann Krone, 1854.

mit Elisabeth. Das war deutlich."[22]

Die Kluft zwischen dem selbstbewusst erstarkenden Bürgertum, den neu Geadelten und dem Hochadel ist auf dem gesellschaftlichen Parkett bedeutend, die Mauer ist hoch, die der alte Adel errichtet hat und hinter der er sich verschanzt.

Einzig die Rothschilds sind so einflussreich, dass sie auch ohne Konvertierung zum christlichen Glauben – es reicht ihr immenses Vermögen – gesellschaftsfähig sind: „Die Rothschild sind natürlich in Wien wie anderswo die Könige der Finanz. Ihre Stellung gewährt ihnen überall Zutritt."[23]

Baron Freiherr Salomon von Rothschild, eigentlicher Begründer der Wiener Linie der Rothschilds, ist als Eigentümer der Wiener Niederlassung des Bankhauses Rothschild nicht nur der größte Kreditgeber des Kaiserhauses, sondern auch einer der bedeutendsten Industriellen der österreichischen Monarchie. Dank seines Vermögens ist es ihm ein Leichtes, sozial wohltätig zu sein und Institutionen wie auch Künstler finanziell zu unterstützen.

In seinem Palais in der Renngasse, nahe dem heutigen Burgtheater, wird über Finanzen und Politik diskutiert. Es war also „manches vorgegeben, was damals einen Salon ausmachte, um bevorzugter Treffpunkt der geistigen Elite zu sein". Nachdem Rothschilds Ehefrau jedoch im Ausland weilt, fehlt es an einer weiblichen Person, „die ein kultiviertes Ambiente und inspirierende Atmosphäre hätte schaffen können."[24] Um diese Lücke zu füllen, macht Josephine

von Wertheimstein, die Gemahlin des Rothschild'schen Prokuristen Leopold von Wertheimstein, die Honneurs.
Dem Salon seines Nachfolgers Nathaniel von Rothschild, dem es gelingt, in die erste Gesellschaft Wiens aufzusteigen, steht sogar Fürstin Metternich vor: „Haupt des Wiener Hauses ist Baron Nathaniel: Natti, wie er jetzt nach dortiger Mode unter den blaublütigen Herren genannt wird. Baron Nathaniel von Rothschild ist Junggeselle, und an seinen Empfangsabenden macht die Fürstin Metternich die Honneurs seiner Salons. Der Baron ist ein eifriger Bewunderer der Fürstin, welcher er große Dienste leistet; er war es, der letztes Jahr die herrlichen Soiréen organisierte, welche die Fürstin den ‚*Wiener Kunstfreunden*' hat geben wollen; diese Soiréen haben ihm nicht wenig Arbeit, Verdrießlichkeit und Geld gekostet. Die Fürstin, stets geistreich, nennt ihren Freund, den Baron: ‚*mein Hausjud*'."[25]
Fürstin Pauline Metternich-Sándor ist eine der bekanntesten Persönlichkeiten Wiens. Sie organisiert karitative Veranstaltungen in großer Zahl und arrangiert den berühmten Blumenkorso, der alljährlich in der Prater Hauptallee abgehalten wird.[26] Die Fürstin ist beim Volk so beliebt, dass ihr zu Ehren sogar ein Wienerlied komponiert wird. Ihre Empfänge hält sie Montag bis Mittwochabend ab, das Palais in der Fasangasse suchen Politiker, Diplomaten und hohe Würdenträger auf. Pauline Metternich-Sándor gehört zu den wenigen Angehörigen des Hochadels, die in ihren Salon auch Angehörige des Geldadels einladen.
Sehr elegant ist Baron Albert Rothschild und er hat „eine sehr originelle Geistesrichtung; er ist der einzige Wiener Banquier, der in die Welt der hohen Aristokratie ganz und gar aufgenommen ist. Er ist gleichfalls ein Intimus der Fürstin Metternich, die ihm eine wahrhafte Zuneigung schenkt. Ein ebenso guter Jäger wie unerschrockner Reiter, ist er in allen Soiréen, bei allen Diners und auf allen Jagden anzutreffen … Und doch entgeht ihm kein gutes Geschäft."[27]

JOSEPHINE VON WERTHEIMSTEIN (1820–1894)

Die liberale Ära ist verbunden mit den josephinischen Ideen, „geistvolle jüdische Salons" entstehen in Wien, „in denen sich freilich nicht mehr der Adel, sondern das aufgeweckte Bürgertum mit Dichtern und Künstlern verband".[1] Das Bürgertum gewinnt an Selbstbewusstsein, der Hochadel erstarrt in Ritualen und schottet sich großteils nach unten ab.
Die Familie Wertheimstein gehört zur sogenannten Zweiten Gesellschaft Wiens, dem Bürgertum und dem niederen Adel. Der Salon Josephines, geborene Gomperz, und jener ihrer Tochter Franziska sind typisch für das gesellschaftliche Leben des Großbürgertums in der zweiten Hälfte des 19. Jahrhunderts. Für sie ist Kunst mehr als nur ein „Aufputz für des Tages Müh' und Plage", wie Karl Kraus es ausdrückt. Josephine führt ihren Salon zunächst in ihrer Wohnung in der Innenstadt und später in ihrer Villa in Döbling. Dort treffen einander Eduard von Bauernfeld, Ferdinand von Saar, Ernst von Fleischl und Adolf Wilbrandt.
Die Blüte des Salons ist ihr zu verdanken: „Es fehlt uns Allen etwas, wenn Sie nicht da sind, das Dipfl auf's I – der Brennpunkt, um den sich alle Getreuen scharen, der Impuls zu allem gemüthlichen Verkehr u. Freundes-Zusammenhang ..."[2] Alexander Baumann schreibt diese Worte 1854 in einem Brief an Josephine. Viele Menschen spüren die Faszination, die von ihr ausgeht. Ihr Salon wird nach der Revolution von 1848 erneut zum gesellschaftlichen Treffpunkt werden, wo vor allem Künstler vorherrschend sind.[3]
Josephine hat in eine Bankiersfamilie geheiratet. Leopold von Wertheimstein, ihr Ehemann, entscheidet als Prokurist des Bank-

Repräsentiert das Großbürgertum Wiens: Josephine von Wertheimstein (links) mit ihrer Tochter Franziska und dem Maler Franz von Lenbach.

Weiß seinen Reichtum geschickt zu vergrößern: Leopold Ritter von Wertheimstein, Josephines Ehemann.

hauses Rothschild autonom über gewaltige Investitionen wie z. B. über den Bau der Nordbahn.[4] Wertheimstein weiß seinen Reichtum zu vergrößern. Im Gegensatz zu seinem Schwager Eduard von Todesco, verheiratet mit Josephines Schwester Sophie Gomperz, der sich ein Palais errichten lässt, lebt er mit seiner Familie eher bescheiden in einer Wohnung im Deutschen Haus hinter dem Stephansdom. Die Wertheimsteins sind klassische Aufsteiger ihrer Zeit. Franz Wertheimer, ein Vorfahre, reiste als Handwerksbursche nach Wien – und starb dort als Baron.

Die jüdische Familie Gomperz stammt aus Emmerich am Rhein, einem Ort im heutigen Bundesland Nordrhein-Westfalen. Ein Teil der Familie lebt in Wien, ein Zweig in Brünn, wo am 19. November 1820 Josephine als Tochter von Philipp Gomperz und dessen Gemahlin Henriette, geborene Auspitz, als ältestes von insgesamt acht Kindern geboren wird. Die Geschwister, drei Mädchen und vier Buben, stehen zeitlebens zueinander. Theodor, Minna und Sophie sind ihrer Schwester Josephine besonders nahe. Als Erwachsene werden sie in ihrer näheren Umgebung leben. Die familiären Beziehungen sind ausgesprochen eng.

Philipp Gomperz, Vorstand der Brünner Kultusgemeinde, ist ein bedürfnisloser Mensch, der manches Mal tagelang unter Traurigkeit leidet, ohne zu sprechen. Auch seine Tochter Josephine, die ihrem Vater sehr ähnelt, später aber die Abstammung seitens der Mutter stärker betont, wird unter Depressionen leiden. Philipp

Gomperz übt wenig Einfluss auf die Erziehung seiner Kinder aus, die seiner Gattin Henriette überlassen ist. Er stirbt 76-jährig am 30. Juli 1857.
Die ruhige und fürsorgliche Henriette engagiert die besten Sprach-, Musik- und Zeichenlehrer, der einzige Englischlehrer Brünns unterrichtet ihre Kinder, weiters wird Französisch gelehrt. Im Hause Gomperz herrscht eine Atmosphäre von „weltlichem Puritanismus", und die „Herbigkeit des erst spät gemilderten mütterlichen Ernstes"[5] fördert eine Scheu vor vertraulicher Annäherung.
In Josephines Salon finden sich später auch englische und französische Bücher. Sie ist belesen und verfügt über eine fundierte Allgemeinbildung. Die Vorstellungen der Spätromantik und des Biedermeier prägen ihre Jugendzeit. Der Komponist Josef Dessauer schreibt in einem Brief an Josephines Schwester Minna: „Bist Du wirklich fleißig, gute Minna, oder täuschest Du Dich nur? Mache es nur nicht, wie Deine Schwester Josefine, die vor lauter filosofischem Studium (mit Unger) das Studium so sehr en grippe bekam, daß sie sich seitdem zu consequentem Nichtsthun entschlossen hat."[6]
Josephines Bruder Theodor kommt 1849 von Brünn nach Wien und lernt im Salon seiner Schwester eine Reihe herausragender Persönlichkeiten kennen. Die Geschwister verbinden vielfältige gemeinsame geistige Interessen. In den Jahren 1873 bis 1900 lehrt Theodor als ordentlicher Professor für klassische Philologie an der Universität Wien. Zwar nimmt er aktiv am gesellschaftlichen

Josephines Bruder, der Philologe Theodor Gomperz. Porträt von Franz von Lenbach, um 1900.

Leben der Familien Todesco und Wertheimstein teil, dennoch leidet er, so wie sein Vater, unter starken Gemütsschwankungen und Depressionen.

Sehr bald nach ihrer Hochzeit muss Josephine feststellen, dass ihr Mann zu beschäftigt ist, um ihr allzu viel Zeit zu widmen. Das führt dazu, dass sie sich von ihm zu wenig geliebt fühlt, sich in Krankheiten flüchtet und ausführlich auf Kur geht. Eduard von Bauernfeld schreibt begeistert über die jungverheiratete Josephine Wertheimstein in sein Tagebuch: „Soviel Schönheit und Anmut habe ich selten beisammen gesehen. Leopold v. Wertheimstein hat sich da eine Perle erworben.“[7] Der eigene Ehemann scheint diese Perle nicht wahrzunehmen.

Jahrzehnte später vertraut sie ihrer Tochter Franziska in einem Brief an, ihr Mann habe sie nicht geliebt, sondern nur lieb gehabt: „Vielleicht hätte ich Papa das Leben angenehmer machen können, aber ich habe es nicht verstanden – und er hat mich auch nicht recht verstanden, wir können beide nicht dafür ... Durch diese Qual der unerfüllten Empfindungen war ich oft zuwider, gekränkt, bitter, und so möchte ich heute noch weinen, daß ich nicht mehr Erfahrung hatte, ihm das Leben nicht nach seinem Geschmack angenehmer und schöner gestaltet habe.“[8]

Die Beziehungen ihres Mannes verschaffen Josephine die Möglichkeit, Soireen, Bälle und gesellige Runden in ihrem Haus zu veranstalten. Bereits in den frühen 40er Jahren des 19. Jahrhunderts gehen in Josephines Wohnung Frauen und Männer ein und aus, die dem Liberalismus anhängen, künftige „Achtundvierziger“. Zu ihnen zählen der „rote Hofrat“ Carl von Lewinsky, der Jurist und liberale Politiker Anton von Schmerling, Baron Alexander von Bach, späterer Justizminister, sowie viele Mitglieder des „Juridisch-politischen Lesevereins“; weiters Ottilie von Goethe, die Schwiegertochter Johann Wolfgang von Goethes, die sich für einige Jahre in Wien niederlässt und hier die Revolutionsjahre miterlebt; ebenso Eduard von Bauernfeld, Franz Grillparzer und Betty

Paoli, eine damals berühmte Dichterin, die in Vergessenheit geraten ist. Der volkstümliche Dichter Alexander Baumann, der „König“ der „Baumannshöhle“, gehört auch dazu. Sowohl die Familie Wertheimstein als auch Todesco und die befreundete Familie Sichrovsky nehmen am geselligen Leben der „Baumannshöhle“ teil.[9]

Anton Bettelheim schildert Josephine und ihren ersten Salon: Ihre „strahlende Schönheit und Herzensschönheit, eine dem Kühlsten sich mitteilende Wärme des Gemütes, geistige Regsamkeit, echte Begeisterungsfähigkeit für alles Große in Kunst und Leben hatten Josephine schon in ihrem Wiener Heim, dem Deutschen Haus in der Singerstraße, zum Mittelpunkt eines Kreises gemacht, der legendarisch in der Geschichte der Wiener Gesellschaft fortlebt: Grillparzer und Schwind, Bauernfeld und Rahl, Joseph Unger und Anton Rubinstein, Dessauer und Moritz Hartmann, Schmerling und (in seinen liberalen Anfängen) Alexander Bach zählten zu den Stammgästen des Kreises, in dem jeder willkommen war, der solchen Segens reiner Weiblichkeit würdig war.“[10]

Im Haus in Döbling entsteht dann Leopolds Kunstsammlung. „Josephine empfing im kleinen Kreis, zum Diner oder abends, ihre Verwandten und Freunde, Franzi malte oder musizierte, wenn sie nicht – was leider meist der Fall war – mit nervösen Beschwerden darniederlag; Minna Gomperz leitete, von der treuen Helferin Ottilie Fischer-Colbri unterstützt, das Hauswesen; über allen schwebte, kerzengerade auf ihrem Sitze tronend, die Spitzenhaube auf dem Kopf, den Strickstrumpf in der Hand die 78jährige Henriette Gomperz.“[11]

Die Revolution von 1848 markiert einen tiefen Einschnitt. Veränderungen müssen kommen, schreibt Josephine an Bauernfeld, doch es erschreckt sie, dass „der Weg zum Fortschritte mit Blut gedüngt werden muß …“[12] Kurz nach Beginn der Revolution macht die Regierung Zugeständnisse. Josephine schreibt: „Eine Welt liegt zwischen neulich und heute, ein Abschnitt der Geschichte, das Schicksal von Millionen ist entschieden; wir jubeln Alle, wir sind selig; Alles ist Gottlob gut geworden, so über alle und jede Erwartung; jetzt bin ich stolz darauf, eine Österreicherin zu seyn, in diesen Tagen habe ich erst das Gefühl fürs Vaterland kennen gelernt. – Es waren aber 4 furchtbare Tage; unsere Zukunft, unser Aller Existenz hing an einem Haar."[13]

Im März 1848 klingt Josephine gedämpfter: „Nach dem ersten Jubel hier ist jetzt eine traurige Abspannung gefolgt; die Ereignisse im Venezianischen u. (in) der Lombardei haben hier eine große Verstimmung hervorgerufen; in Ungarn, in Steiermark hört man von inneren Aufständen; theils Bauern, theils Hitzköpfe, die immer den Troß von müßigem Gesindel im Gefolge haben, rufen die Republik in einigen Städten aus. Die slavische Partei will sich auch geltend machen. Die Zukunft hat viele Wirren zu lösen."[14]

Bei weiteren Unruhen in Wien und der Erstürmung der Stadt durch österreichisch-kroatisches Militär unter der Führung von Alfred I. Fürst zu Windisch-Graetz im Oktober 1848 weilt die Familie Wertheimstein fast vollzählig in Brünn. Von dort schreibt Josephine an Bauernfeld, der an der Märzrevolution teilgenommen hat, einen bewegten Brief: „In der gräßlichsten Angst und Spannung erwarteten wir von einem Moment zum anderen Nachricht von Ihnen, von unseren anderen Freunden. Eine Zentnerlast fiel mir vom Herzen, als ich mit Gewißheit erfuhr, daß Sie, lieber Freund, daß Sie unverletzt sind. Gott sey gedankt, der sie beschützte. Es ist eine furchtbare Zeit in der wir leben und das Alles ist erst das Vorspiel – was wird jetzt geschehen, wenn der Vorhang zum zweiten Male aufrauscht? mir möcht das Herz brechen, wenn ich an Euch Alle, wenn ich an unser liebes Wien denke. Daß seyne Fortschritte möglich sind, davon bin ich durchdrungen, daß aber der Weg zum Fortschritte mit Blut gedüngt werden muß, daß der Zynismus Einzelner das Unglück von Millionen heraufbeschwören mußte, das ist zum rasend werden."[15]

Manche von Josephines Freunden und Bekannten haben eine we-

niger radikale Einstellung, worüber sich Josephine in einem Brief an ihre Eltern empört: „Ebenso wurde ich bei Netti W(ertheimstein) empfangen, die mich gleich mit meiner ultraradicalen Gesinnung aufzog und mich gerne zum Sprechen gebracht hätte. Ich sagte ihr aber ganz naif, in Gegenwart mehrerer Herren u[nd] Frauen, daß ich gar nicht wagen würde, eine selbstständige politische Ansicht zu haben, daß ich es der Zeit überlasse, eine bestimmte in mir herauszubilden, etc. etc., u. sagte so viel bescheidenes dummes Zeug, – daß sie nicht mehr wußte, ob ich sie, oder sie mich, zum Besten habe …“[16] Josephine hat eine bemerkenswerte eigenständige und klare Einschätzung der Situation: „Der Sprung in die Freiheit war gewagt; einer neuen Generation wird es vielleicht erst gegönnt seyn, sie zu begreifen und sie zu schätzen. Dem jetzigen ungebildeten Volke, wird sie entweder entrissen, oder es wird sie mißbrauchen. Jedenfalls stehen uns noch schwere Kämpfe bevor.“[17]
Josephines jüngere Schwester Sophie ist ebenfalls mit einem Bankier, Eduard Freiherr von Todesco, verheiratet. In ihrem Palais in der Kärntner Straße führen sie einen der bekanntesten Salons der zweiten Hälfte des 19. Jahrhunderts. Die Gäste aus Kunst, Wirtschaft und Politik sollen noch illustrer gewesen sein als jene in der Villa Wertheimstein. Liszt, Brahms und Rubinstein geben Konzerte im großen Festsaal. Liszt schreibt am 5. April 1872 an Carolyn Sayn-Wittgenstein: *… À 10 h, énorme soirée de 3 à 400 personnes chez les Todesco avec musique …* “[18]
Der Salon Todesco in der Kärntner Straße wird 1864 erstmals öffentlich vorgestellt. Anlass ist die Verlobung von Fanny Todesco mit Henry Worms. Die *Neue Freie Presse* schreibt: „Gestern wurden die Salons im Palais Todesco eröffnet. Man feierte die Vollendung des neuerbauten, von Hansen und Rahl künstlerisch ausgeschmückten Hauses und die bevorstehende Vermählung der Tochter des Herrn Eduard Ritter von Todesco mit Herrn Henry Worms. Die glänzenden Appartements wurden von allen Anwe-

senden, deren Zahl wohl an 500 betragen hat, bewundert. Man anerkannte den seltenen Verein von Pracht und künstlerisch vollendetem Geschmacke in der Dekorierung. Die Kunst verlieh auch in anderer Beziehung dem Abende Reiz. Frau Rettich und Frau Haizinger, dann Herr Beckmann sprachen ernste und heitere Worte, die in Bezug zu dem Sinne des Festes standen, Fräulein Artôt, dann die Herren Everardi und Fioravanti erfreuten durch Gesang und Hr. Tausig durch sein Klavierspiel die Anwesenden."[19]
Zu den Gästen zählen Minister, Gesandte, Botschafter und Sektionschefs. Baron Rothschild und beinahe alle Vertreter der großen Bankhäuser sind bei dem Fest anwesend. „Die Gesellschaft war sehr animiert und man blieb bis gegen ein Uhr beisammen. Nach dem Konzerte wurde das Souper an in jeder Beziehung geschmackvollen Buffets eingenommen, die unter ‚persönlicher Leitung' des Herrn Franz Hauptmann arrangiert waren."[20]
Der Salon Todesco gilt als besonders gastfreundlich ... „Der Baron [ist] ein vortrefflicher Mensch, ein geschickter Finanzmann, der auch gern Gutes thut, eine Thätigkeit, bei welcher seine Frau ihn wunderbar unterstützt. Die Baronin ist die personificirte Wohltätigkeit, sie besitzt eben so viel Bildung wie Herzensgüte."[21]
Und es wird bei jeder Gelegenheit gefeiert. Ferdinand von Saar beschreibt ein solches Fest: „Die neuen Minister Beust, Schmerling, dann Halm, Dingelstedt, Laube, Lewinsky, Gabillon samt Frau, eine Menge höherer Militärs, Bürokraten, viele Finanzgrößen waren anwesend und ich kam mir mit meinem fadenscheinigen, elfjährigen Frack sonderbar genug zwischen den ordenbeladenen Herren vor. Der prachtvolle Saal, die reichgeschmückten Frauen, die Klänge der Musik, dies alles versetzte mich in einen Taumel, der angenehm und weihevoll zugleich war ..."[22]
Wie in den glänzenden jüdischen Salons der Zeit üblich, lädt Sophie Todesco bedeutende Künstler ein, die die Gesellschaft kulturell bereichern: „Die Baronin Sophie Todesco, die in ihrer Jugend

eine der Schönheiten Wiens gewesen, ist jetzt eine Dame von imposanter Gestalt und von sehr angenehmem Geiste, welche die Honneurs ihres Salons mit vollkommener Grazie zu machen versteht. In ihrem schönen Palais in der Kärnthnerstraße trifft man alle Spitzen der Kunst und Literatur. Bauernfeld, der berühmte österreichische Dichter, besucht dieses Haus seit zwanzig Jahren alle Tage. Er gehört zu dem Freundeskreise der Familie."[23]

Im *Wiener Salonblatt* vom 27. Februar 1875 liest man: „Das Ministerium war so ziemlich vollständig erschienen. Graf Andrassy unterhielt sich lange Zeit mit einer reizenden jungen Dame … Fürst Auersperg war in dem einen Salon der Mittelpunkt einer lebhaft bewegten Gruppe und Plener sprach … längere Zeit mit dem Director einer der bedeutendsten Eisenbahnen über die brennende Frage des Tages. Daß die Wissenschaft, Kunst und Literatur durch glänzende Namen vertreten waren, versteht sich bei dem regen Sinne für alles Schöne, der die Dame des Hauses auszeichnet, wohl von selbst. Wer über Malerei sprechen wollte, konnte es

Erbaut 1861 bis 1864 von Ludwig Förster für Baron Eduard von Todesco, nach dem „Anschluss" „arisiert": das Palais Todesco, Kärntner Straße 51.

„Israelitische" Hochfinanz: Baron Eduard von Todesco. Foto von Ludwig Angerer, nach 1865.

mit Makart, Lenbach oder Penther. Dort an dem Marmorkamm lehnt der Dichter Ferdinand von Saar, neben Bauernfeld, dem ewig jungen, und nicht weit von ihnen sind Weilen und Laube in lebhaftem Gespräche begriffen."[24]
Künstler sind in den Häusern der Hocharistokratie nicht vertreten. „Sie haben sicherlich von Friedrich Kaiser, Anton Langer, Anton Bittner, Julius Hopp, Nestroy reden hören, welche sämtlich als dramatische Schriftsteller von großem Ruf, fröhliche Humoristen oder sinnreiche Seelenmaler gelten, die eine große Anzahl von Stücken geschrieben haben, welche von den Wienern bejubelt wurden ... Die Aristokratie liest ihre Werke, verschmäht jedoch ihre Personen, und sogar eine Frau wie die Fürstin Metternich empfängt in ihrem Salon weder Dichter noch Literaten. Die hohe Finanz allein, die israelitische namentlich, und immer noch mit Ausnahme der Familie Rothschild, zieht sie in den Ehrenkreis ihres Umganges. Man trifft bisweilen einen Schriftsteller bei Herrn Todesco, bei Herrn Königswarter."[25]
Hofmannsthal kündigt einen Anstandsbesuch bei Sophie Todesco im Sommer 1894 in Altaussee so an: „Lieber Poldy, ich bin hier beim Seewirth, werde jetzt der alten Todesco einen Besuch machen."[26] Sophie stirbt 1895.
Das Leben im Haus der Familie Wertheimstein gehört zur Salonkultur der „Zweiten Gesellschaft". Leopold von Wertheimstein ist sehr beschäftigt, er hat wenig Zeit, sich um seine Gattin und die Erziehung der beiden Kinder zu kümmern. Franziska von Wert-

heimstein, Franzl genannt, kommt 1844 als erstes Kind von Josephine und Leopold zur Welt, Jahre später ihr Bruder Carl. Franziska sieht schon in sehr jungen Jahren England und Frankreich, da sie die Familie auf Reisen begleiten darf. Gemeinsam mit ihrem Lehrer Eduard Wessel durchstreift sie die Straßen und Museen von Paris. In den Sommermonaten der späten 50er und frühen 60er Jahre des 19. Jahrhunderts hält sich die Familie – sehr zur Freude Franziskas – in einem kleinen Städtchen in Böhmen auf.
„Um die Mitte des 19. Jahrhunderts entwickelte sich der Salon von Josephine von Wertheimstein zum kulturellen Zentrum Wiens, wo so bekannte Persönlichkeiten wie Ferdinand von Saar, Eduard von Bauernfeld, Hugo von Hofmannsthal, Heinrich Gomperz, Joseph Dessauer und andere ein und aus gingen. Im Unterschied zum Salon der Fanny von Arnstein war der Josephine von Wertheimsteins ausschließlich schöngeistiger Natur.“[27]
Anton Bettelheim zu Josephine und ihrem Salon: „Der Lärm der Welt, der Glanz großer Namen hielt hier nicht vor. Der Wert einer Persönlichkeit wurzelte nach ihrer Empfindung im Gemüt, sie beurteilte jeden nach seinem Charakter. Von der häßlichen Namensjagd, die in so manchem andern Salon der Hochfinanz getrieben wird, war in der Umgebung dieser seltenen Frau nichts zu merken … Es war eine Auszeichnung für jedermann, der ihren Umgang genießen durfte und in diesem Sinne haben Prinzessin Reuß, Fürstin Salm und Gräfin Dönhoff-Bülow wie Gleich zu Gleich mit ihr verkehrt. Wo immer sie erschien … bezwang sie aller Herzen durch den Adel ihrer Haltung und Gesinnung.“[28]
Als 1866 Josephines erst 18-jähriger Sohn Karl stirbt, fällt sie in tiefe Depressionen. Ihre Behandlung übernimmt der Psychiater und Neurologe Theodor Meynert, ein guter Freund der Familie. Josephine ist durch ihre Krankheit nicht mehr in der Lage, ihren Salon weiterzuführen; er wird geschlossen. Der Maler Moritz von Schwind drückt sein tiefes Bedauern in einem Brief an Eduard von Bauernfeld aus. „Dein letzter Brief ist erschrecklich traurig.

Es zeigt sich eben, daß die arme Frau [Josephine von Wertheimstein] von dem langen körperlichen Leiden ganz müde ist und keine Kraft mehr hat … Sie muß so krank sein, daß ihr Geist gegen die körperliche Gebrochenheit nicht mehr aufkommt, sonst würde sie gewiß den eigenen Kummer vergessen, schon aus Freundlichkeit gegen ihre Umgebung. Ich verhehle mir's nicht, daß das Äußerste zu fürchten ist."[29]
Die damals 23-jährige Franziska, die sich der Malerei zugewandt hat, lädt den alten Kreis von Freunden wiederholt ein. Langsam kehrt ihre Mutter in die Wirklichkeit zurück.
Auch wenn Josephine von Wertheimstein Jüdin ist, gehört ihr Salon dennoch nicht in die Tradition des „jüdischen Salons". Zwar steht Leopold von Wertheimstein lange Jahre als Präsident der israelitischen Kultusgemeinde vor, religiöse Gebote und Traditionen werden privat aber nicht gelebt. Es geht vor allem um die Bildungsideale des liberalen Bürgertums und nicht um jüdische Kultur- und Verhaltensstandards.
Josephines Einstellung zur Religion lässt sich aus einem Brief an ihren Bruder Theodor Gomperz gut ersehen: „Das Sterben *muß* einen höheren Hintergrund haben, als das Verfaulen in einer Grube – wenn selbst wieder Blumen und Kräuter aus unserer Asche entstehen! (Aber) würden wir dieses Grausen, diese Empörung gegen den Tod empfinden, wenn wir ihn mit Sicherheit als Übergang in eine höhere Existenz betrachten könnten? Wie glücklich sind die Gläubigen; aber wer nicht blind glauben kann? Was thut der Arme, der von den zermalmenden Gegengründen erdrückt wird – der nicht glauben kann, nicht verzweifeln will – und in dem nicht genug brausendes Berauschen an den Freuden des Daseyns lebt, um ihn im Taumel bis an's Grab zu geleiten?"[30]
Josephine von Wertheimstein und die Witwe Auguste Littrow-Bischoffs sind befreundet, beide führen vornehme Salons und sie rivalisieren, denn bei ihnen verkehren die gleichen Kreise: die Kunst- und Geisteswelt Wiens. Dora Stocker-Meynert schreibt:

Eine „wundervolle Gestalt": Franziska von Wertheimstein, in der Familie nur „Franzi" genannt.

„In beiden waren es erlesene Frauen, die es verstanden, diese zu fesseln, wenn sie auch äußerlich kaum zu vergleichen waren, die kleine, unscheinbar aussehende, aber auf allen Bildungssätteln geübte, unendlich bewegliche Auguste von Littrow, und die leuchtende Josefine von Wertheimstein. Zweifellos war das Wissen der ersteren größer. Dafür besaß Josefine den Zauber eines vollendeten Lieblings der Grazien. Und wenn über allem Tun und Weben Augustens die Güte des Verstandes waltete, lag über Josefinens die Sonne des Gemütes und zog die Menschen unaufhaltsam in ihren Lichtkreis."[31]

Josephines Salon ist ein Forum bürgerlichen Selbstverständnisses. Einerseits ist er der Aufklärung verpflichtet und andererseits den Werten der deutschen Klassik. Sein „Kulturkonservatismus" bildet ein markantes „Gegengewicht zu den Salons der neureichen Ringstraßenbarone".[32]

Graf Paul Vasili schreibt 1885 über die Bedeutung des Bürgertums, er habe eine Schwäche für diesen Stand, und bezeichnet ihn als den „sympathischsten in Europa".[33]

„Im Handel, im Gewerbe und im Ackerbau zu Hause, fast ausschließlich alle wissenschaftlichen Berufsarten betreibend, den größeren Theil der Staatsämter bekleidend ist der Bürgerstand das thätigste, energischste und mächtigste Element des öffentlichen Lebens. An sich schon zahlreich, vermehrt er unaufhörlich seine Reihen mit allen Individualitäten, welche sich aus den niederen Gesellschaftsschichten emporarbeiten. Der Bürgerstand ist die gebildetste, fortgeschrittenste Klasse der Gesellschaft. Aus ihm geht die Lehrerschaft für alle Stufen des Unterrichts hervor; er bevölkert die Mittelschulen, die Gymnasien und die Universitäten. Die Wissenschaften und die Künste haben in diesem Stande ihre berühmtesten Vertreter."[34]

Vorausschauend liest er die Zeichen der Zeit und sieht den Untergang der Hocharistokratie voraus, die sich von den unteren Schichten und der neuen Zeit abschottet. „Die in ihrer exklusiven

Gesellschaft mit einer hohen Mauer umgebene Aristokratie amüsirt sich unter sich, lebt unter sich, ohne Beziehungen zum Volke und ohne irgend welche Berührung mit dem Bürgerthum in einer durchaus abgesonderten Existenz. Je höher die Fluth des letzteren steigt, um so höher erhebt sich die Wiener Aristokratie bis zu dem einsamen Gipfel ihres Ararat. Sie bildet die Arche Noäh, die es versucht, der Sündfluth der modernen Ideen zu entgehen. Ich wünsche, daß sie sich zu retten vermöchte, doch glaube ich nicht, daß nur eine der von ihr ausgesandten Tauben mit dem Oelzweig im Schnabel zurückkehrt."[35]

Im Jahr 1870 erwirbt Leopold von Wertheimstein von den Erben des Wiener Industriellen Rudolf Arthaber den „Tullner Hof" in Döbling, einem Vorort von Wien. Damit folgt er dem ärztlichen Rat, Josephine in eine neue Umgebung zu bringen. Familienmitglieder aus Brünn können in dem großen Haus, das mit Mahagonimöbeln aus dem Spätbiedermeier ausgestattet ist, genauso aufgenommen werden wie Josephines Mutter und eine Schwester, im Nachbarhaus wohnen ihr Bruder und seine Frau.

Die Villa liegt inmitten eines schönen, großen Parks. Im Jahr 1907 geht das Anwesen testamentarisch von ihrer Tochter Franziska an die Gemeinde Wien über und wird 1955 zum Döblinger Bezirksmuseum. Im einstigen Speisesaal werden heute Lesungen und Konzerte gegeben, im ehemaligen Damenzimmer der Stammgäste Bauernfeld und Saar gedacht.

Richard Voss wird durch Adolf Wilbrandt im Hause Wertheimstein eingeführt. Er schreibt in seinen Erinnerungen: „Das Haus Wertheimstein war weit über Wien hinaus bekannt. Frau Josefine von Wertheimstein war nicht nur eine der anmutigsten, sondern auch eine der edelsten Frauen Wiens. Eine wundervolle Gestalt war auch die einzige Tochter des Hauses, Franziska von Wertheimstein, allgemein Franzi genannt. Der Vater war eine überaus feine, stille Persönlichkeit, dabei Künstler auf der Geige. Dieses Paar versammelte um sich alles, was damals in Wien an bedeutenden Per-

sönlichkeiten lebte. Frau von Wertheimstein hielt einen wahren Hof von Künstlern, Gelehrten, Staatsmännern und Dichtern. Ich sagte: einen wahren Hof. Das Wort ist hier der richtige Ausdruck; denn sie glich einer Königin, der Königin von Saba.
Das Haus Wertheimstein war ein jüdisches Haus. Es war zum ersten Male, daß ich in einer jüdischen Familie verkehrte, und ich kann nicht mit genug Wärme sagen, welchen Eindruck diese Familie auf mich machte."[36] Voss beschreibt die Mitglieder der Familie als vornehme Menschen in Gesinnung und Handlungsweise.[37]
Emilie Exner, die später eine Schrift über Josephine und Franziska herausgeben wird, wohnt in der Nähe der Villa in Döbling und besucht häufig die Familie Wertheimstein. Nach Franziskas Tod erhält sie von deren Kusinen Nelly (Cornelia) und Marie Gomperz private Unterlagen aus dem Nachlass Franziskas und dem ihrer Mutter, um ein Gedenkbuch zu verfassen, das sie im Jahr 1907 unter dem Pseudonym Felicie Ewart mit dem Titel *Zwei Frauenbildnisse* privat herausgibt. Emilie beschreibt Josephine als „schwärmerisch, leidenschaftlich begeistert, impulsiv und nur durch ihre Familieneigenschaft (‚Gomperzandum' nennt es Bauernfeld ...), das Zaudern und Zweifeln in kleinen und großen Dingen, von raschem Handeln zurückgehalten ..."[38] Josephine ist ein herzenswarmer Mensch und bereit, alles Große und Schöne in sich aufzunehmen. Sie ist äußerst liebenswürdig, aber auch passiv, wenn sie unentschlossen ist. Sie lässt sich gerne treiben.[39] So liebt es Josephine zum Beispiel, lange im Bett zu bleiben, wo sie ihre Gäste empfängt – es ist ihr einfach bequemer. „Josephinens Schlafzimmer, in dem sie hundertmal ihre Gäste empfangen hat, wenn nicht gerade Krankheit, sondern eine ihr eigene Lässigkeit sie darin verweilen ließ, war mit einer der schönsten Räume des Hauses. Sie stand täglich sehr spät auf und blieb oftmals bis zum Abend im Bett, ohne dadurch in ihren geselligen Gewohnheiten gestört zu werden. Der braun-graue Mops mit dem häßlichen Rassekopf

hatte sein Plätzchen auf ihrer Bettdecke und genoß das Vorrecht, die Hände der zärtlich geliebten Herrin belecken zu dürfen."[40]

Josephine erkennt diese ihre Wesenszüge klar und deutlich, als sie 1893, wenige Monate vor ihrem Tod, an ihre Tochter Franziska schreibt: „Zwischen meinem Willen und der Ausführung liegt ein Abgrund, über den ich nicht hinüber kann, und wie vieles ist zugrundegegangen durch meine bleierne Untätigkeit!"[41] Hier zeigen sich deutlich die Auswirkungen der Depressionen, die sie ihr Leben lang begleiten.

Andererseits ist Josephine zeitweise auch überaus begeisterungsfähig, worauf ein Brief von Eduard von Bauernfeld aus dem Jahr 1872, als Josephine gerade in Florenz weilt, hinweist: „Mit wahrer Herzenslust vernehme ich, daß Sie sich, wie früher in der schönen Natur, so auch jetzt im Reiche der Kunst, ausnehmend gefallen und frischer und lebhafter genießen als Ihre Umgebung. Doch das war ja vorauszusehen. Sie sind noch jung und naiv, ein großes Kind, das an alles Gute und Schöne glaubt, sogar an die Menschen, die meist weder gut, noch weniger schön sind."[42]

Das Denkmal für Ferdinand von Saar im Wertheimsteinpark, ein Werk des Bildhauers Franz Seifert.

Als ihre Ehe kriselt und Josephine sich vernachlässigt fühlt, beginnen die Leiden. Ihr Kniegelenk ist zeitweise gelähmt, eine Kur im Salzkammergut hilft, doch ein Schlüsselbeinbruch will nicht heilen. Ihre Ärzte vermuten eine schwere Knochenkrankheit. Ab Herbst 1870 ist ihr gesundheitlicher

Ein schöner Mann: Robert Bulwer-Lytton, 1st Earl of Lytton, wird Josephines große Liebe.

Zustand auch Thema ihrer Gedichte. Es gibt Titel wie „Erkältung“, „Vergehen“, „Warum“, „Zu Früh“ und „Der Schmerz“.[43]

Josephine und ihre Tochter kennen die Anliegen der zeitgenössischen Frauenbewegung. Emilie Exner ist gemäßigt engagiert, es ist daher anzunehmen, dass sie diese Fragen mit den Damen des Hauses Wertheimstein diskutiert, aber auch, dass Franziska und Josephine den Forderungen eher zurückhaltend gegenüberstehen. Josephine ist viel zu passiv, um einschneidende Veränderungen in ihrem Leben vorzunehmen. So wird sie von den Strömungen der Emanzipation wissen, sie aber nicht in ihr Leben integrieren.

Die Begegnung mit Robert Bulwer-Lytton (1831–1891) im Winter 1859/60 erschüttert Josephine tief. Unerwartet hat Bulwer-Lytton, ein angehender englischer Diplomat und Autor, ihre Lebensbühne betreten. Ein schöner Mann, damals 28 Jahre alt, mit hoher, breiter Stirn, großen Augen, dunklem, gewelltem Haar und vollen Lippen, ein ausgeglichener Mann voll Fantasie und Verstand, natürlich und liebenswürdig, Josephine ist begeistert von seinem ausgeprägten ästhetischen Empfinden. Bulwer-Lytton wird ihre große Liebe und der Freund ihres Bruders Theodor. Sie steht vor der Wahl, Kinder und Familie zu verlassen, doch sie entsagt ihrem Glück.

Ewart schreibt: „Da kam noch einmal der Sturm einer großen Leidenschaft über sie, die Möglichkeit, mit der Vergangenheit zu brechen, die Erfüllung tausend geheimer Wünsche anzustreben. Aber der Preis für alles das, wäre die Trennung von ihren Kindern, in erster Linie von ihrem Sohne gewesen, und dazu konnte sie sich nicht entschließen. Die Mutter war stärker in ihr als die Frau; mit vornehmer Selbstverleugnung gebot sie ihrem Herzen Schweigen, und was sich in ihrer Seele abgespielt hatte, es war und blieb begraben."[44] Bulwer-Lytton wird später Vizekönig von Indien und u. a. Botschafter in Paris. Ihr weiteres Leben ist von dieser unerfüllten Liebe überschattet. Am 8. Juni 1863 richtet Bulwer-Lytton eine Bitte an Josephine: „Think of me sometimes, write to me now and then. Believe that I think of you daily – even if I write seldom."[45] Lyttons Tod Ende 1891 trifft Josephine und Theodor Gomperz sehr.

Die Villa in der Döblinger Hauptstraße vermag einen großen Kreis Gäste unterzubringen. Im Jahr 1880 leben im Erdgeschoß und im ersten Stock die Familie Wertheimstein mit Leopold, Josephine und Franziska sowie zwölf Bediensteten. Minna und Henriette Gomperz haben fünf Zimmer und eine Küche zur Verfügung und werden von zwei Bediensteten versorgt.

Der Gästekreis erweitert sich. Mit manchen Besuchern entsteht ein reger Briefverkehr. Diese Korrespondenz gibt Aufschluss über die Themen, die im Salon erörtert und diskutiert werden. Zahlreiche Besucher, treue Freunde, zum überwiegenden Teil aus dem Großbürgertum, wenige aus dem höheren Adel gehen in der Villa ein und aus und versammeln sich jeden Sonntag in großer Gesellschaft. Adolf Wilbrandt erinnert sich an seinen ersten Besuch im Sommer 1871. „Josephine von Wertheimstein, die Hausfrau, war die eigentliche Seele, der Magnet, der Genius; eine der holdesten, adeligsten, wärmestrahlendsten Frauen, die in mein Leben getreten sind ... Sie war aber gesellig, menschenhungrig, für reichen, bunten geistvollen Verkehr wunderbar begabt und geschaffen."[46]

Der Salon liegt im ersten Stock auf der rechten Seite. Man geht durch eine breite Glastür auf den Balkon, von dem man einen schönen Ausblick hat. Prachtvolle Ölbilder und gelbe Seidenmöbel, eher altmodisch als modern, stehen wie zufällig gruppiert im Raum. Bunte Blumenarrangements schmücken den Salon. Das Haus Wertheimstein wird mit Öllampen beleuchtet, und große, weiße Kachelöfen wärmen die Räume.[47]

Josephine Winter, die Tochter von Rudolf Auspitz und Helene Lieben, ist öfter Gast in der Villa. Ein livrierter Diener führt sie durch das Vorzimmer in den Salon ihrer Tante, die Kinder tollen im Park. Dort befindet sich ein Glashaus: „Auch das hochgewölbte, als Gesellschaftsraum gedachte Glashaus mit auf Marmorstufen erhöhten Sitzplätzen um den Springbrunnen, voll herrlicher Palmen, Kamelien, Azaleen und anderer exotischer Gewächse bot einen besonderen Reiz."[48]

Bei Moritz Hartmann lernt Josephine Ferdinand von Saar kennen, dessen Dichtungen ihr besonders zusagen. Saar beendet 1860 seine Offizierslaufbahn und widmet sich ganz der Literatur. Auf eine Bitte hin lädt Josephine den mittellosen Dichter zu sich ein, bereit, ihm finanziell behilflich zu sein. Die *Novellen aus Österreich* bringen Saar Anerkennung in der Öffentlichkeit. Zum größten Publikumserfolg wurden die *Wiener Elegien*. Im Laufe der Zeit entsteht zwischen Josephine und Ferdinand eine Freundschaft fürs Leben, zwischen ihm und ihrer Tochter Franziska eine leidenschaftliche Liebe. Später sucht sich Saar in Döbling eine Wohnung, lebt zeitweise im Gartenhaus der Villa und ist einer der wichtigsten neuen Gäste im Salon, obwohl er Soireen gegenüber abgeneigt ist.

Noch ein Jahr vor seinem Tod ist Moritz von Schwind unter den Gästen. Auch Eduard von Bauernfeld lässt sich immer wieder blicken und nimmt – wie in seinen jungen Jahren – lebhaft am Salongeschehen teil, auch wenn seine Werke nicht mehr so en vogue sind wie vormals. Er liest Josephine jedes seiner Stücke vor, denn ihre Meinung gilt ihm mehr als die eines Theaterdirektors.

Den Sommer verbringt die Familie Wertheimstein in Aussee, wo ihre zweite Heimat ist. Hier wird Musik gepflegt. Ihre Liebe zum

Volkslied verdankt Franziska dem Liederkomponisten Josef Dessauer.
Unter den vielen Sonntagabendgästen des Hauses trifft man den katholischen Philosophen Franz von Brentano, die Burgschauspielerin Auguste Baudius, Iduna Laube, den Dichter Richard Voss, Josephines Psychiater Theodor Meynert, den jungen Komponisten Josef Hellmesberger, Joseph Maria Stowasser, die Gräfinnen Dönhoff und Salm. Eines Abends betritt der Dichter Moritz Hartmann, begleitet von seinem Freund Theodor Gomperz, den Raum, und die Augen aller Damen sind auf den attraktiven Mann gerichtet, der sein neuestes Gedicht vorträgt:

Und suchst du jetzt aus allen meinen Briefen
Nach irgend einem Troste, einer Lehre,
Entnehme ihnen die erhabene Wahrheit:
Reliquie des Paradieses ist
Die Liebe! Ist der Frauen Ruhm und Größe![49]

Moritz Hartmann erntet Beifall und zum Abschluss singt Franziska ein österreichisches Volkslied.
Adolf Wilbrandt schreibt in seinen Memoiren über die nervösen Hemmungen der begabten Tochter: „Und so lag zuweilen über der Villa Wertheimstein ein zäh dunkler Schatten, gegen den die tapfere Heiterkeit der Bewohner, die Urgemütlichkeit des sogenannten Speckkammerls, in dem man nach Tische saß, der übermütige Humor der Gäste, die fröhliche Ansteckung von Witz und Geist, die edlen Spieler und Sängerinnen doch schwere Kämpfe kämpften."[50] Spöttisch nennt Theodor den Salon seiner Schwester „Liebeshof", in dem die Dichter wie Minnesänger die Frau des Hauses umschwärmen. Ein wenig abseits sitzt der Chemiker Adolf von Lieben, mit dem Franziska kurze Zeit verlobt ist. Den Naturforscher Ernst von Fleischl weist sie ab. Franziska fürchtet sich vor der Ehe, zieht sich aus Beziehungen zurück und bleibt ihr Leben lang unverheiratet.

Wilbrandt bewohnt auch für längere Zeit die Villa, er gilt als Genie und gesellschaftlicher Magnet, ist warmherzig und von edlem Wesen. Ein häufiger Gast in diesen Jahren ist Franz Grillparzer. Zu seinem 80. Geburtstag 1871 initiiert Josephine den Grillparzerpreis für das „relativ beste Drama". Im Damenkomitee sitzen Josephines Schwester Sophie Todesco, diverse Bankiersgattinnen, außerdem Christine Hebbel und Iduna Laube, die Gründerin und erste Präsidentin des „Wiener Frauenerwerbsvereins". Das Stiftungskapital kann sich sehen lassen. Als Dank schenkt Grillparzer Josephine sein Porträt von Moritz Daffinger.
Die Treffen im Salon Wertheimstein – und bei der Familie Todesco – erwähnt der prominente Wiener Musikkritiker Eduard Hanslick, der von Josef Dessauer eingeführt wurde, in seinen Erinnerungen als sehr angenehm. In diesen Häusern verkehrten bedeutende Künstler, Schriftsteller, aber auch Politiker; die Anziehungskraft jedoch gehe von den Damen aus. Die Frauen und Töchter der großen jüdischen Bankiers seien fein, gebildet, anmutig und liebten das Schöne, der Geist der Herren sei hingegen meist nur darauf trainiert, die Börse zu beherrschen.
Vor allem Josephine übt eine große Faszination auf die Menschen aus, die sie umgeben. Helene Lieben, die mit Rudolf Auspitz, dem Cousin Josephines, verheiratet ist, schreibt ihr: „Ich war verliebt in Sie, ehe ich wußte, daß alle Welt es war, ich schwärmte für Sie, ohne zu ahnen, daß Sie die gefeierte, bewunderte berühmte Frau v. Wertheimstein waren."[51]
Tief beeindruckt ist auch Ferdinand von Saar, der ihr Gedichte widmet und eine sehr persönliche Grabrede auf sie halten wird.[52] Ebenso bewundert sie Moritz Hartmann, in einem Brief an Minna Gomperz schreibt er: „Ich begreife, wie man ewig zu ihr zurückkommen … ich verstehe nicht, wie man sie Ein Mal verlassen kann …"[53] Und notiert: „Und wer kann sich rühmen, die beweglichsten Herzen so fest gebannt zu haben, daß sie nur immer nach Einem Pole sehen?"[54] Dem Maler Moritz von Schwind ergeht es

Der legendäre Salon liegt im ersten Stock auf der rechten Seite: die Villa Wertheimstein, seit 1907 im Besitz der Gemeinde Wien.

nicht anders, wie er in einem Brief an Bauernfeld festhält: „Ich glaube, wenn ich nach Wien komme, laufe ich zu allererst zu ihr. Warum, weiß ich eigentlich nicht …"[55]

Ein Grund dafür, meint Dora Stockert-Meynert, könnte in folgendem Wesenszug liegen: „Von ihrer reizerfüllten Persönlichkeit strahlte ein so intensiver Zauber aus, daß sie Begeisterung erweckte, wo immer sie sich zeigte. Doch was die Geistesgroßen an sie fesselte, war ihre Gabe, jedem Ausnahmsmenschen kongenial erscheinen zu können. Selbst Künstlernatur und mit Gedankenreichtum begabt, hatte sie eine hinreißende Anpassungsfähigkeit an fremdes Genie und eine immerwache Empfänglichkeit für alles Schöne, die sie durch enthusiastische Herzenstöne auszudrücken wußte."[56]

Josephine dürfte eine „unterschwellige Erotik" ausgestrahlt haben, auch Franziska scheint eine starke Ausstrahlung eigen gewesen zu sein. „Hatte Josephine in ihrem Verkehr mit feiner Hand die Schranken gezogen, die keiner zu überschreiten wagte, so lagen die Dinge einem jungen Mädchen gegenüber ganz anders. Wer

Die Mittelfassade der 1870 von Leopold von Wertheimstein erworbenen Biedermeiervilla.

hinderte die heißen Wünsche laut zu werden, wen konnte es wundern, daß alte und neue Freunde dem blendenden Zauber verfielen, und einer nach dem anderen die Hand nach dem seltenen Juwel ausstreckte. Immer umsonst."[57]

Oft wird bei den gesellschaftlichen Treffen musiziert. Die Pianistin und Kammersängerin Caroline von Gomperz-Bettelheim und die Sopranistin Marie Wilt singen Lieder; besonders beliebt sind jene von Franz Schubert. Dr. Weissel und Unger spielen Mozart, Beethoven und Mendelssohn. Hellmesberger begleitet Gräfin Wickenburg-Almasy, die manchmal Liebeslieder singt, am Klavier. Die Schauspielerin Auguste Wilbrandt-Baudius, die 1861 von Heinrich Laube nach Wien geholt wird, trägt Literarisches vor. Sogar Hypnose wird demonstriert.

Die Stimmung ist außerordentlich gut: „Hätten wir nicht alle von Stroh und Pappe sein müssen, wenn nach solchen Eindrücken das Gespräch nicht angeregter und wärmer hin und her geflogen, die Menschen sich nicht leichter in der gehobenen Stimmung gefunden hätten? Und Josephine ging an solchen großen Abenden von

Im Originalzustand erhalten: das stilvolle Mobiliar des Salons von Josephine Wertheimstein.

Wurde 1881 zum Direktor des Burgtheaters ernannt: Wertheimstein-Gast Adolf von Wilbrandt.

einem zum anderen, mit dem liebenswürdigsten Lächeln auf den Lippen, für jeden einen Herzenston findend, sich freuend an jeder schönen, jugendlichen Erscheinung, an jedem neuen Talent, das halb schüchtern, halb selbstbewußt seine Schwingen zu regen begann – eine Königin in ihrem selbstgeschaffenen Reich."[58]
Gerne vergnügt man sich auch mit Gesellschaftsspielen, wie dem „Dal-Dal", bei dem Wörter im Zusammenhang einer Geschichte erraten werden müssen.
Die Gäste im Salon Wertheimstein altern, die Jugend geht in anderen Häusern ein und aus. Einmal noch flackert das Licht auf, als 1892 der junge Hugo von Hofmannsthal zu Josephine nach Döbling kommt. Dort kennt man die neue literarische Bewegung kaum, zwischen der alten Dame und dem jungen Mann entsteht eine innige Freundschaft. Aus dieser Zeit stammt sein Entwurf eines Schlüsselromans über die Familie Wertheimstein.
Josephine berichtet ihrer Tochter: „Diesen jungen Menschen habe ich wirklich lieb, er ist mir so besonders sympathisch – ich muß auf einem anderen Stern schon mit ihm bekannt gewesen sein –, oft sagt er etwas, als ob es aus meiner Seele herausklingen würde – das Moderne Unverständliche läßt er immer mehr und mehr fallen." Der junge Dichter gesteht Josephine: „… daß ich das, was Ihr Haus für mich einschließt, als ein großes, wahres Glück lebendig und dankbar empfinde".
In den letzten Jahren ihres Lebens leidet Josephine an verschiedenen Krankheiten. Sie wird wegen eines Grünen Stars operiert, wenige Jahre später befällt sie eine schwere Lungenentzündung. Am 16.

Juli 1894 stirbt sie und wird zwei Tage später am Döblinger Friedhof beerdigt.

Hofmannsthal notiert in sein Tagebuch: „Das ist das erste wahrhaft Schwere und Traurige, das ich erlebe …“ Er nennt Josephine ein „wunderbares Wesen“[59] und schreibt: „Der Tod der armen gnädigen Frau in Döbling geht mir unsäglich nahe. Sie kannten sie zu wenig, Sie können nicht ahnen, wieviel unendliche Schönheit da für immer weggangen ist.“[60]

Franziska von Wertheimstein erblickt am 17. August 1844 in Hietzing Nr. 154, also nicht in der Stadtwohnung der Familie, das Licht der Welt. Sie gedeiht prächtig. Stolz schreibt Josephine zehn Monate später an ihren in Brünn lebenden Großvater Lazar Auspitz: „Wenn ich meine kleine Fanni Gottlob so wachsen und gedeihen sehe, da möchte ich Dich immer hier haben, damit Du diese Freude mit mir genießen mögest; sie wird jetzt so herzig und gescheidt, dass Du Dich wundern möchtest; sie sagt schon *da*, wenn man sie frägt, wo ich bin, und zeigt mit ihrem Fingerl auf mich.“[61]

Zu ihren Jugendgefährten zählen neben ihrem jüngeren Bruder Karl ihre Cousins und Cousinen, die Kinder der Familie Todesco, Marie, die Tochter von Professor Exner, und der zwölf Jahre ältere Bruder ihrer Mutter, Theodor Gomperz. Schon früh ist Franziska von Geist und Intellekt umgeben, was sie stark prägt.

Eduard von Wessel aus Königsberg, ab 1848 Hauptredakteur der neu gegründeten Zeitung *Die Presse* in Wien, unterrichtet Franziska und Karl. Zeitlebens ist er ein Freund der Familie. Nach Felicie Ewart ist Franziska „frei von den gewöhnlichen Fehlern einer Mädchenbildung“. Gebildete Männer umgeben und verehren sie zeitlebens. „Mit ungewöhnlichem Scharfsinn schlug sie die Brücken zwischen den recht heterogenen Bildungselementen, die man ihr darbrachte, und verarbeitete sie zu einem harmonischen Ganzen. Hin und wieder blätterte sie in einem ernsten Buch, las einen modernen Roman und genoß deutsche und fremdländische Lyrik mit dem feinsten Geschmack. Es war eine Bildung, wie sie immer seltener werden muß, je mehr die Frauen sich dem Berufsstudium zuwenden, das sie zwar nach manchen Richtungen weit tiefer vordringen läßt, ihnen aber in den Durchschnittsfällen die Breite des Wissens verschließt."[62]

Nebenbei malt Franziska gerne und zeigt auch Talent. Der Historienmaler August Eisenmenger unterrichtet sie gemeinsam mit Marie Exner und Ella von Littrow. In der Villa Wertheimstein hängen ihre Bilder.

Franziska kommt von ihrem Wesen her ihrer Mutter nach, ist ihr aber intellektuell und künstlerisch überlegen. Äußerlich gleicht sie ihrem Vater mit ihrem dunklen, lockigen Haar und der grazilen Gestalt. Durch ihre Krankheiten, Depressionen, ist Franziska stark belastet und bewundert an Freunden, dass sie ihr Leben kraftvoll nach eigenen Vorstellungen formen. Ihr Leben hingegen, so Josephine, „ist so unausgefüllt, so provisorisch; und so fließt die Zeit dahin und mit ihr das Leben. – Sie, die so glücklich seyn könnte, ist es so gar nicht… Von der größten Sehnsucht erfüllt, etwas zu leisten, etwas zu schaffen, müssen ihre Anlagen nur dazu dienen, ihr Schmerz zu bereiten; sie fühlt ihr Malertalent, ihr musikalisches Gefühl, ihren Wunsch, sich zu bilden, ihre Sehnsucht, zu genießen, alles brach liegen, und fühlt sich und sieht sich mit bitterer Selbstkritik und unbarmherziger Härte gegen sich selbst unglücklich, lebensmüde vergehen, ohne das Glück, nach welchem sie lechzt, je gekostet zu haben."[63]

Josephine von Wertheimstein zu Beginn der 1870er-Jahre. Gemälde von Franz von Lenbach.

Herr Holzer, der Großneffe von Bauernfeld, ist noch jung, als er durch Ferdinand von Saar Franziska von Wertheimstein 1905 oder 1906 kennenlernt: „Tatsächlich erhielt ich nach einiger Zeit auf einer Korrespondenzkarte die Verständigung, mich an einem Sonntagnachmittag in der Villa Wertheimstein einzufinden. So stand ich einer Dame gegenüber, die zu jener Zeit ein Begriff gesellschaftlichen Standard Wiens war. Es war eher beklemmend, in der eigentlich nicht alt aussehenden, aber merklich von seelischen und körperlichen Leiden zerstörten Dame des Hauses, die von Franz Lenbach gemalte Mädchenschönheit wieder erkennen zu sollen."[64]

Holzer fühlt sich in Ibsens *Gespenster*, das Haus des Kammerherrn Alving, versetzt: „... dort bei Alving und hier bei Wertheimstein eine Noblesse, Entrückung, Zeitverlorenheit von abgestandener Museumsart. Die Räume waren über und über vollgestopft mit kostbaren Dingen, aber mir jungem Menschen von unsagbarer Geschmacklosigkeit erscheinend. Mobiliar und Zimmerschmuck aus der fürchterlichsten Geschmacksverirrung des vorigen Jahrhunderts. Wertvolle Gemälde hingen an den Wänden, aber dicht nebeneinander, die ganze Fläche bedeckend. Wuchtige Fauteuils und zierliche Sesselchen standen anscheinend zufällig gruppiert herum ... Das einzig Lebende in den Räumen schienen mir viele herrliche Blumen zu sein, auf alle Räume verteilt. Wahrscheinlich war es Suggestion: ich roch die damalige Modeblume, die morbide Tuberose."[65]

Franziska übernimmt den Salon ihrer Mutter nach deren Tod. Nach und nach löst sich der Kreis in einige persönliche Freundschaften auf. Auf ihren Morgenspaziergängen beschäftigen sie und Ferdinand von Saar sich mit literarischen Themen, geplanten Arbeiten und „hypochondrischen Betrachtungen".[66] Franziska von Wertheimstein stirbt am 19. Jänner 1907.

ROSA VON GEROLD
(1830–1907)

Rosa von Gerold ist Verlegergattin und Salonière im Wien der zweiten Hälfte des 19. Jahrhunderts. Von Jugend an große Gesellschaften gewöhnt, führt sie später ein vornehmes Haus. Sie empfängt ihre Gäste in der Stadtwohnung der Familie oder in der Villa Lindenhof, ihrem Landhaus im Wiener Vorort Neuwaldegg. Musische Symposien werden ebenso dargeboten wie Lesungen aus Rosas schriftstellerischen Werken. Die männlichen Gäste werden mit Lorbeerkränzen geschmückt, während man den weiblichen Rosen- und Kornblumenkränze um das Haupt flicht. Rosenwasser wird zur Erfrischung herumgereicht und kulinarische Genüsse steigern das Wohlbefinden der Gäste.

Rosa von Gerold wird am 13. August 1830 während eines starken Gewitters im thüringenschen Waltershausen als Rosa Henneberg geboren, zwei Jahre später kommt ihre Schwester Melanie zur Welt, wieder zwei Jahre später ihr Bruder Bruno. Melanie, von Rosa sehr geliebt, stirbt im Alter von vier Jahren. Rosas Vater, der sich aus kleinbürgerlichen Verhältnissen hochgearbeitet hat, bietet seiner Familie ein freudvolles Leben und den Umgang mit vielen interessanten Persönlichkeiten.

Die Eltern geben in der guten Stube „Teegesellschaften“ und singen Lieder zum Spinett. Rosas Großmutter, aus einem reichen Bauernhaus stammend, führt gleichfalls ein gastliches Haus und gibt sonntags Familienessen mit anschließender Kaffeegesellschaft. Rosa erinnert sich: „An die Wohnstube reihten sich nun die vielen Schlafkammern und Gaststuben mit den hochgetürmten, schneeig überzogenen Federbetten. Ganz zuletzt aber ging es ... ein paar

Rosa von Gerold wenige Jahre vor ihrem Tod. Foto in ihrem posthum erschienenen Band „Erinnerungen“.

Stufen abwärts in den ‚Saal'. Dies war Großmutters Prachtzimmer, wo die Familienessen Sonntags und auch die Kaffeegesellschaften stattfanden. Noch sehe ich darin die langgestreckte Tafel mit den Blumen, den schönen Tassen und den Riesenschüsseln voll Windgebacknes, Blättergebacknes und Kräpfel."[1]

In der Familie wird die Sprache gepflegt. „Beide Eltern sprachen das schönste Deutsch und hielten auch bei uns Kindern darauf, daß wir nie unrichtig oder in dem häßlichen Thüringer Dialekt sprechen durften. Sie waren eben aus der Schiller- und Goethe-Epoche und begeisterten sich am Wohlklang der Dichtersprache."[2]

1836 übersiedelt die Familie nach Frankfurt, wo Rosa die klassisch-humanistische Schulbildung einer „höheren Tochter" erhält. Gemeinsame Reisen mit den Eltern nach Hamburg, Berlin, Venedig und Paris erweitern ihren Horizont.

Rosas Vater, inzwischen ein angesehener Handelskaufmann, fährt mit seiner Familie nach Wien und lässt sich dort nieder. Rosa erweitert und vertieft ihre Fremdsprachenkenntnisse, liest viel und verkehrt mit Töchtern vornehmer Patrizierfamilien. Im Haus ihrer Eltern bildet sich ein kleiner geselliger Kreis.

1853 heiratet die 23-jährige Rosa den fünfzehn Jahre älteren Wiener Verlagsbuchhändler Moriz Gerold. Das Paar wird eine glückliche, dreißig Jahre währende Ehe führen. Gerold bietet seiner Frau ein von Alltagssorgen freies, begütertes Leben in einer fürstlich eingerichteten Wohnung. Die Wintermonate verbringt man in Wien in der Barbaragasse (früher ein Teil der Postgasse nahe der Dominikanerbastei), den anderen Teil des Jahres in der Neuwaldegger Villa.

Rosa reist ausgesprochen gerne, sie interessiert sich für ferne Länder, Gegenden und Städte: Spanien, Südfrankreich, die Pyrenäen, das Engadin, die österreichischen Alpen, Athen, Korfu. 1880 veröffentlicht sie ein Buch unter dem Titel *Eine Herbstfahrt nach Spanien*.[3] Die Reise führte über die Schweiz und Südfrankreich nach Barcelona, Valencia, Granada und Madrid und zurück über

Barcelona nach Marseille, Nizza, San Remo, Genua, Mailand und Venedig. Hellas und die griechische Kultur haben Rosa seit ihrer Jugend, als sie Heinrich Schliemann, den Entdecker Trojas, kennenlernte, beeindruckt. Später reist sie selbst nach Griechenland. Im Jahr 1895 erscheinen ihre Reisebriefe[4], 1904 folgen die Städtebilder aus Frankreich und Nordspanien.[5]
Rosa von Gerolds Nachlass besteht aus fünf gedruckten Schriften, Tagebüchern, Briefen, Aufsätzen und weiteren Aufzeichnungen, wie Johanna Gegendorfer berichtet. Rosa Gerold schreibt bis ins hohe Alter; auch ihre täglichen Aufgaben als Hausfrau, die fast jeden Tag Empfänge gibt, halten sie davon nicht ab. Manchmal beklagt sie das Unstete: „Wiener Leben! Entsetzliche Zerstreuung, Zersplitterung, Zerfahrenheit! Das Gegenteil von Sammlung und Familienzauber! Hier wäre aus dem jungen Goethe höchstens ein Mosenthal geworden. (Womit ich nicht sagen will, dass in Weimars poetischer Ruhe und Abgeschiedenheit aus Mosenthal ein Goethe geworden wäre!) Aber ein Genius bewahrte ihn vor dem grosstädtisch kleinstädtischen Wiener Leben!“[6]
Das rege Gesellschaftsleben lässt Rosa auch wenig Zeit zum Lesen. In einem Brief an Baron Warnsberg schreibt sie: „Hier im Wiener Treiben ist es gar nicht mehr möglich, für sich zu sein und etwas in Ruhe zu lesen. Mir kommt manchmal der Gedanke, mir ein Zimmerchen wo zu mieten, wovon kein Mensch weiss (wie in gewissen Lustspielen die Raucher, denen die Gattinnen daheim das Rauchen nicht erlauben) – und dann dahin zu flüchten, wenn ich einmal etwas lesen und schreiben will! Zu Hause ist man nicht eine Viertelstunde ungestört. Wir haben so viele Bekannte, Moriz hat ausserdem so viele Verwandte, dazu muss sich eine bürgerliche Hausfrau sehr um Küche und Keller kümmern, kurz – es ist ein ewiges Hin und Her und Kommen und Gehen!“[7]
Ab 1848 löst das Großbürgertum den Adel im kulturellen Bereich und im Staatsleben ab. Prachtvolle Bauten entstehen entlang der Ringstraße. Die Neu- und Umgestaltung Wiens macht auch vor

Markthallen, Bahnhöfen und Brücken nicht Halt. Elegante Landhäuser und traumhafte Villen entstehen, so auch die Villa Gerold im ländlichen Neuwaldegg, die vom Architekten Carl Freiherr von Hasenauer elegant ausgestattet wird.
Das Haus liegt im rückwärtigen Teil des Grundstücks, dahinter beginnt ein kleiner Wald, davor liegt eine ausgedehnte Wiese, ein wenig im Stil der englischen Anlagen, die Moriz während seiner Ausbildung in London kennengelernt hat. Im Frühjahr 1863 ist die Villa fertig, prächtige Blumenbeete umgeben den rosenroten Bau. Von der weitläufigen Terrasse hat man einen guten Blick ins Land. Die Inneneinrichtung spiegelt den Kunstsinn der Hausfrau wider. Souvenirs von ihren zahlreichen Reisen, Kunstgegenstände und geschmackvolle Blumenarrangements schmücken die Räume des Lindenhofs. Der Gast wird in der Halle begrüßt und ins Gesellschaftszimmer geleitet.
„Das Gesellschaftszimmer war sehr gross. Rötlich gemusterte Samttapeten mit Goldleisten, Diwans mit orientalischen Überwürfen, weiche Teppiche, Alt-Nussbaum Möbel im reichsten Renaissancestil und geschmackvolle Vorhänge aus alter Spitze gaben dem Raum warme Vornehmheit. Neben dem alten Streicherschen Flügel, den Rosa als 15-Jährige von den Eltern zur Konfirmation erhalten hatte, trugen zwei weisse Säulen antike Figuren. Die eine den Adoranten, die mit erhobenen Händen betende antike Jünglingsstatue, die andere eine anmutig bekleidete Venus mit einem Apfel in der Hand ... Zwei Kaulbach-Goethebilder ... zierten den Aufgang zu dem blumenreichen Salonerker ... Auf grossem, runden Tisch lagen ringsum Albums, Bücher, Kupferwerke ... Frau Gerolds ... Sammlung gemalter Wiesenblumen und dazwischen auch das schöne Fremdenbuch, ein Geschenk Johanna von Zahns. Die Frau hatte den Umschlag aus Holz nach einer Zeichnung ihres früh verstorbenen Gatten Albert von Zahn gemalt und auch ein Eröffnungsgedicht des Mannes eingeschrieben. Ein Jahrzehnt, nachdem es Frau Gerold bekommen hatte, enthielt das Buch

schon viele interessante Namen aus allen Teilen der Erde, aus Japan, China und Mexico, aus Schweden, Holland und England, aus Frankreich, Deutschland und Russland, Italien und Spanien. Autographen gar mancher berühmter Männer, die den Lindenhof besucht hatten, waren darunter und immer machte es den Gästen Freude, in dem Album zu blättern. In der Mitte des Tisches prangte in einer mächtigen Vase, auch einem Geschenk der Freunde, das grösste Blumenbouquet des Hauses. Jeden Mittwoch und Samstag steckte die Hausfrau selbst diesen Riesenstrauss, der

Von Carl von Hasenauer 1861 bis 1863 für Rosa und Moriz von Gerold erbaut: die Villa Lindenhof in Neuwaldegg.

im Frühling zuerst aus Maien-, dann aus Flieder und Blüten, aus Wiesenblumen und schliesslich im Herbst aus Gräsern, Schilfblüten und Beerenzweigen bestand... Ein besonders wirkungsvolles Bild machte die Ecke mit dem weissen Marmorkamin im Renaissancestil. Den inneren Kaminraum füllten im Sommer frische Blumengruppen, im Herbst brannte hinter dem goldenen Gitter ein helles Feuer. Der Holzkorb mit dem Holzvorrat war ein grosser, zweihenkeliger gelb und braungestreifter, ehemaliger Orangenkorb aus Korfu, die kunstvollen Feuergeräte hatte man aus London kommen lassen, und Palmenwedel an der Wand dienten zum Fächeln gegen die Glut."[8]

Im Juli 1863 wird das Haus Lindenhof bei prächtigem Sonnenschein feierlich eingeweiht. Das Haus ist mit Blumen geschmückt, die Gäste, Verwandte und Freunde treffen am Nachmittag ein. Da an diesem Tag auch der Polterabend eines jungen Paares gefeiert wird, sind zahlreiche junge Mädchen und Burschen anwesend.

Als alle Gäste versammelt sind, werden Rosa und Moriz mit einem Blumengewinde bekränzt und zu einem Blumenthron unter der Linde geleitet, auf welchem sie Platz nehmen. Die eine Hälfte der Gäste verschwindet heimlich im Haus, die andere Hälfte gruppiert sich um das Paar. „Da trat einer der Freunde an das festverschlossene, grosse Haustor, schlug dröhnend mit dem eisernen Klopfring darauf und begehrte mit poetischen Worten Einlass für Hausherr und Haufrau. Wie magisch berührt sprang die Pforte auf, und ein weissumhüllter, mit Rosen und Myrten bekränzter Genius trat hervor, lud in Versen zum Betreten des Hauses ein, sprach Segenswünsche aus und prophezeite den Besitzern alles mögliche Gute und Herrliche für die Zukunft. Dann wurde das Paar mit Blumen beworfen und unter Hochrufen und Gesang von den Freunden die Treppe hinaufgeleitet und vom Genius ins Haus geführt. Im prächtig geschmückten Salon warteten eine Unzahl kostbarer Geschenke und Hausgeräte, jedes der Verwandten und Freunde hatte etwas Besonderes mitgebracht. Ein schönes junges Mädchen sprach ein Gedicht, wobei die einzelnen Gaben feierlich überreicht wurden. Ein Souper an zwei langen Tafeln in Halle und Speisesaal mit Tischreden, Polterabendscherzen und Trinksprüchen gewürzt, und ein Tänzchen im Salon und auf der magisch erleuchteten Veranda schlossen den Abend."[9]

Verfasser der Verse ist der Schriftsteller Faust Pachler, der „Haus- und Hofpoet" des Lindenhofs. Pachler hat erstmals am 10. Februar 1853 das Haus der Gerolds betreten; an dem geschilderten Tag im Jahr 1881 ist Baronin Ebner erstmals Gast im Salon. Zu Ehren der beiden begeht man jedes Jahr diesen Tag mit Freunden, vor allem Dichtern und Schriftstellern aus dem Kreis des Verleger-Ehepaares. Im August feiert man Goethes Geburtstag. Dazu wird ein Blumengeflecht in Form eines „G" auf den Rasen gelegt. Der Garten wird festlich beleuchtet, man deklamiert Gedichte von Goethe. Des Dichters Bild wird mit Blumen bekränzt, und die Anwesenden lauschen Lesungen aus den Briefen an Frau von Stein oder aus seinen Dichtungen.

Gerne setzt man sich in der kühleren Jahreszeit in originell geformten Fauteuils im Halbkreis um den Kamin zusammen und plaudert, die Füße und die Hündchen ruhen auf langen Kissen. Alles ist da, was der Bequemlichkeit dient. Der angrenzende Speisesaal leuchtet in warmen Farbtönen; Glasschalen, Zinnkrüge, Schüsseln und edle Gefäße zieren das große Buffet mit Aufbau. Besonders im Zimmer der Hausfrau zeigen sich Rosas Sammelleidenschaft und ihre Liebhabereien. Ein Zeichen- und Maltisch zeugt von ihren künstlerischen Bemühungen, am Schreibtisch verfasst sie ihre Schriften oder übersetzt aus dem Spanischen und dem Französischen, dazu besitzt sie ein Arbeits- und Nähkästchen sowie eine Staffelei mit Fotos aus der ganzen Welt. Eine alte Wiege mit Puppen und Spielzeug hält sie besonders in Ehren. Die Sammlungen von Mineralien und botanischen Besonderheiten lassen auf ihr naturwissenschaftliches Interesse schließen. Bücher von Johann Wolfgang von Goethe, Adalbert Stifter, Friedrich Hebbel, Friedrich Hölderlin und Immanuel Kant gehören neben naturhistorischen und botanischen Werken zu ihrer bevorzugten Lektüre. Stickereien, Webereien, Porzellantassen, Bauernmajoliken, griechische Vasen sammelt sie aus Leidenschaft. Die Nachahmung der klassischen Antike kommt nicht allein in den einfachen Formen der schwarzen Möbel zur Geltung. Radierungen, Stiche und Bilder verschiedener Persönlichkeiten bezeugen das vielseitige Interesse Rosas. Es ist ein für die Zeit stattliches und gemütliches Heim, „eine würdige Stätte für geistreiche Geselligkeit und heitere Kunstpflege".[10]

Im Gegensatz zu früher gibt es zur Zeit Rosa von Gerolds keinen bedeutenden literarischen Salon. Dichter und Schriftsteller werden wenig gefördert, bisweilen treffen sie sich im Haus des angesehenen Bankiers Vinzenz Ritter von Dutschka oder im Salon der Wiener Glasdynastie Lobmeyer. Komponisten wie Johannes Brahms und Hugo Wolf finden im gehobenen und wohlhabenden Bürgertum nur vereinzelt begeisterte Mäzene. Nikolaus Dumba, Textilindustrieller und Großhändler, empfängt hauptsächlich bildende Künstler. „Die einzige gastliche Stätte Wiens, an der man neben dem Adel des Geldes und des Blutes auch den Adel des Geistes mit Liebenswürdigkeit, sogar mit besonderem Vorzug begrüsste, war das Haus Moriz und Rosa von Gerolds, das bis gegen die Jahrhundertwende eine kleine Kulturinsel inmitten einer nervös nach Genuss hastenden, dem Untergang entgegentreibenden Gesellschaftsschichte blieb."[11]

Rosa von Gerold ist eine liebenswürdige und humorvolle Gastgeberin und Hausfrau: „Wie am Schnürchen verstand sie ihr Hauswesen zu leiten, und dauerten Gastmähler oder frohe Feste auch bis in die Morgenfrühe hinein, versäumte sie es nicht, noch rasch den Küchenzettel für den kommenden Tag zusammenzustellen und alle Anordnungen für das Personal zu treffen, ehe sie sich zu Bett begab. Dafür war aber auch jederzeit alles im Hause blitzblank und für den Empfang von Gästen vorbereitet, ganz gleich, ob ein Besuch erwartet oder unangemeldet auf dem grossen Kiesplatz unter der Linde vorfuhr."[12] Dauergäste wie der Maler Hans Fischer oder Karl Tomaschek, die über längere Zeit im Lindenhof leben, wohnen im oberen Stockwerk.

Wiederholt zu Gast bei der Familie Gerold: der Bildhauer Caspar von Zumbusch. Lithografie von Adolf Dauthage.

Fröhlich und sehr feierlich geht es an den Sonntagen zu, wenn auch der Hausherr anwesend ist. Gemeinsam frühstückt das Ehepaar auf der Terrasse und spaziert des Morgens durch das Birkenwäldchen, bevor die Hausfrau das Diner mit der Köchin bespricht. Sonntags wird das „gute" Service verwendet und Tafelsilber aufgelegt. Sie selbst bereitet oft die Desserts zu und kümmert sich um die Blumengestecke für das ganze Haus.
Zu den Gästen, die sich wiederholt einfinden, gehören die Familien Falke, Zumbusch und Ferstel – der Deutsche Caspar Clemens Eduard Ritter von Zumbusch ist der wichtigste Monumentalplastiker der Gründerzeit in Österreich, er hat das Denkmal für Maria Theresia zwischen dem Kunsthistorischen Museum und den Naturhistorischen Museum errichtet; weitere Gäste sind die Dichter Veit Pachler, Salomon Hermann Mosenthal, Adolf Wilbrandt, die Literaturhistoriker Karl Tomaschek und Erich Schmidt, um nur einige zu nennen. Nach einem Aperitif oder auch Spaziergang durch den ausgedehnten Garten ertönt um drei Uhr nachmittags die Glocke, die zum Diner ruft. Tischkärtchen weisen jedem Gast seinen Platz zu. Als lebende Dekoration dienen mitunter auch junge Mädchen als Frühlingsgöttinnen, mit Blumen bekränzt. Zu

Ende des Diners wird den Gästen über einem Kupferbecken Rosenwasser über die Hände gegossen, danach auf der Terrasse Mokka und Likör genommen. Die Herren rauchen Zigarre, die Damen Zigaretten. Die Jugend übt sich im Scheibenschießen oder spielt mit Reifen. Am Abend treffen sich alle wieder im Salon und am Teetisch, im Frühjahr auch gerne zu einer Bowle. Mit ihren originellen Ideen und unterschiedlichen Unterhaltungsprogrammen versteht es Rosa, ihre Gäste immer aufs Neue zu begeistern. Während der Woche erledigt Rosa die Korrespondenz und macht Gegenvisiten. Der Donnerstag wird als Empfangstag etabliert. An diesem Tag widmet sie sich mit einem besonders festlichen Mahl vor allem ihrem Mann, dessen Berufskollegen und Freunden.

Im Frühsommer besuchen viele Wiener Freunde und Verwandte die Familie in Neuwaldegg, um kurz darauf in die Sommerfrische zu reisen. Im Hochsommer ist es ruhiger im Haus, auch Rosa und Moriz unternehmen wiederholt ausgedehnte Reisen, um sich dann im Herbst wieder den Geselligkeiten sowie der Pflege von Literatur, Kunst und Musik zu widmen. Den Winter verbringen sie in der Stadtwohnung. Auch Vertreter aus höchsten politischen Kreisen gehen bei Rosa ein und aus, wie die Minister Karl Ritter von Stremayr und Wilhelm von Hartel, weiters der Präsidialchef des Handelsministeriums, Graf Alberti. Drei mit Kaiserin Elisabeth und Kronprinz Rudolf befreundete Diplomaten zählen ebenso zu den Gästen wie Johannes Brahms, Marie von Ebner-Eschenbach und Rudolf von Alt.

Während der Wiener Weltausstellung 1873 verkehrt in Rosas Salon das Who is Who der Kunst- und Kulturszene aus aller Herren Länder. „Wer hätte nicht das Gefühl angenehmsten Behagens gehabt", meint die Schriftstellerin Goswina von Berlepsch in ihrem Vorwort zu Rosa von Gerolds Erinnerungen, wenn er „zur Frühsommer- oder Herbstzeit in dem schönen Neuwaldegger Lindenhof zu Gaste war … wenn das Haus lichtstrahlend in der Einsamkeit des Waldes stand, und oft spät nachts erst eine fröhliche

Schar Heimkehrender den bereitstehenden Stellwagen bestieg, der Männlein und Weiblein hübsch sicher vor ihre Haustür in der Stadt beförderte."[13]

Schätzte die Gesellschaft der Gerolds und unterrichtete Rosa einmal in der Woche im Malen: der Maler und Aquarellist Rudolf von Alt. Selbstporträt, 1890.

1866 quartiert Rosa zwölf einfache Soldaten mit ihrem Korporal im Gärtnerhaus ein, während sich zur selben Zeit ein hoher sächsischer Offizier, Generalleutnant Heinrich von Abendroth, bei ihr erholt. Für geschwächte Soldaten auf dem Rückzug aus Kroatien, Ungarn, Polen oder Deutschböhmen hält sie wiederholt Verpflegung bereit und gibt ihnen bei Bedarf Quartier; manche tapfere Krieger sollen unter Tränen geschieden sein.

Die Firma Gerold wird 1775 eine Verlagsbuchhandlung, 1780 erfolgt Josef Gerolds Ernennung zum Universitäts-Buchhändler; in der National-Enzyklopädie steht dazu: „Carl Gerold's Buchhandlung ist eine der bedeutendsten Verlags- und Sortiments-Buchhandlungen in Wien, in letzterer Beziehung wohl die stärkste. Bemerkenswert ist Gerold's neues Lokal im ersten Stock, in welchen man durch die erweiterten Verkaufsläden im Erdgeschoß kommt. Es besteht aus 10 Gemächern, die an Zweckmäßigkeit und Bequemlichkeit hier wetteifern mit Elegance und Geschmack."[14]

Anlässlich der 100-Jahr-Feier der Gründung des Verlags findet das prächtigste Fest statt. Tagsüber treffen Abordnungen der Berufskollegen, aber auch Telegramme, Briefe und Gedichte ein, die Bot-

Mit Rosa von Gerold befreundet: die Dichterin Marie von Ebner-Eschenbach. Gemälde von Karl von Blaas.

schaften und Glückwünsche an Moriz von Gerold überbringen. Einen Tag darauf empfangen Rosa und Moriz Vereine und Korporationen. Am Abend gibt das Ehepaar in den festlich geschmückten Sälen der Gartenbaugesellschaft ein Bankett für fünfhundert Gäste. „Alle Deputationen, alle Buchhändler, Journalisten, Schriftsteller, Gelehrten, Professoren, Minister, Reichsräte, alle Freunde und dazu das ganze Personal der Verlagsbuchhandlung und Druckerei bis zum letzten Hausknecht hinab, sassen an langen, gleich schön geschmückten Tafeln. Auf der Galerie spielte Militärmusik und alles erfreute sich heiterster Stimmung. Minister [für Kultus und Unterricht] Stremayer überreichte Moriz Gerold als dem Repräsentanten des Hauses den Orden der Eisernen Krone, ihn in den Adelsstand erhebend, und nun folgte ein feierlicher Toast auf den anderen. Der Herr des Hauses eröffnete den Reigen der Trinksprüche, die Gattin schloss ihn, indem sie allen für ihre Teilnahme dankte.“[15]

Rosa sammelt, abgelegt in einer besonderen Mappe, Zeitungsausschnitte, Adressen, Briefe, Telegramme und Gedichte über das Fest. Äußerst eindrucksvoll ist der Toast des Freundes Tomaschek. In vierzig Versen wird der Geroldsche Fleiß gelobt und seine berufliche Tüchtigkeit hervorgehoben. Im zweiten Teil geht es um die „Arbeiten des Geistes und der Hand“, welche im Betrieb „zum Ruhme des Vaterlandes“ geleistet werden.[16] Nach diesem rauschenden Fest folgt am 10. Oktober, es ist ein besonders schöner

Herbsttag, ein intimeres, beinahe noch eindrucksvolleres im Lindenhof. Türen, Balkons und Veranda sind mit Eichenlaub geschmückt. Die Wände der großen Eingangshalle zieren persische Teppiche, überall leuchten Blumen. Hier ist die Tafel für die Jugend. Im Speisesaal stehen lange Tische, geschmückt mit Blüten und Körben voller Trauben, für das Ehepaar Gerold und die übrigen Gäste bereit.

Rosa überrascht ihren Mann mit einer Ausstellung im Verlag erschienener Prachtbände und Bücher, alter Urkunden, Privilegien und Siegeln. Die Gäste sind beeindruckt. Diese Ausstellung bildet die Grundlage für die Bibliothek des Verlags Gerold, die zehn Jahre später das große Billardzimmer im Lindenhof ausfüllen wird. „Als das Haus im Lichterglanz erstrahlte, zog man zur Tafel. Pachler, Wilbrandt, Falke, Billroth und die auswärtigen Gäste toasteten in Versen und Prosa, und beim Dessert traten die anmutige junge Ina Tomaschek, die Nichte des Universitätsprofessors Tomaschek, und ein zweites schönes Mädchen vor, um ein von Frau Rosa verfasstes Gedicht vorzutragen und den beiden Chef-Brüdern Geschenke zu überreichen. Als die Hallen des Hauses von lautester Fröhlichkeit und heiterster Stimmung erfüllt waren, stiegen plötzlich draussen am Nachthimmel Raketen auf. Alles eilte hinaus in den Garten, sich berauschend am Anblick eines Feuerwerkes, das Bruno Henneberg, Frau Rosas Bruder, heimlich vorbereitet hatte. Leuchtkugeln stie-

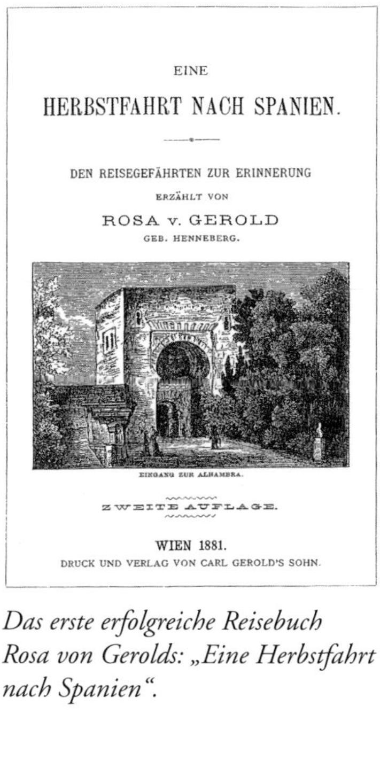
EINE

HERBSTFAHRT NACH SPANIEN.

DEN REISEGEFÄHRTEN ZUR ERINNERUNG

ERZÄHLT VON

ROSA v. GEROLD

GEB. HENNEBERG.

EINGANG ZUR ALHAMBRA.

ZWEITE AUFLAGE.

WIEN 1881.

DRUCK UND VERLAG VON CARL GEROLD'S SOHN.

Das erste erfolgreiche Reisebuch Rosa von Gerolds: „Eine Herbstfahrt nach Spanien".

gen in der Nacht auf, der Garten belebte sich immer mehr und mehr und alles war Freude und Jubel. Im Salon wurde dann zum Schlusse fröhlich getanzt bis zum Morgen. Die Nacht war ein einziges, magisches Zauberfest, glanzvoller als es der Lindenhof je gesehen."[17]

Natürlich gibt es auch das Alltagsleben in der Villa, das Rosa in ihrer liebenswürdigen Art sich und ihrem Freundeskreis verschönert. Jeder ungerade Dienstag ist den „Lindenhofern" und dem Gesang gewidmet. Die „Lindenhofer" sind ein Doppelquartett, bestehend aus vier jungen Mädchen in Sopran und Alt, begleitet von Bass- und Tenorstimmen, die Mitglieder des von Brahms dirigierten Singvereins sind. Mit dem „Lindenhofer Wahlspruch", gedichtet von Rosa in Anlehnung an Martin Luther und vom Musiker und Dirigenten Franz Köstinger vertont, begrüßt und verabschiedet sich die Gesellschaft.

Ein Narr, wer nicht sein Leben lang
Liebt Freundschaft, Wein und Liederklang! [18]

Rudolf von Alt, auch er gern gesehener Gast bei vielen Gesellschaften, unterrichtet einmal in der Woche Rosa im Malen. Weiters beliebt – besonders bei den Frauen – ist der Maler Hans Fischer, der in einer Abstimmung das besondere Prädikat „bien-aimé des Lindenhofes" verliehen bekommt.

Am Donnerstag ist „Odyssee"-, am Freitag Lese- und Jünglingsabend. In den Übersetzungen des Grafen Schak kann die Gastgeberin besonders schwelgen. Nachdem man Homer und einen persischen Dichter vorgetragen hat, werden Goethe, französische sowie zeitgenössische Schriftsteller gelesen. Oft erhalten noch nicht gedruckte Werke im Salon Gerold ihre „Sanktion" für die Öffentlichkeit. Auch der junge Dichter Emil Adolf Victor Ertl gibt seine ersten Manuskripte in diesem Kreis zum Besten und legt sie „zur Begutachtung" vor, ebenso der Kritiker Fritz Lämmermayer. Selbst Freifrau Marie von Ebner-Eschenbach ersucht die Freunde um ihre Meinung, ehe sie ihre Novellen drucken lässt. Am meisten gilt aber das Urteil der gebildeten und belesenen Gastgeberin, die, unbeeindruckt von berühmten Namen, schonungslos Kritik übt, wenn ein Werk weder ihren Geschmack noch ihre Auffassung von Kunst trifft. Das laute Lesen eines Textes ist der entscheidende Prüfstein für Rosa, sie schätzt nicht selten einen Text anders ein, wenn er laut vorgetragen wird, auch wenn er ihr zuvor still gelesen zugesagt hat.

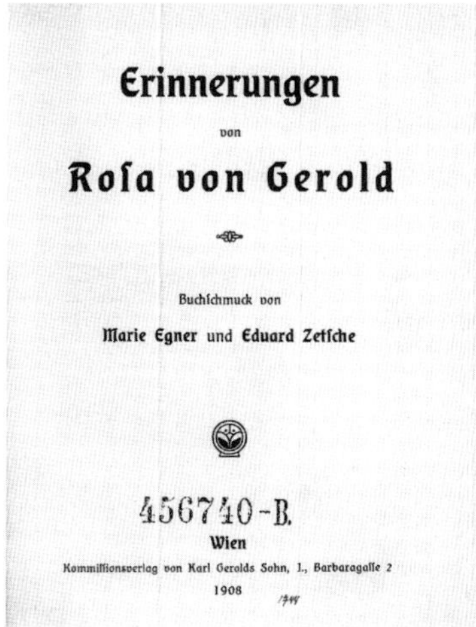
Erinnerungen
von
Rosa von Gerold

Buchschmuck von
Marie Egner und Eduard Zetsche

456740-B.
Wien
Kommissionsverlag von Karl Gerolds Sohn, I., Barbaragasse 2
1908

Erschienen erst nach dem Tod Rosa von Gerolds: ihre „Erinnerungen".

An den „Pachler-Freitagen", trägt man sehr gerne Gedichte vor. An diesen Treffen nehmen meistens die Grafen Hoyos und Lanckorovsky, Baron Berger, Maria Majmayer und der jugendliche Dichter Wodizka teil.

Besonders im Herbst und Winter übt die Jugend, angeleitet von Rosa, kurze Theaterstücke ein und spielt sie vor einem geladenen Publikum. Ist der Autor unter den Zuschauern, freut das alle Anwesenden um so mehr. „Den alten Staub überraschte man einmal mit einer gut gelungenen Aufführung seines ‚Seefräuleins', auch Faust Pachler erlebte oft ein hübsches Festspiel oder kleine Einakter, die er eigens für das Haustheater geschrieben hatte."[19]

Im Herbst 1880 findet das letzte große Fest statt. Zu Ehren der beiden ältesten Setzer der Buchdruckerei Gerold werden 700 Personen im Saal einer Brauerei bewirtet und mit Volksmusik unterhalten. „Wie ihre vornehmen Gäste im Lindenhof ehrte Frau Gerold auch die schlichten Arbeiter durch reiche Geschenke, Tischreden und originelle Überraschungen."[20]

Rosa von Gerold und ihr Mann unternehmen viele Reisen in Europa. So besuchen sie auch zweimal Dr. Heinrich Schliemann im „Hause des Ilion“, seinem prächtigen Wohnsitz in Athen. Sein Haus steht Besuchern jederzeit offen und sie kommen in Strömen per Schiff. Rosa Gerold beschreibt den Forscher: „Ein kleiner, ältlicher Herr von großer Beweglichkeit und klugem Gesicht kam auf uns zu und forderte uns und eine Gesellschaft Deutscher… bald nach der Begrüßung zu einem Rundgang durch seine Sammlungen auf. Wir stiegen unter seiner Führung hinab in die Säle des untersten Geschosses, hell und luftig, doch eine Art Souterrainräume. Alle waren voll von Glasschränken [mit]… Sammlungen von Vasen und Vasenscherben.“[21] Rosa von Gerold ist tief beeindruckt, so direkt mit der alten griechischen Kultur in Berührung zu kommen.
Dr. Schliemann lädt das Ehepaar Gerold zu einer Soirée. Der Marmorpalast erstrahlt im Glanz der Lichter. Im großen Salon bewegen sich die vielen gelandenen Gäste. Der Speisesaal ist dekoriert, der Tanzsaal daneben eine Sehenswürdigkeit. „Im Speisesaal stand ein großes, mit Blumen und Prunkgefäßen geschmücktes Buffet, voll der köstlichen Gerichte. Es wurde Tee serviert, man stand und saß in Gruppen zusammen, von den in Athen beliebten Bäckereien und Süßigkeiten oder den trefflichen Fleischspeisen genießend. Alle aber zog es bald wieder in den großen Saal, der Homer geweiht ist. Die Wände sind mit bunten Marmorarten in Feldern und schönen Einrahmungen bekleidet, dazwischen weiß marmorne Halbsäulen, welche die Decke stützen, die mit Freskogemälden in leuchtenden Farben geschmückt ist. Es sind Szenen aus der griechischen Sage.“[22]
Mit dem Tod Moriz von Gerolds endet die Glanzzeit des Salons. Am 6. Oktober 1884 stirbt er und hinterlässt eine tief trauernde Witwe. Zwar ist sie durch Wohlstand abgesichert und kann weiterhin ein Leben – und in kleinem Rahmen ihren Salon – in geselliger Abwechslung führen, doch aus der lebensfrohen,

umtriebigen Frau wird eine pessimistische, wie wir aus vielen ihrer Briefe wissen. An Alexander von Warsberg schreibt sie: „Ach fände ich nur eine Seele auf Erden, die für das schwärmt, wofür ich schwärme, die liebt, was ich liebe, und sähe ich diese nur einmal jede Woche, so wollte ich schon leben können. Jetzt ist mir oft, als müsste ich verschmachten! Das W i e n e r W e s e n, wo sich alles nur um Belustigungen, Romane, um jüdische Salons, um Toilettenluxus dreht, und wo dem Theater, den Schauspielern, den Jüdinnen, dem Makart und Gott weiss was allem eine Bedeutung beigelegt wird, als hinge das Wohl der Menschheit davon ab, ist mir schrecklich! Das darf man aber beileibe nicht laut werden lassen!“[23]

Auch der Tod treuer Freunde wie jener Ludwig Feuerbachs oder Heinrich von Ferstels stürzt Rosa wiederholt in Trauer. Später schreibt sie: „Ich lebe so dahin, tue mechanisch, was ich tun muss, sonst nichts! Denn die Freude an den Dingen und das Interesse an allem sind gestorben – dahin für ewig.“[24] Nach außen hin lebt Rosa wie bisher, aber im Inneren vereinsamt sie zusehends. Manche Freunde zieht es zu anderen Zirkeln.

„Vierundfünfzig Jahre lang war Frau von Gerold die Seele unzähliger geselliger Veranstaltungen in ihrem Heim, das noch über die Jahrhundertwende hinaus bei den Wienern in Geltung blieb.“[25] Sie stirbt am 16. Jänner 1907 und wird in der Familiengruft in Dornbach beigesetzt.[26] Goswina von Berlepsch veröffentlicht ein Jahr später Blätter aus Rosa von Gerolds Nachlass unter dem Titel *Erinnerungen.*

BERTA ZUCKERKANDL (1864–1945)

Nach der Zeit des Biedermeiers kommt es in der zweiten Hälfte des 19. Jahrhunderts zu einer neuerlichen Blüte der Salons in Wien. Eine der bedeutendsten Salonièren dieser Zeit, wenn nicht die bedeutendste, ist Berta Zuckerkandl[1], die mit dem Arzt Emil Zuckerkandl verheiratet ist. In ihrem Salon trifft man einander in Zirkeln, Freundschaften entstehen, Ehen und andere zarte Bande werden geknüpft. Gesellschaftlich schließt Zuckerkandl an den Stil Karoline Pichlers und Josephine Wertheimsteins an.
Bertas Vater, Moriz Szeps, wird 1835 als Sohn eines Arztes in Busk in der heutigen Ukraine geboren. In Wien ist er von 1855 bis 1867 leitender Redakteur und Chefredakteur der *Wiener Morgenpost*, einer liberalen, später linksliberalen Zeitung, die 1886 eingestellt wird. Sein Palais in der Liechtensteinstraße wird bald zum Treffpunkt der jüdischen Intelligenz. 1867 erwirbt Szeps mit einem Teilhaber das *Wiener Journal*, das ab nun unter dem Titel *Neues Wiener Tagblatt* erscheint.
Moriz Szeps hat mit seiner Frau Amalie einen Sohn und zwei Töchter. Bertha kommt am 13. April 1864 zur Welt. Sie wird später auf das „h“ in ihrem Vornamen verzichten. Nachdem schon die Vorfahren der Familie zur Gruppe der assimilierten Juden gehört haben, spielt bei dem breitfächrig angelegten Journalisten Religion keine Rolle, dafür aber sind Kunst, Literatur, Musik und Theater von großer Bedeutung im großbürgerlichen Hause Szeps. Stefan Zweig notiert zur Bedeutung des jüdischen Bürgertums in dieser Zeit: „ … unermesslich ist der Anteil, den die jüdische Bourgeoisie durch ihre mithelfende und fördernde Art an der Wie-

Temperamentvolle und kämpferische junge Journalistin: Berta Zuckerkandl. Foto Atelier d'Ora/Benda, 1909.

ner Kultur genommen. Sie waren das eigentliche Publikum, sie füllten die Theater, die Konzerte, sie kauften die Bücher, die Bilder, sie besuchten die Ausstellungen und wurden mit ihrem beweglicheren, von der Tradition weniger belasteten Verständnis überall die Förderer und Vorkämpfer alles Neuen. Fast alle großen Kunstsammlungen des 19. Jahrhunderts waren von ihnen geformt, fast alle künstlerischen Versuche nur durch sie ermöglicht; ohne das unablässige stimulierende Interesse der jüdischen Bourgeoisie wäre Wien dank der Indolenz des Hofes, der Aristokratie und der christlichen Millionäre, die sich lieber Rennställe und Jagden hielten, als die Kunst zu fördern, in gleichem Maße hinter Berlin zurückgeblieben wie Österreich politisch hinter dem Deutschen Reich. Wer in Wien etwas Neues durchsetzen wollte, wer als Gast von außen in Wien Verständnis und ein Publikum suchte, war auf diese jüdische Bourgeoisie angewiesen … Neun Zehntel von dem, was die Welt als Wiener Kultur des neunzehnten Jahrhunderts feierte, war eine vom Wiener Judentum geförderte, genährte oder sogar schon selbst geschaffene Kultur."[2] In diesem Geist wächst Berta auf und wird auch so ihren Salon führen.

Der Liberalismus und die damit einhergehende Wahlrechtsreform gewährt 1849 den Juden das Wahlrecht in Form des Zensuswahlrechts. Nun ist ihnen auch erlaubt, Land zu besitzen, 1867 werden sie zu gleichberechtigten Bürgern. So entsteht eine wohlhabende Bourgeoisie, und die jüdischen Unternehmer aus der Finanz- und Wirtschaftswelt sowie der Presse erziehen die Söhne zu ihren Nachfolgern. Doch viele dieser Söhne ergreifen künstlerische Berufe und bereichern das Kulturleben um die Jahrhundertwende mit entscheidenden Impulsen. Die amerikanische Germanistin Esther Elstun meint dazu: „Man übertreibt nicht, wenn man sagt, dass etwa der literarische Zirkel ‚Junges Wien' ohne seine jüdischen Mitglieder niemals existiert hätte."[3]

Schon Bertas Mutter führt einen glänzenden Salon, dessen Kreis aus Intellektuellen und Liberalen der Wiener Gesellschaft besteht.

Berta wird vom revolutionären Geist ihres Vaters geprägt; das künstlerische Talent jedoch hat sie von der Mutter.
Das erste Mädchengymnasium öffnet erst 1892 seine Pforten, deshalb werden mehrere Hauslehrer engagiert, darunter auch Mitglieder der Redaktion des Vaters wie der avantgardistisch gesinnte Kunsthistoriker Albert Ilg, der die Töchter Sophie und Berta in Kulturgeschichte unterrichtet und Bertas sicheren Geschmack und ihr klares Urteilsvermögen in der bildenden Kunst entscheidend formt. Die Mädchen genießen in den eigenen vier Wänden eine hochschulähnliche Erziehung.

Bertas Vater Moriz Szeps. Karikatur in dem satirischen Blatt „Die Bombe", 1877.

Es ist in der Familie Szeps eine Selbstverständlichkeit, sich politisch zu engagieren. Im elterlichen Palais begegnet Berta bereits als junges Mädchen Persönlichkeiten aus der internationalen Politik wie dem britischen Premier Benjamin Disraeli. Im Mai 1880 begleitet die gesamte Familie den Vater anlässlich der Vorbereitung zu einem Schriftstellerkongress nach Paris. Fasziniert berichtet die sechzehnjährige Berta von einem besonderen Erlebnis: „Gestern sind Sophie und ich durch den kleinen Gartenhof gegangen. Da hat uns Vater, der neben einem Herrn saß, gerufen und uns vorgestellt. Der Herr sah krank aus. Trotz der heißen Sonne war er in einen Pelz eingehüllt. Er schien so gebrechlich. Das Gesicht war totenbleich. Noch bleicher, weil es von gefärbten schwarzen Haaren eingerahmt war. Er lächelte eigentümlich. Es war Jacques Offenbach. Wir kannten seinen Namen gut. Denn wir hatten in Wien ja seine Musik oft gehört.

Bertas Gatte, der um 15 Jahre ältere Anatom Emil Zuckerkandl. Foto, um 1890.

‚Ihr seid zwei liebe kleine Wienerinnen (sagte er freundlich lächelnd). Ich liebe die Wienerinnen. Gewiß tanzt ihr den Wiener Walzer glänzend. Ja, Wien! Wien! Eine charmante Stadt! Die Walzer meines lieben Freundes Johann Strauß sind unsterblich. Grüßt ihn von seinem Bewunderer Offenbach!'"[4]

Der junge Schauspieler und Komödiant Alexander Girardi verkehrt im Haus der Eltern, er ist auch zu Gast, als im Sommer 1883 ein Fest außergewöhnlich langweilig ist. Um die verschlafene Gesellschaft zum Leben zu erwecken, beschließen Berta und er, die Leuchtgasleitung im Keller abzudrehen, und das Haus versinkt eine Zeit im Dunklen. In der Gesellschaft entsteht Verwirrung. Nach einer Weile geht das Licht wieder an, die Gesellschaft wird auf einmal lebendig. Einige Zeit später führen Bertas drei Musketiere, Alexander Girardi, Emil Zuckerkandl und Karl Weiß, begleitet von Berthold Frischauer (im *Neuen Wiener Tagblatt* innenpolitischer Ressortchef), sie bei ihrem Geburtstagsfest in einem Schubkarren in den Garten. „Ein ganzes Jahr lang", sagte Girardi, „sind Sie sehr schlimm gewesen. Sie haben das Gas während der Soirée abgedreht und noch viele andere Streiche gespielt. Wir haben beschlossen, daß Sie Ihre Sünden büßen müssen."[5] Dann verschwinden die drei Musketiere für einen Augenblick. Sie kommen in bunte Fräcke gekleidet. „Girardi trat vor und sang ein von Karl Weiß gedichtetes Couplet unter dem Gesamttitel: ‚Berthas Missetaten'. Diese Zeremonie hat sich dann jährlich an meinem Geburtstag wiederholt."[6]

Zunächst lebt die Familie Szeps in der „jüdischen" Leopoldstadt, danach in der Weihburggasse in der Innenstadt. Später erwirbt Moriz Szeps ein Grundstück in der Liechtensteinstraße, wo er ein Palais errichten lässt,[7] es wird später die Residenz des schwedischen Botschafters. Innerhalb weniger Jahre erlangt Moriz Szeps Ansehen und Reichtum.
Im Rosengarten des Palais trifft sich „tout Vienne" bei der Hausherrin Amalie zum Frühstück im Grünen. „Das Haus ... ist sehr schön", schreibt Berta in ihr Tagebuch, „Parterre und erster Stock ... umgeben von einem Garten, der bergauf geht. Im Parterre sind die Schlafzimmer von Vater und Mama und auch meine Brüder haben jeder ein extra Schlafzimmer, dann ist noch eins für Sophie und mich da und sogar eines für Ella (die Jüngste), aber sie schläft natürlich mit ihrer Gouvernante. Im ersten Stock sind die Empfangsräume. Eine wunderbare Treppe aus Marmor führt hinauf. Vater hat mir versprochen, daß ich den ersten Empfang im neuen Haus mitmachen darf. Sophie natürlich, denn sie wird ja dann schon 16 Jahre alt sein."[8]
Nachdem Moriz Szeps enge persönliche und politische Kontakte zu Kronprinz Rudolf hält, wird immer wieder gegen ihn vorgegangen und intrigiert. 1883 wird ihm die Vertriebslizenz für das *Neue Wiener Tagblatt* entzogen, die erst 1892 wieder erneuert wird. Szeps lässt sich nicht entmutigen und mietet schon wenige Tage nach dem Lizenzentzug, begleitet von Berta, in den Wiener Vorstädten leerstehende Verkaufslokale, um die Leser mit seiner Zeitung zu versorgen. In den kaiserlich-königlichen Trafiken wird sie nicht mehr angeboten.
Moriz Szeps lernt auch den bedeutendsten Vertreter der politischen Linken Frankreichs, Georges Clemenceau, kennen. In einem Brief an Kronprinz Rudolf bezeichnet er ihn als „Mann der Zukunft". Als Clemenceau nach Wien kommt, lädt ihn Szeps zu sich nach Hause ein. Clemenceau ist 42 Jahre alt und hat, wie Berta notiert, eine „schlanke biegsame Gestalt, ein eigenartiges

Ein enger Freund von Moriz Szeps: Kronprinz Rudolf. Foto von Károly Koller.

ungemein interessantes Gesicht, von hinreißend feurigen und doch kalten Augen erleuchtet. Er war mit raffinierter Eleganz gekleidet. Ein Mann, der Frauen gefährlich werden mußte. In der Deputiertenkammer galt er bereits als gefürchteter Redner. Jedes Wort eine Guillotine. Um diese Zeit begann seine Karriere als Ministerstürzer. Ganz Paris stand unter dem Eindruck dieser außerordentlichen Persönlichkeit. Er kam, wir sahen ihn, und er siegte. Sofort freundete er sich mit Sophie und mir an. Unser moderner Mädchentypus interessierte ihn. Speziell für mich faßte er große Sympathie, und bald entpuppte er sich als unser lustiger Kamerad. Er hat es gleich herausgehabt, daß ich ihm bei seinen übermütigen Streichen gerne assistierte. Immer suchte er sich ein Opfer aus, das er necken konnte. Sein Witz streifte manchesmal an Grausamkeit. Aber man verzieh ihm alles."[9]

Moriz Szeps reist häufig nach Paris, um Clemenceau, der ein erbitterter Gegner Otto von Bismarcks ist, zu treffen, meist in Begleitung von Berta, die eines dieser Gespräche aufzeichnet: „Mein Vater und Georges haben dann lange darüber gesprochen, aus welchem Grund eigentlich Österreich sein Bündnis mit Deutschland aufrecht hält – mit diesem von ganz Europa gehaßten Staat. Und Georges sagte ganz richtig, daß Deutschland diese Allianz brauche, die für Österreich wertlos sei. Vater gab ihm Recht und meinte, es sei Bismarcks größter diplomatischer Triumph, daß er in der

Welt den Glauben geweckt hat, das Bündnis sei für Österreich unentbehrlich."[10] Während des Ersten Weltkrieges wird Berta ihre persönliche Beziehung zu Clemenceau nützen, um eine Vermittlerrolle zu Frankreich zu übernehmen, in der Hoffnung, einen Separatfrieden für Österreich zu erreichen.

Der Schwager von Bertas Schwester Sophie, Georges Clemenceau. 1906 wird er Premierminister in Frankreich. Foto von Félix Nadar.

Bertas Schwester Sophie, die wiederholt mit auf den Reisen nach Paris ist, lernt die Familie Clemenceau näher kennen, sie verliebt sich in Georges' jüngeren Bruder Paul, einen Bergbau-Ingenieur. Glücklich fährt Berta in das mondäne Karlsbad, wo die Verlobung gefeiert wird. „Vater betrachtet diese Heirat als schicksalshaft, weil seine Tochter einen Mann heiratet, dessen Vaterland früher oder später mit Deutschland Krieg führen muss. Und Deutschland ist ja leider unser Verbündeter. Wird es unser ‚Schicksal' sein, diesen Krieg vermeiden zu dürfen?"[11] Knapp dreißig Jahre später kommt der Krieg, nach dessen Ende Clemenceau den Friedensvertrag mitformuliert.

Kronprinz Rudolf gratuliert Szeps schriftlich zur Verlobung seiner Tochter. Noch vor Weihnachten, am 22. Dezember 1886, heiraten Sophie Szeps und Paul Clemenceau am Standesamt des Wiener Rathauses. Die Hochzeit findet in kleinem Rahmen statt, nach der Trauung gibt es im Haus der Braut ein Diner im engen Familienkreis. Gegen Mitternacht kommt es zu einem Treffen zwischen Erzherzog Rudolf und Georges Clemenceau, die sich über Bismarck sofort einig sind.

Durch Georges Clemenceau lernt Berta in den avantgardistischen Galerien von Paris die Bilder der Impressionisten kennen, die noch verspottet und kaum anerkannt werden, und liebt sie ein Leben lang. Paris wird Bertas zweite Heimat.
George Clemenceaus Einfluss auf ihr Kunstverständnis ist entscheidend. Von Ende der 1880er Jahre bis zum Ausbruch des Zweiten Weltkrieges ist Berta Zuckerkandl eine der wichtigsten Persönlichkeiten im künstlerischen Milieu in Wien. Ihre Persönlichkeit und ihre modernen Ideen sichern den Erfolg ihres Salons. Zuckerkandl initiiert und stellt Verbindungen zwischen den Künstlern in Paris und Wien her.[12]
Im Jahr 1883 bringt der Journalist Berthold Frischauer den Grazer Anatomen Emil Zuckerkandl zu einem Empfang im Hause Szeps mit: „Seine Gestalt umschlotterte ein Frack – dreimal zu groß! Die Ärmel hingen über die Hände herunter, es sah grotesk aus. Sophie und ich wechselten entsetzte Blicke ... Ich rannte zu Frischauer: Er besitzt eben keinen Frack. Weil ihm Gesellschaft verhaßt ist. Für heute Abend hat er sich den Frack vom Oberkellner seines Stammkaffees ausgeborgt. Ihm sind solche Sachen ganz egal.'"[13]
Berta bittet Emil Zuckerkandl an ihren Tisch und ist an diesem Abend sehr vergnügt. „Mein Leben lang habe ich mich nicht so gut unterhalten. Ich glaube, wir sind zu übermütig gewesen. Vater sieht mich seit der Soirée streng an. Aber er wird schon wieder gut werden."[14]
Emil Zuckerkandl wird am 18. September 1849 in Györ geboren. Zwar will er zunächst die Laufbahn als Violinist einschlagen, doch bald widmet er sich der Medizin. Arthur Schnitzler schreibt in *Eine Jugend in Wien* über seinen Freund: „Unter jenen Gehilfen der weitaus Interessanteste war uns allen Langers Assistent, Emil Zuckerkandl, ein bleicher junger Mann mit dunklem Spitzbart und schwarzen Augen, der in seinem Talar völlig einem jener Anatomen glich, wie sie uns von berühmten Bildern Rembrandts her vertraut sind, und den bei aller zeitlichen und räumlichen Nähe

fast legendenhaft die Mähr von seiner flotten, trink- und fechtfreudig durchlebten Burschenzeit umschwebte. Auch jetzt noch genoß er des Rufs, sich häufig geraden Wegs aus irgendeinem Nachtlokal oder vielleicht gar aus schönen Frauenarmen an sein ernstes Tagewerk zu begeben, das er dann lehrend und lernend mit ungeheurem Fleiß bis in die spätesten Abendstunden trieb."[15] Am 15. April 1886 heiratet Berta den jungen Professor Zuckerkandl. Auf ihren Wunsch findet die Trauung im Wintergarten des Elternhauses in der Liechtensteinstraße statt, nicht im Tempel der israelitischen Kultusgemeinde. Nach der Hochzeit zieht Berta zu ihm nach Graz, in eine staatlich zugewiesene Wohnung im Anatomischen Institut. Bereits mit 31 Jahren ist Zuckerkandl außerordentlicher Professor der Anatomie; 1882 wird er Ordinarius in Graz. In der neuen Umgebung erleidet Berta eine Art Kulturschock: „Vom ersten Blick und Augenblick an ist mir Graz unsympathisch", vertraut sie ihrem Tagebuch an. „Es liegt wohl reizend. Aber ich glaube es ist eine recht öde, gegen den Geist gehässige Provinzstadt."[16] Emil Zuckerkandl redet mit Berta über seine Arbeit und lässt sie daran teilhaben, doch dies kann den Verlust der intellektuellen Herausforderung, ihrer bisherigen publizistischen Tätigkeit, der Freunde und Vertrauten nicht aufwiegen.

Wenige Jahre später erhält Zuckerkandl einen Ruf an die Wiener Universität. In der Stadt findet Berta keine passende Wohnung, dafür aber eine Villa in der Nusswaldgasse im vornehmen Wiener Vorort Döbling. Emil Zuckerkandl ist der erste Direktor des Anatomischen Instituts, ihm wird der Titel Hofrat verliehen; später ist er auch an der Akademie der Wissenschaften tätig. Ein von ihm entdecktes Organ im Bauchraum trägt seinen Namen. Zuckerkandl veröffentlicht als sein Hauptwerk einen vierbändigen Atlas der topographischen Anatomie des Menschen.

Da Frauen noch keinen Zugang zum Studium haben, eröffnet er im April 1900 mit einigen gleichgesinnten Professoren eine Frauenakademie. Dieses Institut wird seine Pforten Ende des Ersten

Weltkriegs schließen. Sogar ein Zuckerkandl-Stipendium wird für eine bedürftige Hörerin des Fachs Medizin eingerichtet.
Inspiriert vom Vorbild ihrer Schwester Sophie Clemenceau, die in Paris einen Salon führt, gründet Berta in Wien ihren eigenen, der zum beliebten Treffpunkt der Wiener Literaturschaffenden und Künstler wird. Ihre Geisteshaltung ist offen für die Strömungen der Zeit und sie engagiert sich in journalistischen, kulturellen und politischen Belangen. Bertas Artikel sind in plastischer, bildreicher Sprache gehalten und weisen einen unverwechselbaren Stil auf; in ihrer Kunstkritik ist sie leidenschaftlich subjektiv. Sie sieht sich als Mittlerin zwischen dem Schaffenden und dem Betrachter, sie erklärt und zeigt internationale Zusammenhänge auf.
Gleichzeitig öffnet Berta ihren Salon Künstlern und Intellektuellen, die Kunst, Kultur und die Gesellschaft verändern wollen. Sie sammelt rasch einen Kreis avantgardistischer Künstler um sich.[17]
Als die Gründung der Secession bevorsteht, treten junge Künstler an Berta heran: „Sie müssen (sagten sie mir) mittun. Sie sind durch Ihre Beziehungen mit Frankreich Vorkämpferin einer Bewegung, die Wien aus seinem Schlaf rütteln soll. Wir wissen, dass Sie mit Carrière, mit Rodin befreundet sind. Sie können unserer Sache wertvolle Pionierdienste leisten."[18]
„Im Kampf war meine Waffe die Feder", schreibt Berta, ihr „Tummelplatz die Wiener Allgemeine Zeitung".[19] Dort berichtet sie in ihrer eigenen Kolumne „Kunst und Cultur" vieles von dem, was sie in ihrem Salon erfährt, und wird so zum Sprachrohr der Künstler ihrer Zeit. Als Kennerin und Mitglied der gesellschaftlichen Elite stellt sie sich gegen das „kleinbürgerliche Kunst-Dogma". Man kann sie durchaus die Patin des Jugendstils nennen. Karl Kraus bezeichnet sie später als „Hebamme der Kultur".
Milan Dubrovic, Journalist wie Berta Zuckerkandl, kennt die Salonkultur sehr gut. Er schildert in seinem Buch *Veruntreute Geschichte* die Szene in Wien. Die Salonièren seien alle befähigt, „Gesellschaft zu inszenieren" und Menschen, die profiliert, klug,

redefreudig oder besonders begabt sind, zusammenzuführen. Gemeinsam sei den „‚Damen des Hauses' auch die für ihr Amt erforderliche Vitalität, die Gnadengabe, durch ihre bloße Anwesenheit und persönliche Ausstrahlung animierend zu wirken, Gegensätze auszugleichen, neue Verbindungen zu knüpfen, richtige Tisch- und Sitzordnungen zu arrangieren, um dadurch kalkulierbare Animositäten und Empfindlichkeiten im voraus auszuschalten, mit einem Wort: das Metier der idealen Gastgeberin perfekt zu beherrschen."[20]
Das Haus Zuckerkandl ist ein Treffpunkt für Wissenschafter und Künstler. Julius Wagner-Jauregg, Julius Tandler und der Forscher Ernst Mach gehören Emils großem Freundeskreis an. Zu Bertas engstem Kreis zählen Gustav Klimt, Josef Hoffmann, Kolo Moser, Carl Moll, Otto Wagner sowie Oskar Kokoschka und Egon Schiele, deren künstlerische Ideen sie vehement unterstützt. Zu den illustren Gästen zählen weiters Stefan Zweig, Franz Werfel, Felix Salten, Raoul Auerheimer, Richard Beer-Hofmann, Egon

Die Nusswaldgasse in Unterdöbling. Im Haus Nr. 22, heute die Villa Knips, führt Berta Zuckerkandl ihren Salon.

Friedell, Taddäus Rittner, Max Burckhard, der Kunstkritiker Richard Specht, der Musikkritiker David Josef Bach, Max Reinhardt, Anton Hanak und Hermann Bahr, um nur einige zu nennen. „Bald war unser Haus das Zentrum einer Gruppe von Freunden; Künstlern, Wissenschaftlern, Musikern. Seit meiner frühesten Jugend war ich gewohnt gewesen, Gäste zu empfangen. Ich tat dies in einer oft unkonventionellen Art, aber man kam gerne und oft in unser ‚Traumhaus'",[21] notiert Berta in ihr Tagebuch. Die großen Nussbäume haben schon Beethoven Schatten gespendet, als er seine großen Symphonien geschrieben hat. „Nun neckte mich einer unserer häufigsten Besucher damit, daß er immer sagte, er käme gar nicht zu mir, sondern zu den Nußbäumen, in deren Schatten er sich inspiriert fühle. Dieser Besucher war Johann Strauß, dessen Name unter allen berühmten Namen des XIX. Jahrhunderts mit Wien am engsten verbunden ist. Damals war er schon ein alter Mann, doch immer noch so lebendig, daß sein ganzer Körper vom Rhythmus des Walzers erfüllt schien."[22]

Treffpunkt der jungen Künstler und Genies im Fin de Siècle: das Café Griensteidl. Foto, um 1896.

In der Ersten Republik sind immer mehr Politiker aus dem In- und Ausland zu Gast in Bertas Salon. Milan Dubrovic vermerkt: „Dank seines Ansehens als kulturelles Machtzentrum ebenso wie als versöhnungsfördernder Treffpunkt gegnerischer Politiker rangierte ganz obenan der Salon Berta Zuckerkandls, der zunächst in einer Döblinger Biedermeiervilla in der Nußwaldgasse, dann im Hause Oppolzergasse 6, einige Stockwerke über dem Café Landtmann, etabliert war. Zur Zeit einer historischen Wende im geistigen Leben Wiens attackierte die temperamentvolle junge Journalistin mit ihren kämpferischen Artikeln in den führenden Zeitungen Wiens das alteingesessene, konservative Bürgertum, sofern es an einem sterilen Akademismus festhielt und mit schöpferischem Elan in künstlerisches Neuland aufbrechende junge Genies wie Josef Hoffmann, Adolf Loos, Oskar Kokoschka, Dagobert Peche, Kolo Moser oder [Wilhelm] Müller-Hofmann als lästige, subversive Abweichler verfemte. Berta Zuckerkandls antikonformistische Geisteshaltung, ihr oppositioneller Instinkt wurzelten in einem unbeirrbaren Fortschrittsglauben, der für das liberale jüdische Großbürgertum ihrer Generation so kennzeichnend war."[23]

Man trifft sich im Café Griensteidl. Die ältesten der Runde sind der Journalist und Operettenlibrettist Julius Bauer und der Satiriker Gustav Schwarzkopf. Letzterer stellt 1890 den damals sechzehnjährigen Hugo von Hofmannsthal seinen Kollegen Arthur Schnitzler, Felix Salten, Richard Beer-Hoffmann, Leopold Adrian, Peter Altenberg und Hermann Bahr vor. Zahlreiche Künstler aus dieser Runde finden sich regelmäßig in Zuckerkandls Salon am Mittwoch zum Jour fixe ein. Viele von ihnen veröffentlichen im Feuilleton der *Neuen Freien Presse*, dem größten Konkurrenten des *Neuen Wiener Tagblattes*, doch das schadet ihrer Freundschaft mit Berta keineswegs.

Im Dezember 1894 unternimmt Berta eine Reise nach Paris, um ihre Schwester zu besuchen. Sophie Clemenceau führt einen

Salon, in dem in erster Linie Maler und Musiker verkehren. Dort lernt Berta Eugène Carrière, einen Maler des Symbolismus und des Jugendstils, kennen, der sie auch porträtiert. Von ihm erfährt sie von der Affäre Dreyfus – die antisemitisch gesinnte europäische Presse jubelt. Der jüdische Artilleriehauptmann Alfred Dreyfus wird beschuldigt, französische Militärgeheimnisse dem deutschen Militärattaché angeboten zu haben. Er wird am 22. Dezember 1894 verurteilt und verbannt. Dreyfus ist unschuldig, der Verräter ist Marie Charles Ferdinand Wahlsin-Esterházy, der die Geheiminformationen an Deutschland verkauft hat. Erst 1906 wird Dreyfus rehabilitiert. Die Dreyfus-Anhänger treffen sich im Salon der Madame Ménard-Dorient, um den Sieg zu feiern. Stolz berichtet Berta, dass sie zwischen dem neuen Chef des französischen Geheimdienstes Georges Picquart und dem Maler Eugène Carrière sowie gegenüber von Emil Zola gesessen ist. Unmittelbar nach dem Ersten Weltkrieg führt Berta exklusive Interviews mit den französischen Schriftstellern Anatole France, Leonid Krassin, Jean Anouilh. Den englischen Premier MacDonald interviewt sie in Fragen einer europäischen Völkerverständigung, denn seit der Affäre Dreyfus hat sich Bertas politisches Engagement verstärkt. Daneben kämpft sie auch weiterhin für die Kunst, den Gedanken der Wiener Werkstätte etwa. Teile der Einrichtung ihres zweiten Salons wie ihr dunkler, mit Jugendstilblumen dekorierter Diwan stammen aus der Wiener Werkstätte. Auch beim Aufbau der Salzburger Festspiele wirkt sie mit.

Arthur Schnitzler, Arzt und Schriftsteller, ist als guter Bekannter aus Emil Zuckerkandls Studienzeit einer der berühmtesten Gäste in Bertas Salon. Die erste Begegnung anlässlich einer Einladung bei Schnitzlers Eltern im Jahr 1894 verläuft nicht harmonisch. Berta schildert die Begegnung in einem Brief an ihre Schwester: „Man geht spät zu Tisch, offenbar wartet die Hausfrau vergebens auf einen Gast. Der Platz rechts neben mir bleibt leer. Nach der Vorspeise tritt der Verspätete ein. Ein auffallend hübscher blonder

Mann, sehr elegant. Eine Locke fällt ihm in die Stirn. Die Augen sehe ich nicht, denn er hat die Lider gesenkt. Eine kühle Verbeugung, dann setzt er sich zu mir. Es ist der Sohn des Hauses, Arthur Schnitzler.
Das ist alles, was ich zunächst von ihm weiß, denn nicht ein Wort, kein einziges, hat er an mich gerichtet. So was ist mir noch nie passiert. Natürlich wende ich mich nach links zu meinem anderen Nachbarn, einem friedlichen alten Professor – und langweile mich tödlich. Die Stimmung ist überhaupt gedrückt. Man atmet auf, als die Hausfrau sich erhebt."[24]

Schnitzler und Emil Zuckerkandl ziehen sich ins angrenzende Zimmer zurück. Auf dem Nachhauseweg schimpft Berta: „Eine schöne Gesellschaft. Nicht um die Welt gehe ich noch einmal in dieses Haus. Dieser unartige, arrogante junge Mann – das ist doch ein Taubstummer ... Zum Schluss habe ich ihm schon sagen wollen: ‚Bitte, jetzt sprechen wir einmal von etwas anderem.'"[25]

Der Hintergrund für Schnitzlers Missstimmung ist eine Meinungsverschiedenheit zwischen Vater und Sohn wegen Arthurs Wunsch, den Arztberuf aufzugeben und sich der Schriftstellerei zu widmen. Genau an diesem Tag hat einer der berühmtesten Burgschauspieler, Adolf von Sonnenthal, der zwei Theaterstücke Schnitzlers gelesen hat, ein vernichtendes Urteil über dessen Fähigkeiten als Dichter gefällt: „Völlig unbegabt!", und Sonnenthal rät ihm, lieber weiterhin Menschen zu heilen. Schnitzler aber sendet eines dieser Stücke an den Burgtheaterdirektor Max Burckhardt, der das Stück begeistert annimmt und Sonnenthal die Hauptrolle gibt. Die Uraufführung von *Liebelei* findet am 9. Oktober 1895 in Anwesenheit eines begeisterten Publikums, darunter die Zuckerkandls, statt.

Alexander Girardi kommt häufig zu Besuch, nicht nur am offiziellen Jour fixe, denn er vertraut Berta seine beruflichen und privaten Probleme an. Besonders nach dem Tod seiner Mutter ist sie ihm eine mütterliche Freundin. Seine 1893 geschlossene Ehe mit

der lebenslustigen, nach Wien verpflanzten Berliner Schauspielerin Helene Odilon währt nur wenige Jahre.
Mittlerweile haben sich in Wien lockere Zirkel von Kunstschaffenden gebildet: Die Schriftsteller sammeln sich in der Gruppe „Jung-Wien", die Komponisten um Arnold Schönberg bilden die „Wiener Schule" und in der „Secession" vereinigen sich die modernen Maler. Die Anhänger Sigmund Freuds bilden die „Psychoanalytische Vereinigung", während der „Wiener Kreis" aus Anhängern des Logischen Positivismus besteht. Ähnliche Zirkel in anderen europäischen Städten sind vergleichsweise abgeschlossen, doch in Wien gibt es zwischen ihnen dynamische Interaktionen. Die Protagonisten der verschiedenen Richtungen und Metiers kommunizieren miteinander, durch die vielen Überschneidungen entsteht gegenseitige Befruchtung. Es gibt Kunstschaffende, die mehreren Kreisen angehören, weshalb schöpferische Ideen rasch zirkulieren. Zu solcher Offenheit trägt auch das blühende Kaffeehausleben bei.
Paul Graf Vasili beschreibt es folgendermaßen: „Das Café spielt in der Existenz des Wiener Volkes eine große Rolle; es ist gewissermaßen sein zweites Heim. Man geht weniger hin, um zu spielen, die Zeitungen zu lesen und zu trinken, als vom Vorurtheil befangen, daß der Tag ein verlorener wäre, an dem man sich nicht im Café gesehen hätte. Die Café's üben eine solche Anziehungskraft auf die ganze Bevölkerung aus, daß selbst unter Bürgersleuten die Ansicht vorherrscht, als könnte ein Fest, eine Abendgesellschaft oder ein Theaterbesuch nicht würdig enden, ohne daß die Männer und Frauen, ehe sie heimkehren, noch ‚auf einen Sprung' in's Café gingen. Der ‚Kapuziner' (Café mit etwas Milch) zwischen zwei und drei Uhr Morgens genommen, ist eine sehr beliebte Gewohnheit."[26]
Ein berühmter Einzelgänger ist Gustav Mahler, Direktor der Wiener Hofoper seit 1897, den Berta gerne in ihrem Salon sehen möchte. Der Komponist aber meidet gesellschaftliche Ereignisse.

Eine Wohnung im Palais Auspitz-Lieben, Oppolzergasse 6, wird 1917 für Berta Zuckerkandl zur neuen Heimstätte und zum „kulturellen Machtzentrum" Wiens (Milan Dubrovic).

Anfang des Jahres 1901 meldet sich Mahler bei Berta telefonisch, um aus Paris Grüße von Sophie und Paul Clemenceau auszurichten. Berta ergreift die günstige Gelegenheit und lädt ihn zu einer Soirée ein, bei der auch Alma Schindler unter den Gästen ist. Gustav Mahler sagt zu. An diesem Abend kommen Alma und Gustav Mahler erstmals ins Gespräch.[27]

Die meisten Habitués des Salons ignorieren die Fragen der Gegenwart, obwohl die Zeichen der Zeit auf Sturm stehen. Richard A. Bermann alias Arnold Höllriegel beschreibt die Wiener Vorkriegsatmosphäre folgendermaßen: „Die letzten zehn Jahre des kaiserlichen Wiens vor dem großen Krieg sehen, wenn man heute auf sie zurückblickt, so aus, als wären sie lauter Glanz und Heiterheit gewesen. Ein goldener Schimmer wie der, der einst das sterbende Byzanz umstrahlte, liegt über diesem Trugbild. Betrachtet man die große Wiener Literatur jener Jahre, so findet man, daß ihre Themen Frauenaffairen in den Villenvierteln sind, Duelle und

Ehrengerichte zwischen eleganten Offizieren, die Liebeleien junger Roués und süßer Mädel aus der Vorstadt. Freilich fanden edle Dichter wie Hofmannsthal, Schnitzler, Richard Beer-Hofmann, auch zu ernsteren und größeren Problemen etwas zu sagen; die beiden letzteren zum Beispiel zur Judenfrage, die sie so nahe anging – aber diese Dichter und die anderen ihrer ‚Jungwiener' Gruppe lebten fast alle ohne Geldsorgen in einer heiteren Welt der Villen und Sommerfrischen; soziale und ökonomische Konflikte gab es einfach nicht für sie. Vergeblich wird man in den nun veröffentlichten Briefen Hugo von Hofmannsthals aus dieser Zeit die leiseste Erwähnung der österreichischen Politik suchen; die vulkanischen Kräfte, die unter seinen Füßen den Boden wanken machten, existierten nicht für ihn."[28]

Die gesellschaftlich tabuisierte Sexualität erfährt im Spiegel der modernen Kunst eine neue Betrachtungsweise, besonders in Literatur und Malerei, aber auch in den Wissenschaften. Arthur Schnitzlers Werke, Sigmund Freuds Abhandlungen und die beeindruckenden Frauenporträts von Gustav Klimt geben Zeugnis davon.

1897 spaltet sich eine Gruppe bildender Künstler von der „Genossenschaft bildender Künstler Wiens", dem „Künstlerhaus", ab und gründet die berühmte „Secession". Berta Zuckerkandl engagiert sich von Anfang an. Zur Gruppe zählen Otto Wagner, Koloman Moser, Carl Moll, Josef Hoffmann, Emil Orlik, Joseph Maria Olbrich, Alfred Roller und auch der schon greise Rudolf von Alt. Bald wächst die Zahl der Mitglieder auf vierzig, hinzu kommen korrespondierende Mitglieder im Ausland. Gustav Klimt wird ihr Präsident, Carl Moll Vizepräsident. Joseph Maria Olbrich errichtet das Gebäude, das am 12. November 1898 mit einer Ausstellung eröffnet wird. Der schlichte architektonische Entwurf steht im Kontrast zur vorherrschenden Ringstraßenarchitektur. Es dauert nicht lange, und die Kuppel der Secession wird von den Wienern spöttisch-liebevoll „das goldene Krauthappl" genannt.

Trotz aller Kritiken verkaufen sich die Bilder der Ausstellung gut. Hermann Bahr schreibt von Anfang an leidenschaftlich für diese Richtung in seiner Zeitschrift *Zeit* und in *Ver Sacrum*, der hauseigenen Secessions-Zeitschrift.
Wie entscheidend Bertas Salon für die Gründung der Secession ist, berichtet der Schriftsteller Ludwig Hevesi, der die schriftlichen Beiträge Bertas würdigt: „Die Verfasserin war alle die Zeit her einer der besten Kriegskameraden in unserem Erneuerungskampfe. Ihre Grundeigenschaft ist das ererbte Journalistenblut. Damit hatte sie von Hause aus, was kein Mensch lernen kann ... Es war erstaunlich, wie die neue Polemikerin gleich zu Beginn scharf gerüstet in die vordersten Reihen sprang und ebenso furchtlos als gewandt den Gegner anging. Mit der Raschheit, wie sie eben die Talente haben, lernte sie erst im Kriege selbst den Krieg ... So war es denn auch in dem Salon der Verfasserin, dass zum erstenmale, der Gedanke der Wiener Sezession ausgesprochen wurde. Da trafen sich die paar modernen Menschen, die ihm Gestalt gaben und den Kampf für die Kunsterneuerung in Wien begannen. Dieser Geist der Initiative hat die Verfasserin auch später nicht verlassen. So manchesmal hat sie das erste Wort in wichtiger Sache gesprochen, so manchesmal auch das Wort gebracht, das kein Anderer gesagt hätte. Sie tat tiefe Blicke hinter die Kulissen des Werdens und seiner Hindernisse und war im Notfalle sogar, was Gegner indiskret nannten. Aber Klagen und Anklagen beirrten sie nicht, sie blieb bei der Wahrheit, wie sie sie empfand.“[29]
Diese aufstrebende Kunstrichtung findet auch in anderen Wiener Salons Eingang. So zählt Fritz Waerndorfer, Spross einer der größten österreichischen Industriellenfamilien, ebenfalls zu den begeisterten Unterstützern der Secession. Hermann Bahr macht ihn mit den Künstlern bekannt, in der Folge entwickelt sich sein Salon zum Treffpunkt. Ludwig Hevesi, zu Besuch in diesem von Josef Hoffmann erbauten Haus, beschreibt die Schönheit, die er dort antraf: „Große Gesellschaft darin. Berühmte alte Herren, auch

Die Secession im Garten von Fritz Waerndorfer, Weimarer Straße 59: Joseph Maria Olbrich (links), Franz Hohenberger, Koloman Moser und Gustav Klimt (rechts). Foto von Fritz Waerndorfer, 1899.

vom Burgtheater; witzige Köpfe von Wien; Meister der äußersten Kunst. Elegante Damen; jung und schlank, etliche von Klimt gemalt, in seinem neuen Juwelenstil, zwischen kristallisierten Goldwolken. Man sollte sie wirklich einmal alle einladen und ringsum ihre Bildnisse von Klimt aufhängen …

So saßen denn in dem weißen Saale die Damen, die Klimt gemalt hat, und tanzte das fremde Mädchen, das Klimt gewiß auch malen wird. Ihr Tanz wird ihm etwas sagen; vermutlich das nämliche, was seine Bilder ihr gesagt haben …

Ein Servierbrett schwankt vorüber. Flüssigkeiten, die aussehen wie ausgelöste Topase und geschmolzener Chrysopras. Nichts davon! Hier, dieser neue Likör. Himmelblaue Chartreuse, nach all der gelben und grünen, in der die Vorwelt ertrunken. Kein Scherz. Der Fabrikant verlangte von der Wiener Werkstätte Flakons und Etiketten nie dagewesener Art. Nichts ist der W. W. geläufiger als das

Niedagewesene. Nur meinte sie, dazu gehöre nun auch ein Likör von unerwarteter Farbe. Und siehe, es entstand ein Schnaps, der war himmelblau …"[30]
Fritz Waerndorfer finanziert die Gründung der „Wiener Werkstätte" und fungiert in den Anfangsjahren auch als Finanzdirektor. Dennoch bleibt das Unternehmen während seiner ganzen Existenz ein wirtschaftlicher Misserfolg. Bereits 1921 wird der zweite Konkurs angemeldet.
Helga Malenberg, Freundin des Wiener Schriftstellers Peter Altenberg und Verkäuferin der Wiener Werkstätte, schildert die dort herrschende Arbeitsatmosphäre: „Mein Chef, Fritz Wärndorfer, führte mich zuerst durch alle seine Räume. Ich war entzückt von dem, was ich dort sah: schöne, helle Arbeitsräume, von Professor Hoffmann eingerichtet, herrliches Material, edle Holzarten in der Tischlerei, wunderbare Ledereinbände bei den Buchbindern, die nach den Entwürfen Mosers handvergoldet wurden. In den Goldschmiedewerkstätten, ein Überfluss an farbigen Halbedelsteinen, Gold und Silber. Das Wertvollste in diesem Unternehmen aber waren die sorgfältig ausgesuchten Handwerker … In allen Abteilungen waren hervorragende Meister ihres Fachs bei der Arbeit. Zwischen den entwerfenden Künstlern und den ausführenden Handwerkern herrschte ein liebenswürdiger und kameradschaftlicher Ton. Die Arbeiter hatten genauso viel Geschmack wie die Künstler; von ihrem Fach verstanden sie mehr. Niemals habe ich ein hochmütiges, verletzendes oder auch nur befehlendes Wort in diesen Räumen gehört …
Er liebte es, sich mit aparten Dingen zu umgeben. Alle Eigenschaften des idealen Mäzens waren in ihm vereinigt: Großzügigkeit, Gastfreundlichkeit und Generosität."[31] Berta Zuckerkandl und Hermann Bahr sind enthusiastische Anhänger der Wiener Werkstätten.
Karl Kraus, der gefürchtete Kritiker seiner Zeit, verfolgt Berta in seiner Zeitschrift *Die Fackel* in geradezu bösartiger Weise. Einmal

Sieht in Berta Zuckerkandl nur eine „Kulturschwätzerin": Karl Kraus. Foto: Joel Heinzelmann, 1925.

nennt er sie „Kulturschwätzerin" und spricht von „denen um Berta Zuckerkandl", womit er die Wiener Moderne meint. Anlässlich des dritten Versuchs der Eröffnung eines Kabaretts in Wien, der „Fledermaus" in der Kärntner Straße, schreibt Berta einen begeisterten Artikel. Die Fledermaus ist von der Wiener Werkstätte eingerichtet. Karl Kraus kontert in der *Fackel*: „Hätte ich in den Tagen, da der Menschheit ganzer Jammer über die Grenzen dieses Landes dringt, Zeit, mir's von Wiener Eindrücken übel werden zu lassen, ich würde gern dazu beitragen, eine Fledermaus zu verscheuchen, die uns eine liebe musikalische Erinnerung verekelt, solange sie in der Haarkrone der Frau Berta Zuckerkandl snobistischen Unfug treiben darf. Jeden Abend, wenn die Tante Klara in der ‚Wiener Allgemeinen Zeitung' uns in die schlecht gelüfteten Geheimnisse einer neuen Kultur einführt, juckt's mich in den Fingern. Aber dass der Inbegriff aller Lebensfreude das Bewusstsein sei, die Herren Kolo Moser und Hoffmann zu Zeitgenossen zu haben, wird uns neuestens mit einer Zudringlichkeit demonstriert, gegen die nur Grobheit hilft. Was hat denn die Zuckerkandl? Zugegeben, dass die Welt schlecht eingerichtet ist, soweit sie noch nicht von der Wiener Werkstätte eingerichtet ist. Aber wenn die Herren Moser und Hoffmann einem Schuhwarenhändler ein neues Comptoir schüfen, selbst die Kunstkritikerin in der ‚Wiener Allgemeinen Zeitung' würde sich's dreimal überlegen, ehe sie von dieser Reformtat einen Aufschwung der Schusterei datierte. Warum datiert sie den Aufschwung der Kabarettkunst von der Lieferung unbequemer Sessel? An eine Erhöhung des künstlerischen Niveaus zu glauben, weil außer den Preisen das Podium erhöht wurde, war eine der kühnsten Metaphern, die in der Kultursprache des Sechsuhr-Abendblatts je gehört worden sind."[32]

Im Jahr 1906 kommen französische Verehrer Gustav Mahlers nach Wien, um eine Opernaufführung unter seinem Dirigat zu hören. Gemeinsam mit ihrer Schwester Sophie organisiert Berta den Besuch. Georges Clemenceau ist inzwischen Ministerpräsident von Frankreich.

Am 28. Mai 1910 stirbt Emil Zuckerkandl an Herzversagen. Berta verfällt in eine tiefe Depression. Am 18. Mai des folgenden Jahres stirbt Gustav Mahler. Alma Mahler und Berta Zuckerkandl sind gute Freundinnen, sehen sich aber nach dem Tod des Künstlers seltener.

Ob es sich nun um Politik oder um Kultur handelt, Berta tritt stets für Österreichs Interessen ein, ohne ihre kosmopolitische Einstellung aufzugeben. Das ändert sich auch mit Kriegsbeginn nicht. Heftig ist 1914 die Begeisterung in Österreich. Die friedliebende Berta Zuckerkandl spricht ihre völlig von der allgemeinen Stimmung abweichende Haltung offen aus: „Der Krieg! Mich ergriff der allgemeine patriotische Taumel nicht. Ich bäumte mich sofort gegen den Haßrausch auf, der selbst die zartesten Gemüter erschütterte. Es blieb mir unverständlich, wieso, warum man Menschen einer anderen Nation, die man noch tags vorher geliebt oder geschätzt hatte, plötzlich verachten oder hassen solle, nur weil es Kaisern, Königen und Präsidenten der Republik gefiel, Europa in Blut zu tauchen. Die drüben (so empfand ich) leiden doch geradeso wie wir. Mütter weinen auch dort; Männer sehen auch dort ihr eigenes Heim versinken, ihren Herd zerstört. Und sofort, während nachts der Marschschritt der abziehenden Truppen unaufhörlich an mein Ohr klang, flammte in mir der Vorsatz und Wille

auf, mich in den Dienst aller zu stellen, die, gegeneinander gehetzt, sich morden mußten.
Viel konnte ich ja nicht tun. Aber es stand mir eine Zeitung zur Verfügung. Ich besaß unumschränkte Freiheit, dort zu sagen, was ich zu vertreten gedachte. Nur sah ich mich jetzt einer finsteren geharnischten Gestalt gegenüber: der Zensur! Wie sollte ich da meinen Plan verwirklichen, die Stimme der Menschenbrüderlichkeit in diesem Haßkonzert ertönen zu lassen? Es gelang mir, die Wahrheit einzuschmuggeln. Am 19. August 1914 publizierte ich bereits den ersten völkerversöhnenden Artikel, das Manifest der jungen Franzosen. Ich konnte meine Liebe zu Frankreich dokumentieren, die ich keinen Augenblick verleugnete."[33] Bald schon verfliegt die Kriegseuphorie im Land und Berta appelliert an die Macht der Presse, Friedenskeime zu säen, doch vergeblich.
Harry Graf Kessler, Schriftsteller, Mäzen, Kunstsammler und Diplomat, zu Hause in den großen Städten Europas wie Berlin, London und Paris, begegnet Berta 1914 in Sophies Salon, kurz bevor er in die Schweiz geht, um sich für die Friedensbewegung einzusetzen. Auch Berta beschließt, von der Schweiz aus für die Friedensbewegung zu arbeiten. Sie wird von der Idee eines Separatfriedens zwischen Österreich und Frankreich gepackt. Berta erhält den Auftrag, in der Schweiz die österreichische Kulturpropaganda zu übernehmen. Diese Aufgabe nützt sie für ihre geheime Friedensmission, der Erfolg in dieser Angelegenheit bleibt ihr jedoch versagt. Auch andere in der Schweiz lebende Autoren veröffentlichen in pazifistischen Zeitschriften. Berta publiziert Antikriegspropaganda und setzt sich für eine rasche Beendigung des Kriegs ein.
Wegen kriegsbedingter Einschränkungen – die Villa in der Nusswaldgasse ist aus Kohlenmangel kaum mehr beheizbar – übersiedelt die Familie Zuckerkandl in die Wiener Innenstadt nahe dem Burgtheater. Im Palais Auspitz-Lieben in der Oppolzergasse 6, in dem sich das Café Landtmann befindet, bezieht sie eine Woh-

nung. Bald füllen prominente Gäste Bertas Salon, der sich in der Zwischenkriegszeit zu einem bedeutenden Treffpunkt entwickeln wird. „Heute ... hatte ich eine große Freude, eine große Überraschung. Hugo von Hofmannsthal besuchte mich. Bisher war er mir immer ausgewichen. Er betrachtete mich als Journalistin, und er haßte den Journalismus. Ich aber war immer viel zu stolz gewesen, um mich dem großen, genialen Dichter zu nähern. Plötzlich erschien er bei mir, offenbar auch bedenkend, daß meine Verwandtschaft mit Clemenceau Österreich irgendwie nützen könne. Seine wunderbare Persönlichkeit, sein Charme, seine seltsame Ab-

Ein langjähriger Freund der Familie Zuckerkandl: Erfolgsautor Arthur Schnitzler. Foto von Ferdinand Schmutzer, 1912.

ruptheit, die ihn von einem Augenblick zum anderen aus warmer Gemeinschaft in eiskalte Einsamkeit entrückte, dies alles entzückte mich an ihm. So schieden wir als Freunde und sind bis zu seinem Tod die innigsten Freunde geblieben …“[34]

Helene von Nostitz, die Frau des sächsischen Gesandten in Wien, lernt während ihres Aufenthaltes den Hochadel kennen. „Und Wien besitzt wirklich noch eine Gesellschaft, die ein Gesicht hat. Die Menschen haben Stil und Allüre, wenn sie auch sonst manchmal nichts anderes haben. Aber diese Gesellschaft ist wirklich da, man muss mit ihr rechnen.“[35] Bertas Salon während des Ersten Weltkrieges beschreibt sie folgendermaßen: „Wie soll ich die entzückende, bewegliche Atmosphäre des Salons von Berta Zuckerkandl beschreiben, die in ganz anderer Art zu diesem bunten Bild von Wien gehört. Sie hatte nichts mit den verträumten, etwas zerstaubten Palais zu tun, die auf die Gasse ernst herniederschauen. Sie war ganz Farbe und Grazie, neu, das Neue stark empfindend. Eine Freundin von Klimt und Mahler, eine Vorkämpferin der Wiener Werkstätten. Wie eine exotische Blume wirkte sie in ihrem feinfarbigen Interieur von Hoffmann. Ihr rotes Haar glühte über buntgestickten Stoffen und Batiks, und ihre dunkelbraunen Augen funkelten von innerem Feuer. Meist fand man sie auf ihrem langen Diwan sitzend, umgeben von jungen Malern, Dichtern und Musikern, die sich immer wohl bei ihr fühlten, weil eine lösende, schwingende Luft dort wehte. Etwas Freies, Unwirkliches, nie Beschwerendes umgab sie wohltuend. Man war mit ihr immer freudig, in dem Glauben an eine Zukunft, es mochte noch so düster aussehen. Diese Heiterkeit, von der man in Wien so viel spricht und die mich manchmal wehmütig stimmte, fand man wirklich bei ihr …

Ich entsinne mich noch einer gemeinsamen Fahrt zu Klimt, die durch sie zu einem besonders farbigen Ereignis wurde. Klimt empfing uns in seinem kleinen Haus bei Schönbrunn, in seiner dunkelblauen Leinenbluse, mit jener urwüchsigen schweigenden Art, die er an sich hatte und die einen seltsamen Kontrast zu den raffiniertesten, sublimsten Kompositionen bildete, die überall auf den Atelierwänden zu sehen waren. Beim ersten Anblick wirkte er wie ein kerniger Bauer, der ungern ein Wort zu viel sagte. Diese derbe Hand aber stellte Frauen dar, die ekstatisch verzückt wie köstliche Orchideen dahinträumten.“[36]

Auch nach dem Krieg berichtet Berta weiterhin über kulturelle Ereignisse. Sie verfasst Artikel und Rezensionen, bis die *Wiener Allgemeine Zeitung* sie am 1. Jänner 1923 nach 28 Jahren Tätigkeit entlässt. Das trifft Berta hart. Doch bald publiziert sie in anderen Medien wie im *Wiener Tag*, in der *Volkszeitung*, der *Bühne* oder im *Neuen Wiener Journal*. Auf journalistischer Ebene wirkt sich dieser Wechsel sehr vorteilhaft aus, wird sie doch innerhalb kürzester Zeit zur wichtigsten Kommentatorin österreichischer Außenpolitik. In dieser Zeit erscheinen auch Interviews mit bedeutenden Politikern des Auslands. Später wird sie den sogenannten Ständestaat vehement ablehnen und sich in dieser Zeit mehrheitlich bei ihrer Schwester in Paris oder auf Reisen aufhalten, bevor sie 1938 von den Nationalsozialisten vertrieben wird.

Ein neues Betätigungsfeld eröffnet sich für Berta mit Übersetzungen, teilweise für das Burgtheater oder den Regisseur Max Reinhardt. Sie bringt aber auch zahlreiche französische Boulevardstücke, Komödien und Sozialdramen ins Deutsche, die im Wiener Verlag Paul Zsolnay erscheinen. Paul Zsolnay gründet den Verlag im Jahr 1923 und ist mit Anna Mahler, der Tochter von Gustav und Alma Mahler, verheiratet.

Über ihr neues Domizil schreibt Berta: „Im Lieben-Auspitz-Palais besaß ich im vierten Stock eine Vierzimmerwohnung. Die Aussicht ging auf die stille Oppolzergasse, doch von meinem Vis-à-vis, der Bodencreditbank, war den ganzen Tag ein bienenhaftes Summen zu hören, besonders im Frühjahr, wenn bei offenem Fenster gearbeitet wurde, störte das Klappern von Hunderten von Schreibmaschinen.

Wenn ich mich vorbeugte, blickte ich auf das Burgtheater, den protzigen, überladenen Bau der eklektischen Kunstepoche aus der francisco-josephinischen Ära. Gleich um die Ecke konnte ich die Mölkerbastei sehen, eine der wenigen schönen Basteien, die die verhängnisvolle Stadterweiterung noch übriggelassen hatte. Eine Reihe Alt-Wiener Barockhäuser stehen da, vornehm, ohne Prunk; sie überzeugen allein durch die Harmonie ihrer Proportionen. Andere sind bürgerlich bescheidene Wohnstätten, die aber einen heiteren, liebenswürdigen Charakter haben. Eines davon ist das Dreimäderlhaus. Schuberts Liebesroman hat sich dort abgespielt. So spürte ich an allen Ecken und Enden in Wien diese herzliche Verbundenheit mit Kunst und Geistesleben. In meinem Garten in der Nußwaldgasse standen die Bäume, unter denen Beethoven seine Eroica komponierte ... Rechts und links neben dem diwanartigen Bett sind niedrige Bücherregale angebracht. Ich schreibe stets im Bett liegend, deshalb wollte ich die nötigen Nachschlagewerke immer zur Hand haben. Im Bibliothekszimmer steht ein

Engagierter Reformer: der Sozialdemokrat Julius Tandler, Stadtrat im „Roten Wien" für Wohlfahrts- und Gesundheitswesen.

überdimensionaler Diwan, der leicht zehn Personen Platz bietet. Diese Diwanecke ist ein Hauptbestandteil meines geselligen Lebens. Seit vielen Jahren treffe ich hier mit Freunden zusammen, erwarte meinen Sohn, die Schwiegertochter und den Enkel, suche zu trösten, muß aber wohl als allzu temperamentvolle Journalistin auch hie und da jemand kränken.

Trifft sich im Salon Zuckerkandl mit Julius Tandler: Ignaz Seipel. Foto von Wenzl Weis.

Politikern lauscht der erfahrene Diwan mit Verständnis, und er kennt viele Dichter, die hier ihre Klage laut werden lassen. Er mißbilligt die Absicht einer Ehefrau, sich von dem großen Schriftsteller, von dem Mann, der sie liebt, scheiden zu lassen – aber er weiß, daß ich solche Vertraulichkeiten niemals mit der Arroganz des Bewußtseins eigener Tugend aufnehme, vielmehr immer zu verstehen suche. Er bemitleidet die neuen Armen, wenn sie mir fassungslos den Verlust ihrer seit Generationen erworbenen Vermögen klagen. Er lächelt über die neuen Reichen, die sich manches Mal bei mir versammeln und erstaunt erfahren, daß es Dinge gibt wie Geist und Ideal, die nicht zu kaufen sind. Er unterhält sich königlich, selbst wenn Egon Friedell mit dem Gewicht seiner Hühnengestalt ihm zwei Rippen bricht. Auf meinem Diwan wird Österreich lebendig."[37]

Ab dem Jahr 1922 entwickelt sich Berta Zuckerkandls zweiter Salon zu einem neuen Mittelpunkt in Wien. Die große Koalition ist mit den Parlamentswahlen 1920 zu Ende gegangen, es kommt zu einer Radikalisierung der politischen Lager. Bertas Salon ist eine der wenigen „neutralen Inseln" in einer Zeit, in der sich die Beziehungen zwischen den Politikern der beiden großen Parteien zusehends verschlechtern. Dort herrschen weiter die alten Gesetze der Achtung und Höflichkeit.

Der christlich-sozialen Ideologie kann sie nichts abgewinnen, die Kommunalpolitik der Sozialdemokraten bewundert sie, deren Ideen gefallen ihr gelegentlich, aber sie bleibt altösterreichisch-liberal in ihrer Weltanschauung und politischen Einstellung. Ein wichtiges Anliegen ist ihr, dass keiner der großen Parteien eine Vorherrschaft zukommt. Mit ihrem Salon stellt sie den Christlichsozialen wie auch den Sozialdemokraten einen neutralen Boden zur Verfügung, auf dem sie persönliche Beziehungen knüpfen können.

Hier treffen Ignaz Seipel und Julius Tandler einander bei einem Empfang zu Ehren von Paul Painlevés Sohn Jean Painlevé, der für einen wissenschaftlichen Vortrag in Wien weilt. Am Vormittag ist es im Parlament zu einem heftigen Wortgefecht zwischen Seipel und dem Sozialisten Otto Bauer gekommen und diese politische „Gewitterschwüle“ drückt auch im Salon auf die Stimmung der Gäste. Seipel erscheint in der Tür und umfängt die Schulter des sozialistischen Stadtrates Tandler; ein Bild der Eintracht. Seipel begrüßt den jungen Painlevé und sagt: „Hier darf ich Ihnen Herrn Professor Tandler, einen der besten Männer unseres Landes, vorstellen. Er ist ein großer Wissenschaftler und ein Mann der Tat, der als Begründer der Kinderübernahmsstelle der Gemeinde Wien für die ganze Welt Vorbildliches getan hat.“[38] Alle Anwesenden sind verblüfft und applaudieren heftig.

Haben sich vor Kriegsende Künstler und Intellektuelle in Salons lose zusammengefügt, hat es keine abgegrenzten Zirkel gegeben, so ändert sich das in den 1920er Jahren radikal: Die Schriftsteller beziehen Position, es entstehen Trennlinien und Brüche, sie werden dem linken oder rechten Lager zugeordnet. Karl Kraus, Arnold Schönberg und Adolf Loos sympathisieren mit den Sozialdemokraten. Anton Wildgans und Richard Kralik gehören

dem konservativen Lager an. Daneben gibt es weiter die liberale Mitte mit Arthur Schnitzler, Hugo von Hofmannsthal und Sigmund Freud.[39]
Auch wenn die politische und gesellschaftliche Entwicklung im Österreich der Zwischenkriegszeit dazu wenig Anlass bietet, Berta Zuckerkandl verliert die Hoffnung nicht. „Diesen Optimismus hielt sie auch aufrecht, als Österreich seine schlimmsten Stunden erlebte, als das alte Reich zusammenbrach, der ‚Staat, den niemand wollte', im Elend versank, von Attentaten, Bankenkrachs und Bürgerkrieg zerrüttet wurde. Der Vielvölkerstaat Alt-österreich war ihre Heimat, ihre große Liebe gewesen, und er lebte für sie im Torso der kleinen Donau-Alpen-Republik gewissermaßen unberührt weiter fort."[40]

Die Schauspielerin Tilla Durieux tritt im Theater in der Josefstadt auf. Foto von Jacob Hilsdorf.

Über Berta Zuckerkandls und Alma Mahlers Salon schreibt der Schriftsteller Franz Theodor Csokor: Im Leben der Gesellschaft merkt man kaum etwas von den politischen Veränderungen: „Im Salon der Alma Mahler sitzen der Prälat Drechsel und der sozialistische Professor Julius Tandler friedlich nebeneinander, und unser Freund Werfel macht gute Miene zum besseren Spiel seiner Gattin (angeblich ist sie es schon) – aber auch wir ‚Jungen' finden hier eine gastliche Tafel, Ödön von Horvath, den ich eingeführt habe, der Bildhauer Fritz Wotruba, verschiedene Zsolnay-Autoren und von der Musik, was eben durch Wien reist."
Zu Bertas Salon meint er: „Literarisch radikaler ist schon der Salon

der ‚Hofrätin', der Bertha Zuckerkandl, deren Schwester mit Paul Clemenceau, dem Bruder des ‚Tigers', verheiratet ist ... Hier hört man Marcel Dunant orakeln, der um die Führung Frankreichs in Zentraleuropa besorgt scheint, hier taucht und umschwärmt Fritz von Unruh auf und das Faß Theodor Däubler und vor allem und immer wieder unser köstlicher Egon Friedell! Gott gebe, daß das hier so bleibt, in beiden Häusern – denn hier ist noch Europa!"[41]
Trotz aller Freundschaft besteht zwischen Alma und Berta wohl eine Art Konkurrenz, wessen Salon glanzvoller ist. Berta steht nur eine relativ kleine Wohnung zur Verfügung, Alma ihre 28-Zimmer-Villa auf der Hohen Warte. Schließlich zieht Alma aus ihrer Villa aus und gibt im Juni 1937 ein rauschendes Abschiedsfest, das erst am folgenden Tag um vierzehn Uhr endet.
Berta veranstaltet keine Feste, sondern lädt zu Sonntagnachmittags-Runden ein. Man reicht belegte Brote. Habitués und gelegentliche Gäste werden begrüßt. Zu ihnen zählen in jenen Jahren Franz Werfel, Arthur Schnitzler, Max Reinhardt und seine Frau, die Schauspielerin Helene Thimig, Alexander Moissi, Oskar Kokoschka, der Bildhauer Anton Hanak, Anton Wildgans, Burgtheaterdirektor Paul Herterich, Graf Richard Nikolaus Coudenhove-Kalergi, der Begründer der Paneuropa-Bewegung, die Schauspielerinnen Ida Roland und Tilla Durieux, die Tänzerin Mara Ley, der Theaterintendant und Regisseur Erwin Piscator, der Dirigent und Komponist Oscar Fried, der Komponist Egon Wellesz, der Verleger Paul Zsolnay, die französische Schriftstellerin Colette und Heinrich Mann.[42]
In den zwanziger Jahren ist der beginnende Nationalismus in Bertas Salon nur am Rande ein Gesprächsthema. 1935 wandert Bertas Sohn Fritz, der die Zeichen der Zeit erkennt und die Katastrophe kommen sieht, nach Frankreich aus. Berta führt ihren Salon weiter und hat noch Hoffnung. Einige ihrer liebsten Habitués wie Hugo von Hofmannsthal und Arthur Schnitzler sind inzwischen gestorben. Die Zensur nimmt zu, was Berta die journalistische Arbeit

erschwert. Umso engagierter übersetzt sie Theaterstücke aus dem Französischen ins Deutsche.

Zusammen mit seiner Gattin Helene Thimig zu Gast bei Berta Zuckerkandl: Max Reinhardt.

Obwohl sehr tolerant, lädt die „Hofrätin" – anders als Alma Mahler – niemals Faschisten und Nationalisten in ihren Salon ein. Freunde raten Friedell zur Emigration. Er will in Wien bleiben. Kurz vor dem „Anschluss" Österreichs, am 11. März 1938, bleibt ein Diplomatenauto mit französischem Kennzeichen vor dem Haus Gentzgasse 7 stehen. Paul Géraldy und Paul Clemenceau sitzen im Wagen, Berta Zuckerkandl geht zu Friedell. Eine Stunde lang redet sie auf ihn ein, er möge mit ihnen fliehen. Doch Friedell kommt nicht mit. Wenig später begeht er Selbstmord durch einen Sprung aus dem Fenster.

Ebenfalls am 11. März sagt Berta bei einem Tee: „Ja, glaubt ihr denn wirklich, daß unser Plebiszit übermorgen stattfinden wird? Daß Hitler, gerade weil sich Österreich mit unerwarteter Kraft geeinigt hat, weil Österreich erwacht ist und sich gegen sein Aufgehen in dem verhaßten Preußen mächtig wehrt, es so weit kommen lassen wird? Er wird uns überfallen ... wird die Ohnmacht Englands und Frankreichs in Rechnung stellen! Mussolini ist ihm versklavt. Der 13. März wird nicht die Morgenröte eines freien Österreich sehen, sondern dessen Götterdämmerung!"[43] Bertas Gäste gehen nach Hause. Berta erinnert sich: „Es war eben 7 Uhr 30, Freitag den 11. März. Da ertönte ... die wohlbekannte Stimme Schuschniggs: ... Präsident Miklas beauftragt mich, dem

Gedenktafel am Palais Auspitz-Lieben. Allerdings zog es Berta Zuckerkandl vor, auf das „h" in ihrem Vornamen zu verzichten.

österreichischen Volk mitzuteilen, dass wir davor zurückschrecken, Blut fließen zu lassen. Wir beschließen daher, den Truppen den Befehl zu geben, keinen Widerstand … zu leisten …"[44]

Die Ausreise nach Frankreich gestaltet sich für Berta schwieriger als angenommen, da die französische Regierung Österreichern Visa verweigert. Erst durch Intervention von Paul Clemenceau erhält Berta eines für sich, ihre Schwiegertochter Trude und ihren Enkel Emil und reist am 26. März mit dem Zug nach Paris.

Die nun 74 Jahre alte Berta Zuckerkandl findet in der Rue Belles-Feuilles 22 eine ihr angemessene Wohnung und tritt der Zentralvereinigung Österreichischer Emigranten bei. Dort finden sich auch Bruno Walter, Franz und Alma Werfel, Alfred Polgar, Friederike Zweig und andere ein. Der Beirat hilft Flüchtlingen bei Behördengängen und Aufenthaltsgenehmigungen. Alte Rivalitäten sind vergessen, die Emigranten halten zusammen. Für viele ist Frankreich nur eine Durchgangsstation.

Bertas Sohn Fritz besitzt inzwischen die französische Staatsbürgerschaft. Als am 14. Juni 1940 die deutschen Truppen Paris besetzen, flieht die Familie des Sohnes nach Algerien. Berta folgt in einer

Odyssee zu Fuß und per Anhalter quer durch das unbesetzte Frankreich.[45] In Algerien arbeitet Fritz als Chemiker in einer französischen Firma, während seine Mutter Artikel in der Wochenzeitschrift TAM veröffentlicht. Sie schreibt über Österreichs künftige Aufgaben in Politik und Kultur. Auch für den Rundfunk liefert Berta Beiträge und stellt ihr Buch über Clemenceau[46] fertig, das 1944 in Algier erscheint.

Die vielen Belastungen haben Bertas Kräfte geschwächt. In einem Brief vom 24. Juli 1945 schreibt sie an Theodor Csokor: „Teurer Freund, ich schreibe keine Briefe mehr. Ich bin so krank, dass meine letzte Energie verschwindet. Die Schmerzen sind höllisch. Die Doktoren sagen immer wieder, wie gut es wäre, würde ich nach Paris fahren, denn hier in Afrika gibt es keine Heilung. Jetzt suchen wir ein Sanatorium in Paris, aber ich fürchte, dass die Kosten zu hoch sein werden ... Ich selbst glaube nicht mehr, dass wir uns wiedersehen werden. Tendrement, Berthe Zuckerkandl-Szeps."[47]

Fritz lässt seine Mutter mit einem Militärflugzeug nach Paris in eine Klinik überstellen, doch es ist zu spät. Am 16. Oktober 1945 stirbt Berta Zuckerkandl. Sie wird am Friedhof Père Lachaise beerdigt. Berta Zuckerkandl ist in die Geschichte eingegangen als DIE Wiener Salonière.

ALMA MAHLER-WERFEL (1879–1964) UND ANNA MAHLER (1904–1988)

Alma Mahler, geborene Schindler, ist die Muse von Walter Gropius, Oskar Kokoschka, Franz Werfel und natürlich Gustav Mahler. Ihre eigenen musikalischen Ambitionen, das Komponieren, begräbt sie, als sie Mahler heiratet. Von da an wird ihr ausschließlich die Leistung ihres jeweiligen Mannes zur Aufgabe; was sie sich versagt hat, muss er erfüllen. So richten sich ihr Ehrgeiz und ihre Ambitionen nach dem Ruhm des Künstlers, mit dem sie zusammen ist. Erfolg gründet sich bei Alma auf Fleiß und Disziplin. So verwandelt sie den Kaffeehausliteraten Franz Werfel, ihren dritten Ehemann, in einen erfolgreichen Schriftsteller. Nicht alle Kritiker empfinden ihre Einmischung und Steuerung als positiv für dessen Schaffen.

Almas ausgeprägtes Selbstbewusstsein und ihre künstlerische Begabung hätten sie dazu gedrängt, mehr als nur Muse zu sein, doch der Musikgigant Gustav Mahler gestattete seiner Frau keine künstlerischen Tätigkeiten. So bleibt Alma nichts anderes übrig, als sich auf die Frauenrolle an der Seite des Mannes im Haus zurückzuziehen. Nach Mahlers Tod nimmt sie das Komponieren nicht wieder auf: „Ich habe, was ich an produktiven Gaben besaß, in anderen größeren Hirnen ausleben dürfen", schreibt sie in ihren Erinnerungen. „Irgendwo aber brannte eine Wunde in mir, die niemals ganz verheilt ist."[1]

Dank der Tantiemen aus Mahlers Werk führt Alma ein finanziell abgesichertes Leben. Sie unterstützt Musiker und Komponisten, repräsentiert in ihrer Villa auf der Hohen Warte und liebt ihre

Musste sich auf Wunsch Gustav Mahlers auf ihre Rolle als Frau und Mutter zurückziehen: Alma Mahler-Werfel mit ihren Töchtern Maria (links) und Anna, um 1905/06.

Rolle als „Muse der Kunst" und umschwärmte, maßgebende Dame der Gesellschaft. Sie erfüllt das Bild der hochgestellten Salonière, die von den sie umgebenden, meist männlichen Gästen angebetet und verherrlicht wird. Alma verkörpert ein jahrhundertealtes Frauenideal und knüpft an die Salonièren in Frankreich an.

Almas Vater, Emil Jakob Schindler, ist ein bedeutender Landschaftsmaler und entstammt einer bekannten Industriellenfamilie. Ihre Kindheit verbringt Alma auf Schloss Plankenberg bei Neulengbach in schönster Natur. Hier gründet sich eine Künstlerkolonie, in der Schindler junge Kollegen unterrichtet. Im Alter von fünfzehn Jahren beginnt Alma mit dem Aufbau ihrer Bibliothek. Gustav Mahler, zwanzig Jahre älter als Alma, lernt seine künftige Ehefrau im Herbst 1901 im Haus von Berta Zuckerkandl kennen. Seit 1897 bekleidet er den Posten des Wiener Hofoperndirektors. Die Hochzeit findet 1902 in der Wiener Karlskirche statt. Nachdem Mahler sie isoliert und ihre künstlerischen Ambitionen unterbindet, fühlt sich die 23-jährige Frau, als hätte man ihr die Flügel beschnitten, gleich einem „flugfrohen, farbenfrohen Vogel".[2] Die Hochzeitsreise führt nach St. Petersburg, wo Mahler drei Konzerte dirigiert.

Ihre erste Tochter Maria, geboren im November 1902, stirbt im Juli 1907 unerwartet an Diphtherie. Das Ehepaar leidet sehr unter dem frühen Tod des Kindes. Anna kommt im Juni 1906 zur Welt. Nachdem Gustav Mahler als Hofoperndirektor heftig umstritten ist und vehement gegen ihn und seine musikalischen Neuerungen gekämpft wird, unterzeichnet er 1907 einen mehrjährigen Vertrag mit der Metropolitan Opera in New York. Die letzten Jahre verbringt das Paar weitgehend in den USA. Die Intrigen der Wiener Hofoper, die aufreibende Zeit mit Alma, ihre heimlichen Verhältnisse und Flirts belasten den sensiblen, introvertierten Mahler auch körperlich, leidet er doch an einem Herzfehler. Am 18. Mai 1911, knapp nach einer Überfahrt von New York nach Wien, stirbt er.

Alma trifft der Verlust schwer, sie erkrankt. In dieser Zeit hört sie intensiv Musik.
Vier Jahre später, im August 1915, heiratet Alma den Architekten Walter Gropius, mit dem sie schon während ihrer Ehe mit Gustav Mahler ein leidenschaftliches Verhältnis unterhält. Zwischen den beiden Ehen ist sie mit dem Maler Oskar Kokoschka liiert, der sie ebenfalls heiraten möchte. Die Ehe mit Gropius dauert nur kurz, zu unterschiedlich sind die Interessen; die Musik verbindet sie nicht und Alma empfindet wenig Motivation, seine „architektonisch-menschlichen" Ziele zu fördern. Ihre gemeinsame Tochter Manon, geboren 1916, erkrankt 1934 in Venedig an Kinderlähmung und stirbt ein Jahr später an deren Folgen.
Nach Jahren der Isolation folgt Alma in Begleitung einer Freundin der Einladung Karl Reininghaus'. „Ich ging befangen in einen Salon voller Menschen und sah sofort den Maler Gustav Klimt und Josef Strzygowski, den großen Kunstforscher. Ich fühlte mich

Sommerfrische im Grünen: Anna Bergen mit ihren Töchtern Alma (rechts) und Grete im Park von Schloss Plankenberg, um 1890.

geborgen. Mit diesen beiden, umwimmelt von einer Menschenmenge, sprach ich bis drei Uhr morgens. Ich war fast glücklich diese Nacht …"[3]

Gustav Klimt stirbt am 3. Februar 1918. „Daß er tot sein soll, kann ich noch gar nicht begreifen. Er war ein unendlich feiner Kolorist. Seine großen Bilder für die Universität wurden zurückgewiesen. Sie waren zu modern, zu abwegig, mit einem Wort: zu bedeutend. Diese Riesenbilder sind das Stärkste, was er gemalt hat."[4] Alma schätzt seinen besonderen Kunstverstand. „Mit ihm geht ein großes Stück Jugend aus meinem Leben", notiert Alma drei Tage später in ihr Tagebuch.

Franz Werfel, geboren am 10. September 1890, stammt aus einer begüterten Prager Industriellenfamilie. Sein Vater besitzt eine Handschuhfabrik, die der Sohn übernehmen soll, doch dieser widmet sich der Schriftstellerei. Schon während ihrer Ehe mit Walter Gropius unterhält Alma ein Verhältnis mit Werfel; die Hochzeit findet jedoch erst 1929 statt.

Idylle im Park von Schloss Plankenberg: Emil Jakob Schindler mit Gattin Anna, den Töchtern Alma (sitzend) und Grete und Freunden, um 1890.

Arnold Schönberg ist gern gesehener Gast in Almas Haus. Im Jänner 1919 notiert sie: „Arnold Schönberg war heute mit Frau und Tochter zum Mittagessen bei mir. Viele seiner Schüler und Freunde kamen dann nachmittags nach. Es war erlebnisreich, wie immer. Er ist ein ganzer Mensch, voll starken geistigen Inhalts.“[5] Im gleichen Monat schreibt Franz Werfel ein Gedicht in Almas Tagebuch:

Unendlichen Dank an Dich Alma
für die zahllosen Glückseligkeiten
Ich gehe zu Grunde
Wenn Dein Sommer
Nicht mehr
Über mir ist!
Er muß es ewig bleiben.[6]

Am 20. Februar schreibt sie über Werfel:

Er ist Mensch –
Er ist Liebender wie keiner –
Er ist ein großer Denker und Dichter –
Ja alles – alles.
Und es ist die Musik vor allem, die uns so aneinander bindet!
Wohin soll ich mich verbergen, um ihm zu entgehen?
Was treibt mich in der Welt umher?
Ich sehne mich ewig.
Wonach … wohin?
Das Beste entschwindet meinen offenen Händen.
Ich armes, offenes Ich![7]

An einem Abend bei Arthur Schnitzler im November 1927 unterhält sie sich mit ihm über die Selbstauflösung der Frau in der Ehe und notiert: „Ich sprach darüber, wie die Frau sich durch die Ehe merkwürdigerweise oft von ihrem Ich abdrängen läßt. Etwas dem normalen Manne Fremdes. Ich erzählte Arthur Schnitzler,

wie ich mit Gustav Mahler wunderbar sprechen konnte, solange wir uns heimlich kannten."[8] Sobald der Hochzeitstermin festgesetzt und ihre Verbindung bekannt ist, ändert sich das. Sie liest Nietzsche und Schopenhauer, Dostojewski, Fechner und Lotze, um Mahlers Denkweise zu übernehmen, Alma verliert ihre Persönlichkeit um Mahlers willen, damit sie ihn versteht. Sie ordnet sich den Anforderungen des Künstlers unter. Es gibt Einladungen, es kommen berühmte Persönlichkeiten ins Haus, aber für eine regelmäßige Kontaktpflege, wie es ein Salon erfordert, bleibt der jungen Frau keine Zeit. Erst nach Mahlers Tod, ab 1911 – die Ehe mit ihm hat gute Voraussetzungen geschaffen –, führt Alma einen Salon in der Elisabethstraße hinter dem Opernring. Die Wohnung und ihr Haus am Semmering entwickeln sich rasch zum Treffpunkt für Künstler. Komponisten wie Franz Schreker (Schrecker), Hans Pfitzner und Arnold Schönberg sowie die Chordirigenten Siegfried Ochs, der Biologe Paul Kammerer, Kolo Moser und Gustav Klimt verkehren regelmäßig in ihrem Salon, der im Stil der Secession eingerichtet ist. Langjährige Freunde Almas sind Gerhart und Margarete Hauptmann, Helene und Alban Berg. Man trifft sich an Sonntagen in der Stadt, bisweilen auch am Semmering, einem beliebten Ort der Sommerfrische.
Um die Literatur stärker in ihren Zirkel einzubinden, lädt Alma die Schriftsteller Arthur Schnitzler und Hugo von Hofmannsthal in ihr Haus. Als Hofmannsthal das erste Mal unerwartet in ihrem Salon steht, ist Alma verängstigt: „Ich war tödlich erschrocken, als ich ihm nun so allein vis-à-vis saß. Nicht aus Angst vor ihm, nicht aus irgendeiner Beklemmung vor seiner Bedeutung, sondern einfach deshalb, weil ich ihm nichts zu sagen hatte. Er kam und sagte etwas grausam: ‚Ich hab schon so viel von ihnen g'hört, daß ich jetzt selber dahinterkommen möcht, wer sie eigentlich sind … denn alles, was m'r die Leut erzähl'n, is ma so sympathisch.'"[9] Almas Sprachlosigkeit legt sich rasch, als Hofmannsthal häufiger erscheint.

Großbürgerliche Repräsentation: der Salon in der Villa Wertheimstein, Döblinger Hauptstraße 96.

Ein Abend bei Johann Strauß. Gemälde von Franz Bayros, 1894.

Mondäne Schönheit: Fürstin Pauline Metternich am Strand.
Gemälde von Eugène Boudin, um 1865.

Posieren im extravaganten Kostüm: Fürstin Pauline Metternich. Foto von Josef Székely, 1880.

Oben: Von 1917 bis 1938 befindet sich hier der Salon Berta Zuckerkandls: das 1873/74 erbaute Palais Auspitz-Lieben, Universitätsring 4.
Unten: Das Geymüllerschlössel, im Volksmund „Verschwender-Villa" genannt, hier war u. a. Ferdinand Raimund des Öfteren zu Gast.

Oben: Hier hielten Josephine von Wertheimstein und ihre Tochter Franziska Salon: die Villa Wertheimstein, heute das Bezirksmuseum Döbling.
Unten: Kostbar gestaltete Decke in der Villa Wertheimstein.

Letzte Erinnerung an eine untergegangene Welt: die Grabmale der Familien Arnstein und Eskeles am Währinger jüdischen Friedhof.

Neben Hofmannsthal und Schnitzler spielt im literarischen Bereich auch der Dichter Franz Blei, den der Verleger Jakob Hegner mit Alma bekannt gemacht hat, eine wichtige Rolle. Blei entwickelt sich zu einem Habitué und es kommen Schriftsteller und Verleger verstärkt in Almas Salon. So auch Franz Werfel: „Heute nachmittag kamen Franz Werfel, Blei, Baron Dirzstay und andere. Franz Werfel las sehr eindrucksvoll Goethesche Gedichte vor und sprach dann inspiriert und intensiv darüber."[10]

„Insgesamt war Almas Geselligkeit in erster Linie cognitiv akzentuiert. Die Menschen, die bei ihr zusammenkamen, verfolgten keine erklärten gemeinsamen Ziele, sondern suchten vor allem das Gespräch über künstlerische Themen."[11]

Da die Wohnung in der Elisabethstraße zu klein geworden ist, erwirbt Alma eine 28-Zimmer-Villa auf der Hohen Warte, die von Josef Hoffmann erbaut worden ist. Sie entwickelt sich zum wichtigsten gesellschaftlichen Treffpunkt Wiens. Das Arbeitszimmer Franz Werfels liegt im obersten Stockwerk, Alma richtet sich im Erdgeschoss ein Musikzimmer ein.

Der Schriftsteller und Regisseur Albrecht Joseph, der auch als Sekretär für Franz Werfel tätig war, schildert das stattliche Haus: „Die Empfangsräume zeigten eine zeremoniöse Eleganz. Die große Eingangshalle hatte Marmorwände mit bronzenen Lampenhaltern. Im Eßzimmer hingen einige hervorragende moderne Gemälde. Almas Bibliothek und Musikzimmer waren dunkelrot ausgeschlagen und geräumig, doch die Anordnung wirkte ungeschickt, so daß es fast ausgeschlossen war, sich zu setzen und bequem miteinander zu sprechen. Das ganze Haus war ein typisches Produkt der Wiener Werkstätten, damals, also 1933, wohl über zwanzig Jahre alt, doch hatte es Veränderungen des Geschmacks recht gut überstanden."[12] Auch wenn Albrecht den Salon Almas nicht besonders gerne besucht, ist er hier häufig zu Gast, um der Tochter der Gastgeberin, Anna, seine Aufmerksamkeit zu schenken. Die Mutter beschreibt er wie folgt: „Alma war eine entspannte, angenehme Gastgeberin. Wer sie nicht kannte, mochte sich aufgrund ihres Rufes vielleicht vorstellen, sie gefiele sich in königlichen Posen, doch war dem nicht so. Wußte man nichts über sie, konnte man sie auf den ersten Blick für eine Opernsängerin halten, die sich auf Wagner spezialisiert hatte. Sie war keineswegs reserviert, sondern übertrieb eher eine gewisse Hemdsärmeligkeit, sie war fröhlich, sehr wienerisch, genoß Essen und Trinken und hatte viel Freude an ihren Gästen, die stets zahlreich versammelt waren, wenn ich zu den Eingeladenen zählte."[13]

In der sozialen Zusammensetzung der Gäste ist der Salon der Alma Mahler dem der Berta Zuckerkandl vergleichbar, es sind zunächst vorwiegend Künstler: Musiker, Komponisten, Dirigenten. Mit der Zeit erweitert Alma den Kreis auf Literaten, Politiker und Kleriker und schließlich trifft man in ihrem Salon die gesamte tonangebende gesellschaftliche Schicht der Zeit. Klaus Mann schreibt, dass Alma Kurt Schuschnigg und seinem Kreis nahegestanden sei. Sie „machte den Salon, wo *tout Vienne* sich traf: Regierung, Kirche, Diplomatie, Literatur, Musik, Theater – alles war da."[14]

Der Zeitzeuge Milan Dubrovic äußert sich über die prächtige Spätphase des Salons: „Bei Alma Mahler herrschte vorwiegend das Auswahlprinzip der Prominenz und des Popularitätsgrades, durchmischt mit Adel und katholischer Geistlichkeit und den jeweiligen bevorzugten Lieblingen der Hausfrau."[15] Darunter gibt es auch einige ehemalige Adelige, die im gesellschaftlichen Leben Wiens ihre besondere Stellung halten wollen. Trennlinien zwischen „Erster und Zweiter Gesellschaft" spielen offenbar in der Republik tatsächlich keine Rolle mehr, andere Gräben haben sich aufgetan.

Franz Werfel bringt laufend neue Persönlichkeiten in Almas Freundeskreis ein, der ab den zwanziger Jahren kontinuierlich expandiert: „Zu seinen engsten Freunden und Beratern zählte Ernst Polak, ein sehr feiner Kopf und ein feinsinniger Literat, mit dem er stundenlang diskutierte und seine Werke durchsprach. Ebenso Ernst Deutsch, der eminente Schauspieler. Diese Freundschaft

Verbietet seiner jungen Frau das Komponieren: Gustav Mahler. Foto aus dem New Yorker Studio A. Dupont, 1909.

wurde bis zum Tode Franz Werfels nie unterbrochen. Dann Willy Haas, der später in Berlin ‚Die literarische Welt' gründete … Einer der allerwichtigsten unter allen Freunden war der Dichter Max Brod, kein Jugendgefährte allerdings, da er viel älter war, aber ein Förderer und früher Versteher von Werfels Begabung."[16]
Im Jahr 1922 kaufen Alma und Franz ein Haus in Venedig, wo auch Gerhart Hauptmann und seine Frau, Arthur Schnitzler, Jakob Wassermann und Hans Pfitzner zu Besuch kommen.

Der Komponist Hans Pfitzner. Foto von Wanda Debschitz-Kunowski, 1910.

Schnitzler wird zu einem sehr lieben Freund Almas.
In ihrer charmanten Art versteht es Alma, ihrem jeweiligen Gesprächspartner den Eindruck zu vermitteln, er habe ihre gesamte Aufmerksamkeit. Das macht sie zur beliebten Gastgeberin. Mit „Kunstverstand und Kunstinstinkt"[17] weiß sie gesellige Runden in ihrem Haus zu versammeln und anregende Gespräche zu führen, sie ist vielseitig interessiert. Alma besitzt das Talent, jedem das Passende zu sagen. Vor allem in der Spätphase ihres Salons ist sie das eigentliche verbindende Element der eleganten Gemeinschaft. Elias Canetti beurteilt das kritisch: „... ihr ist um Macht zu tun, in jeder Form, um Ruhm besonders, um Geld und um Macht, die Lust verleiht."[18]
Milan Dubrovic erzählt von den Gästen in den dreißiger Jahren. Häufig besucht er ihren Salon. Dort trifft man den Dirigenten Bruno Walter, die Schriftsteller Egon Friedell und Hermann Broch, die Schauspielerinnen Lotte Lehmann und Lina Loos, Komponisten wie Egon Wellesz und Richard Strauss, weiters den Philharmoniker Joseph Marx, die Musikkritiker Heinrich Kralik und Erwin Mittag sowie den Opernsänger Alfred Muzzarelli. Der engere Kreis besteht aus dem Philosophen Rudolf Kassner, dem Theaterwissenschafter Joseph Gregor, dem Schriftsteller Carl Zuckmayer, dem Schauspieler Werner Krauß, dem Dramaturgen Franz Horch, Anna und Carl Moll und Paul Zsolnay, dem Verleger Franz Werfels. Daneben finden sich auch junge Künstler und Talente und nehmen Kontakt mit den etablierten Kunstschaffenden auf.

Alma führt sicher den bekanntesten Musiksalon ihrer Zeit in Wien. Im „roten Zimmer" finden zahlreiche Konzerte und Aufführungen von zeitgenössischen Komponisten statt. Die Gustav-Mahler-Stiftung verleiht jährlich einen Preis, den Alma Mahler übergibt. In einem Jahr erhält Arnold Schönberg die Auszeichnung, die ihm aus bitterster finanzieller Not hilft. Im Folgejahr bedenkt Alma den Komponisten Julius Bittner. Alma lädt im Rahmen dieser Preisverleihung den Chordirigenten Siegfried Ochs sowie Kolo Moser, dessen Frau und weitere Freunde zu einem Konzert ein, das in ihrem Haus stattfindet. Arnold Schönbergs „Pierrot Lunaire" lässt sie 1920 in ihrem Salon aufführen.

Elias Canetti, der in Anna Mahler verliebt ist, wird auf der Hohen Warte als privater Besuch durch die Hintertüre empfangen. Alma möchte sich vergewissern, dass er ungefährlich ist, Canetti ist neugierig, weil ganz Wien von Alma spricht. In seinem *Augenspiel* berichtet er über diese Begegnung: „Über einen offenen Hof – mit Fliesen belegt, zwischen denen in absichtlicher Natürlichkeit Gras zu wachsen erlaubt war – wurde ich in eine Art Allerheiligstes geführt, in dem Mammi mich empfing. Eine ziemlich große, allseits überquellende Frau, mit einem süßlichen Lächeln ausgestattet und hellen, weit offenen, glasigen Augen. Ihre ersten Worte klangen so, als hätte sie schon lange auf diese Begegnung gewartet, denn was hatte sie nicht alles von einem gehört. ‚Annerl hat mir erzählt', sagte sie gleich und verkleinerte damit ihre

Sein Stück „Pierrot Lunaire" wird in Almas Salon aufgeführt: Arnold Schönberg. Selbstporträt, 1908.

Tochter vom ersten Wort an, keinen Augenblick ließ sie einen darüber im Zweifel, wer hier, wer überhaupt das wichtige war.
Sie ließ sich nieder, mit einem vertraulichen Blick wurde einem bedeutet, daß man sich nah neben sie setzen sollte. Ich gehorchte zögernd, nach dem ersten Blick auf sie war ich entsetzt, man sprach überall von ihrer Schönheit, als das schönste Mädchen Wiens, so hieß es, habe sie den viel älteren Mahler so sehr beeindruckt, daß er um sie anhielt und sie zur Frau nahm und das Gerücht von ihrer Schönheit hatte sich nun mehr als dreißig Jahre weitergetragen, jetzt aber stand sie da und ließ sich schwer nieder, eine angeheiterte Person, die viel älter aussah, als sie war, und alle ihre Trophäen um sich versammelt hatte.
Denn der abgegrenzte Raum, in dem sie einen empfing, war so eingerichtet, daß die wichtigsten Stücke ihrer Karriere greifbar waren: es ließ sich nichts übersehen, sie selbst war der Führer in diesem Privat-Museum. Keine zwei Meter von ihr entfernt fand sich die Vitrine, in der die Partitur von Mahlers unvollendeter 10. Symphonie aufgeschlagen lag, man wurde darauf hingewiesen, stand auf, trat nahe heran und las die Notschreie des Kranken – es war sein letztes Werk – an seine Frau: ‚Almschi, geliebtes Almschi', und ähnliche intime, verzweifelte Ausrufe, diese Stellen größter Intimität waren es, die man in der Partitur aufgeschlagen hatte. Es muß ein erprobtes Mittel gewesen sein, Besucher zu beeindrucken. Ich las diese Worte in der Handschrift eines Sterbenskranken und blickte auf die Frau, der sie gegolten hatten. Sie nahm sie, 23 Jahre später, als gälten sie ihr jetzt. Von jedem Betrachter dieses Schaustücks erwartete sie den bewundernden Blick, der ihr für die Huldigung des Sterbenden in seiner Not gebührte, und so sicher war sie der Wirkung seiner Worte in der Partitur, daß sich das nichtssagende Lächeln auf ihrem Gesicht zu einem Grinsen verbreitete, mit dem sie die Huldigung entgegennahm. Sie spürte nichts vom Abscheu und vom Ekel, die in meinem Blicke lagen. *Ich* lächelte nicht, aber sie mißdeutete meinen Ernst als Andacht,

wie sie einem todkranken Genie gebührte, und da es sich alles in dieser Gedenkkapelle abspielte, die sie ihrem Glück errichtet hatte, gehörte auch die Andacht ihr.

Nun war aber der Moment für das Bild gekommen, das direkt gegenüber von ihr an der Wand hing, ein Porträt von ihr, wenige Jahre nach den letzten Worten des Komponisten gemalt. Ich hatte es gleich bemerkt, es ließ mich vom Augenblick des Eintretens an nicht los, es hatte etwas mörderisch Gefährliches und in der Bestürzung über die aufgeschlagene Partitur verwirrte sich mein Blick und das Bild erschien als das Porträt der Mörderin des Komponisten. Es blieb mir keine Zeit, diesen Gedanken zurückzuweisen, denn sie selbst erhob sich, bewegte sich drei Schritte auf die Wand zu, wies, sobald sie neben mir stand, auf das Bild und sagte: ‚Und das bin ich als Lucrezia Borgia, von Kokoschka gemalt.' Es war ein Bild aus seiner großen Zeit."[19]

Ein junges Mädchen von 16 Jahren, scheu und schön tritt in das Zimmer. „Schön ist sie, was? Also das ist Manon, meine Tochter. Vom Gropius. Da kann eben keine mithalten. Du gönnst ihr's, Annerl, gell? Warum soll man nicht eine schöne Schwester haben! Der Apfel fällt nicht weit vom Stamm. Haben Sie den Gropius einmal gesehen? Ein schöner, großer Mann. Genau was man arisch nennt. Der einzige Mann, der rassisch zu mir gepaßt hat. Sonst haben sich immer kleine Juden in mich verliebt, wie der Mahler. Ich bin eben für beides. Jetzt kannst wieder gehen, Mutz. Wart einmal, schau mal oben nach, ob der Franzl dichtet. Stör ihn nicht, wenn er dabei ist. Aber wenn er nicht grad dichtet, soll er kommen."[20] Canetti kennt Werfel schon von einem Konzert, das er mit Anna besucht hat. Alma weiß nichts davon. Canetti „stand unter dem fressenden Eindruck der strotzenden Witwe und ihrer früheren Trophäen. An diesem Eindruck hielt ich fest, ihn wollte ich mir bewahren …"[21]

Gelegentlich wird im Salon auch politisiert, was in erster Linie auf Franz Werfel zurückgeht. Alma erinnert sich an eine Szene mit

dem österreichischen Sozialdemokraten Karl Renner aus dem Jahr 1930: „Heute saßen wir im Wohnzimmer mit Dr. Karl Renner, der Franz Werfel in irgendeine Parteisache eintunken wollte. Er ist Sozialistenführer. Währenddessen läutet es, und mein kleiner italienischer Diener bittet mich ins Vorzimmer... Signor Starhemberg habe mir eine dringende Mitteilung zu machen. Ich verstand sogleich, daß es sich um den Führer der ‚Heimwehr', Fürst Starhemberg, handle. Renner hatte keine Ahnung, daß sein Erzfeind so nahe bei ihm weilte. Ich war aber recht unfreundlich mit Ernst Rüdiger Fürst zu Starhemberg. Seine radikale Rechtseinstellung ist nicht die meine."[22]
Politik ist nicht Almas Interessensgebiet, weshalb sie Franz Werfels Freundschaft mit Karl Renner nicht goutiert. Abgesehen von ihrem leidenschaftlichen Antisemitismus ist ihre eigene politische Haltung unklar. Meist entstehen diesbezügliche Gespräche in ihrem Haus eher zufällig. Gegen Ende 1930 notiert sie: „Am 15. Oktober waren wieder einmal alle bei uns: Hauptmanns, Schönherrs, der Prälat D. und Julius Tandler. Es kam ein einzigartiges Gespräch zustande. Erst erzählte Gerhart Hauptmann wunderbare Tiererlebnisse, vor allem mit Hunden ... Ich ließ unterdessen nach dem schwarzen Kaffee wieder frischen Champagner servieren, und Hauptmann trank lustig weiter. Ich bot Julius Tandler ein Glas an und machte die boshafte Bemerkung, daß er aus sozialistischen Prinzipien ja wohl nicht mehr trinken dürfe. Und nun ging es los. Gerhart Hauptmann erzählte von einem Sozialistenführer, der sein Jugendfreund war, bis zu einer gewissen Grenze, nämlich wo er anfing doktrinär zu werden. Denn da trennten sich ihre Wege! Dieser Mann, ein Naturforscher, hielt ihm immer antialkoholische Reden, und der säuerliche Ton ärgerte ihn. Tandler, aus dem Konzept gebracht, fing nun an, die Gesetzlichkeit des Marxismus zu verteidigen. Aber so trocken und übergebildet ... er wurde immer unsicherer und unsicherer, daß es eine Lust war, zuzuhören."[23]
Alma liebt es, die Begegnung zwischen Menschen mit unterschied-

Lebte ab 1919 mit Alma zusammen: Franz Werfel.
Foto von Carl Van Vechten, Dezember 1940.

lichen Ansichten und unterschiedlichen rhetorischen Fähigkeiten zu beobachten. Inhalte sind ihr weniger wichtig.
Anfang der dreißiger Jahre erfährt Almas Salon einen gesellschaftlichen Aufschwung. Bundeskanzler Engelbert Dollfuß installiert den autoritären Ständestaat und Alma ist stolz darauf, dass fast die gesamte Regierung in ihrem Haus ein und aus geht. Sie bringt Künstler mit mächtigen Politikern und reichen Industriellen zu-

Walter Gropius heiratet Alma Mahler im August 1915 in Berlin; 1920 wird die Ehe geschieden.

sammen. Sie ändert die Gästeliste und trägt der politischen Radikalisierung Rechnung. In ihrem Salon trifft man auf Anton Rintelen, Unterrichtsminister, sowie Kurt von Schuschnigg, Justizminister, oder den einstigen Bundeskanzler Rudolf Ramek und Edmond Glaise von Horstenau, Direktor des Kriegsarchivs. Der Salon entwickelt sich zu einer Art Kontaktbörse zwischen den verschiedenen Kreisen. Wie bereits erwähnt worden ist, erinnert sich Klaus Mann: „Frau Alma, die Schuschnigg und seinen Kreisen nahestand, wo *tout Vienne* sich traf: Regierung, Kirche, Diplomatie, Literatur, Musik, Theater – es war alles da."[24] Alma leitet nicht nur ihren Salon, sie beeinflusst gern. „In einer Ecke des Boudoirs wurde im Flüsterton über die Besetzung eines hohen Regierungspostens verhandelt, während man sich in einer anderen Gruppe über die Besetzung einer neuen Komödie am Burgtheater schlüssig ward."[25]

Im Jahr 1933, Alma hat bereits das fünfzigste Lebensjahr überschritten, verliebt sie sich in den 37-jährigen Universitätsprofessor der Theologie und Ordenspriester Johannes Hollnsteiner, der sie mehrmals in ihrer Villa auf der Hohen Warte besucht. Alma notiert über diese Begegnungen: „Gewisse Verwirrung ist in mir. Ein kleiner unscheinbarer Priester kann mein Ruhegebäude umwerfen? Mit welchen Kräften? Johannes Hollnsteiner! Er war zum dritten Mal in meinem Hause – ich hatte die Empfindung, als seien all die anderen Menschen, die um uns waren, graue Schemen.“[26] Die beiden halten die Beziehung geheim; Hollnsteiner gewinnt an Einfluss und Macht, Alma bleibt er „unheimlich“[27]. Joseph weiß zu berichten: „Häufig kam auch Egon Friedell, ein Mann von enormem Leibesumfang und noch enormerem spontanem Witz. Und immer war da der Theologieprofessor Hollnsteiner, etwas zu elegant gekleidet für einen Geistlichen. Sein Gesicht zeigte eine ungesunde Blässe, und in seinen undurchdringlichen Augen hinter den Brillengläsern blitzte der Spott. Ich wußte nicht, daß er ein Verhältnis mit Alma hatte, und es hätte mich auch nicht interessiert. Vermutlich war er der letzte ihrer Liebhaber.“[28] Alma mietet für dieses Verhältnis eine Wohnung, wo sie sich ungestört treffen. Hier verwöhnt sie ihn „mit Champagner, Kaviar und anderen Delikatessen, die er sich nicht leisten konnte. Manchmal bestand sie darauf, daß Anna an diesem Festschmaus teilnahm, was diese nur äußerst widerwillig tat. Anna mochte Hollnsteiner nicht; sie wußte, seine Attraktivität für Alma verdankte sich in erster Linie dem Umstand, daß er Priester war, den sie zur Sünde verführt hatte. Sie wußte auch, daß Werfel Kenntnis von dieser Affäre hatte und es sein Geld war, mit dem die Ausschweifung finanziert wurde. Darüber hinaus beförderte Almas Freundschaft mit Hollnsteiner ihre politisch reaktionären Ansichten.“[29]

Alma Mahler-Werfel hält die Affäre mit ihm geheim: der Theologe und Priester Johannes Hollnsteiner.

Nach und nach verliert Almas Salon das Charakteristikum des Privaten und Exklusiven und wird zur „großstädtischen, mondänen Gesellschaft“. Es sind so viele Gäste im Hause, dass es kaum mehr zu tieferen Begegnungen zwischen den Besuchern kommt und die Gespräche sich auf einen „Austausch von Worten und Gefälligkeiten“[30] reduzieren. Man möchte gesehen werden und der obersten Gesellschaft angehören. Bedauernd schreibt Canetti: „Sie hatten auch alle eine zweite gemeine Welt, in der sie sich bewegten, ohne sich zu besudeln, ja es sah oft so aus, als sei die zweite Welt *notwendig*, um die andere rein zu erhalten.“[31] Ihre intellektuellen Bedürfnisse stillen viele Künstler dann in kleineren Zirkeln.

Oft feiert Alma in großen Gesellschaften von zweihundert Personen, bis der Morgen dämmert, Freunde bleiben zum Frühstück. Meist gruppieren sich die Gäste und die Hausfrau bewegt sich von Gruppe zu Gruppe. Klaus Mann schreibt: „Die Hausfrau, hoch gewachsen, sorgfältig geschmückt, von immer noch schöner Miene und Gestalt, bewegte sich triumphierend vom Päpstlichen Nuntius zu Richard Strauss und Arnold Schönberg, vom Minister zum Heldentenor, vom stilvoll vertrottelten Aristokraten zum vielversprechenden jungen Dichter.“[32]

Man besucht Almas Salon, um inoffizielle Kontakte herzustellen, die einem besonderen Zweck dienen, sich aber zufällig ergeben sollen. Die Unterhaltung selbst ist unbedeutend. Nicht Wissen und Bildung bestimmen die Gespräche, sondern eine Art „Konsum von Unterhaltung“.[33]

Die nationalsozialistischen Strömungen bemerkt man dort kaum. Am 30. Dezember 1933 schreibt Franz Theodor Csokor an Ferdinand Bruckner: „Im Leben der Gesellschaft hier merkst du wenig. Im Salon der Alma Mahler sitzen der Prälat Drechsel und der sozialistische Professor Julius Tandler friedlich nebeneinander.“[34] Hilde Spiel empört sich über diese Entwicklung: „Im Salon Alma Mahler-Werfels scheuen sich Ödön von Horváth, Franz Theodor Csokor und Carl Zuckmayer nicht, mit den Regierungsmitgliedern des Ständestaates und den fragwürdigen Kulturpolitikern der ‚Vaterländischen Front‘ zusammenzutreffen.“[35]

Das intensive Gesellschaftsleben belastet die Gesundheit von Franz Werfel, der sich, als sich die politische Lage weiter verschärft und Alma dennoch rauschende Feste feiert, aus diesen lärmenden Gesellschaften zurückzieht.

Doch die durch Alma möglich gemachte „Herstellung eines kreativen Milieus“ ist immer wieder Auslöser für Schaffensprozesse. Lisa Fischer: „Das Produkt, das hier im Leben als Folge weiblicher Kreativität entsteht, ist ein temporäres. Es wird wieder und wieder inszeniert, um einen Prozeß in Bewegung zu halten. Die Sichtbarkeit liegt im Augenblick, im Arrangement einer Gesellschaft, in der Schaffung einer Atmosphäre.“[36] Alma Mahler, als Frau mit Ausstrahlungskraft, gilt als Muse, die auf die schöpferischen Genies ihrer Zeit wie Gustav Mahler, Oskar Kokoschka und Franz Werfel wirkt und sie zu Hochleistungen anspornt. Werfel schreibt, von Alma animiert, Erzählungen und später große Romane, durch die er zu einem international erfolgreichen Schriftsteller wird. Die vielfältigen Begegnungen in ihrem Haus inspirieren ihn zu seinen großen Romanfiguren. Nach Ansicht der Dame des Hauses braucht Kunst eine Liebesbeziehung: „Inspiration entsteht nur im Zeichen gegenseitiger, tiefster Zuneigung. Liebe schafft die besten Ideen.“[37] Alma bewirkt dann am meisten, wenn sie sich nur auf einen Menschen, einen kleinen Kreis konzentriert. Während des Ersten Weltkrieges entfaltet ihr Salon eine besonders anregende Atmosphäre, die in dessen Spätphase nicht mehr so kraftvoll ist. Sie selbst hält ihren Ruf als „große Muse der Kunst“ aufrecht. Ihre Tagebuchnotizen geben interessante Einblicke in das kulturelle Leben der Zeit, sind aber gleichzeitig auch ein Abbild des großen Geltungsbedürfnisses der Salonière. Alma sieht sich nicht nur als gesellschaftlichen Mittelpunkt an, sondern auch als eine von allen bedeutenden Künstlern begehrte Frau.

Manchmal spielt die Salondame selbst Klavier. Handelt es sich aber um geplante Konzerte oder Lesungen, stellt sie häufig die Gästeliste besonders sorgfältig zusammen. Bei Almas Programm-

Die Villa Mahler-Werfel auf der Hohen Warte. 1937 tauscht sie das Ehepaar Werfel gegen ein Appartement im Hotel Carlton auf der Wiedner Hauptsraße.

zusammenstellung ernten auch junge und unbekannte Künstler erste Anerkennung. Nach der kulturellen Darbietung wird häufig diskutiert und die Abende entwickeln sich zu einem großen Ereignis.

Seit ihrer Ehe mit Gustav Mahler zählen viele Menschen jüdischer Herkunft zu ihren Salongästen. In Wien um 1900 halten die intellektuellen, vielfach jüdischen Eliten zusammen. Die religiöse Praxis wird aufgegeben, man assimiliert sich und stellt das Intellektuelle voran.

Alma beschließt, das Haus auf der Hohen Warte zu verlassen. „Ich habe mich entschlossen, … das Haus in dem Mutzi starb, zu vermieten.“[38] Franz Werfel mochte das pompöse Palais ohnedies nicht und begrüßt Almas Entscheidung. Bevor das Ehepaar die Villa verlässt, veranstaltet es im Juni 1937 ein riesiges Gartenfest. Die Crème de la Crème der Wiener Gesellschaft, Hochadel, Industrielle und Politiker sind in die Villa „Ast“ geladen. Das *Neue Wiener Journal* schreibt: „Die Gastgeber machten, unterstützt von ihrer Tochter Anna Mahler, in der liebenswürdigsten Weise die Honneurs und empfingen die Eingeladenen."[39] Zahlreiche Künstler trifft man beim Heurigenfest tags darauf, das von acht Uhr abends bis zwei Uhr mittags am folgenden Tag dauert. Ida Roland ist da, Bruno Walter, Carl Zuckmayer, Egon Wellesz, Alexander von Zemlinsky, Ödon von Horvath, Siegfried Trebitsch, Arnold Rosé, Karl Schönherr und Franz Theodor Csokor. Franz Werfel landet betrunken im Gartenteich und Carl Zuckmayer schläft seinen Rausch in der Hundehütte aus. Das Ehepaar Werfel mietet ein Appartement im Hotel Carlton auf der Wiedner Hauptstraße, doch bald zieht es Werfel nach Marienbad, und Alma übersiedelt nach Breitenstein, ihrem neuen Hauptwohnsitz.

Nur knapp ein Jahr später, am 13. März 1938, verlassen Alma und ihre Tochter Anna, die nach den Nürnberger Rassegesetzen Halbjüdin ist, Österreich und reisen über Mailand, wo sie Franz Werfel treffen, weiter nach Paris und Amsterdam. Am 9. Mai kommen sie schließlich in London an. Alma missfällt die britische Hauptstadt – „Hier in London kein deutsches Buch … kein Klavier … keine deutsch sprechenden Menschen, eine unbedingt kalte Stadt"[40] –, sie kehrt mit Anna nach Paris zurück. Nach dem Einmarsch der Deutschen Wehrmacht in Frankreich im Jahr 1940 gelingt Alma und Franz Werfel die Flucht über Spanien nach New York. Die Fluchterlebnisse verarbeitet Werfel in „Jakobowksy und der Oberst".

Gast auf der Hohen Warte beim legendären Gartenfest im Juni 1937: der Dirigent Bruno Walter.

Das Ehepaar lässt sich schließlich in „Deutsch-Kalifornien", in den Hollywood Hills in einer kleinen Villa nieder. Hier entwickelt sich die Freundschaft mit dem jungen Friedrich Torberg.[41] Über Almas Plan, ihre Lebenserinnerungen zu verfassen, antwortet Torberg im Spätherbst 1944 aus New York: „Darf ich aus der kurzen Andeutung über Dein eigenes Leben schließen, daß Du Dich endlich an die wirkliche Arbeit gemacht hast? Das wäre gut und schön und außerdem das Beste, was Du momentan tun kannst (nämlich so lange Du allein bist). Wozu Du allerdings meine – oder irgendjemandes anderen Hilfe brauchen solltest, ist mir wieder einmal unklar. Weißt Du nicht, daß jemand, der sein Leben so allein und von sich aus gelebt hat wie Du, so unversöhnlich im eigenen Auftrag und im eigenen Ermessen, daß da auch bei der Wiedergabe dieses Lebens – kein anderer etwas hineinzupatzen hat?!"[42] Rückblickend schreibt Alma: „Mein Leben war schön. Gott vergönnte mir, die genialen Werke in unserer Zeit zu kennen, ehe sie die Hände ihrer Schöpfer verließen. Und wenn ich für eine Weile die Steigbügel dieser Ritter des Lichts halten durfte, so ist mein Dasein gerechtfertigt und gesegnet."[43]

In den 1930er-Jahren ein häufiger Gast: Franz Theodor Csokor. Foto von Otto Breicha, 1964.

Franz Werfel stirbt am 26. August 1945 im Haus in Beverly Hills, das die Werfels seit 1942 bewohnen. Seine Witwe überlebt ihn knapp zwanzig Jahre; sie stirbt am 11. Dezember 1964 in New York.

ANNA MAHLER entstammt Almas Ehe mit Gustav Mahler. Bei Fritz Wotruba erlernt sie die Bildhauerei. Frühe Studien

Scheut sich nicht, im Salon Alma Mahler-Werfels mit Vertretern des Ständestaates zusammenzutreffen: Ödön von Horvath.

der Malerei führen sie nach Rom zu Giorgio de Chirico. Elias Canetti, der in Anna leidenschaftlich, aber unerwidert verliebt ist, verewigt sie in seiner Lebensgeschichte „Das Augenspiel".
Der Dirigent Hermann Scherchen schickt Canetti mit einem Brief zu Anna Mahler. Dem Brief liegt ein Prospekt zu einer Tagung in Straßburg bei, zu der Scherchen Witwen von fünf berühmten Komponisten einladen möchte, darunter jene von Gustav Mahler, Ferrugio Busoni und Max Reger, doch keine der Eingeladenen erscheint.

Scherchen kennt Anna aus der Zeit, als sie noch mit dem Komponisten Ernst Krenek verheiratet war. „Auch fand er sie nicht voll ausgebildet, denn sie *unterwarf* sich Krenek. Sie diente ihm bei seiner Arbeit. Er komponierte sehr rasch, eigentlich unaufhörlich, und sie kauerte neben ihm und kopierte, was er komponierte. Es war noch ihre rein musikalische Zeit. Sie hatte sieben oder acht Instrumente spielen gelernt und übte sie alle abwechselnd weiter. Sie war früh von Fruchtbarkeit beeindruckt, der Überfluß, das Unaufhörliche, die Pausenlosigkeit der Niederschrift, galten ihr als Beweis von Genie. Dieser Kult des rastlosen Überschwangs blieb ihr auch in allen späteren Perioden ihres Lebens. Verehrung hatte sie nur für Schöpfer oder was sie dafür hielt. Wenn es um Literatur statt um Musik ging, imponierten ihr lange Romane und zwar so, daß immer welche nachkamen, wenn einer zu Ende war. In den Krenek-Jahren beschränkte sich der Fruchtbarkeitskult noch auf Musik und sie schien bereit, dem jungen Schöpfer zu dienen.
H. [Hermann Scherchen], in dessen Galerie von Entdeckten Krenek als einer der ersten gehörte, bemerkte sie damals wohl, aber als Dienerin eines anderen reizte sie ihn gar nicht. Als er nun nach Wien kam, mit hochfliegenden Plänen, und wie es seine Art war, jede frühere Verbindung wieder anknüpfte, wurde er in das Palais in der Maxingstraße, das dem Verleger Paul Zsolnay gehörte, eingeladen. Da fand er Anna als Herrin eines hochmögenden Hauses vor, die Haare hellgelb, mit eigenem Anspruch auf Kunst, zur Bildhauerin aufgeblüht, vielleicht sah er sie auch im Atelier, doch ist das unwahrscheinlich. Aber sicher sah er sie bei einer Einladung im Hause Zsolnay. Ihre Mutter, deren Macht im Musikleben Wiens er kannte, hielt von ihm nichts. Umso mehr hielt er sich an die Tochter. Er streckte die Fühler aus und schrieb einen Werbebrief für Anna, den ich ihr persönlich in ihrem Atelier übergeben sollte."[44]
Anna bestellt Canetti nach Hietzing. „Ich sah sie zuerst. Ich sah ihre Finger, wie sie sich in den Lehm einer überlebensgroßen Figur

drückten. Von ihrem Gesicht sah ich nichts, sie wandte mir noch den Rücken zu. Das Knirschen im Kies, das mir laut in die Ohren ging, schien sie nicht zu hören. Vielleicht mochte sie es nicht hören, sie war in ihre noch wenig geformte Figur vertieft. Vielleicht kam ihr der Besuch, der angekündigt war, jetzt nicht besonders gelegen. Ich hielt mich an den Brief, den ich überbringen sollte. Ich hatte das Glashaus, das als Atelier diente, betreten, als sie sich mit einem plötzlichen Ruck umwandte und mir ins Gesicht sah. Ich stand nicht mehr weit von ihr und fühlte mich von ihrem Blick ergriffen. Von diesem Augenblick an ließen mich ihre Augen nicht los. Es war kein Überfall, denn ich hatte Zeit gehabt, mich zu nähern, aber es war eine Überraschung: eine Unerschöpflichkeit, auf die ich nicht gefaßt war. Sie bestand aus Augen, was immer sonst man in ihr sah, war Illusion. Man fühlte das auf der Stelle, aber wer hätte die Kraft und die Einsicht gehabt, sich das zu sagen. Wie soll man dieses Ungeheuerliche wahrhaben: daß Augen geräumiger sind als der Mensch, dem sie zugehören. In ihrer Tiefe hat Platz, was man sich je gedacht hat und nun, da sich der Raum dafür anbietet, will es alles gesagt sein ... Ein Mythos ist auch das Auge, das nicht auf Zerfleischen aus ist, obwohl es nie losläßt, was es erblickt hat. Dieser Mythos ist wahr geworden und wer ihn erlebt hat, denkt mit Schrecken und Ergriffenheit an das Auge zurück, das ihn dazu zwang, sich in ihm zu ertränken. Das ist die Geräumigkeit und Tiefe, die angeboten wird: stürze dich in mich mit allem, was du denken und sagen kannst, sag es, und ertrinke!

Die Tiefe solcher Augen ist bodenlos. Nichts, was darin versinkt, erreicht den Grund. Nichts wird wieder ausgespült, wo bleibt es. Der See dieses Auges hat kein Gedächtnis, er fordert und empfängt. Alles, was einer hat, wird ihm gegeben, alles, worauf es ankommt, woraus einer im Innersten besteht. Es ist nicht möglich, diesem Auge etwas vorzuenthalten. Keine Gewalt wird geübt, da ist kein Entreißen. Es gibt sich glücklich, als wäre es aus keinem

Ist in Anna Mahler leidenschaftlich, aber unerwidert verliebt: Elias Canetti.

anderen Grunde zu sich gekommen, aus keinem anderen Grunde geworden."[45] Anna deutet ihm mit dem Kopf, den Brief auf einen Tisch in der Zimmerecke zu legen. Er streckt ihr die Hand hin, doch ihre Rechte ist lehmverschmiert und sie sagt: „Ich kann Ihnen so die Hand nicht geben."[46]

Canetti versucht sich zu fangen. „Vielleicht sprach sie nicht gern, sie verzichtete, wann immer sie konnte, auf ihre Stimme, immer lieh sie sich die Stimme anderer aus, sei es in der Musik, sei es unter Menschen. Ihr selber lag es näher zu *handeln* als zu sprechen, und da sie nicht zu den Handlungen berufen wurde, die ihr Vater vollbrachte, versuchte sie es, mit ihren Fingern zu *formen*. Ich habe die erste Begegnung mit ihr bewahrt, indem ich sie von allen Worten befreit habe, von ihren, weil es in ihnen vielleicht nichts zu bewahren gab, von meinen, weil das Staunen über sie noch keine vernehmlichen Worte gefunden hatte."[47]

Anna fordert Canetti auf, ihr etwas von ihm zu lesen zu geben. Er habe nur ein Manuskript von einem Roman, erwidert er. Ob er sein Romanmanuskript das nächste Mal mitbringe? Drei Tage später hat Canetti seinen Roman bei sich, den sie so schnell wie kein anderer liest. „Seither war ich eine eigene Person für sie und sie behandelte mich, als wäre ich mit allem versehen, selbst mit Augen. Sie erwartete viele solche Bücher von mir und sprach darüber zu anderen. Sie drängte darauf, mich zu sehen und schickte Briefe und Telegramme. Noch nie hatte ich erlebt, daß Liebe mit

Telegrammen begann, ich war davon erschüttert. Ich begriff anfangs nicht, daß ein Satz von ihr mich so rasch erreichen konnte."[48] Die beiden schreiben einander geheime Briefe. Ein Modell, Hedy Lehner, überbringt sie und gibt Antworttelegramme auf. Die Beziehung dauert nicht lange an; nach nur zwei Monaten bricht Anna sie ab.

Für Canetti steckt Anna voller Geheimnisse. Ihre bildhauerischen Figuren, mit großer Arbeitsenergie gestaltet, sind schwierig in der Ausführung. „Schwere Arbeit galt ihr als ehrenvoll, das hatte sie schon von ihrem Vater geerbt, aber nun war sie von ihrem jungen Lehrer Wotruba, der in hartem Stein arbeitete, sehr nachdrücklich daran erinnert worden. Natürlich modellierte sie auch, besonders Köpfe, und das war dann nicht harte Arbeit, sondern etwas ganz anderes, das war ihr einziger Zugang zu Menschen, der nicht durch die Herrsch- und Liebesgewohnheiten ihrer Mutter verstellt war."[49] War Anna, wie so oft, enttäuscht, spielt sie Musik und zieht sich ans Klavier zurück.

Für Canetti das Gegenstück zur Mutter: Anna Mahler. Porträt von Broncia Koller-Pinell, um 1921.

Canetti stilisiert Anna zu einem unantastbaren Bild, doch deren Mutter stellt in seinen Augen das peinliche Gegenstück dar: „Da waren sie beide: auf der einen Seite das stumme Licht, das sich von Meißelhieben und lauter Verherrlichung nährte, auf der anderen die unersättliche, angeheiterte Alte. Ihre nahe Verbindung machte mich nicht irre, ich sah die Tochter als Opfer und wenn es darum

geht, daß man das Opfer dessen ist, was man von früh auf unaufhörlich um sich gesehen hat, so sah ich richtig."[50]
Albrecht Joseph beschreibt Anna Mahler wie folgt: „Durch eine seltsame, doch höchst glückliche Laune der Natur war Anna geradezu die Verkörperung der Gesundheit, Schönheit und Kraft. Ich verliebte mich beim ersten Zusammentreffen in sie. Sie nahm jedoch keine Notiz von mir. Viel später hat sie mir erzählt, daß sie nur eine dunkle Erinnerung an mich als ‚Zuckmayers Freund' hatte. Zu dieser Zeit war Anna mit Paul Zsolnay verheiratet, damals Werfels Verleger, doch wußte man allgemein, daß sie in dieser Ehe nicht glücklich war und ihn bald verlassen würde. Zsolnay habe ich bei meinen Besuchen in Werfels Haus nie getroffen. Anna kam gewöhnlich sehr spät, nach dem Essen, und setzte sich nicht, sondern umrundete den Tisch, nickte und lächelte, während sie die Gäste einzeln begrüßte. Dabei trug sie ein enges glänzendes schwarzes Abendkleid mit langen Ärmeln und einem hohen Stehkragen bis unter das Kinn. Ihr Auftritt hat etwas Umflortes – ich wurde an Lucrezia Borgia erinnert, die Gift in die Weingläser schüttet. Später erfuhr ich, daß ihr seltsames Benehmen den Umständen geschuldet war, in denen sie leben mußte, verbunden mit einer generellen Ablehnung der Freunde ihrer Mutter, besonders der engsten."[51] Der wahre Grund für Annas Besuche im Hause Mahler-Werfel ist ihre kranke, an den Rollstuhl gefesselte Schwester Manon.
Im Exil begegnet Albrecht Joseph Alma in London und den USA. Er ist zu dieser Zeit Sekretär von Thomas Mann, später wird er Filmcutter und lebt in Los Angeles. Anna ist bei ihren Aufenthalten in Amerika in den Jahren 1948 und 1949 von dem promovierten Germanisten und Theaterregisseur fasziniert. Bereits 1933 verliebt sich Joseph in sie, 1951 schließlich werden sie ein Paar, heiraten aber erst 1970 in Spoleto. Thomas Mann schreibt in seinem Tagebuch: „Mit K.[atia] zum Abendessen bei Walters, mit Anna Mahler und Dr. Joseph. Heitere Unterhaltung."[52]

Alma Zsolnay, Annas Tochter aus der Ehe mit Paul Zsolnay, schreibt später über die Zeit mit ihrer Mutter in Montreal 1953, die keine leichte, da wenig Geld vorhanden, aber eine sehr glückliche war: „Wir haben eine ganz billige Flasche Alkohol gekauft, das Billigste, was es gab … Meine Mutter hat gesagt, schau, das muß man so machen, damit man am meisten davon hat: Bevor man das Geringste gegessen hat … ganz schnell trinken … Wir haben soviel gelacht. Ich habe nie jemanden gesehen, der so lacht wie meine Mutter. Sie hat so gelacht, daß ihr die Tränen heruntergeronnen sind.“[53]
Alma Mahler-Werfels Tod am 11. Dezember 1964 befreit Anna aus einer lebenslangen ambivalenten Bindung. „Wie ein Vogel, der endlich fliegen gelassen wird“,[54] fühlt sie sich. Sie selbst lebt noch weitere 24 Jahre ohne materielle Sorgen und unabhängig in den USA und Europa. Ihre nunmehrige Ruhelosigkeit charakterisiert Annas langjährige Freundin Manon Manion folgendermaßen: „Anna war sehr schnell gelangweilt. Nicht nur mit Menschen … Sie hatte all diese verschiedenen Orte, weil sie irgendeine Art von Erfüllung suchte … es war nicht nur in der Arbeit … Sie wurde als Kind sehr früh alleingelassen. Ich glaube, sie suchte etwas Emotionales oder ein Gefühl, das sie nur bekam, wenn sie einen Drink nahm. Dann fühlte sie sich sicher, gut. Irgendwie war sie frei. Aber es lag auch etwas Schweres auf ihr.“[55]
Anna Mahler stirbt am 3. Juni 1988 in London im Alter von fast 84 Jahren. Alma Zsolnay zeichnet in einem Gespräch mit Barbara Weidle folgendes Bild ihrer Mutter: „Sie war der aufregendste Mensch, den ich je gekannt habe … Das ist eine Art Lebensfreude, aktiv, kraftvoll, voller Lebenslust, voller Freude an Schönheit, an Farben … Sie war sicher der vitalste Mensch, dem ich begegnet bin. Sie war wie ein Wind, wenn man sie sich körperlos vorstellt, ein sehr energischer Wind, der durchrast vor lauter Lebensfreude.“[56]

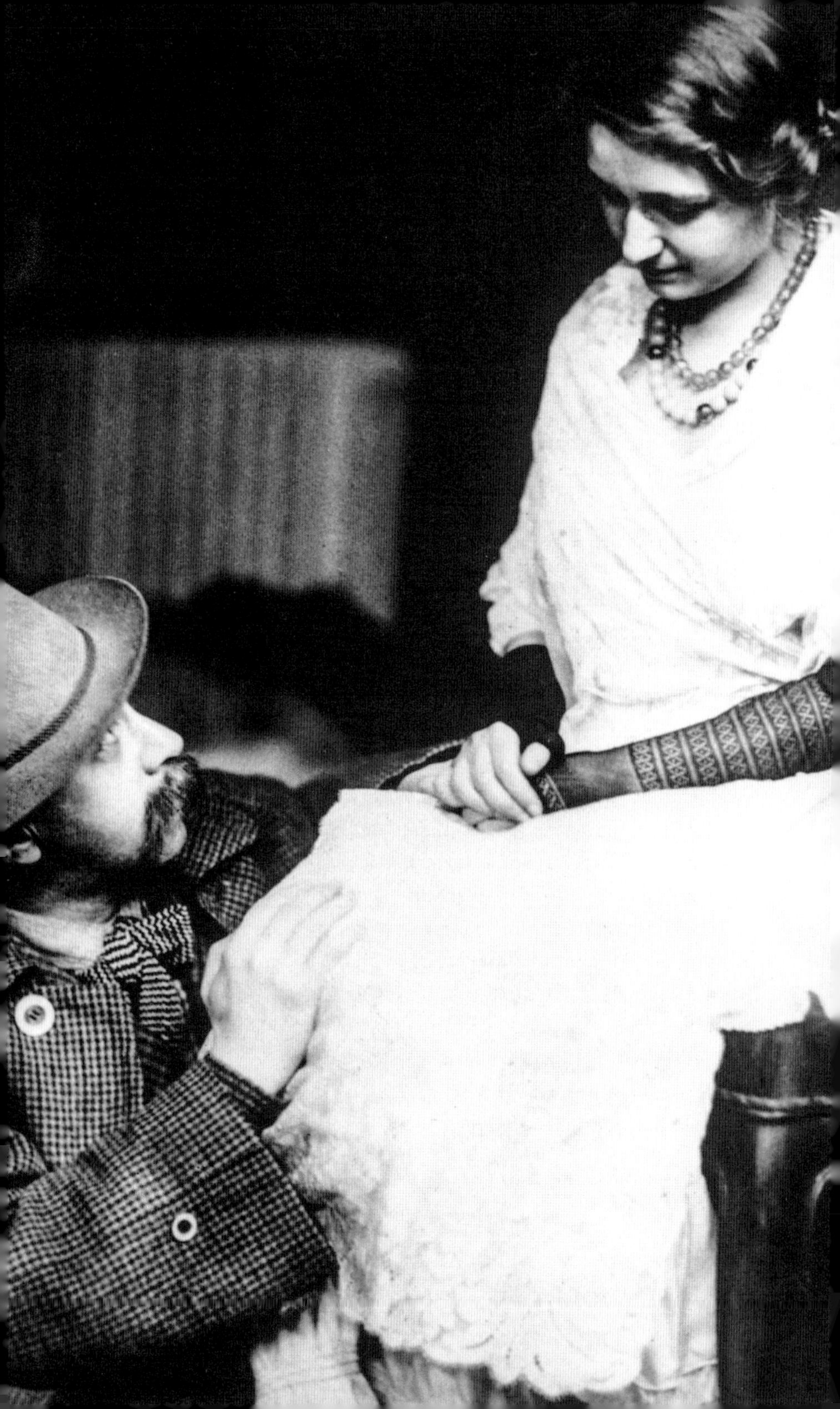

MARIE LANG (1858–1934), LINA LOOS (1882–1950), GINA KAUS (1893–1985) UND GRETE WIESENTHAL (1885–1970)

MARIE LANG, die Tochter von Franz Karl Wisgrill (Wißgril), wird am 8. März 1858 in Wien geboren und später zu einer bekannten Frauenrechtlerin.[1] Ihr Vater ist ein angesehener Zimmermann. Von ihm hat sie die Begeisterung für Liberalismus, Kunst und Kultur geerbt. Marie wächst behütet in einem bürgerlichen Haus auf. Sie engagiert sich für die aus England kommende Settlement-Bewegung, die – mit einem kulturellen Angebot – die Brücke zwischen Bürgern und Arbeitern schlagen möchte.[2] Maries Interesse gilt den Zeitfragen auf intellektuellem und sozialem Gebiet. Die Ehe mit dem Hofjuwelier Theodor Köchert hält nur kurz. Sie verliebt sich in den Juristen Edmund Lang, die beiden heiraten kurz darauf. Eine Freundin beschreibt die junge Frau als „blond, helläugig, fröhlich“[3]. Marie verkörpert die „moderne Weiblichkeit“[4] der Zeit.

Die Langs versammeln jeden Abend Intellektuelle und Künstler um sich, zunächst in der Belvederegasse, dann auf der Linken Wienzeile. Adolf Loos wird beauftragt, das erste Stockwerk zu gestalten. Die soziale Struktur des Kreises um Marie, die sich für die Bildung der Arbeiterschaft einsetzt, ist auf Musiker, Maler, Frauenrechtlerinnen, Ärzte und Politiker beschränkt. Arbeiter werden nicht eingeladen. Ihr Salon gehört vor allem um die Jahrhundertwende zu den größten Anziehungspunkten in Wien. Ihre Kinder gehen darin ein und aus und nehmen an den Zusammenkünften der Erwachsenen teil. Im *Neuen Wiener Tagblatt* schreibt Rudolf

Zählt zu den schönsten Frauen ihrer Zeit: Lina Loos, bewundert und verehrt von Peter Altenberg.

„Feste der Konversation“ (Robert Scheu) bis weit nach Mitternacht: die Frauenrechtlerin Marie Lang.

Huber-Wiesenthal: „Die Kinder machten schon alle sozialen und kulturellen Kämpfe als leidenschaftliche Parteigänger mit.“ Und weiter: „All das, was junge Leute sich zu jener Zeit erst erkämpfen mußten, das wurde den Lang-Kindern von den Eltern, der Mutter vor allem, entgegengebracht.“[5]
An der neuen Kunst herrscht großes Interesse und Marie sucht Gespräche mit Künstlern, die ihr Schaffen erklären. Tagesaktuelle Themen sind ebenfalls Gegenstand von Auseinandersetzungen. Rudolf Huber-Wiesenthal: „An zahllosen Abenden konnte ich, was immer an sozialen Geschehnissen zu jener Zeit vor sich ging oder an künstlerischen Leistungen hervorgebracht wurde, in den Gesprächen der fast stets durch Gäste erweiterten Runde wie ein persönliches Schicksal erleben, den Kampf der Sezession oder den Kampf Gustav Mahlers ebenso wie den Isadora Duncans.“[6]
Der 1935 verstorbene Journalist Stefan Großmann berichtet über seine Abende im Hause Lang: „Es wurde kein literarischer Schwatz getrieben und eigentlich auch kein politisches Gesalbader. Nie wurde geklatscht, der persönliche Tratsch war, ohne daß man sich verabredete, verboten. Es fehlte aber auch alles Dozierende, nur ausnahmsweise gab einer von uns gelegentlich eine Probe aus einem neuen Buch, oder ein Arzt erzählte von einer neuen medizinischen Theorie ... Die Voraussetzung jedes Gesprächsteilnehmers war nur die, daß er Selbsterlebtes zum besten gab. In nächtlicher Stunde erzählte Marie Lang ihre Träume.“[7]

Robert Scheu schreibt in der *Arbeiter-Zeitung*, dass die regelmäßigen Zusammenkünfte im Hause Lang zur „stärksten Attraktion in Wien" zählen: „Jahraus, jahrein, Abend für Abend, war dort ein permanentes Picknick, zu dem sich die Freunde und die jeweils eingeführten Gäste versammelten als zu einem Fest der Konversation, die sich regelmäßig bis weit nach Mitternacht erstreckte."[8]
Rosa Mayreder begeistert Marie Lang für die Ideen und Ziele der Frauenbewegung.
Grete Wiesenthal lernt Erwin Lang kennen, der sie in das Haus seiner Eltern einführt. „Durch seine Familie erschloß sich mir eine neue Welt. Seine Mutter Marie Lang hatte einen klingenden Namen in der Frauenbewegung. Sie war durch ihr hinreißendes, pathetisches Temperament die beste agitatorische Kraft, die man sich für die Verbreitung und Popularisierung einer Idee nur wünschen konnte."[9]
Marie ist Mitinitiatorin des „Wiener Frauenclubs", der 1900 seine Tore im Trattnerhof in der Innenstadt öffnet, und gibt die Zeitschrift *Dokumente der Frauen* heraus. Sie hat einen großen Bekanntenkreis, kommt mit fortschrittlichen Ideen in Berührung, viele ausländische Gesandte der Frauenbewegung trifft man bei ihr, also Menschen, die Neues kreieren. „Zwischen immer wiederkehrenden Besuchen saßen sehr häufig Gäste aus aller Welt; war es einmal Ellen Reh, so war es ein andermal ein unbekannter junger Mensch, den nur seine Person empfahl."[10]
Grete Wiesenthal erinnert sich: „Diese Frau hatte tagsüber keine Zeit, Besuche zu empfangen oder abzustatten. Doch am Abend war sie für diejenigen, die einmal bei ihr eingeführt waren, immer zu Hause zu treffen, ohne daß es nötig gewesen wäre, sich vorher anzusagen. Bei einer Tasse Tee konnte man sich dann an den mannigfaltigsten Gesprächen beteiligen oder denselben zuhören."[11]

LINA LOOS wird als Carolina Catharina Obertimpfler am 9. Oktober 1882 in Wien geboren. Sie entstammt einer bekannten Wie-

Die Ehe mit Adolf Loos endet mit einem Skandal: Lina Loos. Foto von Carl Pietzner, um 1904.

ner Cafétier-Familie, der das von vielen Künstlern frequentierte Café Casa Piccola an der Ecke Mariahilfer Straße/Rahlgasse gehört. Nach der Gymnasialzeit nimmt Lina Schauspielunterricht und feiert erste Erfolge in Berlin, München und Wien. Schon in sehr jungen Jahren ist sie eine Wiener Schönheit, die von Literaten wie Peter Altenberg, Egon Friedell oder Franz Theodor Csokor verehrt wird.

Von 1902 bis 1905 ist sie mit dem um mehr als zehn Jahre älteren Architekten Adolf Loos verheiratet. Ein Verhältnis ihrerseits beendet die kurze Ehe mit einem Skandal, Lina verlässt nach der Scheidung Wien und geht nach Amerika, wo sie sehr erfolgreich Theater spielt. Noch vor Beginn des Ersten Weltkrieges kehrt sie nach Europa zurück und bleibt als Schauspielerin und Kabarettistin bis 1938 in Deutschland und Österreich. Nach dem Ende des Zweiten Weltkriegs setzt Lina ihre Karriere als Feuilletonistin und Journalistin fort. Die Weltkriege machen sie zur überzeugten Pazifistin.

Lina Loos zählt zu den schönsten Frauen ihrer Zeit und ist Mittelpunkt in Wiens kulturellem und geistigem Leben. Ihr Haus in der Sieveringer Straße 107 wird häufig und gerne besucht. Zu ihren Freunden und Bekannten zählen Peter Altenberg, Egon Friedell, Franz Theodor Csokor, Franz Werfel, der deutsche Schriftsteller Friedrich Carl Georg Kaiser, Berta Zuckerkandl und Grete Wiesenthal.

Sie stirbt am 6. Juni 1950 in Wien.

GINA KAUS wird als Regina Wiener am 21. Oktober 1893 in Wien geboren. Der Vater ist ein kleiner Geldverleiher, der mit seiner Familie in Wien häufig die ärmlichen Wohnungen wechselt. „Mein Vater war arm", schreibt Gina, „nicht bloß arm – sehr arm. Ich hatte immer nur ein einziges Kleid. Das hat mich sehr gestört, denn ich war immer sehr eitel."[12] Dennoch besucht sie das Mädchenlyzeum des Schulvereins für Beamtentöchter in der Langen Gasse in der Josefstadt in Wien. Sie legt die Staatsprüfung in Englisch ab, wird Englischlehrerin. Weil sie keine Schülerinnen findet, arbeitet sie im Allgemeinen Krankenhaus in einem Laboratorium. Kaum zwanzigjährig heiratet sie 1913 den Musiker Josef Zirner, der wenig später im Ersten Weltkrieg fällt. Im Jahr 1916 adoptiert sie der verheiratete Josef Kranz, ein vermögender, ferner Verwandter ihres Mannes, um seinem Verhältnis mit Gina einen Anschein von Legitimität zu geben. So kann sie ungehindert im Palais in der Liechtensteinstraße leben. Sie ist mit Dichtern befreundet, und wenn Kranz auf Reisen ist, arrangiert Gina festliche Abendessen für sie. Später wird sie Franz Blei, den Geliebten und Förderer ihrer schriftstellerischen Karriere, als Sekretär für Kranz engagieren.

„Mein Lebensinhalt war zu dieser Zeit der Kreis, der sich um Blei gebildet hatte. Ich ging, wann immer ich konnte, zu ihnen ins ‚Café Herrenhof', meist nach dem Mittagessen ... Blei hatte durch seine Persönlichkeit mehr als durch seine geistige Überlegenheit diesen Kreis gebildet. Die Männer schätzten, aber sie überschätz-

Ihre Wohnung wird zum Intellektuellen-Treffpunkt: Gina Kaus. Foto von Trude Fleischmann, 1927.

ten ihn nicht, ich hörte manche kritische, kaum je eine abfällige Bemerkung."[13]

Dieser Zirkel um Franz Blei weckt bei Gina das Interesse an Politik. Sie engagiert sich für die sozialen Belange der Arbeiterschaft, in der sozialen Struktur ihres Salons sind Arbeiter jedoch nicht zu finden. In den Jahren 1917/18 wird Ginas Atelier-Wohnung in der Strudlhofgasse zu einem „Treffpunkt für die intellektuelle Avantgarde der Kaffeehäuser".[14] Dieses bohèmehafte Leben bietet einen willkommenen Kontrast zu dem bourgeoisen im Palais Kranz. Sie fühlt sich als Revolutionärin und etabliert diesen Treffpunkt außerhalb der großen Gesellschaft. Ein kleiner intimer Kreis versammelt sich. Die Freunde teilen hier und im Café Herrenhof ihre Sorgen um die politische Entwicklung und ihre literarischen Werke.

Gina beginnt bereits in jungen Jahren zu schreiben. Ihre Komödie *Diebe im Haus* wird 1917 – Gina ist 24 Jahre alt – am Burgtheater uraufgeführt und legt den Grundstein zu ihrem lebenslangen

Wurde von Oskar Strnad für Josef Kranz, den „Adoptivvater" von Gina Kaus, umgebaut: das Palais Kranz in der Liechtensteinstraße 53–55.

schriftstellerischen Erfolg. Durch ihre plötzliche Bekanntheit findet sie rasch Zugang zu den literarischen Kreisen, zu Hermann Broch, Paul Streker, Robert Musil, Franz Blei, Egon Erwin Kisch, Ernst Pollack, Anton Kuh und Franz Werfel. Mit Milena Jesenká, der Freundin Franz Kafkas, und der Operettensängerin Fritzi Massary pflegt Gina eine enge Freundschaft, mit Karl Kraus telefoniert sie täglich.
Nach dem Ersten Weltkrieg tritt sie selbstbewusst in einem männerdominierten Gebiet auf. Als Schriftstellerin nimmt sie nicht – wie die meisten anderen Salonièren – nur passiv am Kulturleben teil, sondern aktiv mit ihren eigenen Werken.[15]
Gina pflegt literarische Freundschaften. Im Café Herrenhof beteiligt sie sich lebhaft an den Diskussionen. Sie spornen sie in ihrem Schaffen an. Otto Kaus, einen Schriftsteller und Psychologen, lernt sie in diesem Kreis kennen, er wird 1920 ihr zweiter Mann, das Paar bekommt in der sechs Jahre dauernden Ehe zwei Söhne. Zu Beginn der zwanziger Jahre besucht Gina die Privatseminare Alfred Adlers, mit dem sie befreundet ist und dessen psychologische Ansätze sie sehr überzeugen. Sie arbeitet in einer seiner Frauenberatungsstellen mit und gründet die Zeitschrift *Die Mutter*. Ginas Werk ist von der Schulung durch Alfred Adler wesentlich beeinflusst und kreist ausschließlich um das Thema Liebe.
Im Jahr 1924 übersiedelt das Ehepaar Kaus nach Berlin, wo Gina sich mit Vicky Baum anfreundet und Ernst Toller, Ferdinand Bruckner, Walter Hasenclever und Rudolf Leonhard kennenlernt. Ende der zwanziger Jahre setzt sie sich als Schriftstellerin durch. Neben Kurzgeschichten veröffentlicht sie 1932 den Roman *Die Überfahrt*, der nach Hollywood verkauft wird und Geld bringt.
1933 erlebt ihr Salon eine Hochblüte in der Augustiner Straße 8 im 1. Wiener Bezirk. Dort setzt man die intellektuellen und literarischen Diskussionen aus dem Café fort. Zu den Gästen gehören: Robert Neumann, Alfred Polgar, Robert Musil, Fritz von Herzmanovsky-Orlando, Milan Dubrovic, Friedrich Torberg und

Ernst Pollak.[16] Karl Kraus ist selten in Ginas Salon anzutreffen, er schätzt aber ihre Begleitung bei seinen Runden durch die Wiener Kaffeehäuser. „Der Journalist war fasziniert von Ginas unbekümmertem Lebenswandel und ihrem Lebensmut."[17]

Robert Musil hingegen verkehrt gerne bei Gina. „Sein auf Distanz bedachtes Verhalten wurde als Arroganz und überheblicher Stolz ausgelegt, viele empfanden ihn als spröden Sonderling, der sich so gar nicht in die die heiter gelösten Formen der üblichen Wiener Geselligkeit einzufügen vermochte."[18]

1938 emigriert Gina Kaus über die Schweiz und Paris nach Amerika, wo sie sich nach einem kurzen Aufenthalt in New York in Hollywood niederlässt, um für Filmgesellschaften zu arbeiten. In der Emigrantenkolonie ist sie befreundet mit Bert(old) Brecht, dem Komponisten Hans (Johannes) Eisler, dem Drehbuchautor und Schauspieler Fritz Kortner, Saskia Viertel, dem Schriftsteller und Drehbuchautor Georg Froeschel und nach wie vor mit Schriftstellerin und Musikerin Vicky Baum. Zwischen 1948 und 1951 lebt sie in Berlin und Wien, kehrt aber wieder in die Vereinigten Staaten zurück. Ihre Biografie *Katharina die Große* führt nach ihrem Erscheinen in den USA 1955 zwei Monate lang die Bestsellerlisten an.

Gina Kaus zählt zu den wenigen Exilanten, die in den USA ihre Karriere erfolgreich fortsetzen können. Zahlreiche ihrer Werke – Romane, Bühnenstücke – werden verfilmt. Schon 1921 erhält sie den Fontane-Preis, 1927 wird sie mit dem Goethe-Preis ausgezeichnet, zahlreiche andere Ehrungen folgen. Sie kann sich nicht entschließen, nach Europa zurückzukehren, und stirbt am 23. Dezember 1985 in Los Angeles.

GRETE WIESENTHAL wird am 9. Dezember 1885 in Wien geboren. Die unkonventionelle Familie lebt in der Josefstadt und zieht später in ein Haus in Hietzing. Der Vater, der Kunstmaler Franz Wiesenthal, bringt seinen Kindern, sechs Mädchen und einem Buben, Lebensfreude bei, spielt mit ihnen, nimmt sie ins Theater mit, ihr Kulturbewusstsein entwickelt sich früh. Die Musik ist zentral und stets gegenwärtig.

„Schon der Raum, der ganz eigens des Vaters Raum war, sah seltsam genug aus und hatte in anderen bürgerlichen Wohnungen, wie die Kinder sie kannten, nicht seinesgleichen. Es standen dort hohe Gestelle umher, die Bilder trugen, weil Bilder hingen an den Wänden, schön gerahmt und ungerahmt, Gipsabgüsse hingen dazwischen, es standen in dem Raum geschnitzte Sessel, irgendwo wallte von der Decke Samt zu Boden ... in einer alten Vase breiteten sich anstatt Blumen langstielige Pinsel aus. Und das eigentümlichste war über allem ein feiner, heller Geruch. Den Mädchen mußte bald klar sein, daß nirgendwo anders ein Raum zu finden war, in dem sich auch nur annähernd so gut spielen ließ wie in diesem."[19]

Ein „Ausnahmemensch" (Alfred Polgar): Grete Wiesenthal als Zephyr in „Die Windsbraut". Foto von Franz Xaver Setzer.

Schon als Kind umgibt Grete eine „Aura besonderer Auserwähltheit". Sie tanzt im Hofopernballett. Gustav Mahler entdeckt die Siebenjährige als ideale Besetzung für die „Stumme von Portici". Mit diesem Debüt beginnt ihre sagenhafte Karriere, sie entwickelt sich zu einer Koryphäe des Wiener Opernballetts, bis sie zur international gefeierten Solotänzerin aufsteigt und auch als Choreografin und Tanzpädogogin berühmt wird. Im Zimmer ihrer Kindheit steht ihr erstes Podium: „Es ist ganz still, niemand ist da. Doch nein, dort auf einem Podium vor dem Fenster steht ja ein kleines Mädchen ... Ich selbst bin es und nur ganz versunken im Schauen über die Dächer, wo man die blauen Berge sieht, die Wien umschließen."[20]

Schon frühzeitig tritt Grete mit ihren Schwestern Elsa und Bertha auf, im Jänner 1908 vor einem prominenten Publikum, zu dem auch Peter Altenberg, Hugo von Hofmannsthal, Gustav Klimt und Kolo Moser gehören. Seit diesem Jahr tanzt sie auch eigene Werke. 1910 trennt sie sich von ihren Schwestern und beginnt den Weg zur Solokarriere. Sie heiratet den Maler Erwin Lang, 1911 kommt ihr Sohn Martin zur Welt.

Als Solistin tanzt sie mit großem Erfolg in Strauß-Walzern und Liszt-Rhapsodien. Wiesenthal arbeitet als Choreografin, aber auch als Tänzerin für Max Reinhardt, Hugo von Hofmannsthal und die Salzburger Festspiele, sie arbeitet für Heinz Hilpert und Oscar Fritz Schuh, sie gründet ihre eigene Schule und wird später Professorin für künstlerischen Tanz an der Akademie für Musik und darstellende Kunst in Wien. Gelegentlich tritt sie mit Partnern wie Toni Birkmeyer und Willy Fränzl auf. Auf Gastspielen und Tourneen, die sie in fast alle großen europäischen und amerikanischen Städte führen, bejubelt sie das Publikum. Sie wird „gewissermaßen zur Erneuerin des Wiener Walzers, der durch ihre Grazie, ihren tänzerischen Esprit vom Status naiver Volkstümlichkeit in den Adelsstand reiner, absoluter Tanzkunst erhoben wurde".[21] Ihre Autobiografie erscheint unter dem Titel *Iffi. Roman einer Tänzerin*[22].

Grete Wiesenthals Kunst ist geprägt durch die „inspirative Epoche der Jahrhundertwende. In ihrem tänzerischen Ausdeutungen, die zärtlich umweht waren von dem morbiden Duft des *fin de sciècle*, spiegelte sich bereits der graziöse Linienschwung des Jugendstils und ließ seine ornamentalen Konturen erkennen“[23], wie Milan Dubrovic beschreibt.

Auch Egon Friedell berührt Grete Wiesenthals „adelige Kunst“: „Ihre Hände, jede Biegung ihres Körpers reden eine hundertemal edlere Sprache als alle Verse Raimunds und selbst Goethes und Shakespeares.“[24]

Alfred Polgar, Schriftsteller und Feuilletonist, spricht in seinem präzisen Urteil außer der Kunst auch das Menschliche an: „Eine Frau von vollkommenem, durch Zeit und vieles Schicksal überschleierten Liebreiz, ein Ausnahmemensch, unverrückbar sicher im Schutz seiner äußeren und inneren Kultur. Nichts hat ihr das diebische Leben weggenommen von der Gabe, Gott und den Menschen angenehm zu sein.“[25]

Ihre „innere Kultur“ ist geprägt von Religiosität und ihrem „freien, undogmatischen Denken“, beides tief in ihrem Gemüt verwurzelt und im Widerstreit. „So hatte sie Schwierigkeiten, ihr natürliches, instinktives Gottesbewußtsein mit konfessionellen Lehrmeinungen und Glaubenssätzen in Einklang zu bringen.“[26]

Der Salon von Grete Wiesenthal ist „ein Zentrum des gesellschaftlichen und intellektuellen Lebens, zugleich eine Adresse, die weltanschauliche Geborgenheit, Zuflucht für das freie Gespräch und jene vertrauenerweckende Intimität zu bieten vermochte, ohne die geistiges Leben nicht gedeihen kann“[27].

Gretes Gäste sind in erster Linie langjährige Freunde aus der künstlerischen Elite, mit der die gefeierte Tänzerin seit Jugendtagen in Verbindung steht. Gemäß dem künstlerischen Anspruch der Hausfrau richtet Architekt Otto Niedermoser deren Wohnsitz ein: „Mittelpunkt des weiträumigen Domizils war der angenehm proportionierte große Salon, dessen Wände mit hellgrauen, fal-

Sicher im Schutz ihrer „äußeren und inneren Kultur“: Grete Wiesenthal bei der Probe zu „Wiener Walzer“. Foto von Lothar Rübelt, 1939.

tenreich fallenden Seidenvorhängen drapiert waren. Eine biblische Szene, von dem Maler und Freund des Hauses Müller-Hofmann in einem großflächigen Gemälde mit El Greco-haft leuchtenden Farben geschildert, verlieh dem Raum einen Hauch sakraler Würde. Zwei Plastiken, zwischen den Sitzgarnituren postiert, eine schwarze Buddha-Büste und die edle Figur eines schlanken Epheben betonten das feierliche Ambiente.

In diesem fast bühnenhaft anmutenden Dekor bewegten sich die Gäste, ehe sie in einem lockeren Halbrund um den hohen Lehnstuhl der Hausfrau Platz nahmen. Eine Szenerie, die heute einer schnell dahinschwindenden Zahl einstiger persönlicher Freunde in Erinnerung geblieben ist, während der Name Grete Wiesenthal und der Ruf, der sich mit ihm verbindet, in eine Ferne zu entschwinden droht, wo Ereignisse und die beteiligten Menschen sich zur Legende verklären."[28]

In ihrem Haus herrscht eine Art ungeschriebene Hausordnung, die eine geduldige Gesprächsführung gebietet. Grete Wiesenthal ist „in der tugendhaften Fähigkeit des Zuhörenkönnens"[29] Vorbild. „Da saß sie, hoheitsvoll aufgerichtet auf ihrem hohen Lehnstuhl, die gütigen, verständnisvollen Augen auf das Gesicht des Sprechenden geheftet, als wollte sie ihn mit Auge und Ohr erst ganz in sich aufnehmen, ehe sie aus sich selbst heraustrat. Sie horchte, forschte, sog die Worte wägend und prüfend in sich ein, mit ihrem Blick zugleich in das Innere ihres Gegenübers dringend, um dessen Beschaffenheit möglichst total zu erfassen. Der jeweilige Gesprächspartner sollte das Gefühl bekommen, von allen ringsum im Augenblick der Gescheiteste zu sein. Hilflos fast verstört, erlosch jedoch ihr Antlitz, wenn Lautstärke und Tempo von Frage und Antwort ungebührlich exzedierten. Dann verlor sich ihr Blick über die Gäste hinweg im weiten, leeren Raum der Langweile."[30]

Sorgfältig wählt Grete Wiesenthal die Gäste für ihre Gesprächsrunden aus und führt sie nach ihren künstlerischen und intellektuellen Neigungen zusammen. Zu ihren engsten Freunden gehören Hugo von Hofmannsthal, seine Frau Gerty, sein Sohn Raimund und seine Tochter Christine, mit denen Grete Wiesenthal nach Hofmannsthals frühem Tod in enger Verbindung bleibt. Nach dem Krieg ist sie im Sommer Gast der Familie in deren Schloss Prielau. Arabella, Enkelin des Dichters, lebt eine Zeit lang bei Grete, um besser Wienerisch zu sprechen. Die Freundschaften mit den Literaten Rudolf Alexander Schröder, Max Mell, Franz Theodor Csokor, Felix Braun und Carl Zuckmayer gehen auf ihre Jugendzeit zurück.

1938 zieht sich Grete Wiesenthal von der Bühne zurück. Während der Zeit des Nationalsozialismus und des Krieges hilft sie, wie sie nur kann. In ihre Wohnung Am Modenapark 6 im 3. Bezirk flüchten sich Verfolgte und Regimegegner. „So wurde ihr Haus zu einem der getarnten Zentren oppositioneller Aktivitäten, einem Refugium für Verfolgte und Gefährdete, die hier in einem Kreis von Gutgesinnten Unterstützung fanden."[31] Die SA befragt Wiesenthal unter Drohungen einmal in ihrem Haus, doch mit ihrem entwaffnenden Charme und ihrem verwunderten Lächeln meistert sie die Situation.

„Auf der Suche nach politischen Gegnern hätte die Gestapo an manchen Nachmittagen oder Abenden bei Grete Wiesenthal billige Erfolge zu erzielen vermocht. Aber polizeiliches Durchgreifen hatte manchmal dort seine Grenzen, wo limitierte Freiräume für Andersdenkende bewußt in die Sicherheitsstrategie der Geheimpolizei einkalkuliert waren. Von den Wiesenthalbesuchern waren keine spektakulären Aktionen zu erwarten, ihre Art des Widerstandes gegen das Regime vollzog sich ohne Gewalt. Der Widerstand bestand darin, das Leben von Verfolgten, Geächteten, in den Untergrund Geflüchteten zu sichern, das Leben von moralisch Intaktgebliebenen und Gutgesinnten für eine bessere Zukunft zu bewahren."[32]

Gerhart Hauptmann, „der letzte Dichterfürst klassischen Gepräges"[33], wird 1942 anlässlich seines 80. Geburtstags mit einem durch Baldur von Schirach arrangierten großzügigen Fest und sechs Aufführungen gefeiert. Schirach vertritt damit eine andere Haltung als Joseph Goebbels, der den Theatern Deutschlands jede Huldigung Hauptmanns verbietet. Für Hauptmann ist Grete Wiesenthal die „Symbolfigur Wiens". In besinnlichen Stunden mit ihr, seiner Frau Margarethe und seinem Sohn Benvenuto hält er einen Rückblick, über den Grete schweigt wie über so vieles andere. Im Haus der Wiesenthal findet er in seinen späten Jahren Zuflucht und Geborgenheit.

Auch nach dem Zweiten Weltkrieg wird Gretes Domizil ein Treffpunkt für Menschen aus Kultur und Politik bleiben: „Mit ihrem festgefügten Sinn für Kontinuität fühlte die sechzigjährige Grete Wiesenthal sehr bald nach Kriegsende die Verpflichtung, ihre große Fähigkeit zur Zusammenführung von Menschen unterschiedlichster, auch gegensätzlicher Provenienz zu mobilisieren und ihnen in einer Atmosphäre privater Vertraulichkeit Gelegenheit zu freimütig-engagierten Auseinandersetzungen zu geben."[34]
Freunde kehren aus dem Krieg, dem Exil oder der politischen Haft heim. „Es waren Persönlichkeiten, die durch ihre Stellung und Tätigkeit besonders befähigt und willens waren, dem spirituellen Leben Wiens neue Impulse zu geben, das Denken und Fühlen der Menschen nach den Irritationen und Verführungen einer Ära der Propaganda und Suggestion wieder in sinnvolle Bahnen zu lenken. Zwangsläufig ergab sich daraus ein gestärktes Interesse an religiöser Thematik."[35]
Milan Dubrovic nennt einige der vielen Namen aus Literatur, Kultur und Politik, die zu diesem Kreis Wiesenthals gehören: „Carl Zuckmayer mit seiner unter dem Namen Alice Herdan schriftstellernden Frau, seiner Tochter Winnetou und deren Mann, dem Lyriker Michael Guttenbrunner, Alfred Polgar, Rudolf Kassner, Felix Braun, Ernst Lothar, Franz Theodor Csokor, Max Mell, Alois Dempf, August M. Knoll, Friederich Heer, Leo Gabriel, Otto Mauer, Otto Schulmeister, Egon Seefehlner, Franz Salmhofer, Heimito von Doderer, Egon Hilbert, Prälat Lex, Bernhard Degenhart, Toni Birkmayer, die Schwestern Gunda und Lisi Krippel, Käthe Gold, Aenne Michalsky und Imma von Bodmershof."[36]
Die Künstlerin und Salondame Grete Wiesenthal stirbt 1970 vierundachtzigjährig in Wien. Die Ära der Wiener Salontradition geht mit ihr zu Ende. „Noch im hohen Alter lag der Abglanz ihres Ruhmes auf ihrem mädchenhaft faltenlosen Antlitz."[37]

EUGENIE SCHWARZWALD (1872–1940)

„Eugenie Schwarzwald ist eine Pionierin, der in der Geschichte der Erziehung in Österreich eine herausragende Stellung zukommt. Sie hat vor allem auf dem Gebiet der Mädchenerziehung Außerordentliches geleistet, und ihre beharrliche, aber leichte und ironische Art, mit der sie ihre Neuerungen gegen bürokratische Betonköpfigkeit durchzusetzen verstand, ist heute noch vorbildlich. Dabei verkörperte Dr. Eugenie Schwarzwald, Genia oder ‚Fraudoktor', wie sie allgemein genannt wurde, den moderaten, nicht-militanten Typ der emanzipierten Frau, die ihre reformatorischen Anliegen hinter dem Schild eines traditionellen Frauenbildes in die Gesellschaft trug."[1] So beschreibt sie Beatrix Schifferer. Eugenie Schwarzwald nimmt in ihrem pädagogischen und sozialen Werk vieles von dem vorweg, was uns heute selbstverständlich ist.

Eugenie Schwarzwald, geborene Nußbaum (Nussbaum), wird am 4. Juli 1872 in Połupanówka bei Tarnopol in Galizien geboren und verbringt die ersten 23 Jahre ihres Lebens in Czernowitz. Ihre Eltern sind Leo und Ester Nußbaum.

Über ihre Schulzeit schreibt sie: „Ich war als Kind in einer jener dumpfen, kalten, muffigen und gehässigen Schulen, wie sie Ende der achtziger und zu Anfang der neunziger Jahre in allen Ländern üblich waren. Da ich ein geselliges Wesen bin, war ich beim Eintritt in die Schule fest entschlossen, meine siebzig Kolleginnen und acht Lehrer glühend zu lieben. Aber das war ganz unmöglich. Sie ließen sich nicht lieben. Die Atmosphäre war mit Spannung geladen … Außerdem langweilte ich mich geradezu frenetisch … Je

Eine emanzipierte Frau setzt sich gegen „bürokratische Betonköpfigkeit" durch: Eugenie Schwarzwald. Foto: Atelier Becker & Maas.

älter man wurde, desto schwerer fand man es, zur Schule zu gehen ... Die geistige Entfernung schritt von Stunde zu Stunde fort. Heimlich las man gute Bücher, statt der in der Schule empfohlenen schlechten ... Allmählich fing man an, seine geistige Nahrung unter der Bank zu suchen ... Bis auf den heutigen Tag gibt es für mich keine anheimelndere Farbe als das Rosabraun der Reklam Büchel ..."[2] Doch sie leidet unter der Geheimnistuerei: „Ein ordentliches Kind mag nämlich keine Geheimnisse haben. Man wusste nicht, was man durfte und was nicht, und so verschwieg man alles. Und dies alles lag einem dann schwer auf der Brust und raubte einem die Selbstachtung und den Frieden."[3]
Für Genia ist die Jugend eine Qual, der Abschluss der Schule eine Erlösung. „Man hatte die Jugend zu überstehen, um ein Erwachsener zu werden."[4]
Nach der Matura sucht sie neue Perspektiven und geht in die Schweiz. Sie studiert Philosophie und Literatur und promoviert schließlich als eine der ersten Frauen im Jahre 1900 an der Universität Zürich, an der bereits seit den 1860er Jahren Frauen zum Studium zugelassen werden. Ihr Ziel ist es, pädagogisch tätig zu sein. Während sie das Lehrerinnenseminar besucht, reift in ihr der Entschluss, der Enge zu entfliehen, um Eigenes zu schaffen. Bei ihrem Studium wird sie von ihrem Schwager und Cousin Viktor Nußbaum und ihrem späteren Mann Hermann Schwarzwald finanziell unterstützt.
Um Mitte der zwanziger Jahre erscheint in *Zu meiner Zeit [...] zur Naturgeschichte des jungen Mädchens*[5] ein Artikel von Eugenie über ihre Studienzeit: „Diesen Altersgenossinnen zu entfliehen, bezog ich die Universität Zürich. Hier aber fand ich keine jungen Mädchen. Um hier zu studieren, mußte man einen Knax haben. Vorher fing man nicht an. Man kam zum Studium aus unglücklicher Liebe, aus Weltschmerz, oder, und das war das schlimmste, aus Grundsatz. Jedes Mädchen, welches mit Müh und Not Matura gemacht hatte, war nämlich ein Pionier. Lauter Brünhilden. Jeder

Ausspruch trug Harnisch. Alle wollten sie's den Männern endlich zeigen. Ob sie sezierten, ob sie Phonetik trieben oder vor einer Retorte standen, immer waren sie Priesterinnen und handelten in einer Mission. Immer galt es, etwas vorzustellen, jemand zu überzeugen, zu übertrumpfen. Wer seine Verachtung der Männer am besten in Kleidung und Haltung auszudrücken verstand, wurde Präsidentin des Studentinnenvereines. Jeden ersten Mittwoch im Monat ging eine Abordnung zum Rektor, um sich zu beklagen, daß der Professor der Romanistik, der seit vierzig Jahren vortrug, alter Gewohnheit gemäß noch immer ‚meine Herren' sagte, obgleich unter seinen 150 Hörern auch drei Mädchen saßen. Sie wären doch so brennend gern Männer gewesen, wollten sich aber durchaus nicht so ansprechen lassen. Es war ein Jammer. Für diesen aber fehlte mir augenscheinlich das Organ. Irgend ein Zweifel an der Wichtigkeit dieser Dinge lebte in mir und trug mir manche Rüge meiner Studienkolleginnen ein. An einem traurigen Abend, ich hatte gerade einen Vortrag über Eugen Dührings ‚Der Weg zur höheren Berufsbildung der Frauen' gehalten, fiel mir gegenüber ein Wort, das in Züricher Studentinnenkreisen als ‚touché' galt. ‚Sie sind keine Studentin, Sie sind eine anmutige Haustochter.' Ich war erschüttert. Und dann kam eine Prophezeiung, ausgesprochen mit der Stimme der bösen Fee im Märchen: ‚Sie werden bald heiraten.' Da brach ich zusammen. Eine schlaflose Nacht folgte dieser Szene. Aber wie schon die Jugend einmal ist, die sich durch nichts ganz niederdrücken läßt, am Morgen war ich merkwürdig frisch, hörte vier Stunden Kolleg, erteilte der Tochter des Bäckermeisters Vaterlaus (ich schwöre, sie hieß so) Literaturunterricht um 50 Centimes die Stunde, speiste in der ‚Pomona' Karottenschnitzel mit Himbeersaft und übersetzte noch spät in der Nacht eine ukrainische Novelle ins Deutsche, wofür ich von der Zeitschrift ‚Aus fremden Zungen' fünf Pfennig pro Zeile bekam. Diese vielseitige, wenn auch nicht einträgliche Tätigkeit brachte es mit sich, daß ich völlig vergaß, die arbeitende Frau würdig zu repräsentieren."[6]

Eugenie Nußbaum promoviert am 30. Juli 1900 zum Dr. phil. und lässt ihre Dissertation *Metapher und Gleichnis bei Berthold von Regensburg* 1902 im Eigenverlag in Wien drucken. In ihrer Vita schreibt sie: „Ich studierte 10 Semester in Zürich deutsche Sprache und Literatur, englische Sprache, Philosophie und Pädagogik, wobei ich nicht verabsäumte, auch in den angrenzenden Wissensgebieten mich umzusehen. Seit Abschluß meiner Studien wirke ich als Direktorin eines Mädchen-Lyceums (mit Gymnasialkursen) in Wien.“[7]

Im Dezember desselben Jahres heiratet Eugenie Dr. Hermann Schwarzwald, der bereits seit 1898 in Wien lebt. Sie nimmt mit dem 1900 gegründeten „Wiener Frauen Club“ Kontakt auf und ist Adolf Loos, der die Räume gestaltet hat, wohl schon Anfang 1901 dort begegnet. Zwischen Loos und dem Ehepaar Schwarzwald entsteht eine lebenslange Freundschaft. 1909 ziehen Genia und Hermann Schwarzwald in die Josefstädter Straße 68, wo sie das Haus im Hof mieten und bis zur Emigration 1938 wohnen. Dieses Haus wird der Mittelpunkt ihres gesellschaftlichen Lebens. Über ihr neues Zuhause schreibt Genia an Esther Odermatt, ihre Freundin: „Man kann sich nichts Behaglicheres, Altmodischeres, Wienerischeres ausdenken als unser Häuserl … Sonntag waren zum ersten Mal Menschen bei uns … Ich nehme meine Singstunden auf, Hemme (Hermann, Anm.) lernt Laute spielen.“[8]

Hermann Schwarzwald wird am 12. Januar 1871 in Czernowitz geboren. Nach dem Studium wird er Rechtspraktikant, anschließend übersiedelt er nach Wien. Dort ist er zunächst Vertragsbeamter, wird 1901 in den Staatsdienst übernommen und durchläuft stufenweise die Ministerialbeamtenlaufbahn: „Als Leiter der mit den hochaktuellen Kredit- und Währungsangelegenheiten sowie mit der Durchführung des Staatsvertrages von St. Germain befaßten Sektionsgruppe vor die verantwortungsvollsten Aufgaben gestellt, kamen in Paris und London seine ungewöhnliche Intelligenz und scharfe Urteilskraft, namentlich in letzter Zeit, scharf zur Gel-

Das „Schöpferische im Kinde fördern": Klavierunterricht in der Schwarzwaldschule, Wallnerstraße 9.

tung. Für die Verhandlungen mit den Völkerbundsdelegierten wurden an ihn Anforderungen gestellt, die bei der Dringlichkeit und Folgenschwere der Entscheidungen vollste Beherrschung der Materie und rasche Entschlußfähigkeit zur unbedingten Voraussetzung hatten."[9]

Den Staatsdienst verlässt er im August 1923 als Sektionschef und wird Präsident der Anglo-Austrian-Bank, unterstützt von Finanzminister Viktor Kienböck. Genia ist er sein Leben lang eine unentbehrliche Stütze und der geliebteste Mensch. Sie leben 39 Jahre glücklich zusammen.

In ihrer neuen Heimat unterrichtet Eugenie im kurz zuvor gegründeten „Verein Volksheim Wien" und begeistert sich für die Idee der Volkshochschule. Im Jänner 1901 eröffnet sie „einen Privatkurs für erwachsene junge Damen ... Gegenstand: Deutsche Literatur von Goethes Tod bis zur Gegenwart". Sie hält einen Vortrag über Gottfried Keller, der ihr viel Anerkennung bringt. Im Juli gibt sie bekannt, dass „das bisher von Fräulein Eleonore

Jeiteles geleitete Mädchen-Lyceum“[10] ab dem nächsten Jahr von ihr geführt werde und veröffentlicht bereits eine Kursübersicht für das kommende Schuljahr. Zunächst ist die Schule am Franziskanerplatz im 1. Wiener Bezirk untergebracht. In den nächsten Jahren erweitert Schwarzwald das Angebot, die Schülerzahlen steigen. Da man ihr 1904 die Unterrichtsbefugnis entzieht – ihre akademischen Abschlüsse werden hierzulande nicht anerkannt –, leiten offiziell andere Personen die Schule. Ab 1911 führt Genia ein achtklassiges Mädchenrealgymnasium. 1913/14 übersiedelt die Schule in die Wallnerstraße 9, wobei sie auch erweitert wird. Nun können Klassen von der Vorschule bis zur Matura eingerichtet und zusätzliche Weiterbildungskurse angeboten werden.
Über Unterricht und Erziehung äußert sie sich folgendermaßen: „Jeder Mensch, der mit Kindern zu tun hat, weiß, wie genial, liebens- und lebenswürdig diese Wesen sind. Um so erstaunlicher ist die Verknöcherung und Bewegungsarmut der Erwachsenen.“[11] Dieser „Prozeß“ werde „Erziehung“ genannt, das zurückbleibende Phlegma „Reife“. „Das Schöpferische im Kinde fördern heißt, alle Seelenkräfte, alle Denkfähigkeit in ihm wecken … Die Schule muß versuchen, eine Künstlereigenschaft, die alle Kinder besitzen, die Vitalität, zu erwecken und zu erhalten … Die Reform in der neuen Schule … beginnt beim Lehrer.“ „Disziplinhalten“ sei „ausgezeichnet unterrichten“, „Langeweile“ sei auszuschalten, „Fröhlichkeit ein unentbehrliches Lebensmittel“[12]. Ein freundlicher Blick bedeute mehr für den Stoffwechsel eines Kindes als eine lange Radtour. Neben ihren zahlreichen pädagogischen Engagements schreibt Genia Schwarzwald für Tagesblätter und Revuen. Jakob Wassermann ist oft zu Gast bei dem Ehepaar Schwarzwald. Er beschreibt Genia als „eine Frau von untersetzter Statur, starkhalsig, starknackig … kurzhaarig … mit einer Stimme, die etwas vom Schmettern einer Trompete hat“. Sie wirke „stämmig-bäuerlich“. Dennoch gehöre das Breite und Füllige zu ihrem Typ. Ihr kurzgeschnittenes Haar verleiht ihrer Gestalt eine männliche Wir-

kung. Zeitgenossen sprechen von ihrem „männlichen Charme". Diese „vollbusige, stattliche Erscheinung" trägt ihre Körperfülle mit Selbstvertrauen, die sich in einer „breiten Mütterlichkeit"[13] entlädt.
Adolf Loos gestaltet Kamin- und Speisezimmer der Wohnung in der Josefstädter Straße. „Für Loos war die Schwarzwald-Wohnung ein zweites Heim. Er kannte alle Fehler Genias, aber auch ihre Vorzüge"[14], schreibt seine zweite Ehefrau, Elsie Altmann-Loos. Loos ist der bedeutendste Habitué in Genias Salon. Oft ist er am Sonntag bei der Familie zu Gast und führt Freunde dort ein. Oskar Kokoschka lernt Genia 1911 kennen. Damals ist er noch unbekannt.
Auch nach dem Ersten Weltkrieg und dem Zusammenbruch der Monarchie bleibt Eugenie Schwarzwalds Salon in erster Linie „cognitiv akzentuiert". Alte Freunde und internationale Gesellschaft finden sich dort ein. Elsie Altmann-Loos schreibt: „Graf Richard Nikolaus Coudenhove-Calergi mit seiner Frau, der Schauspielerin Ida Roland, Rainer Maria Rilke, Carl Zuckmayer, Richard Billinger, Egon Friedell, Jakob Wassermann, Grete Wiesenthal, Karin Michaelis, Mariette Lydis, Alma Mahler und so viele andere, deren Namen ich unabsichtlich vergessen haben mag, versammelten sich bei den gastfreundlichen Schwarzwalds."[15]
Elias Canetti schreibt in *Das Augenspiel*: „Die erste Folge meines gehobenen Selbstgefühls war am 17. April 1935 die Vorlesung in der Schwarzwaldschule … Das eher kleine Zimmer in der Josefstädter Straße war noch legendärer als die Frau Dr. Schwarzwald, denn wer war nicht alles schon da gesessen! … Nun war es aber keineswegs so, daß auch nur ein einziger d i e s e r Besucher das Gespräch der Frau Dr. Schwarzwald besonders interessant gefunden hätte; da alles bei ihr ineinander- und durcheinanderfloß, war sie für geistige Menschen jener besonderen Art nicht nur uninteressant, sondern eher lästig. Man empfand sie als Schwätzerin."[16]
Um ihr Schulprojekt am Semmering zu finanzieren, findet ein Fest

statt. Einladungen werden verschickt: „Euer Hochwohlgeboren werden herzlich gebeten, einer Frühlingsfestvorstellung beizuwohnen, welche die Kinder der Schwarzwald'schen Schulanstalten zu Gunsten der neuen Semmeringschule am 8. Mai 1912, um 4 Uhr nachmittags, in der Residenzbühne … veranstalten. Karten sind in der Schule … zu haben."[17] Die Schule ist für einhundert Zöglinge und ihre Lehrkräfte geplant. Im Juli 1913 wird der Betrieb aufgenommen. Die Schwarzwaldschulen überstehen jegliche bürokratischen Hindernisse und Intrigen sowie den Krieg und die Nachkriegszeit.

Es gelingt „Fraudoktor", ihre Schulprojekte mit ihren kulturellen Aktivitäten zu verbinden. Das Gästehaus am Grundlsee und die Wohnung in der Josefstädter Straße sind beliebte Orte für gesellschaftliche Zusammenkünfte. Ohne Mitglied der Frauenbewegung zu werden, setzt sie sich vehement für die Belange und die Befreiung der Frau ein. Genia Schwarzwald ist mit weiten Reformkleidern und kurzem Haar kaum das erotische Ideal der Moderne, doch von ihr geht eine andere Faszination aus: Sie betont das Gefühlsleben, was sich auch darauf auswirkt, wie sich der Freundeskreis zusammensetzt, und schafft eine emotional hoch aufgeladene Atmosphäre um sich. Ihre Freunde sind eine Art „Hofstaat", der sie umgibt.

Eine ungewöhnliche erste Begegnung schildert Elsa Björkman-Goldschmidt vom Weihnachtsmorgen 1919: „Ich hatte ein dunkles Bild von etwas Feierlichem, Unpersönlichem und Prinzipienfestem – die sozial engagierte, berufstätige Frau –, als ich am Weihnachtsmorgen, etwas verspätet, eine ziemlich langweilige Geschäftsstraße in einem sogenannten Beamtenbezirk hinaufeilte. Bei Nummer 68 blieb ich keuchend stehen, möchte sie bloß nicht allzu schulmeisterlich pünktlich sein! Im Hof einer gewöhnlichen alten Mietskaserne fand ich ein kleines einstöckiges Haus im Pseudobarockstil, fast wie ein verschwiegenes Palais en miniature."[18]

Eine emotional hoch aufgeladene Atmosphäre: Eugenie Schwarzwald mit dem Schriftsteller Egon Friedell, um 1930.

Es dauert eine Weile, bis Björkman-Goldschmidt vom Personal Einlass gewährt wird, und als sich im Haus niemand meldet, tritt sie in ein Zimmer mit dem Gefühl, dass manches nicht mit ihren Erwartungen zusammenpasst. „Dass ich mich nicht sofort erschreckt zurückzog, lag an dem schwachen Licht – die Rollgardinen waren noch nicht hochgezogen - langsam begann ich, Einzelheiten zu unterscheiden. Das Zimmer war, gelinde gesagt, noch nicht aufgeräumt. Auf dem Fußboden lag überall Papier herum; die Konturen eines Weihnachtsbaums zeichneten sich ab; überall standen Gläser, Aschenbecher und geleerte Kaffeetassen, die Luft war unbeschreiblich. Nun hatte ich das unbehagliche Gefühl, nicht allein im Zimmer zu sein; erst als ich mich nach einem Stuhl oder einer Sofaecke umsah, wo ich mich hinsetzen könnte, entdeckte ich, dass an jedem denkbaren Platz Leute lagen und schliefen ... ‚Sind Sie Fräulein Björkman?' Eine klare Stimme ertönte plötzlich wie ein Trompetensignal durch den Raum. ‚Hier war nämlich Weihnachtsabend, und daher ist der Platz etwas

Zählt zu den Freunden Eugenie Schwarzwalds: der Romancier Jakob Wassermann.

knapp. Steh auf, Walther, damit wir irgendwo sitzen können' fuhr sie fort. ,Und sag Mizzi, sie soll Kaffee aufsetzen. Hier, bitte!' Eines von den Fenstern wurde nun weit aufgemacht. Da erst erblickte ich Frau Doktor, und ich muss wie ein lebendes Fragezeichen ausgesehen haben. Sie entsprach in keinster Weise dem Bild, das ich mir von ihr gemacht hatte, darüber fühlte ich mich direkt irritiert. Ihr Körper war zu dick für die schmalen Beine und die kleinen Füße, ihr Gesicht zu glatt, rund und rotbäckig, während es doch von ihrer und der Not anderer hätte sprechen sollen – ihre Stimme zu hell und mädchenhaft für die grauen Haare."[19]

Frau Dr. Schwarzwald bittet, ohne ein weiteres Wort zu verlieren, Fräulein Björkman, sich neben sie zu setzen, und legt der Repräsentantin des Hilfswerks ihre Pläne vor, die sich bald in den „Bannkreis ihres Temperaments, ihrer klaren Gedanken und ihrer guten Ideen"[20] ziehen lässt. Später ist die Schriftstellerin selbst Gast bei den berühmten Weihnachtsfesten im Haus der Schwarzwalds. Da Genia sozial und pädagogisch sehr aktiv ist, setzt sich ihr Freundeskreis aus Menschen der verschiedensten politischen Anschauungen und gesellschaftlichen Schichten zusammen. Ihr innerer Kreis, der sich in der Stadt und im Sommer im Haus am Grundlsee trifft, ist sorgsam ausgewählt. Dazu zählen neben Lehrern und Schülern ihrer Schulen auch Dichter, Journalisten, Musiker und Maler. Hinzu kommen einige führende Persönlichkeiten der Sozialisten und Kommunisten. Der Geist und der Intellekt eines Menschen sind entscheidend, nicht sein Reichtum. „Hierher kamen die eigentlichen Größen Wiens und zwar lange bevor sie zu allgemein bekannten, öffentlichen Figuren geworden waren“[21], weiß Elias Canetti zu berichten.

Menschen aus verschiedenen Nationen und Ländern treffen aufeinander, zu den Gästen im Salon zählen auch die dänische Schriftstellerin Karin Michaelis, Esther Odermatt, eine Schweizer Studienkollegin Genias, Dorothy Thompson, eine amerikanische Journalistin, Elsa Björkmann-Goldschmidt, eine Schriftstellerin aus Schweden, die Dänin Merete Bonnesen, der ungarische Kulturphilosoph György Lukács und Else Lasker-Schüler. Auch Komponisten der Wiener Schule statten Eugenie Schwarzwald schon vor dem Ersten Weltkrieg regelmäßig Besuche ab. Zu ihnen zählen Arnold Schönberg, Egon Wellesz, Alban Berg und Anton Webern. An der Schwarzwaldschule richtet Schönberg 1916 ein Seminar für Komposition ein. Auch Peter Altenberg, Rainer Maria Rilke, Fritz Wotruba, die Tänzerinnen Grete und Else Wiesenthal zählen zu Genias Freundeskreis. Die Wiesenthal-Schwestern unterrichten ebenfalls in ihrer Schule.[22] Daneben trifft man in der Josefstädter Straße auch einsame Seelen, um die sich Genia kümmert.

Bühnenautor Richard Billinger findet aus dem Innviertel den Weg in den Schwarzwald-Salon. Foto, 1938.

1911 wird das zehnjährige Bestehen der Schwarzwaldschule gefeiert. Es ist ein großes Fest, Genia schreibt im Jahresbericht: „Zwei Tage dauerte die Festfreude. Sie hinterließ nur gute Empfindungen und den

Vorsatz, solche Schätzung und Liebe auch ferner zu verdienen. Für weitere zehn Jahre reicht die Aufmunterung. Sie kam gerade zurecht an der Grenze der Jugend, von der Gefährlichkeit des Lebens mehr denn je überzeugt, fängt man an, ihrer zu bedürfen … Denn mir ist es gegangen wie einer unserer Schülerinnen, die in der Zehnjahrchronik erzählt, sie sei einmal, als sie das Glück ihrer Schulzeit gepriesen habe, von einem Skeptiker lächelnd gefragt worden: ‚Wie alt sind Sie?' Und da habe sie geantwortet: ‚Jung genug, um etwas Rechtes zu werden; wäre ich nicht in die Schwarzwald-Schule gegangen, so wäre ich älter.' Ebenso geht es mir."[23]

Nach Bildung der Ersten Republik werden einige Lehrer in den nunmehrigen Bundesdienst übernommen. Die Schwarzwaldschulen erhalten finanzielle Unterstützung unter der Bedingung, dass das Schulgeld jenes an staatlichen Schulen nicht übersteige. Daraus resultiert der ständige Kampf der Schulleitung um die materielle Existenz. Dennoch übersteht man die Inflation und die Zahl der Schüler wächst.

Die 25-Jahr-Feier der Schwarzwaldschule findet im überfüllten Großen Musikvereinssaal statt. „Einen nicht unpassenden, dafür aber humorvollen Einstieg in das Wesen und Wirken dieser bewundernswerten Frau bietet der Text zu einer Karikatur, die anläßlich dieses Datums in einer Wiener Wochenzeitung erschien. Nach der Melodie einer bekannten Arie aus Friedrich v. Flotows Oper ‚Martha' wurde ‚Frau Doktor' vorgestellt: „Ich kann braten,/ kochen, reden,/ kann beraten,/ einen jeden./ Gänschen füttern/ und zu Müttern,/ zu Probaten/ sie erziehen./ Ich kann dichten,/ unterrichten/ reformieren,/ musizieren,/ jubilieren,/ mich hat gern, oh/, sowohl Czerno-/ witz als Wien."[24]

Viele Tageszeitungen berichten von den Feierlichkeiten, an denen die ganze Stadt Anteil nimmt. Nach dem Orgelspiel werden Festreden gehalten. Der Präsident des Stadtschulrates Otto Glöckel stellt in seiner Glückwunschansprache fest, dass die Schwarzwaldschulen die Schulreform praktisch umgesetzt haben, bevor man die Theorie gekannt hat. Professor Mancza spricht im Namen der Lehrer: „Wir haben von Dr. Schwarzwald gelernt, die Kinder als uns gleichwertige Menschen zu betrachten. Wir sind eben nur um fünfzehn oder mehr Jahre älter als sie und wissen deshalb mehr. Angst und Furcht sind an unserer Anstalt unbekannte Begriffe. Aus Freiheit kommt Freude und aus Freude Kraft. Wir wollen unsere Jugend zu kräftigen Menschen machen, deshalb muß sie frei sein."[25]

Virtuoses Geigenspiel folgt, Vicky Baum rezitiert ein Gedicht von Martha Hofmann, das mit den Worten „Wir sitzen so fröhlich beisammen!"[26] endet. Frau Dr. Schwarzwald sitzt in der Loge und hört zu. Der Wiener Übersetzer und Journalist Walther Schneider charakterisiert sie in einem Artikel mit dem Titel „Dr. Eugenie Schwarzwald: Ein Porträt" folgendermaßen: „Ich weiß, daß sie bei allem, was sie tut, nie an die Wirkung denkt, und daß ihr Wirken für jeden genauen und objektiven Beschauer von überzeugender Reinheit ist. Wie sich alle diese widersprechenden Dinge zu einem höchst werktätigen und anmutigen Leben formen, weiß auch sie nicht. Ebensowenig wie sie weiß, wie es ihr gelungen ist, seinerzeit vor fünfundzwanzig Jahren eine pädagogische Insel zu gründen und dort einen auf den Grundsätzen der Freiheit und der Freude aufgebauten Erziehungsplan zu verwirklichen."[27]

Trotz finanzieller Schwierigkeiten gelingt es Eugenie, „ihren so speziellen, reformerischen pädagogischen Weg bis 1938 erfolgreich weiter[zu]gehen".[28] Neben der reformerischen pädagogischen Arbeit widmet sich Eugenie intensiv sozialen Belangen. An Karin Michaelis schreibt sie über ihre Tätigkeiten: „Ich bin heuer ganz besonders fleißig, unterrichte viel, schreibe meine bescheidenen Artikel, um etwas Geld zu verdienen, lerne fleißig englisch, singe hie und da mit einer ehemaligen Schülerin und bin wieder sehr gut bei Stimme, halte Sprechstunden, vermittle Stellen, verschaffe Geld und Kleider und kränke mich, daß die Welt so ist, wie sie

ist. Aber das kann ich nur bei Nacht, da ich tagsüber voll beschäftigt bin."[29]
Jakob Wassermann rühmt Eugenie Schwarzwald geradezu: „Sie begegnet dem, der ihrer Hilfe bedarf, als eine von vornherein Verpflichtete ... Dann die Freundlichkeit. Eine Freundlichkeit gegen die Menschen, gegen die Menschen an sich, das ist, wie ich gesehen habe, so selten wie Schönheit, wie Tugend, wie Genialität. Ein solcher Freundlicher besitzt moralische Zucht und Selbstbeherrschung ... In den greuelvollen Notjahren 1917 und 1918 wäre ein großer Teil der Wiener Bevölkerung und nicht ihr schlechtester Teil, rundweg verhungert ohne ihre unermüdliche außerordentliche Kühnheit und Konsequenz ... Sie muß Briefe schreiben, Ansprachen halten, telephonieren, bitten, betteln, zürnen, lachen, weinen, danken; sie muß Beschuldigungen widerlegen, Zweifler umstimmen, Nörgler aufheitern, Ehrgeizige beschäftigen, Ängstliche beschwichtigen, Habgierige befriedigen, Heißsporne vertrösten, Machthaber vergewaltigen oder überlisten, Vordringliche zurückweisen, Gelangweilte ermuntern; sie lebt mit dem Zifferblatt der Uhr vor Augen und ohne Zeit im Gemüt, denn sie hat keinen Tag, und sie hat keine Nacht; ihr Tun ist pausenlos."[30]
Oskar Kokoschka ist einer ihrer Schützlinge. Mit einer Stelle als Lehrer sichert sie seinen Lebensunterhalt. Kokoschka erinnert sich in *Mein Leben*: „In Wien war ich durch [Adolf] Loos mit Frau Dr. Eugenie Schwarzwald bekannt geworden, deren Haus ein geistiges Zentrum bildete, in dem sich bekannte Menschen des kulturellen und politischen Lebens des In- und Auslandes trafen. Damals porträtierte ich ihren Mann, Dr. Hermann Schwarzwald."[31]
Ein gesellschaftlicher Treffpunkt und zugleich ein Zentrum der Erholung ist in den Jahren 1920 bis 1938 das Sommerheim Seeblick am steirischen Grundlsee. Das Haus wird zum Selbstkostenpreis geführt. Genia weiß eine Gemütlichkeit der besonderen Art, die Seeblick-Atmosphäre, zu schaffen. Die Gäste sind Angehörige der verschiedensten freien Berufe und stammen aus Österreich,

Deutschland, Schweden, Dänemark, aber auch aus England und den USA. Man wohnt in der Villa oder in einem Bauernhaus in der Nähe. Zusätzlich bieten eine Badeanstalt, ein Solebad und ein Tennisplatz Entspannung und Unterhaltung.[32] Ein Zeitzeuge berichtet: „Das rege geistige Leben und Treiben des ‚Seeblick' war freilich nur möglich, weil der materielle Apparat (Unterkunft, Verpflegung, Betreuung der Badeanstalt usw.) ebenso geräusch- wie klaglos arbeitete."[33]

Vertritt im Salon Schwarzwald eine dezidiert marxistische Position: der ungarische Kulturphilosoph György Lukács. Foto, 1952.

Zu den Gästen des Hauses zählen Persönlichkeiten wie die Schriftsteller Arno Holz, Egon Friedell oder Jakob Wassermann. Ein Gast weiß zu berichten: „Jeder Besucher, der über eine Fertigkeit oder ein Können verfügte, es mochte auf künstlerischem, wissenschaftlichem oder auf welchem Gebiete auch immer liegen, stellte sich ‚Frau Doktor' gerne zur Verfügung, um auf irgendeine Weise zum allgemeinen Wohlbefinden beizutragen: Pianisten (Serkin, Goldsand) konzertierten, Schriftsteller (Arno Holz, Egon Friedell, Jakob Wassermann) lasen aus ihren Werken vor, und ihren Höhepunkt erreichte die Saison, wenn die ausgezeichnete und von allen geliebte Sängerin Lotte Leonard ihren alljährlichen Liederabend gab und die Zuhörer zu stürmischen Beifallskundgebungen hinriß."[34] Und weiter: „Daß dieses Milieu Gäste nicht nur anzulocken, sondern auch festzuhalten verstand, ist nur begreiflich. Berühmte und verwöhnte Besucher kamen gerne zum ‚Seeblick' und trennten sich schwer (nicht selten unter Tränen) von ihm."[35] Mit seinem trockenen Witz sorgt Egon Friedell für Heiterkeit.

Karin Michaelis, eine Romanschriftstellerin, Felix Braun, ein österreichischer Dichter, gehören wie auch der Wiener Mac Callum, ein beliebter Radiomacher aus England, zu den besonders umhegten Gästen Genias.

Egon Friedell meint im Sommer 1926 in einem Brief an Walther Schneider: „Die milde Temperatur des Schwimmwassers, das sich in geräumigen Wannen befindet, wirkt überaus stärkend. Das Heim ist mit modernstem Komfort ausgestattet. Es befindet sich hier ein erstklassiges Dominospiel. Ebenso bietet das Waten im Tennisplatz eine beliebte Belustigung … Der überanstrengte geistige Mittelständer … schöpft neue Kräfte für das verantwortungsvolle Schaffen des Winters."[36]

In einem Artikel vom Oktober 1928 in *Politiken* heißt es: „Grundlsee ist eine Freistätte, ein Eden in dieser sündigen Welt. Wer dort einmal gewesen ist, wird immer wieder dorthin zurückkommen. Es ruht ein unbeschreiblicher Zauber über diesem Ort. So hell und klar wie die Bergluft, so rein und erquickend ist hier die geistige Atmosphäre; man findet dort eine Reinheit, die einem die Kraft gibt, das Leben in der verseuchten Luft der übrigen Welt noch eine Weile auszuhalten. Hier lebt eine Gemeinschaft, auf dem Gefühl beruhend, daß ein jeder genug hat, niemand mehr als der andere, eine Gemeinschaft, in der niemand mehr vorstellt als er ist, wo man nie Schlechtes von anderen redet und wo keiner sich mit Trinkgeld einen Vorteil kaufen kann … Fraudoktor … ist eine Künstlerin auf der großen Bühne des Lebens."[37]

Ein Brief Genia Schwarzwalds an Karin Michaelis gibt uns einen Einblick in das Salongeschehen und künstlerische Schaffen im Haus Seeblick. Dr. Hermann Schwarzwald gehe es gut, das Klima beruhige die Nerven und das Haus Seeblick habe sich vorteilhaft verändert: „Besseres Publikum, besseres Essen, schönere Feste, anmutigere Ordnung. Dazu hatte ich den ganzen Sommer über alle meine jungen Freunde hier: Hans und Freya Deichmann, Helmuth und Jowo Moltke, Susie Radermacher, Bill, Rolf und Gustus

Brandt, Ljena, Lila, Christl, Ester und Kim Bonnesen. Eine besondere Verzierung bildeten meine amerikanischen Freunde, Edgar und Lilian Mowrer, die durch ihre künstlerische und sportliche Gewandtheit alle Kinderherzen gewannen. Die Entdeckung des Sommers war ein 20jähriger Junge, der Axel von Österreich heißt, aus Hamburg stammt und doch ein schauspielerisches Talent ist … Vormittags arbeitete ich, nachmittags erteilte ich Audienzen, abends war was los: Konzert von Lotte Leonard, schönste Quartettabende, wunderbare Kabarettabende unter Führung von Mutz Schanda, ein Vorleseabend von Wassermann, halbwissenschaftliche Vorträge anwesender Gelehrter, Vorträge von mir. Nachts aber saßen bis zwei Uhr abwechselnd Knaben und Mädchen an meinem Bettrand und erzählten mir von ihrem Liebesglück, ihren Berufssorgen, ihrer Lebenslust, ihrer Angst vor dem Leben, und was so Dinge sind, die junge Menschen mir erzählen, wenn es Nacht ist."[38]

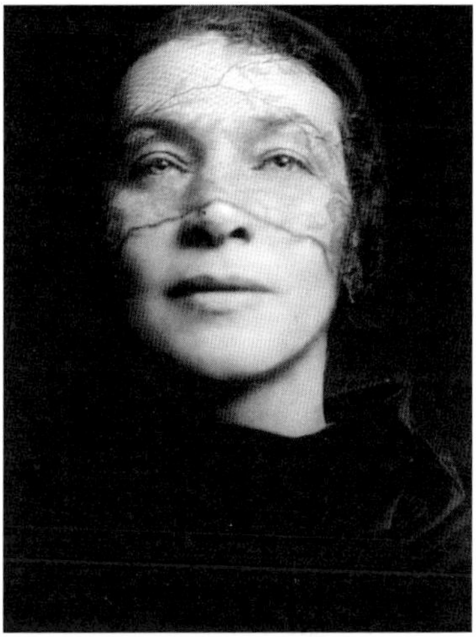

Mit der Familie Schwarzwald eng befreundet: Wiens Bühnenstar Ida Roland. Foto von Trude Fleischmann, 1928.

Hermann Schwarzwald gesellt sich eher spät zu seinen Gästen. Er ist ein sehr belesener Mann und urteilsscharf. Oskar Kokoschka malt ihn wiederholt und ist von ihm fasziniert. Während einer Sitzung sagt Schwarzwald zu ihm: „Oskar, alle Leute hier im Hause darfst Du malen, nur Genia mußt Du von Deiner abscheulichen Kleckserei verschonen."[39]

Anfang März 1938 bricht Genia Schwarzwald zu einer Vortragsreise nach Dänemark auf. Sie sieht die Katastrophe kommen.

Nach dem Einmarsch Hitlers in Österreich wird sie von Freunden gebeten, nicht zurückzukehren, auch um ihren Mann nicht zu gefährden. Mit dem „Anschluss“ verliert sie alles: ihr Zuhause, ihren Wirkungskreis und ihr Vermögen. Sie weiß nicht, wie es den Ihren geht. In einem Brief an Alice Herdan-Zuckmayer schreibt Genia aus Kopenhagen, dass sie nach Wegen suche, Geld zu verdienen. „Ich rechne eigentlich damit, daß Haus, Schule, Pension, Küb [am Semmering], Grundlsee und Semmeringschulplatz verloren sind – also alles, was Hemme und ich in 35jähriger Arbeit verdient haben, abgesehen davon, was wir für Andere verausgabten. Jetzt heißt es: noch einmal anfangen.“[40]
Hermann Schwarzwald erreicht Ende September Zürich, wo sich Genia mittlerweile niedergelassen hat. Nur ein knappes Jahr später, am 17. August 1939, stirbt er in der Emigration. Tief betrübt schreibt Genia an Pat Coates: „Ich habe meinen besten Freund verloren, ja mehr, den Antrieb zum Leben, meinen Lebensinhalt, mein Lebensziel. Ich weiß absolut nicht, wie ich weiterleben soll, und vor allen Dingen nicht, ob ich weiterwirken kann. Alles, was ich tat, geschah ihm zu Ehren, ihm zuliebe. Er war so gut gegen mich, so nachsichtig, so dankbar.“[41]
Eugenie Schwarzwald überlebt ihren Mann nicht lange. Sie erkrankt und stirbt am 7. August im Jahr darauf. Ihre Arbeit im Bereich der Schule wirkt lange nach und kann noch heute in einer Zeit des Umbruchs Ideen geben für eine humanitäre jugendgerechte Ausbildung der jungen Menschen.

FUSSNOTEN

EINLEITUNG: Salons entstehen und Salonièren entwickeln sich

1 Schulz, Joachim Christoph Friedrich: Reise eines Liefländers von Riga nach Warschau, durch Südpreußen, über Breslau, Dresden, Karlsbad, Bayreuth, Nürnberg, Regensburg, München, Salzburg, Linz, Wien und Klagenfurt, nach Botzen in Tyrol. 6. Heft. Berlin, 1796, 230.

2 Wilhelmy, Petra: Der Berliner Salon im 19. Jahrhundert (1780–1914). Veröffentlichungen der Historischen Kommission zu Berlin, Bd. 73. Berlin, 1989, 25f. Tscheitschonig, Alexandra: „Gleichsam das Kunst-Rendezvous der Fremden“: Der literarische und musikalische Salon Fanny von Arnstein. Wien (Univ. Dipl. Arb.), 1996, 12f.

KAPITEL 1: Charlotte von Greiner

3 Vgl. zu Kapitel Charlotte von Greiner: Gerstinger, Heinz: Altwiener literarische Salons. Wiener Salonkultur vom Rokoko bis zur Neoromantik (1777–1907). Hallein, 2002, 7-27. Winklehner, Brigitte: Karoline Pichler (1769–1843) „Denkwürdigkeiten aus meinem Leben.“ Aspekte eines Frauenlebens in Wien zwischen Aufklärung und Romantik. Wien (Univ. Dipl. Arb.), 1991, 4-12, 44ff. Pichler, Karoline: Denkwürdigkeiten aus meinem Leben. Herausgegeben von Karl Emil Blümml. München, 1914, Band 1, 9–55, 133, – Anmerkungen von Emil Karl Blümml, 521. Landon, Else R.: In der Gunst der Kaiserin: Karrieren unter Maria Theresia. Wien, 1997, 15-67. Arneth, Alfred: Maria Theresia und der Hofrath von Greiner. In: Sitzungsberichte der kaiserlichen Akademie der Wissenschaften, philos.=histor. Classe Band 30. Wien, 1859, 311. Müller, Klaus-Detlev: Autobiographie und Roman. Studien zur literarischen Autobiographie der Goethezeit. Tübingen, 1976, 29. Neumann, Bernd: Identität und Rollenzwang. Zur Theorie der Autobiographie. Frankfurt/Main, 1970, 120 und 189. Donnelly, Brigitte: Charlotte von Greiner und ihr bürgerlicher Salon im Wien des 18. Jahrhunderts. Wien (Univ. Dipl. Arb.), 1997, 68–84.

4 Pichler, Denkwürdigkeiten, Band 1, 7.

5 Kritsch, Cornelia/Sichrovsky, Heinz: Die Korrespondenz zwischen Karoline von Greiner, Lorenz Leopold Haschka und Johann Caspar Lavater. In: Joseph Haydn und die Literatur seiner Zeit, ed. Herbert Zeman (= Jahrbuch für österreichische Kulturgeschichte 6), Eisenstadt, 1976, 216.

6 Kritsch/Sichrovsky, Korrespondenz, 216.

7 Pichler, Denkwürdigkeiten, Bd. 1, 9.

[8] Pichler, Denkwürdigkeiten, Bd. 1, 18.
[9] Pichler, Denkwürdigkeiten, Bd. 1, 13.
[10] Pichler, Denkwürdigkeiten, Bd. 1, 13.
[11] Pichler, Denkwürdigkeiten, Bd. 1, 13.
[12] Pichler, Denkwürdigkeiten, Bd. 1, 23.
[13] Landon, In der Gunst der Kaiserin, 38.
[14] Pichler, Denkwürdigkeiten, Bd. 1, 30.
[15] Pichler, Denkwürdigkeiten, Bd. 1, 30f.
[16] Pichler, Denkwürdigkeiten, Bd. 1, 32.
[17] Arneth, Hofrath von Greiner, 11.
[18] Pichler, Denkwürdigkeiten, Bd. 1, 38.
[19] Kritsch, Korrespondenz, 222.
[20] Pichler, Denkwürdigkeiten, Bd. 1, 91f.
[21] Pichler, Denkwürdigkeiten, Bd. 1, 40f.
[22] Pichler, Denkwürdigkeiten, Bd. 1, 41.
[23] Pichler, Denkwürdigkeiten, Bd. 1, 43f.
[24] Pichler, Denkwürdigkeiten, Bd. 1, 47.
[25] Pichler, Denkwürdigkeiten, Bd. 1, 42.
[26] Pichler, Denkwürdigkeiten, Bd. 1, 42f.
[27] Pichler, Denkwürdigkeiten, Bd. I, 69ff.
[28] Pichler, Denkwürdigkeiten, Bd. 1, 93f.
[29] Landon, In der Gunst der Kaiserin, 64f.
[30] Landon, In der Gunst der Kaiserin, 65.
[31] Litterarische Monate: Ein Journal von einer Gesellschaft zu Wien 1 (Auf Kosten der Gesellschaft gedruckt bey Johann Thomas Edlen von Trattnern), Wien 1777, 8.
[32] Pichler, Denkwürdigkeiten, Bd. 1, 49.
[33] Pichler, Denkwürdigkeiten, Bd.. 1, 49.
[34] Pichler, Denkwürdigkeiten, Bd. 1, 48.
[35] Gerstinger, Altwiener literarische Salons, 12.
[36] Pichler, Denkwürdigkeiten, Bd. 1, 48.
[37] Schreibt Emil Karl Blümml in seiner Einleitung. Pichler, Denkwürdigkeiten, Bd. I, XI.
[38] Pichler, Denkwürdigkeiten, Bd. 1, 49f.
[39] Gerstinger, Altwiener literarische Salons, 14.
[40] Landon, In der Gunst der Kaiserin, 62.
[41] Pichler, Denkwürdigkeiten, Bd. 1, 72.
[42] Pichler, Denkwürdigkeiten, Bd. 1, 72.
[43] Pichler, Denkwürdigkeiten, Bd. 1, 128.
[44] Gerstinger, Wiener literarische Salons, 15 ff.
[45] Reise eines Engelländers durch Mannheim, Baiern und Österreich nach Wien, herausgegeben von seinem teutschen Freunde L. U. F. v. B. Amsterdam, 1790, 107. Gugitz, Gustav: Alois Blumauer. In: Jahrbuch der Grillparzergesellschaft 18. Wien, 1908, 53.

[46] Biografie der Glaubensfeger in Österreich, Bd. 8 (Wien 1783), nach Gugitz, Haschka, 52.
[47] Handschriftensammlung der Österreichischen Nationalbibliothek. Gugitz, Haschka, 52f.
[48] Gerstinger, Altwiener literarische Salons, 19.
[49] Gerstinger, Altwiener literarische Salons, 19.
[50] Rosenstrauch-Königsberg, Edith: Freimaurerei im josephinischen Wien. Aloys Blumauer, Weg vom Jesuiten zum Jakobiner (Wien 1975), 193.
[51] Rosenstrauch-Königsberg, Freimaurerei im josephinischen Wien, 81.
[52] Pichler, Denkwürdigkeiten, Bd. I, XII.

KAPITEL 2: Fanny von Arnstein

[1] Vgl. zu Kapitel Fanny von Arnstein folgende Literatur: Gerstinger, Altwiener literarische Salons 28–42, 69–79; Spiel, Hilde: Fanny von Arnstein oder die Emanzipation. Ein Frauenleben an der Zeitwende 1758–1818. Frankfurt am Main, 1962 7–10, 38-54, 77–106, 135–145, 198-266, 417–481. Schiferer, Beatrix: Vorbilder. Kreative Frauen in Wien 1750–1950. Wien, 1994, 11–22. Vertraute Briefe: geschrieben auf einer Reise nach Wien und den Österreichischen Staaten zu Ende des Jahres 1808 und zu Anfang 1809/Johann Friedrich Reichardt. Eingeleitet und erläutert von Gustav Gugitz = Denkwürdigkeiten aus Alt-Österreich 15. München, 1915. Bilinski, Emily: Fanny von Arnstein und Cäcilie Eskeles – Export der aufklärerischen Geselligkeit. In: 300 Jahre Schloss Britz, Berlin, 2006, 142. Schramm, Ingrid: Idol der jüdischen Emanzipation Fanny von Arnstein. In: Beste aller Frauen. Weibliche Dimensionen im Judentum. Herausgegeben im Auftrag des jüdischen Museums Wien von Gabriele Kohlbauer-Fritz und Wiebke Krohn anlässlich der Ausstellung vom 16. Mai bis 18. November 2007. Wien, 2007, 48–50. Strauss, Jutta: Die Haskala – auf der Schwelle zur Moderne. In 300 Jahre Schloss Britz. Ewald Friedrich Graf von Hertzberg und die Berliner Aufklärung. Berlin, 2006, 125f. Hiller, Gottlieb, Reise durch einen Theil von Sachsen, Böhmen, Österreich und Ungarn. (Als zweiter Theil seiner Gedichte und Selbstbiographie) Köthen, 1807, 198. Bertuch, Carl: Tagebuch vom Wiener Kongreß. Hg. v. Hermann Freiherr v. Egloffstein. Berlin, 1916, 95ff, 124.
[2] Spiel, Fanny von Arnstein, 10.
[3] Spiel, Fanny von Arnstein, 199f.
[4] Spiel, Fanny von Arnstein, 199f.
[5] Spiel, Fanny von Arnstein, Seite 174f.
[6] Spiel, Fanny von Arnstein, 7f.
[7] Spiel, Fanny von Arnstein, 43.
[8] Spiel, Fanny von Arnstein, 38f.
[9] Spiel, Fanny von Arnstein, 54.

[10] Fuchs, Johann Baptist: 1757–1827. Erinnerungen aus dem Leben eines Kölner Juristen. Herausgegeben von Dr. Julius Heyderhoff. Köln, 1912, 109.

[11] Weckbecker, Wilhelm (Hg.): Von Maria Theresia zu Franz Joseph. Zwei Lebensbilder aus dem alten Österreich, Berlin, 1929, 25, 30f.

[12] Weckbecker, Von Maria Theresia zu Franz Joseph, 34.

[13] Spiel, Fanny von Arnstein, 151.

[14] Friedel, Johann: Galanterien Wiens, auf einer Reise gesammelt, und in Briefen geschildert von einem Berliner, 1. Teil, (o.O.), 1784, 105.

[15] Friedel, Galanterien, 106.

[16] Friedel, Galanterien, 5.

[17] Friedel, Galanterien, 49.

[18] Zit. in: Spiel, Fanny von Arnstein, 49f.

[19] Spiel, Fanny von Arnstein, 100.

[20] Spiel, Fanny von Arnstein, 101f.

[21] Spiel, Fanny von Arnstein, 106.

[22] Spiel, Fanny von Arnstein, 139.

[23] Gaugusch, Georg: Wer einmal war. Das jüdische Großbürgertum Wiens 1800–1938 = Jahrbuch der Heraldisch-Genealogischen Gesellschaft „Adler" – Wien. 3. Folge, Band 16. Wien, 2011, 586.

[24] Gaugusch, Georg: Wer einmal war. Das jüdische Großbürgertum Wiens 1800–1938 = Jahrbuch der Heraldisch-Genealogischen Gesellschaft „Adler" – Wien. 3. Folge, Band 16. Wien, 2011, 26.

[25] Reise eines Engelländers durch Mannheim, Baiern und Österreich nach Wien. Herausgegeben von seinem teutschen Freunde. L. U. F. v. B. Amsterdam, 1790, 89.

[26] Zit in: Spiel, Fanny von Arnstein, 46f.

[27] Gerstinger, Altwiener literarische Salons, 42.

[28] Gerstinger, Altwiener literarische Salons, 70.

[29] Gerstinger, Altwiener literarische Salons, 72f.

[30] Bemerkungen oder Briefe über Wien eines jungen Bayern auf einer Reise durch Deutschland an eine Dame von Stande. Leipzig, 1804, 111f.

[31] Pezzl, Johann: Skizze von Wien, 1. Heft. Wien/Leipzig, 1787, 88f.

[32] Pezzl, Skizze von Wien, 89f.

[33] Gerstinger, Heinz: Altwiener literarische Salons, 32.

[34] Spiel, Fanny von Arnstein, 175.

[35] Jagemann, Karoline/Bamberg, Eduard (Hrsg): Die Erinnerungen der Karoline Jagemann nebst zahlreichen unveröffentlichten Dokumenten aus der Goethezeit. Dresden, 1926, 151f.

[36] Spiel, Fanny von Arnstein, 222f.

[37] Gerstinger, Altwiener literarische Salons, 73.

[38] Bemerkungen oder Briefe über Wien eines jungen Bayern, 112f.

[39] Spiel, Fanny von Arnstein, 260.

[40] Spiel, Fanny von Arnstein, 261.
[41] Bertuch, Carl: Tagebuch vom Wiener Kongreß. Hg. v. Hermann Freiherr v. Egloffstein. Berlin, 1916, 28.
[42] Bertuch, Tagebuch, 245.
[43] Spiel, Fanny von Arnstein, 426f.
[44] Spiel, Fanny von Arnstein, 427.
[45] Spiel, Fanny von Arnstein, 421.
[46] Spiel, Fanny von Arnstein, 423.
[47] Spiel, Fanny von Arnstein, 425.
[48] Spiel, Fanny von Arnstein, 427.
[49] Lagarde de Messence, August comte de: Graf Auguste de La Garde. Gemälde des Wiener Kongresses 1814-1815. Erinnerungen, Feste, Sittenschilderungen, Anekdoten. Herausgegeben von Dr. Hans Effenberger. Wien/Leipzig, 1912, 206f.
[50] Spiel, Fanny von Arnstein, 455.
[51] Spiel, Fanny von Arnstein, 455.
[52] Spiel, Fanny von Arnstein, 458.
[53] Spiel, Fanny von Arnstein, 457.
[54] Spiel, Fanny von Arnstein, 463.
[55] Spiel, Fanny von Arnstein, 464.

KAPITEL 3: Karoline Pichler

[1] Pichler, Denkwürdigkeiten, Bd. 1, 54 f.
[2] Pichler, Denkwürdigkeiten, Bd. 1, 149.
[3] Pichler, Denkwürdigkeiten, Bd. 1, 150f.
[4] Pichler, Denkwürdigkeiten, Bd. 1, 170 f.
[5] Pichler, Denkwürdigkeiten, Bd. 1, 171.
[6] Pichler, Denkwürdigkeiten, Bd. 1, 172.
[7] Pichler, Denkwürdigkeiten, Bd. 1, 173.
[8] Pichler, Denkwürdigkeiten, Bd. 1, 173.
[9] Pichler, Denkwürdigkeiten, Bd. 1, Fußnote, Seite 498f.
[10] Pichler, Denkwürdigkeiten, Bd. 1, Fußnote, Seite 500.
[11] Pichler, Denkwürdigkeiten, Bd. 1, 221.
[12] Gerstinger, Altwiener literarische Salons, 48f.
[13] Gerstinger, Altwiener literarische Salons, 49.
[14] Pichler, Denkwürdigkeiten, Bd. 1, 230f.
[15] Pichler, Denkwürdigkeiten, Bd. 1, 225.
[16] Pichler, Denkwürdigkeiten, Bd. 1, 225f.
[17] Pichler, Denkwürdigkeiten, Bd. 1, 250.
[18] Herz, Leo: Die literarischen Salons in Wien zu Beginn des 19. Jahrhunderts: Mit besonderer Berücksichtigung des Salons der Karoline Pichler. Wien (Univ. Diss.), 1918, 25.

[19] Pichler, Denkwürdigkeiten, Bd. 1, 260.
[20] Gerstinger, Altwiener literarische Salons, 52.
[21] Pichler, Denkwürdigkeiten, Bd. 1, 262.
[22] Gerstinger, Altwiener literarische Salons, 54f.
[23] Pichler, Denkwürdigkeiten, Bd. 1, 283.
[24] Gerstinger, Altwiener literarische Salons, 57/59.
[25] Pichler, Denkwürdigkeiten, Bd. 1, 297.
[26] Pichler, Denkwürdigkeiten, Bd. 1, 299.
[27] Pichler, Denkwürdigkeiten, Bd. 1, 299.
[28] Pichler, Denkwürdigkeiten, Bd. 1, 300.
[29] Gerstinger, Altwiener literarische Salons, 59.
[30] Pichler, Denkwürdigkeiten, Bd. 1, 312.
[31] Pichler, Denkwürdigkeiten, Bd. 1, 314.
[32] Pichler, Denkwürdigkeiten, Bd. 1, 318.
[33] Pichler, Denkwürdigkeiten, Bd. 1, 319.
[34] Gerstinger, Altwiener literarische Salons, 60f.
[35] Gerstinger, Altwiener literarische Salons, 63.
[36] Gerstinger, Altwiener literarische Salons, 67.
[37] Pichler, Denkwürdigkeiten, Bd. 1, 335-348.
[38] Pichler, Denkwürdigkeiten, Bd. 1, 348.
[39] Pichler, Denkwürdigkeiten, Bd. 1, 348.
[40] Pichler, Denkwürdigkeiten, Bd. 1, 348-351.
[41] Pichler, Denkwürdigkeiten, Bd. 1, 361f.
[42] Prohaska, Gertrude: Der literarische Salon der Karoline Pichler. Wien (Univ. Diss.), 1946, 122.
[43] Gerstinger, Altwiener literarische Salons, 112.
[44] Prohaska, Pichler, 137f.
[45] Prohaska, Pichler, 138.
[46] Pichler, Denkwürdigkeiten, Bd. 2, 54.
[47] Pichler, Denkwürdigkeiten, Bd. 2, 54f.
[48] Brief Karoline Pichlers an Therese Huber vom 11.12.1819. Leuschner, Brigitte (Hg.) Schriftstellerinnen und Schwesternseelen. Der Briefwechsel zwischen Therese Huber (1764–1829) und Karoline Pichler. Marburg, 1995, 45f.
[49] Pichler, Denkwürdigkeiten, Bd. 2, 95f.
[50] Pichler, Denkwürdigkeiten, Bd. 2, 114f.
[51] Pichler, Denkwürdigkeiten, Bd. 2, 127f.
[52] Prohaska, Pichler, 186.
[53] Prohaska, Pichler, 191f.
[54] Karoline Pichler an K. Streckfuss, 29.9.1831, zit. In: Prohaska, Pichler, 200.
[55] Pichler, Denkwürdigkeiten, Bd. 2, 181.
[56] Jean Charles, Wien und die Wiener, 73. Zit in: Prohaska; Pichler; 221.

[57] Pichler, Denkwürdigkeiten, Bd. 2, 311.
[58] Der Österreichische Parnaß verspottet in Wort und Bild. Herausgegeben von R.M. Werner. Beilage Literarisches Pamphlet VI Wiener Bibliophile Gesellschaft 1912. Österreichischer Parnass bestiegen von einem heruntergekommenen Antiquar. Frey-Sing, bei Athanasius & Comp. Hamburg, 1835, 36.
[59] Otto Prechtler, Nachruf auf K. Pichler, Bäuerles Allgemeine Theater Zeitung 1834, 749, Zit. In Prohaska, Pichler, 241.

Kapitel 4: Henriette Pereira

[1] Vgl. Spiel, Fanny von Arnstein, 93, 242, 268, 356,ff, 382. Gerstingen, Wiener literarische Salons, 82-85, 116. Matzer, Salonkultur, 109f. Pichler, Denkwürdigkeiten, Bd. 2, 125ff.
[2] Spiel, Fanny von Arnstein, 146.
[3] Bemerkungen oder Briefe über Wien eines jungen Bayern, 72f.
[4] Spiel, Fanny von Arnstein, 242.
[5] Walther, Susanne: Der „zweite Adel". Kultur und Gesellschaft vor 1848, in: Bürgersinn und Aufbegehren. Biedermeier und Vormärz in Wien 1815–1848. Katalog der 109. Sonderausstellung des Historischen Museums der Stadt Wien. Wien, 1987, 315. Zit in: Matzer, Christine: Europäische Salonkultur unter besonderer Berücksichtigung des Wiener Salonlebens in der Ersten Hälfte des 19. Jahrhunderts. Graz (Univ. Dipl. Arb.), 1994, 108.
[6] Matzer, Salonkultur, 108f.
[7] Österreiches biographisches Lexikon 1815-1950. Bd. 7. 1978, 563
[8] Stifter, Adalbert: Wiener Salonszenen (Wien und die Wiener in Bildern), in: Gesammelte Werke, ed. Konrad Steffen. Basel/Stuttgart, 1962f, Bd. 13, 235.
[9] Adalbert Stifter, zit. In: Heyden-Rynsch, Verena von der: Europäische Salons. Höhepunkte einer versunkenen weiblichen Kultur. München, 1992, 167.
[10] Pichler, Denkwürdigkeiten, Bd. 2, 125.
[11] Pichler, Denkwürdigkeiten, Bd. 2, 127f.
[12] Spiel, Fanny von Arnstein, 326f.
[13] Spiel, Fanny von Arnstein, 327.
[14] Spiel, Fanny von Arnstein, 331.
[15] Spiel, Fanny von Arnstein, 331.
[16] Spiel, Fanny von Arnstein, 398.
[17] Zit. Nach Walther, Der „zweite Adel", 314. Zit. In: Matzer, Salonkultur, 110.
[18] Vasili, Paul, Graf: Die Wiener Gesellschaft. Leipzig 1885, 361.
[19] Weckbecker, Von Maria Theresia zu Franz Joseph, 122f.
[20] Weckbecker, Von Maria Theresia zu Franz Joseph, 123f.

[21] Weckbecker, Von Maria Theresia zu Franz Joseph, 185f.
[22] Weckbecker, Von Maria Theresia zu Franz Joseph, 194f.
[23] Vasili, Wiener Gesellschaft, 361.
[24] Walther, Der „zweite Adel", 316.
[25] Vasili, Paul: Die Wiener Gesellschaft, 362f.
[26] Vgl. zu Fürstin Pauline Metternich: Müller, Autobiographie, 84f; Fritsche, Victor von: Bilder aus dem österreichischen Hof- und Gesellschaftsleben. Wien, 1914, 77-80.
[27] Vasili, Die Wiener Gesellschaft, 363f.

KAPITEL 5: Josephine von Wertheimstein

[1] Spiel, Fanny von Arnstein, 491f. Vgl. zu Josephine von Wertheimstein: Bartl, Johann: Villa Wertheimstein – Vom geistigen Treffpunkt zum musealen Gedenkraum. Wien (Univ. Dipl. Arb.), 1990, 3, 16-58, 88-98. Gerstinger, Altwiener literarische Salons, 149–170. Holzapfel-Gomperz, Bettina: Reisnerstraße 13. Meine Jugend im Wien der Jahrhundertwende, aus dem Nachlaß herausgegeben von Monika Meyer-Holzapfel und Cedric Hausherr, Wien/München, 1980, 138f. Holzer, Rudolf: Villa Wertheimstein. Haus der Genien und Dämonen. Wien, 1960, 41. vgl. zu Salon Wertheimstein: Bartl, Johann: Villa Wertheimstein – Vom geistigen Treffpunkt zum musealen Gedenkraum. Wien (Univ. Dipl. Arb.) 1990, 77–99, 3, 16–62, 88–98. Winter, Josephine: Fünfzig Jahre eines Wiener Hauses. Wien/Leipzig, 1927, 11. vgl. Kann, Robert A. (Hrsg.): Briefe an, von und um Josephine von Wertheimstein. Wien, 1981, 100ff; Gomperz, Theodor: Essays und Erinnerungen. Stuttgart, 1905, 218f; Gomperz, Julius Ritter von: Jugend-Erinnerungen. Dem Andenken seiner Schwestern Josefine, Sofie, Minna. [Habrowan], 1903, 35f. Baltzarek, Franz/Hoffmann, Alfred/Stekl, Hannes: Wirtschaft und Gesellschaft der Wiener Stadterweiterung. Wiesbaden, 1975 (= Die Wiener Ringstraße. Bild einer Epoche, hrsg. von Renate Wagner-Rieger, Band V), 290. vgl. Kobau, Ernst: Rastlos zieht die Flucht der Jahre... Josephine und Franziska von Wertheimstein – Ferdinand von Saar. Wien/Köln/Weimar, 1997, 217, 232, 318, 285. Rose, Alison: The Jewish Salons of Vienna. In Schwartz, Agatha (Ed.) Gender and Modernity in Central Europe, Ottawa, 2010, 124. Gomperz, Ein Gelehrtenleben im Bürgertum, 229. Ewart, Felicie: Zwei Frauenbildnisse zur Erinnerung. Wien, 1907, 12f, 16. Gomperz, Theodor: Ein Gelehrtenleben im Bürgertum der Franz-Josephs-Zeit. Auswahl seiner Briefe und Aufzeichnung 1869–1912, erläutert und zu einer Darstellung seines Lebens verknüpft von Heinrich Gomperz, neubearbeitet und herausgegeben von Robert A. Kann, Wien, 1974 (= Österreichische Akademie der Wissenschaften, Philosophisch-Historische Klasse, Sitzungsberichte, 295. Band), 10f. Wilbrandt,

Erinnerungen, 177f. Gomperz, Theodor: Essays und Erinnerungen, Stuttgart, 1905, 8ff. Matzer, Christine: Europäische Salonkultur unter besonderer Berücksichtigung des Salonlebens in der ersten Hälfte des 19. Jahrhunderts. Graz (Univ. Dipl. Arb.), 1994, 113ff.

[2] Alexander Baumann schrieb diese Worte 1854 in einem Brief an Josephine nach Graz.

[3] Ewart, Felicie: Biographisches Jahrbuch und deutscher Necrolog. Bd. 12. 1909, 510. Zit. in Holzer, Villa Wertheimstein, 125.

[4] Gerstinger, Altwiener literarische Salons, 149.

[5] Gomperz, Theodor: Essays und Erinnerungen. Stuttgart, 1905, 10.

[6] Josef Dessauer an Minna Gomperz, 19.2.1854, Kann, Briefesammlung, 113.

[7] Winter, Josephine: Fünfzig Jahre eines Wiener Hauses. Wien/Leipzig, 1927, 11.

[8] Kann, Briefsammlung, 449.

[9] Kann, Robert A. (Hg.): Theodor Gomperz. Ein Gelehrtenleben im Bürgertum der Franz-Josefs-Zeit. Wien, 1974, 48.

[10] Bettelheim, Anton: Ferdinand von Saars Leben und Schaffen. Erster Band der Werke in zwölf Bänden. Leipzig, [1908], 64f.

[11] Kann, Robert A. (Hg): Theodor Gomperz, Ein Gelehrtenleben, 57.

[12] zit. nach Holzer, Villa Wertheimstein, 42.

[13] Josephine von Wertheimstein an Fürstenberg, 17.3.1848, Kann, Briefesammlung, 57.

[14] Josephine von Wertheimstein an Fürstenberg, 28.3.1848, Kann, Briefesammlung, 59.

[15] Holzer, Rudolf: Villa Wertheimstein. Haus der Genien und Dämonen. Wien, 1960, 42.

[16] Josephine von Wertheimstein an Eltern und Geschwister, 1.1.1849, ann, Briefesammlung, 76f.

[17] Josephine von Wertheimstein an Fürstenberg, 9.2.1849, Kann, Briefesammlung, 78.

[18] Holzapfel-Gompertz, Reisnerstraße 13, 140.

[19] Neue Freie Presse, 5. Mai 1864.

[20] Neue Freie Presse, 5. Mai 1864.

[21] Vasili, Die Wiener Gesellschaft, 382.

[22] Holzer, Villa Wertheimstein, 125.

[23] Vasili, Die Wiener Gesellschaft, 382f.

[24] Rossbacher, Karlheinz: Literatur und Bürgertum. Fünf Wiener jüdische Familien von der liberalen Ära zum Fin de Siècle. = Literatur und Leben 64. Wien/Köln/Weimar, 2003, 126.

[25] Vasili, Die Wiener Gesellschaft, 294f.

[26] Rossbacher, Literatur und Bürgertum, 119.

[27] Gesegnet seist Du, die Wohlthätigkeit und Gerechtigkeit liebt. Aus einem anonymen Frauenbuch, Mitte 19 Jh. in: Beste aller Frauen, 62.

[28] Bettelheim, Anton: Ferdinand von Saars Leben. Erster Band von zwölf. 64.
[29] Kobler, Franz: Jüdische Geschichte in Briefen aus Ost und West. Das Zeitalter der Emanzipation. Wien, 1938, 285.
[30] Josephine von Wertheimstein an Theodor Gomperz, 15.12.1891, Kann, Briefesammlung, 431.
[31] Stockert-Meynert, Dora: Theodor Meynert und seine Zeit. Wien und Leipzig, 1930, 163.
[32] Kobau, Ernst: Rastlos zieht die Flucht der Jahre. Josephine und Franziska von Wertheimstein – Ferdinand von Saar. Wien/Köln/Weimar 1997, 21, 92.
[33] Vasili, Wiener Gesellschaft, 418.
[34] Vasili, Wiener Gesellschaft, 418.
[35] Vasili, Wiener Gesellschaft, 422f.
[36] Voss, Richard: Aus einem phantastischen Leben. Erinnerungen. Stuttgart, 1920, 83f.
[37] Voss, Erinnerungen, 83.
[38] Ewart, Zwei Frauenbildnisse, 24.
[39] Kann, Briefesammlung, 7.
[40] Ewart, Zwei Frauenbildnisse, 18.
[41] Josephine von Wertheimstein an ihre Tochter Franziska, 23.10.1893, Kann, Briefesammlung, 448f.
[42] Eduard von Bauernfeld an Josephine von Wertheimstein, 15.12.1872, Kann, Briefesammlung, 302f.
[43] Holzer, Villa Wertheimstein, 58–63.
[44] Ewart, Zwei Frauenbildnisse, 51f.
[45] Robert Lytton an Josephine von Wertheimstein, 8.6.1863, Kann, Briefesammlung, 208f.
[46] Wilbrand, Erinnerungen, 183–185.
[47] Ewart, Felicie: Zwei Frauenbildnisse zur Erinnerung. Wien, 1907, 16–18.
[48] Winter, Fünfzig Jahre eines Wiener Hauses, 12.
[49] Gerstinger, Altwiener literarische Salons, 161f.
[50] Gerstinger, Altwiener literarische Salons, 162.
[51] Helene von Lieben an Josephine von Wertheimstein, 28.7.1861, Kann, Briefesammlung, 194f.
[52] Kann, Briefesammlung, 292ff und 458f.
[53] Moritz Hartmann an Minna Gomperz, 21.7.1857, Kann, Briefesammlung, 162f.
[54] Moritz Hartmann an Josephine von Wertheimstein, 21.5.1858, Kann, Briefesammlung, 173ff.
[55] Moritz von Schwind an Eduard von Bauernfeld, 14.3.1856, Kann, Briefesammlung, 144.
[56] Stockert-Meynert, Theodor Meynert und seine Zeit, S 70.
[57] Ewart, Zwei Frauenbildnisse, 62.

[58] Ewart, Zwei Frauenbildnisse, 69.
[59] vgl. Kann, Briefsammlung, 457, 16. Juli 1894 H.v.Hoffmannsthal an Elsa Bruckmann-Cantacuzene.
[60] vgl. Kann, Briefsammlung, 456.
[61] Josephine von Wertheimstein an Lazar Auspitz, 28. 6. 1845, Kann, Briefsammlung, 51.
[62] Ewart, Zwei Frauenbildnisse, 30.
[63] Josephine von Wertheimstein an Adolf und Auguste Wilbrandt, 21. 4. 1881, Kann, Briefesammlung, 362.
[64] Holzer, Villa Wertheimstein, 136.
[65] Holzer, Villa Wertheimstein, 136f.
[66] Bartl, Villa Wertheimstein, 68.

KAPITEL 6: Rosa von Gerold

[1] Gerold, Rosa von: Erinnerungen. Wien, 1908, 10.
[2] Gerold, Erinnerungen, 8.
[3] Gerold, Rosa von: Eine Herbstfahrt nach Spanien. Wien, 1880.
[4] Gerold, Rosa von: Ein Ausflug nach Kerkyra und Athen. Wien, 1895.
[5] Gerold, R[osa] v[on]: Augenblicksbilder aus dem Buche meiner Erinnerung. Zweiter Band. Städtebilder aus Frankreich und Nordspanien. Wien, 1904.
[6] Gegendorfer, Rosa von Gerold und ihr Salon. Wien (Univ. Diss.). 1948, 31f.
[7] Gegendorfer, Rosa von Gerold, 20.
[8] Gegendorfer, Rosa von Gerold, 88f.
[9] Gegendorfer, Rosa von Gerold, 105.
[10] Gegendorfer, Rosa von Gerold, 92.
[11] Gegendorfer, Rosa von Gerold, 71.
[12] Gegendorfer, Rosa von Gerold, 93.
[13] Gerold, Rosa von: Erinnerungen. Wien, 1908, VIIIf.
[14] Gerold & Co Universitätsbuchhandlung. Firmenchronik 1867-1982, 3.
[15] Gegendorfer, Rosa von Gerold, 107f.
[16] Gegendorfer, Rosa von Gerold, 108.
[17] Gegendorfer, Rosa von Gerold, 110f.
[18] Gegendorfer, Rosa von Gerold, 112.
[19] Gegendorfer, Rosa von Gerold, 114.
[20] Gegendorfer, Rosa von Gerold, 118.
[21] Gerold, Erinnerungen, 30f.
[22] Gerold, Erinnerungen, 32.
[23] Gegendorfer, Rosa von Gerold, 23.
[24] Gegendorfer, Rosa von Gerold, 118.
[25] Gegendorfer, Rosa von Gerold, 103.
[26] Gegendorfer, Rosa von Gerold, 11.

KAPITEL 7: Berta Zuckerkandl

[1] Vgl. zu Berta Zuckerkandl, Dubrovic, Milan: Veruntreute Geschichte. Die Wiener Salons und Literaturcafés. Wien, 1985. Schulte, Michael: Berta Zuckerkandl. Salonière, Journalistin, Geheimdiplomatin. Zürich, 2006, 21-42, 55-57, 78ff, 84-88, 93f, 153ff, 204ff, 212ff. Fischer, Lisa: Lina Loos, S. 182. Zlamal, Wiener Salonkultur, 54. Hevesi, Ludwig: Vorwort zu B. Zuckerkandl: Zeitkunst. Wien, 1908, 5. Zlamal, Wiener Salonkultur, 63-66. Heyden-Rynsch, Europäische Salons, 203 – 206. Timms, Edward: Die Wiener Kreise. Schöpferische Interaktionen in der Wiener Moderne. In: Nautz, Jürgen/Varenkamp, Richard (Hg.): Die Wiener Jahrhundertwende. Wien, 1993, 132. 212ff.
[2] Zweig, Stefan: Die Welt von gestern. Frankfurt am Main, 1996, 31.
[3] Elstun, Esther N. : Richard Beer-Hofmann. His Life and Work. University Park, 1983, 3.
[4] Zuckerkandl-Szeps, Berta: Ich erlebte fünfzig Jahre Weltgeschichte. Stockholm, 1939, 24.
[5] Zuckerkandl-Szeps, Weltgeschichte, 83.
[6] Zuckerkandl-Szeps, Weltgeschichte, 83.
[7] Meysels; Lucian O.: In meinem Salon ist Österreich. Berta Zuckerkandl und ihre Zeit, Wien (3) 1985, 12-15.
[8] Zuckerkandl-Szeps, Berta: Ich erlebte fünfzig Jahre Weltgeschichte. Stockholm 1939, 13ff.
[9] Zuckerkandl-Szeps, Weltgeschichte, 78f.
[10] Zuckerkandl-Szeps, Weltgeschichte, 24.
[11] Zuckerkandl-Szeps, Weltgeschichte, 130.
[12] Weirich, Armelle: Berta Zuckerkandl (1864-1945), salonnière, journaliste et critique d'art, entre Vienne et Paris. In: Bulletin annuel de la Société des Amis d'Eugène Carrière, n. 21 avril 2011. [von der Autorin persönlich zur Verfügung gestellt]
[13] Zuckerkandl-Szeps, Weltgeschichte, 78.
[14] Zuckerkandl-Szeps, Weltgeschichte, 78.
[15] Schnitzler, Arthur: Jugend in Wien. Wien, 1968, 127f.
[16] Zuckerkandl-Szeps, Weltgeschichte, 127.
[17] Weirich, Armelle: Berta Zuckerkandl ou l'importance de l'amitié d'une femme et d'une critique d'art. In: Clemenceau et les artistes modernes. Manet, Monet, Rodin..., catalogue d'exposition (Historial de la Vendée, 7. 12. 2013 – 2. 3. 2014), Paris, Somogy, 2013. [von der Autorin persönlich zur Verfügung gestellt]
[18] Zuckerkandl-Szeps, Weltgeschichte, 176.
[19] Zuckerkandl-Szeps, Weltgeschichte, 177.
[20] Dubrovic, Veruntreute Geschichte, 171f.
[21] Zuckerkandl-Szeps, Weltgeschichte, 164.

[22] Zuckerkandl-Szeps, Weltgeschichte, 164.
[23] Dubrovic, Veruntreute Geschichte, 1985, 171f.
[24] Zuckerkandl, Berta: Österreich intim. Frankfurt am Main, 1970, 24f.
[25] Zuckerkandl, Österreich intim, 24f.
[26] Vasili, Wiener Gesellschaft, 412.
[27] Schulte, Zuckerkandl, 92ff.
[28] Bermann, Richard A.: Die Fahrt auf dem Katarakt. Wien 1998, 59.
[29] Hevesi, Ludwig: Zum Geleit. In: Berta Zuckerkandl: Zeitkunst, Wien 1908, VIIff.
[30] Hevesi, Ludwig: Flagranti und andere Heiterkeiten. Stuttgart, 1909. In: Egger, Hanna/Robertson, Pamela/Trummer, Manfred/Vergo, Peter: Ein moderner Nachmittag. Margaret Macdonald Mackintosh und der Salon Waerndorfer in Wien. Wien/Köln/Weimar, 7, 9.
[31] Malmberg, Helga: Widerhall des Herzens. Ein Peter Altenberg-Buch. München, 1961, 53ff.
[32] Schulte, Zuckerkandl, 110.
[33] Zuckerkandl-Szeps, Weltgeschichte, 215f.
[34] Zuckerkandl-Szeps, Weltgeschichte, Seite 218.
[35] Nostitz, Helene: Aus dem Alten Europa. Menschen und Städte. Leipzig, 1925, 89.
[36] Nostitz, Aus dem alten Europa, 98f.
[37] Zuckerkandl, Österreich Intim, 185f.
[38] Dubrovic, Veruntreute Geschichte, 177.
[39] Schulte, Zuckerkandl, 212ff.
[40] Dubrovic, Veruntreute Geschichte, 172
[41] Csokor, Franz Theodor: Zeuge einer Zeit. Briefe aus dem Exil 1933–1950. München/Wien, 1964, 44f.
[42] Redel, 190f. zit. in.: Schulte, Zuckerkandl, 204f.
[43] Zuckerkandl-Szeps, Weltgeschichte, Seite 310.
[44] Zuckerkandl-Szeps, Weltgeschichte, Seite 311.
[45] Vgl. zur Flucht nach Algerien und ihre Schriften aus dem Nachlass: Klugsberger/Pleyer (Hg.): Berta Zuckerkandl Flucht! Von Bourges nach Algir im Sommer 1940. Wien, 2013.
[46] Zuckerkandl-Szeps, Berthé : „Clemenceau, tel que je l'ai connu", Algier 1944, 23.
[47] Schulte, Zuckerkandl, 231.

KAPITEL 8: Alma Mahler-Werfel und Anna Mahler

[1] Mahler-Werfel, Alma: Erinnerungen an Gustav Mahler, herausgegeben von Donald Mitchell. Frankfurt/Main/Berlin/Wien, 1980, 47.
[2] Mahler-Werfel, Alma: Mein Leben. Franzfurt am Main, 1960, 33.

[3] Mahler-Werfel, Mein Leben, 67.
[4] Mahler-Werfel, Mein Leben, 90f.
[5] Mahler-Werfel, Mein Leben, 126.
[6] Mahler-Werfel, Mein Leben, 127.
[7] Mahler-Werfel, Mein Leben, 128.
[8] Mahler-Werfel, Mein Leben, 182.
[9] Mahler-Werfel, Mein Leben, 202.
[10] Mahler-Werfel, Mein Leben, 128.
[11] Zlamal, Wiener Salonkultur, 71.
[12] Joseph, Albrecht: Zu Besuch bei Alma Mahler-Werfel. Auszug aus einem Manuskript 1977. In: Weidle/Seeber (Hg): Anna Mahler, 84.
[13] Joseph, Zu Besuch bei Alma Mahler-Werfel, 84.
[14] Mann, Klaus: Der Wendepunkt. Ein Lebensbericht. München, 1989, 370.
[15] Dubrovic, Veruntreute Geschichte, 75.
[16] Mahler-Werfel, Mein Leben, 120.
[17] Torberg, Friedrich: Die Erben der Tante Jolesch. München, 1978, 310.
[18] Canetti, Elias: Das Augenspiel. Lebensgeschichte 1931-1937. München/Wien, 1985, 155.
[19] Canetti, Augenspiel, 59ff.
[20] Canetti, Augenspiel, 62.
[21] Canetti, Augenspiel, 64.
[22] Mahler-Werfel, Mein Leben, 216.
[23] Mahler-Werfel, Mein Leben, 217.
[24] Mann, Klaus: der Wendepunkt. Ein Lebensbericht. München, 1989, 370
[25] Ebd.
[26] Hilmes, Oliver: Witwe im Wahn. Das Leben der Alma Mahler-Werfel. München, 2005, 248.
[27] Hilmes, Witwe im Wahn, 250.
[28] Joseph, Zu Besuch bei Alma Mahler-Werfel, 84.
[29] Joseph, Zu Besuch bei Alma Mahler-Werfel, 84.
[30] vgl. Tönni, Ferdinand: Gemeinschaft und Gesellschaft. Leipzig, 1935, 5.
[31] Canetti, Elias: Das Augenspiel, 138.
[32] Mann, Klaus: Der Wendepunkt, 370.
[33] Himburg-Krawehl, Irene: Marquisen, Literaten und Revolutionäre. Zeitkommunikaton im französischen Salon des 18. Jahrhunderts. Osnabrück, 1970, 16.
[34] Csokor, Franz Theodor: Zeuge einer Zeit. Briefe aus dem Exil 1933–1950. München/Wien, 1964, 44.
[35] Spiel, Hilde: Die hellen und die finsteren Zeiten. Erinnerungen 1911–1946. München, 1989, 103.
[36] Fischer, Lisa: Lina Loos oder Wenn die Muse sich selbst küßt. Wien/Köln/Weimar, 1994, 17.
[37] zit. nach Wessling, Berndt W.: Alma. Gefährtin von Gustav Mahler, Oskar Kokoschka, Walter Gropius, Franz Werfel. Düsseldorf, 1983, 182.

[38] Hilmes: Witwe im Wahn, 287.
[39] Empfang bei Alma Mahler-Werfel und Franz Werfel, In: Neues Wiener Journal, 13.6.1937, zit in: Hilmes, Witwe im Wahn, 5.
[40] Hilmes: Witwe im Wahn, 295.
[41] Hilmes: Witwe im Wahn, 319-329.
[42] Mahler-Werfel, Mein Leben, 350.
[43] Mahler-Werfel, Mein Leben, 370.
[44] Canetti, Das Augenspiel, 54. Vergleiche zu Anna Mahler: Canetti, Das Augenspiel, 51–64, 75–96, 102–105, 123–136, 145–176, 202–209.
[45] Canetti, Augenspiel, 79ff.
[46] Canetti, Augenspiel, 81.
[47] Canetti, Augenspiel, 81.
[48] Canetti, Augenspiel, 83.
[49] Canetti, Augenspiel, 84.
[50] Canetti, Augenspiel, 85.
[51] Joseph, Zu Besuch bei Alma Mahler, 86.
[52] Weidle, Barbara: Ich bin in mir selbst zu Hause II. Anna Mahler in London, Montreal, Los Angeles und Spoleto 1938–1988. Bonn, 2004, 137.
[53] Weidle, Ich bin in mir selbst zu Hause II, 138.
[54] Weidle, Ich bin in mir selbst zu Hause II, 139.
[55] Weidle, Ich bin in mir selbst zu Hause II, 140f.
[56] Weidle, Ich bin in mir selbst zu Hause II, 143.

KAPITEL 9: Marie Lang, Lina Loos, Gina Kaus, Grete Wiesenthal

[1] Vgl. zu diesem Kapitel: Zlamal, Michaela: Die Wiener Salonkultur in der ersten Hälfte des 20. Jahrhunderts. Wien (Univ. Dipl. Arb.), 1997, 45–50, 56, 64f, 71. Scheu Robert: Hermann und Genia. In: Arbeiterzeitung, 24. 8. 1947. Csokor, Franz Theodor: In Memoriam Lina Loos. Wiener Zeitung Nr. 133, 1950. Loos, Lina: Das Buch ohne Titel (1986); mehr Lit. in Czeike, Historisches Lexikon Wien, Bd. 4, Wien, 1995.
Huber, Christina, Gina Kaus. Eine Monographie. Wien (Univ. Dipl. Arb.), 1994, S. 14. Huber-Wiesenthal, Rudolf: Die Schwestern Wiesenthal. Wien, 1934, 9–17. Dubrovic, Veruntreute Geschichte, 182f, 189ff.
Mundorf, Susanne: Grete Wiesenthal. Renaissance einer Tanzform. Seefeld (D), 2008, 13ff.
[2] Sparholz, Irmgard: Marie Lang und ihre Bedeutung für die Sozialreformen in Österreich im ausgehenden 19. Jahrhundert. Wien (Univ. Dipl. Arb.), 1986, S 6ff.
[3] Großmann: Ich war begeistert, 160.
[4] Zlamal, Michaela: Die Wiener Salonkultur in der ersten Hälfte des 20. Jahrhunderts. Wien (Univ. Dipl. Arb.), 1997, 47.

[5] Huber-Wiesenthal, Rudolf: Der Kreis um Marie Lang. In: Neues Wiener Tagblatt, 11. 9. 1935, 2.
[6] Huber-Wiesenthal, Rudolf: Der Kreis um Maria Lang. Neues Wiener Tagblatt, 11. 9. 1935, 3.
[7] Großmann: Ich war begeistert, 166f.
[8] Scheu, Robert: Hermann und Genia. In: Arbeiterzeitung, 24. 8. 1947.
[9] Wiesenthal, Grete: Die ersten Schritte. Wien, 1947, 173.
[10] Huber-Wiesenthal, Rudolf: Der Kreis um Maria Lang. Zit. in: Zlamal, Wiener Salonkultur, 68.
[11] Wiesenthal: Die ersten Schritte, 173f.
[12] Brief von Gina Kaus an Victor Suchy vom 8. 4. 1977. Zitiert nach: Huber, Christina: Gina Kaus. Eine Monographie. Wien (Univ. Dipl. Arb.), 1994, 6.
[13] Kaus, Gina: Von Wien nach Hollywood. Erinnerungen von Gina Kaus. Los Angeles, 1990. S. 40f.
[14] Zlamal, Wiener Salonkultur, 71.
[15] Huber, Gina Kaus, 12.
[16] Vgl. Huber, Gina Kaus, 43.
[17] Zlamal, Wiener Salonkultur, 77.
[18] Vgl. Dubrovic, Veruntreute Geschichte, 91.
[19] Huber-Wiesenthal, Der Kreis um Marie Lang, 10.
[20] Wiesenthal, Grete: Die ersten Schritte. Wien, 1947, 6.
[21] Dubrovic, Veruntreute Geschichte, 179f.
[22] Wiesenthal, Iffe, Wien, 1947.
[23] Dubrovic, Veruntreute Geschichte, 180.
[24] Dubrovic, Veruntreute Geschichte, 180.
[25] Dubrovic, Veruntreute Geschichte, 180f.
[26] Dubrovic, Veruntreute Geschichte, 181.
[27] Dubrovic, Veruntreute Geschichte, S. 178.
[28] Dubrovic, Veruntreute Geschichte, 179.
[29] Dubrovic, Veruntreute Geschichte, 181f.
[30] Dubrovic, Veruntreute Geschichte, 181f.
[31] Dubrovic, Veruntreute Geschichte, 183f.
[32] Dubrovic, Veruntreute Geschichte, 187f.
[33] Dubrovic, Veruntreute Geschichte, 191.
[34] Dubrovic, Veruntreute Geschichte, 191.
[35] Dubrovic, Veruntreute Geschichte, 191f.
[36] Dubrovic, Veruntreute Geschichte, 192.
[37] Dubrovic, Veruntreute Geschichte, 192.

KAPITEL 10: Eugenie Schwarzwald

[1] Schiferer, Beatrix: Fraudoktor. Eugenie Schwarzwald. In: Streibel, Robert (Hg.): Eugenie Schwarzwald und ihr Kreis. Wien, 1996, 13.

[2] Die Lebensluft der alten Schule. In; Czernowitzer Morgenblatt, 17. Mai 1931. Zit. In: Deichmann, Hans: Leben mit provisorischer Genehmigung. Leben, Werk und Exil von Dr. Eugenie Schwarzwald (1872–1940). Wien, 1988, 19. Deichmann, Hans: Leben mit provisorischer Genehmigung. Leben, Werk und Exil von Dr. Eugenie Schwarzwald (1872–1940). Wien, 1988, 32–36, 49-52, 79–87, 130, 139-203, 205-208, 241–247, 273f. Neue Freie Presse, 21. Februar 1926. Literatur-Lexikon. Autoren und Werke deutscher Sprache. Hrsg. v. Walter Killy. Bd. 10. 1988–1992. Das Jahrbuch der Wiener Gesellschaft. Hrsg. Von Franz Planer. Ausgabe 1929, 383. Lexikon der Frau, Bd. 2. 1954, 533. Czeike, Felix: Historisches Lexikon. Wien. Bd. 5. 1997. Deutsche Biographische Enzyklopädie. Hrsg. Walther Killy. Bd. 9. 1998. Rukschcio, Burkhard und Schachtel, Roland: Adolf Loos. Leben und Werk. Salzburg, 1982, 143. Zlamal, Michaela: Die Wiener Salonkultur in der ersten Hälfte des 20. Jahrhunderts. Wien (Univ. Dipl. Arb.), 1997, 54f, 69ff. Hall, Murray G.: Adolf Loos und „Frau Doktor". Die Vereinstätigkeit der Eugenie Schwarzwald. In: Der Künstlerkreis um Adolf Loos. Aufbruch zur Jahrhundertwende. Parnass, Sonderheft 2, März 1983, 93. Scheu, Friedrich: Ein Band der Freundschaft. Schwarzwald-Kreis und Entstehung der Vereinigung Sozialistischer Mitschüler. Wien/Köln/Graz, 1985. Holmes, Deborah: Langweile ist Gift: Das Leben der Eugenie Schwarzwald. St. Pölten/Salzburg/Wien, 2012.

[3] Die Lebensluft der alten Schule. In; Czernowitzer Morgenblatt, 17. Mai 1931. Zit. In: Deichmann, Leben mit provisorischer Genehmigung, 18.

[4] Deichmann, Schwarzwald, 18.

[5] Deichmann, Schwarzwald, 24.

[6] Deichmann, Schwarzwald, 24f.

[7] Deichmann, Schwarzwald, 31.

[8] Deichmann, Schwarzwald, 74.

[9] Deichmann, Schwarzwald, 206.

[10] Deichmann, Schwarzwald, 40.

[11] Deichmann, Schwarzwald, 47.

[12] Deichmann, Schwarzwald, 47.

[13] Murray G. Hall: »Frau Doktor« Eugenie Schwarzwald. In: Das jüdische Echo (Wien), Nr. 1, Vol. XX–XII, September 1983, 113ff.

[14] Altmann-Loos, Elsie: Adolf Loos, der Mensch. Wien/München, 1968, 67.

[15] Altmann-Loos, Adolf Loos, 74.

[16] Deichmann, Schwarzwald, 373.

[17] Deichmann, Schwarzwald, 78.

[18] Björkman-Goldschmidt: In: Fraudoktor (unveröffentlichte Textbeiträge aus dem Freundeskreis von Eugenie Schwarzwald, gesammelt von Hans Deichmann, 31. 3. 1978), 4-5. Sifkovits, Elisabeth: Eugenie Schwarzwald, Mädchenbildung, Koedukation und die Vermittlung der Kultur der Moderne. Graz (Univ. Diss.), 2009, 267.

[19] Björkman-Goldschmidt: In: Fraudoktor (unveröffentlichte Textbeiträge aus dem Freundeskreis von Eugenie Schwarzwald, gesammelt von Hans Deichmann, 31. 3. 1978), 4–5. Sifkovits, Eugenie Schwarzwald, 267.
[20] Sifkovits, Eugenie Schwarzwald, 268.
[21] Canetti Elias: Das Augenspiel, Lebensgeschichte 1931–1937, 1985, 203.
[22] Zlamal, Wiener Salonkultur, S. 69.
[23] Deichmann, Schwarzwald, 75f.
[24] Murray G. Hall: „Frau Doktor", 113–115.
[25] Deichmann, Schwarzwald, 132.
[26] Deichmann, Schwarzwald, 132.
[27] Deichmann, Schwalzwald, 377.
[28] Deichmann, Schwarzwald, 136.
[29] Deichmann: Schwarzwald, 226.
[30] Deichmann, Schwarzwald, 370f.
[31] Kokoschka, Oskar: Mein Leben. München, 1971, 121.
[32] Deichmann, Schwarzwald, 175–181.
[33] Deichmann, Schwarzwald, 181.
[34] Deichmann, Schwarzwald, 175.
[35] Deichmann, Schwarzwald, 181.
[36] Deichmann, Schwarzwald, 182.
[37] Deichmann, Schwarzwald, 183f.
[38] Deichmann, Schwarzwald, 184.
[39] Deichmann, Schwarzwald, 208.
[40] Deichmann, Schwarzwald, 248.
[41] Deichmann, Schwarzwald, 261.

LITERATURVERZEICHNIS

Ackerl, Elisabeth: Wiener Salonkultur um die Jahrhundertwende. Ein Versuch. In: Nautz, Jürgen (Hg.)/Varenkamp, Richard (Hg.): Die Wiener Jahrhundertwende. Einflüsse, Umwelt, Wirkungen. Wien/Köln/Graz 1993. = Studien zu Politik und Verwaltung Band 46.

Altmann-Loos, Elsie: Adolf Loos, der Mensch. Wien/München 1968.

Anonyma: Die Wiener Gesellschaft. Charakterisiert von einer Dame. Wien 1860.

Arneth, Alfred: Maria Theresia und der Hofrath von Greiner. In: Sitzungsberichte der kaiserlichen Akademie der Wissenschaften, philos.-histor. Classe Bd. 30. Wien 1859.

Baltzarek, Franz/Hoffmann, Alfred/Stekl, Hannes: Wirtschaft und Gesellschaft der Wiener Stadterweiterung. Wiesbaden 1975.

Bartl, Johann: Villa Wertheimstein – Vom geistigen Treffpunkt zum musealen Gedenkraum. Wien (Univ. Dipl. Arb) 1990.

Bemerkungen oder Briefe über Wien eines jungen Bayern auf einer Reise durch Deutschland an eine Dame von Stande. Leipzig 1804.

Bermann, Richard A. alias Höllriegel, Arnold: Die Fahrt auf dem Katarakt. Eine Autobiographie ohne einen Helden. Herausgegeben von Hans-Harald Müller. Wien 1998.

Bertuch, Carl: Bemerkungen auf einer Reise von Thüringen nach Wien im Winter 1805 bis 1806. Zweites Heft. Weimar 1810.

Bertuch, Carl: Tagebuch vom Wiener Kongreß. Hg. v. Hermann Freiherr v. Eglossstein. Berlin 1916.

Bettelheim, Anton: Ferdinand von Saars Leben und Schaffen. Erster Band der Werke in zwölf Bänden. Leipzig 1908.

Bilinski, Emily: Fanny von Arnstein und Cäcilie Eskeles – Export der aufklärerischen Geselligkeit. In: 300 Jahre Schloss Britz. Berlin 2006.

Biografie der Glaubensfeger in Österreich, Bd. 8. Wien 1783.

Biografisches Lexikon des Kaiserthums Österreich, ed. Constantin von Wurzbach Band 5. Wien 1859.

Björkman-Goldschmidt, Elsa: Es geschah in Wien: Erinnerungen von Elsa Björkman-Goldschmidt. Schreiber, Renate [Hrsg.].

Buergersinn Aufbegehren. Bürgersinn und Aufbegehren. Biedermeier u. Vormärz in Wien 1815–1848. (Sonderausstellung des Histor. Museums d. Stadt Wien, Karlsplatz, im Künstlerhaus, Karlsplatz 5, 17. Dez. 1987 bis 12. Juni 1988. Erben, Tino [Hrsg.]; Forstner-Karner, Regina [Hrsg.]; Krasa, Selma [Hrsg.] Wien: Eigenverl. d. Museen d. Stadt Wien.Wien 1988.

Canetti, Elias: Das Augenspiel. Lebensgeschichte 1931–1937. München/Wien 1985.

Csokor, Franz Theodor: In Memoriam Lina Loos. Wiener Zeitung Nr. 133, Wien 1950.
Csokor, Franz Theodor: Zeuge einer Zeit. Briefe aus dem Exil 1933–1950. München 1964.
Czeike, Felix: Historisches Lexikon Wien. Wien 1997.
Deichmann, Hans: Leben mit provisorischer Genehmigung. Leben, Werk und Exil von Dr. Eugenie Schwarzwald. Wien 1988.
Donnelly, Brigitte: Charlotte von Greiner und ihr bürgerlicher Salon im Wien des 18. Jahrhunderts. Wien (Univ. Dipl. Arb.) 1997.
Dubrovic, Milan: Veruntreute Geschichte. Wien/Hamburg 1985.
Eglossstein, Hermann Freiherr (Hg.): Carl Bertuchs Tagebuch vom Wiener Kongreß. Berlin, 1916.
Elstun, Esther N.: Richard Beer-Hofmann. His Life and Work. Pennsylvania State University 1983.
Ewart, Felicie: Biographisches Jahrbuch und deutscher Necrolog. Bd. 12. Wien 1909.
Ewart, Felicie: Zwei Frauenbildnisse zur Erinnerung. Wien 1907.
Exner, Emilie, siehe Ewart Felicie.
Fischer, Lisa: Lina Loos oder Wenn die Muse sich selbst küßt. Eine Biographie. Wien/Köln/Weimar 1994.
Friedel, Johann: Galanterien Wiens, auf einer Reise gesammelt, und in Briefen geschildert von einem Berliner, 1. Teil, [o.O.] 1784.
Fritsche, Victor von: Bilder aus dem österreichischen Hof- und Gesellschaftsleben. Wien 1914.
Fuchs, Johann Baptist: 1757-1827. Erinnerungen aus dem Leben eines Kölner Juristen. Herausgegeben von Dr. Julius Heyderhoff. Köln 1912.
Gaugusch, Georg: Wer einmal war. Das jüdische Großbürgertum Wiens 1800–1938 (Jahrbuch der Heraldisch-Genealogischen Gesellschaft „Adler", Wien. 3. Folge, Bd. 16) Wien 2011.
Gegendorfer, Johanna: Rosa von Gerold und ihr Salon. Wien (Univ. Diss.) 1948.
Gerold & Co Universitätsbuchhandlung. Firmenchronik 1867–1982, Wien 1982.
Gerold, Rosa von: Augenblicksbilder aus dem Buche meiner Erinnerungen. Zweiter Band. Städtebilder aus Frankreich und Nord-Spanien. Wien 1904.
Gerold, Rosa von: Ein Ausflug nach Kerkyra und Athen. Wien 1895.
Gerold, Rosa von: Eine Herbstfahrt nach Spanien. Den Reisegefährten zur Erinnerung. Wien 1880.
Gerold, Rosa von: Erinnerungen. Wien 1908.
Gerstinger, Heinz: Altwiener literarische Salons. Wiener Salonkultur vom Rokoko bis zur Neoromantik (1777–1907). Hallein 2002.
Giroud, Françoise: Alma Mahler oder die Kunst, geliebt zu werden. Wien 1989.

Gomperz, Julius von: Jugend-Erinnerungen: dem Andenken seiner Schwestern Josefine, Sofie, Minna. [Habrowan] 1903.
Gomperz, Theodor: Essays und Erinnerungen. Stuttgart 1905.
Gomperz, Theodor: Ein Gelehrtenleben im Bürgertum der Franz-Josephs-Zeit. Auswahl seiner Briefe und Aufzeichnung 1869–1912, erläutert und zu einer Darstellung seines Lebens verknüpft von Heinrich Gomperz, neubearbeitet und herausgegeben von Robert A. Kann, (Österreichische Akademie der Wissenschaften, Philosophisch-Historische Klasse, Sitzungsberichte, 295. Band) Wien 1974.
Großmann, Stefan: Ich war begeistert. Eine Lebensgeschichte. Königstein 1979.
Gugitz, Gustav: Alois Blumauer. In: Jahrbuch der Grillparzergesellschaft 18, Wien 1908.
Hall, Murray G.: „Frau Doktor" Eugenie Schwarzwald. In: Das jüdische Echo, Nr. 1, Vol. XX–XII, Wien 1983.
Hall, Murray G.: Adolf Loos und „Frau Doktor". Die Vereinstätigkeit der Eugenie Schwarzwald. In: Der Künstlerkreis um Adolf Loos. Aufbruch zur Jahrhundertwende. Parnass, Sonderheft 2. Wien 1983.
Herz, Leo: Die literarischen Salons in Wien zu Beginn des 19. Jahrhunderts. Mit besonderer Berücksichtigung des Salons der Karoline Pichler. Wien (Univ. Diss.) 1918.
Hevesi, Ludwig: Flagranti und andere Heiterkeiten. Stuttgart, 1909. In: Egger, Hanna; Noever, Peter [Hrsg.]: Ein moderner Nachmittag. Margaret Macdonald Mackintosh und der Salon Waerndorfer in Wien. Wien 2000.
Heyden-Rynsch, Verena von der: Europäische Salons. Höhepunkte einer versunkenen weiblichen Kultur. München 1992.
Hiller, Gottlieb, Reise durch einen Theil von Sachsen, Böhmen, Österreich und Ungarn. Köthen 1807.
Hilmes, Oliver: Witwe im Wahn. Das Leben der Alma Mahler-Werfel. München 2004.
Himburg-Krawehl, Irene: Marquisen, Literaten, Revolutionäre. Zeitkommunikation im französischen Salon des 18. Jahrhunderts. (= Dialogos. Zeitung und Leben, Neue Folge, Bd. 4, hrsg von Dr. Otto N. Roegele). Osnabrück 1970.
Holmes, Deborah: Langweile ist Gift: Das Leben der Eugenie Schwarzwald. St. Pölten/Salzburg/Wien 2012.
Holzapfel-Gomperz, Bettina: Reisnerstraße 13. Meine Jugend im Wien der Jahrhundertwende. Aus dem Nachlaß hg. v. Monika Meyer-Holzapfel und Cedric Hausherr, Wien/München 1980.
Holzer, Rudolf: Villa Wertheimstein. Haus der Genien und Dämonen. Wien 1960.
Huber, Christina: Gina Kaus. Eine Monographie. Wien (Univ. Dipl. Arb.) 1994.

Huber-Wiesenthal, Rudolf: Der Kreis um Marie Lang. In: Neues Wiener Tagblatt, Wien 11. 9. 1935.
Huber-Wiesenthal, Rudolf.: Die Schwestern Wiesenthal. Wien 1934.
Jagemann, Karoline/Bamberg, Eduard (Hrsg): Die Erinnerungen der Karoline Jagemann nebst zahlreichen unveröffentlichten Dokumenten aus der Goethezeit. Dresden, 1926.
Jansen, Lena: Karoline Pichlers Schaffen und Weltanschauung im Rahmen ihrer Zeit. Graz 1936.
Jörgler, Daniela: Rivalin oder Mitstreiterin. Über das Verhältnis von Eugenie Schwarzwald und Otto Glöckel. Graz (Univ. Dipl. Arb.) 2007.
Joseph, Albrecht: Zu Besuch bei Alma Mahler-Werfel Auszug aus einem Manuskript von 1977. In: Anna Mahler/Barbara Weidle u. Ursula Seeber (Hg.) [Beitr. von Herta Blaukopf ...]: Anna Mahler: Ich bin in mir selbst zu Hause. Bonn 2004.
Junker, Carl: Das Haus Gerold in Wien 1775–1925. Wien 1925.
Kaltenthaler, Albert: Die Pariser Salons als europäische Kulturzentren unter besonderer Berücksichtigung der deutschen Besucher während der Zeit von 1815–1848. Nürnberg (Univ. Dipl. Arb.) 1960.
Kann, Robert A. (Hg.): Briefe an, von und um Josephine von Wertheimstein. Wien 1981.
Kann, Robert A.: Theodor Gomperz. Ein Gelehrtenleben im Bürgertum d. Franz-Josefs-Zeit. Ausw. seiner Briefe u. Aufzeichnungen, 1869–1912, erl. u. zu einer Darstellung seines Lebens verknüpft. Wien 1974.
Kaus, Gina: Von Wien nach Hollywood. Erinnerungen von Gina Kaus. Los Angeles 1990.
Killy, Walther (Hrsg.): Deutsche Biographische Enzyklopädie. Berlin 1998.
Klugsberger, Theresia/Pleyer, Ruth (Hrsg.): Berta Zuckerkandl. Flucht! Von Bourges nach Algir im Sommer 1940. Wien 2013.
Kobau, Ernst: Ratlos zieht die Flucht der Jahre … Josephine und Franziska von Wertheimstein – Ferdinand von Saar. Wien/Köln/Weimar 1997.
Kobler, Franz: Jüdische Geschichte in Briefen aus Ost und West. Das Zeitalter der Emanzipation. Wien 1938.
Kohlbauer-Fritz, Gabriele: Gesegnet seist Du die Wohltätigkeit und Gerechtigkeit sucht. In: Beste aller Frauen: weibliche Dimensionen im Judentum ... anlässlich der Ausstellung vom 16. Mai bis 18. November 2007, [Jüdisches Museum Wien], herausgegeben von Gabriele Kohlbauer-Fritz. Wien 2007.
Kokoschka, Oskar: Mein Leben. München 1971.
Kritsch, Cornelia/Sichrovsky, Heinz: Die Korrespondenz zwischen Karoline von Greiner, Lorenz Leopold Haschka und Johann Caspar Lavater. In: Joseph Haydn und die Literatur seiner Zeit, ed. Herbert Zeman (Jahrbuch für österreichische Kulturgeschichte 6). Eisenstadt 1976.

Lagarde de Messence, August comte de: Graf Auguste de La Garde. Gemälde des Wiener Kongresses 1814–1815. Erinnerungen, Feste, Sittenschilderungen, Anekdoten. Herausgegeben von Dr. Hans Effenberger. Wien/Leipzig 1912.

Landon, Else R.: In der Gunst der Kaiserin: Karrieren unter Maria Theresia. Wien 1997.

Leuschner, Brigitte (Hg.): Schriftstellerinnen und Schwesternseelen. Der Briefwechsel zwischen Therese Huber und Karoline Pichler. Marburg 1995.

Lexikon der Frau, zwei Bände. Zürich 1954.

Literatur-Lexikon. Autoren und Werke deutscher Sprache. Hrsg. v. Killy, Walter. Berlin 1988–1992.

Litterarische Monate: Ein Journal von einer Gesellschaft zu Wien 1 (Auf Kosten der Gesellschaft gedruckt bey Johann Thomas Edlen von Trattnern). Wien. 1777.

Loos, Lina: Das Buch ohne Titel. Wien/Köln/Graz 1986.

Mahler-Werfel, Alma: And the Bridge is Love. New York 1958.

Mahler-Werfel, Alma: Erinnerungen an Gustav Mahler. Hg. v. Donald Mitchell. Frankfurt/Main/Berlin/Wien 1980.

Mahler-Werfel, Alma: Mein Leben. Frankfurt/Main 1960.

Malmberg, Helga: Widerhall des Herzens. Ein Peter Altenberg-Buch. München 1961.

Mann, Klaus: Der Wendepunkt. Ein Lebensbericht. [Frankfurt am Main] 1952.

Matzer, Christine: Europäische Salonkultur unter besonderer Berücksichtigung des Wiener Salonlebens in der ersten Hälfte des 19. Jahrhunderts. Graz (Univ. Dipl. Arb.) 1994.

Meysels, Lucian O.: In meinem Salon ist Österreich. Berta Zuckerkandl und ihre Zeit. Wien 1984.

Monson, Karen: Alma Mahler-Werfel: Die unbezähmbare Muse. München 1986.

Müller, Klaus-Detlev: Autobiographie und Roman. Studien zur literarischen Autobiographie der Goethezeit. Tübingen 1976.

Müller, Peter: Die Ringstraßengesellschaft. Wien 1984.

Mundorf, Susanne: Grete Wiesenthal. Renaissance einer Tanzform. Seefeld (D) 2008.

Neuestes Damen-Conversations-Lexikon (Damen-Conversations-Lexicon). Ein Inbegriff des Gesammtwissens für die Frauenwelt. 5./6. Band, Leipzig 1856.

Neumann, Bernd: Identität und Rollenzwang. Zur Theorie der Autobiographie. Frankfurt/Main 1970.

Nostiz, Helene von: Aus dem Alten Europa. Menschen und Städte. Leipzig 1925.

Österreichisches Biographisches Lexikon 1815–1950.
Oppenauer, Markus: Der Salon Zuckerkandl im Kontext von Wissenschaft, Politik und Öffentlichkeit. Weitra 2012.
Pelzeln, Fanny, Edle von: „Aus Karoline Pichlers letzten Lebensjahren". Österreichisches Kaiser-Jubiläums-Dichterbuch: 50 Jahre österreichische Literatur; Huldigungsgabe zur fünfzigsten Jahreswende der Thronbesteigung Seiner Majestät des Kaisers Franz Joseph I. Hassenberger, Eduard [Hrsg.]. Wien 1899.
Pezzl, J., Skizze von Wien, 1786–1790, 6 Hefte, Heft 4. Wien 1786–1790.
Picher, Karoline: Denkwürdigkeiten aus meinem Leben. Autobiografie in vier Bänden. Wien 1844.
Pichler, Caroline, geb. von Greiner: Denkwürdigkeiten aus meinem Leben. Mit einer Einl. u. zahlr. Anm. nach dem Erscheinungsdruck u. d. Urschrift neu hrsg. von Emil Karl Blümml. München 1914.
Planer, Franz (Hrsg.): Das Jahrbuch der Wiener Gesellschaft. Wien 1929.
Prohaska, Gertrude: Der literarische Salon der Karoline Pichler. Wien (Univ. Diss.) 1946.
Reichardt, Johann Friedrich: Vertraute Briefe geschrieben auf einer Reise nach Wien und den Österreichischen Staaten zu Ende des Jahres 1808 und zu Anfang 1809. München 1915.
Reise eines Engelländers durch Mannheim, Baiern und Österreich nach Wien. Herausgegeben von seinem teutschen Freunde. L. U. F. v. B. Amsterdam 1790.
Rose, Alison: The Jewish Salons of Vienna. In: Schwartz, Agatha (Ed.): Gender and Modernity in Central Europe. Ottawa 2010.
Rosenstrauch-Königsberg, Edith: Freimaurerei im josephinischen Wien. Aloys Blumauers Weg vom Jesuiten zum Jakobiner. Wien 1975.
Rossbacher, Karlheinz: Literatur und Bürgertum. Fünf Wiener jüdische Familien von der liberalen Ära zum Fin de Siècle. Literatur und Leben 64. Wien/Köln/Weimar 2003.
Rukschcio, Burkhard/Schachtel, Roland: Adolf Loos. Leben und Werk. Salzburg 1982.
Schiferer, Beatrix: Vorbilder. Kreative Frauen in Wien 1750–1950. Wien 1994.
Schiferer, Beatrix: Fraudoktor. Eugenie Schwarzwald. In: Streibel, Robert (Hg.): Eugenie Schwarzwald und ihr Kreis. Wien 1996.
Schneller, Concetta: Alma Schindlers Jugendzeit und der Salon von Alma Mahler-Werfel. Graz, (Univ. Dipl. Arb.) 1999.
Scheu, Friedrich: Ein Band der Freundschaft. Schwarzwald-Kreis und Entstehung der Vereinigung Sozialistischer Mitschüler. Wien/Köln/Graz 1985.
Scheu, Robert: Hermann und Genia. In: Arbeiterzeitung, 24. 8. 1947. Wien 1947.

Schlögl, Michaela: Klimt mit allen fünf Sinnen. Wien/Graz/Klagenfurt 2012.

Schnitzler, Arthur: Jugend in Wien. Eine Autobiographie. Wien 1968.

Schramm, Ingrid: Idol der jüdischen Emanzipation Fanny von Arnstein. In: Beste aller Frauen. Weibliche Dimensionen im Judentum. Hg. im Auftrag des Jüdischen Museums Wien von Gabriele Kohlbauer-Fritz und Wiebke Krohn anlässlich der Ausstellung vom 16. Mai bis 18. November 2007. Wien 2007.

Schraub, Ingrid: Zwischen Salon und Mädchenkammer. Frauen in Biedermeier und Kaiserzeit. Hamburg 1992.

Schulte, Michael: Berta Zuckerkandl. Saloniere, Journalistin, Geheimdiplomatin. Zürich 2006.

Schulz, Joachim Christoph Friedrich: Reise eines Liefländers von Riga nach Warschau, durch Südpreußen, über Breslau, Dresden, Karlsbad, Bayreuth, Nürnberg, Regensburg, München, Salzburg, Linz, Wien und Klagenfurt, nach Botzen in Tyrol. 6. Heft. Berlin 1796.

Schwartz, Agatha (Hrsg.): Gender and modernity in Central Europe: the Austro-Hungarian monarchy and its legacy. Ottawa 2009.

Seibert, Peter: Der literarische Salon. Literatur und Geselligkeit zwischen Aufklärung und Vormärz. Stuttgart/Weimar 1993.

Sifkovits, Elisabeth: Eugenie Schwarzwald, Mädchenbildung, Koedukation und die Vermittlung der Kultur der Moderne. Graz (Univ. Diss) 2009.

Sparholz, Irmgard: Marie Lang und ihre Bedeutung für die Sozialreformen in Österreich im ausgehenden neunzehnten Jahrhundert. Wien (Univ. Dipl. Arb.) 1986.

Spiel, Hilde: Die hellen und die finsteren Zeiten. Erinnerungen 1911–1946. München 1989.

Spiel, Hilde: Fanny von Arnstein oder die Emanzipation. Ein Frauenleben an der Zeitwende 1758–1818. Frankfurt/Main 1962.

Stockert-Meynert, Dora: Theodor Meynert und seine Zeit. Wien und Leipzig 1930.

Stifter, Adalbert: Wiener Salonszenen (Wien und die Wiener in Bildern). In: Gesammelte Werke, ed. Konrad Steffen. Bd. 13, Basel/Stuttgart 1962.

Strauss, Jutta: Die Haskala – auf der Schwelle zur Moderne. In: 300 Jahre Schloss Britz. Berlin 2006.

Streibel, Robert (Hg.): Eugenie Schwarzwald und ihr Kreis. Wien 1996.

Strommer, Roswitha: Wiener literarische Salons zur Zeit Joseph Haydns. In: Zemann, Herbert (Hg.): Joseph Haydn und die Literatur seiner Zeit. In: Jahrbuch für österreichische Kulturgeschichte, Bd. VI. Eisenstadt 1976.

Szeps-Zuckerkandl siehe Zuckerkandl-Szeps

Tanzer, Gerhard: Spectacle müssen seyn. Die Freizeit der Wiener im 18. Jhd. Wien/Köln/Weimar 1992.

Timms, Edward: Die Wiener Kreise. Schöpferische Interaktionen in der Wiener Moderne. In: Nautz, Jürgen/Varenkamp, Richard (Hg.): Die Wiener Jahrhundertwende. Wien 1993.
Tönnies, Ferdinand: Gemeinschaft und Gesellschaft, Grundbegriffe der reinen Soziologie. Leipzig 1935.
Torberg, Friedrich: Die Erben der Tante Jolesch. München 1978.
Tscheitschonig, Alexandra: „Gleichsam das Kunst-Rendezvous der Fremden“: Der literarische und musikalische Salon Fanny von Arnstein. Wien (Univ. Dipl. Arb.) 1996.
Varnhagen von Ense, Carl August: Denkwürdigkeiten. hrsg. von Karl August Varnhagen von Ense. Erhard, Johann-Benjamin/Varnhagen von Ense, Carl August. Stuttgart 1830.
Vasili, Paul: Die Wiener Gesellschaft. Autorisierte Übersetzung. Leipzig 1885.
Voss, Richard: Aus einem phantastischen Leben. Erinnerungen. Stuttgart 1920.
Wagner, Renate: Arthur Schnitzler. Eine Biographie. Wien/München/Zürich 1981.
Wagner-Rieger, Renate (Hg): Die Wiener Ringstraße. Bilder einer Epoche. Bd. V, Wiesbaden 1975.
Walther, Susanne: Der „zweite Adel“. Kultur und Gesellschaft vor 1848. In: Bürgersinn und Aufbegehren. Biedermeier und Vormärz in Wien 1815–1848. Katalog der 109. Sonderausstellung des Historischen Museums der Stadt Wien. Wien 1987.
Weckbecker, Wilhelm (Hg.): Von Maria Theresia zu Franz Joseph. Zwei Lebensbilder aus dem alten Österreich, Berlin 1929.
Weidle, Barbara/Seeber, Ursula (Hrsg.): Ich bin in mir selbst zu Hause. II. Anna Mahler in London, Montreal, Los Angeles und Spoleto 1938–1988. Bonn 2004.
Weirich, Armelle: Berta Zuckerkandl-Szeps ou l'importance de l'amitié d'une femme et d'une critique d'art. In: Clemenceau et les artistes modernes. Manet, Monet, Rodin ..., catalogue d'exposition (Historial de la Vendee, 7. 12. 2013–2. 3. 2014), Paris, Somogy 2013.
Weirich, Armelle: Berta Zuckerkandl (1864–1945), salonnière, journaliste et critique d'art, entre Vienne et Paris. In: Bulletin annuel de la Société des Amis d'Eugène Carrière, n. 21, avril 2011.
Wessling, Berndt W.: Alma. Gefährtin von Gustav Mahler, Oskar Kokoschka, Walter Gropius, Franz Werfel. Düsseldorf 1983.
Wiesenthal, Grete: Die ersten Schritte. Wien 1947.
Wiesenthal, Grete: Iffi, Roman einer Tänzerin. Wien 1951.
Wilbrandt, Adolf: Erinnerungen. Stuttgart/Berlin 1905.
Wilhelmy, Petra: Der Berliner Salon im 19. Jahrhundert (1780–1914). Veröffentlichungen der Historischen Kommission zu Berlin, Bd. 73. Berlin 1989.

Winklehner, Brigitte: Karoline Pichler, „Denkwürdigkeiten aus meinem Leben." Aspekte eines Frauenlebens in Wien zwischen Aufklärung und Romantik. (Univ Dipl. Arb.). Wien 1991.

Winter, Josephine: Fünfzig Jahre eines Wiener Hauses. Wien/Leipzig 1927.

Zlamal, Michaela: Die Wiener Salonkultur in der ersten Hälfte des 20. Jahrhunderts. Wien (Univ. Dipl. Arb.) 1997.

Zuckerkandl, Berta: Ich erlebte fünfzig Jahre Weltgeschichte. Stockholm 1939.

Zuckerkandl, Berta: Österreich intim. Erinnerungen 1892–1942. Frankfurt/Main 1970.

Zuckerkandl, B[erta]: Zeitkunst. Wien 1901–1907. Wien 1908.

Zuckerkandl-Szeps, Berthe: Clemenceau, tel que je l'ai connu. Algier 1944.

Zur hundertjährigen Gründungsfeier des Hauses Gerold, Buchdruckerei und Buchhandlung. Wien, 9. Oktober 1875.

Zweig, Stefan: Die Welt von Gestern. Erinnerungen eines Europäers. Frankfurt/Main 1996.

ABBILDUNGSVERZEICHNIS

DANKSAGUNG

Mein persönlicher Dank für ihre Unterstützung und ihr Interesse an meiner Arbeit gilt Frau Martina Paul, Frau Mag. Angelika Paier, Frau Mag. Barbara Sauer, Herrn Mag. Peter Wallisch, den Damen und Herren der Heraldisch-Genealogischen Gesellschaft Adler, der Nationalbibliothek Wien, der Universitätsbibliothek Wien, der Wienbibliothek und des Staatsarchivs Wien.

Mein besonderer Dank gilt der Verlegerin des Verlags Styria Frau Mag. Gerda Schaffelhofer und dem Programmleiter Herrn Dr. Johannes Sachslehner für die Aufnahme des Werks in das Verlagsprogramm, die Betreuung und die Verbreitung des Buches.

Dr. Helga Peham
helga.peham@chello.at
www.biografien-peham.com
Wien, am 1. September 2013

ISBN: 978-3-222-13402-9

styria

© 2013 by Styria premium in der
Verlagsgruppe Styria GmbH & Co KG
Wien · Graz · Klagenfurt

styriabooks.at

Covergestaltung: Bruno Wegscheider
Produktion und Gestaltung: Alfred Hoffmann

Druck und Bindung:
Duckerei Theiss GmbH, St. Stefan im Lavanttal

1 3 5 7 6 4 2

Printed in Austria